■群馬考古学研究会 編

東国の考古学

六一書房

はじめに

　群馬考古学研究会の会誌『東国史論』が発行されたのは，1986 (昭和61) 年4月のことである。以後，年1回の刊行をめざして研究活動を行ってきた。当時，同人の多くはいずれも20代後半から30代前半，血気盛んであった。研究発表と見学会の開催，そして日本考古学協会での図書販売に参加し，さまざまな研究会と交流を重ねてきた。もちろん同人の親睦を深めるための飲み会も欠かさなかった。

　しかし執筆活動を中心として様々な論文を世に問うていくことが主体であったために，雑誌製作の予算やその後の販売対策は疎かになってしまった観は否めない。図書販売においてかつてはかなりの冊数を販売してきたが，ここ10年以上は売り上げも大幅に減少，累積する印刷費に悩んできた。

　一方，同人の多くはそれぞれの関心のおもむくままに研究領域を広げていった。その結果が，いまや各分野の代表的な研究者となり，著作や論文の発表，学会での活躍となった。ベトナム考古学研究，修験道考古学研究，竪穴建物研究，戦跡考古学研究，古代史研究や地域史研究などである。こうした多彩な研究者の輩出は県内の研究会にあっても，考古学関係者の多い県内にあっても希な存在であろう。しかし，そうした活動とともに研究会本来の活動が弱められていったことも確かであろう。

　今回，『東国史論』の終刊を迎えることになったが，多くの方から継続を望む声もあった。しかし，他の研究会でも同様と思われるが，雑誌を継続的に発行するための予算が大変に厳しい事情にあった。ご理解いただければと思う。

　このたび研究会活動の最後にあたって，かつて『東国史論』に論文を発表された方々に執筆していただき，六一書房・八木環一氏の全面的ご協力のもと『東国の考古学』を刊行することになった。これまで『東国史論』を支えてくださった多くの読者の皆様に，本書『東国の考古学』もぜひともご購読され，お手元に留めていただければ幸いである。

編集委員会を代表して
菊池　実

東国の考古学

目　次

はじめに

関東地方における発生期の小形石棒……………………………………角田　真也　　1

敷石住居址における居住空間の検討……………………………………本橋恵美子　　19

群馬県の弥生時代再葬墓出土人骨………………………………………楢崎修一郎　　35

たかが柱穴，されど柱穴（その弐）
　　—もっと竪穴建物の柱痕跡を意識した調査を！—……………桐生　直彦　　53

竪穴式住居埋没土と土地利用
　　—遺跡発掘調査方法に関する一提案—…………………………若林　正人　　75

墳丘構築技術にみられるふたつの画期…………………………………青木　　敬　　81

栃木県出土の人物埴輪についての覚え書き……………………………新山　保和　　101

古墳時代における祭場の空間構造
　　—長野県坂城町青木下遺跡IIの場合—…………………………時枝　　務　　113

いわき地方の貝と貝製品を供献・副葬する横穴墓考
　　—八幡横穴墓群・餓鬼堂横穴墓群の事例を中心に—…………大竹　憲治　　133

多摩川にそそぐ平瀬川流域の古代史像
　　—流域の高塚古墳・横穴墓から探る—…………………………村田　文夫　　145

あづまのくに……………………………………………………………熊倉　浩靖　　165

官社小考…………………………………………………………………森田　　悌　(19)194

古代の新田郡に関する諸問題…………………………………………川原　秀夫　(1)212

左位郡と新田郡　—大間々扇状地上における粕川の史的意義—……関口　功一　　213

上野国の郡衙の構造と変遷　—新田郡衙を中心として—……………小宮　俊久　　229

多胡碑の石材採石地と石材名の考察…………………………………秋池　　武　　251

瓦塔造立背景に関する仏教史的考証（序）
　　—笹生衛論考「瓦塔の景観と滅罪の信仰」批評（1）—………池田　敏宏　　275

会津地方における11・12世紀の土器と集落，屋敷，城館
　　—古代から中世への狭間の考古学的素描—……………………山中　雄志　　289

農事の馬小屋　—あなたも知らずに馬小屋を掘っていた—…………篠崎　譲治　　319

宝永と天明の火山灰処理………………………………………………青木　利文　　337

1783年上州の天明泥流下建物跡………………………………………中島　直樹　　353

中島飛行機小泉製作所に対する米軍艦上機空襲……………………………菊池　実　371
博物館と社会教育 ―榛東村耳飾り館における実践から―…………………角田　祥子　389
『東国史論』とその時代…………………………………………………………時枝　務　401

「東国史論」総目次………………………………………………………………………　413
執筆者一覧

関東地方における発生期の小形石棒

角 田 真 也

はじめに

　縄文時代の前期，時代を特徴づける多様な文化要素がそろい，内陸部にも大規模な集落が営まれ，縄文文化が花開く。縄文的道具だての一つとして，この時期から用いられるものに石棒がある。土偶と並んで縄文祭祀を語る上で欠かせない石棒ではあるが，中期以降の大形品や後・晩期の精緻な一群が古くから注目され，また近年議論が深まっているのに比べると，縄文時代前期における小形の石棒については，その存在が指摘された1980年代以降，発見例が増えてきている割に，活発な議論が交わされているとは言い難い。

　本稿では，こうした問題意識の下，関東地方において，主に縄文時代前期の土器を伴って出土する小形石棒を取り上げ，類例を探索し，先行研究を参考として分類を行った。

　この過程では，製品の形状とともに，石材やその物理的特性，素材形状の選択傾向，製作工程，使用痕など，技術形態学的視点を重視した。さらには，こうした視点および出土状況の検討から得られた，使用の具体的状況について論じている。先学諸氏のご意見を仰ぎ，今後議論の端緒となる一石を投じることができれば幸いである[1]。

1．「発生期の小形石棒」の範囲

　本稿で用いる「発生期の小形石棒」とは，かつて能登健が注意し，その後松田光太郎が取り上げ，俎上に載せた「縄文時代前期の小形石棒」とほぼ同じ範囲を指す（能登1995，松田2004）。小形で可搬性があるものである。

　石棒類を大形品と小形品とに分類する上で，片手で把握できるか否かは，可搬性の有無あるいは使用時のしぐさの推定から，その機能を考える上で重要である。そしてこれが，おおむね5×5cmを境界とすることは，以前，山梨県金生遺跡出土資料の分析から述べたことがある（角田1998）。この定義は，「かなり便宜的で曖昧さを残す分類」とされながらも，その後の研究においても採用されている（谷口2011，30頁）。

　この分類基準は，もともと中期以降の大形品と後晩期に登場する精緻な一群について，その形式の弁別を念頭に置いたものであり，筆者はかつて太さを最大の形式的特徴と捉えて，前者を

「太形石棒」，後者を「細形石棒」と呼称した。発生期の石棒と中期以降の太形石棒の弁別についても，現生人類の手の大きさと，その手に何かを握るという行動が共通する以上，把握できるか否かで形式が異なるとするこの考え方が採用できるだろう[2]。

またこの「発生期の小形石棒」には，「棒状礫」を含めるかどうかという問題がある。大工原豊は，結晶片岩など石棒と同種石材の自然礫を，器種を分けながらも石棒と同様の機能を持つとして報告している（大工原1998）。

石井匠は，中期以降の大形品についてではあるが更に踏み込み，中期の大形石棒のデザインを取り上げる中で「自然石棒」「人工石棒」という言葉を用い，これまで人工品とは弁別されてきた自然礫を「石棒」に含めた（石井2011）。

縄文人が範型に沿った自然礫を選び，運び，使用した時，すなわちそれは道具となるという論にも一定の妥当性があり，実用品である敲石や磨石に関しては，これが当てはまる（大工原2008）。しかし，こと第二の道具である石棒に関しては，どこまでが縄文人にとっての「セキボウ」の範疇だったのか，検証が難しい。

棒状の自然礫を素材とし，明らかに敲石や磨石とは異なる特徴の擦り・磨きを施した一群については，これを整形あるいは使用痕と捉え，「小形石棒」に含めることが可能であり，男根状であることは必須条件ではない。しかし，これらを石棒と認定するには，石材使用傾向や出土状況，あるいは使用痕等が既知の石棒と共通すること，および敲石・磨石とは異なることを立証しなければならず，なおかつこの検討は，出土した棒状礫全てについて必要となる[3]。こうしたことから，本稿では小形の自然棒状礫を石棒としては扱わない。

以上のように，本稿中で用いる「発生期の小形石棒」とは，片手で把握できる程度の大きさで，人為的な整形痕を持ち，他の実用的な石器器種とは弁別できる棒状の石器を指す。後・晩期の精緻な一群とは，長さや形状など様々な特徴が異なり，おおむね縄文時代前期の土器を伴う。なお，この定義により導かれる範囲は，次項の研究史で触れる先学諸氏の取り上げた範囲を逸脱しない。

2. 研究史

1982年に刊行された前中原遺跡の報文中で，「小形の石棒」が報告され（下城・能登1982），1985年には中棚遺跡の報文中で凝灰岩製の「砲弾型の石棒」が報告された（富澤・黒岩ほか1985）。このころから群馬県地域では縄文時代前期に小形の石棒があるということが認識されてきた。

1989年7月，小林達雄は概説書の中で，秋田県上ノ山遺跡の小形石棒を掲載し，縄文文化を特徴付ける「第二の道具」として，前期に石棒が登場することを広く紹介した（小林1989，56頁）。

1989年10月，考古学を特集した『群馬文化』220号が相沢忠洋追悼号として出版された。この中で，羽鳥政彦・藤巻幸男による「新発見の縄文時代前期の呪術具二例」と，長井正欣による「行田Ⅰ遺跡出土の遺物について」の2つの資料紹介が掲載され，群馬県地域で諸磯式期の石棒の存在がより広く知られることになった。

陣場遺跡出土石棒（第3図16）の記載は，調査担当者の羽鳥が分担したと見られ，諸磯c式土器を伴って床面から5cmほど浮いた状態で出土したこと，胴部欠損が出土後であること，「二つのくぼみ穴と印刻線は女性象徴と考えられることから，この石棒は両性具有を表現している」ことなどが述べられている（羽鳥ほか1989, 115頁）。

　長井の紹介した行田Ⅰ遺跡（のちに行田大道北遺跡と改名して報告された。）の石棒については，やや先行する諸磯b式期のものと報告され，石材については珪藻土と記載されている[4]。

　1995年，能登健は荒砥上ノ坊遺跡の報文中で「縄文時代前期の石棒について」という考察を担当し，群馬県内から出土した縄文時代前期の8例と，これらと共通点を持つ岩偶1例を紹介して論じている。この中で能登は，「前期石棒には，形態上でいくつかのバラエティーがみられる。このうち，もっともポピュラーな形態は荒砥上ノ坊例や陣場例に代表される形態であろう。いわゆる泥岩系の柔らかい石を好んで選んでおり，一端に刻線を加えることによって頭部を意識させる造形意識も共通している。あきらかに，すでに型式を意識したものになっている。」と述べ，型式名を付けていないながらも，石材がデザイン（頭部を示す刻線）と並んで，この型式の特徴の一つとなっていることを示した。また，前中原遺跡例については，花積下層式あるいは黒浜式土器と伴うとし，「類例をまってひとつの型式として認知できる可能性もある」と予見している。

　この論考中で能登は，陣場遺跡出土例について「体部には，明らかに人工的にあけられた二つの凹み穴がある」と述べている。しかし，筆者の観察では，楕円の断面形に対して斜めに穴があいており，内面の状態も回転穿孔によるとは考えられない。むしろ凝灰岩に発生する自然の空隙である可能性が高い[5]。

　1996年，春成秀爾は「性象徴の考古学」を発表する。これは，男根（オハゼ）と女陰（ホト），またその交合を示した造形を通時代的に論じたものである。この中で春成は，性象徴の表現が狩猟採集社会である縄文時代において最も大きい比重を占め，弥生時代以降，稲作儀礼等に押され，細々と今日まで残ったと結論付けている。

　男根象徴の最古例としては，始良丹沢テフラ下位より出土した千葉県升形遺跡出土の有溝棒状石製品を挙げ，発生期の小形石棒については，熊本県無田原遺跡・瀬田浦遺跡の押型文土器に伴った例のほか，秋田県上ノ山Ⅱ遺跡・押出遺跡，岩手県滝ノ沢遺跡，群馬県中野谷松原遺跡，大下原遺跡，行田Ⅰ遺跡，荒砥上ノ坊遺跡等，前期の出土例を紹介している。また，荒砥上ノ坊遺跡例（第3図20）にみられる頭部沈線の意味については，「2, 3条の沈刻によって亀頭部を表現した例は，縄文前期から奈良時代まで見つかっており，亀頭と反転した包皮の表現であるらしい。」と述べている（春成1996, 75頁）。

　春成の示したうち，縄文時代早期までのものについては，型式学的検討が行えるまで資料が増加していない上，前期に展開する小形石棒と同様の形象と見なすことが不確実な例もあるため，本稿では取り上げない。しかしいずれにせよ，等閑視されがちな性表現の問題について，通時代的にこの種の出土品を集成して紹介した成果は評価される。

　1997年には戸田哲也が「石棒研究の基礎的課題」と称し，主に中期以降の大形石棒について

の諸課題を取り上げているが，この中で「石棒の発生」という項を設けて，発生期の石棒についても論じている。東北あるいは北関東西部の出土例を紹介し，「男根状に近いもの」と，「意味不明な多条傾向のあるもの」の 2 群に分けた上，一部について「男根を意識したことが明白であり広義の石棒という定義に加えねばならない」としつつ，形態が確立していないこと，石棒儀礼が顕現化していないことから，「中期以前のこれら諸例は「類石棒」として別途区分しておく必要」があるとする（戸田 1997，95 頁）。

1998 年，大工原豊は『中野谷松原遺跡』の報文中で，諸磯 b 式土器を伴い出土した石棒を，I 形態：キノコ状を呈するもの，II 形態：棒状で横位に沈線を巡らすもの，III 形態：円筒状で先端が平坦なものの 3 形態に分類した。この遺跡では，出土した 8 点の石棒中 7 点が縄文時代前期の竪穴住居跡から土器を伴って出土している[6]。

大工原は I 形態について山形県押出遺跡に類例を求め，II 形態に関しては大下原，行田 I，前中原遺跡で出土しているとした。石棒を石器として捉え，まとまった量が出土した遺跡の資料を用いて型式設定を試みたことは積極的に評価できるが，破片資料が多いという制約があり，なお批判的検討が求められよう。

1999 年 5 月，鈴木素行は西方貝塚出土の大形彫刻石棒を取り上げる中で，発生期の小形石棒にも言及しており，大下原遺跡例から「関東地方における大型石棒の初源も，前期に遡ること」や[7]，陣場遺跡出土例が西方貝塚彫刻石棒の「系統の初源」となる可能性を想定している（鈴木 1999，52・53 頁）。

1999 年 12 月，後藤信祐は『縄文時代 10 縄文時代文化研究の 100 年』中で，「遺物研究 石棒・石剣・石刀」という項を担当し，これらについて幅広く論じている。発生期の小形石棒については，「近年増えつつある」として，小林達雄や戸田哲也，春成秀爾らの論考を紹介，大形石棒との関係については「同一系統の遺物かどうかについてはまだ課題が多い」「近年明らかになってきた縄文前期の小形石棒と中期以降発達する大形石棒との関係をどう理解していくかが課題として残る」としている。

この論考中で「前期の石剣」についても触れているが，これについては後に，「刀剣形石製品の起源と系譜 ―縄文時代前期〜後期後半の刀剣形石製品―」として詳しく取り上げられている（後藤 2003）。この中で後藤は，「縄文時代前期の石剣が発達した時期にみられる男性器を模したと思われる石棒について」も 11 点を紹介して取り上げている。分布についても「北関東西部」と「東北北部〜北海道」に存在することを示し，東北北部を中心として分布する一群が，石剣・石刀と同時に存在することから「前期石棒と石剣・石刀の出自が異なり，それぞれ別の性格の遺物である」と述べている。これは大形石棒の発生や後・晩期の精製品の分類にも関わる重要な見解である[8]。

2004 年には，松田光太郎が正面から縄文時代前期の小形石棒に取り組み，全国的な集成を行った（松田 2004）。この中で松田は，「前期小形石棒」を東北地方と北関東地方（現在の県域で岩手，秋田，山形，群馬）に分布するとし，以下のように形態分類した。

1類a「単頭下膨れ形―頭部が頸部の括れにより作出されたもの」，1類b「単頭下膨れ形―頭部が沈線により作出されたもの」，2類a「両頭下膨れ形―頭部が頸部の括れにより作出されたもの」，2類b「両頭下膨れ形―頭部が沈線により作出されたもの」，3類a「単頭短棒状形―頭部が頸部の括れにより作出されたもの」，3類b「単頭短棒状形―頭部が沈線により作出されたもの」，4類「単頭短身扁平形」，5類「単頭細棒形状」，6類「無頭棒状形」。

さらに，1類a，2類および4類が東北地方に偏在するのに対し，1類b，3類が群馬県地方に偏在することなど，地域差についても確認している。

松田の仕事は，先行する石棒の形態分類研究も踏まえ，丁寧にモチーフを観察して分類したものであるが，石器研究的な視点，具体的に言うと石材や製作技法についての考察については，なお補足しうる余地がある[9]。

2012年，石棒類の研究を精力的に行っている長田友也は，「石棒の製作と流通」と題して，石棒の製作と流通を，「大型品」と「小型品」に分けて考察している。前期の石棒類のことは「男根形石棒」や「男根形石製品」と呼んでおり，「小型の棒状礫に沈線や簡易的な陽刻によって頭部を表現するのみで，全体的に粗雑なつくりである」，「製作技法からは別系統の石製品である」としている。しかし，発生期の石棒の製作に当たっても，一部ではあるが敲打工程を持つものがあるし，切削や研磨による丁寧な整形が施されているものも多い。中期の大形石棒，あるいは後晩期における精製品についての論の展開が妥当と見られるだけに，少々残念な扱いである[10]。

以上，先学の研究から，発生期の小形石棒は，今のところその分布が限られるものの，石器組成の中で一つの安定した位置を占めることが明らかになってきている。しかし，出自や系統は明らかではなく，ことさらに中期以降の石棒と分けて考えたがる傾向もあり，その前提となる型式設定についても検討の余地が残る。また祭祀の具体的なありようについてもわかっていない。そこで次章以降，個別事例を紹介し，基礎的な作業として分類を行う。

3. 様式の設定

松田の研究により，発生期の小形石棒の主たる分布は，大きく東北地方と関東地方北西部にわけられている。この時期，北海道や南九州地方にも石棒と見られる石製品が散見されるが，今回は，これら各地域に分布する石棒のうち，分布域が限られ，かつ一定量が出土し，型式分類が可能な関東地方北西部の一群についてのみ取り上げる（第1図）。

この地方の10遺跡から出土した20点あまりの資料について，その主たる要素を抽出すると，石材については硬質か軟質か，色調については黒～緑色か白色か，平面形態については直線的か胴部が張り出すかという点で，大きく二分される。

製作技術についても，前者では素材である原礫の形状を活かして，敲打あるいは研磨によるわずかな整形後，原則として1条の刻線により頭部を表現するのに対し，後者では敲打や切削により素材形状を大きく変え，研磨の過程を経て，頭部の立体的作出もしくは数条の刻線を施す点で

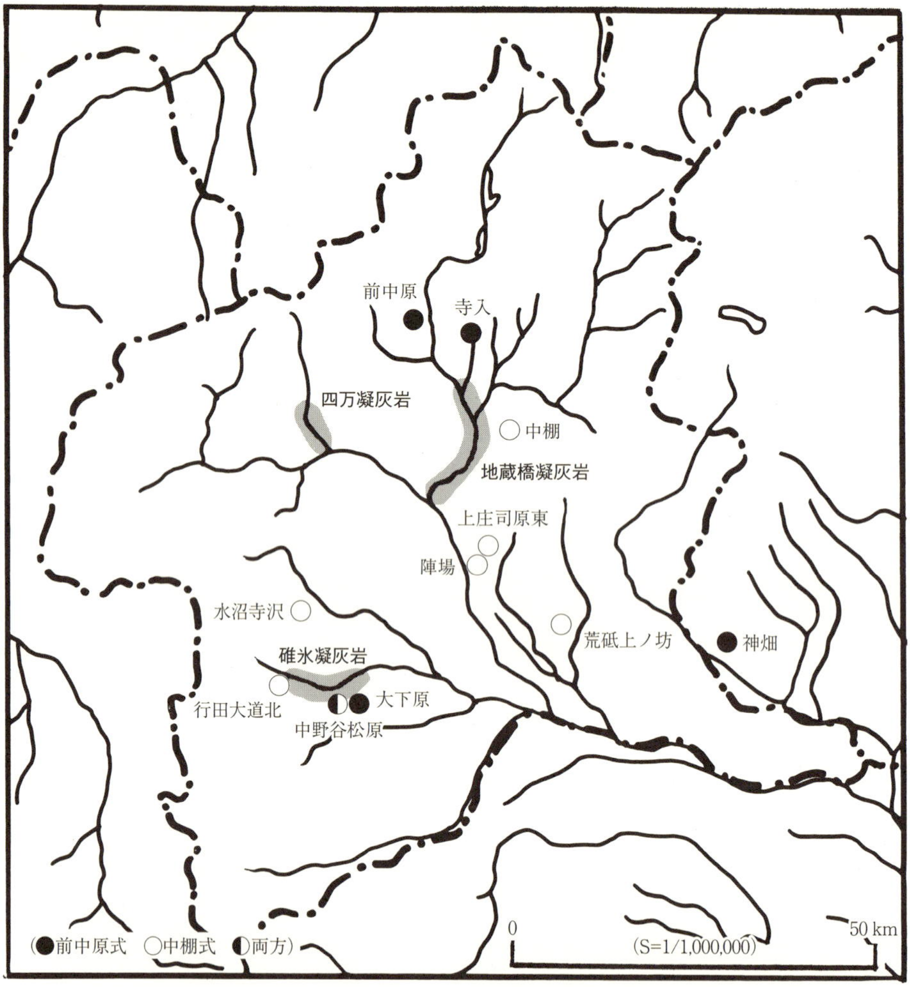

第1図 発生期の小形石棒出土遺跡および白色凝灰岩採取可能とみられる川筋を示す図

写真1 地蔵橋凝灰岩転石調査風景（渋川市）
（榛東村耳飾り館ふるさと学芸員の皆さんと）

写真2 利根川における地蔵橋凝灰岩の産状
（渋川市宮田橋付近）

異なる。

　今回，最初に見出された遺跡の名前を採って，前者の特徴を持つものを「前中原式」，後者の特徴を持つものを「中棚式」と様式設定した。本来，様式の設定は型式を認定してから，より上位のくくりとして行うべきであるが，資料数が少なく1点1型式になりかねないため，小林達雄による岩版の様式設定にならい設定した（小林1967）。

　この2分類は能登の予察した分類とほぼ一致し，松田分類の3類「単頭短棒状形」，および1類「単頭下膨れ形」ともほぼ重なる。ただし，松田分類では，基部破片とみられるものを頭部破片として，一つの独立した類型を設定しているものもあると考えられたため，この点は石材を重視して，いずれかの類型の基部破片として再構成した。また，松田分類のうち2類は，今回設定した2つとは別様式として確実に存在するようだが，分布は東北地方に限られる。これについては，検討していない筆者に命名の資格はなく，今のところ「松田分類の2類」と呼んでおきたい。松田分類の4～6類については，なお類例の蓄積と再検討が必要だろう。

(1) 前中原式（第1表-1～7，第2図-1～7）

　前中原式は，前中原遺跡出土資料（第2図1）を標識とする。この様式は，能登が1995年時点で，前中原遺跡出土資料1点のみから予察している。

　石材は比較的硬質で，自然状態で棒状礫となりやすい節理を持つものが多い。遺跡の立地によって使用する石材の傾向は異なり，それぞれの遺跡近くの河原で採取できる細長い棒状礫を調達している様子がうかがえる。すなわち，利根川上流域では黒色頁岩，群馬県西部では石英の多い結晶片岩などが好んで用いられる。

　整形は，基本的に素材である自然礫の形状を活かしており，製作段階の剥離痕は見られず，敲打の過程を持つものも特殊である（第2図4）。石材採取時に範型に沿った礫を選択したものと考えられ，長さだけでなく，形状もこの際の礫の大きさに規制される。黒色頁岩では，頭部を作り出す刻線より前の線条痕が残っており，研磨によってわずかに整形している様子がうかがえる。結晶片岩の場合，研磨の痕跡が観察し辛い上，整形痕か使用痕かの判別（切れあいの観察）も困難であるが，やはり研磨の工程があるようである。最終的には頭部を区画する横位の条線が入るものが多く，1条で一巡りするものが多い。なお，中野谷松原出土資料のうち1点（第2図9）については，整形が入念な点で他のものと異質であり，共伴土器から見ても，縄文時代後期の所産と考えられる[6]。

　使用痕については，前中原遺跡例では下端部が破砕しており（第2図1），中野谷松原遺跡からも下端部に打撃痕が見られる例がある（第2図4・5）。神畑遺跡出土資料は基部側裏面から熱を受けているが（第2図6），被熱している例はこの1点だけで，中棚式に比べ格段に少ない。

　時期的には前中原遺跡例の前期中葉（花積下層～黒浜）から存在する。寺入遺跡出土例（第2図7）をこれに含めると，中期まで年代が下るが，この資料は頭部を区画する横線刻8条と，先端部に縦線刻8条をもつ特殊例であり，今後の出土例の増加を待ち，改めて全体の中で位置づける

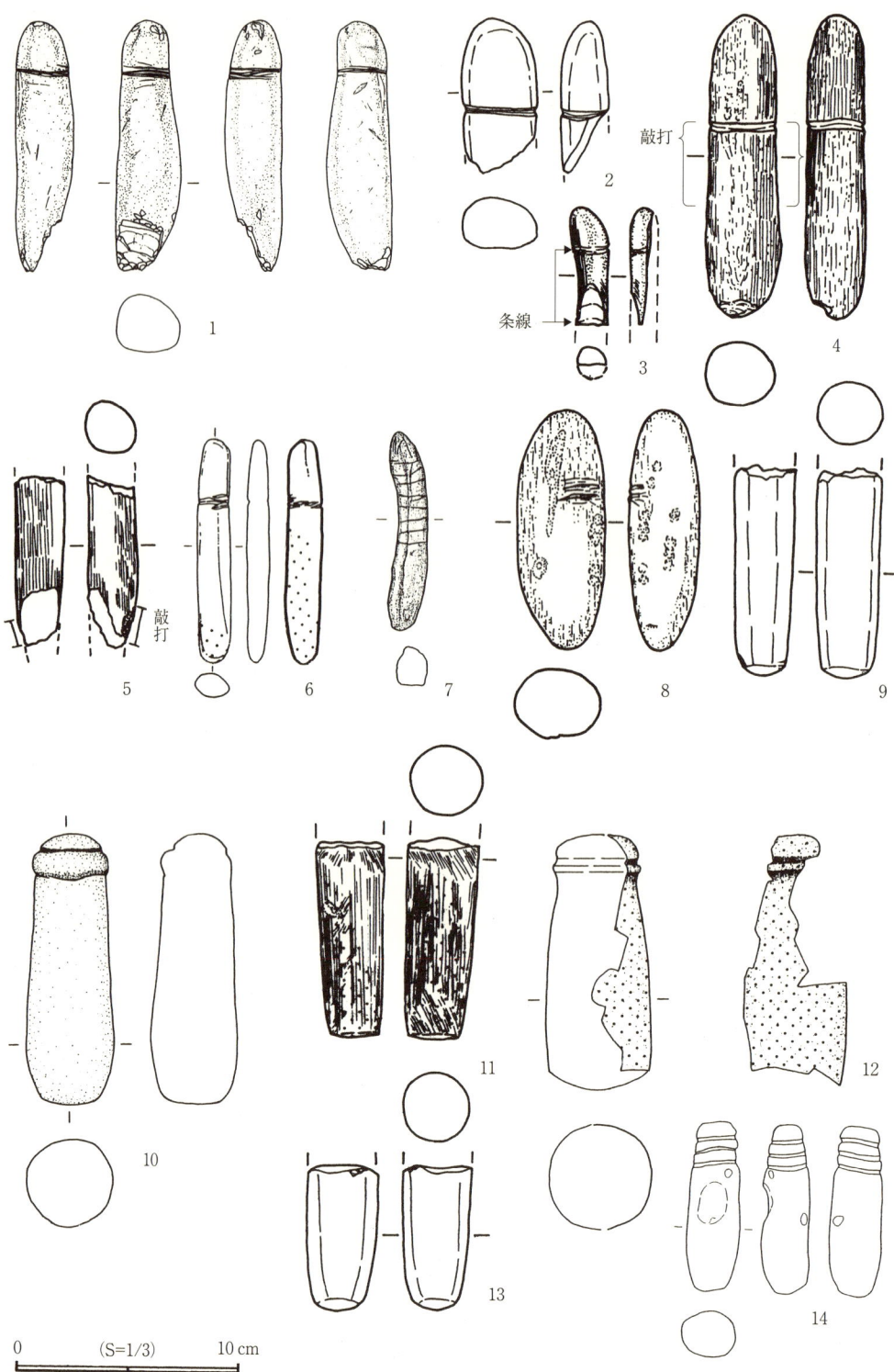

第2図 発生期の小形石棒1
1〜7. 前中原式 10〜14. 中棚式, 6.の裏面は筆者追加のスケッチ, 9は後期, 網掛けは被熱（筆者追加）

必要があるだろう。

　起源系統については，大工原豊が指摘しているように，棒状礫に由来する可能性があるが，はっきりしない。また，結晶片岩という石材の共通性はあるものの，単純に中期の大形石棒に発展したと考えることはできない。新潟県中越地方内陸部では，十日町市上ノ山開墾地遺跡例など，中期に属するとみられる小形石棒が出土している（笠井ほか2007）。あるいはこうしたものを経て，後晩期の精緻な一群まで系統がたどり着く可能性もあるが，現時点では証拠が乏しい。

　また，中野谷松原J-56住出土例（第2図3）や寺入遺跡出土例など，反りを持つものもある。これは素材原石の形状に規制された結果の偶然と考えられるが，この形状を志向して原礫を選択した可能性も否定できない。

(2) **中棚式**（第1表10～21，第2図-10～14・第3図-15～21）

　中棚式は，中棚遺跡出土資料を標識とする。中棚遺跡で初めて「砲弾型の石棒」として報告されたものである。

　石材は凝灰岩等の軟質で，かつ白色基調の石を好んで用いる傾向がある。石材の規制は比較的強く，石器製作の視点から考えると，最大の特徴ともいえる。この白色の凝灰岩については，拙稿にて群馬県沼田市に露頭を持ち，利根川に転石として産出する「地蔵橋白色凝灰岩」を報告し，縄文時代前期の石棒や晩期の岩版，弥生時代後期の渦形石製品に使用していたことを示した（角田2009)[11]。この「地蔵橋凝灰岩」は，容易に成形できるという加工の容易さと，一度整形されたかたちを保持する硬さを併せ持ち，彫刻の原材料に適する。良質な部分は河川転石として豊富に採取できることから，多くの場合，素材として採取されたのは利根川に供給された礫であろう。地理的にも，石材の特徴からも，荒砥上ノ坊遺跡あたりまでは，この石材を用いたと見られる（第1図，写真1・2）。

　ただし，中棚式とした石棒全てが，この産地の凝灰岩を使用しているわけではなく，中野谷松原遺跡など安中市地域の遺跡では，碓氷川等に産する凝灰岩を利用していたものと考えられる。水沼寺沢遺跡出土資料に関しては，軽石質でやや特殊だが，四万川筋のもの，あるいは遺跡近隣で未知の産地のものを使用した可能性も考えられる。

　整形に際しては，磨きにより入念に仕上げられるものが多く，中途の整形工程を想定し辛いが，現在，利根川で採取できる白色凝灰岩礫で，石棒製作に適した厚さ5cm，長さ10cm程度の長さを確保しようとすると，やや扁平幅広となるため（写真2），工程の初期で敲打により幅を減じた可能性が高い。ただし石材が柔らかいため，本格的な敲打技術までは必要とされない。軟質なため，剝片石器により削ることも可能で，切削痕を残した例（第2図11）もある。大形原石の分割や原産地遺跡での大量生産が行われた形跡は見当たらず，ごく小規模な集団あるいは個人による遺跡近隣河川等での原石採取と，敲打・切削・研磨による製作過程が考えられる。

　形状は胴部が張ることが最大の特徴である。頭部は明瞭であるが短く，くびれの作出あるいは複数の条線により表現されることが多い。胴部の張りの程度から，比較的張りの小さい細身のも

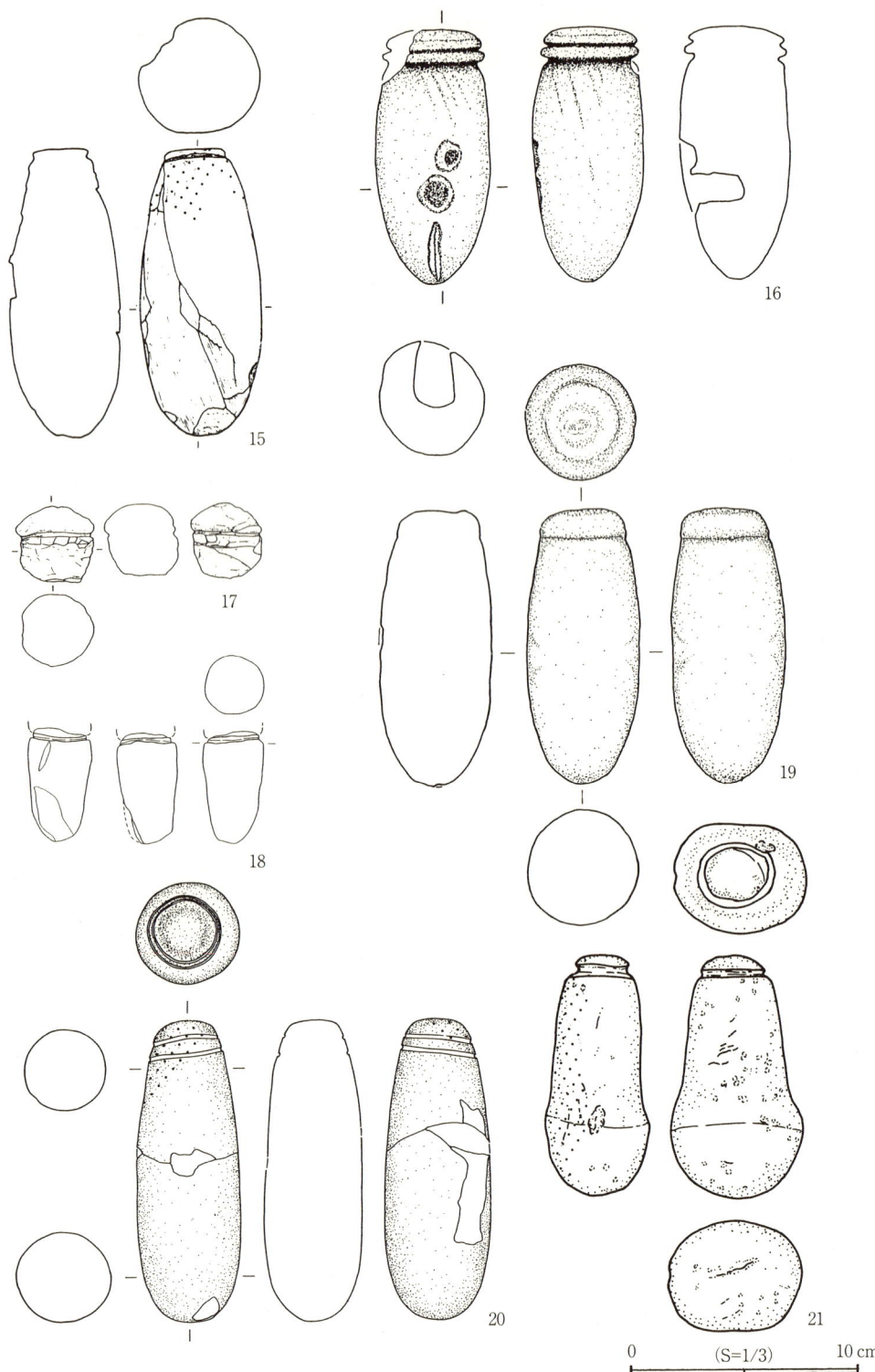

第3図　発生期の小形石棒2
15〜21. 中棚式，19. 筆者実測，網掛けは被熱（筆者追加）

の（第2図10〜14）と，砲弾形に胴部が張り出す太身のもの（第3図15〜21）の2群に細分できる。頭部の作り出しには，立体的な作り出しと複数の条線とがあり，前者は砲弾形，後者は細身の胴部形態と結び付くことが多いようである。

使用痕跡としては，熱を加えられているものが多く，大きく破砕した上庄司原例（第2図12）や先端部が焼けて赤く変色している荒砥上ノ坊例（第3図20）と中棚例（第3図15），裏側が焼けている中野谷松原例（第3図21）などが認められる。熱による変色が顕著に現れることを期待して，白っぽい石材を選んだ可能性が考えられる。

時期的には中棚遺跡の前期中葉（黒浜〜諸磯a）から水沼寺沢遺跡の前期末〜中期初頭（十三菩提〜五領ヶ台）まで確認されている。様式内の変遷として，石材が硬くやや細身で立体的頭部を持つもの→石材がやや軟らかく砲弾形で立体的頭部を持つもの→石材は軟質で条線により頭部を表現するもの，という変遷が描けるかもしれないが，現時点では出土資料数が少なく結論付けることは出来ない。

その系統については，不明確であるが，前中原遺跡例と中棚遺跡例の出土地が比較的近いこと，中棚遺跡近くに大規模な白色凝灰岩の産地があることなどから，前中原式などから発展して群馬県北東部で発生した可能性も考えられる。間をつなぐ中間的な資料は少ないが，上庄司原東遺跡J4B住居出土例（第2図10）など，凝灰岩系の石材で細身のものが両者の中間的特徴を示す。

関連する遺物は不明だが，その独特の形状と製作技術の違いから見て，素直に中期の大形石棒に移行するとは考えにくい。同質の石材を用いる岩偶は，東北地方のほか栃木県などでも出土しており（上野・荒川1993，38頁），こうしたものとの関連も考えなければならない。また，下膨れ状になったものは（第3図21），球頭形石冠との関係もうかがわせるが，重要な部分の整形が終わったため，手抜きして残したとも考えられる。

以上の検討から理解された2つの「様式」であるが，今のところ前中原式が若干先行して発生するものの，両者の分布は地理的にも時期的にも重なっており，いずれかがいずれかの様式に変化して消滅した訳では無い。

石材については，前中原式に関しては，自然状態において彼らの作りたい石棒の範型に沿った棒状礫となる石材，中棚式に関しては，彼らの作りたいかたちを容易に作り出せる白色軟質の石材を強く志向している。当初筆者は，後・晩期の細形石棒における結晶片岩と粘板岩のように，三波川結晶片岩と地蔵橋凝灰岩の二大石材が，この時期この地域を席巻しているイメージを描いていた。しかし，実資料にあたった結果，遺跡近くの産地のものを使用している傾向が強く，特定産地の石材を組織的に用いていたとは言えないことが理解された。

4. 使用の状況と祭祀の実態

関東地方北西部において，この時期，石棒はどのように使用されたのであろうか。

焼かれた石棒については，山本暉久が中期〜後期の大形品を対象に集成を行っており，中期中

葉から始まる石囲炉への転用から，中期末に至って廃屋儀礼に伴う火入れ行為への変化が指摘されている（山本2006）。

ひるがえって，今回取り上げている中棚式石棒を見ると，頭部が焼けた状態で竪穴住居跡から出土した荒砥上ノ坊例（第3図21）などから，火を用いた祭祀が竪穴住居内で行われたこと，石棒が縄文人の手に持たれて火にかざされていたことなどが想定される。端部が焼けている例は，中野谷松原遺跡J-80住例（第2図11）にもある。

また，中野谷松原遺跡J-78住床面出土の資料（第3図21）は，裏面側の半分が焼けており，燃えさかる火に放り込んだのではなく，熾火にくべたような様子が見て取れる。これについてもやはり，住居内で焼かれた可能性が高い。中棚式石棒からは，「火にかざす」「火にくべる」という縄文人の所作が見て取れるのである[12]。

この中棚式石棒は，もともとの色が白色であることを大きな特徴の一つとしている。これが加熱により赤変，さらには黒変するなど，火の使用による色調の変化が，縄文人たちにとって意味あることだったに違いない[13]。

前中原式石棒については，出土する遺構などは中棚式と有意な差が見られない。しかし，使用痕として観察できるのは，端部の打撃痕が主であり，中棚式にはこうした打撃痕ほとんど見られない。この点で，石材採取から製作に至る過程だけではなく，具体的な使用法が，中棚式と前中原式で異なっていた傾向がうかがえる。ただし，前中原式でも神畑遺跡例（第2図6）のように，下端部が裏側から熱を受けている例もあり，結論付けるにはさらなる類例の蓄積が求められよう。いずれにせよこれら，「熱を受ける」「打撃痕がある」等の，遺物に残された機能に関わる特徴は，中期以降の石棒にも共通するものである。

次に，これらの石棒が，集落単位で祭祀されたものか家族（世帯）単位で祭祀されたものかという問題を考えてみよう。原田昌幸は，土偶についてこうした視点で論じているが[14]，石棒は，土偶からは抽出しにくい，使用痕，製作痕，原材料産地という石器ならではの情報を持っており，土偶以上に縄文祭祀の実態に迫れる可能性がある。

まず，石棒の使用に関しては一定のルールがあったようで，すでに述べたように，様式によって焼けているものが多かったり，破砕しているものが多かったりするという傾向がある。しかし，製作については，様式の中にも個性があり，一定の工具を使用していたような傾向も見られず，剝片や両面調整石器，あるいは砥石等で半ば場当たり的に整形，施文していた様子が伺える。

次に，石材について考えてみよう。前中原式では，遺跡に近接する産地のものを用いている。具体的には，前中原遺跡では在地の黒色頁岩，中野谷松原遺跡では結晶片岩などを用いる。凝灰岩を強く志向する中棚式においても，単一産地のものを使用しているわけではない。中棚遺跡など利根川流域の各遺跡では地蔵橋凝灰岩を使用し，中野谷松原遺跡などでは碓氷凝灰岩を使用していたことが想定できる。

これらのことは，石材の入手が，集団間の交易等によらずとも，個人の生業活動の合間に可能だったことを示している。つまり，発生期の石棒は威信財ではなく「道具」であり，その製作と

第1表　分析対象とした小形石棒一覧

	番号	1	2	3	4	5	6	7	8	9	10	11	12	13	14	15	16	17	18	19	20	21
資料	遺跡名	前中原	大下原	中野谷松原	中野谷松原	中野谷松原	神畑	寺入	中野谷松原	中野谷松原	上庄司原東	中野谷松原	上庄司原東	中野谷松原	行田大道北	中棚	陣場	中棚	行田大道北	水沼寺沢	荒砥上ノ坊	中野谷松原
	出土遺構	包含層	遺構外	J-56住	J-79住	J-81住	3区SI-04		J-80住	D-529	J4B号住居	J-80住	J2号住居	J-68住	4号住居跡	遺構外	J2号住居	NTJ-4	4号住居跡	土坑(SKJ118)	1区72号住居	J-78住
	出土状況	グリッド一括	遺構外	7区3層	2区2層	18区1層	床上5cm程		9区3層	土坑内	西壁際直下	3区2層	土坑と重複	3区1層	床上60cm	20B 201G	床面上5cm	床面	床上20cm	壁際床近く	壁際床近く	14区7層
	伴出土器	花積下層〜黒浜	前期後半	諸磯b1〜b2	諸磯b1〜b2	諸磯b1〜b2	関山	中期	諸磯b1〜b2	諸磯b1〜b2	前期中葉	諸磯b1〜b2	諸磯b1・堀之内II	諸磯b1新段階	諸磯b1〜b2	黒浜〜諸磯a	諸磯c古段階	諸磯b	諸磯b	五領ヶ台	諸磯b	諸磯b1〜b2
法量・形状	重量(g)	125	65.4	7.9	223.1	67.5	25.7	30	182.6	135.7	193	90.5	計測不能	70.3	17.6	241	138	19	21.2	162	173	337.7
	残存率(%)	90	30	60	100	70	100	80	100	70	100	60	30	100	90	100	30	80	100	100	100	100
	長さ(mm)()内は推定長	107(120)	69(150)	50(80)	131	76(110)	96	86	105	93(150)	120	87(120)	110(130)	62(130)	74	125	112	32(120)	49(60)	119	131	105
	胴部径	27	32	16	33	21	15	16	40	30	40	31	46	30	24	54	51	32	28	50	47	60
	頭部径	20	32	8	30	—	13	14	38	—	34	—	40	—	19	28	46	36	—	38	32	28
	胴部横断面	円	扁平楕円	円	円	不定円	扁平楕円	三角形状	楕円	円	円	円	円?	円	楕円	楕円	楕円	円	円	円	楕円	楕円
石材	岩石名()内筆者による	黒色頁岩	結晶片岩	頁岩	結晶片岩	結晶片岩(点紋)	ホンルフェルス	泥砂岩	緑色岩類	結晶片岩	火山礫凝灰岩(緑色角礫含)	白色凝灰岩(碓氷)	白色凝灰岩(地蔵橋)	白色凝灰岩(碓氷)	珪藻土(白色凝灰岩?)	緑色凝灰岩(地蔵橋)	白色凝灰岩(地蔵橋)	白色凝灰岩(地蔵橋)	珪藻土(白色凝灰岩?)	軽石質凝灰岩	流紋岩質凝灰岩(地蔵橋)	安山岩(やや多孔質)
	石質	硬質	硬質	硬質	硬質	硬質	硬質	硬質	硬質	硬質	やや硬質	やや軟質	軟質	軟質	ごく軟質	やや軟質	軟質	軟質	ごく軟質	ごく軟質	軟質	やや硬質
	色調	黒	緑白	茶色	緑白	緑白	灰色→黒	茶色	緑	緑黒白	緑白	白→黒	白→黒	白	白	白→赤,黒	白	白	白	白→赤,黒	白	灰白→黒
	原石形状	棒状礫	棒状礫	棒状礫	棒状礫	棒状礫	棒状礫	棒状礫	棒状礫	亜円礫	棒状礫?	不明	不明	棒状礫	亜円礫	亜円礫	亜円礫?	亜円礫?	不明	亜円礫?	亜円礫?	亜円礫
製作痕	分割・剥離	なし	なし	なし	なし	なし	なし	あり?	なし	?	なし?	なし?	なし?	なし	なし?	なし	なし?	なし?	なし?	なし	なし	なし
	敲打	なし	なし	なし	あり(胴部両脇)	なし	なし	なし	あり	あり	あり?	あり	あり?	なし	あり	あり?	あり?	なし?	あり?	あり	なし?	なし
	切削	なし	なし	なし	なし	なし	なし	なし	なし	なし	あり?	あり?	あり?	なし?	あり?	あり?	あり?	あり?	なし?	なし?	なし	なし
	研磨	あり	あり	あり	あり	あり	あり	あり?	なし	あり	あり	あり	あり	あり	あり	あり	あり	あり	あり	あり	あり	あり
	施文(工具)	1〜2条線刻(剥片)	横位1条条線(砥石)	横位2条条線(砥石)	横位1条条線(砥石)	残存部には無し	数回で1順(砥石)	横・縦線刻各8条(剥片)	傷条10数回往復(剥片)	残存部には無し	頭部2段作り出し(砥石)	残存部には無し	頭部2段作り出し(剥片)	残存部には無し	頭部4条線刻(剥片?)	横位1条条線(砥石)	横位2条条線(砥石)	横位2条条線(砥石)	横位1条条線(砥石)	頭部作り出し	横位2条条線(砥石)	横位1条条線(砥石)
使用痕	破砕	下端部	下端部	下端部	なし	下端部	節理面で胴裏	なし	上端部	なし	上端部	なし	熱で破砕	上端部	なし	裏面うろこ状に剥げ	なし	あり	上端部	なし	なし	なし
	敲打	頭部	なし	なし	下端部	あり	なし	なし	なし	なし	なし	なし	なし	なし	なし	なし	なし	なし	なし	頭頂部	なし	なし
	研磨	頭部?	なし	なし	あり	あり	先端に削痕	あり?	なし	下端?	?	割れ口	?	割れ口	胴部えぐれ部	あり	あり	?	頭部上割れ口	あり?	なし	
	被熱	なし	なし	なし	あり?	なし	基部側裏面	なし?	なし	胴タール状付着物?	黒変(下端斜め)	なし	黒変,破砕	なし	なし	先端部	なし	なし	なし	先端部片側から	裏面スス	
備考	様式	前中原	前中原	前中原	前中原	前中原	前中原?		中棚	中棚	中棚	中棚	中棚	中棚	中棚	中棚	中棚	中棚	中棚	中棚		
	特徴			小形		小形	やや特殊	後期東正院型	細身							小形		先端・基部に自然面	割れ口磨かれる。		下半分整形無	

使用も，世帯あるいは個人単位であったことが推察される。遠隔地からの運搬もいとわず，大形石棒を集落単位で設置する中期の例や，遠隔地の石材ないし型式を含む多彩な細形石棒を，集落内で大量に使用，廃棄する後晩期のありかたとは異なっているのである。

一方で，集落内で出土する石棒の絶対量が少ないことから，この世帯単位の石棒祭祀は，広く普遍的なものであったとは言い難い。また，出土数が少ない割に，1軒の竪穴住居から2点程度まとまって石棒が出土することも多い。こうした状況から，石棒祭祀を実施した世帯が限定されていたことも，また明らかである。

つまり，石棒を持つ世帯は，「特別ではないが，限定された世帯」なのである。「特別ではない」ということは，その世帯成員が特別な身分の者とは限らないということである。また，「限定された」ということは，全ての集落成員が等しく石棒を求めていたわけではなく，特定の世帯ないし個人が石棒を必要としていたことが想定される。こうした「特定の世帯」については，さまざまな仮説を立てて検証していくことが必要であるが，例えば，新しい生命の誕生を待ち望む一組の男女から構成される暖かい家庭を想像することも，あながち的外れとはいえないだろう。

おわりに

今回の分析で，関東地方北西部における発生期の小形石棒について，以下の結論を導き出した。

(1) 前中原式と中棚式の2つの様式に分けられ，それぞれ石材と製作技術，形状に固有の特徴があること。また，使用の具体的状況も異なっていたと考えられること（中棚式では火を使った祭祀行為が行われていたと見られる）。

(2) 2つの様式とも世帯あるいは個人レベルで石材採取→製作→使用されたと考えられること。そして使用したのは「特殊ではないが限定された」世帯であると考えられること。

今回，発生期の小形石棒と中期以降の大形石棒との相違点として，石材採取，製作，使用の単位を指摘した。その一方で，両者とも敲打や研磨の製作工程を持ち，使用痕として被熱や破壊が見られること，緑（結晶片岩）や白（白色凝灰岩・大山石）など石材の色調に共通点のあることが理解された。両者の関係について，少なくとも無関係とはいえまい。

いずれにせよ，今後の石棒研究においては，想念からなる用途論を廃した型式学的分析が必要であり，石材採取，製作，使用，廃棄の過程を復元する，石器研究的な視点が重要となるだろう。

文末になりますが，本稿を草するに当たり，以下の方々にご指導を賜り，また以下の諸機関に資料の実見に際し便宜を図っていただきましたこと，記して感謝します。

市川光一，板橋稔，井上慎也，笠井洋祐，久保誠二，小池雅典，小島敦子，大工原豊，神戸聖語，菊池実，田口一郎，千葉博俊，堤重典，富澤敏弘，長井正欣，中村富男，能登健，原雅信，福田貫之，前原豊。足利市教育委員会，安中市教育委員会，財団法人群馬県埋蔵文化財調査事業団，昭和村教育委員会，十日町市教育委員会，沼田市教育委員会，前橋市教育委員会（機関名後五十音順，敬称略）。

註

1) 石棒の分類に関して，筆者はかつて関東地方後・晩期資料を用いて型式設定した。これについて，石材や製作技法に着目した点については，一定の評価もいただき，また批判的なご意見もいただいた（角田1998，後藤1999，鈴木2002・2003など）。筆者が分類した細形石棒のうち，東関東の出土資料については，実測図の読み取りに誤りがあり，鈴木氏のご指摘どおり訂正が必要である。また，関東地方に限定した遺跡名を用いた型式名には無理があり，「縄文後晩期の刀剣形石製品の研究」で後藤氏が設定した名称を採用して，検討・議論を進めるべきだったろう（後藤1986・1987）。

2) 松田氏の「縄文時代前期」を「発生期」と言い換えたのは，資料の増加により，早期あるいは中期の例が増加する可能性を考慮してのことであり，「発生期の土偶」（原田1987）からお借りした用語である。なお「小形石棒」の指す範囲について，重要なのは片手で握れる大きさかどうかということであり，5×5cm以下という数字の一人歩きは，もとより筆者の企図するところではない。

3) 例えば中棚遺跡で「石棒」として報告されている棒状礫がある（黒岩・富澤1985，遺物番号1358）。実見して石棒との共通性を検討したが，石材は三波川系でなく川場村原産のホルンフェルス化した結晶片岩で，端部の打撃痕は硬い対象物を叩いた破砕であり，敲石と考えられる。

　また，中野谷松原遺跡で棒状礫に分類されている資料について，未報告分含め100点以上を実見したが，資料の特徴から発生期の石棒と共通性があると筆者が判断できたものは1点のみであった。

4) 当時群馬県立自然史博物館に勤務されていた陣内主一氏の鑑定による。筆者の観察では，黒色鉱物が見受けられ，凝灰岩の可能性も考えられる。当時，破壊分析（プレパラート作成）したとは考えられないため，粘土化した珪質凝灰岩と，固化した珪藻土を弁別することは困難だったと思われる。

5) 実資料を前に，この空隙について能登氏にコメントをいただく機会を得た。それによると，「① 1989年の羽鳥氏報告の際にも，この空隙は人工とされているが，これは当時資料を実見した能登氏の助言によると考えられる。②穴の内面が回転穿孔とは考えられないことは当時からわかっており，剝片石器等による抉り穿孔と想定していたが，あらためて観察すると，抉り穿孔にしてはやや深すぎるのも確かである。③当時類例がまだ多くない中で，球頭形石冠などへの系統も考慮して，この穴を女性表象と見たて，類例に注意を喚起する意味もあった。」とのことであった。

　この石棒の石材とみられる地蔵橋凝灰岩の露頭（沼田市）では，丸棒状の炭化木片化石が凝灰岩中に取り込まれていることがあり，何らかの理由でこれが脱落すると空隙となる。これをデザインに取り込む可能性まで否定するものではないが，現段階では類例もなく，その後の春成氏論考のように，積極的な造形としてこの空隙を評価することは差し控えたい。「オハゼとホトが結合した状態を表した造形品とされる最古の例は，縄文前期の石棒の中にある。群馬県富士見村陣場遺跡発掘の石棒は，（中略）下から陰裂，膣入口，肛門の表現ということになろう（春成1996，87-88頁）。」

6) Ⅲ形態のうち1点（第2図9）は，「J-78住居址（筆者註：諸磯b式器）上層に存在する堀之内2式期D-529土坑から出土しているが，他の例との形態的類似から前期のものと推定される（大工原1998）。」と報告されている。しかし，発生期の石棒と比べ，整形が入念であるなどの点で異質であり，堀之内式に伴う「東正院型石棒（後藤1986・1987，角田1998）」であると思われる。

7) 大下原遺跡例は，前期の可能性が高いとされるが，調査担当者大工原豊氏のご教示によると，縄文時代中期の埋甕も出土しているため，類例が増加するまで一時保留としておいてもよいだろう。

8) 縄文時代後期後半～晩期にかけて盛行する「刀剣形石製品」の代表的論者である後藤信祐氏は，この論考で石棒の系統と石剣，石刀の系統が発生期である前期までさかのぼって，異系統である可能性を指摘

した。このことは，後期後半以降盛行する石剣，石刀について，金属器の影響を考えてきた見方（後藤1986・1987），あるいは大形石棒からの変化とする見方（山本1979，角田1998など）の修正を迫るものである。もはや後・晩期の「刀剣形石製品」を単系的には語れない。

9) 松田氏は「関東地方のものをみな東北地方からの搬入品と考えるよりは，両地域で別々に作られたと考えるのが妥当ではないか」と述べ，両者の関係について触れているが，石材についての具体的論及はない。また，頭部の作出を，「括れ」と「沈線」とに分け，類型設定の要素としているが，実際の資料上では両者の境界はあいまいで，石材の風化や，実測図の取り方によっても見え方が変わる。むしろ製作技術的に見ると，これが剥片石器（両面調整石器含む）によるものか，砥石等によるものかが重要ではないか。本稿中の第1表では「沈線」という用語を用いず，剥片石器によるとみられるものを「線刻」，砥石によるとみられるものを「条線」と言い換えた。

10) 長田氏は筆者の尊敬する研究者の一人であるが，発生期の石棒については結論を急ぎすぎた感がある。本稿でいう前中原式については，長田氏の言うように自然礫の形状をそのまま生かすものが多いが，中野谷松原遺跡J-79住出土資料（第2図4）のように，胴部両脇を敲打して幅を減じる例もある。また，中棚式に関しては入念に整形して，彼らの意図するかたちをしっかり表現している。

　本稿において，長田氏も採用する石材採取や製作工程を重視する手法で，発生期の石棒を分析した結果，2様式それぞれに対応する石材の選択および，石材に応じた製作技術の存在を確認した。

11) 新井重三氏らによる加曽利貝塚の出土石器石材研究において「酸性凝灰岩」とされた石材が，この利根川産の白色凝灰岩を指す初出だった可能性がある（新井ほか1983）。新井氏と後藤和民氏らが主導した加曽利貝塚出土石器石材の研究は，縄文石器石材研究の嚆矢として高く評価される。

12) 宮尾亨氏は，石棒等の磨製石器について，「叩く」「擦る」というしぐさを見出した（宮尾1997・1998）。また，石棒と火の関係については，山本暉久氏が主として中期以降の大形石棒について「浄火された石棒」の表題で論じている（山本2006）。

13) 白色凝灰岩に関しては，拙稿で土版と岩版の違いについて触れた際，次のように問題提起している。「形状（Shape）や大きさ（Size）に比べて重視されることの少ない色（Color）であるが，少なくとも今回検討している岩版については，白色の石材を強く選択していることから，形状と同等かそれ以上の意味があったものと考えられる（角田2010，110頁）。」

　今回，岩版と同じ白色凝灰岩で作られた石棒が，縄文人の加熱行為により，白から赤，黒と変化していることが確認された。また中期の大山産石材を用いた大形石棒も白色を呈する。安斎正人氏は著書『考古学がいま語れること　日本人とは何か』の，「色彩は未解明の新天地」という節で，白，赤，黒に関して民族例を含んだ豊富な事例を挙げ，示唆に富んだ見解を述べ，こう結んでいる。「特別な道具の彩色の意味を知ることは，地域間の関係，製作者と使用者間の関係など，社会の輪郭を浮かび上がらせてくれる。そればかりか，彼らの心のありようにも，ぐっと近づくことが出来るのだ。」（安斎2010，320頁）。

14) 原田昌幸氏は，次のように述べている。「私は発生・出現期の土偶は，竪穴住居を単位とした，家族集団の個々が，家族祭祀の目的で個々に作り，用いた呪術具であると考えている。その祭祀目的を具体的に知ることは困難であるが，そこには家族単位の子孫繁栄や安産などが仮定されるのが穏当であろう。

　そして，この発生・出現期の土偶が示唆する祭祀構造は，草創期にはじまり，多少の変化はあったにせよ，基本的には縄文時代前期後半にまで，一貫した普遍性を持って継続したと考えられるのである（原田2009，23・24頁）。」発生期の石棒についても，本稿の分析により，この「家族祭祀」が強く示唆された。

引用・参考文献

足利市教育委員会 2000「神畑遺跡第3次発掘調査」『平成10年度文化財保護年報』足利市埋蔵文化財調査報告第42集　102-109頁　足利市教育委員会文化課

安孫子昭二ほか 1976『田中谷戸遺跡』　町田市田中谷戸遺跡調査会

石井　匠 2011「大形石棒の造形デザイン」『縄文時代の大形石棒 ―東日本地域の資料集成と基礎研究―』44-110頁　國學院大學研究開発機構学術資料館

新井重三・後藤和民・庄司克 1983『縄文時代の石器 ―その石材に関する研究―』貝塚博物館研究資料第4集　千葉市加曽利貝塚博物館

上野修一・荒川竜一 1993『選ぶ・割る・磨く ―旧石器時代から古墳時代までの人と石の関わり―』栃木県立博物館第45回企画展図録　栃木県立博物館

長田友也 2008「多彩な磨製石器の世界 ―縄文時代の磨製石器―」『縄文石器の世界　ストーンツールズ』56-60頁　安中市学習の森　安中市ふるさと学習館

長田友也 2012「石棒の製作と流通」『季刊考古学』第119号　79-84頁　雄山閣

笠井洋祐・石原正敏 2007『上ノ山開墾地遺跡発掘調査概要報告書』　十日町市埋蔵文化財発掘調査報告書第35集　十日町市教育委員会

黒岩文夫・富澤敏弘 1985『中棚遺跡 ―長井坂城跡―』　昭和村教育委員会・群馬県教育委員会

後藤信祐 1986「縄文後晩期の刀剣形石製品の研究（上）」『考古学研究』第33巻3号　31-60頁　考古学研究会

後藤信祐 1987「縄文後晩期の刀剣形石製品の研究（下）」『考古学研究』第33巻4号　28-48頁　考古学研究会

後藤信祐 1999「遺物研究　石棒・石剣・石刀」『縄文時代10』71-82頁　縄文時代文化研究会

後藤信祐 2003「刀剣形石製品の起源と系譜 ―縄文時代前期～後期前半の刀剣形石製品―」　富山大学考古学研究室論集蜃気楼　47-69頁　秋山進午先生古希記念論集刊行会　六一書房

小林達雄 1967「縄文晩期における〈土版・岩版〉研究の前提」物質文化10　1-8頁　物質文化研究会

小林達雄 1989『縄文のこころとかたち』日本のあけぼの3巻　毎日新聞社

下城　正・能登　健 1982『十二原遺跡・大原遺跡・前中原遺跡』　群馬県埋蔵文化財調査事業団

鈴木素行 1999「越の旅人　放浪編 ―西方貝塚B地区第1号住居跡の彫刻石棒について―」婆良岐考古第21号　29-66頁　婆良岐考古同人会

鈴木素行 2002①「ケンタウロスの落とし物 ―関東地方東部における縄文時代晩期の石棒について―」婆良岐考古第24号　婆良岐考古同人会

鈴木素行 2002②「本覚遺跡への途 ―関東地方東部における縄文時代晩期の石棒製作遺跡について―」茨城県考古学協会誌第14号　89-118頁　茨城県考古学協会

鈴木素行 2004「節のある石棒 ―石棒研究史を学ぶ（前編）―」婆良岐考古第26号　87-117頁　婆良岐考古同人会

鈴木素行 2007「樹立される石棒（上）―石棒研究史を学ぶ（中編）―」茨城県考古学協会誌第19号　23-53頁　茨城県考古学協会

鈴木素行 2008「樹立される石棒（中）―石棒研究史を学ぶ（中編）―」茨城県考古学協会誌第20号　15-44頁　茨城県考古学協会

鈴木素行 2009「樹立される石棒（下）―石棒研究史を学ぶ（中編）―」茨城県考古学協会誌第21号　55-

91頁　茨城県考古学協会

大工原豊ほか 1993『大下原遺跡・吉田原遺跡』 安中市教育委員会

大工原豊ほか 1998『中野谷松原遺跡』 安中市教育委員会

大工原豊 2008『縄文石器研究序論』 六一書房

大工原豊ほか 2008『縄文石器の世界ストーンツールズ』 安中市学習の森安中市ふるさと学習館

谷口康浩 2011「総論　大形石棒の重要性と研究課題」『縄文時代の大形石棒 ―東日本地域の資料集成と基礎研究―』27-38頁　國學院大學研究開発推進機構学術資料館

角田真也 1998「細形石棒の研究」國學院大學考古学資料館紀要第14輯　127-176頁　國學院大學考古学資料館研究室

角田真也 2009「関東地方における〈土版・岩版〉研究の前提 ―群馬県の白色凝灰岩原産地とその意味―」國學院大学学術資料館考古学資料館紀要第26輯　97-121頁　國學院大學研究開発推進機構学術資料館

戸田哲也 1997「石棒研究の基礎的課題」『堅田直先生古希記念論文集』91-108頁　堅田直先生古希記念論文集刊行会

富澤敏弘・黒岩文夫ほか 1985『中棚遺跡』 昭和村教育委員会

長井正欣 1989「行田Ⅰ遺跡出土の遺物について」群馬文化220　117-120頁　群馬県地域文化研究協議会

長井正欣ほか 1997『八城二本杉東遺跡（八城遺跡）　行田大道北遺跡（行田Ⅰ遺跡）』 松井田町遺跡調査会ほか

能登　健 1981「信仰儀礼にかかわる遺物（Ⅰ）」『神道考古学講座』第1巻　前神道期　108-128頁　雄山閣

能登　健 1995「縄文時代前期の石棒について」『荒砥上ノ坊遺跡Ⅰ』165-168頁　群馬県埋蔵文化財調査事業団

能登　健 2011『列島の考古学　縄文時代』 河出書房新社

羽鳥政彦 1995「参考資料3. 陣場遺跡・上庄司原東遺跡から出土した前期小型石棒」『小暮地区遺跡群　上百駄山遺跡　寺間遺跡　孫田遺跡』176-179頁　群馬県勢多郡富士見村教育委員会

羽鳥政彦・藤巻幸男 1989「新発見の縄文時代前期の呪術具二例」群馬文化220　115-117頁　群馬県地域文化研究協議会

原田昌幸 1983「発生期の土偶について ―花輪台貝塚出土の新資料から―」奈和　第21号　19-36頁　奈和同人会

原田昌幸 2009「土偶祭祀の構造」季刊考古学第107号特集縄文時代の祭り　23-26頁　雄山閣

春成秀爾 1996「性象徴の考古学」国立歴史民俗博物館研究報告66　69-160頁　国立歴史民俗博物館［校訂再録2007「性象徴の考古学」『儀礼と習俗の考古学』102-210頁　塙書房

松田光太郎 2004「縄文時代前期の小形石棒に関する一考察」古代第116号　1-17頁　早稲田大学考古学会

宮尾　亨 1997「縄文人のしぐさ」國學院大學考古学資料館紀要第13輯　15-30頁　國學院大學考古学資料館研究室

宮尾　亨 1998「縄文人のしぐさ（承前）」國學院大學考古学資料館紀要第14輯　19-42頁　國學院大學考古学資料館研究室

山本暉久 1979「石棒祭祀の変遷（上）」古代文化第31巻第11号　1-41頁　古代学協会

山本暉久 1979「石棒祭祀の変遷（下）」古代文化第31巻第12号　1-24頁　古代学協会

山本暉久 2006「浄火された石棒」神奈川考古第42号　37-65頁　神奈川考古同人会

敷石住居址における居住空間の検討

本 橋 恵 美 子

はじめに

　敷石住居址は、石の平らな面を床として水平に並べた住居址で、中部地方の曽利Ⅱ式期から竪穴住居に部分的な敷石としてみられ、配石を伴うものもある。中期後葉加曽利E3式の新段階になると、竪穴住居が柄鏡形住居に変化をするものが出現し、加曽利E4式期には南関東を中心に中部地方浅間山麓や北関東、東北地方南部にまで拡散し、ひとつの住居形態として定着する。柄鏡形住居は、加曽利E4式土器の住居形態として伝播したことは、既に旧稿であきらかにした（本橋1988・1992ほか）。また、山本暉久が記しているように（山本2010ほか）、柄鏡形住居址は「柄鏡形敷石住居」として成立したものであり、私も旧稿（本橋1988）で検討してきたように、石材を獲得できる環境によって、配石をともなう柄鏡形住居であり、敷石や配石をもたない住居であり、いわば敷石や配石をもつか否かは遺跡のおかれている環境的な制約が反映された住居形態であるといえる。第1図は旧稿に加筆したもので、全体あるいはほぼ全面に石が敷かれているものをⅠ類、炉周辺や柄部に限られているものはⅡ類、柱穴に沿って小礫が巡るものをⅢ類、敷石や配石がないものをⅣ類とした。Ⅱ類については、後期堀之内式期になってからしばしばみられる柄鏡形住居址である。

　柄鏡形住居址を含め、敷石住居址や配石をともなう竪穴住居址は居住空間が石を用いることによって分割されている。竪穴住居の使い方が附帯施設や遺物などからある程度想定できる可能性がある。本稿では考古学的事象からどこまで住居空間の意味付けを明らかできるか追及していく。

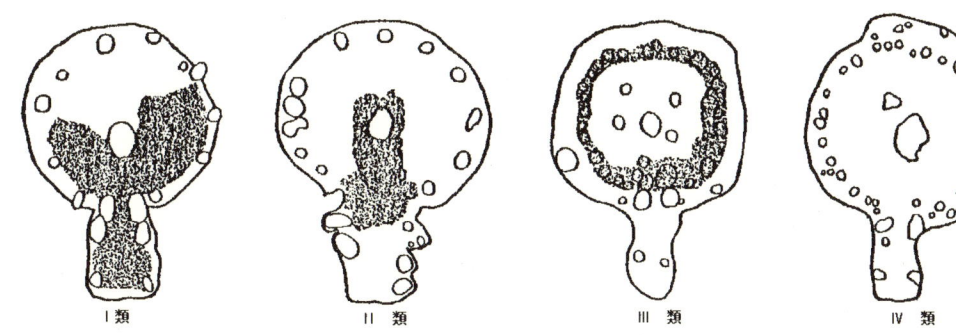

第1図　柄鏡形住居址類型模式図

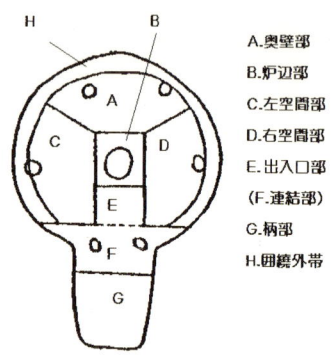

第2図 住居空間部名称模式図
（本橋1988に加筆）

A.奥壁部
B.炉辺部
C.左空間部
D.右空間部
E.出入口部
（F.連結部）
G.柄部
H.囲繞外帯

また、敷石や配石をもつ住居の集落遺跡における位置づけについて着眼していきたい。

1. 敷石は家の付帯施設か

　敷石住居址の敷石が果たして、住居施設としてもともと存在していたか。私は、柄鏡形敷石住居の敷石が柱穴を覆っていないものが多いことから住居施設であることを指摘したが（前掲）、敷石が住居廃棄後に行われたものであるという意見が未だ存在することから、いまいちど敷石住居、特に柄鏡形住居の敷石が住居使用時点のものであるか検討する。また、柄鏡形住居で敷石があること故に、居住空間における使い分けがみられる。第2図は旧稿に加筆したもので、石の有無や石の敷き方等から住居空間を「奥壁部」、炉の周りの「炉辺部」、炉の脇「左空間部」「右空間部」、「出入口部」であり、柄鏡形住居址である場合は出入口部と柄部との間の「連結部」が識別されるものがある。この連結部につながる部分を「柄部」とする。柱穴列の外側に明らかな空間がみられるものがあり、この部分を「囲繞外帯」と呼ぶ。これらの空間の名称は必ずしも機能をさしているものではなく、住居の間取りを区別する便宜的なものとしておく。

2. 住居空間の識別の現れ

　住居空間のなかで「出入口部」は、住居の出入口を想定させるが、多くは埋甕が埋設されている空間である。中部地方や南関東で曽利Ⅱ式期や加曽利E2式期に突出した部分に埋甕がみられる潮見台型（第3図）として、柄鏡形住居の出現期前にみられる住居形態であることを明らかにした（本橋1988）。山本は潮見台型を柄鏡形住居に含め、「初源期」としている（山本1976）。私は、柄鏡形住居が潮見台の突出部が拡大したものだけではなく敷石住居や屋外の埋甕をもつ配石遺構などの要素が絡み合って出現したものと考えている。旧稿を記してから20年以上経過し、多くの事例が報告されており、柄鏡形敷石住居が加曽利E4式の住居形態であることをより確かなものにしている。

　第3図は、奥壁部に炉を挟んで対応する位置に出入口部があり埋甕がみられる。潮見台型とした住居跡は4の神奈川県山北町尾崎遺跡第26号住居跡と、5の東京都多摩市向ノ岡遺跡SI1である。潮見台遺跡では、埋甕の脇に対ピットはないが、これらはいずれも存在する。1は曽利Ⅳ期で、長野県茅野市棚畑遺跡第2号住居跡は炉の南東部に敷石と埋甕対ピットがみられる。住居中心軸上に炉、敷石、埋甕があり、炉石脇の軸上に石棒がみられる。2は棚畑遺跡第123号住居跡で、これも住居中心軸上に炉跡、埋甕があり、炉石脇の奥壁部側に石棒がみられる。埋甕は逆位で石蓋を伴う。3は、長野県茅野市増野新切遺跡D8号住居跡で、奥壁部に配石とフラス

敷石住居址における居住空間の検討 21

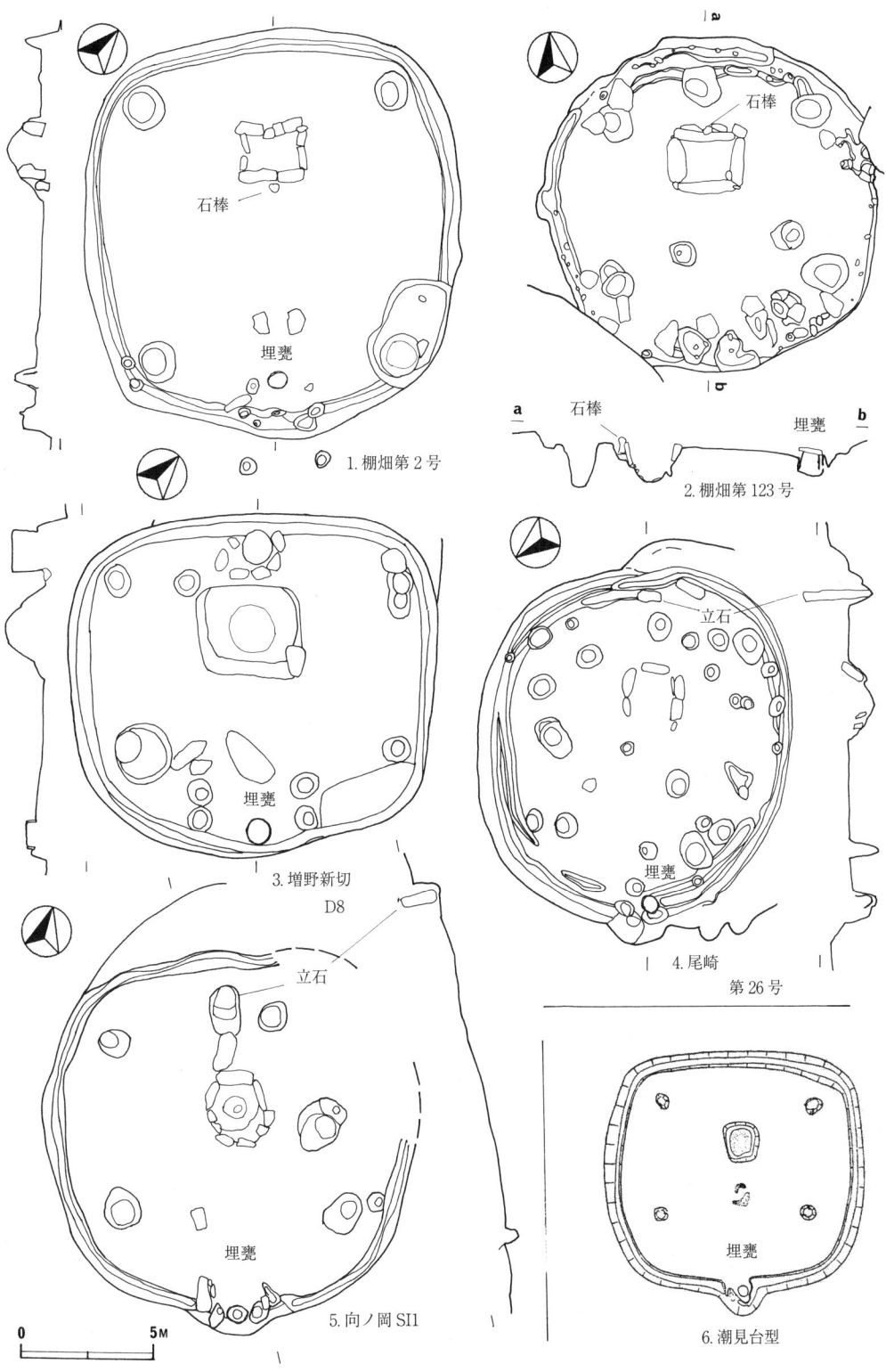

第3図 配石を伴う住居址と潮見台型

コ状の土坑，住居中心軸上に鉄平石の敷石，埋甕があり，2対のピットが対応する位置にある。4は尾崎遺跡第26号住居址で，住居中心軸上に奥壁部に立石，炉，埋甕，対ピットがある。5の向ノ岡遺跡SI1も奥壁部の中心軸上に立石，炉，埋甕，対ピットがみられる。

　いずれも住居が左右対称で，中心軸を意識した位置に立石，石棒，炉，埋甕があり，特に奥壁部に立石や配石，敷石がみられる点は，曽利II式から曽利III式期あるいは加曽利E2式期に奥壁部と出入口部の住居空間の使い分けた意識の現れととることができる。

　第5図1は群馬県富岡市田篠中原遺跡5号配石遺構で，炉辺部を中心に石の平らな面を床として敷いているが，埋甕はもたない。2は23号配石遺構で，加曽利E4式期の柄鏡形敷石住居址で，掘り込みがないため明確ではないが，炉辺部には敷石がないが，柄部には敷石があり，先端ピットに土器が2個体埋設されていた。田篠中原遺跡では，明瞭な掘り込みは確認できなかったが，加曽利E3式の敷石住居が加曽利E4式期になると敷石が柄鏡形に変化をすることが分かる。ただし，田篠中原遺跡では配石遺構として報告されているように，石の水平面が確保されておらず，他の加曽利E4式期の柄鏡形敷石住居とはやや様子が異なっている点は注意される。

3. 柄鏡形敷石住居址の居住空間

　柄鏡形住居址には第1図に示したとおり，主に4通りの敷石や配石のパターンがある。敷石や配石の使い分けによって居住空間が分割されている。

　第4・5図は，加曽利E4式期から堀之内1式の柄鏡形敷石住居である。加曽利E4式期では，奥壁部に敷石を抜くことによって空間分割している事例は，第4図2の埼玉県入間市坂東山遺跡第2号，3の東京都国立市南養寺遺跡，4の埼玉県所沢市椿峰遺跡群SI001，配石によって区画している第6図の東京都東久留米市新山遺跡第22号があり，これらは全て炉辺部に敷石がみられる。また，柱穴に図中トーンをかけたところ，柱が立つ余地が残されているのがわかり，敷石によって柱穴はふさがれていない。第4図1の坂東山遺跡第1号や3の南養寺遺跡のように敷石や小礫配石は柱の内側に施される例が多い。また，敷石面と敷石のない床面はほぼ水平を保っており，住居使用時点から敷石が存在していたことが明らかであろう。第4図2の坂東山遺跡第2号と4の椿峰遺跡群（海谷遺跡）SI001では，奥壁部敷石をもつ空間ともたない空間がある。柄部に敷石をもたない柄鏡形住居は3の南養寺遺跡と4の椿峰遺跡群SI001である。埋甕は，3の南養寺遺跡や第6図1の新山遺跡第22号では連結部と柄部の双方にみられるが，坂東山遺跡や椿峰遺跡群では埋甕はもたない。第8図の東京都府中市武蔵台東遺跡では，埋甕をもつもの，もたない柄鏡形住居が存在する。さらに第6図2の武蔵台東遺跡J56は，炉辺部に敷石がない空間をつくり，第4図2の坂東山遺跡第2号と4の椿峰遺跡群SI001とネガとポジの関係にある。柱穴列外側の囲繞外帯が明らかなのは，3の南養寺遺跡と4の椿峰遺跡群，第8図の武蔵台東遺跡J56である。特に椿峰は，柱穴に伴う周溝の外側にテラス状に空間がある。

　敷石の敷き方や配石によって明確な居住空間の大きさについて検討する。住居面積における各

敷石住居址における居住空間の検討　23

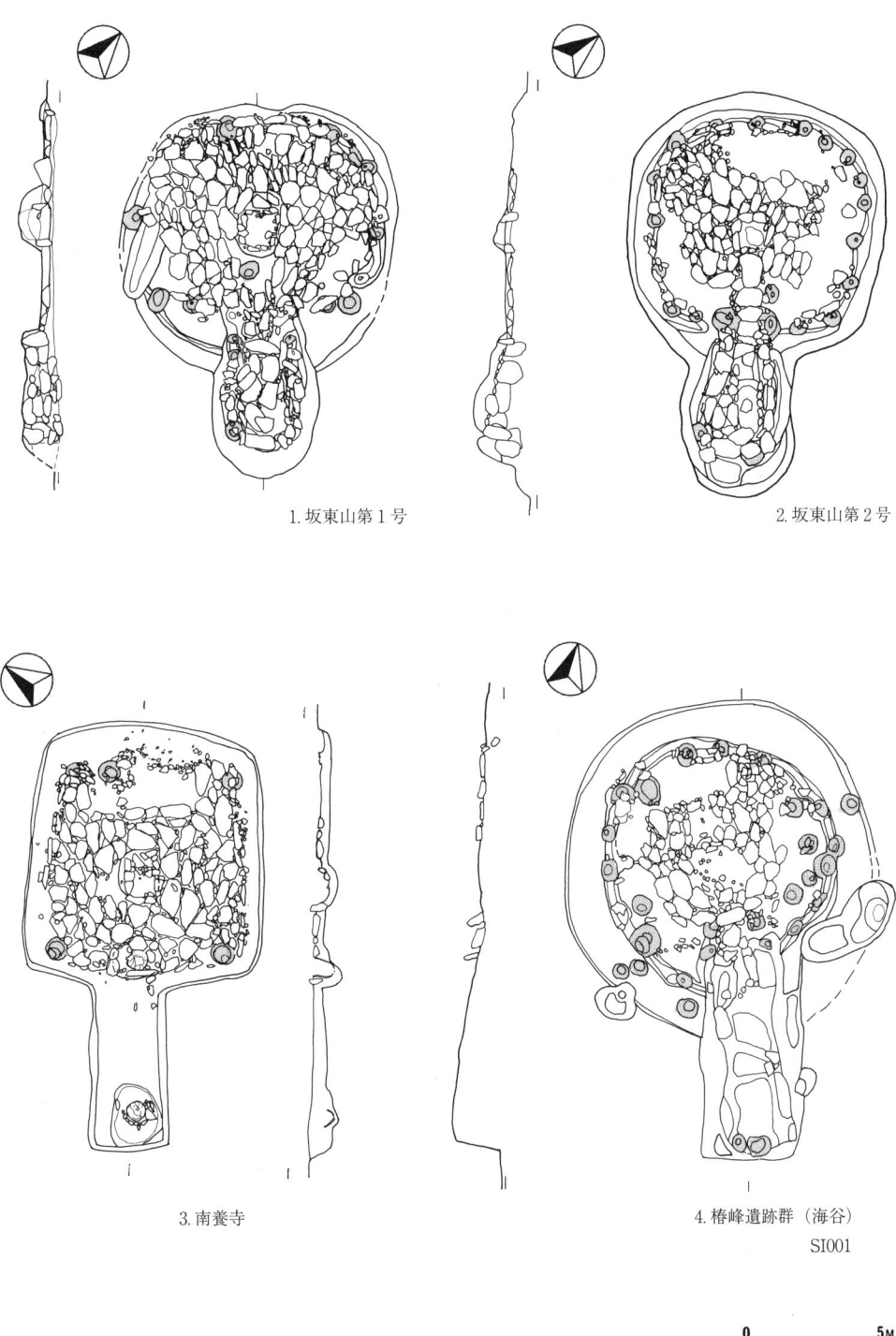

1. 坂東山第1号
2. 坂東山第2号
3. 南養寺
4. 椿峰遺跡群（海谷）
SI001

第4図　柄鏡形敷石住居址（1）

24

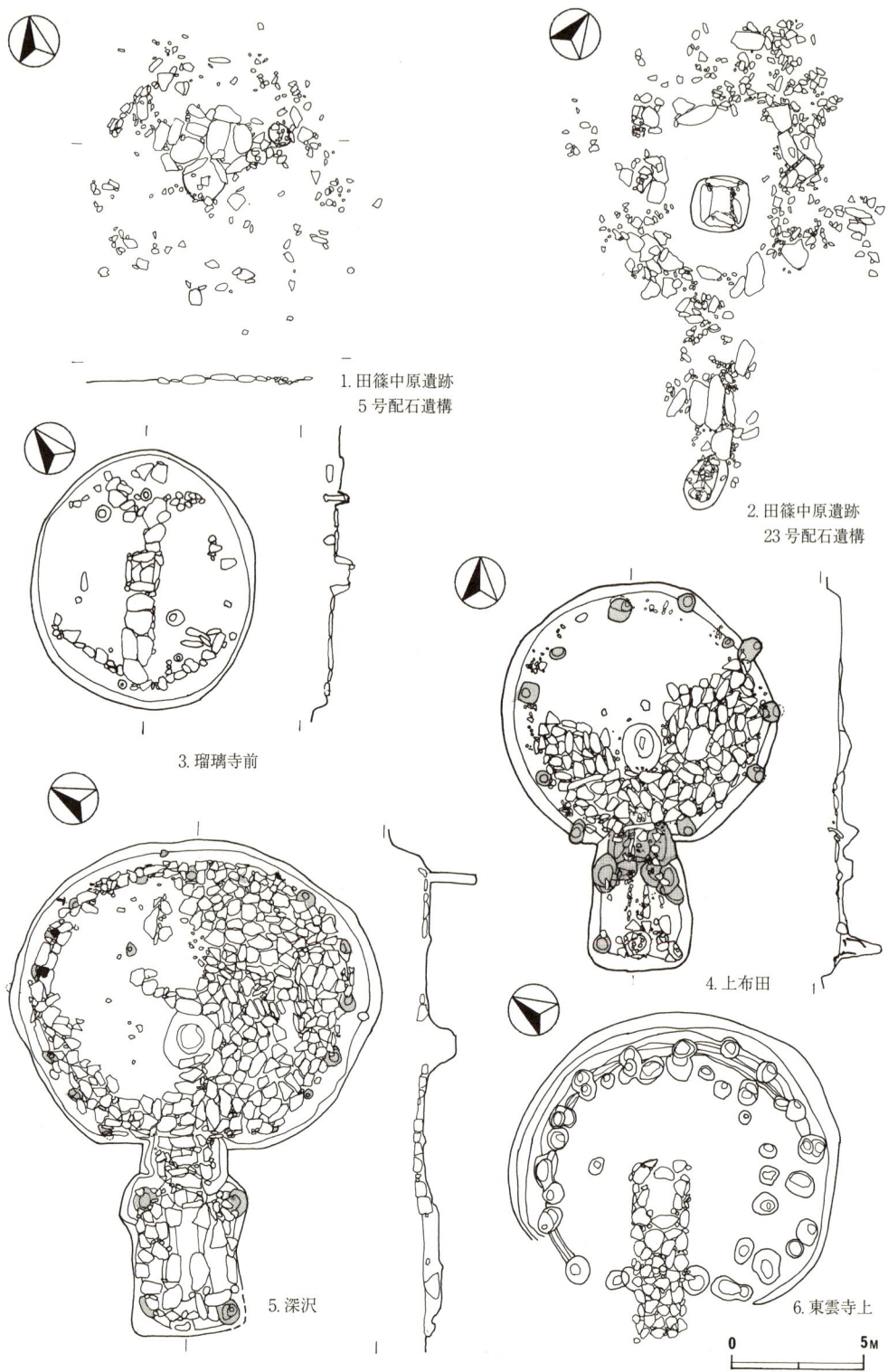

1. 田篠中原遺跡 5号配石遺構
2. 田篠中原遺跡 23号配石遺構
3. 瑠璃寺前
4. 上布田
5. 深沢
6. 東雲寺上

第5図　柄鏡形敷石住居址（2）

空間部分の占める割合に着目する。奥壁部で1.2〜1.87 m²で,椿峰遺跡群では敷石のない部分に限るとおよそ0.81 m²である。坂東山遺跡の二つの事例は左右空間部が左右対称となっており,敷石のない空間部分で0.95〜1.5 m²であった。炉辺部は,坂東山遺跡第2号では出入口が約3 m²で全体の20%,椿峰遺跡群では3.22 m²で16%,武蔵台東遺跡J56は1.89 m²で20%を占める。住居面積は,壁面も含めていることから多少の誤差は生じているが,炉の位置は住居内で中心的な位置にあり,炉辺部の空間は広いものとなっている。柄部について。潮見台型の住居の埋甕の位置から,空間部分が出入口部と機能づけられ,埋甕をもつ連結部から柄部にかけては出入口施設であるような見方が妥当であるようである。連結部は,出入口部から柄部につながる部分で,柄鏡形住居のくびれ部にあたる。第3図3の増野新切遺跡や4の尾崎遺跡26号,5の向ノ岡遺跡でみられる埋甕と対ピットがそのまま加曽利E4式期まで踏襲している形状で第4図1・2の坂東山遺跡には残されているが,埋甕は存在しない。また,3の南養寺遺跡には連結部に埋甕はあるが,対ピットはみられない。柄部について。柄部の位置は南向きが多く,埋甕が連結部や柄部や南養寺遺跡や新山遺跡第22号のように柄部先端にみられるものがある。柄部は,主体部より大きく掘り込むような形で造られている。面積は,壁まで含めて1.6〜2.64 m²である。全体に対する柄部の大きさは,新山遺跡の柄鏡形住居がもっとも小さく11%であり,最も大きくても南養寺遺跡の18%を占める。

4. 奥壁部空間から出入口部空間へ

　称名寺式期では,柄鏡形住居址で,第6図に示したように奥壁部に土器列が施されるものがあり,堀之内1式期までみられる。これは,加曽利E4式の小礫配石にみた事例と類似し,小礫が土器に変わったものと考えられる。図示しなかったが小礫配石をともなう柄鏡形住居址は,加曽利E4式期では,東京都小金井市はけうえ遺跡の事例がある。第7図1は長野県三田原遺跡群で主体部に小礫配石が巡り,柄部に敷石が施されている。土器列は奥壁部中心にみられる。第6図2と4は東京都練馬区大泉井頭遺跡と貫井二丁目遺跡である。大泉井頭遺跡は遺存状態が悪く,柄部が確認できなかったが壁に沿って土器片が配されている。炉の南に埋甕がみられる。貫井二丁目遺跡は,奥壁部の北側,左空間部に近い壁際に土器列がみられる。柱穴間に直線的に土器を割って壁に貼り付けられていた。土器列中央に凝灰岩塊がちょうど柱穴の覆土上面におかれていた。奥壁部中央の住居中心軸上に埋甕があり,連結部にも対ピットの間に土器が埋設されていた。柄部は不明瞭であった。土器列がみられる事例は,第6図3の神奈川県横浜市華蔵台南遺跡,5の堀之内式期の荏原第2遺跡でもみられる。土器を割って奥壁部の壁に貼り付けている。柱穴間を直線的に結ぶような土器片の置き方である。荏原第2遺跡では,柱穴に沿って小礫も巡っていたようである。第5図3の長野県下伊那郡高森町瑠璃寺前遺跡では,奥壁部と炉辺部,出入口部に敷石がみられる。奥壁部の住居中心軸上に石棒がみつかっている。円形の住居平面図に対応する断面図では,石棒が立った状態であるが,神村透によると図2の写真(神村1965)では石棒と

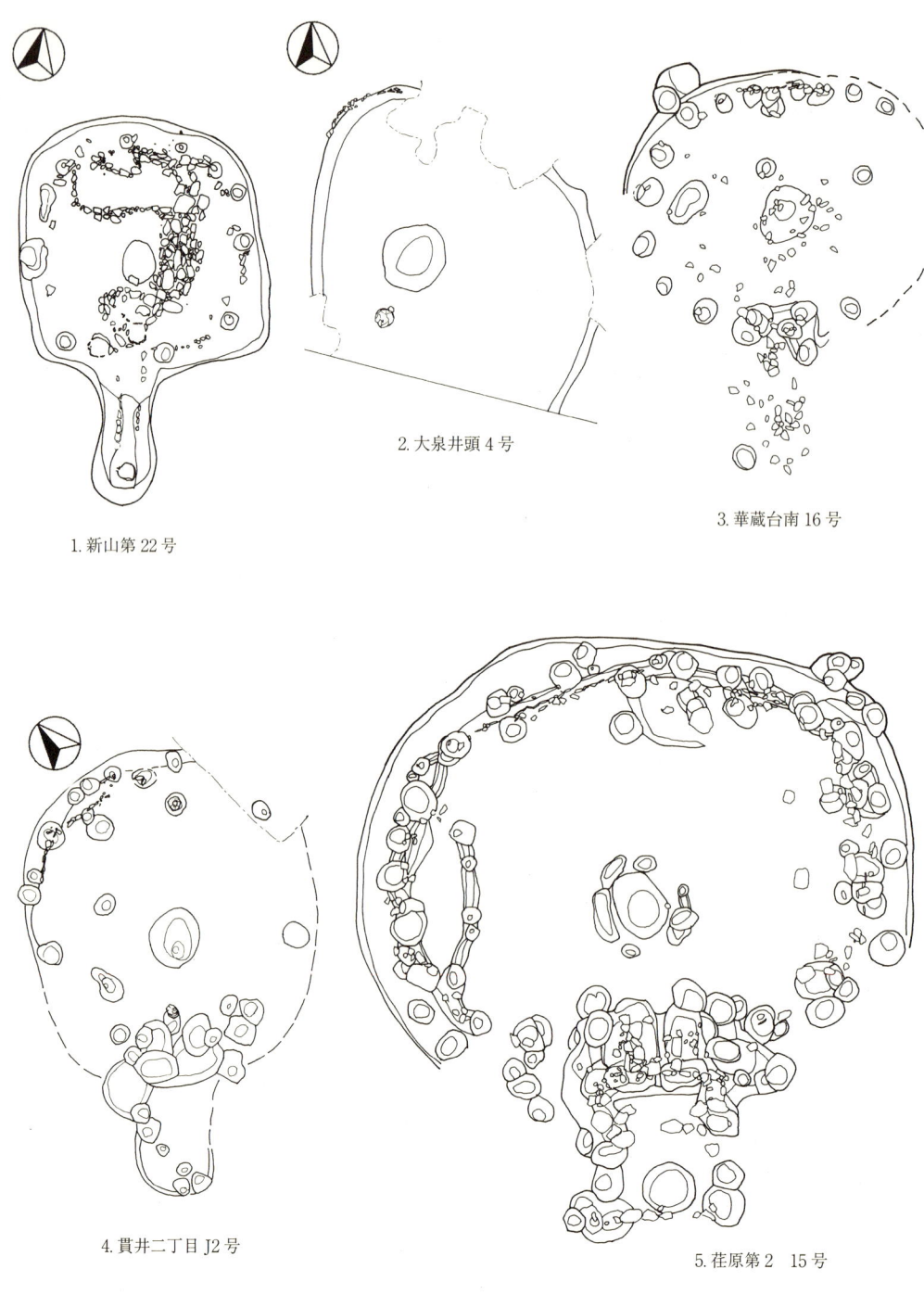

1. 新山第22号
2. 大泉井頭4号
3. 華蔵台南16号
4. 貫井二丁目J2号
5. 荏原第2 15号

第6図　奥壁部配石・土器列をもつ住居址

敷石住居址における居住空間の検討 27

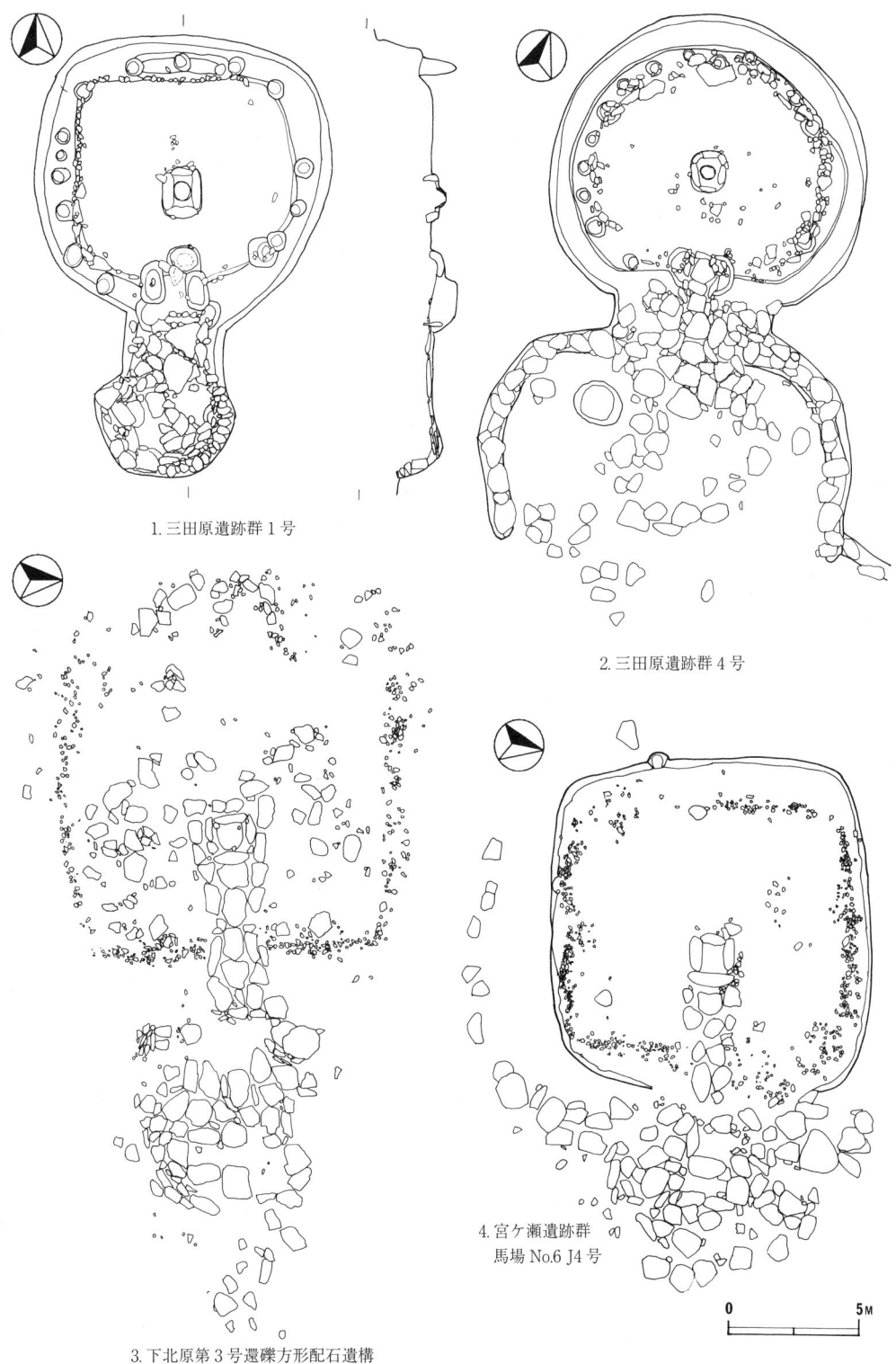

1. 三田原遺跡群1号
2. 三田原遺跡群4号
3. 下北原第3号還礫方形配石遺構
4. 宮ケ瀬遺跡群 馬場 No.6 J4号

第7図　配石を伴う柄鏡形住居址

思われる石器は，敷石の間に立てられてはいないようである。奥壁部空間の顕著な現れは，第5図4の東京都調布市上布田遺跡である。奥壁部空間を扇形に残して敷石が施されている。連結部の対ピットの間に石皿が間仕切りのように立てられていた。柄部には配石が施され，先端には埋甕がみられる。第7図1の三田原遺跡群でも，連結部の対ピットの間に埋甕でなく石皿が埋設されていた。連結部の埋甕は形骸化し，埋甕風習が消滅する過度期のものとして位置づけることができよう。

このように，後期初頭になると奥壁部空間が住居空間として顕在化する一方で，連結部から柄部の空間に大きな変化がみられる。堀之内1式期では，奥壁部よりも出入口部・柄部に様々な造作がみられる柄鏡形住居がある。

5. 柄鏡形敷石住居の多様化

ここでも，居住空間の住居面積における各空間の占める割合について検討する。第5図5は，堀之内1式期の東京都八王子市深沢遺跡である。火災住居であるため，柱の炭化材が残されていた好例である。奥壁部から左空間部は敷石がみられない。敷石のある面都内面は同じ床面の高さであったようである。連結部に対ピットと柄部につながる敷石がみられる。柄部にも対応する位置にピットがみられる。面積は，22.42 m^{2}で柄部は全体に対して約18%の大きさであり，住居規模は大きいが加曽利E4式期とおなじ割合である。敷石のない空間は5.2 m^{2}で23%を占める。主体部住居の約半分を占める。堀之内1式期には，炉辺部から連結部，柄部の空間重視は，第5図6は東京都町田市東雲寺上遺跡，第7図3の神奈川県伊勢原市下北原遺跡や4の宮ケ瀬遺跡群馬場遺跡にみられる。炉辺部から柄部にかけての敷石，第1図Ⅱ類は堀之内1式期以降，柄部の面的拡大につながる。東雲寺上遺跡は，2軒の竪穴住居の重複で，楕円形の主体部に周溝と柱，南西に柄部をもつ形態であった（1号b住居跡）。この後に周溝の内側の位置に柱穴，ほぼ同じ位置に柄部が造られたもので，炉辺部から柄部にかけて石が敷かれている（1号a住居跡）。柄部の敷石はそのまま新しい住居に利用されたと考えられる。敷石の面積は1.6 m^2。3と4は主体部に小礫が巡る，還礫方形配石遺構であり，神奈川県に多く分布する加曽利B式期までみられる遺構である。祖形は柄鏡形住居にあり，柄鏡形住居Ⅲ類の小礫配石が変容を遂げたものであろう。柄部が羽子板状に広がる形態であり，4は主体部の還礫方形配石遺構の外側にも敷石もしくは配石が巡っていた可能性がある。敷石のなかには石棒や立石はみられない。第7図2は，三田原遺跡の堀之内1式期の柄鏡形住居である。円形の主体部には配石が柱穴に沿って巡り，柄部が大きく開き，住居外側の配石遺構と繋がっている。三田原遺跡群のように中期末葉の柄鏡形住居が後期堀之内式になると配石遺構と繋がる事例は，神奈川県秦野市曽屋吹上遺跡にもみられる。堀之内式になると個々の住居規模大きくなるだけでなく，神奈川県などの丘陵や中部地方長野県や，群馬県などの北関東の山地地域，石材が容易にえられる地域に，柄鏡形敷石住居とともに大形の配石遺構が出現する。一方で，深沢遺跡や東雲寺上遺跡のような配石遺構をともなわない集落遺

跡も存在する。ただし，還礫方形配石遺構や連結部の対ピットが発達したと考えられる柄鏡形住居址は東京湾沿岸に分布している傾向がみられる。後期初頭までかなり斉一性の高い柄鏡形の住居形態が，堀之内1式期になると柄鏡形は存続するものの，柄部のない竪穴住居や連結部の対ピットが拡大した住居など多様になり，集落遺跡の在り方にさまざまな現象がみられる。

6. 集落遺跡における柄鏡形敷石住居址

　曽利II式期や加曽利E2式期に，竪穴住居にみられる配石や敷石とともに，立石・石棒は奥壁部や炉辺部にみられ祭祀的な特徴がみられる空間である可能性が高くことは桐原健（桐原1969）によって，既に指摘されていた。加曽利E3新式期になると柄鏡形住居が出現し，奥壁部空間を重視する傾向は称名寺式期までみられる。ここで，問題となるのは，集落におけるこうした住居が普遍的にあるのか，つまり集落を構成する竪穴住居のうち，1軒のみ祭祀的な居住空間をもつものなのかである。住居における同時性が問題となる。土器型式の枠を越えた時期的な問題は，小林謙一らによるAMS測定値を住居にあてはめて，更に細かく同時性を摑もうとする研究がある（小林2008）。どの程度のノイズを削除して都合よく住居が並べられるか。黒尾和久は土器の原位置を記録し，接合関係で住居の同時性を摑むという方法が提起した（黒尾1995）。埋甕や炉体土器などとの接合関係は有効であるが，住居覆土中の土器は廃棄された単位を示すが，集落の家の単位をどの程度明らかにできるか。住居使用時点について同時性を摑むことはなかなか難しい。石井寛は勝坂式期の竪穴住居址の柱穴等の分析から住居の建て替えの順を辿ることができるという（石井2012）。何軒かの住居に構築における時間差が，こうした分析結果として認識できるものという。ひとつの遺跡において柱穴の覆土の状態などから同じ竪穴構成員が何回か家を建て替えた可能性を示唆した点は高く評価できる。

　私は，長野県千曲市屋代遺跡の敷石住居址の分析で，住居形態や石の敷き方から同じ竪穴構成員もしくは関連のある人々によって複数の住居が構築されたとする結論を導いた（本橋2006）。ひとつの土器型式内でも，住居規模や柱穴の位置などの共通性から同じ集団が家を構築した可能性があり，そこに時間差が存在する可能性を指摘した。石井の指摘するように柱穴の覆土の検討から使える柱を抜き取って建て替えたことを証明するのは難しい。しかし，柱や土器だけでなく敷石の住居施設としての再利用は充分考えられる。

　第8図は東京都府中市武蔵台東遺跡の柄鏡形住居址と全測図（部分）である。6軒の柄鏡形住居址はいずれも加曽利E4式期である。全面に敷石がみられるのは，J10号，J17号，J56号である。J71号とJ80号は部分的に敷石が残存しているもの，J35号とJ63号は敷石がみられない柄鏡形住居址である。いずれも柄鏡形敷石住居として機能していたものが，廃棄された後にJ10号と，J17号，J56号を構築するときに石が抜かれたものと考えられる。J10号やJ56号にみられるように炉辺部，奥壁部，左右空間部，出入口部，連結部，柄部の居住空間が明確に分割されて石が敷かれている。また，遺存状態が悪いがJ71号では無頭の石棒が連結部に残されている点に

30

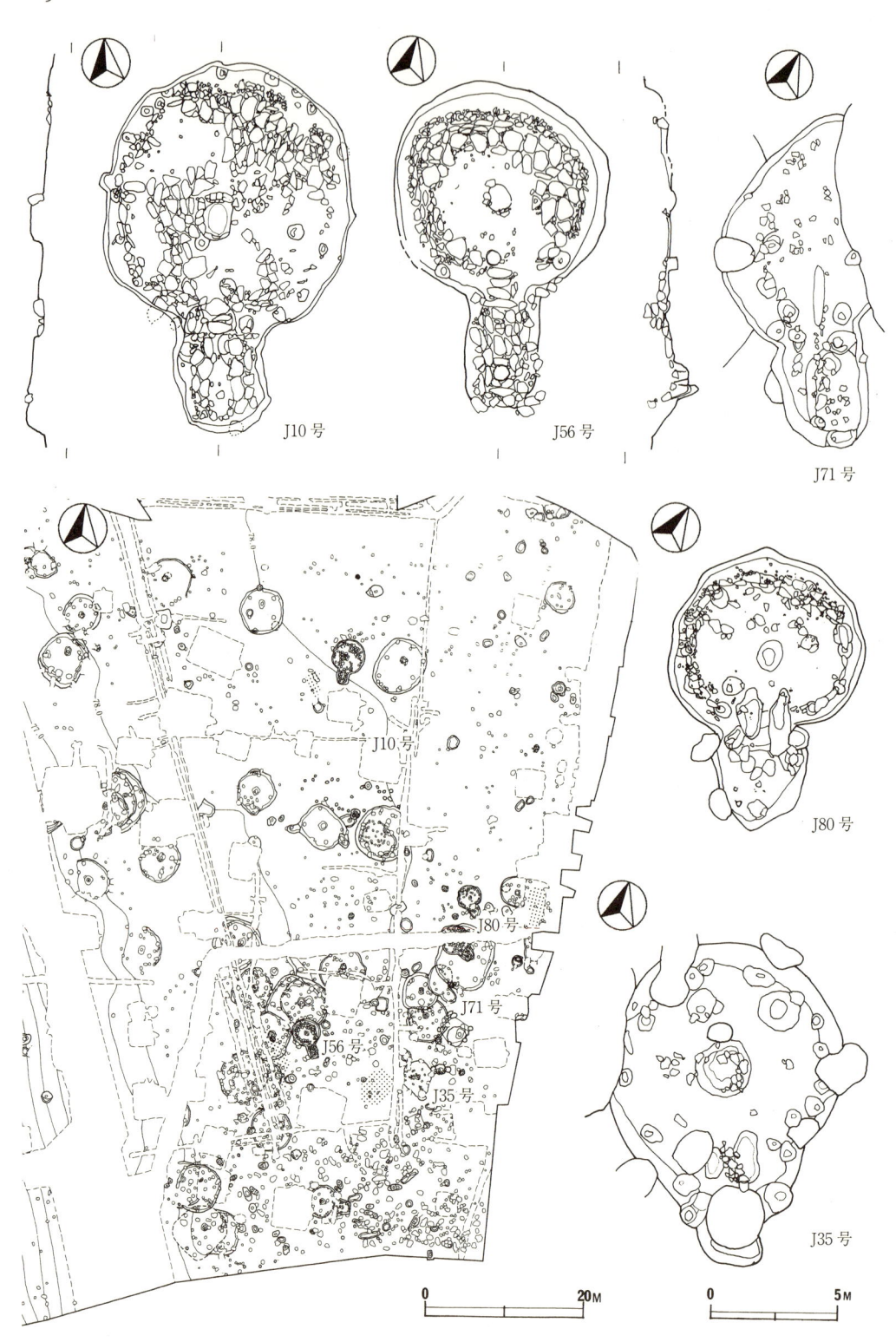

第8図　武蔵台東遺跡の柄鏡形住居址

ついても注目される。

7. 敷石住居にみる間取り

　竪穴住居における奥壁部は，石壇といわれる配石や敷石等と立石や石棒が出土していることから，祭祀的な空間として指摘されてきた。中期中葉から多くは後葉曽利Ⅱ式期に中部山地，八ヶ岳山麓にみられるという。同時に炉辺部や出入口についての南関東でも加曽利E2式期に配石や対ピットをともなう埋甕などとともに特別な住居空間の使い方の現れとして認識される。柄鏡形住居にみられる奥壁部を中心とした土器列や小礫配石は後期まで引き継がれ，住居において奥壁部，炉辺部，出入口部として主要空間であることは明らかである。連結部の埋甕やそれに変わる石皿，石棒の存在は祭祀的な空間が出入口部に現れてきたことを示唆するものであろう。柄鏡形敷石住居の柄部の役割については，廃屋後の埋葬施設としての意見もあったが，それを証明するような事例は報告されていないようである。また，廃屋の問題は住居構造とは切り離して考えるべきである。屋代遺跡では敷石住居の床面から人骨が検出されている。一般的に，柄鏡形住居における柄部の機能が出入口部である可能性は，柄部のエレベーションが掘り込んでいる状態であるものが多いことからも想定される。住居施設としての埋甕が出入口部にみられる点も柄部の機能を考える上で重要な要素であろう。柄鏡形敷石住居は後期堀之内式になると大規模な配石遺構と連結する遺跡がある一方で，大規模な配石遺構の出現と比例して柄鏡形敷石住居の消滅していくことは後期後葉には中期と異なった住居形態であり，集落形態である点は重要である。

8. 住居内における祭祀性について

　棚畑遺跡では，中期中葉から土偶や顔面把手が住居址から出土している。第100号住居址は中期中葉で，顔面把手と土偶片が出土している。注目されるのは，奥壁部と右空間部あたりのピットに立石があり，炉を挟んで反対側の左空間部の柱穴にかかる位置から石皿が出土している点である。中期中葉の住居址からは他の住居址から土偶片が出土している。また，曽利Ⅱ式期の第9号と第11号住居址から奥壁部の床面から石皿が出土した。特に第11号住居址のものは，装飾が施されている特異な石皿である。また，同じような彫刻のある石皿が第80号住居址の出入口部の壁際から出土している。第80号は底部穿孔の曽利Ⅱ式土器を逆位に埋設している。この埋甕のある位置は，出入口部の周溝外側，石皿の南にある。他には，曽利Ⅳ式期の第20号住居址から釣手土器が出土した。また，時期的には古く中期初頭の第104号住居址からは亀甲状石製品と石皿状の土製品と石棒状の土製品が出土し，左空間部からは軽石碗が出土している。中期中葉では，奥壁部に特殊遺物が集中する傾向はまだみられない。

　武蔵台東遺跡では，柄鏡形敷石住居出現前の住居址から祭祀的な遺物が出土している。J4号と加曽利E3新式期のJ26号から釣手土器が出土しており，J7号では土偶がほぼ完全な状態で出

土している。土偶片は，加曽利E2式期のJ1号，耳栓はJ6号，J23号で出土している。これらの遺物は，住居覆土からのものがほとんどである。奥壁部等にみられた配石や敷石などはみられない。加曽利E4式期の柄鏡形住居であるJ71号から連結部から石棒が出土しており，祭祀的な遺物が住居にともなって出土した例はこれだけである。武蔵台東遺跡では，柄鏡形敷石住居出現前に屋外埋甕はみられるが，埋甕をともなう配石遺構はみられず，潮見台型の住居址もみられないことから加曽利E4式期になって突如，柄鏡形敷石住居が現れた観がある。

尾崎遺跡では，立石をともなう竪穴住居址は26号の1軒で，他に加曽利E2式期の潮見台型の住居が2軒あり，1軒は第13号住居址で，奥壁部の炉脇に敷石がみられる。もう1軒は加曽利E3新式期で，奥壁部と出入口部の突出部に石が置かれている。また，出入口部南壁際床面から石皿が出土している。

ひとつの土器型式内での集落における住居の同時性の問題はあるが，奥壁部や出入口部に立石や配石，敷石がみられるのは1軒程度であり，すべての住居に祭祀的な特徴が備え付けているわけではない。集落が何軒の住居で構成されていたかも関係するが，立石，石棒，石皿などが奥壁部や出入口部に置かれている住居は集落内での祭祀的な空間を備えた，他と異なる住居の役割があったかもしれない。

おわりに

敷石住居の居住空間の分析は，まず，敷石が住居使用時点に存在していたかの吟味を行い，柱穴は敷石を覆っていないことから住居施設として機能していたことをあきらかにした。住居内における個々の居住空間の機能的な点にまでの追及は果たせなかったが，今後の課題としたい。中期後葉の曽利Ⅱ式，加曽利E2式期から奥壁部と出入口部に特別な祭祀的な空間をもつ特徴があらわれ，加曽利E4式期から後期初頭称名寺式期にまで，柄鏡形敷石住居に受け継がれていることがわかる。柄鏡形住居が出現する加曽利E3新式期から加曽利E4式の住居は，より斉一性が高く，規模が小さい（本橋1988・1992）。後期堀之内1式になると柄鏡形住居において，住居面積が大きくなるとともに，柄部が拡大していくという形態に変容する。炉辺部から柄部にかけての空間が重視される。特に大規模な集落遺跡では，柄鏡形敷石住居を取り込むような大型の配石や列石が出現する。一方，柄部をもたない住居や柄鏡形住居が単独で集落を構成する小規模な遺跡も併存する。大規模な配石遺構などは，石材が得られる地域に限定されるが，石材に乏しい東京湾沿岸では，大型の竪穴住居が多数みられ，貝塚が多数みられ，より集落における定住化が進む傾向が指摘できる。

たとえば，釣手土器や土偶などの祭祀的遺物は，柄鏡形敷石住居とは時期的に重ならない。柄鏡形敷石住居が祭祀的であることを裏づけるのは，石棒や立石，埋甕などから指摘できる場合があるが，石棒や立石などが"祭祀的"な状態で住居地に残されている事例は，遺跡の中では決して多くはない。本稿では，石棒や立石の存在から"祭祀的"という言葉で包括してしまったが，

今後集落遺跡での住居址を含めた遺構の分析が重要になってくる。縄文社会構造にまで言及するには，こうした個々の遺構や集落遺跡の緻密な分析を通じてはじめて明らかにされるものと信じる。

引用・参考文献

〈発掘調査報告書〉

赤木高志ほか 1992『調布市埋蔵文化財調査報告23 調布市上布田遺跡 ―第2地点の調査』 調布市教育委員会 調布市遺跡調査会

石井 寛ほか 1993『港北ニュータウン地域内埋蔵文化財調査報告 牛ケ谷戸遺跡 華蔵台南遺跡』 横浜市ふるさと歴史財団

鵜飼幸雄ほか 1990『棚畑 八ヶ岳西山麓における縄文時代中期の集落遺跡』 茅野市教育委員会

宇賀神誠司ほか 2000『長野県埋蔵文化財センター発掘調査報告書52 上信越自動車道埋蔵文化財発掘調査報告書19―小諸市内3―』 日本道路公団 長野県教育委員会 長野県埋蔵文化財センター

岡本孝之ほか 1977『神奈川県埋蔵文化財調査報告13 尾崎遺跡 酒匂川総合開発事業にともなう調査』 神奈川県教育委員会

菊池 実ほか 1990『(財)群馬県埋蔵文化財調査事業団調査報告第112集関越自動車道（上越線）地域埋蔵文化財発掘調査報告書第5集 田篠中原遺跡 ―縄文時代中期末の環状列石・配石遺構群の調査』 群馬県教育委員会 財団法人群馬県埋蔵文化財調査事業団 日本道路公団

佐藤甦信ほか 1972「瑠璃寺前遺跡 中島地区」『長野県中央道埋蔵文化財包蔵地発掘調査報告書 ―下伊那郡高森町地区その1―昭和46年度』 日本道路公団名古屋支社 長野県教育委員会

遮那藤麻呂ほか 1973「増野新切遺跡」『長野県中央道埋蔵文化財包蔵地発掘調査報告書 ―下伊那郡松川町地内―昭和46年度』 日本道路公団名古屋支社 長野県教育委員会

鈴木次郎ほか 1995『かながわ考古学財団調査報告10 宮ケ瀬遺跡群Ⅴ 馬場（No.6）遺跡 ―宮ケ瀬ダム建設にともなう発掘調査―』 かながわ考古学財団

鈴木秀雄ほか 1996『埼玉県埋蔵文化財調査事業団報告書第166集 入間市／鶴ヶ島市 坂東山／坂東山西／後B 首都圏中央連絡自動車道関係埋蔵文化財発掘調査報告Ⅸ』 財団法人埼玉県埋蔵文化財調査事業団

鈴木保彦ほか 1977『神奈川県埋蔵文化財調査報告14 下北原遺跡 伊勢原市下北原所在の縄文時代配石遺構の調査』 神奈川県教育委員会

土井義夫ほか 1981『深沢遺跡・小田野遺跡』 八王子市深沢遺跡調査会及び小田野城跡調査会

並木 隆ほか 2003『所沢市埋蔵文化財調査報告書第31集 第二椿峰遺跡群 海谷遺跡第1～9・12・13・16～18次』 所沢市教育委員会

藤原佳代ほか 1999『武蔵国分寺跡西方地区 武蔵台東遺跡Ⅱ』 都営川越道住宅遺跡調査会

松井 泉ほか 2009『東京都町田市東雲寺上遺跡Ⅲ』 マイエ建設株式会社 株式会社武蔵文化財研究所

水澤教子ほか 2000『長野県埋蔵文化財発掘調査報告書51 更埴条里遺跡・屋代遺跡群（含む大境遺跡・窪河原遺跡 上信越自動車道埋蔵文化財発掘調査報告書24―更埴市内―』 日本道路公団 長野県教育委員会 長野県埋蔵文化財センター

水澤丈志ほか 2011『多摩市埋蔵文化財調査報告63 東京都多摩市向ノ岡遺跡 ―多摩市連光寺1-25-31外 宅地造成工事に伴う埋蔵文化財発掘調査報告書』 株式会社アーネストワン 加藤建設株式会社

都築恵美子ほか 1997『埋蔵文化財調査報告 11　平成 7 年度（1995 年度）』練馬区教育委員会

本橋恵美子ほか 1985『貫井二丁目遺跡』東京都住宅局　練馬区遺跡調査会

山崎　丈ほか 1981『東久留米市埋蔵文化財調査報告第 8 集　新山遺跡』新山遺跡調査会　東久留米市教育委員会

和田　哲ほか 1987『国立市文化財調査報告第 15 集　南養寺遺跡報告書 I』国立市教育委員会

〈論文等〉

石井　寛 2012「シンポジウム報告　縄文社会の集団移動と地域社会」『企画展関連公演会「縄文のムラ」シンポジウム「縄文集落研究の争点」記録集』都築恵美子・片桐昭彦編　練馬区教育委員会

石井　寛 2012「集落址研究と時間尺度」『考古学研究』第 59 巻 2 号　考古学研究会

神村　透 1975「縄文中期後半の室内祭祀遺跡　長野県・瑠璃寺前遺跡」『どるめん』第 6 号　JICC 出版局

桐原　健 1969「縄文中期にみられる室内祭祀の一姿相」『古代文化』第 21 巻 3 号・4 号　（財）古代学協会

黒尾和久 1995「接合資料の検討からみた縄文中期の居住景観 ―埋設土器の事例検討を中心に―」『シンポジウム縄文中期集落研究の新地平線』縄文中期集落研究グループ

小林謙一 2008『縄紋社会研究の新視点 ―炭素 14 年代測定の利用』六一書房

長崎元広 1973「八ヶ岳西南麓の縄文中期集落における共同祭式のありかたとその意義（上）（下）」『信濃』第 25 巻第 4 号・第 5 号

水野正好 1969「縄文時代集落復原への基礎的操作」『古代文化』第 21 巻 3 号・4 号　（財）古代学協会

宮坂光昭 1965「縄文中期における宗教的遺物の推移 ―八ヶ岳山麓の住居址内を中心として―」『信濃』第 17 巻　信濃史学会

本橋恵美子 1988「縄文時代における柄鏡形住居址の研究 ―その発生と伝播をめぐって」『信濃』第 40 巻第 8 号・9 号　信濃史学会

都築恵美子 1990「竪穴住居の系統について ―縄文中期後半から後期初頭の住居変遷と時期的動態―」『東京考古』第 8 号

本橋恵美子 1992「『埋甕』にみる動態について ―縄文時代中期後半の遺跡の検討から―」『古代』第 94 号

本橋恵美子 1995「縄文時代の柄鏡形敷石住居の発生について」『帝京大学山梨文化財研究所研究報告』第 6 集

本橋恵美子 1998「土器の再利用について ―住居壁に立てられた土器列の検討」『シンポジウム縄文集落研究の新地平 2 発表要旨』縄文集落研究グループ

本橋恵美子 2006「柄鏡形敷石住居の出現と環状集落の終焉 ―縄文時代中期集落形態の変化を追う」『縄文「ムラ」の考古学』川崎保編　雄山閣

本橋恵美子 2009「柄鏡形（敷石）住居の発生と変遷」「祭りの空間」『季刊考古学』第 107 号　雄山閣

山本暉久 1976「敷石住居出現のもつ意味（上）（下）」『古代文化』第 28 巻 2 号・3 号

山本暉久 1994「石柱・石壇をもつ住居址の性格」『日本考古学』第 1 号　日本考古学協会

山本暉久 2010『柄鏡形（敷石）住居と縄文社会』六一書房

群馬県の弥生時代再葬墓出土人骨

楢崎　修一郎

はじめに

　再葬墓は，死体を一旦土葬し，一定期間を経た後で人骨を掘り出し，そのままあるいは焼成を行ってから土器に埋納する葬法である。この葬法は，縄文時代後期から同晩期にかけて主に東日本に認められるが，その後弥生時代前期から同中期にかけて，東日本で引き続き行われている（石川 1988，設楽 1995・2008，春成 1993）。

　群馬県の弥生時代再葬墓の研究は，1980年代から1990年代にかけて，群馬県立歴史博物館の考古学者・外山和夫，(財) 群馬県埋蔵文化財調査事業団の考古学者・飯島義雄，群馬県立大間々高等学校の古生物学者・宮崎重雄等を中心として，考古学・人類学・動物考古学の分野を総合して学際的に調査されている（荒巻ほか 1988，飯島ほか 1986・1987・1994・2008，外山ほか 1989・1995，福田ほか 1997，宮崎ほか 1985・1996）。本稿も，これら先行研究に負うところが多い。

　本稿では，群馬県弥生時代再葬墓出土人骨を検討し，さらに，近年再発見された有笠山遺跡出土人骨について報告する。保存状態の良い人骨であれば，性別や死亡年齢等多くの情報を読み解くことが可能であるが，再葬墓出土人骨の多くは焼骨で細片化しているためそれらを特定するのは困難である。しかし，死体をそのまま焼成したか白骨化させたものを焼成したかの推定は可能である場合が多い。今回は，主に，抜歯・穿孔歯・穿孔人骨の検討を行った。

1. 再葬墓

(1) 縄文時代の再葬墓

　縄文時代の再葬墓は，縄文時代後期から同晩期にかけて主に東日本に認められる葬制である。東京大学の考古学者・設楽博巳による集成では，青森県から大分県にかけて108遺跡が認められる（設楽 2008）。この108遺跡の内，愛知県以東は84遺跡（77.8%）で，主に東日本に多く分布している。また，この84遺跡の内，焼人骨を伴う遺跡は35遺跡（41.7%）である。この縄文時代の焼人骨は，群馬県においても，深沢遺跡（宮崎 1988）・横壁中村遺跡（楢崎 2009）・林中原遺跡（楢崎 2010）等に認められている。

(2) 弥生時代の再葬墓

弥生時代の再葬墓は、弥生時代前期から同中期にかけて主に東日本に認められる葬制である。恐らく、縄文時代からの葬制が引き続き行われたものと推定されている。

東京大学の考古学者・設楽博巳による集成では、岩手県から愛知県にかけて138遺跡が認められる（設楽2008）。この138遺跡は、すべてが愛知県以東である。この138遺跡の内、焼人骨を伴う遺跡は20遺跡（14.5%）である。

群馬県においても、多くの遺跡が認められているが、人骨を伴う遺跡は、岩櫃山遺跡群・八束脛洞窟遺跡・三笠山岩陰遺跡・只川橋下岩陰遺跡・沖Ⅱ遺跡・有笠山2号洞窟遺跡が有名である。

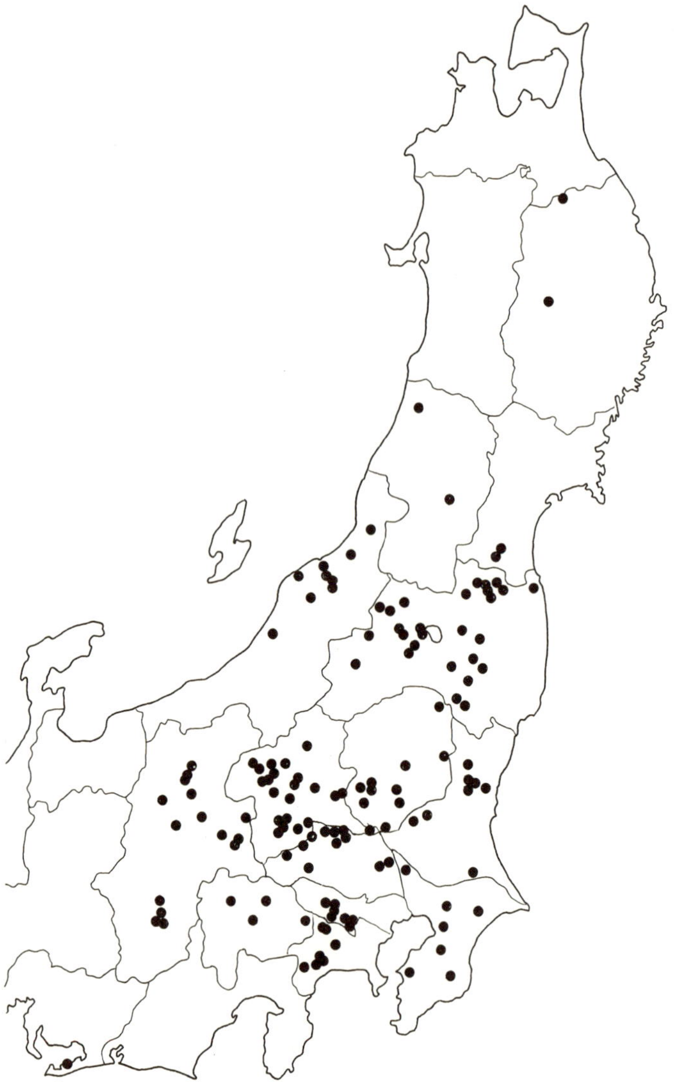

2. 群馬県の弥生時代再葬墓

第1図　弥生時代再葬墓分布図［設楽（2008）を改変］
［設楽（2008）では、再葬墓を4つに分類しているが今回は一緒にした。］

群馬県出土弥生時代再葬墓の内、人骨を伴う遺跡は、岩櫃山遺跡群（吾妻郡東吾妻町）・八束脛洞窟遺跡（利根郡みなかみ町）・三笠山岩陰遺跡（富岡市）・只川橋下岩陰遺跡（甘楽郡下仁田町）・沖Ⅱ遺跡（藤岡市）・有笠山2号洞窟遺跡（吾妻郡中之条町）の6遺跡が有名である。これらの内、岩櫃山遺跡群（中之条町）には、鷹の巣岩陰遺跡・幕岩岩陰遺跡・蝦夷（エヂ）穴岩陰遺跡の3遺跡が知られている。

これらの他に、押出遺跡（渋川市）・南大塚遺跡（渋川市）・上久保遺跡（高崎市）でも人骨が出土していると報告されているが、詳細が不明である。従って、本稿では、これら3遺跡についてはふれないこととする。

第1表　群馬県の弥生時代再葬墓人骨出土遺跡

遺跡名	所在地	時期	出土人骨	引用文献
岩櫃山遺跡群	東吾妻町	弥生時代前期～中期	人骨片・人歯・抜歯	宮崎・外山・飯島（1996）
八束脛洞窟遺跡	みなかみ町	弥生時代中期	穿孔人骨・穿孔人歯・抜歯	飯島・宮崎・外山（2008）
三笠山岩陰遺跡	富岡市	弥生時代後期	頭蓋骨片・抜歯	外山・宮崎・飯島（1995）
只川橋下岩陰遺跡	下仁田町	弥生時代後期	頭蓋骨他	外山・宮崎・飯島（1995）
沖Ⅱ遺跡	藤岡市	弥生時代前期～中期	人歯・骨片	荒巻他（1988）
有笠山2号洞窟遺跡	中之条町	弥生時代中期	穿孔人骨・抜歯	中之条町教育委員会（1997）
有笠山遺跡追加発見	中之条町	弥生時代中期～後期	焼人骨	楢崎・菊池（2011）

第2図　群馬県弥生時代再葬墓遺跡位置図

(1) 岩櫃山遺跡群

　岩櫃山遺跡群は，群馬県吾妻郡東吾妻町（調査時は吾妻郡吾妻町）の岩櫃山に所在する。この岩櫃山遺跡群には，鷹ノ巣遺跡・幕岩遺跡・蝦夷（エヂ）穴遺跡の3遺跡が含まれる（宮崎・外山・飯島 1996）。

①鷹ノ巣遺跡

　鷹ノ巣遺跡は，1939年に明治大学の杉原荘介等により調査されている。その際，20歳代男性

の頭蓋骨及び年齢不明女性の四肢骨が発見されたと報告されている（杉原1967）が，所在が不明である。その後，群馬県立歴史博物館による調査で28点の人骨が表面採集で追加発見されている。いずれも焼骨であるが，細片であるため部位同定はされていない（宮崎・外山・飯島1996）。なお，穿孔歯・穿孔人骨・抜歯痕のある人骨は認められていない。

②幕岩遺跡

　幕岩遺跡は，1939年に明治大学の杉原荘介等により調査され（杉原1967），その後群馬県立歴史博物館による追加調査が行われた（宮崎・外山・飯島1996）。出土人骨は，以下の3機関に収蔵されている。

・明治大学考古学博物館：1939年の調査時に出土した人骨13点が，所蔵されている。明確な焼骨は5点で，明確に焼骨でないものが5点確認されている（宮崎・外山・飯島1996）。なお，穿孔歯・穿孔人骨・抜歯痕のある人骨は認められていない。

・東京大学総合研究博物館：1939年の調査時に出土した人骨45点（頭蓋骨片31点・遊離歯6点・四肢骨片8点）が，所蔵されている。最小個体数は2個体で，いずれも焼骨ではないと推定されている（宮崎・外山・飯島1996）。なお，穿孔歯・穿孔人骨・抜歯痕のある人骨は認められていない。

・群馬県立歴史博物館：数回に及ぶ調査と寄贈が行われている。但し，1939年に調査された幕岩遺跡と群馬県立歴史博物館による幕岩遺跡とは，位置が異なるという。一部焼骨が認められるが，ほとんどは焼骨ではないと推定されている。人骨の点数は記載が無いが，図版には，人骨片39点・遊離歯24点が掲載されている。最小個体数は4個体で，幼児期あるいは少年期・青年期・壮年期の各年齢層に及び，成人には男性と女性の両方が認められる（宮崎・外山・飯島1996）。なお，上顎骨片には左第1切歯（I1）と左犬歯（C）に抜歯が認められている（飯島・宮崎・外山1986，宮崎・外山・飯島1996）。また，穿孔歯・穿孔人骨は認められていない。

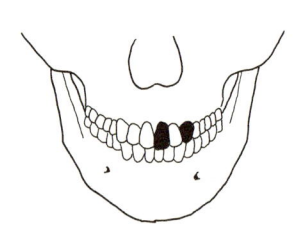

上顎左第1切歯（I1）・同犬歯（C）
第3図　幕岩遺跡抜歯部位図

③蝦夷（エヂ）穴遺跡

　蝦夷（エヂ）穴遺跡は，1939年に明治大学の杉原荘介等により調査されている（杉原1967）。出土土器から，弥生時代後期に比定されている。出土人骨は，東京大学総合研究博物館に所蔵されている。焼骨と焼骨ではないものとが混在している。人骨の点数の記載は無いが，図版には，人骨15点が掲載されており，側頭骨・頸椎・左橈骨・左尺骨が同定されている（宮崎・外山・飯島1996）。なお，穿孔歯・穿孔人骨・抜歯痕のある人骨は認められていない。

(2) 八束脛遺跡

　八束脛洞窟遺跡は，群馬県利根郡みなかみ町（調査時は月夜野町）後閑字穴切に所在する。標高745mの石尊山の中腹に位置する，A～Dの4つの洞窟からなる。これらA～D洞は，下から順

番に命名されており，比較的隣接している。A洞の規模は，幅約2m・高さ約1.15m・長さ約6.2m。同様にB洞は，幅約15m・高さ約3.5m・長さ約6.2m。C洞は，幅約9.3m・高さ約3.3m・長さ約5.5m。D洞は，幅約12.6m・高さ約3.7m・長さ約5.2mである（飯島・宮崎・外山2008）。

本遺跡は，1955年に山崎義男等により発掘調査が行われた。残念ながら，そのほとんどが出土位置は不明であるが，山崎等は主にD洞で調査を行ったと推定されている。その後，1981年から群馬県立歴史博物館が調査を行い，主にD洞から遺物を採集している。

出土人骨は，同定された部位は1,859点（頭蓋骨588点・下顎骨123点・肩甲骨371点・鎖骨14点・上腕骨38点・橈骨27点・尺骨35点・手根骨43点・中手骨29点・手の指骨99点・大腿骨35点・膝蓋骨2点・脛骨26点・腓骨15点・足根骨38点・中足骨15点・足の指骨20点・椎骨70点・肋骨235点・寛骨36点）とほぼ全身に及んでいる（飯島・宮崎・外山2008）。現時点で，1遺跡から出土した人骨の数としては群馬県弥生時代再葬墓中再多数である。これらは，最小個体数34体のものと推定されている。また，本遺跡出土人骨には，穿孔歯・抜歯・穿孔人骨が多数認められる。

①穿孔歯

穿孔歯は，8本（永久歯7本・乳歯1本）の歯に認められている。また，永久歯の歯種は，上顎は右第2切歯（I2）・右第1小臼歯（P1）・右第2大臼歯（M2）・左第1小臼歯（P1）の4本が同定されている。同様に下顎は，左右第1大臼歯（M1）・右第2大臼歯（M2）の3本が同定されている。乳歯の歯種は，上顎右第1乳臼歯（m1）である。（飯島・宮崎・外山2008）。

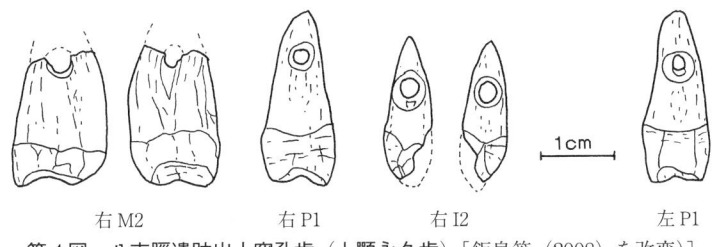

第4図　八束脛遺跡出土穿孔歯（上顎永久歯）[飯島等（2008）を改変]

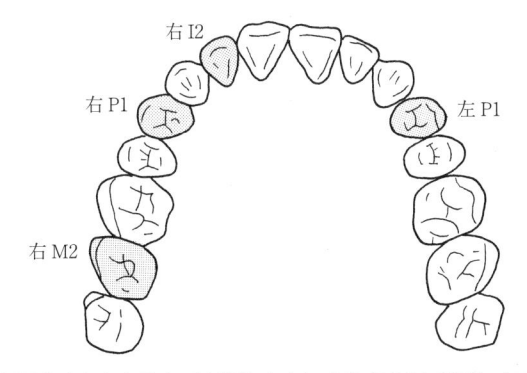

第5図　八束脛遺跡出土穿孔歯（上顎永久歯）出土部位図　[楢崎（2004）を改変]

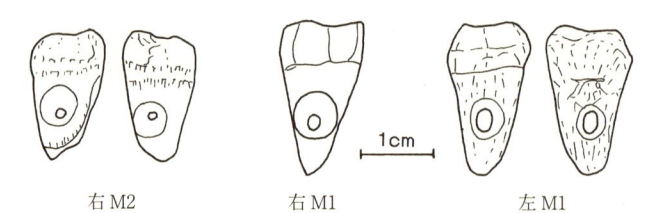

右M2　　　　　右M1　　　　　　　左M1

第6図　八束脛遺跡出土穿孔歯（下顎永久歯）［飯島等（2008）を改変）］

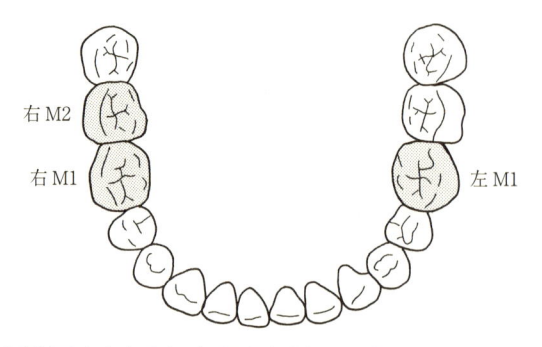

右M2
右M1　　　　　　　　　　　　　　　　　　左M1

第7図　八束脛遺跡出土穿孔歯（下顎永久歯）出土部位図　［楢崎（2004）を改変］

右m1

第8図　八束脛遺跡出土穿孔歯（上顎乳歯）［飯島（2008）を改変］

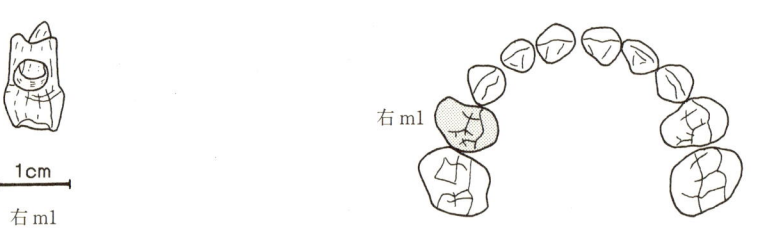

右m1

第9図　八束脛遺跡出土穿孔歯（上顎乳歯）出土部位図　［楢崎（2004）を改変］

②抜歯

　抜歯が認められた人骨は，18点（上顎骨2点・下顎骨16点）にのぼる（飯島・宮崎・外山1986）。

　上顎骨2点の抜歯歯種は，いずれも右第2切歯（I2）と犬歯（C）である。下顎骨の抜歯歯種は，左右第1切歯（I1）・左右第2切歯（I2）・左右犬歯（C）・左右第1切歯（I1）と第2切歯（I2）・左右第1切歯（I1）と犬歯（C）・左右第2切歯（I2）と犬歯（C）・左右第1切歯（I1）から犬歯（C）の7つにパターン化される（楢崎2004）。但し，通常の土葬人骨と異なりすべてが焼骨であって破片化しているために正確に推定することは困難である。興味深いことに，抜歯された歯種と穿孔歯の歯種とは基本的に異なるが，上顎第2切歯（I2）のみ穿孔歯に転用している。

③穿孔人骨

　穿孔人骨は，10点の手の指骨に認められている。現時点で，群馬県弥生時代再葬墓出土人骨としては再多数である。右手は3点で，すべて中節骨である。右手第2指中節骨・同第2または第3指中節骨・同第3または第4指中節骨と同定されている。同様に，左手は7点で，中節骨・基節骨である。左手第3指中節骨・同第4指中節骨・同第3または第4指中節骨・同第3指基節

骨が1点ずつ，同第5指基節骨3点と同定されている（飯島・宮崎・外山 2008）。

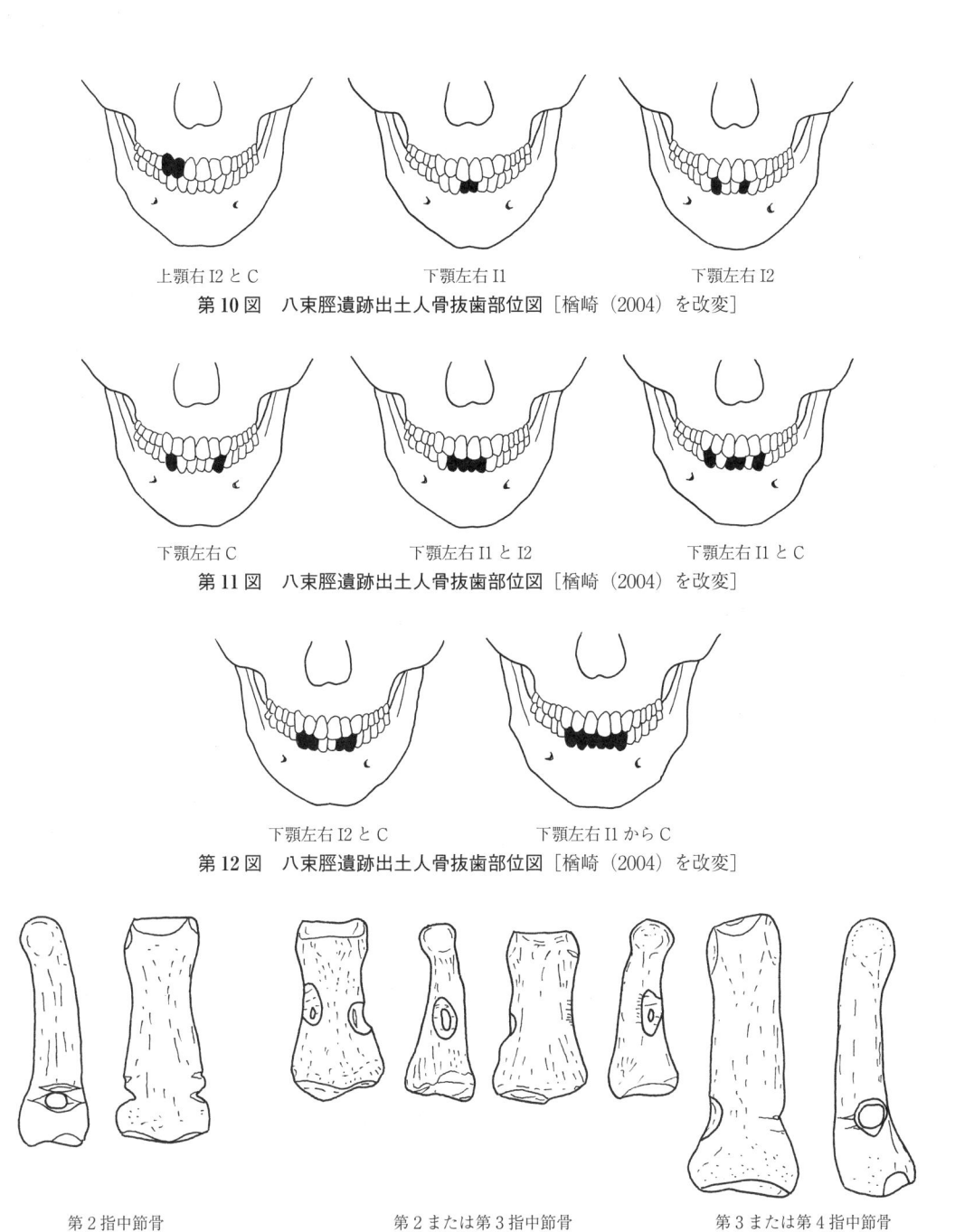

上顎右I2とC　　　　　　　　下顎左右I1　　　　　　　　下顎左右I2
第10図　八束脛遺跡出土人骨抜歯部位図［楢崎（2004）を改変］

下顎左右C　　　　　　　下顎左右I1とI2　　　　　　下顎左右I1とC
第11図　八束脛遺跡出土人骨抜歯部位図［楢崎（2004）を改変］

下顎左右I2とC　　　　　　下顎左右I1からC
第12図　八束脛遺跡出土人骨抜歯部位図［楢崎（2004）を改変］

第2指中節骨　　　　　第2または第3指中節骨　　　　第3または第4指中節骨
第13図　八束脛遺跡出土人骨穿孔人骨（右手）［飯島等（2008）を改変］

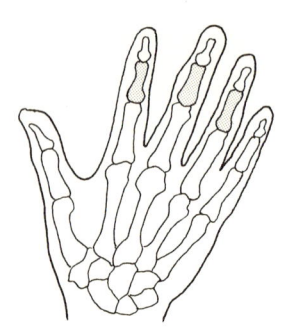

42

第14図　八束脛遺跡出土人骨穿孔人骨（右手）出土部位図［楢崎（2004）を改変］

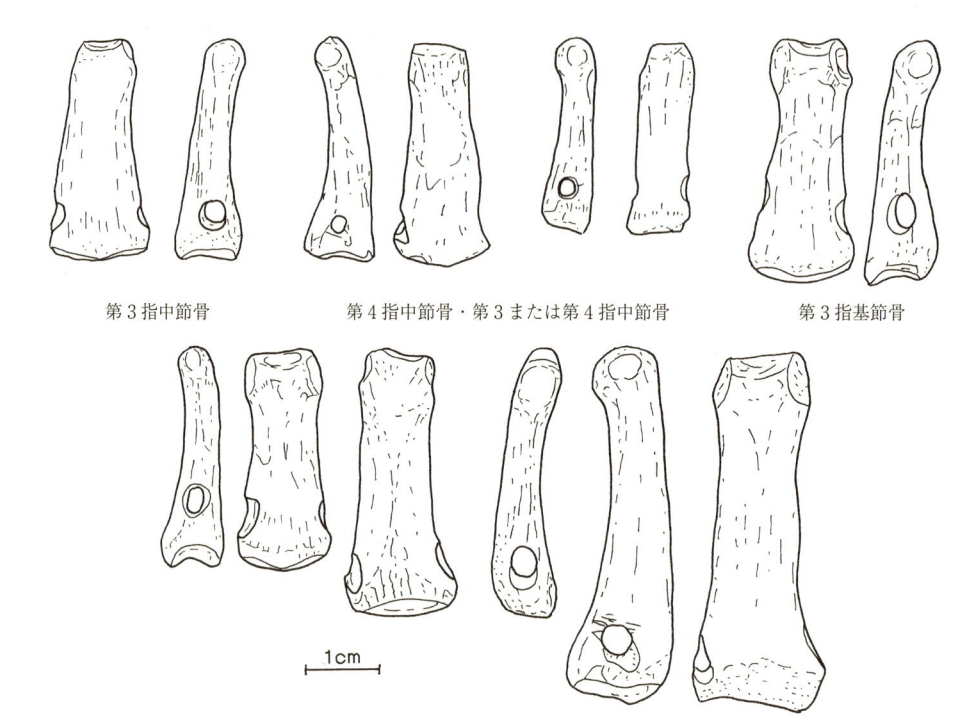

第3指中節骨　　　　第4指中節骨・第3または第4指中節骨　　　　第3指基節骨

1cm

第5指基節骨
第15図　八束脛遺跡出土人骨穿孔人骨（左手）［楢崎（2004）を改変］

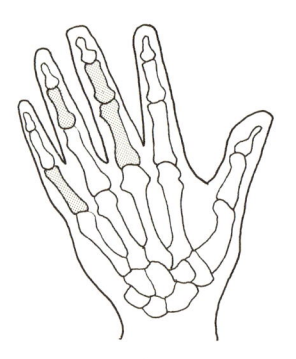

第16図　八束脛遺跡出土人骨穿孔人骨（左手）出土部位図［楢崎（2004）を改変］

（3）三笠山遺跡

　三笠山岩陰遺跡は，群馬県富岡市南蛇井字稲荷沢に所在する。洞窟の規模は，幅約 2.5 m・高さ約 1.5 m・長さ約 1.5 m である。出土土器から，弥生時代後期～同終末期に比定されている（外山・宮崎・飯島 1995）。1 個体分の頭蓋骨片・四肢骨片の焼骨が出土している。宮崎重雄により，性別不明で壮年期後半～熟年期前半と推定されている。また，上顎骨片に抜歯が認められている。抜歯の歯種は，上顎左第 2 切歯（I2）及び同犬歯（C）である。この歯種は，左右が異なるが，八束脛洞窟出土人骨の抜歯部位と同じである。なお，穿孔歯及び穿孔人骨は認められていない。

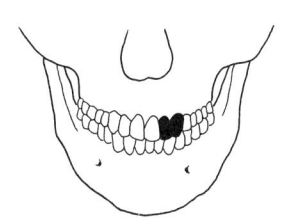

上顎左第 1 切歯（I1）・同犬歯（C）
第 17 図　三笠山遺跡抜歯部位図
［楢崎（2004）を改変］

（4）只川橋下岩陰遺跡

　只川橋下岩陰遺跡は，群馬県甘楽郡下仁田町馬山字天神森に所在する。工事中の 1969 年に発見され再埋葬された遺物が後に調査されている（外山 1986b，外山・宮崎・飯島 1995）。時期は，出土土器から，弥生時代後期～同終末期に比定されている。2 個体分の頭蓋骨・四肢骨の焼骨が出土している。新潟大学の解剖学者・小片保により，1 号人骨は壮年期女性・2 号人骨は熟年期以後の女性と推定されており，宮崎重雄により再鑑定され小片の推定は妥当であると記載されている（外山 1986b）。また，1 号人骨及び 2 号人骨のどちらに属するか不明の下顎骨片には，抜歯が認められている。抜歯の歯種は，下顎左右第 1 切歯（I1）・左右第 2 切歯（I2）・左右犬歯（C）である。この抜歯部位は，八束脛遺跡出土人骨にも同じものが認められている。

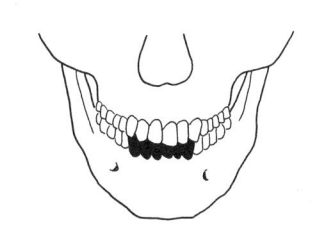

下顎左右第 1 切歯（I1）～左右犬歯（C）
第 18 図　只川橋下岩陰遺跡抜歯部位図
［楢崎（2004）を改変］

（5）沖 II 遺跡

　沖 II 遺跡は，群馬県藤岡市立石字沖に所在する。群馬県藤岡市教育委員会による発掘調査が行われた。時期は，出土土器から弥生時代初頭に比定されている（藤岡市教育委員会 1985）。人骨は，7 基の遺構から出土しており，東京歯科大学の法歯学者・鈴木和男により鑑定が行われている（鈴木 1985）。その後，藤岡市教育委員会の荒巻実等による再検討が行われた（荒巻・若狭・宮崎・外山・飯島 1988）。しかしながら，いずれも細片であり，合計 948 点（歯片 418 点・骨片 530 点）が出土しているが，この内，形態観察が可能であるのは 8 点の歯冠のみである。鈴木和男は，6 歳以降数年から 20 歳以上までの年齢層になるが性別の判定は不可能と報告した。荒巻　実等は，3 個体以上に属すると推定している。さらに，これらはイノシシ・シカ・キツネ・タヌキ等の獣歯や獣骨が混在していると報告されている。

(6) 有笠山遺跡

有笠山遺跡は，群馬県吾妻郡中之条町上沢渡字牧場の有笠山（標高884m）に位置する。この有笠山遺跡には，1号洞窟と2号洞窟が存在する。但し，1号洞窟からは人骨は出土していない。

①有笠山1号洞窟

1953年に群馬大学の尾崎喜左雄等が発掘調査を実施し，弥生時代中期後半の住居状遺構が3軒検出されている。洞窟の規模は，幅約20m・高さ約15m・長さ約12mである。イノシシ・シカ等の獣骨が大量に出土しており，早稲田大学の直良信夫が鑑定しているが，未報告である（松島1986）。

②有笠山2号洞窟

1990年2月に中之条町の唐澤寛が小洞窟を発見し，遺物を表面採集した。1990年6月7日，中之条町教育委員会を中心として現地調査が行われ，遺物が採集された。なお，本2号洞窟は1号洞窟とは50～60m離れている。洞窟の規模は，幅約2.3m，高さ約1.25m，長さ約1.8mである。なお，この洞窟の開口部は地面から約5.9mも上にあるため，発見されにくい状況であったと推定される。時期は，出土遺物から弥生時代初頭～前半に比定されている（福田ほか1997）。

報告書は，1997年に中之条町教育委員会より出版されている（福田ほか1997）。同定された人骨は，総数で242点（頭蓋骨135点・下顎骨4点・遊離歯2点・穿孔人骨4点・頸椎2点・肋骨32点・鎖骨2点・肩甲骨2点・上腕骨7点・橈骨8点・尺骨7点・大腿骨23点・脛骨14点）が出土している。出土人骨のほとんどは，焼骨である。遊離歯は2点出土しているが，いずれも穿孔歯は認められない。また，歯2点は焼かれていないという。

人骨の同定を行った宮崎重雄によると，最小個体数は4体（成人3体・乳幼児1体）と推定され，

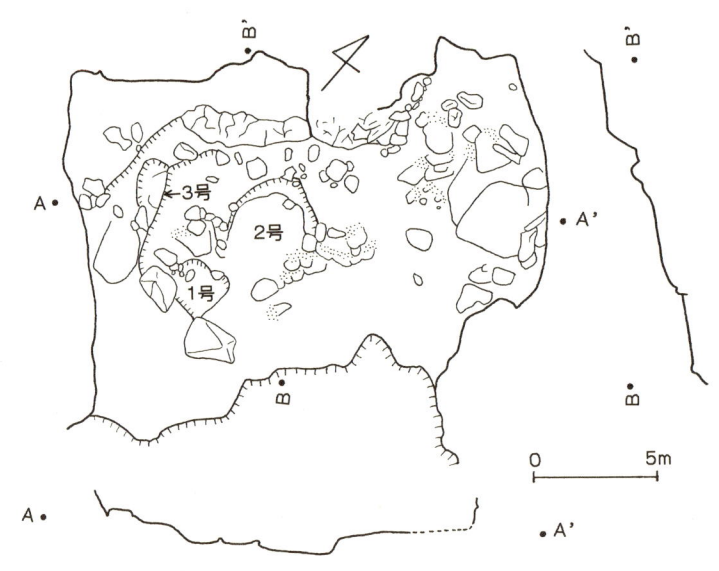

第19図　有笠山遺跡1号洞窟平断面図［松島（1986）を改変］

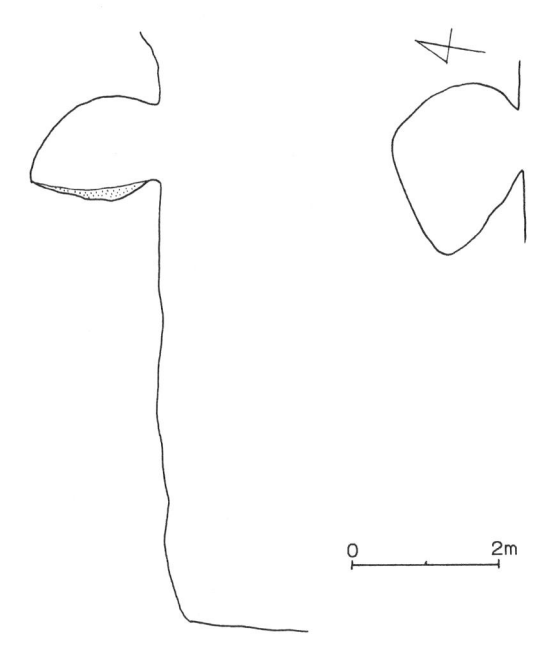

第20図　有笠山2号洞窟平断面図
[福田・唐澤・外山・宮崎・飯島（1997）を改変]

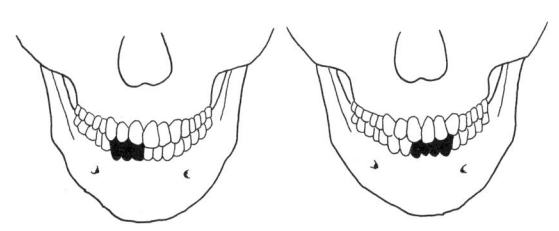

下顎右第1切歯(I1)〜犬歯(C)　　下顎左右第1切歯(I1)・左第2切歯(I2)・左犬歯(C)
第21図　有笠山2号洞窟抜歯部位図　[楢崎（2004）を改変]

　成人には男女が含まれているという。2点の下顎骨に，抜歯が認められている。1点は右第1切歯（I1）から同犬歯（C）と推定されているが，欠損部があるために断定はできないという。もう1点は，左第1切歯（I1）から同犬歯（C）である。興味深いことに，右側は，第1切歯（I1）は抜歯されているものの第2切歯（I2）は歯槽が残存しており閉鎖していない状態であるという。群馬県内の弥生時代人骨に認められた抜歯は，基本的に左右対称であるため，本事例は左右非対称の事例として貴重である。

　但し，歯槽部は，抜歯されてからしばらくしないと吸収されて閉鎖しないため，抜歯直後に死亡した可能性もあることを指摘したい。

　穿孔人骨は，4点の手の指骨に認められている。左右は同定されていないが，第3または第4中節骨・第1指基節骨・第3指基節骨・第3または第4指基節骨と同定されている。いずれも，穿孔後に焼かれているという。

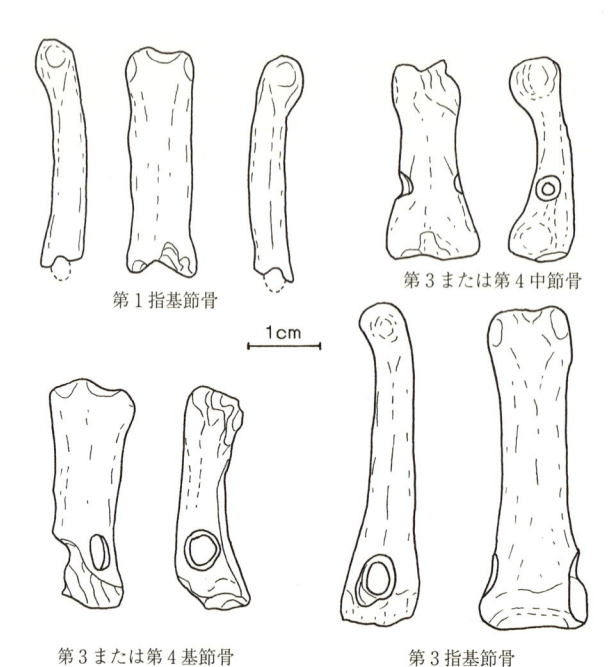

第22図　有笠山2号洞窟出土穿孔人骨［福田ほか（1997）を改変：左右は同定されていない。］

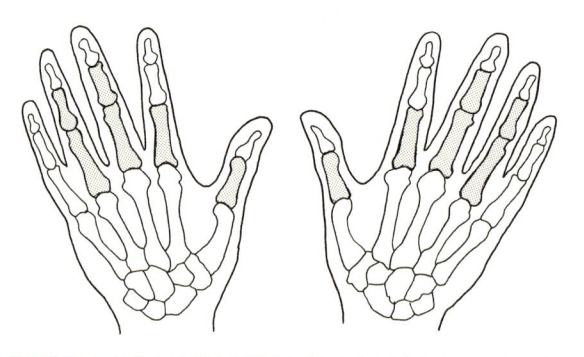

（図中ラベル：第1指基節骨、第3または第4中節骨、第3または第4基節骨、第3指基節骨、1cm）

第23図　有笠山2号洞窟出土穿孔人骨出土部位図（左右が同定されていないため，両手を示した。）

3. 有笠山洞窟遺跡出土追加発見人骨

(1) 追加発見の経緯

　1980年代初頭，地元の収集家が関越自動車道の発掘調査に従事して月夜野町に滞在中であった（財）群馬県埋蔵文化財調査事業団の菊池実に，有笠山遺跡出土人骨を託した。2000年に，群馬県立自然史博物館から（財）群馬県埋蔵文化財調査事業団に異動となり，発掘調査現場が一緒になった本報告者は，菊池からその人骨鑑定を依頼された。人骨鑑定の結果は，2011年11月3日～同5日まで沖縄県立博物館で開催された，第65回日本人類学会で「群馬県有笠山遺跡出土弥生時代再葬墓人骨の追加発見」と題して連名で発表を行っている（楢崎・菊池2011）。

（2）追加発見土器

　土器は，9点の土器片が出土している。土器の鑑定は，菊池実による。土器9点の内，1点に赤色彩色が認められた。また，口縁部と胴部の2点には文様が認められている。口縁部片には波状文が認められ，甕であると同定された。胴部片には櫛描波状文が認められ，内部にはミガキが認められ甕であると同定された。時期は，出土した9点すべてが，弥生時代中期後半〜同後期にかけてであると推定されている。

（3）追加発見人骨

　追加発見人骨は，173点が部位同定された。これらは，頭蓋骨片及び四肢骨片からなる。人骨すべてが焼骨である。人骨の色は，白色・灰白色を呈しており，少なくとも約900度以上で焼成されたと推定される。また，人骨の状態から，死体をそのまま焼成したのではなく，白骨化したものを焼成したと推定される。しかしながら，穿孔歯および穿孔人骨は1点も認められなかった。
①**個体数**　左肩甲骨の関節窩部が2点重複して認められ成人男性と推定されたため，少なくとも2個体が推定される。さらに，未成年の前頭骨片が認められたため，最小個体数は3個体である。
②**性別**　頭蓋骨片・左肩甲骨片・左右上腕骨片・左橈骨片・右腓骨片のすべてが，成人男性であると推定され，2個体の成人男性が認められる。また，前頭骨片は，未成年であるが性別は不明である。
③**死亡年齢**　頭蓋骨片の内，左右頭頂骨の内板が癒合し，外板は癒合していない状態ものが認められた。本人骨は，約30歳代〜40歳代の男性であると推定される。重複部位が認められる左肩甲骨片の癒合は完了しているため，成人である。同様に，上腕骨遠位端部・橈骨遠位端部・腓骨遠位端部の癒合も完了しているため，成人である。前頭骨片は，死亡年齢は確定できないが，未成年である。

（4）年代測定

　（株）パレオ・ラボによる，AMS（加速器質量分析）法による年代測定で，2,362±23 BPと1,551±20 BPという2つの年代が得られた。較正及び補正を行うと，前者は484〜466 BC・416〜392 BC，後者は437〜489 AD・512〜516 AD・530〜548 ADという結果となった。この年代は，前者が縄文時代晩期末〜弥生時代初頭で，後者が古墳時代中期〜古墳時代後期に相当する。人骨のコラーゲン含有率は非常に少なかったため，正確度はやや低いという。

（5）遺跡の推定

　有笠山洞窟遺跡には，1号と2号がある。しかしながら，1号からは人骨は出土していない。1980年代初頭に持ち込まれたことを勘案すると，本人骨は，1990年の調査前の有笠山2号洞窟出土人骨である可能性が高い。

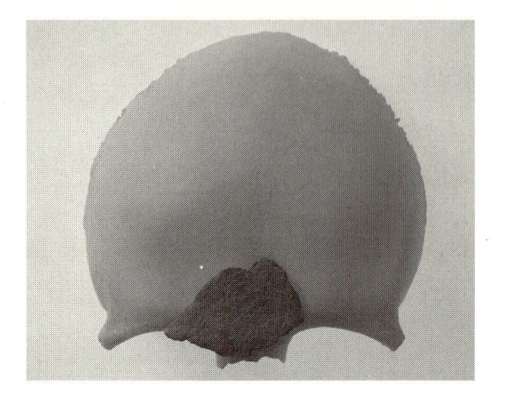

前頭骨（前面観） 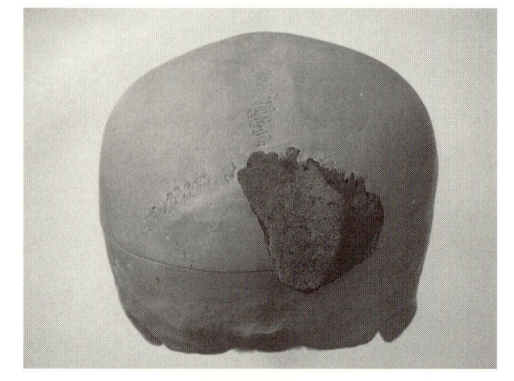　　　　　　　　　後頭骨（後面観）

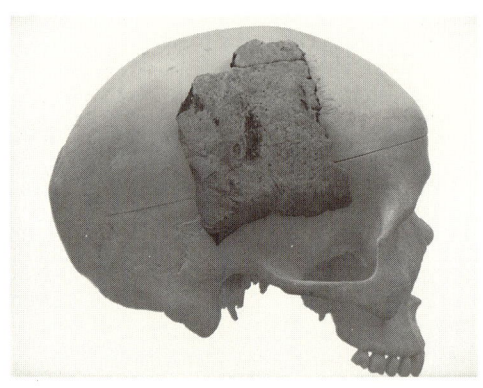

右頭頂骨（右側面観）［右が顔面部］ 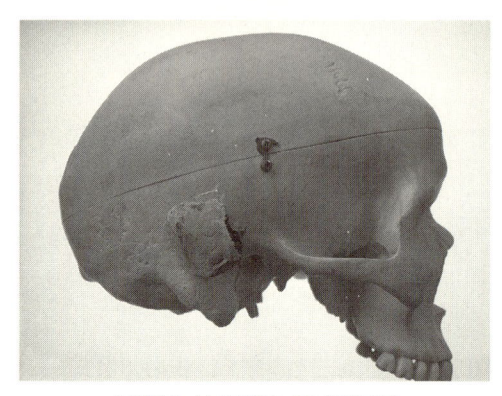　　右側頭骨（右側面観）［右が顔面部］

左右頭頂骨（上面観）［上が顔面部］ 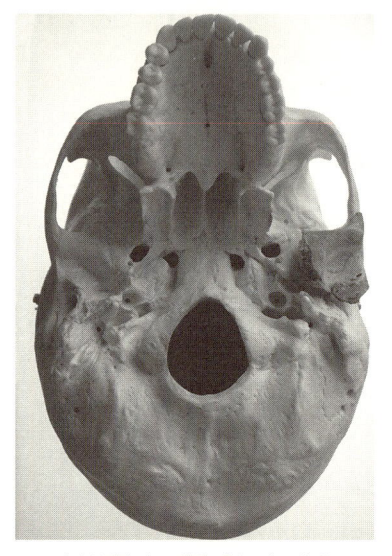　　左側頭骨（下面観）［上が顔面部］

第24図　有笠山遺跡出土人骨頭蓋骨

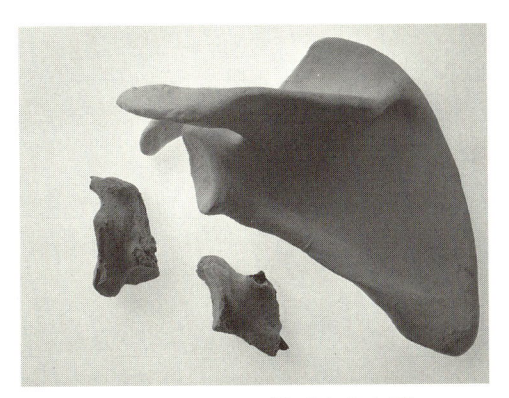

群馬県の弥生時代再葬墓出土人骨　　49

左肩甲骨・関節窩部（後面観）[2個体] 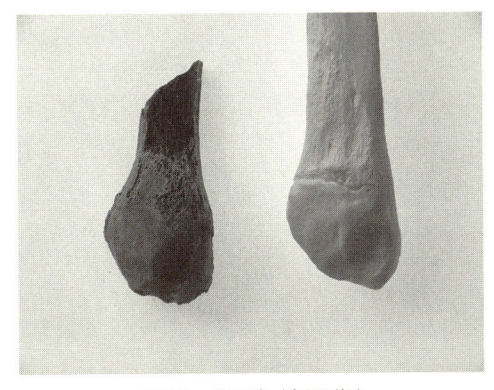　　　　　右腓骨・遠位端（内側面観）

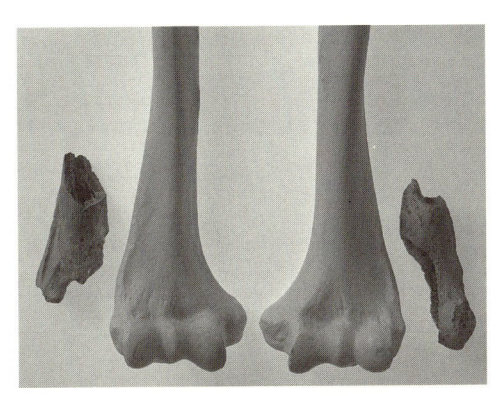

左右上腕骨・遠位端部（前面観）

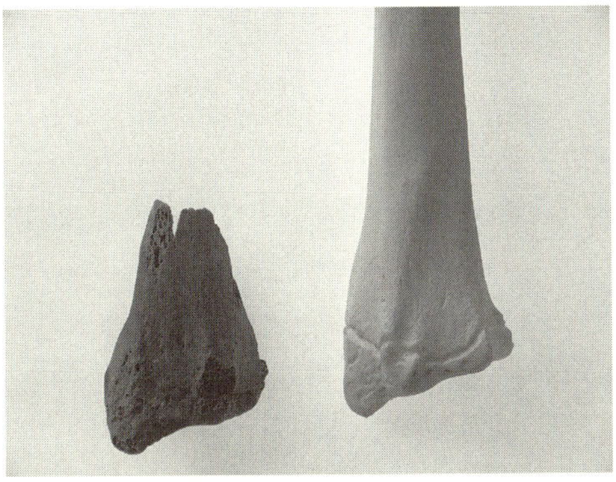

左肩甲骨
右上腕骨
左上腕骨
左橈骨
右腓骨

左橈骨・遠位端（後面観）

第25図　有笠山遺跡出土人骨四肢骨　　　　第26図　有笠山遺跡出土人骨四肢骨出土部位図

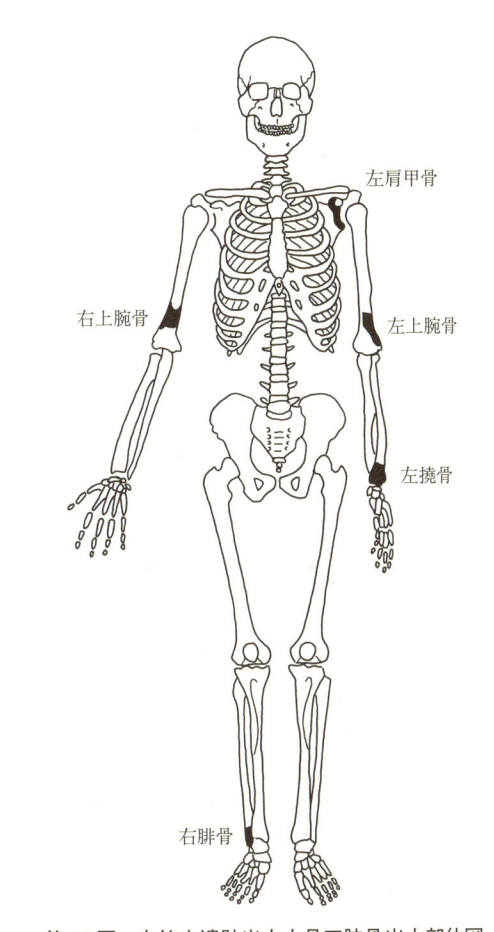

おわりに

　群馬県弥生時代再葬墓出土人骨の検討を行い，近年再発見された有笠山洞窟遺跡出土人骨を報告した。検討した遺跡は，岩櫃山遺跡群（鷹ノ巣遺跡・幕岩遺跡・蝦夷穴遺跡）・八束脛洞窟遺跡・三笠山岩陰遺跡・只川橋下岩陰遺跡・沖Ⅱ遺跡・有笠山2号洞窟遺跡である。

　抜歯痕がある人骨が出土したのは，幕岩遺跡・八束脛遺跡・三笠山遺跡・只川橋下岩陰遺跡・有笠山2号洞窟遺跡の5遺跡である。穿孔歯が出土したのは，八束脛遺跡のみである。穿孔人骨が出土したのは，八束脛遺跡と有笠山2号洞窟遺跡の2遺跡である。

　再発見された有笠山洞窟遺跡出土人骨は，1980年代初頭に表面採集されたものであるが，鑑定の結果，173点が同定され全身に及ぶ。被葬者は，成人男性2体と性別不明未成年1体の合計3体である。これらの人骨は，人骨の状態から一旦白骨化させたものを焼成したと推定された。

謝辞

　本稿を発表する機会を与えていただき，有笠山2号洞窟出土土器の鑑定を行っていただいた（財）群馬県埋蔵文化財調査事業団の菊池実氏に感謝いたします。また，有笠山2号洞窟出土獣骨の年代測定を行うことを快諾していただいた株式会社パレオ・ラボの藤根久氏・同社AMS年代測定施設の伊藤茂氏と尾嵜大真氏に感謝いたします。

引用文献

荒巻　実・若狭　徹・宮崎重雄・外山和夫・飯島義雄 1988「沖Ⅱ遺跡における「再葬墓」の構造：出土骨類の分析から」『群馬県立歴史博物館紀要』第9号　59-98頁　群馬県立歴史博物館

飯島義雄・宮崎重雄・外山和夫 1986「八束脛洞窟遺跡出土人骨における抜歯の系譜」『群馬県立歴史博物館紀要』第7号　45-74頁　群馬県立歴史博物館

飯島義雄・宮崎重雄・外山和夫 1987「所謂「再葬墓」の再検討に向けての予察：特に出土骨類に焦点をあてて」『群馬県立歴史博物館紀要』第8号　21-50頁　群馬県立歴史博物館

飯島義雄・外山和夫・宮崎重雄 1994「群馬県八束脛洞窟遺跡における貝製装飾品の意義」『群馬県立歴史博物館紀要』第15号　11-30頁　群馬県立歴史博物館

飯島義雄・宮崎重雄・外山和夫 2008『八束脛洞窟遺跡』　みなかみ町教育委員会

石川日出志 1988「縄文・弥生時代の焼人骨」『駿台史学』第74号　84-110頁　明治大学

設楽博己 1995「縄文時代の再葬」『国立歴史民俗博物館研究報告』第49集　7-46頁　国立歴史民俗博物館

設楽博己 2008『弥生再葬墓と社会』　塙書房

杉原荘介 1967「群馬県岩櫃山における弥生時代の墓址」『考古学集刊』第3巻第4号　37-56頁　明治大学

鈴木和男 1985「鑑定書」『C11　沖Ⅱ遺跡発掘調査報告書』307-314頁　藤岡市教育委員会

外山和夫・宮崎重雄・飯島義雄 1989「再葬墓における穿孔人歯骨の意味」『群馬県立歴史博物館紀要』第10号　1-30頁　群馬県立歴史博物館

外山和夫・宮崎重雄・飯島義雄 1995「弥生時代後期の葬制における再葬墓の伝統」『群馬県立歴史博物館紀

要』第 16 号　33-56 頁　群馬県立歴史博物館

楢崎修一郎　2004「第 4 章　群馬の弥生人たち：人骨研究最前線」『群馬の遺跡 3. 弥生時代』111-145 頁　上毛新聞社

楢崎修一郎　2009「横壁中村遺跡 30 区 33 号住居出土焼人骨」『横壁中村遺跡（9）』348 頁　（財）群馬県埋蔵文化財調査事業団

楢崎修一郎　2010「林中原 I 遺跡出土人骨」『林中原 I 遺跡』20-21 頁　群馬県長野原町教育委員会

楢崎修一郎・菊池　実　2011「群馬県有笠山遺跡出土弥生時代再葬墓人骨の追加発見」『第 65 回日本人類学会大会抄録集』63 頁　日本人類学会

春成秀爾　1993「弥生時代の再葬制」『国立歴史民俗博物館研究報告』第 49 集　47-91 頁　国立歴史民俗博物館

福田義治・唐澤至朗・外山和夫・宮崎重雄・飯島義雄　1997『有笠山 2 号洞窟遺跡』　群馬県吾妻郡中之条町教育委員会

藤岡市教育委員会　1985『C11　沖 II 遺跡発掘調査報告書』　藤岡市教育委員会

松島栄治　1986「有笠山遺跡」『群馬県史・資料編 2・原始古代 2』529-535 頁　群馬県

宮崎重雄　1988「利根郡月夜野町深沢遺跡出土の骨類について」『深沢遺跡・前田原遺跡』263-264 頁　（財）群馬県埋蔵文化財調査事業団

宮崎重雄・外山和夫・飯島義雄　1985「日本先史時代におけるヒトの骨および歯の穿孔について：八束脛洞窟遺跡資料を中心に」『群馬県立歴史博物館紀要』第 6 号　77-108 頁　群馬県立歴史博物館

宮崎重雄・外山和夫・飯島義雄　1996「岩櫃山岩陰遺跡群の再検討」『群馬県立歴史博物館紀要』第 17 号　1-26 頁　群馬県立歴史博物館

たかが柱穴，されど柱穴（その弐）
―もっと竪穴建物の柱痕跡を意識した調査を！―

桐 生 直 彦

はじめに

　東日本方面の集落遺跡で，縄文時代以来最も普遍的に検出される遺構が竪穴建物である。
　竪穴建物は「柱を立てる方法自体は掘立柱建物と同様である」（山中2003, 22頁）が，掘立柱建物の柱穴（第1図）では当たり前のように行われている「段下げ調査」（第2図）と呼ばれる柱痕跡を平面的に確認・記録した後に半截から完掘にいたる方法が行われていない場合がほとんどである。竪穴部床面で確認された柱穴を，機械的に半截して土層堆積図（セクション図）を作成するか，いきなり丸掘りしてしまうことが常習化している。事前調査におけるルーチンワーク化した現場作業の弊害の一端が垣間みえるが，過去に自ら担当者として従事してきた発掘調査現場でも，ほとんど意識してこなかったことを素直に認めざるを得ない。反省と自戒の念も込めて小稿を執筆するものである。
　掘立柱建物では，柱穴自体の調査にほぼ没頭できるのに対して，複数の構成要素や施設の集合体である竪穴建物では，柱穴調査以外にも発掘作業工程が多い。掘立柱建物と比較した場合，深くて狭い竪穴建物柱穴の土層断面は，地山ごと半截しなければ観察が難しいことなども手伝って，柱穴を掘り上げるという最終結果にばかり目が向いているようで，柱穴内部が柱痕跡（あるいは柱根）と柱を固定する柱掘方埋土からなることや，柱抜取（切取）痕跡が認められる場合もある（第1図）という基本的な認識が欠けていると言わざるを得ない。
　つまり，竪穴建物で「段下げ調査」がほとんど実施されなかったため，発掘調査報告書に掲載された柱穴の平面図に柱痕跡が図示されている事例が極めて少ないという結果を招いていることが指摘できる。本来は抽出可能であった情報を逃してきた事例の何と多いことだろうか。
　小稿では，筆者の主たるフィールドである東京都における竪穴建物の柱穴について柱痕跡に注目した報告例を紹介し，あわせて他県の好事例を加えて，過去の反省と今後の調査研究に向けた提言を行うものである。
　なお，本タイトルに（その弐）とあるのは，竪穴建物の柱抜取に関する論考を（その壱）として既に公表している（拙稿2012）ことによる。その結論のひとつとして，「『段下げ調査』の必要性」（拙稿2012, 88頁）を説いているので，あわせて一読いただければ幸いである。

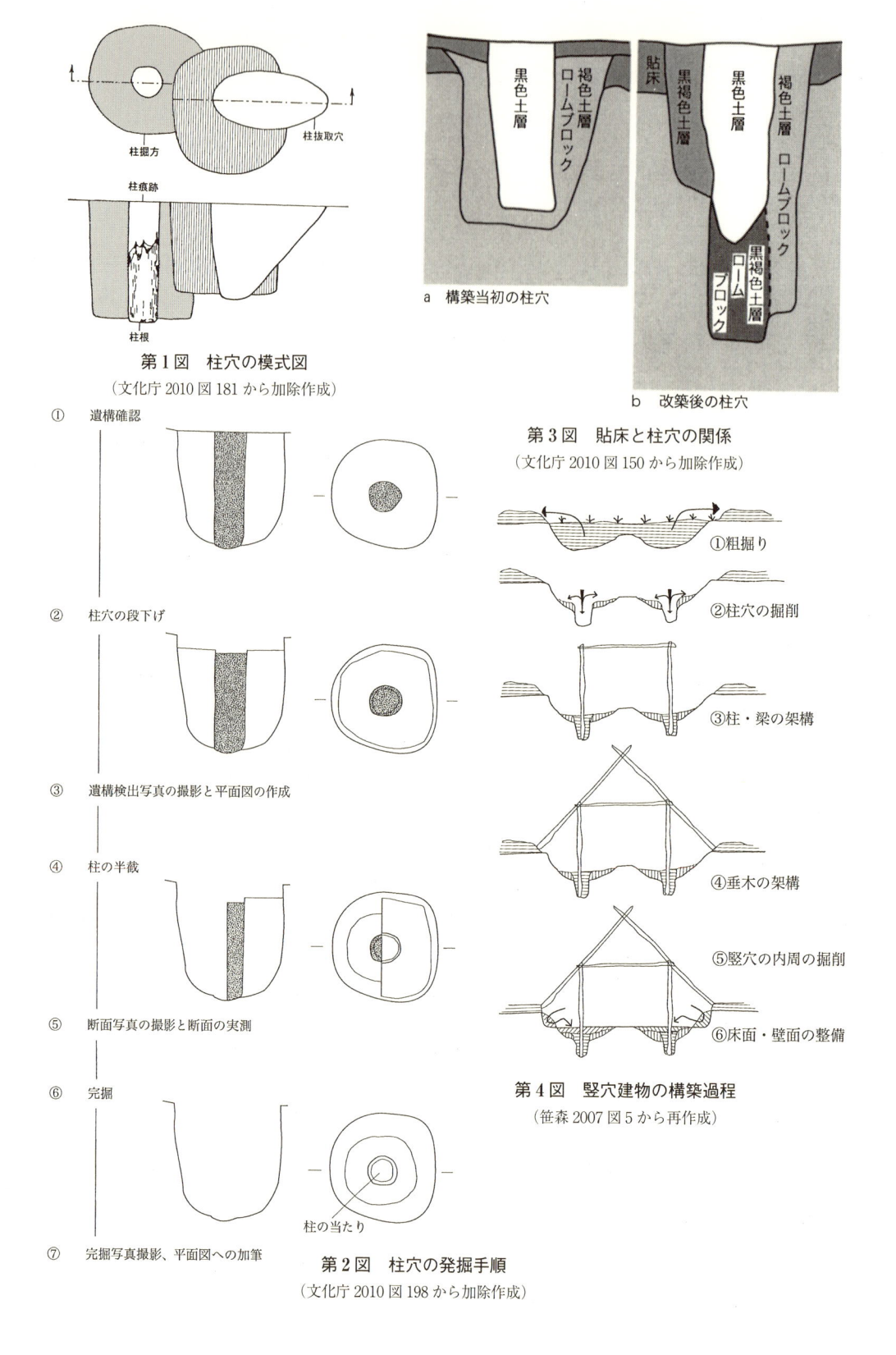

第1図　柱穴の模式図
（文化庁 2010 図 181 から加除作成）

柱掘方　柱抜取穴　柱痕跡　柱根

① 遺構確認
② 柱穴の段下げ
③ 遺構検出写真の撮影と平面図の作成
④ 柱の半截
⑤ 断面写真の撮影と断面の実測
⑥ 完掘
⑦ 完掘写真撮影、平面図への加筆

柱の当たり

第2図　柱穴の発掘手順
（文化庁 2010 図 198 から加除作成）

褐色土層　ロームブロック　黒色土層
貼床　黒褐色土層　ロームブロック

a　構築当初の柱穴
b　改築後の柱穴

第3図　貼床と柱穴の関係
（文化庁 2010 図 150 から加除作成）

①粗掘り
②柱穴の掘削
③柱・梁の架構
④垂木の架構
⑤竪穴の内周の掘削
⑥床面・壁面の整備

第4図　竪穴建物の構築過程
（笹森 2007 図 5 から再作成）

1. 東京都の事例

　ここでは，東京都の発掘調査報告書で竪穴建物の柱穴平面図に柱痕跡を図示している報告例と，柱痕跡に関する注目すべき事例を紹介する。なお，柱穴土層断面図だけに柱痕跡がみられる報告書は，それなりに認められるが原則取り挙げない。その多くは，柱穴を半截したところ運良く柱痕跡が観察された「結果オーライ」の事例であり，まず平面プランで柱痕跡の有無を確認する視点が欠けているためである。

(1) 八王子市・下寺田遺跡（第3図）

　8世紀前半に属する竪穴建物2棟の柱穴を地山ごと半截している（服部1975）。第3図左は住居SB05，右は住居SB03のものである。前者は貼床面（使用面）で柱痕跡のみが確認され，後者は柱穴掘方プランが貼床面を切っている。貼床を施す竪穴建物の場合，床面掘方（加工面）掘削時に柱穴掘方を穿ち，柱を立ててから貼床を施す（第4図）と考えられている（重住ほか1973）（笹森2007）ことから，第3図左は竪穴建物構築当初の柱穴，同図右は柱を立て替えるために貼床面から掘り込まれた柱穴であることが理解される。この2棟の竪穴建物の平面図には，柱痕跡が実線，柱穴掘方が点線で表示されている。柱は，いずれも径15cmから20cm程度の角材である。

　報告者の「各柱穴は，柱材を埋め込むのに適当な大きさの掘立ではなく，それよりかなり広い掘立を用意している」（服部1975, 60頁）という記述は，これ以前の竪穴建物の発掘調査では，柱痕跡に関する注意が払われてこなかったことを暗示しているようである。少なくとも，報告者が「切開調査」と呼ぶ地山ごとの半截は，これが最初であろう。今から38年も前に実施された昭和49（1974）年の調査で，このような先駆的な実践が行われていたことは改めて評価すべきである。

(2) 調布市・飛田給北遺跡平成3年度調査（第5図）

　7世紀後半のカマドをもたない1号竪穴遺構（栗城1992）で，貼床面に焼土痕跡が認められる点などから工房と考えられる。柱は径20cmから30cmほどの丸材（以下，丸材の場合は説明を省略する）である。

　この遺跡は，武蔵国衙の東方約4kmに位置し，多摩川左岸の立川段丘面に沿って国府域から東西方向にベルト状に延びる国府に関連した遺跡群のひとつである。立川段丘と沖積地を画する府中崖線から800mほど内側にあり，水田経営を生業とするには立地的に不向きである（荒井2011）ことも鑑みると，国府造営以前にも何らかの官営工房が営まれていたものと考えられる。

　第5図上は貼床面で確認された柱痕跡，同図下は貼床を剝がした加工面から検出された柱穴掘方に柱痕跡を重ねて表示しており，加工面と使用面における図化の好例といえる。

焼土

飛田給北遺跡1号竪穴遺構

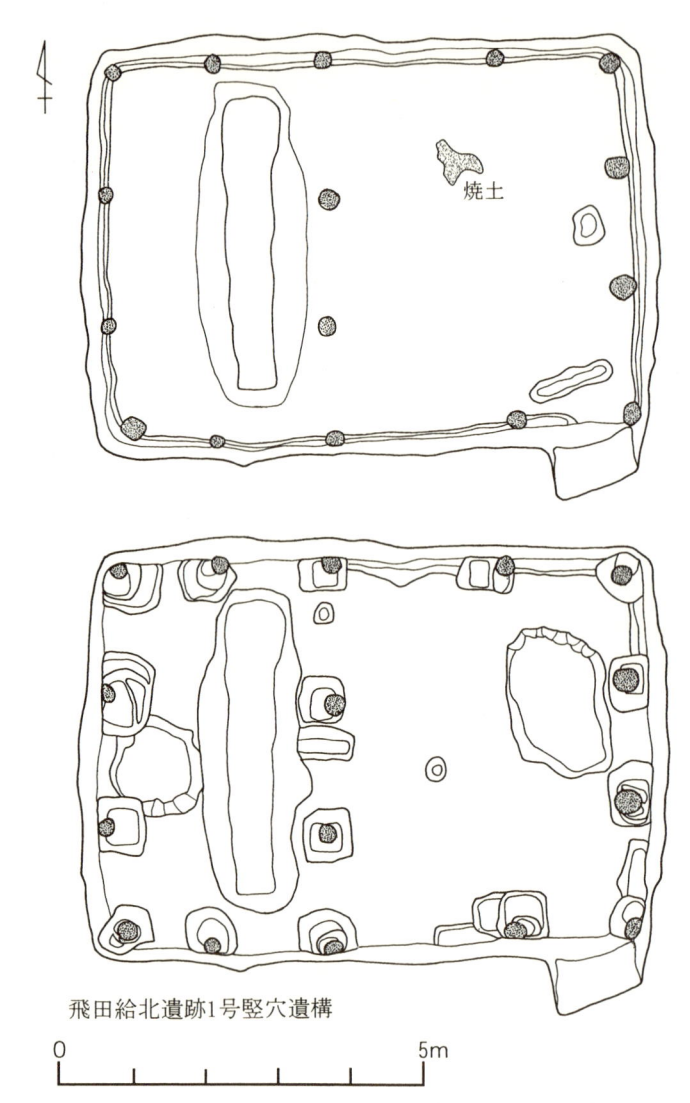

0　　　　　　　　　　5m

第5図　柱痕跡と柱穴掘方図化の好例（報告書から加除作成）

(3) 日野市・南広間地遺跡第36次調査（第6図）

平成6（1994）年に調査された7世紀代と思われる487号住居（篠崎1996）で，屋外部の竪穴外ピットから柱痕跡が確認されている。柱の径は15cmから25cmを測る。竪穴建物の外周から検出されるピットには，柱穴以外にも，叉首穴・垂木穴・垂木固定杭・出入口施設・周堤土留杭などが想定されている（箱崎2007）。本例は，その径と垂直に立ち上がる点などから，壁立式竪穴建物の竪穴外柱穴と見なすことが可能である。管見によれば，竪穴外柱の柱痕跡の平面図が掲載されている唯一の報告書である。竪穴外柱が側柱になるのか，廂になるのかなどの判断材料としても，柱痕跡の平面的把握は必要不可欠な作業となろう。

(4) 北区・赤羽台遺跡国立王子病院跡地地区（第7図）

平成9（1997）年から2か年で，弥生時代後期から古墳時代前期の竪穴建物91棟などが調査された（森田2000）。ここでは，森田信博氏が柱穴をA～Dの4類に分類している。その内容は以下のとおりである。

「A　床面に柱痕部のみが開口しており周囲には堅固な貼床が残る。柱痕部と柱掘り方埋土は明確に識別される。→柱が残されていたものと思われる。

B　床面はやや広く開口しており貼床はみられない。柱痕部状の層と柱掘り方埋土は明確に識別される。→概ね柱が残されていたものと思われる。

C　床面から中位まで広く開口する。上部は自然堆積の様相を呈する。中位以下は柱痕部状の

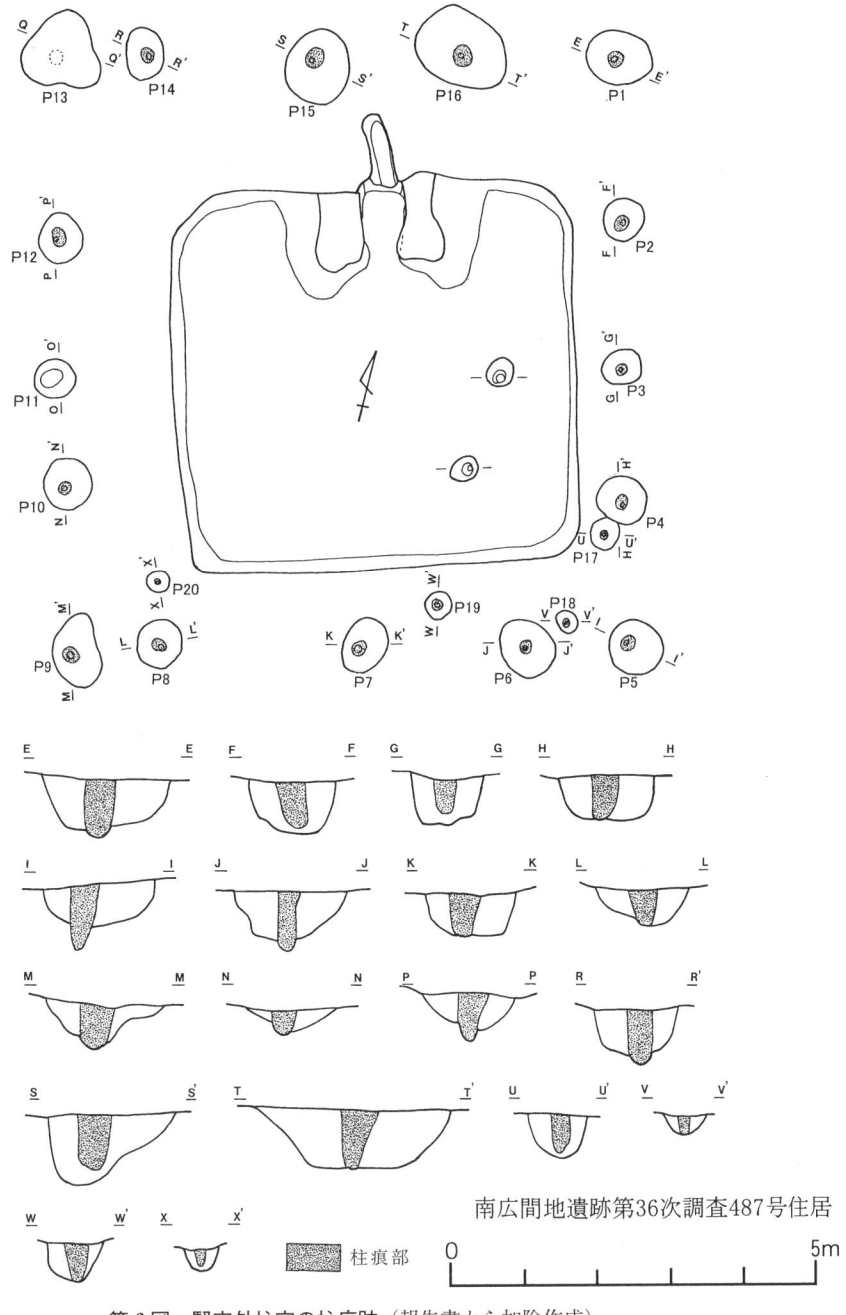

たかが柱穴，されど柱穴（その弐） 57

第6図　竪穴外柱穴の柱痕跡（報告書から加除作成）

　　層と柱掘り方埋土は明確に識別される。→柱が抜き取られていた可能性が高い。
D　床面から中位まで広く開口する，柱掘り方埋土はわずかしかみられず，覆土は自然堆積の
　　様相を呈する。→ほぼ確実に柱が抜き取られたものであろう」（森田2000，630頁）。
竪穴建物の平面図に柱痕跡は示されていないが，Aの場合，柱痕跡部分にあたる「床面に開

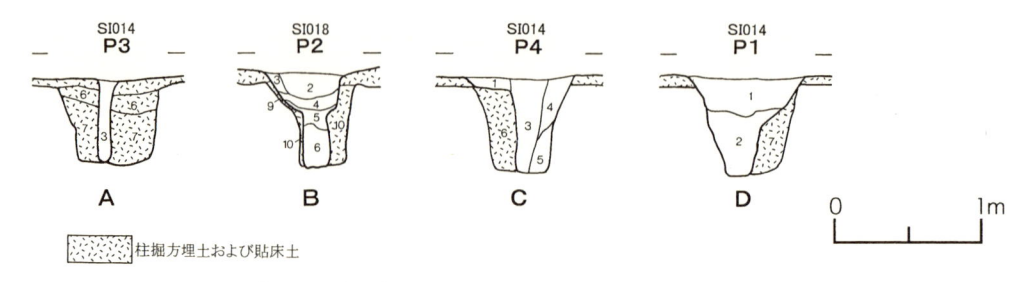

第7図 森田信博による柱穴分類（報告書から加除作成）

口していた部分のみを測量し，これをもって柱穴平面図」（森田2000，630頁）として図化する。また，土層断面の柱痕跡部分にスクリーントーンを貼る報告書が多い中で，本書は逆に柱掘方埋土と貼床部分にスクリーントーンをかけている。

　上記分類のうち，Aは床面に柱痕跡が残るもの，Dは柱が抜き取られているもので間違いないが，「B・Cでは柱を抜き取った際に掘り方埋土が崩れず，その狭い痕跡に黒褐色土が堆積した場合を考えると，柱痕との区分は困難であろう。B・Cの厳密な分類はできない」（森田2000，630頁）と指摘する。上記の「柱を抜き取った際に掘り方埋土が崩れ」ない点については，掘立柱建物の「柱抜取穴を柱の下部まで掘り下げず，中途まで掘って柱を上方に引き抜いた場合にも，柱の立っていた部分に別の土が入り込み，柱状の痕跡が柱掘方の下部に残ることが多い」（文化庁文化財部記念物課監修2010，169頁）という現象と共通する。第7図で説明すると，Bとして例示された柱穴の6層が柱痕跡に該当し，柱下部を残して柱が切り取られたもの，Cの柱穴の3層が上部に引き抜かれた柱部分で，4・5層は本来柱掘方埋土だった土が柱抜取により加わった圧力で脆弱化したものと見なすことが可能ではなかろうか。

　この報告では，多数の事例観察から，1棟の竪穴建物でも「全てA，あるいはDの住居跡がある反面，同一住居内でもAとDがみられるなど必ずしも一様でない」（森田2000，630頁）ことや，焼失建物ではAであること，柱穴掘方の径が40cmから60cmに対して柱の径は20cm程度であることが指摘されており，調査担当者の森田信博氏の柱穴に関する探求意欲が伝わってくる。ただし，遺構数の多さからか，すべての竪穴建物柱穴の分類が提示されていない点が惜しまれる。第三者が検証を行うためにも，全データを掲載してもらえなかったことは残念である。

(5) 奥多摩町・下野原遺跡（第8図）

　平成10（1998）年から平成12（2000）年にかけて断続的に調査され，縄文時代中期の竪穴建物18棟が検出された。これらは「のべ建築回数50棟以上」（谷口2007，報告書抄録）の結果を示しており，竪穴建物の建て替え行為に注目した報告となっている。第8図のような非常に精緻な分類を行っているが，残念ながら「段下げ調査」は行われず，柱穴の半截により得られた知見に依拠している。柱痕跡は，柱穴の中央部にあるとは限らず，柱穴掘方の片側壁寄りに位置するものも少なくない（山中2003，大上2010）ことから，半截したラインが柱痕跡から外れてしまった場

たかが柱穴，されど柱穴（その弐） 59

Ⅰ類　柱痕が明瞭で、柱が立ったまま放棄された状態を示すもの

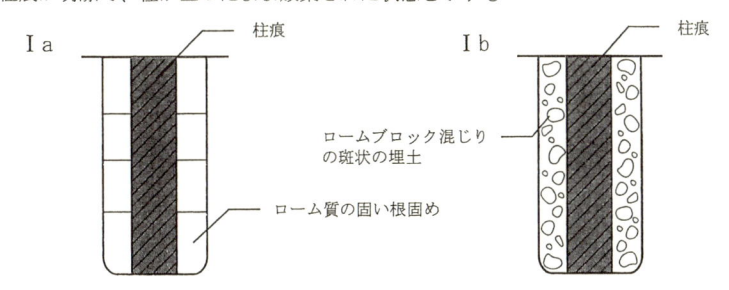

Ⅰa　柱痕
Ⅰb　柱痕
　　ロームブロック混じりの斑状の埋土
　　ローム質の固い根固め

Ⅱ類　柱穴覆土の下部には柱痕が残るが、上部を人為的に閉塞して床面を再生した状態を示すもの

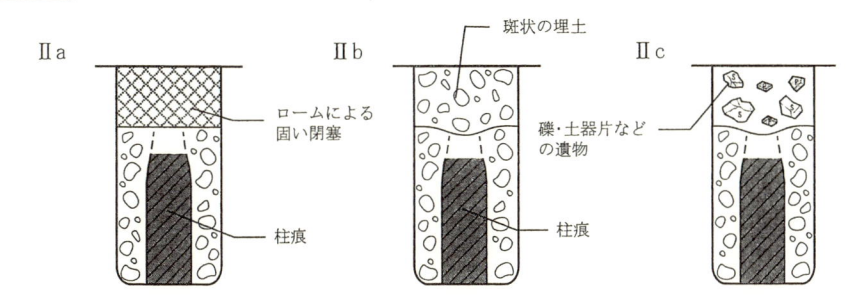

Ⅱa　ロームによる固い閉塞／柱痕
Ⅱb　斑状の埋土／柱痕
Ⅱc　礫・土器片などの遺物

Ⅲ類　柱痕がなく、柱穴全体を人為的に埋めもどした状態を示すもの

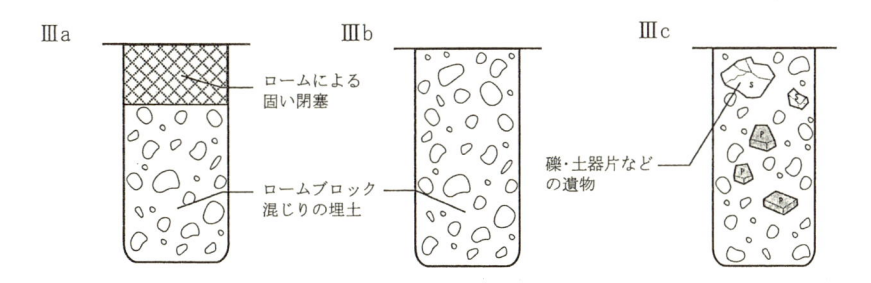

Ⅲa　ロームによる固い閉塞
Ⅲb　ロームブロック混じりの埋土
Ⅲc　礫・土器片などの遺物

Ⅳ類　柱痕がなく、人為的な埋めもどしの痕跡も明瞭でなく、柱穴全体に比較的均質な暗褐色土が充満するもの

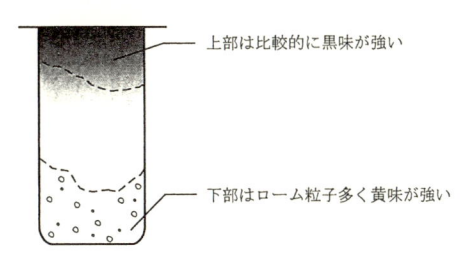

　上部は比較的に黒味が強い
　下部はローム粒子多く黄味が強い

Ⅴ類　Ⅰ～Ⅳ類のいずれのパターンにも当てはまらないもの（パターンが不明瞭なもの）

第8図　谷口康浩による柱穴分類（報告書から再作成）

合も有り得るだろう。

　せっかくの模式図（第8図）が，個別の竪穴建物の報告に反映されているとは言い難い面はあるものの，3棟の竪穴建物の重複（再利用）について，柱穴の埋没パターンを加味した分析から「大きな中断期間を置かずに，前段階の竪穴や建物構造を踏襲しながら連続的に建物更新を行う」＝「踏襲的モード」と，竪穴建物の「前段階の状態を必ずしも活かして再利用しようとはせず，連続性に欠けている」＝「便宜的モード」（谷口2007，462頁）という捉え方を提示している。

　前者では「古い柱を故意に抜き埋め戻して床面を再生する行為が顕著に見られる。これは廃絶時に上屋が解体されたか，次の建物の建築時に旧建物の上屋や柱が解体されて竪穴が整地された状況を示している。旧建物の廃絶・解体に続けて新しい建物を建設した可能性も高い」（谷口2007，462頁）という，重複する竪穴建物の建て替えの具体的な在り方を考えるうえで，柱穴が内包する情報の重要性を説いた注目すべき発言といえる。

(6) 調布市・調布岡遺跡第10地点 （第9図3）

　平成15（2003）年に調査された古墳時代前期の第3号住居跡の貼床面で「径12 cm～23 cm程の極端に軟質な『柱痕』を確認」（中村高2004，40頁）している。柱痕跡は「極めて暗色であり，床面を精査した時点で容易に確認することができた」（中村高2004，40頁）という所見が得られている。これは先述した赤羽台遺跡のA類（森田2000，630頁）に該当する。「段下げ調査」を実施するまでもなく柱痕跡が明確に判明した例である。

(7) 北区・御殿前遺跡第27地点 （第9図4）

　平成17（2005）年に調査された7世紀後半の6号住居跡の地床面で「径20 cmほどの柱痕が見られた」（白谷2006，22頁）。

　また，図示していないが，弥生時代後期に属する1号住居跡でも，貼床面で「径15～20 cmの柱痕が確認された」（白谷2006，11頁）。柱掘方埋土は，第8図に示した下野原遺跡の谷口分類Ia類（谷口2007，29頁）に該当する。

(8) 渋谷区・鶯谷遺跡第2地点 （第9図1・2）

　平成20（2008）年度に調査された。縄文時代中期の14号住居跡（第9図1）では地床面で径20 cmの柱痕跡が，弥生時代後期の6号住居跡（第9図2）では貼床面で15 cmから20 cmの柱痕跡を確認している（髙橋直2009）。後者の柱痕跡外側の柱穴掘方には，ロームブロックを多量に含む土が充填されている。

(9) 北区・道合遺跡第II次調査 （第10図）

　平成18（2006）年から3か年で，弥生時代後期の竪穴建物147棟と，古墳時代後期6世紀の竪穴建物5棟などが検出された（飯塚2010）。団地建て替えのため鉄筋建物の基礎などの攪乱も多

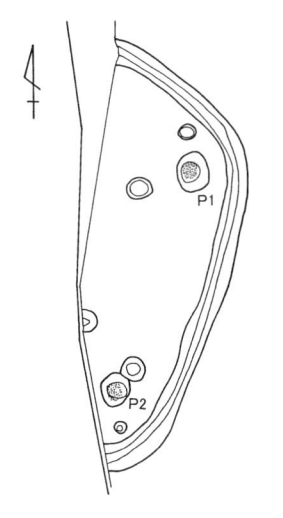

1. 鶯谷遺跡14号住居跡　　　　　　　　2. 鶯谷遺跡6号住居跡

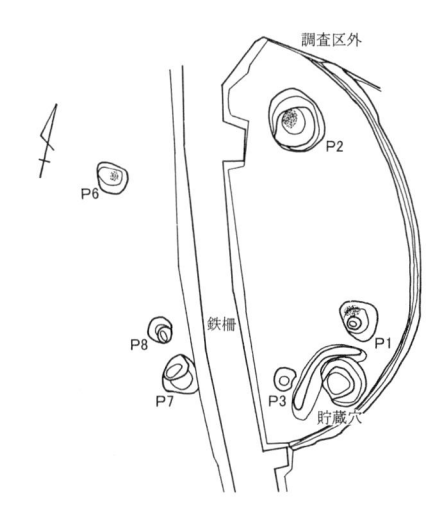

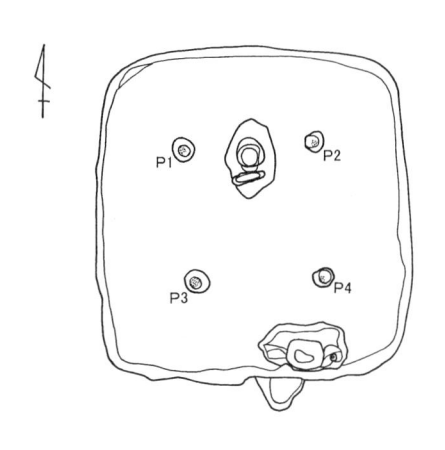

3. 調布岡遺跡第3号住居跡　　　　　　　4. 御殿前遺跡6号住居跡

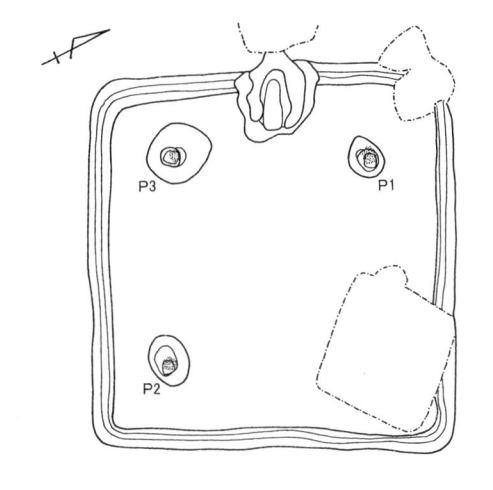

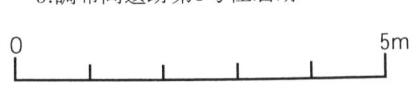

第9図　東京都の報告事例1（報告書から加除作成）

いが，弥生時代の147棟中54棟（36.7％），古墳時代の5棟中2棟（40％）で柱痕跡が確認された。今のところ都内で最多の報告例である。

　柱痕跡は，1棟の柱穴すべてに存在するものと，一部でみられる場合があり，13号住居跡（第10図）P3のように，柱穴下部で柱痕跡を残すが，上部で柱切取が行われたと思われる事例がみられる。遺構・遺物数が多いため，竪穴建物の記述は総じて短く，遺構図に柱痕跡をスクリーントーンで示しているだけのものも多い。その中で「柱の芯々間距離」の記載がある点が特徴的である。巻末に詳細多岐にわたる考察が掲載されているが，柱痕跡に関する記述がみられないのは残念である。

道合遺跡13号住居跡

第10図　東京都の報告事例2
（報告書から加除作成）

飛田給北遺跡第9地点5号住居跡

番号1・2　柱痕跡
　　　3　貼床
　　　4　柱掘方埋土

第11図　東京都の報告事例3
（報告書から加除作成）

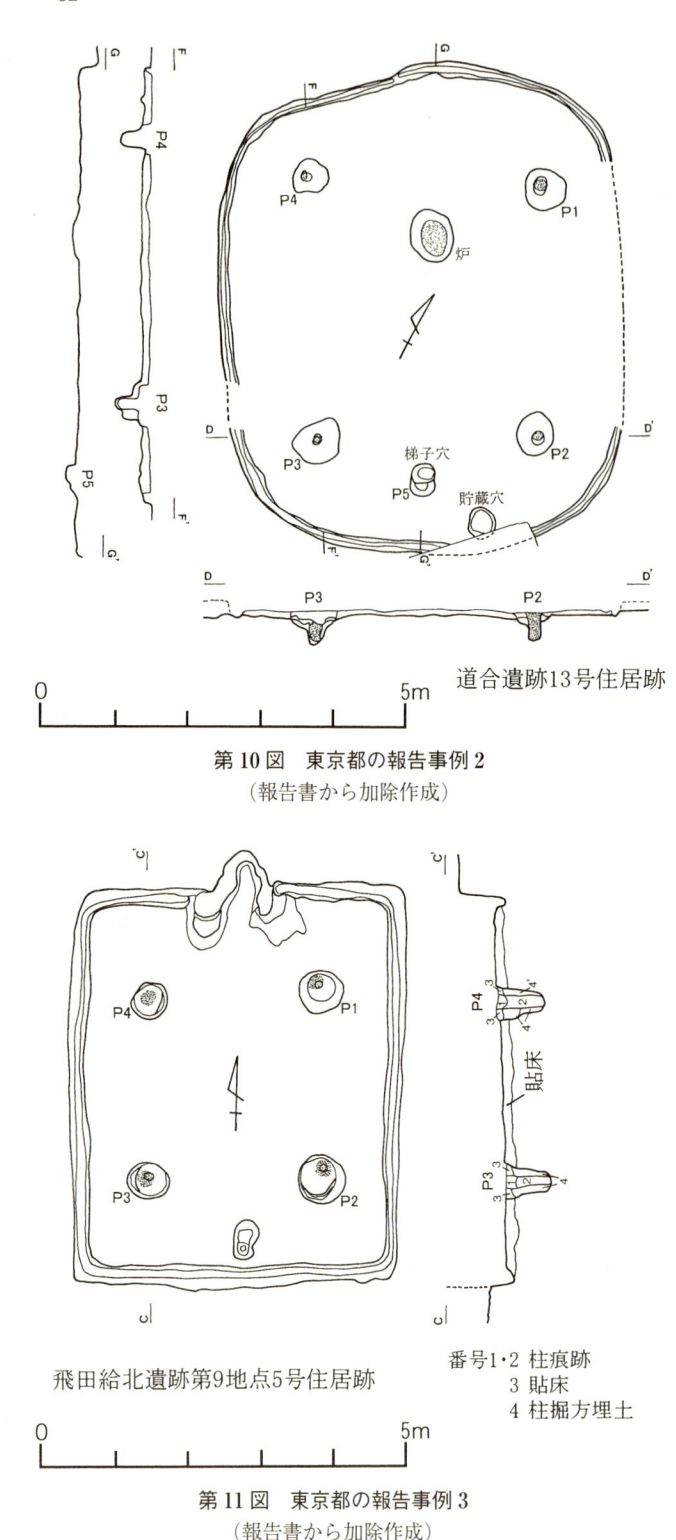

(10) 調布市・飛田給北遺跡第9地点 (第11図)

　平成21 (2009) 年度に調査された7世紀後半の5号住居跡（第11図）は，竪穴南側部分の拡張に伴い柱の立て替えが行われており，貼床面を掘り込んだ新段階の柱穴で径20cmほどの柱痕跡が確認された。「柱痕が明瞭で，柱痕周辺の掘り方は床と同様に硬化していた」（田中2011，128頁）という所見から，改築後に貼床面から掘り込んだ柱穴の柱掘方埋土（第11図柱穴断面4層）上部の床と同じ面を叩き締めた（同図柱穴断面3層）ものと見なすことができる。

　ちなみに，先述した (2) の飛田給北遺跡平成3年度調査1号竪穴遺構（第5図）は本遺構の東南50mに位置しており，主軸線が揃っていることなども勘案すると同時に存在した可能性もある。

(11) 多摩市・向ノ岡遺跡平成22年度調査地点 (第12図)

　検出された縄文時代中期の竪穴建物8棟のうち7棟で「段下げ調査」を行っている（水澤・與儀2011）。報告書に掲載された図面全部を紹介したいところだが，紙面の都合で主なものを第12図に示した。これらの竪

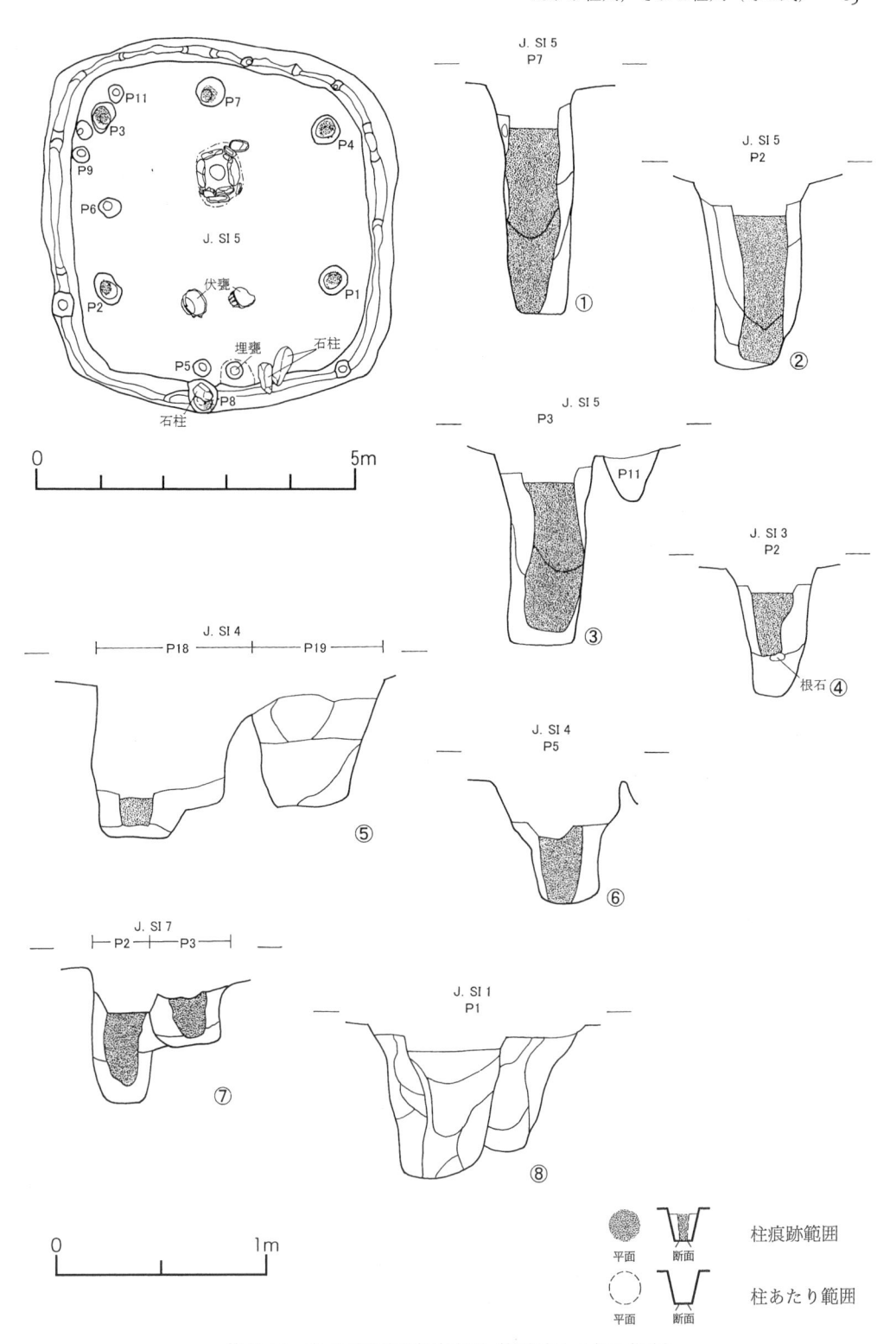

たかが柱穴，されど柱穴（その弐）　63

第12図　向ノ岡遺跡の報告事例（報告書から加除作成）

穴建物の柱材の径は「約15cm～20cm程度のものが多用された可能性」（水澤2011，55頁）が指摘されている。

　柱痕跡が最も良好に検出されたのがJ. SI5である。報告者は，柱痕跡の際まで床の硬化面がおよばないことを理由に柱掘方「上部を若干掘ったのち，切断され，その結果，柱の基部が地中に残存した」（水澤2011，55頁）と想定するが，6本の主柱穴すべてが，下野原遺跡の谷口分類Ib類（谷口2007，29頁）に該当し，竪穴建物廃絶後に「柱が立ったまま放置された状態」（谷口2007，29頁）を示すものと捉えたほうが妥当と考える。この竪穴建物は，複数の石柱や通称「伏甕」と呼ばれる「床面倒置土器」（山本1976）2個体の存在などから「廃屋葬」を暗示するかのような状況を示している。柱が抜き取られていないと考えると，廃絶後の竪穴建物が埋葬施設として利用された可能性を補強する材料としても有効な情報となろう。柱穴P7（第12図①）は柱穴片側に接して柱が立てられている。P2（第12図②）とP3（同図③）の「柱のあたりは，柱穴の底面から4～10cmほど埋め戻された埋土の上面が硬化している」（水澤・輿儀2011，29頁）という観察結果が得られている。

　本報告書では「柱の自重と建物の荷重がかかって生じた圧痕や変色した部分」（文化庁文化財部記念物課監修2010，169頁）である「柱の当たり（柱型）」部分の範囲を柱断面図に示す（第12図凡例）などの工夫が凝らされている。

　他の竪穴建物でも，柱穴の土層断面図が概ね掲載されている。特徴的な事例をいくつか紹介する。第12図④は柱の下部が柱穴掘方底面に接しておらず根石が設置されていた。同図⑤は，改築前の柱穴P19の柱抜取後に，下野原遺跡の谷口分類IIa類（谷口2007，29頁）にあたる「ローム土によって閉塞」（水澤2011，54～55頁）して埋め戻した状況と，改築後のP18では柱穴下部から柱痕跡が検出され，それよりも上部は柱抜取あるいは切取が行われた結果を示している。第12図⑥も同図⑤P18と同様に，柱穴上半部を掘り下げた結果柱痕跡が確認され，セクション図の空白部分で柱抜取または切取痕跡が行われたことが判明している。第12図⑦では重複する柱穴のうち，古いP2の上部で柱切取が行われ，その脇に新しいP3が構築され，竪穴建物廃絶時には柱が立っていたことが読み取れる。第12図⑧では，柱痕跡のような黒色土系の土層が認められるが，上面と下面の径の差が大きく漏斗状に開いていることから「柱を揺す振り，上方へ抜き取った」（及川2011，50頁）結果を示しているものと考えるのが妥当である。

　竪穴建物では，掘立柱建物でみられるような明確な柱抜取穴が通常は認められないことから，このような方法が普遍的に行われていた可能性が高いものと考えている（拙稿2012）。

　本調査は，劣悪な調査条件にもかかわらず，竪穴建物の柱穴調査に対する高い問題意識をもって現場に臨んだ実践例として，対象とする時代を問わず今後の発掘調査の手本となる点が多い。この発掘調査報告書は，竪穴建物の柱穴調査に関して研究史に刻まれるべき基礎文献となろう。

(12) 調布市・上布田遺跡第90-1地点（第13図）

　平成20（2010）年に調査された。7世紀中葉から8世紀後半にいたる5棟の竪穴建物中2棟で

柱痕跡が確認された（有村・與儀2012）。8世紀後半の竪穴住居SI01（第13図）と7世紀中葉のSI02である。前者の柱痕跡の径は，15 cmから30 cmと比較的ばらつきがある。貼床面中央にある小型のP8でも径10 cmほどの柱痕跡が確認されており，上部構造を考えるうえでの参考となる。

2. 他県の好事例

発掘調査報告書で，竪穴建物の柱痕跡が掲載されている事例を注意するようになってから，まだ日が浅いため，重要な報告書をチェックしきれていないが，ここでは北関東方面の2遺跡を紹介しておきたい。

上布田遺跡第90地点SI01

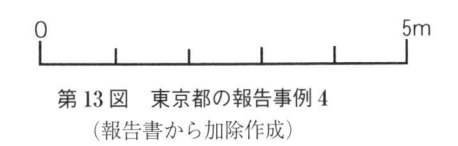

第13図　東京都の報告事例4
（報告書から加除作成）

(1) 栃木県・西下谷田遺跡（第14・15図）

平成9（1997）年から12（2000）年にかけて調査された宇都宮市・上三川町・下野市（旧石橋町）にまたがる官衙遺跡である。東方約500 mに位置する上神主・茂原遺跡（推定下野国河内郡家，国史跡）と有機的関係をもつと考えられ，7世紀後半に成立した評家と見なされる区画施設と，その東側に存在する掘立柱建物・竪穴建物群からなる（板橋2003）。II期＝「7世紀第4四半期から8世紀初頭」（板橋2003，204頁）の区画塀中央には，地中梁構造の南門（八脚門SB10B）が設けられている。69棟の竪穴建物中27棟（39％）で柱痕跡が確認されている。うち2棟を図示した。いずれもII期に属する。

竪穴住居SI-400（第14図）では，すべての柱穴「底面の基礎地業としてローム粒主体の土で埋め戻して固く締めて」（板橋2003，87頁）おり，柱の下部が柱穴掘方の途中に位置している。P1とP4では，柱穴片側に接して柱が立てられている。

ちなみに，竪穴壁上部には「貼壁」が施されている。同様な事例は，東京都三鷹市島屋敷遺跡住居跡SI1（小薬1998）や，前章（12）調布市上布田遺跡第90-1地点竪穴住居SI01（第13図）などで散見される。竪穴壁上部の脆弱な地山部分を補強する役割があったものと考えられる。

竪穴住居SI-485（第15図）は「建て替え・拡張を行って」（板橋2003，95頁）いるが，カマドは造り替えられていない。拡張前（A期）の柱穴はP5～8，拡張後（B期）の柱穴はP1～4である。拡張にあたり，A期段階の地床面上に2層の貼床を施し，B期の北・西・南側の拡張部分の地床と高さを揃えている。A期・B期の柱穴すべてに柱痕跡が残されており，建て替え・拡張にあたり，古いA期の柱は床面部分で切断されたと見なされる。柱の径は，A期で15 cm，B期で20

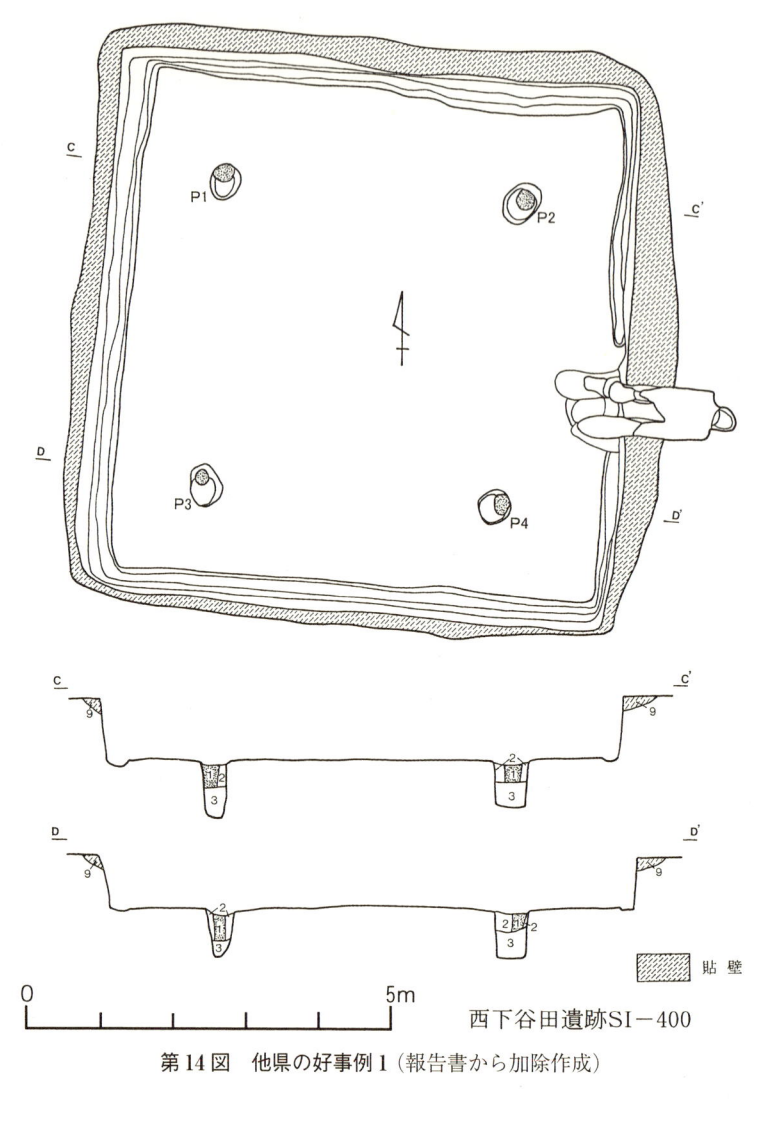

第14図 他県の好事例1（報告書から加除作成）

cmから30cmを測り，建物規模の拡大に伴い太い柱が選択されたことになる。

　本書で注目したいのは，柱痕跡の確認された竪穴建物の全景写真では柱穴を完掘しておらず「段下げ」状態で撮影されている点で，掘立柱建物の全景写真と同様な扱いである。調査担当者で報告者の板橋正幸氏は，那須烏山市（旧南那須町）の長者ケ平遺跡（推定芳賀郡家別院あるいは新田駅家，国史跡）の調査報告（板橋2007）にも携わった官衙遺跡の専門家であることから，竪穴建物にも抵抗なく「段下げ調査」を導入したのであろう。西日本方面の竪穴建物でも，このような写真が目立つことから，東日本方面と比べて「柱穴の掘り下げは，基本的には，後述する掘立柱建物における柱穴の発掘手順（183頁）に従う」（文化庁文化財部記念物課監修2010，145頁）という意識が浸透していることが窺える。

(2) 群馬県・小泉天神遺跡（第16図）

　平成14（2002）年に調査された吾妻町の遺跡である（中村岳2004）。7世紀末から8世紀初頭の3号竪穴建物の柱穴P1・P2の断面が調査区際の壁面にかかっている（第16図）。このうちP1の径15cmほどの柱痕跡は「住居覆土中まで及んでおり，このことは住居廃絶後も柱材の一部が放置されていたことを示す」（中村岳2004，27頁）という驚愕の情報が得られた。柱痕跡は貼床面よりも20cmほど上まで確認されている。また，南側の竪穴壁上部では「テラス状の平坦面が確認

でき，棚状施設の可能性がある」（中村岳 2004, 27 頁）という指摘もされており，偶然の産物とはいえ，通常では知ることのできない情報が得られている。

ただし，このような重要な情報でありながら，事実記載のみに留まっており，人知らず報告書中に「埋没」しているのは，あまりにも惜しいといわざるを得ない。

3. 過去の反省と今後の調査研究に向けて

(1) 過去の反省

以上，東京都の竪穴建物を中心に，柱穴の「段下げ調査」などの実施により平面的に柱痕跡を記録した報告例を紹介した。今までに膨大な数の竪穴建物が調査されてきたにもかかわらず，発掘調査報告書に掲載されている棟数が，あまりにも少ない点を改めて確認することができた。

そもそも，今までにどれだけの棟数の竪穴建物が報告されているかという点に関しては，ほとんど具体的な数字が提示されていない。

筆者は，東京都のカマドをもつ竪穴建物の報告数について，平成14 (2002) 年末時点で 7,892 棟という数字を提示したことがある（拙稿 2005, 162 頁）。それから 10 年近く経過した現在

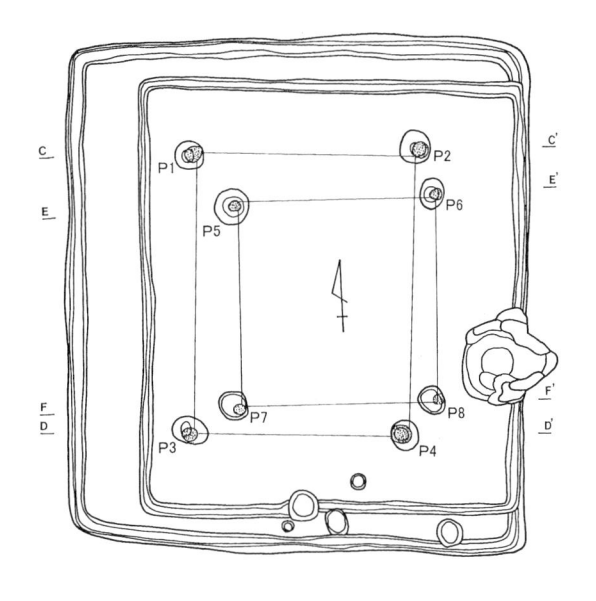

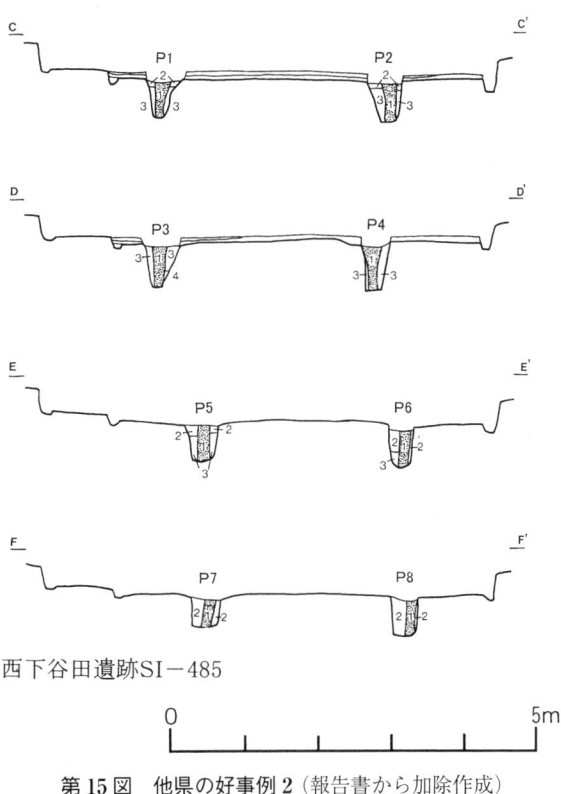

西下谷田遺跡 SI-485

第15図　他県の好事例 2 （報告書から加除作成）

では恐らく 10,000 棟を突破しているのは確実であろう。宮下孝優氏は，武蔵国府関連遺跡における竪穴建物を分析するにあたり，概報を含む報告数 2,632 棟をカウントした（宮下 2008, 84 頁）。また，川口正幸氏が平成 24 (2012) 年 5 月 6 日に町田市立博物館で講演した「町田市の縄文時代

小泉天神遺跡3号住居跡

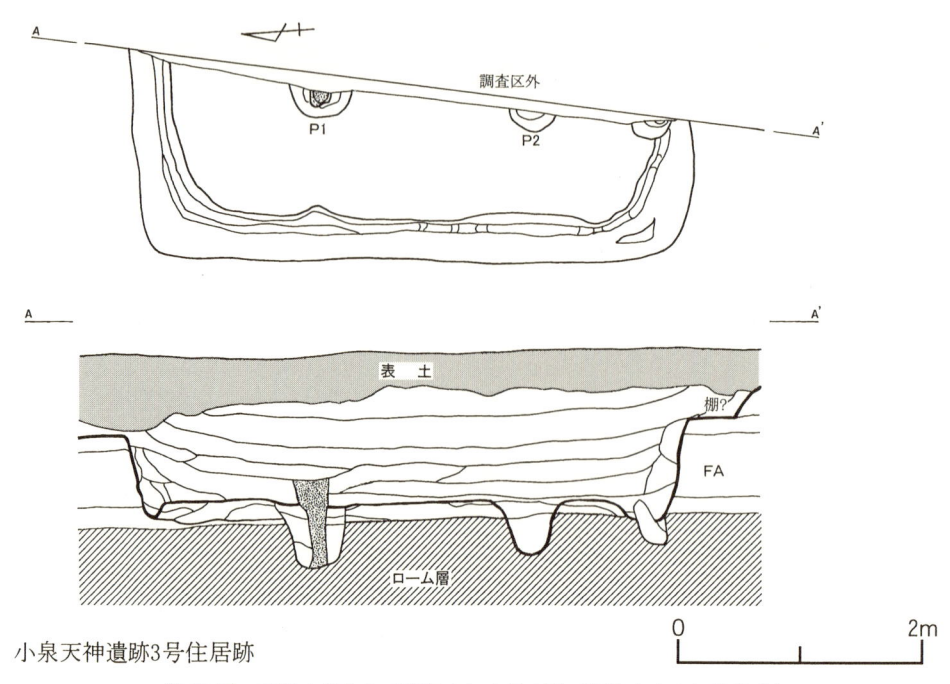

第16図　床面より上まで確認された柱痕跡（報告書から加除作成）

遺跡」の配布資料によると，同市で報告された縄文時代の竪穴建物は940棟である。これらの棟数も勘案すると，縄文時代から古代末にかけて東京都で報告された竪穴建物は20,000棟を優に突破しているものと推測される。

　これに対して，竪穴建物の平面図に柱痕跡が示されている棟数は，わずか9遺跡74棟，発掘調査報告書10冊ほどという極めて低い数字に留まっている。21世紀に入ってから，報告数は確実に増加しているものの，あまりにも低調であることは明らかである。

　まず，竪穴建物における柱痕跡の平面記録と報告について，多くの調査研究者が真剣に取り組んでこなかったことを大きな反省点として認識しなければならないだろう。

(2)　なぜ柱痕跡の平面を記録しなければいけないのか

　竪穴建物の柱痕跡を平面的に確認し記録化するのは，柱の形状や規模・間隔を知るためであり，丸材・半月材・角材・ごひら（五平）角材（村田2010）など柱の多様な形態，柱径，柱間間隔を把握することにより，竪穴建物の上部構造を検討するための具体的な情報を得ることができる。

　柱は，必ずしも柱穴中央に据えられていたとは限らず，柱掘方の片側壁面に寄せて立てられている場合（第12図①）もあるため，いきなり柱穴を機械的に半截すると，肝心の柱痕跡を逃してしまうか，端をかすめてしまい本来の柱径が明らかにできなくなる恐れがある。竪穴床面で柱穴プランを確認して柱痕跡が認められた場合，その平面を押さえておくことが不可欠なのである。

　また，柱材が完全に抜き取られているか，柱穴内の途中あるいは床面付近で抜取・切取されて

いるか，床面で柱痕跡が残されているのかという点を識別できることにより，竪穴建物の上屋が解体されたのか，柱が残されたままで放置されていたのかを探る検討材料となる。第8図で示した下野原遺跡の谷口分類II類・III類（谷口2007, 29頁）のような床面を閉塞した事例は，竪穴建物建て替えの時間的な連続性を検討するうえで重要な視点を提供してくれる。

竪穴建物の柱穴を「段下げ調査」することで，竪穴建物廃絶後の状況を，より鮮明に把握できるものと考える。この種のデータの蓄積が，停滞した「集落論」に従来とは異なる分析視点を提供することになるだろう。

(3) 柱穴調査の改善に向けて

以上のように，竪穴建物の床面で柱穴を「段下げ調査」する必要性を指摘した。ここで問題となるのが，柱痕跡が床面で確認できたとしても，竪穴建物廃絶後の早い段階で上屋を解体し，床面よりも上部で柱を切り取るケース①，建物廃絶後しばらく上屋を放置しておき，柱の腐食に伴い上屋を解体して，床面付近で柱を除去するケース②，上屋が自然倒壊した時点で床面よりも上の柱を除去するケース③，建物廃絶後，まったく人の手が入らず自然に倒壊するまで放置されたままのケース④などが，いかに識別できるかという点である。

「廃屋として廃絶するという手段は最も容易な手段であった」（五十嵐2009, 62頁）という説明には説得力があるが，上記①から④のケースが証明できれば，より具体的な人間行動の復元が可能になるだろう。

実際に，①の事例は，長野県市道遺跡竪穴住居009（前原・川島1975）の炭化した柱材の観察から判明している（第17図）。第15図例のように，建て替えが行われた建物で，古い段階の柱痕跡が床面で確認できる場合は，建て替えを行う前に古い建物の柱の切取が行われたことが明白である。

床面で柱痕跡が確認された事例の，より具体的な検討を行うには，第16図のように柱痕跡が床面よりも上で，どのようになっているかという土層観察ができることが望ましい。同図は，たまたま柱痕跡が発掘調査区の壁で観察されたという偶然の産物によるが，竪穴建物の長軸と短軸中央付近に十字の「土層観察用畔」（文化庁文化財部記念物課監修2010）を設定する「通常の」発掘調査では主柱穴を避けてしまうため，この問題の解明には適さない。

その対策としては，土層観察用畔であるセクションベルトを十字ではなく，竪穴四方のコーナー部分から×字に設定する方法が提唱されている（若林1996）。ここでは，先述した市道遺跡例の存在から「主柱穴の断面と住居の断面を一体で観察することにより，住居廃棄の作業過程を復元・確認できるようになることを示している。住居断面図に柱穴断面図を取り込むことによって，住居構造の解体と柱材撤去との関係について，具体的に，住居解体後に撤去したのか（上屋を崩落させてから柱を撤去したのか），解体時に撤去したのか（柱撤去によって上屋を解体させたのか），あるいは，住居焼却後燃え残った柱を撤去したのか，また，柱材は周囲を掘り起こして引き抜いたのか，地下部分は残して地上部分のみを切り取ったのかなどの検証が，個々の事例に即して可能

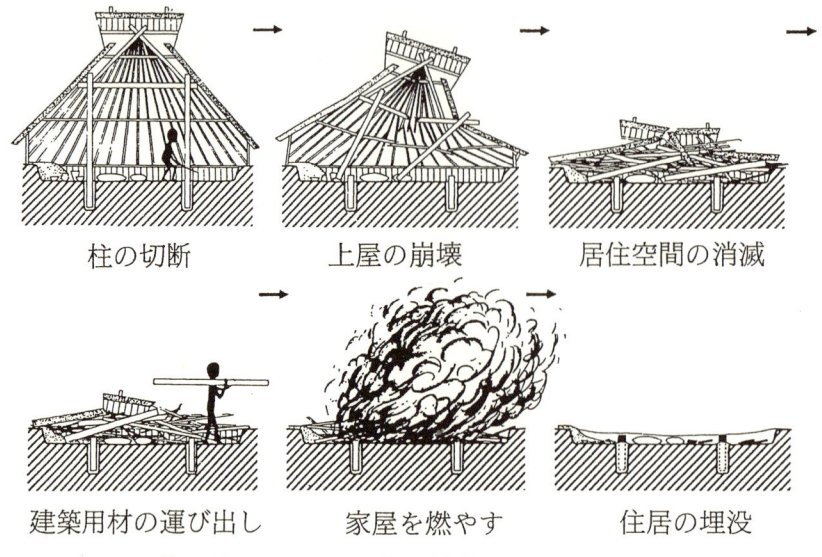

第17図　ありえない模式図（今泉1989 第3図を転載）

になり，研究を深めるためにも有効である」（若林1996，6頁）という先駆的な指摘が行われている。

ただし「柱撤去によって上屋を解体させた」とする第17図の想定については，竪穴建物の解体を問題とした今泉潔氏の論考（今泉1989）で多くの研究者の目にとまり，引き合いにだされることも多いが「倒壊によって持ち出す予定の部材が壊れる可能性もあり得ることに加えて，内部で柱を切断する人物の安全面の問題もあり，柱穴で上屋の荷重を支える構造である伏屋式の上屋では力学的に想定できない解体方法である」（五十嵐2009，50頁）という正鵠を得た指摘のとおり容認できるものではない。考古学プロパーの建築構造に関する無知で勝手な解釈の好例である。

若林氏の指摘は，この点を除けば実に適格なものだが，考古学分野だけを対象としていない地域資料雑誌に掲載されたため，ほとんど知られていない点が残念である。

セクションベルトを×字に設定したものは極めて少ないが，平成18（2006）年に調査された栃木県佐野市傾城塚遺跡SI-35（中村2010）は注意される。7世紀前半の焼失竪穴建物で，×字のセクションベルトラインの設定により，竪穴埋土（覆土）と柱穴すべてを一体化した土層断面図が作成されている（第18図）。報告者は「本遺跡では竪穴建物跡の調査中に，覆土下層で平面的にぼんやりと主柱穴が確認できることがあった。覆土下層において主柱穴プランが確認できるということは，廃絶後の埋没過程において柱の一部は残存していたことになる」（中村岳2010，146頁）という問題意識をもった実践例である。第18図からは「自然堆積の様相を示す竪穴部覆土が，主柱穴の上部で部分的に途切れる状況」が確認され，「柱材を残したまま，もしくは柱穴部分のみ残して切断して廃絶したもの」（中村岳2010，146頁）という所見が得られている。

惜しむらくは，いずれの柱穴からも明確な柱痕跡が確認されておらず，柱穴内の13層（第18図拡大図）が柱掘方埋土なのかどうかという説明がない点である。また，柱穴上部に堆積する10

傾城塚遺跡SI-35

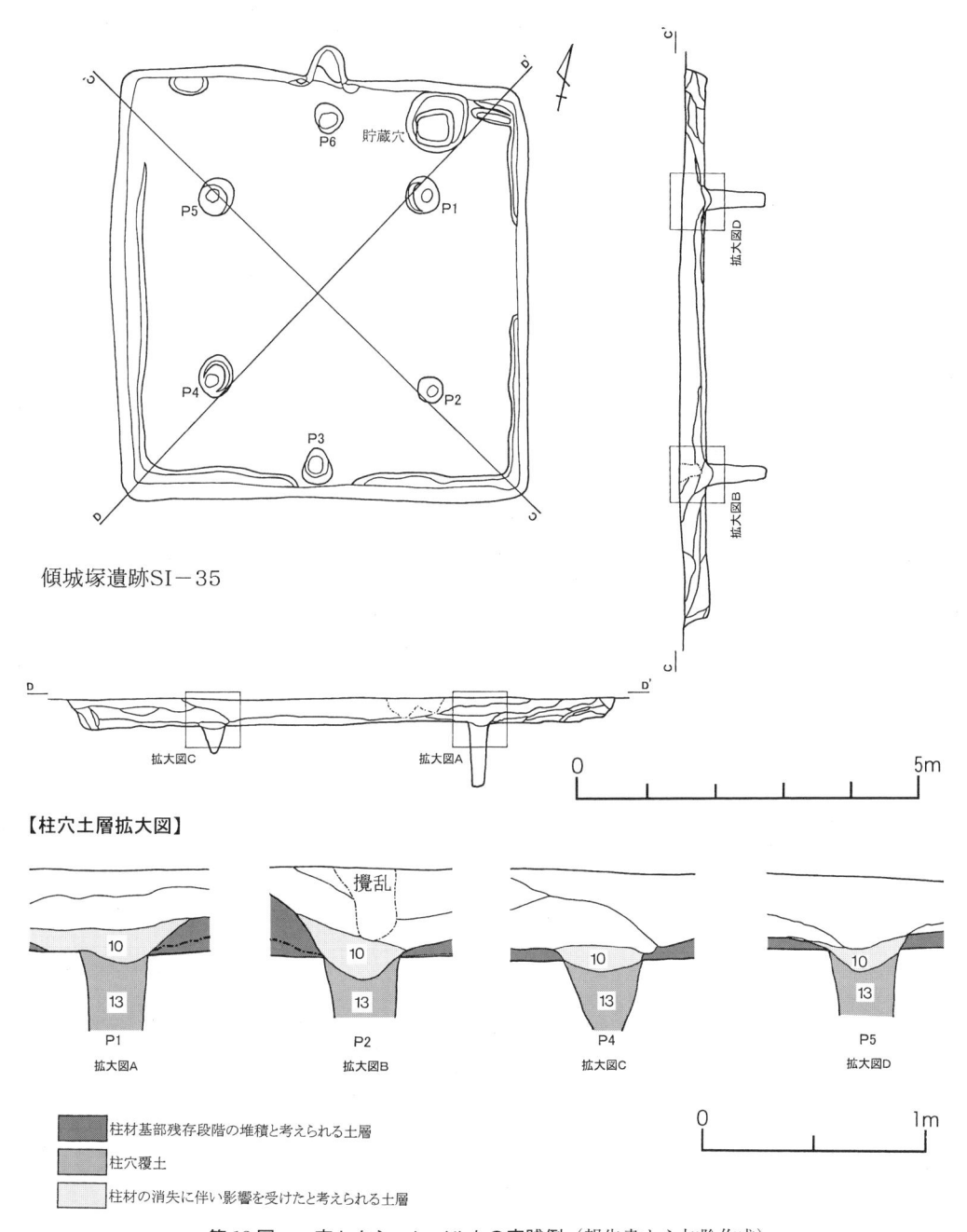

【柱穴土層拡大図】

P1 拡大図A
P2 拡大図B
P4 拡大図C
P5 拡大図D

柱材基部残存段階の堆積と考えられる土層
柱穴覆土
柱材の消失に伴い影響を受けたと考えられる土層

第18図　×字セクションベルトの実践例（報告書から加除作成）

層は柱が腐食した痕跡と捉えられるが，第18図の濃いスクリーントーンで示した竪穴床面に堆積する第一次埋没土を切っているようにも見えるので，垂木や梁・桁などの材だけを解体撤去して，柱だけが立っていた状態で竪穴部に埋没土がいくぶん堆積した段階で柱を抜き取ったという解釈も成り立たなくもない。

　いずれにしても，従来の形骸化した竪穴建物の調査結果からは抽出できないデータの提示によ

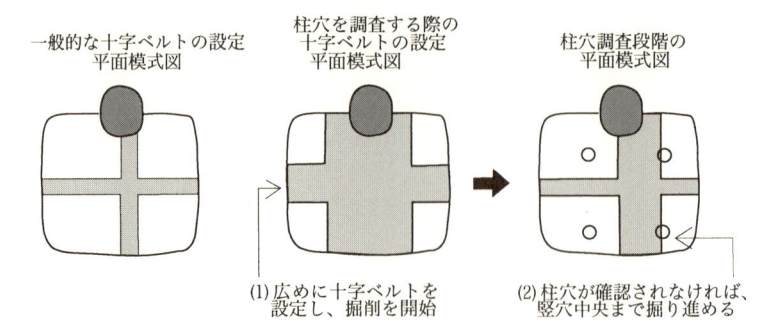

第 19 図　発掘方法の一例（高橋泰子 2003 図 1 を改変）

る新たな問題提起であり，柱穴内と床面より上部にまたがる土層堆積図の作成が，今後の発掘調査で積極的に導入されるべきであると考える。

また，×字のセクションベルトだけでなく，第 19 図に示したような竪穴建物の掘り下げ方法も，棚状施設などを見つけるため，既に東京都多摩市和田西遺跡の調査で実践されており（高橋泰 2003），柱穴と竪穴埋土をつなげた土層図を作成すべく，今後実施される発掘調査現場での積極的な導入を期待したい。

おわりに

以上，冗長に述べてきたが，竪穴建物の柱穴調査が，いかに御座成りにされてきたか改めて確認することができたと思う。

繰り返しになるが，埋蔵文化財行政の通達として『発掘調査のてびき』をマニュアルとして使用し「柱穴の掘り下げは，基本的には，後述する掘立柱建物における柱穴の発掘手順（183 頁）に従う」（文化庁文化財部記念物課監修 2010，145 頁）という指針が示されたことにも鑑み，多くの発掘調査現場で「段下げ調査」が実践されることを切望するものである。本文でも触れたように，従来の調査方法からは得ることができない様々な有益な情報が得られるという点を念頭において調査に臨む姿勢を多くの調査研究者に認識していただければ幸いである。

事前調査にかかわる時間的・予算的な制約が，ますます厳しくなってきている昨今の状況から，くれぐれも竪穴建物の柱穴調査が「省力化」の対象とならないことを祈るばかりである。

小稿は，筆者が『発掘調査のてびき』作成作業をさせていただいていた時に，編集担当の山中敏史先生（元奈良文化財研究所文化遺産部長）から，竪穴建物の平面図に柱痕跡のスクリーントーンが表示してある報告書がないかと聞かれた際，明確な例示ができなかった点が頭に引っかかっていたことがきっかけになっている。竪穴建物を研究テーマにしてきた自分が，いかに基本的な部分を注意してこなかったかを恥じるばかりである。その後，悪条件にもかかわらず柱痕跡を徹底的に意識した向ノ岡遺跡の調査を実践していただいた畏友水澤丈志氏や，柱痕跡が床面上まで

延びている小泉天神遺跡と，×字のセクションベルトを設定した傾城塚遺跡の調査に携わった永井智教氏からの情報提供など，いつもながら多くの研究者からの資料提供・ご教示・ご協力に感謝し，末筆ながら，記して御礼申しあげる次第である。

　　有村由美・五十嵐祐介・池田敏宏・石橋　宏・板倉歓之・及川良彦・梶原喜世子・川口正幸・合田芳正・笹森健一・篠崎譲治・渋谷寛子・関根信夫・高橋泰子・高林　均・富田健司・中村岳彦・永井智教・水澤丈志・水ノ江和同・百瀬貴子・山中敏史（五十音順・敬称略）

引用・参考文献

荒井健治　2011「武蔵国府域の古墳時代集落」『東京考古』29，東京考古談話会
有村由美・與儀裕美　2012「上布田遺跡第90-1地点」『埋蔵文化財年報　―平成22年度（2010）―　調布市郷土博物館
飯塚武司　2010『道合遺跡』　東京都埋蔵文化財センター調査報告第247集
五十嵐祐介　2009「竪穴建物跡の廃屋化 ―土器の出土状況から廃屋を探る―」『秋田考古学』第53号　秋田考古学協会
板橋正幸　2003『西下谷田遺跡』栃木県埋蔵文化財調査報告第273集　（財）とちぎ生涯学習文化財団
板橋正幸　2007『長者ケ平遺跡』栃木県埋蔵文化財調査報告第300集
今泉　潔　1989「竪穴住居の解体と引越し」『史館』第21号　史館同人
大上周三　2010「古代集落の掘立柱建物跡の柱痕跡にかかる分析 ―相模国の田名稲荷山遺跡の場合―」『神奈川考古』第46号　神奈川考古同人会
及川良彦　2011『中里峡上遺跡』東京都埋蔵文化財センター調査報告第256集
桐生直彦　2005『竈をもつ竪穴建物跡の研究』　六一書房
桐生直彦　2012「たかが柱穴，されど柱穴（その壱）」『土壁』第12号　考古学を楽しむ会
栗城譲一　1992『飛田給北遺跡』東京都埋蔵文化財センター調査報告第13集
小薬一夫　1998『島屋敷遺跡』東京都埋蔵文化財センター調査報告第55集
笹森健一　2007「古墳時代から奈良・平安時代の竪穴住居」『住まいの考古学』暮らしの考古学シリーズ③　学生社
重住　豊ほか　1973『方南峰遺跡』文化財シリーズ21　杉並区教育委員会
篠崎譲治　1996『田中タダによる共同住宅建築に伴う埋蔵文化財発掘調査報告書 ―南広間地遺跡第36次調査―』日野市埋蔵文化財発掘調査報告39
白谷珠美　2006『御殿前遺跡 ―西ヶ原二丁目45番10号地点―』　共和開発株式会社
高橋泰子　2003「竪穴建物に付帯する諸施設の調査方法」『和田西遺跡の研究』　考古学を楽しむ会
高橋直子　2009『鶯谷遺跡第2地点』　共和開発株式会社
田中純男　2011『飛田給北遺跡第9地点』東京都埋蔵文化財センター調査報告第250集
谷口康浩　2007『下野原遺跡』　下野原遺跡発掘調査会
中村高志　2004『調布岡遺跡』調布市埋蔵文化財調査報告72　調布市遺跡調査会
中村岳彦　2004『町内遺跡II小泉天神遺跡』吾妻町埋蔵文化財発掘調査報告書第15集　吾妻町教育委員会
中村岳彦　2010『傾城塚遺跡』佐野市文化財調査報告書第26集　佐野市教育委員会
箱崎和久　2007「古代竪穴建物の上部構造 ―竪穴外柱穴と竪穴外壁に対する建築的考察―」『考古学ジャー

ナル』No.559　ニューサイエンス社

服部敬史 1975『下寺田・要石遺跡』 八王子市下寺田遺跡調査会

文化庁文化財部記念物課監修 2010『発掘調査のてびき ―集落遺跡発掘編―』 同成社

前原　豊・川島雅人 1976『市道』 佐久市教育委員会

水澤丈志・與儀裕美 2011『向ノ岡遺跡』多摩市埋蔵文化財調査報告63　加藤建設株式会社

水澤丈志 2011「竪穴建物の柱穴について」『向ノ岡遺跡』

宮下孝優 2008「古代・武蔵国府関連遺跡の竪穴建物跡 ―地域別にみた規格性―」『古代』第121号　早稲
　　田大学考古学会

村田文夫 2010「弥生時代竪穴住居に据えられた五平（状）柱考 ―調査・研究の現状から学ぶ―」『長野県
　　考古学会誌』131・132合併号

森田信博 2000『赤羽台遺跡　国立王子病院跡地地区』 国立王子病院跡地遺跡調査会

山中敏史 2003『古代の官衙遺跡Ⅰ　遺構編』 奈良文化財研究所

山本暉久 1976「住居跡内に倒置された深鉢形土器について」『神奈川考古』第1号

若林正人 1996「竪穴式住居跡の発掘調査法 ―あぜの設定方法に関する問題提起―」『群馬文化』246　群馬
　　県地域文化研究協議会

竪穴式住居埋没土と土地利用
―遺跡発掘調査方法に関する一提案―

若 林 正 人

はじめに（問題の所在）

　かつて筆者が，関越自動車道（上越線）建設に伴い，群馬県富岡市の南蛇井増光寺遺跡の発掘調査にあったときの経験であるが，弥生時代・古墳時代・平安時代の竪穴式住居跡が密に混在し，縄文時代や中世などの遺構もある地区を調査した際に，掘り込みが比較的深い（遺構確認面から床面までが深い）竪穴式住居跡が多く調査された。その際，遺構確認面から床面まで50cm近くあった（つまり埋没土の厚さが50cm近くあった）にもかかわらず，遺構確認の段階で，弥生時代の住居跡の埋没土上層からは弥生土器片が，古墳時代の住居跡の埋没土の上層からは土師器片が確認されたため，早い段階で住居跡の年代を推定することができた住居跡が多くあった。

　竪穴式住居が廃棄されると，その跡地は凹地として長期間遺存する例があることから，調査開始時点の見込みでは，各時代の住居跡が混在するので，埋没土中の遺物についても，住居に直接付属すると思われる埋没土下層や壁面際の遺物を除けば，住居跡の年代にかかわらず，各時代の遺物が混在するのではないかと思っていたので，住居跡の年代と遺物の年代があまりにも見事に対応したことが印象に残った。

　仮に，埋没土上層からの出土遺物と住居跡とに直接の関連がないと考えた場合，報告書作成段階では，住居跡に付属する遺物とは区別して，埋没土出土遺物についても記述する必要が生じるのではないだろうか。この点について，通常は報告書ではどのように意識されているかについて，先ほどの南蛇井増光寺遺跡の報告書から例を挙げると次のようである。

　C区の報告書から任意の住居跡の例を抜粋する。

　　「C-4号住居跡　壁高0.35m

　　埋没土　小礫を含む砂礫土。所所に粘土ブロックを含みやや乱れた堆積状況を呈す。

　　出土遺物　竃手前に土師器甕の口縁部片。北西の壁際，やや高い位置で完形の須恵器ツキが出土している。」

　また，出土遺物については観察表から抜粋する。

　　「C-4号住居跡遺物観察表

　　出土位置（cm）　　+20　　+18　　覆土」（小野1996）

　次に，DN区の報告書から同じく任意の住居跡の例を抜粋する。

「DN区　1号住居跡　残存壁高0.35m

出土遺物　出土遺物は少なく，総計22点の土師器片と少量の石材が北東隅からかまど付近を中心に出土している。いずれも破片類で，2の小型甕は床面出土であるが，他は覆土からのものであり，流れ込みの可能性も考えられる。」（飛田野・斎藤1993）

　南蛇井増光寺遺跡については，地区ごと・時代ごとに複数の報告書があるが，以上の記述は，埋没土および埋没土中の出土土器についてかなり詳細に記述してある模範的な報告書からの引用である。また，引用した住居跡は，報告書の中から無作為に選んだもので，標準的な記述がなされたものである。しかし，この報告書に限らず，一般的に，埋没土上層からの出土遺物についての記述は不十分であるように思われる。

　本小文は，廃棄後の竪穴式住居と埋没土上層出土遺物との関連を考察し，埋没土上層出土遺物に注目することによって，住居廃棄後の集落の変遷，さらには後世の土地利用の経過を推定することの可能性を検討し，遺跡発掘調査段階及び報告書作成段階で留意するべきことを提唱することを目的としたい。

一般的な埋没過程の考え方

　古代の竪穴式住居が廃棄された跡地が，凹地として近年まで遺存した遺跡がいくつか知られている。

　一例として，群馬県六合村入山字岩松（現中之条町）の熊倉遺跡について，群馬県史では次のように記述している。

「遺跡の概要　入山地区の戦後の開拓により開かれた農地の中に凹地がみられ，その周辺に土器の散布が見られた。

立地　草津白根山の東麓地帯に位置する標高一二〇〇メートルの高原」

なお，遺跡の時代については，

「集落の出現は九世紀中頃であり，ほぼ九世紀いっぱいで終息したとみられる。」（井上1986）

と記載している。

　ただし，凹地のままで長い期間遺存するのは通常のあり方ではなく，次のような特殊な環境によるものとも言える。

　①山間の急傾斜地など，土壌の流入よりも流出の方が多い場所では，住居跡の凹地についても，埋没土が十分に供給されないので，より長期間凹地のままで遺存すると考えられる。

　②集落廃絶後に後世の土地開発があれば，地表面が整地されるが，土地利用がなかった場合は，凹地のままで遺存すると考えられる。

　前述の熊倉遺跡の例が，山間地で，近年まで開発がなかった点でその条件に該当する。しかし，平地であっても，古墳の墳丘や中世の城館跡の溝などが現代まで遺存していることを考えれば，竪穴式住居跡であっても，廃棄されてから，後世の開発により人の手が加わらなければ，凹地と

して長期間遺存するのが原則的なあり方であると考えられる。

　凹地として長期間遺存した場合，凹地であった期間を反映して，埋没土に含まれる遺物にはかなり後世までのものが混在するはずである。特に，遺構確認段階で，遺構確認面から床面までが離れている，すなわち掘り込みが深く，埋没土が厚い場合は，単純に考えれば，埋没が完了するまでより長期間を要したはずなので，より多様な遺物が混入したはずである。

住居廃棄後の土地利用との関係

　前述のことから，竪穴式住居跡の年代観と，埋没土上層から出土した遺物の年代観が離れている場合は，凹地として長期間放置されていたことを反映している可能性を推定できる。その場合，
　①　住居跡を含む集落全体が廃絶または移転した
　②　集落としては継続したが，集落内の特定の住居の跡が凹地として存在し続けた
が考えられる。
　しかし，②の場合は集落内の日常の土地利用に不便であり，不自然である。貝塚遺跡における貝殻捨て場のように凹地が積極的に利用された場合を除いて，一般的には①の集落全体が廃絶・移転したためと判断するのが妥当ではないだろうか。
　一方，竪穴式住居跡の年代観と埋没土中の土器の年代観が，埋没土上層からの出土遺物にいたるまで一致する場合は，住居廃棄直後に埋没土が急激に形成されたため，混入した遺物の時間幅が限定されたものと考えられる。その理由には，
　①　住居があった土地を引き続いて利用するために人為的に埋め戻され，土砂とともに土器等が混入または投棄された
　②　風水害などの自然現象によって土砂が一時期に大量に流入した
が考えられる。さらに①は，
　ア）集落として同じ用途に利用された場合と，
　イ）集落としては利用されなくなったが，耕地や墓地・ゴミ捨て場など他の用途に利用された場合
が考えられる。これらについては，発掘調査の過程で埋没土を慎重に観察することである程度判断できるのではないだろうか。

具体的な事例

　竪穴式住居の年代観と埋没土中の土器の年代観が大きく異なる事例について，報告書に記載されているものがないかを検索したが，時間的な制約もあって，管見の限りでは該当する事例を見つけることができなかった。おそらく，仮に発掘調査段階では該当する事例があったとしても記録されることはまれで，さらに報告書作成段階では，後世の耕作などによる「攪乱」による「混

入物」と判断され，報告書に記載する必要のないものとして除外されているものと思われる。

特殊な事例

　一方，火山噴火による軽石等に埋もれた遺跡の事例では，継続して営まれている集落が特定の時点で中断した状況で調査・観察されるが，その場合でも集落の中に住居跡の凹地が存在する事例がある。この場合，
　① たまたま住居廃棄直後で埋め戻しを始める前の状態の例外的な事例なのか，
　② ある程度埋没した段階で放置するのが通常の例なのか，
　③ 災害によって住居が崩落した状況が住居を廃棄した状態に類似しているという事例なのかについて，慎重な判断が必要である。
この点について，榛名山の噴火に伴う軽石に埋没した遺跡として著名な渋川市（旧北群馬郡子持村）の黒井峯遺跡の報告書では次のような記述がある。
　「2号住居
　　堆積土内にはFAをブロック状に含む。」
　「5号住居
　この住居の位置は1号住居の周堤下にあたり，1号住居をつくるにあたって埋められたものであることが土層断面からも看取される。1号住居築造時には壁際の堆積が進んでいたのみで，明らかな凹地としてあったものであろうが，その後，ロームブロックやFA層，黒色土のブロックなど，1号住居掘削の排土で埋め立てられている」（能登・洞口1985）
　報告書に記載されている出土土器は住居の年代観に直接関連していることから，床面からの出土であると思われ，埋没土からの土器等の出土状況については記述がないようである。このような遺跡を調査する際の今後の課題であると思われる。

発掘調査段階で留意すべき点

　竪穴式住居跡などの埋没土中から出土した遺物で，年代観が遺構にそぐわないものや，同一の遺構から出土した他の遺物と大きく年代観が異なるものについて，埋没土上層からの出土であっても，単なる「後世の耕作等による土壌の攪乱のための混入」として除外するのではなく，遺物の概要や，おおまかな出土状況の傾向だけでも記録しておく必要があろう。その遺物が廃棄された段階では住居跡が埋まりきっていなかったことを示している可能性がある。後世の攪乱による混入であるか否かは埋没土の丹念な観察よって判断できる場合もある。
　近年は発掘調査の効率化を優先する影響で，床面に密着して出土した遺物など，竪穴式住居跡に直接付随すると思われる遺物以外は一括処理され，出土位置・層位等について十分に記録されていない場合が多いようである。遺物全点の出土位置を記録する必要はないものの，どの時代の

ものが多いか，住居跡の年代観と一致するか否かなどを念頭に置きつつ調査にあたるべきであろう。

　ところで，住居を廃棄する方法には，突発的な事件や事故による場合を除けば，住居が建ったままで計画的・意図的に焼却するよりも，各部材を取り出して解体する方が一般的だったのではないか。延焼の危険を考えれば，意図的に焼却するのは，集落ごと廃絶させる場合にほぼ限られると思われる。集落が継続する場合は，住居を柱材・屋根材・壁材・床材等に解体して，柱材などで再利用できるものは搬出したうえで，他の部材は住居跡の掘り込みに放置し，さらに周辺の土砂で埋め戻すものと考えられる。その場合，屋根材等の上屋の容積を考えれば，住居を解体した段階ですでに掘り込みの大半は埋もれているであろう。

　その後は，集落ごと廃絶する場合は，半ば埋もれた状況で放置され，後世にその土地を何らかの理由で利用する際に完全に埋め戻されるが，土地利用がない場合は，長期間にわたって凹地のまま遺存する。一方，集落が継続する場合は，ゴミ捨て場として利用される場合以外は，土地利用を継続するために，時間をおかずに完全に埋め戻され，その際に埋没土に周辺の土器片等が混入したり投棄される。このように考えれば，埋没土上層からの遺物の出土には，集落の変遷や後世の土地利用の過程を反映するものとして，特に注意する必要がある。

報告書作成段階で留意すべき点

　報告書作成段階では，埋没土出遺物と遺構との年代観の一致・不一致に注意を払うとともに，「埋没土中から遺物がほとんど出土しない住居跡」について，他の遺構とは区分して取扱う必要がある。

　実際に報告書にあたってみると，遺構と年代観が一致しない遺物についての記載はまずみられないが，埋没土がある程度の厚さを持っているにもかかわらず，「埋没土からの遺物はほとんど出土しなかった」という記述はしばしばみられる。

　仮に，住居廃棄直後に埋め戻したと考えた場合，埋没土に異物が混入しないことは不自然である。

　埋没土中に遺物が存在しない理由には，

　①埋め戻しには住居跡周辺の手近な土を使ったが，周辺にほとんど土器片等が存在しない状態だった場合で，次の２つが考えられる。

　　ア）集落全体が日常的に整理整頓されていたために周辺に土器片等が存在しなかった

　　イ）集落が形成されてからあまり時間が経過していなかったために周辺に土器片等が存在しなかった

　②土器片等が混入しないように埋めるための土を十分に選別していた。

　③土器等が混入したり投棄されるようなこと，すなわち，人為的な埋め戻し行為自体が住居廃棄直後にはなかった。言い換えると，集落が廃絶して，ある程度時間が経過し，遺物が摩滅・腐

朽して原形をとどめない状態になってから，集落とは無関係の者によって人為的に埋め戻された
り，自然的に埋没したために，すでに周辺には土器片等がほとんど存在しなくなっていた。
が考えられる。

報告書作成段階で注意を要するのは③の場合で，埋没土からの遺物の出土がほとんどない住居
については，集落が廃絶した後にも長期間凹地として残っていた可能性がある。

その場合，次のことを検討するべきである。

ア）集落廃絶後，長期間にわたって土地が放置され，いかなる土地利用もなかったことを示し
ているのかもしれない。

イ）そのような住居跡を報告書の中の遺構配置図に示すことで，集落廃絶時点の住居の配置状
況を推測することもできるのではないか。

まとめ

竪穴式住居跡の埋没土上層からの出土遺物については，発掘調査段階においても，報告書作成
段階においても軽視されがちである。これは遺構（住居跡）を単体の調査対象として捉えている
からであって，集落全体として捉えるなら，埋没土上層の出土遺物は集落の形成から廃絶，さら
に廃絶以後の土地利用過程を考察する手がかりになる場合がある。

特に，「出土遺物がほとんどない住居跡」については，住居廃棄と同時に集落全体も廃絶した
こと，さらに，集落廃絶以後長期間にわたって土地利用がなかったことを示している可能性があ
り，注意を要する。

参考文献
井上唯雄 1986 熊倉遺跡　群馬県史　資料編 2　原始古代編 2　群馬県史編さん委員会
小野和之 1996 南蛇井増光寺遺跡Ⅳ　C区・古墳・奈良・平安時代（本文編）　関越自動車道（上越線）地
　　域埋蔵文化財発掘調査報告書　（財）群馬県埋蔵文化財調査事業団
能登　健・洞口正史 1985 子持村文化財調査報告 2　黒井峯遺跡Ⅰ―軽石下の古墳時代集落の調査―　群馬
　　県北群馬郡子持村教育委員会
飛田野正佳・斎藤利昭 1993 南蛇井増光寺遺跡Ⅱ　DN区・E区（本文編）　関越自動車道（上越線）地域
　　埋蔵文化財発掘調査報告書　（財）群馬県埋蔵文化財調査事業団

墳丘構築技術にみられるふたつの画期

青木　敬

はじめに

(1) 問題の所在と本稿の目的

　筆者は，これまでも折に触れて墳丘構築技術に検討をくわえてきた。そして，前期古墳において弥生墳墓の構築技術を受け継いだとみられる西日本的工法と東日本的工法に大きく二分されること，前期末〜中期段階で西日本的工法が東日本にも波及し，東日本において墳丘構築法が変化することなどを明らかにしてきた（青木2002・2003・2010など）。こうした東西日本，あるいは関東地方や近畿地方などと大きな地域的動向をふまえた構築法変化の大要や画期の設定には一定の見解を導出しえたが，古墳群単位での変化を跡づけることによって地域社会の動態を細かに把握し，歴史的評価をおこなうまでにはいたらなかった。

　では，この命題に解をあたえるには，古墳群単位での細かな動向を把捉すること，すなわち墳丘構築技術をはじめとした墳丘構造を1基単位で丹念に検討し，事例間ひいては地域間の相互比較を年代を追っておこなうことが必要となる。それというのも，他地域より新たな技術が将来されたことを契機として，墳丘構築技術が変化した時期，さらに変化後の動向などから，各地域社会と畿内政権とのかかわりなどの政治的動向の復元にまで議論が展開できる可能性があるがゆえである（青木2011）。よって所期の目的を達成するには，古墳群内でまとまった数の発掘調査が実施され，かつ長期にわたって造営されていた事例のなかで，墳丘構築方法まで調査のメスが入ったものを検討対象とするのが至当であろう。

　しかるに，実際にかかる検討が可能な地域は見いだせるのだろうか。関東地方の古墳調査事例は数多い。そのなかでも，古墳総数も膨大，かつ調査事例も豊富で墳丘構築過程が復元可能な古墳がまとまっており，こうした検討が可能なのは千葉県下の複数地域との見通しをえた。さらに千葉県下の古墳は，『千葉県の歴史』刊行にあわせて，近年相当数の事例が現在の研究水準に沿って詳細に再報告されていることも，古墳間の比較検討をおこなううえで大きなプラスとなる。以上のことから，本稿ではまず千葉県下の事例を俎上にして墳丘構築技術の変転を把握し，その画期と史的評価について考察を加えることとする。当然だが千葉県の事例検討は，他地域との比較検討を介して相対化される。そこで後半では，近畿地方を中心とした千葉県以外の事例も俎上

に乗せ，これらの相互比較をおこなったうえで，前方後円墳をはじめとした古墳の築造に史的評価を加えることにする。

(2) 墳丘構築にかかわる用語と工法の規定

では，事例検討に入る前に，本稿で取り上げる墳丘構築法の用語ならびに類型について，その概念規定を列挙し，その後に事例検討へ移ることとしたい。

土手状盛土　土手状盛土とは，墳丘外表付近に土手状にめぐらせた高さ1m弱～2m前後をはかる断面台形の盛土のまとまりをいう。墳丘の盛土部分のおおよその形状を規定するため，盛土の早い段階で設けることを特徴とする。字義のとおり堤状にめぐらせる場合と，小規模な円丘を連続させる場合がある。

小丘　墳丘盛土の初期段階，墳丘中心部付近に土饅頭状，断面形状が半円形に近い盛土をおこない，盛土の核となるまとまりを設けることがあるが，これを小丘とよぶ。小丘上面は土手状盛土のように平坦にしない形状を特徴とする。

壇状の盛土　土手状盛土の背後に盛土をおこない，いったん土手状盛土の高さ付近で盛土を截頭方錘形に整える場合が多いが，これを盛土工程のひとつととらえ，壇状の盛土とよぶ。樋口吉文のいう大単位に該当する（樋口1997）。この壇状の盛土を積み重ねていくことによって墳丘を大きく，高くしていくことになる。

水平積み　字のとおり水平に土を積み重ねる方法を指す。弥生墓にも顕現し，土を盛りあげる際の最も一般的な方法でもある。土手状盛土や小丘などの単位を造る場合，あるいはこれら単位間に土を充塡する技術にも広く用いられる。

地山削り出し　墳丘築造以前からあった地盤を墳丘の形状に削り込むこと。地山削り出しの上に盛土して墳丘を完成させることが多い。削り出しといっても，ただ単に壇状に削るだけでなく，上面に段差を設けたりする場合も散見されるので，地山と整地土あるいは盛土との層理面の状況は十分な観察がもとめられる。事例からみて墳丘下段などは地山削り出しによる場合が多く，掘削によって生じた土を盛土に転用することが多いので，地山の特徴を把握することが重要となる。

土囊・土塊積み　墳丘盛土の素材として，土囊あるいは切り出した土塊や粘土塊を用いる技術。土囊のように土を被覆する植物質の袋を想定する場合は，プラント・オパール法などの土壌分析の結果が必要となってくる。袋による被覆の有無を断定することはむずかしく，ここでは土囊・土塊積みと呼称する。土囊・土塊積みは，平面あるいは斜面へ面的に積み重ねる場合と，列状に積み重ねて列間に盛土する場合があるが，事例の年代観からみて技術的には後者が新しいと考えられる。列状に積み重ねる代表的事例として大阪府羽曳野市蔵塚古墳がある。堺市堺区グワショウ坊古墳では，湿地状の土層を切り出し，天地逆にして墳丘内に積み重ねたことが明らかになっている。

西日本的工法　地盤をおおむね水平に整地した後，土手状盛土を配し，土手状盛土間に土を充塡して壇状の盛土を構築し，その壇状の盛土を垂直方向へ重ねることによって墳丘をつくりあげる

工法。ただし，墳丘盛土高によっては壇状の盛土が1段の場合もある。土手状盛土間は水平積みの場合と，土手状盛土の上から流し込むように土を入れる場合と，充塡方法が複数みとめられる。弥生墳丘墓の築造技術から派生したとみられ，主として西日本に分布する。大阪府高槻市弁天山C1号墳，神戸市垂水区五色塚古墳，堺市西区百舌鳥大塚山古墳などが代表的事例。

東日本的工法　小丘を設け，そこから水平方向・垂直方向双方に盛土を加えて墳丘をつくりあげる工法。西日本的工法に顕現する壇状の盛土がないことを特徴とする。小丘に付加する盛土は，その多くが水平積み，あるいは小丘斜面に平行するごとき断面形状となる。東日本の古墳に多く，東京都大田区宝萊山古墳，浜松市浜北区赤門上古墳などが代表的事例。

1. 辺田古墳群

　辺田古墳群は，千葉県市原市，養老川が南に流れる国分寺台とよばれる台地上に立地し，古墳群の南約600mの地点には，纏向型前方後円墳として名高い神門3〜5号墳が所在する。古墳群のある国分寺台一帯では，墳丘長50mを超える大型古墳がほとんどみとめられない点が地域的特徴のひとつといえる。そうした古墳群のひとつがここで取り上げる辺田古墳群である（市原市教育委員会・市原市文化財センター2004）。本古墳群は総数14基からなり，前期古墳ならびに終末期古墳により構成される。そのうち前期古墳は，出土遺物から3号墳→5号墳→1号墳→4号墳→2号墳という築造順序が考えられている。

5号遺構（辺田3号墳）　墳丘長東西約18.8m，現状での盛土高1.7mをはかる方墳である。墳丘は，旧表土を残しつつ水平積みによる盛土によって構築され，とくに小丘などの盛土単位が存在するわけではない。規模からすると，むしろ墳丘全体が小丘とみなしてもよいのかもしれない（第1図下）。なお，埋葬施設は後世の削平によって不明だが，古墳時代中期に追葬があったことが推定されている。

1号遺構（辺田1号墳）　周溝をともなう東西方向にやや長い円墳とみられ，出土遺物から4世紀前半の築造と推定される。墳丘は，長径32.2m，盛土高3.65mをはかり，中心部を野焼きしてからローム主体の土と有機質土を交互に盛土し墳丘を構築する。具体的な構築方法は，墳丘中心付近に推定径8m前後，高さ1m程度の小丘を構築し，その外側に順次盛土を付加していく。南北方向の断面図をみると，小丘の中心部および墳丘外表に近い部分で細かく層理が分かれる傾向にある。如上の特徴から1号遺構は東日本的工法によって築造したと判断できる（第1図上）。

2号遺構（辺田2号墳）　前期の辺田古墳群で最も新しい古墳とみられ，東西墳丘長約19.6m，盛土高約3mをはかる方墳。墳丘は，西〜南方向の外表側から幅6m前後，最高1.5m前後の小丘を構築し，そこから北〜東方向へ盛土を付加していくように構築する。小丘の最高所よりやや下ったところに，一見すると平坦面らしき層理面があるが，途中で凹凸が激しい箇所がみとめられ，かつ小丘の最高標高と一致しないことなど，意図的に平坦面を構築したとは考えにくい。小丘の位置が土手状盛土を思わせる墳丘外表付近にあるものの，全周せず平坦面もないことからす

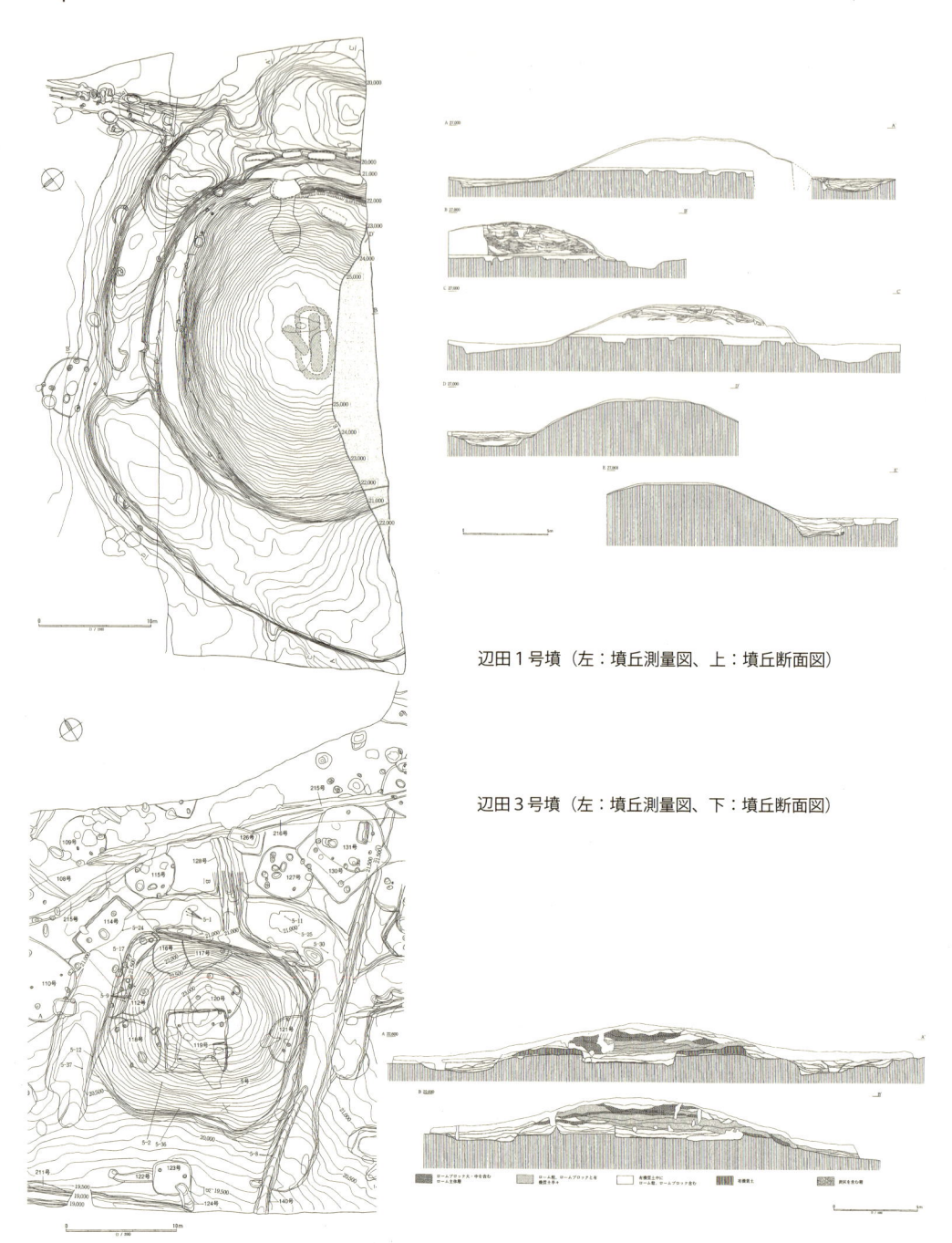

辺田1号墳（左：墳丘測量図、上：墳丘断面図）

辺田3号墳（左：墳丘測量図、下：墳丘断面図）

第1図　辺田古墳群における墳丘（市原市教育委員会・市原市文化財センター 2004 より引用）

ると，やはり小丘と判断するのが適当であり，これらの諸特徴から2号遺構も1号遺構と同じく東日本的工法の範疇で理解できる。

　以上のとおり辺田古墳群では，前期をつうじて東日本的工法を連綿と採用し続けることが墳丘構築技術からみた特徴といえる。他の工法が用いられた形跡は，現状でみとめられない。辺田古

墳群に近在する地域で大きく墳丘構築法が変化するのはこの後である。つぎにその事例について変化する前の古墳とともに墳丘構築技術を概観してみたい。

2. 村田川流域の有力者墓 ―菊間新皇塚古墳と大厩浅間様古墳―

菊間新皇塚古墳 千葉県市原市に所在する本古墳は，辺田古墳群の北東約5.6km，村田川中・下流域左岸の洪積台地上に所在する。1973年に発掘調査が実施され，その結果，一辺の長さが40mにおよぶ主丘部を有し，さらに消失した部分を勘考すると，前方後方墳の可能性が高いと報告者は推定した（千葉県都市部・千葉県都市公社1974）。このことから，菊間新皇塚古墳は大型古墳であることが確実であり，有力者墓（≒首長墓）と判断できる。副葬品に小型倣製鏡や緑色凝灰岩製の石釧を含むこと，さらに墳丘に樹立されたとみられる二重口縁壺が外面へラミガキ調整をせずにハケ調整の痕跡を残す特徴などから，辺田1号墳の後，前期後半（4世紀中頃〜後半か）の築造年代が推定できる。周辺では初の大型古墳であることから，本古墳が初代「菊麻」首長の墓との推定もある（白井2004）。盛土は最大で6.2mの高さで，埋葬施設である粘土槨のほぼ直下から小丘の構築を開始し，それを水平方向に拡張し，粘土槨の底面レベル付近でいったん水平にする。ここまでの盛土の高さは4.4mをはかる。水平面は墳丘全体という訳ではなさそうで，墳丘南側は墳裾へむけてなだらかに傾斜している。いずれにせよ，小丘を拡張していく構築方法は東日本的工法そのものである。その後，粘土槨の設置が墓壙にともなうのか否か判然としないが，報告書では墓壙壁をなんとか認識しようと苦心したことが文章からもうかがえるが，結局北側の墓壙壁は明瞭に認識できず，報告書所収の断面図では推定線の表記に留める（第2図上）。墓壙の存否は今となっては確かめようもないが，先に述べた水平に揃えた層理面が埋葬施設の底と一致することからすれば，粘土槨設置のために墳丘の途中で水平にした可能性が高い。となるとこの水平面で古墳の築造を中断したことも予想され，そもそも墓壙が存在していなかった可能性も指摘しておきたい。そして粘土槨を設置した後，垂直方向に盛土して埋葬施設を被覆する。

大厩浅間様古墳 東日本的工法を用いた菊間新皇塚古墳に後続して築造された市原市大厩浅間様古墳（円墳，墳丘径約50m，市原市文化財センター1999）は，菊間新皇塚古墳あるいは辺田古墳群の諸墳と墳丘構築技術が異なる。6段階にわたって壇状の盛土を積み重ね，埋葬行為をおこなってからさらに墳丘を構築する。その仔細をみると，1段階目の盛土は西側から中央よりの南にかけて高さ2mほどの小丘を構築し，それを水平方向へ拡張して2mほどの1段目を築く。ついで2段階目では，1段目の中央に高さ1.3mの小丘を構築，外周付近に高さ1.5mの土手状盛土をめぐらせ，小丘から流し込むように土手状盛土方向へ盛土する。3段階目では，高さ1mの小丘を中心付近に構築，第2段階と同じく土手状盛土を外周に配し，小丘から外側へ流し込むように盛土する。4段階目はこれまでとはやや粗い単位で小丘を構築し，そこへ第1主体部と呼ばれる長大な木棺を設置する。5段階目で第1主体部の木棺を被覆する盛土をおこない，6段階目で第2・第3主体部の設置と盛土による被覆をおこなう（第2図下）。このように垂直方向へ壇状に盛土を

菊間新皇塚古墳（左：墳丘測量図、上：墳丘断面図）

大厩浅間様古墳（左：墳丘測量図、上：墳丘断面図）

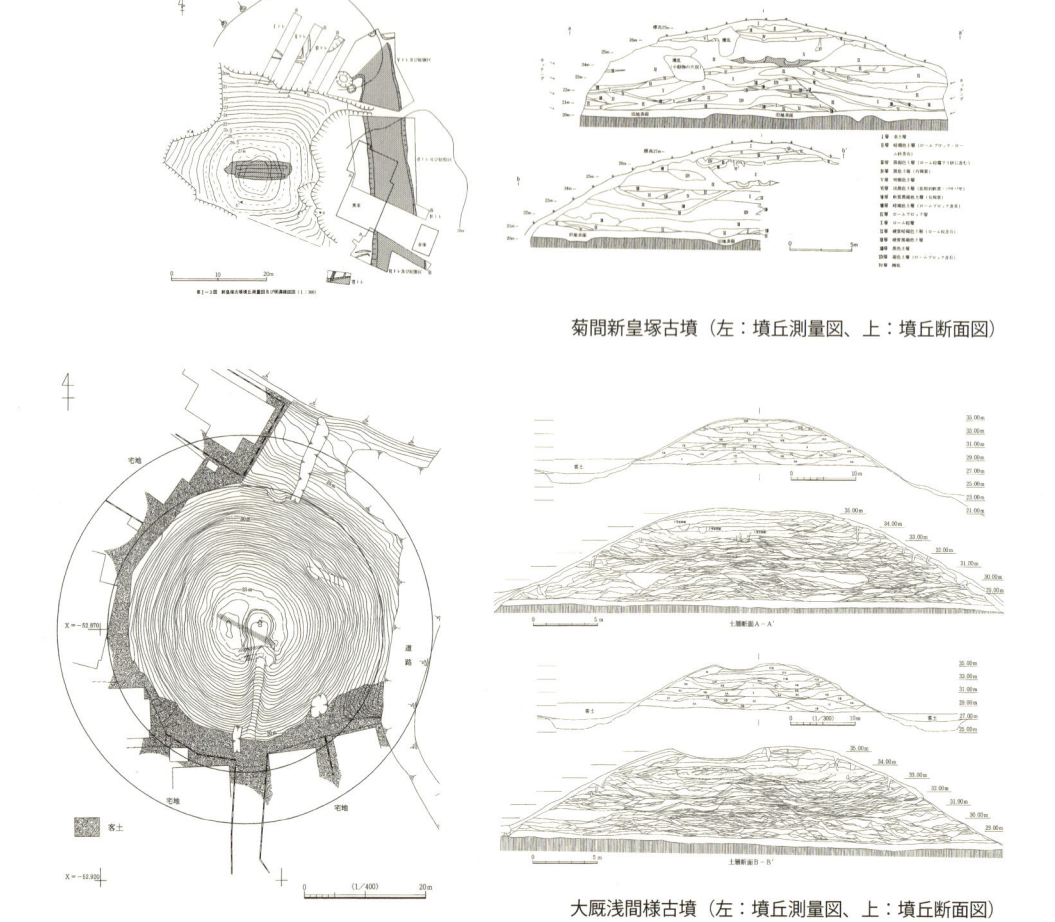

第2図　村田川流域の有力者墓の墳丘（千葉県都市部・千葉県都市公社 1974，市原市文化財センター 1999 より引用）

重ねていくこと，さらに土手状盛土を多用する点は，まさに西日本的工法そのものである。ただ，墓壙をもたないこと，第1主体の設置面付近を水平に揃えることは菊間新皇塚古墳と共通し，墳丘構築方法が西日本的工法へと変化するいっぽう，葬制的には在地的な方法を堅守する。

3. 手賀沼水系の有力者墓 ―水神山古墳と弁天古墳―

水神山古墳　房総半島の北西部に位置する手賀沼沿岸地域には，400基余の古墳が所在する。このうち手賀沼北岸の古墳群を我孫子古墳群と通称している（東京大学文学部考古学研究室編 1969）。このうち水神山古墳は，墳丘長63m，後円部径32m，前方部幅28m，後円部高約5m，前方部高約2.5mと，東葛飾郡域では最大規模をほこる前方後円墳である。古墳は南に張り出した台地東端に位置し，葺石と埴輪をもたない。埋葬施設は後円部墳頂中心付近に割竹形木棺を設置し，

ローム槨で被覆し，ガラス小玉，管玉，滑石製管玉，刀子，針が副葬されていた。なお，前方部からいわゆる和泉式の壺形土器が出土している。

さて，水神山古墳の墳丘であるが，甘粕健の詳細な報告によれば，墳丘下半を地山削り出しによって整形し，その上に前方部・後円部ともに厚さ 0.5 m 内外にわたって水平に盛土する（甘粕 1969, 51-52 頁）。これ

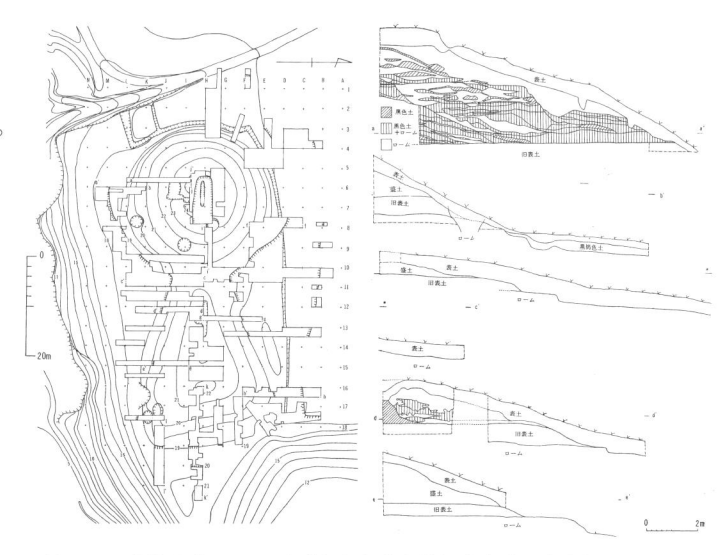

第 3 図　水神山古墳の墳丘（東京大学文学部考古学研究室編 1969 より引用）

は筆者のいう西日本的工法に顕現する技術で，土手状盛土をめぐらす前に必ずといってよいほどこうした基盤を造成する。その後，後円部ではその中心付近に直径 21 m の低い小山を構築，さらに高さ 1.5 m の截頭方錘形の「土壇」を築くと報告されているが，これは紛れもなく小丘そのものである。ただし，小丘頂部は明確な平坦面を設け，そこから外周方向へ盛土を拡張し，後円部上段をかたちづくる点が，先に概念規定した東日本的工法の小丘とは異なり，大廈浅間様古墳のそれと酷似する。こうした点を加味すると，水神山古墳の墳丘は，東日本的工法に拠りながらも西日本的工法を取り入れて構築されたと評価できる（第 3 図）。

弁天古墳　柏市に所在する弁天古墳は，独立丘陵の北側に細く突き出た低丘陵上に立地し，水神山古墳から北西に約 4.6 km の位置にある。古墳は墳丘長約 35 m の前方後円墳で，1991・92 年に発掘調査が実施され，墳丘の下半が地山削り出し，上半が盛土による（弁天古墳発掘調査団編 1993）。盛土高は後円部で約 1.5 m，前方部で約 0.5 m，発掘調査を担当した古谷毅によると，盛土は全体として「やや傾斜するがほぼ水平に積まれ」（古谷 2003, 860 頁），土手状盛土や小丘，あるいは一連の盛土の基盤となる水平な整地土などはみうけられない。さらに古谷曰く，手賀沼水系の古墳では水神山古墳以外に筆者のいう西日本的工法の事例がなく（古谷 1988, 40 頁），弁天古墳をはじめとした水平積みによる墳丘構築技術を地方色と解しているが，筆者も同様に評価したい（古谷 2003）。埋葬施設は木棺直葬で，後円部墳頂西寄りで南北方向に設置され，石枕，立花，刀子形模造品，斧形模造品，滑石製臼玉，鉄剣，鉄製刀子が出土した。滑石製模造品の形態は古い様相をとどめており，5 世紀前半の所産とみて間違いないだろう。古墳の築造年代もこれとほぼ期を一にするものとみられ，水神山古墳に続く手賀沼北岸一帯の有力者墓に位置づけることができる。

4. 近畿地方における古墳の展開

　以上，千葉県下の事例検討から，前期〜中期における墳丘構築方法の展開について一定の理解をえた。しかしこれまで取りあげた事例は，他地域の比較検討も経てはじめて相対的な位置づけが可能になる。そこで，ここからは関東地方をはなれ，1〜3 でとりあげた事例と同時期の畿内政権所在地とその周辺における古墳の様相，すなわち前期古墳における近畿地方の墳丘構築法はいかなるものだったか，近年の調査事例の紹介も兼ねて代表的な事例をとりあげたい。まずは有力者墓クラスから。

元稲荷古墳　京都府向日市所在。向日丘陵の前期古墳で最も初期の段階に築造されたと考えられる墳丘長約 92 m の前方後方墳（3 世紀後半）である。前方部では，まず地山削り出しをおこなうが，墳丘裾付近のみ階段状に切り落とすという特徴がある。これは筆者のいう階段状工法の一種なのかもしれない（青木 2003）。削り出した地山の上面に，報告書で基盤盛土と呼んでいる整地土を施す。この整地土は非常に硬くしまった土だが，これは採土の段階で土壌の硬軟を把握し，場所や段階に応じてこれらを選択的に使い分けていたようである。つづいて，墳丘外周付近に土手状盛土を配し，墳丘内側へ土手状盛土の頂部付近で高さをそろえるように盛土する。報告書によれば，さらに上部も土手状盛土とその内側への盛土によって壇状の盛土を繰り返して墳丘を構築したと推定される（第 4 図上，向日市埋蔵文化財センター 2011）。同様な技術で後方部も構築されていたことが確かめられており（向日市埋蔵文化財センター 2010），墳丘全体が西日本的工法で構築された可能性が高い。

　なお，地山削り出しならびに整地土や土手状盛土の存在など，元稲荷古墳に類似した墳丘構築法は，向日丘陵で本古墳に後続する有力者墓である寺戸大塚古墳（前方後円墳，墳丘長約 94 m）においても用いられ，同一の構築技術が継続する（向日市埋蔵文化財センター・向日市教育委員会 2000，向日市埋蔵文化財センター 2001）。他方，元稲荷古墳と時期的に近接する可能性が高い五塚原古墳（前方後円墳，墳丘長 94 m，立命館大学文学部 2003）では，地山削り出しを用いずに墳丘全体が盛土であることや葺石裏込めの厚さ，さらに埴輪が樹立されない点など，元稲荷古墳・寺戸大塚古墳とは墳丘と外表施設の特徴が若干異なることから，小異の範疇とはいえ，その系列差を指摘する意見もある（向日市埋蔵文化財センター 2011，54 頁）。むろん，これを系列差とみるか，はたまた時期差と解するかさらなる検討を要するのはいうまでもない。

弁天山 C1 号墳　大阪府高槻市所在。丘陵尾根線上に立地する墳丘長約 73m の前方後円墳（大阪府教育委員会 1967）。昭和 38 年（1963），原口正三・西谷正らによって墳丘の広い面積が発掘調査され，墳丘構築法が明らかにされただけでなく，葺石 1 個 1 個の図化や葺石構築単位の把握など，その後の古墳発掘調査の規範となった画期的な調査であった。

　後円部東側斜面（第 2 区，第 4 図）では，まず大きく 2 つの単位にわかれる盛土を 2 m 前後の厚さで水平におこない，その上に外側から流し込むようにして断面三角形状に盛土する。これを

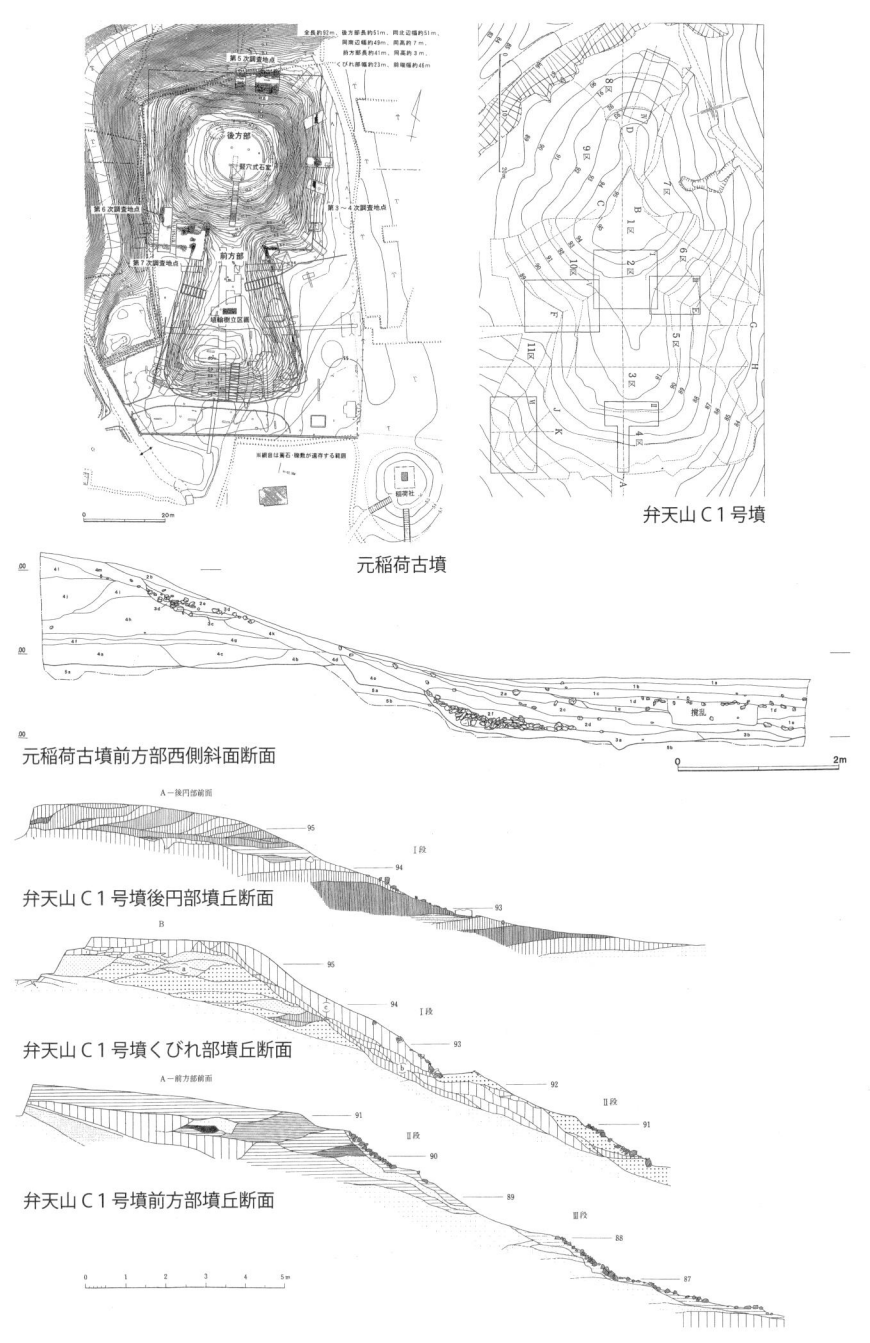

墳丘構築技術にみられるふたつの画期　89

第4図　元稲荷古墳・弁天山C1号墳の墳丘（向日市埋蔵文化財センター2011，大阪府
　　　　教育委員会1967より引用）

内側へ繰り返しおこなっていく。最上段の盛土は外側に土手状盛土を配し，その内側へ順次盛土
していくと解される。残りのよい北側くびれ部（第6区，第4図下から2番目）では，上段の外側
が盛土により構築されるが，上段基底部付近から地山斜面に沿って水平に盛土することによって，

まず土手状盛土を構築する。その後，土手状盛土を覆うように斜面に沿って盛土を2段階にわけておこなう。この際，中段の盛土も同時におこなうようである。最終的に葺石構築面となる土を厚く積むが（先述の斜面に沿った盛土の第2段階），これは葺石構築面の形成のみならず上段全面を覆う土であり，古墳盛土を保護する役割も担っていたのかもしれない[1]。ただ，地山を掘りくぼめて葺石を据え付けた個所もあるため，この層は墳丘全体に存在したわけではなく，盛土と不可分な可能性が高い。なお，前方部前端における墳丘断面の観察所見からも，土手状盛土が中段に用いられていることがうかがえ，本古墳は墳丘全体にわたって西日本的工法が用いられていたと結論づけられる。

五色塚古墳　神戸市垂水区所在。墳丘長194m，3段築成で前期末頃に築造されたと推定される大型前方後円墳である。全国初の前方後円墳の本格的な復元整備事例としても著名な本古墳は，前方部・後円部ともに中段から約1.2m上方まで地山削り出し，その上はまず整地土を積んでから盛土によって構築するが，前方部も後円部も高さ約0.6～1.5m，幅約3.5～9mの土手状盛土を墳丘外表近くに設け，その内側を水平積みによって構築する西日本的工法である（神戸市教育委員会2006）。五色塚古墳を西日本的工法と判断した筆者の私見は，最近になって丸山潔が追認しておられる（丸山2011）。

　規模，年代ともに開きがある各事例だが，いずれも西日本的工法を採用するという点では共通する。また如上の事例は，みな有力者墓クラスの事例であったが，それより下位に位置づけられる古墳での様相はいかなるものか，兵庫県竜野市新宮東山古墳群を実例に考えてみることとする。

新宮東山古墳群　兵庫県竜野市に所在する新宮東山古墳群は，海抜高80m前後の丘陵尾根線上に所在し，集団墓と考えられる方墳や円墳計6基からなる古墳群である。1995年に発掘調査が実施されたが，そのうち発掘調査対象となったのは1号墳および2号墳の2基である（龍野市教育委員会1996）。

　1号墳は，東西14.5m，南北13.5mをはかり，4世紀前半の築造と推定される方墳である。墳頂部平坦面に2基の石棺，墳丘裾付近に1基の石棺と3基の土器棺，計6基の埋葬施設が設けられている。墳丘は，下半を地山削り出し，上半を盛土によって構築される。地山削り出しの際，墳丘中心部を壇状に削り残して，旧地表面を残す。つぎに墳丘外表から壇状の削り残しをまたぐように土手状盛土を構築する。最後に土手状盛土間を墳丘中心から外方へ流し込むように盛土し，墳丘を完成させる（第5図上）。

　2号墳は，1号墳のすぐ北に所在し，東西12.5m，南北14.5m，墳丘高約2mをはかる方墳で，4世紀末～5世紀初頭の築造と推定される。墳頂部平坦面に4基の木棺や石棺が設けられ，1号墳と同じく3～4世代にまたがる累代墓として機能したと推定されている。さて，2号墳の墳丘は，1号墳と同じく墳丘下半が地山削り出し，上半が盛土から構成され，まず墳丘中心付近の地山を一段高く壇状に削り残す。つづいて墳丘外表側に土手状盛土を配し，その内側を土手状盛土側から流し込むように盛土する。さらに土手状盛土からなる壇状の盛土の上に墳丘内側から外側へさらに一段盛土し，墳丘を完成させる（第5図下）。

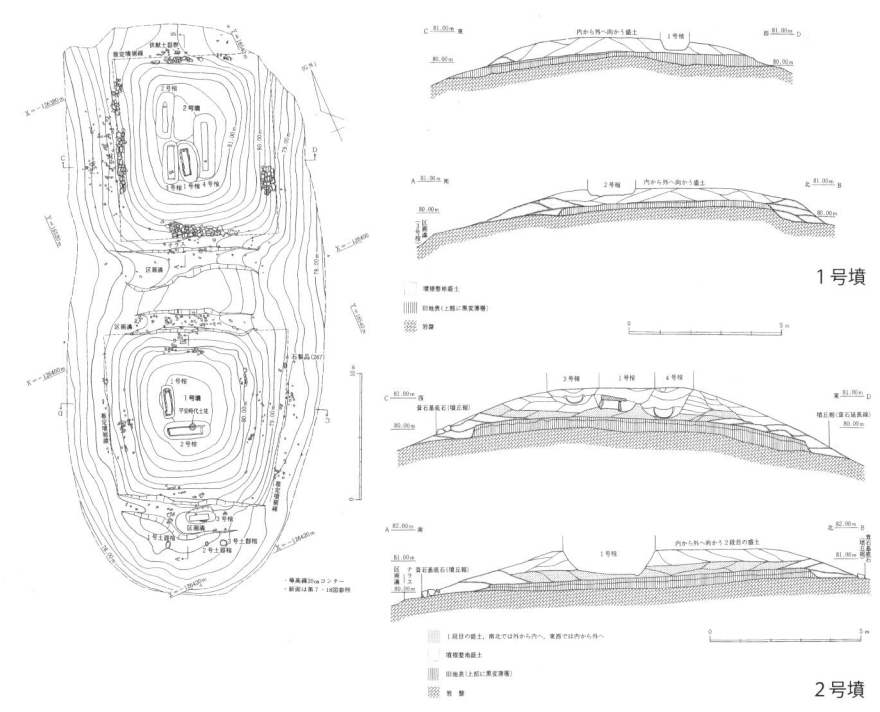

第5図　新宮東山古墳郡の墳丘（龍野市教育委員会1996より引用）

　2号墳は垂直方向に2段階におよぶ盛土があること，盛土の方向などの小異はあるものの，地山削り出しの方法や土手状盛土の存在など，一貫して西日本的工法によって構築されたことが明白である。墳丘の築造は，1号墳と2号墳の間で半世紀程度の時期差が考えられるが，築造技術の核心部分は不変であり，当該地において土木技術に通暁した技術者の系譜的連続性が看取できる。これは技術者の一系的な側面を示すのみならず，当該地域の古墳時代前期に外方から新来の土木技術がもたらされるなど技術的なインパクトがほとんどもたらされなかったとも換言され，古墳時代前期を通して強い在地性が堅守されていたことの証左となろう。

土嚢・土塊積み技術とその展開　古墳時代前期末〜中期初頭，近畿地方では新たな構築技術が墳丘に用いられはじめた。すなわち，土嚢あるいは土塊を使用する技術であり，現状では百舌鳥・古市古墳群に事例が多い。以下，大阪府下の代表的事例を築造時期順に概観する。

　古市古墳群で最初の巨大前方後円墳と考えられる藤井寺市津堂城山古墳（4世紀後半〜末頃）の北東側外堤では，土塊を積み上げた状況が確認されている（第6図左上，藤井寺市教育委員会2003）。報告書によると，外堤では表土層を加工せず，土手状盛土内に薄く面的に盛土してから土嚢を積み重ねていくことが判明した。従来の工法に土嚢・土塊積み技術が組み込まれたことを示す一例と評価できる。

　グワショウ坊古墳（5世紀中頃）は，百舌鳥古墳群にある墳丘径東西61 m，南北56 mの楕円形を呈する円墳で，2008年の堺市教育委員会による発掘調査の結果，墳丘全体にわたって土壌ブロックと呼ばれる幅30 cm程度，厚さ15〜20 cm程度の大きさに切りだしたとみられる土塊が

(左)津堂城山古墳
(上)蔵塚古墳

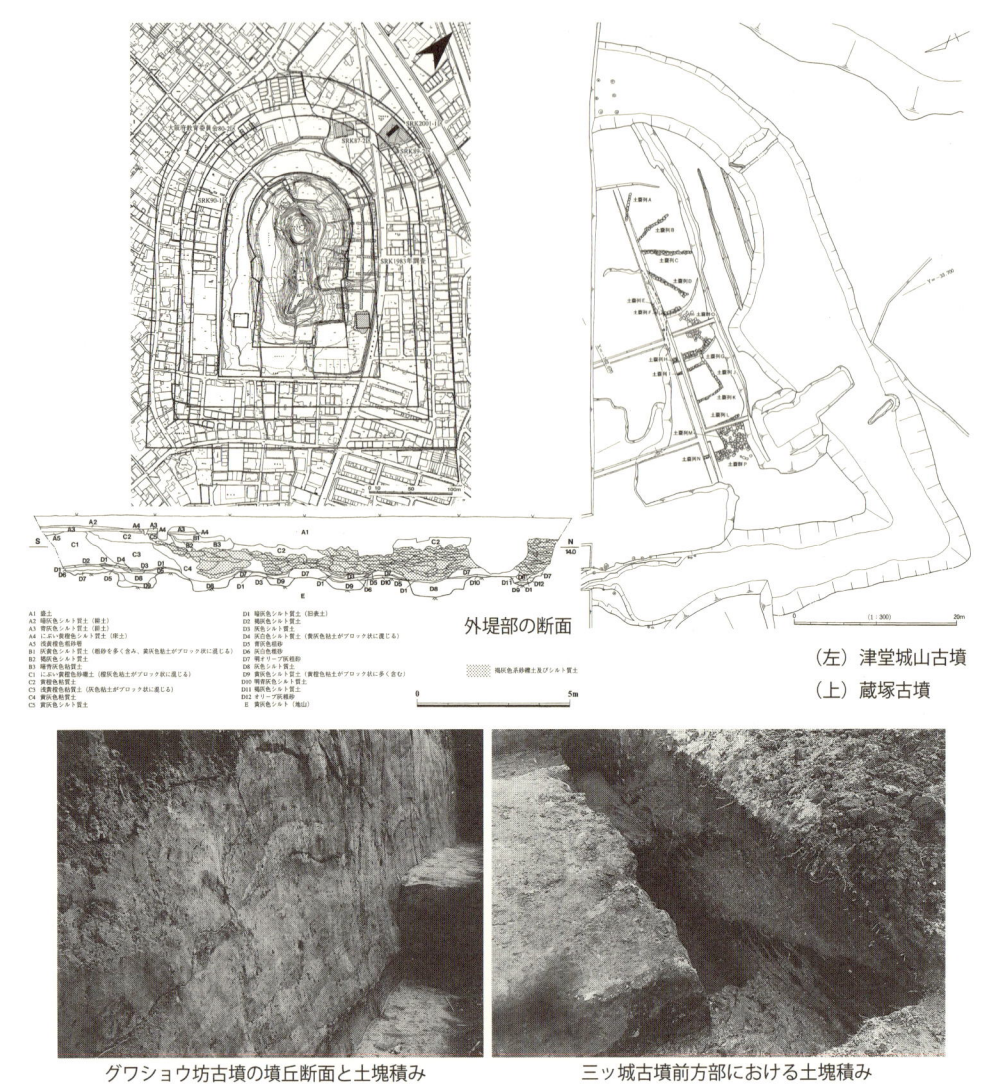

グワショウ坊古墳の墳丘断面と土塊積み　　三ッ城古墳前方部における土塊積み

第6図　土囊・土塊積み技術の諸例
(藤井寺市教育委員会2003，大阪府文化財調査研究センター1998，堺市教育委員会2009，東広島市教育委員会1989より引用)

確認された（第6図左下）。これらの土塊を土壌分析した結果，土囊のような袋に土を入れたものではなく，土塊をそのまま積んだ可能性が高いことが報告された（堺市教育委員会2009）。土塊として墳丘に用いられるまでの過程を復元すると，まずネザサ節などの陸生植物が生育する高燥な場所で，これら植物を伐採ないしは焼いて除去する。つぎに盛土に使用する土壌表面に導水し，水で湿潤にした後に土を塊で採取，表土側を逆位にして積み重ねるという。具体的な構築過程を採土段階から復元できた本古墳の調査は，まさに画期的な事例と評価できる。

羽曳野市蔵塚古墳は，6世紀中頃に築造されたと推定される墳丘長53.5mの前方後円墳であり，後世の削平により埋葬施設は残存していなかったものの，土囊・土塊積みの状況が墳丘全面

で確認された（第6図右上，大阪府文化財調査研究センター1998）。墳丘は，まず後円部中心（小円丘）を「表土積換工法」（樋口1997）によって水平に整地し，整地した部分から土嚢あるいは土塊を積み重ねた放射状の区画をまず構築し，その後区画内を水平積みしていく。小円丘の築造が終わると，外側の外円丘を築造する。後円部築造後，前方部の後円部接合部付近を「表土積換工法」によって水平に整地，後円部と同じく内側から土嚢・土塊で区画し，区画内を水平積みによって築造し，同様の技術を用いて外側も築造する。

　もちろん墳丘の盛土技術がすべて土嚢・土塊積み技術へと変化したわけではない。古市・百舌鳥古墳群でも，藤井寺市岡古墳や百舌鳥大塚山古墳のように依然として西日本的工法を用いる事例も多い。こうした採用技術の違いはなにに起因するのか，被葬者の階層差，技術者の差，墳丘規模の差などいくつかの推定が思い浮かぶが，今後さらに詰めていくべき課題といえる。

5. 考　察

(1) 墳丘構築法の画期とその史的解釈

前期古墳の墳丘構築法からみた技術者の動向　2における検討結果から，大厩浅間様古墳の築造時に技術上の変革がおこったことが明らかになった。先行する有力者墓，それより下位に位置づけられる古墳，いずれも東日本的工法を用いて墳丘が構築されるのに対し，明らかに西日本的工法を採用した大厩浅間様古墳，そこに技術的な画期をみとめることに支障はない。

　他方，墓制的にはふたつの古墳とも墓壙を持たない可能性を先に指摘したが，埋葬施設の設置面を水平にする点，さらに10m前後をはかる長大な割竹形木棺の使用など埋葬の構造については共通点が多い。さらに副葬品の組成も似通うことからみても，双方の被葬者に大きな隔絶があったとは考えられない。

　では，その画期をいかに解すべきか。被葬者は在地の有力者であり，新皇塚古墳までは造墓も完全に在地の技術によるものだったが，大厩浅間様古墳になると新来の西日本の技術を用いた造墓となる。墓制は維持しつつも造墓の指導的立場にある技術者は，近畿地方（≒畿内政権）から招請したという図式で説明できる。こうした技術者の招来を4世紀末頃と考えた場合，この時期に各地の有力者と畿内政権との間に政治的な画期を考えるのが妥当である。当然，その画期はいかなる事象だったのか，具体的に説明できることが今後の検討課題となる。このように，大厩浅間様古墳が造営された4世紀末頃，畿内政権と各地有力者間の政治的関係の変化が予想される。しかし，これが当該地域だけの問題なのか，あるいは広範な各地の有力者層も同様な現象が起きていたのか，その画期の空間的広がりを詳細に把握することも今後の課題である。

前期古墳における画期　大厩浅間様古墳に後続する有力者墓については，墳丘構造まで踏み込める調査事例がなく，それ以降の実際は不明といわざるをえない。しかし，手賀沼水系の有力者墓に考える端緒が見出せそうである。すなわち，同水系初の大型前方後円墳である水神山古墳は，

壇状に盛土を重ねて墳丘を構築し，大厩浅間様古墳に類似した構築技術を採用するのに対し，後続する弁天古墳は単純な水平積みによってのみ盛土するという，新来技術の断絶がみとめられる点である。つまり，西日本的工法の影響が顕著にみとめられるのは水神山古墳1基のみで，その技術が継続しない。となると，西日本的工法の影響を受けた古墳は，各地域で1基程度しか存在しなかった可能性が浮上してくる。大厩浅間様古墳と同様，西日本的工法と融合した東日本的工法の事例は，仙台市太白区裏町古墳，東京都狛江市臼井塚古墳，長野県飯田市新井原12号墳など，いずれも近在に同様な構築法で築造された事例がない単独事例ばかりで，点的な分布を示すことを特徴とする。如上の点を勘考すると，これら古墳の築造には，畿内政権から技術者を単発的に派遣したと解するのが妥当ではなかろうか。

さて水神山古墳は，先にも述べたとおり前方後円墳であり，大厩浅間様古墳は円墳である。これらの古墳群で先行する有力者墓は，新皇塚古墳をはじめいずれも前方後方墳である。前方後方墳は，東日本の古相をしめす前期古墳に顕著であることが先学の研究により定見をみている。よって，前方後方墳以外の墳形で有力者墓が築かれる時，近畿地方由来とみられる新来の墳丘構築技術を用いて造墓がおこなわれたと考えられる。こうした特徴は，先の事例検討から少なくとも手賀沼水系において確実であり，村田川流域でも同様の可能性がある。これが地域的にどれほどの広がりを示すのか，検討に耐えうる事例が少ない現状では推定の域を出ない。ただし墳形の変化は，単に形状が変わったというだけでなく，内在する技術の変化とも呼応する場合があることに注意しておく必要があろう。いわば古墳時代の技術移転とでも解すべき現象の背景には，畿内政権と各有力者との間における政治的な変化が契機になったはずであり，この前期末～中期初頭に画期をみとめるのが自然である。墳丘構築法の変化は，場合によって政治的背景の変化とも連関する可能性を視野に入れて考察する必要性を痛感する。

土囊・土塊積み技術からみた後期古墳における画期　さて，土囊・土塊積み技術によって墳丘を構築した事例は，近畿地方の有力者墓だけにとどまらない。一例として，中国地方を代表する中期の大型前方後円墳として著名な広島県東広島市三ッ城古墳（5世紀中頃）の墳丘下段では，黒色の土壌ブロックを盛土単位の外側に積み重ねていき，さらにその外側も同様の方法により拡張していくことが明らかになっている（第6図右下，東広島市教育委員会1989）。これは蔵塚古墳における構築方法に酷似し，古墳築造技術が広範な地域で共有されていた可能性を示唆する。さらに，三ッ城古墳のように当該地域で画期的な大型前方後円墳を築造する際は，すでに津堂城山古墳などに導入されていた新来の技術を近畿地方から導入すること，それに随伴して技術者の派遣などといった事象が背景にあったことは十分に想像できる。三ッ城古墳が墳丘両側に造出を設けること，後円部の埋葬施設に底石を有する石棺をそなえた竪穴式石室を採用する点など，広島県内には他に例を見ない近畿地方における墳丘構造などの諸特徴を具備した事例との評価も先の推定を補強することになろう（脇坂1995）。各地の画期的な前方後円墳築造には，畿内政権の直接的関与が背景にあった可能性が高く，畿内政権と各地有力者との接近が垣間見える。

また，現状での類例から知りうるかぎり，土囊・土塊積みの技術は，古市・百舌鳥古墳群で採

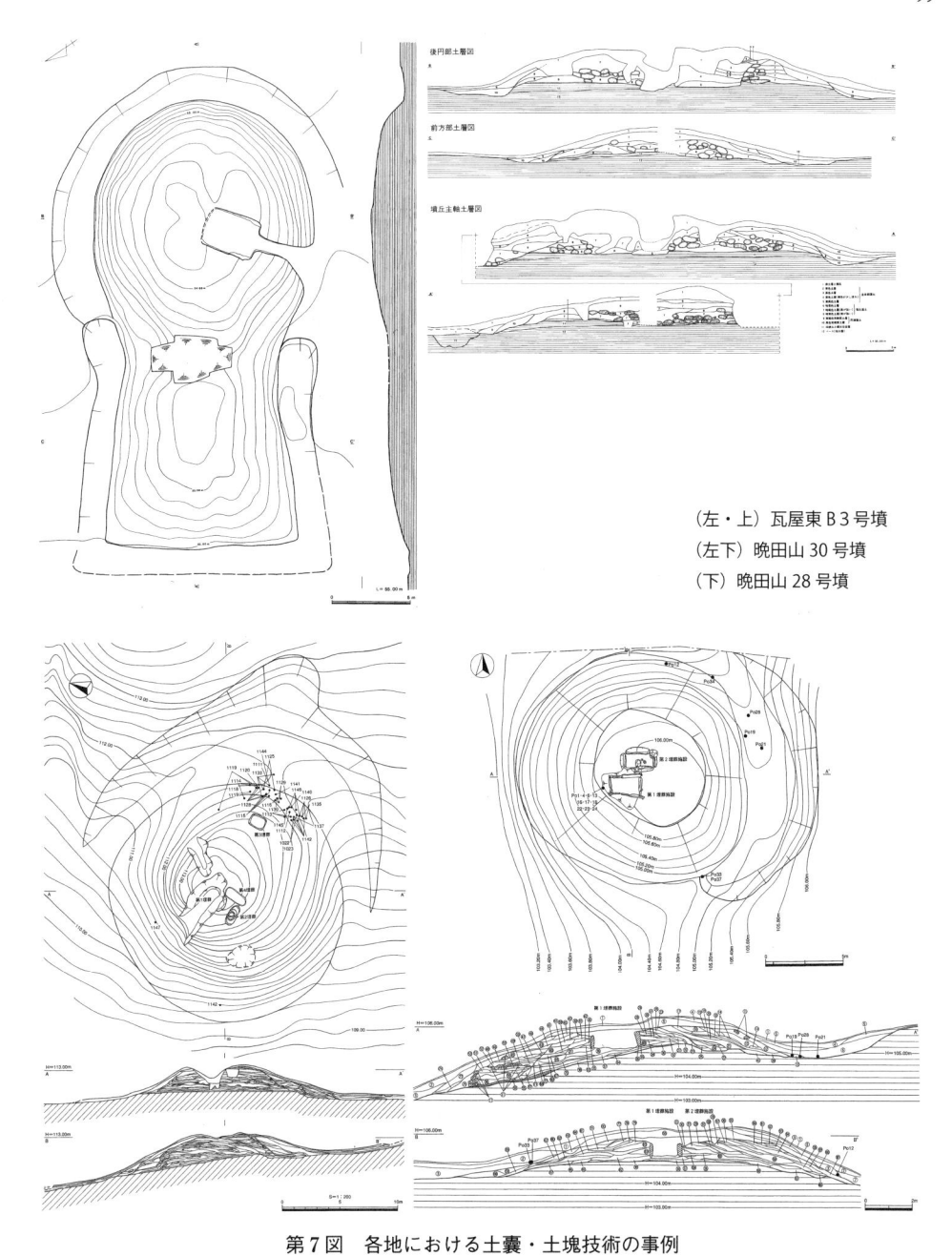

(左・上) 瓦屋東B3号墳
(左下) 晩田山30号墳
(下) 晩田山28号墳

第7図　各地における土嚢・土塊技術の事例
(浜松市教育委員会1991，淀江町教育文化事業団2000，大山スイス村埋蔵文化財発掘事業団2000より引用)

用がはじまり，その後各地へ拡散していくとみるのが妥当である[2]。それでは，拡散先での状況はいかなるものだろうか。鳥取県淀江町・大山町晩田山古墳群28号墳（第7図右下，円墳，6世紀後半，大山スイス村埋蔵文化財発掘調査団2000），29号墳（円墳，6世紀後半，淀江町教育文化事業団2000），30号墳（第7図左下，円墳，6世紀後半，大山スイス村埋蔵文化財発掘調査団2000）や，静岡県

浜松市瓦屋西 B3 号墳（第 7 図上），C5 号墳（ともに前方後円墳，6 世紀前半，浜松市教育委員会 1991a・b）や袋井市大門大塚古墳（円墳，墳丘径約 30 m，6 世紀前半，袋井市教育委員会 1987）などの分布状況からすると，一定数の類例が近在することを分布の特徴とする。また，築造時期的にみても三ッ城古墳のような単独事例をのぞくと，静岡県の事例は 6 世紀前半以降，晩田山古墳群は 6 世紀後半と，同一地域内の後期古墳で近接した時期に築造されることが時期的な特徴として把握できる。

　さらに瓦屋西古墳群は，円墳を中心とした複数の支群からなる後期群集墳であるが，報告書でも指摘されているように，B3 号墳・C5 号墳ともに盟主的存在が考えられる古墳である。大門大塚古墳についても静岡県西部を代表する後期古墳として著名で，有力者墓との位置づけに異論はあるまい。このほか福岡県筑紫野市五郎山古墳（円墳，墳丘径 35 m，6 世紀，筑紫野市教育委員会 1998）でも，土囊・土塊積みを用いていたことが確認されているが，本古墳もまた周辺地域で最大規模をほこる後期の円墳である。晩田山古墳群は，5 世紀代まで造墓がおこなわれるが，6 世紀前半～中頃に断絶がみられ，しばらく間をおいて 28～30 号墳が築かれることから，これら 3 基の古墳も画期的な事例と位置づけられよう。そして，突如として復活した造墓に新来の構築技術である土囊・土塊積みが用いられることは，外部からのインパクト，具体的には政治的およびそれに付帯する古墳築造における技術者の派遣などといったインパクトがあったことを示唆する。古墳群を調査する際には，墳丘構築技術の継続と断絶という観点からの検討も，墳形や副葬品などの検討とあわせて重要な視座となることを強調しておきたい。

　以上，各支群中唯一となる前方後円墳，あるいは有力者墓として位置づけられる古墳，さらに造墓が復活した場合など，それぞれ画期的と評価できる古墳に土囊・土塊積みが用いられることは，まことに象徴的である。というのも，古墳時代後期にいたっても画期的な造墓の場合，外からもたらされた新来の技術を用いることが容易に想定されるからに他ならない。さらに事例が近在の地で複数みとめられることも看過できない。となると，有力者の古墳造営に際して，近畿地方より派遣された技術者によってもたらされた技術がそのまま広く伝わり在地化する，あるいは在地の技術者が技術の伝習をうけて，それが伝えられるといった可能性が想定できるだろう。先にみた千葉県下の前期末～中期初頭とは，最初の前方後円墳や有力者墓の造営に際して新来技術を用いることが共通するいっぽう，分布からみた技術の定着という点で様相が大きく異なっている。このことは，一般論として新来技術を在地化しうる地域社会の政治的な変動，すなわち畿内政権の地域社会への強い関与が，6 世紀前半以降各地で起こったことの証左といえるのではなかろうか。

(2) 墳丘から得られた知見の解釈をめぐって

墓壙の有無　古墳に墓壙が存在しない場合は，埋葬施設の設置を予定するレベルでいったん築造を中断，埋葬施設を設置した後，それを被覆するように盛土し，築造を完了する。本稿でとりあげた新皇塚古墳や大厩浅間様古墳などは無墓壙の可能性が否定できず，もし墓壙がない古墳がこ

の地域に通有だとした場合，墓壙が通有な西日本の古墳とは葬制の特徴が大きく異なってくることに注意を要する。

いっぽう墓壙が存在する古墳は，墓壙を構築した後に築造を中断した可能性が以前より指摘されている。古墳は生前墓との認識にたつと，墳丘構築のある段階で築造を中断した可能性が高い。

そして埋葬方法の違いによって構築法も異なる。さらに，菊間新皇塚古墳と大厩浅間様古墳の例のように，同じ地域の前後する有力者墓において埋葬施設直下で水平にするという共通した特徴を保持している。これは無墓壙であるが，埋葬以前に埋葬施設直下まで墳丘構築を終え，埋葬後に埋葬施設より上部を盛土するという，生前墓でありながら墓壙をもたないという西日本と異なった墓制の存在を示唆する。埋葬には，地域に応じた方法が採用され，それが古墳以前の墓制を引き継いでいる可能性も視野に入れつつ，さらに検討を深化させる必要がある。被葬者の地域性・在地性といった地域社会の特徴が葬制面に強く反映される一例であろう。

以上のように墳丘構築法は，墓壙の有無をはじめとした墓制とも密接に関わることが理解できる。とくに東日本の古墳の発掘調査において認識できないにも関わらず，「古墳には墓壙があるはず」と無理矢理墓壙ラインを引こうとしてしまうのは，結果として古墳の構造や評価について誤った結論を導出してしまう危険性もはらんでおり，その判断には慎重を期したい。

土手状盛土下の整地層　西日本的工法では，まず基盤となる面の整備がおこなわれることを常とする。その多くは水平に整地することが多く，本稿で取り上げた事例でも元稲荷古墳，百舌鳥大塚山古墳，蔵塚古墳をはじめ，弁天山C1号墳のように盛土を斜面上に積む古墳以外の西日本的工法の事例に通有な技術と考えられる。このことから整地土の存在は，土手状盛土と同じく西日本的工法の構成要素として重要な指標たりうる。

ところが，西日本的工法のなかでも新宮東山1号墳・2号墳には整地土が存在せず，そのかわり地山を壇状に削り残す技術が用いられていた。これを地域的特徴として括ることも可能であろう。ただ，それ以外の解釈もないわけではない。というのも，新宮東山古墳群の事例と整地土を有する事例との違いを考えると，墳形や墳丘の規模であり，すなわち被葬者の階層差に帰結するとみるのも可能だからである。そうなると，階層差に応じて墳丘構築法の仔細が異なっていたこともありうる。西日本的工法という近畿地方を中心とした西日本で広く共通する技術を基盤とすることは，整地土の有無を越えて双方に共通するのだから，整地する技術を持ちあわせていなかったと考えるのは難がある。よって整地土の有無は，技術の地域差とみるよりもむしろ階差に応じて用いられる土木技術に差別化がはかられた部分と考えることもできる。墳丘構築技術は，階差に応じて細別が規定された可能性もあると指摘しておきたい。

まとめ

以上，千葉県下のいくつかの古墳群における事例検討をとおして，前期末〜中期初頭にかけて墳丘構築法の変化が起こったという従前の見解を追認しただけでなく，新来の技術は在地に定着

することなく，その後また在地の技術へ回帰することを明らかにした。こうした状況は，古墳築造にかかる技術者が畿内政権より派遣されたと思量することによって説明が可能となり，墳丘構築技術の変化とともに墳形も従来の前方後方墳から脱却することをふまえ，墳丘の形態や技術が一括して技術者を介して畿内政権よりもたらされたのだろうと理解した。これは東日本にとどまらず，三ッ城古墳のように西日本の大型前方後円墳築造の際にもいえることで，各地で画期的な前方後円墳などの築造に際しては，近畿地方から築造にかかわる技術者などの派遣など，形態といったハード面だけでなく，それをかたちづくる技術や人材といったソフト面も将来された上で大型古墳築造という一大事業が遂行されたとの推定に達した。その背景には，各地の有力者と畿内政権との政治的関係の変化が考えられうるわけで，墳丘構築技術の変化は，墳形の変化とも相まって大きな政治的変動と連関するとみられる。こうした各地における古墳築造の画期を副葬品や埴輪といった諸遺物の状況もふまえて抽出することにより，列島規模における政治的変動をより詳細に追求することが可能になるだろう。

　また，土囊・土塊積み技術を用いて築造された後期古墳の分布から，近畿地方から派遣された技術者が在地化する場合，もしくは新来技術の各地への定着といった現象がおこった可能性を指摘した。これは，前期古墳の頃と新来技術の定着の有無という点で様相が異なることが明白であり，その背景に畿内政権と各地有力者との政治的関係の変化，ひいては地域社会の変容が背景にあったことは想像に難くない。墳丘構築技術の変化には政治的変化と表裏一体であることに注意すべきであり，土木技術を論じる際には不可避な論点となることは他言を要するまでもない。さらに，土囊・土塊積み技術を新たに採用する古墳には，群中唯一の前方後円墳という場合がある。後期古墳にいたっても，前方後円墳の導入・採用は，畿内政権と各地の有力者との関係変化が背景に考えられ，政治的意味合いを強く内在させていたことをうかがわせる。

　以上を総括すると，古墳時代に畿内政権から大きくみて2次にわたる技術者の派遣が想定され，それは4世紀後半～末頃および6世紀代，以上ふたつの時期に墳丘構築技術の画期があると考えた。そして最初の派遣にともなう技術，すなわち前期末における西日本的工法は，各地で定着をみなかった可能性が高いが，後期の派遣によりもたらされた技術，本稿でいう土囊・土塊積み技術は，一定程度定着したと考えられる。今後は検討の対象となる地域を広げ，同様な分析を通じて畿内政権と各地域社会との政治的動態を詳細に追究し，より広範囲で具体的かつ詳細な古墳時代像の復元につなげていきたい。そして，葬制面からみた変革と墳丘築造技術からみた画期は，当然時期に小異がある。先に推定したように，これは葬制という在地性が強く反映した側面と，墳丘構築法という技術的側面，換言すると技術の移入にともなう政治的関係の変動と連関するという，異なる次元の検討という点に帰結するのではなかろうか。古墳の検討には，こうした論点の弁別が重要となるのはいうまでもない。

　なお本稿は，筆者に課せられた平成24年度科学研究費補助金基盤研究（C）「古代東アジアにおける土木技術系譜の復元的研究」（課題番号：24520882）の成果の一部を含んでいる。

注

1) 葺石構築面かつ広い面積にわたって盛土を保護するような土層を設ける事例は，弁天山C1号墳にとどまらず，奈良県市庭古墳，大安寺杉山古墳など中期以降の大型前方後円墳などにもみとめられる。ただしこうした土層は，どの古墳にも通有というわけでもなさそうである。こうした墳丘を保護する層，および葺石とのかかわりについては，他日に検討を期すこととしたい。

2) 土嚢・土塊積みの技術は，終末期古墳にも用いられる。奈良県橿原市菖蒲池古墳，奈良市・京都府木津川市石のカラト古墳など，近畿地方を中心に複数例がみとめられる。さらに，百舌鳥古墳群と指呼の距離にある大阪府大阪狭山市狭山池北堤や堺市土塔にも同様の技術が採用されたことが発掘調査で確かめられており，後期古墳以降もさまざまな土木構造物に用いられることを勘考すると，少なくとも古代の近畿地方では土嚢・土塊積みの技術が相応に定着をみた技術と判断できる。

ただし，石のカラト古墳と前後する時期に築造されたとみられ，横口式石槨の規模や構造も酷似する奈良県高市郡明日香村高松塚古墳やキトラ古墳では，土嚢・土塊積みの技術はみうけられない。こうした違いは，古墳の所在する位置が奈良盆地の北端と南端と離れていることなどを勘考すると，これら古墳の築造技術者の系統差が反映している可能性を暗示する。

引用・参考文献

青木　敬　2002「古墳構築法の再検討」『國學院大學大学院紀要 ―文学研究科―』第33輯

青木　敬　2003『古墳築造の研究 ―墳丘からみた古墳の地域性―』　六一書房

青木　敬　2007「前期古墳における墳頂部の性格と地域性 ―拡張する古墳，しない古墳―」『古墳文化』II　國學院大學古墳時代研究会

青木　敬　2009「古墳築造からみた生前墓」『墓から探る社会』　雄山閣

青木　敬　2010「小羽山墳墓群の墳丘構築法」『小羽山古墳群の研究 ―研究編―』　福井市立郷土歴史博物館・小羽山墳墓群研究会

青木　敬　2011「墳丘構築技術の変遷と展開」『〈もの〉と〈わざ〉』第16回　東北・関東前方後円墳研究会発表要旨

甘粕　健　1969「水神山古墳」『我孫子古墳群』

市原市教育委員会・市原市文化財センター　2004『市原市辺田古墳群・御林跡遺跡』市原市文化財センター調査報告書第89集・上総国分寺台遺跡調査報告XII

市原市文化財センター　1999『市原市大厩浅間様古墳調査報告書』市原市文化財センター調査報告書第42集

大阪府教育委員会　1967『弁天山古墳群の調査』大阪府文化財調査報告第17輯

大阪府文化財調査研究センター　1998『蔵塚古墳』大阪府文化財調査研究センター調査報告書第24集

神戸市教育委員会　2006『史跡五色塚古墳　小壺古墳発掘調査・復元整備報告書』

堺市教育委員会　2008『百舌鳥古墳群の調査1』

堺市教育委員会　2009『百舌鳥古墳群の調査2』

白井久美子　2004「菊間古墳群」『千葉県の歴史　資料編　考古2』　千葉県

大山スイス村埋蔵文化財発掘調査団　2000『妻木晩田遺跡発掘調査報告』大山町埋蔵文化財調査報告書17

龍野市教育委員会　1996『新宮東山古墳群』龍野市文化財調査報告16

筑紫野市教育委員会　1998『史跡五郎山古墳』筑紫野市文化財調査報告書第57集

千葉県都市部・千葉県都市公社　1974『市原市菊間遺跡』

東京大学文学部考古学研究室（編）1969『我孫子古墳群』

浜松市教育委員会 1991a『瓦屋西古墳群 ―A・B・D群　瓦屋西I遺跡―』

浜松市教育委員会 1991b『有玉西土地区画整理事業に伴う埋蔵文化財発掘調査報告書』

東広島市教育委員会 1989『史跡三ッ城古墳 ―保存整備事業第2年次発掘調査概報―』東広島市教育委員会調査報告書第14集

樋口吉文 1997「古墳築造考」『堅田直先生古稀記念論文集』

袋井市教育委員会 1987『大門大塚古墳』昭和61年度基礎資料収集調査報告書

藤井寺市教育委員会 2003『石川流域遺跡群発掘調査報告 XVIII』藤井寺市文化財調査報告第23集

古谷　毅 1988「「我孫子古墳群」の再検討 ―大型古墳成立の背景―」『栃木史学』第2号　國學院大學栃木短期大學史学会

古谷　毅 2003「我孫子古墳群」『千葉県の歴史』資料編　考古2　千葉県

弁天古墳発掘調査団（編）1993『柏市史調査研究報告 III ―弁天古墳発掘調査報告書―』

丸山　潔 2011「海峡を支配した五色塚古墳」『明石の古墳』 発掘された明石の歴史展実行委員会・明石市教育委員会

向日市埋蔵文化財センター・向日市教育委員会 2000「寺戸大塚古墳」向日市埋蔵文化財調査報告書第50集

向日市埋蔵文化財センター 2001『寺戸大塚古墳の研究 I』向日丘陵古墳群調査報告第1冊

向日市埋蔵文化財センター 2010『長岡宮跡第469次　元稲荷古墳第5次～西辺官衙, 元稲荷古墳後方部後端～発掘調査報告』向日市埋蔵文化財調査報告書第84集

向日市埋蔵文化財センター 2011『長岡京ほか』向日市埋蔵文化財調査報告書第89集

淀江町教育文化事業団 2000『妻木晩田遺跡　洞ノ原地区・晩田山古墳群発掘調査報告書』淀江町埋蔵文化財調査報告書第50集

立命館大学文学部 2003『五塚原古墳第1・2次発掘調査概報』立命館大学文学部学芸員課程研究報告第10冊

脇坂光彦 1995「安芸・備後」『全国古墳編年集成』　雄山閣出版

栃木県出土の人物埴輪についての覚え書き

新 山 保 和

はじめに

　栃木県からは，多くの造形美豊かな埴輪が発見されている。真岡市鶏塚古墳出土の人物埴輪は殊に有名で，頭に壺を乗せて幼児を背に背負う姿は，大変情緒的な姿勢であると言える。この古墳からは，他にも複数の人物埴輪が発見されている。これらの人物埴輪を観察すると，作り方に共通性が見受けられる。かつて小林氏（小林1974）は，これらの人物埴輪の顔に注目し，杏仁形の目，半開きの口，左右を別々に成形して僅かに湾曲する眉，耳をC字形に粘土を貼付して表現して耳孔を開けないなどの多くの共通点を挙げ，これらの人物埴輪が同一作者の作品であることを指摘している。そして，これらに見られる共通表現や手法を「作風」として捉え，この作風が共通する埴輪を同工品と分類した[1]。筆者は前稿（新山2006, 2010）で，先行研究の埴輪同工品論を整理し，女子人物埴輪の同工品同定方法に焦点をしぼり，女子人物埴輪の工人集団の復元を試みた。その結果，女子人物埴輪の髷成形は，工人集団の識別に有効であることが分かった。そこで本稿では，栃木県出土の人物埴輪を対象として，工人集団の識別方法を念頭に置きながら，人物埴輪工人集団について分析・整理を試みたい。

1. 問題の所在

(1) 鶏塚古墳の事例

　鶏塚古墳は，南北約1キロの間に17基を数える京泉シトミ原古墳群に属し，横穴式石室を埋葬施設に持つ円墳である。鶏塚古墳からは，多くの人物埴輪が発見されている。鶏塚古墳出土の埴輪を観察すると，表現している埴輪は異なるものもあるが，全体として共通する雰囲気が認められる。今回は出土位置の明確な6体の人物埴輪を対象とし，詳細に観察していく[2]。
　第1図1は子を背負う女子埴輪で，頭部に壺を載せている。壺は頭部にめり込んでいる。後頭部には髷が貼付されている。髷は上部が欠損しており全体の形状は不明であるが，鼓形のつぶし島田と見られ，中央にリング状の結び目を粘土で成形する。背中には子供を背負っている。口はやや鼻梁の中心線から少しずれて小さく穿孔し，おちょぼ口を呈する。鼻は顔面のほぼ中央に三

角形の粘土を貼付して成形する。眉は左右を別成形して湾曲させる。耳はC字状の粘土を貼付し，耳孔はあけない。首には，やや間隔をあけて円形粘土を貼付して首飾りを表現する。胴部には円形の粘土を貼付して乳房の隆起を表現する。

　第1図2は女子人物埴輪で，髷を頭頂部に貼付する。復元部分との境界が判別し難いので顔の造形の詳細は不明である。耳はC字状の粘土を貼付して成形する。小さい粘土を貼付して耳玉を表現し，細い粘土を輪状に貼付して耳環を表現する。耳孔はあけない。粘土紐を貼付して上衣を表現し，首には，やや間隔をあけて円形粘土を貼付して首飾りを表現する（I類―小）。右肩に襷を表現する。後ろにくる襷部分には，鋸歯紋が施され，交互に赤色塗彩を施す。

　第1図3は女子人物埴輪で，鼓型のつぶし島田を頭頂部に貼付する。髷は中央に粘土を横断させて結び目を形成する。目は横長で左右対称な隅丸長方形で，鼻は顔面のほぼ中央に三角形の粘土を貼付して成形する。口は，鼻幅にやや開口させて穿孔する。眉は左右を別成形して湾曲させる。耳はC字状の粘土を貼付して成形する。小さい粘土を貼付して耳玉を表現するが，耳孔はあけない。全体のバランスがやや顔の中心に寄って配置されている。粘土紐を貼付して上衣を表現する。首には，やや間隔をあけて円形粘土を貼付して首飾りを表現する（I類―小）。右肩に帯状の粘土が貼付していることから，襷を表現したものと見られる。

　第1図4は女子人物埴輪で，鼓型のつぶし島田を頭頂部に貼付する。髷の上部には波状紋を施す。目は横長で左右対称な隅丸長方形で，鼻は剝離しており，詳細は不明である。口は，鼻幅にやや開口させて穿孔する。眉は左右を別成形して湾曲させる。耳はC字状の粘土を貼付して成形する。小さい粘土を貼付して耳玉を表現するが，耳孔はあけない。眉毛と頰に赤色塗彩を施す。粘土紐を貼付して上衣を表現する。首には，やや間隔をあけて円形粘土を貼付し，後ろで2条の円形粘土を垂下させて首飾りを表現する（II類―大）。右肩に帯状の粘土が貼付されているので，襷を表現していた可能性がある。

　第1図5は，女子人物埴輪で，盛った髷を頭頂部に貼付する。髷の形状は板状を呈し，その上に台形の粘土を2段に重ねる。目は横長で左右対称な隅丸長方形で，鼻は顔面のほぼ中央に三角形の粘土を貼付して成形する。口は，鼻幅にやや開口させて穿孔する。眉は左右を別成形して湾曲させる。耳はC字状の粘土を貼付して成形する。小さい粘土を貼付して耳玉を表現し，やや太い粘土を輪状に貼付して耳環を表現する。耳孔はあけない。首には，やや間隔をあけて円形粘

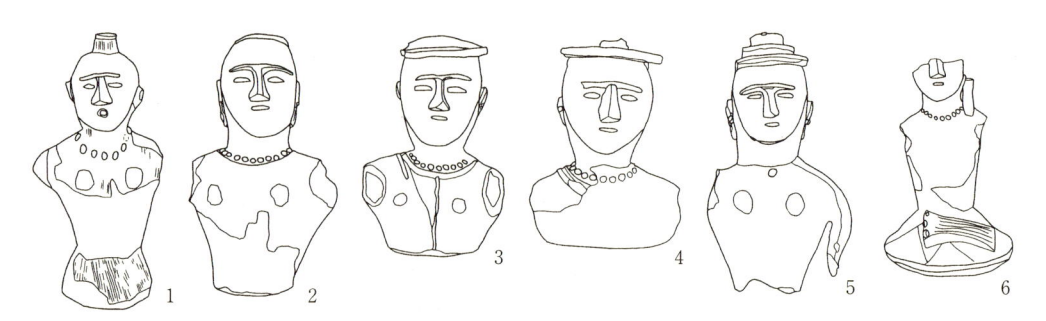

第1図　鶏塚古墳出土人物埴輪（1/10）

土を貼付して首飾りを表現する（II類―大）。

　琴を弾く男子（第1図6）で、顔の下半分から裾部までが残存している。左の美豆良は、端部を「L」字状に成形して左肩に接続する。首には、やや間隔をあけて円形粘土を貼付して首飾りを表現する（II類―大）。

(2) 分析視点

　小林行雄氏は、鶏塚古墳出土の人物埴輪について、同一工人が製作した可能性が高いことを指摘している（小林1966）。確かに、目や口、眉などの造形や耳の表現方法など、共通した作風がうかがえる。しかし、首飾りの表現（円形粘土の大小）や目の穿孔方法（目頭をやや鋭利に穿孔するタイプと丸みを帯びるタイプ）など、詳細に観察すると相違点も浮き上がってくる。

　首飾りの形状を見ると、直径2〜3mm（I類）とII類…直径5mm（II類）の2種類に分類できる。また、髷の形状も波状紋を施すものもあれば（第1図2）、盛ったような髷（第1図5）もあり、一様ではない。すべての部位が残存していないので比較は難しいが、この点を踏まえて考えるならば、小林氏が指摘する作風は、「工人」に帰属する要素ではなく、「工人集団」に帰属する要素、工人集団の「規範」と呼称すべき要素ではないだろうか。仮に、この工人集団の保持する作風を「規範」と呼称するならば、この工人集団の規範とは何を指すのであろうか。技術的な側面から言えば、鶏塚古墳の埴輪では、耳をC字状の粘土を貼付して成形する点が挙げられる。耳の成形は様々な方法があるが、手がかりの一つになると言える。また、小林氏が指摘する通り、顔の造形（目や口、鼻などの造形、配置バランス）などの全体としての雰囲気でまとめることも可能である。しかし、この雰囲気を言葉でカテゴライズするのは非常に難しい。特に図面では表現しきれない領域なので、詳細な説明や写真など別の方法で証明するしかない。次に、小林氏の指摘する作風を工人集団の規範と仮定して、顔の造形に注目して論を進めていきたい。

3. 事例分析

(1) 唐沢山ゴルフ場埴輪窯跡（大川1975）

　唐沢山ゴルフ場埴輪窯跡からは、13基の埴輪窯が発見されている。その中で、3号窯跡から帽子を被る男子人物埴輪の頭部が出土している（第2図1）。頭部は全体に丸みを持ち、顎を張り出させて顔面を整形する。顔面のほぼ中央に三角形の粘土を貼付し、鼻を成形する。鼻筋から目の上にかけて粘土を盛り上げ、眉を表現する。目は半月状に穿孔し、目尻はやや下がっている。両目の上部から、頬、顎にかけて赤色塗彩が施す。耳はC字状の粘土を貼付して表現する。この男子人物埴輪の顔の特徴を挙げると、以下の通りになる。

　① 下部を直線に切り半月形を呈する目
　② 眉毛は別々に成形

③　顔面のほぼ中央に三角形の粘土を貼付して鼻を成形
④　耳はC字状粘土を貼付
⑤　顎を張り出させて顔面を整形
⑥　口は小さめに穿孔

　これらの造形的特徴を有する埴輪が，黒袴台遺跡 SZ-723，岡崎山古墳，ナナシ塚古墳，綾女塚古墳，富岡車塚古墳，旧桑村 49 号墳，西赤堀狐塚古墳から出土している（第2・3図）。

　次に，これらの人物埴輪について，唐沢山ゴルフ場埴輪窯跡出土の男子人物埴輪における顔の造形的特徴を①から⑥の要素に細分して比較検討していきたい（第1表）[3]。以下，唐沢山ゴルフ場埴輪窯跡出土の帽子を被る男子人物埴輪を「モデルA」と呼称する。

(2)　黒袴台遺跡 SZ-723（澤ほか 2001）

　黒袴台遺跡 SZ-723 からは，一体の人物埴輪が出土している（第2図2）。女子人物埴輪で，分銅型のつぶし島田を後頭部に貼り付けている。頭部は閉塞型である。両頬に赤色塗彩を施す。首飾りは，大きめのボタン状粘土を貼付した後，その上部をU字状に撫でつけて玉の緒を表現する。鼻は剝離して不明であるが，ほぼ中央に貼付することから，鼻についても共通すると見られる。

(3)　岡崎山古墳（大澤・足立 1999）

　頭頂部に三角錐形のとんがり帽子を表現する男子人物埴輪で，帽子の高さは約 10 cm で，頭部は全体に丸みを呈する（第2図3）。両目の上部から，頬，顎にかけて赤彩されている。頭部右側には直径約 3 cm の円筒状で，みずらを表現する。首飾りは，ボタン状粘土を貼付する。耳の造形は表現方法が異なるため，比較対象ができない。口については，やや小さいものの類似性は認められない。

(4)　ナナシ塚古墳（秋元・飯田 1995）

　ナナシ塚古墳からは，3体の人物埴輪が出土している（第2図4〜6）。

　全身立像の盛装男子（第2図4・5）は，帽子を被っている。結紐は，眼鏡のレンズ状に成形した粘土紐を垂れ目状に下方へ垂下させ，2箇所に表現する。首飾りは，大きめのボタン状粘土を貼付した後，その上部をU字状に撫でつけて玉の緒を表現する。第2図5の盛装男子の脚部は，側部に鰭状部を貼付する。全身立像の武人埴輪（第2図4）は，胴部から足部までが残存する。胴部は沈線で挂甲を表現する。脚部は，側部に鰭状部を貼付する。

　ナナシ塚古墳出土の人物埴輪を見ると，多くの共通点が見受けられる。下部を直線に切り半月形を呈する目（第2図4・5），結紐は眼鏡のレンズ状に成形した粘土紐を垂れ目状に下方へ垂下させ，2箇所に表現する。首飾りは，大きめのボタン状粘土を貼付した後，その上部をU字状に撫でつけて玉の緒を表現する。脚部は，側部に鰭状部を貼付する（第2図5・6）点などが挙げら

れる。ナナシ塚古墳出土の人物埴輪には，顔の造形以外にも，服装やアクセサリーの表現，体型などに強い共通性が認められる。

(5) 綾女塚古墳（秋元ほか1998）

綾女塚古墳からは，2体の人物埴輪が発見されている（第2図7・8）。

男子人物埴輪（第2図7）は，横向きで中央を紐で縛る表現をした中空な髷を頭頂部に貼付する。髷は粘土板を半円筒形に折り曲げて貼付し，つなぎ目を丁寧にナデ消す。耳はC状の粘土を貼付後穿孔し，耳朶に環状の粘土で耳環を表現する。

女子人物埴輪（第2図8）は分銅型のつぶし島田で，後頭部に貼り付けている。中央部には粘土紐によって扁平な結い紐が表現され，結い紐の上部にも何かを表現した粘土板が密着している。これには小さいな孔が穿たれ，左右にはC字状の切り込みが入る。頭部には三角巾のような物を前頭部から脳天にかけてかぶり，額の当たりでは，細い鉢巻きのような物を二本巻いている。頭部は閉塞型である。耳はC状の粘土を貼付後穿孔する。首には隙間なく円形粘土を貼付し，丸玉の首飾りを表現する。衣服は丸衿・左前で，胸と腹の辺りで紐の結び目が見られる。右の合わせ部分には三角文が線刻されている。乳房は円錐状の粘土を貼付して表現する。指は親指のみ独立し，4本指は線刻で表現されている。

(6) 富岡車塚古墳（秋元・飯田1995）

富岡車塚古墳からは，2体の全身立像の武人埴輪が発見されている（第3図9・10）。

大部分が復元の全身立像の武人埴輪（第3図9）と図上復元した全身立像の武人埴輪（第3図10）で，口や顔の整形がモデルAに類似する。目の形状が異なるが，甲を成形後に目を穿った場合は半月状に穿つのは難しく，模倣で出来なかった可能性が高い。首飾りは，大きめのボタン状粘土を貼付する。

(7) 旧桑村49号古墳（秋元・飯田1995）

全身立像の武人埴輪で，頭部から裾部まで残存する（第2図11）。首飾りは，大きめなボタン状粘土を貼付する。

(8) 西赤堀狐塚古墳（大川ほか1987）

西赤堀狐塚古墳からは，4体の人物埴輪が出土している。

2体は下げ美豆良の盛装男子で，先端をT字状に成形する（第3図12・13）。頭部に鉢巻きをしている。手のひらは親指のみ独立した表現である（第3図12）。

2体は盛装女子人物埴輪で，分銅型のつぶし島田を斜位に貼り付けている（第3図14・15）。頭部は面長で，頭部は閉塞型である。額には粘土を貼付して径1.7cmの竪櫛を表現する。耳孔をあけ，太い粘土紐で耳環を表現する。首には大きめの円形粘土を隙間なく貼付して，丸玉の首飾

106

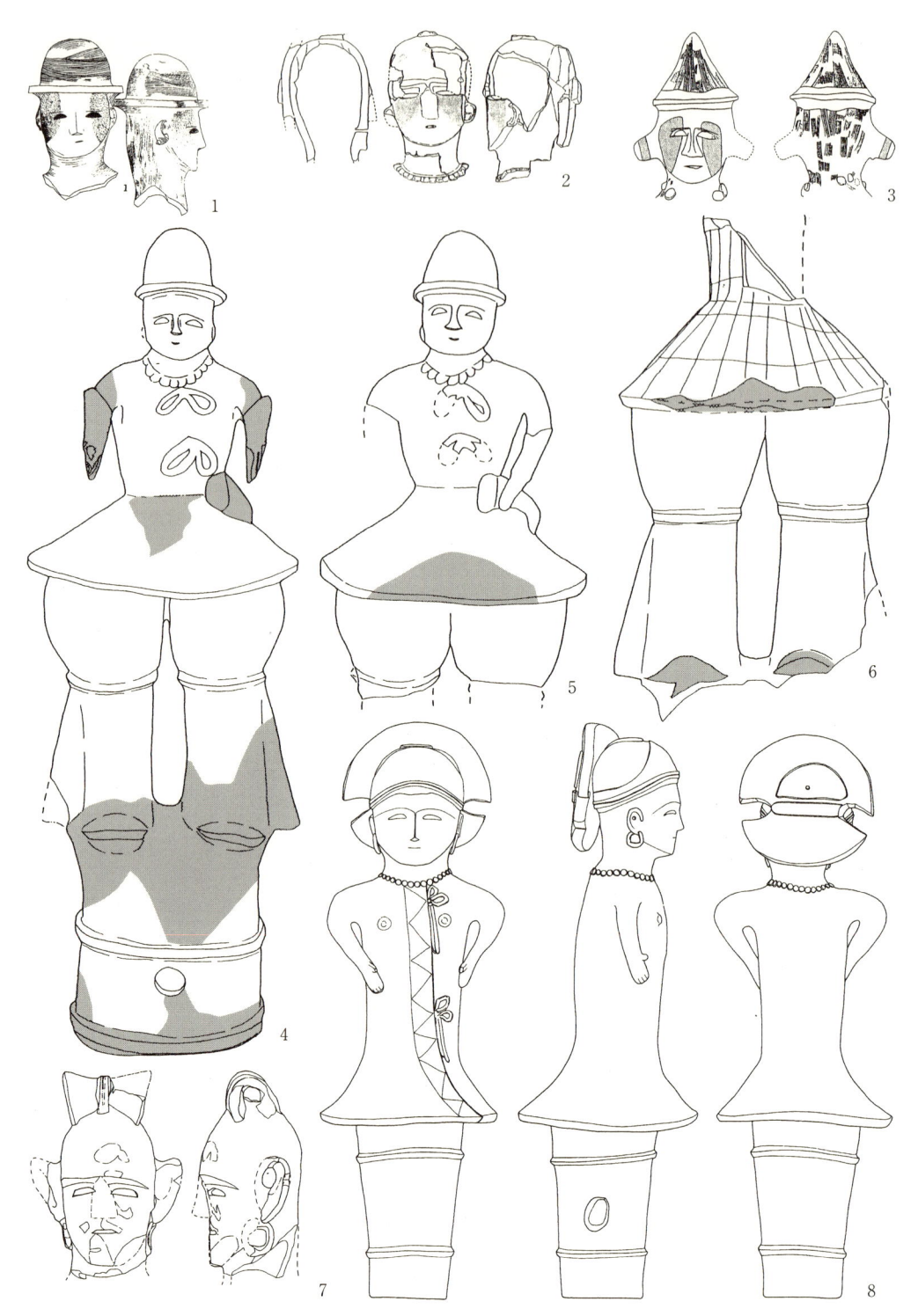

第2図　栃木県出土人物埴輪1 (1/10)
1. 唐沢山ゴルフ場埴輪窯跡　2. 黒袴台遺跡 SZ-723　3. 岡崎山古墳　4〜6. ナナシ塚古墳　7・8. 綾女塚古墳

栃木県出土の人物埴輪についての覚え書き　107

第3図　栃木県出土人物埴輪2（1/10）
9・10. 富岡車塚古墳　11. 飯塚古墳群（旧桑村49号古墳）　12〜15. 西赤堀狐塚古墳

第1表 人物埴輪組成比較表

図	古墳名	種類	目	眉	鼻	耳	顔	口
1	唐沢山ゴルフ場埴輪窯跡	帽子男子	○	○	○	○	○	○
2	黒袴台遺跡 SZ-723	盛装女子	×	○		○	○	○
3	岡崎山古墳	帽子男子	○	○	○		○	×
4	ナナシ塚古墳	盛装男子	○	○	○	○	○	○
5	ナナシ塚古墳	盛装男子	○	○	○	○	○	○
6	ナナシ塚古墳	武人埴輪	○	○	○	○	○	○
7	綾女塚古墳	盛装男子	○	○	○	○	○	○
8	綾女塚古墳	盛装女子	○	○	○		○	○
9	富岡車塚古墳	武人埴輪						
10	富岡車塚古墳	武人埴輪	○				○	
11	旧桑村49号古墳	武人埴輪			○		○	
12	西赤堀狐塚古墳	盛装男子	○	○	○		○	
13	西赤堀狐塚古墳	盛装男子			○			
14	西赤堀狐塚古墳	盛装女子	○	○	○	×	○	○
15	西赤堀狐塚古墳	盛装女子	○	○	○	×	○	○

りを表現する。

顔の造形を除いた女子人物埴輪の共通点は，①分銅型のつぶし島田を後頭部へ貼付，②耳に太い粘土紐で耳環を表現する点などが挙げられる。男子人物埴輪の共通点は，下げ美豆良の先端の形状（片側が短く片側が長い左右の長さが異なるT字状を呈する）が挙げられる。その一方で，相違点も幾つか見受けられる。例えば，女子人物埴輪は鼻などの細かい造形が異なる点が挙げられる。

4. まとめ

顔の造形を中心にモデルAとの類似性を見てきたが，一部目などの造形に異なる例もあるが，目や眉，鼻などの造形には共通する規範の存在がうかがえる。特に，目や口の表現は特徴的造形であり，他人のそら似とは考えられない共通性が指摘でき，意図的に模倣して製作していると考えられる。耳に関しては，表現方法の違いで比較できない部分はあるが，一定の共通性が指摘できる。耳以外にも，大きめのボタン状粘土を貼付した後，その上部をU字状に撫でつけて玉の緒を表現する首飾りの表現（黒袴台遺跡SZ-723やナナシ塚古墳）や親指のみ単独で成形し，4本指は線刻で表現する指の表現（綾女塚古墳や西赤堀狐塚古墳出土の盛装男子埴輪）など，顔の造形以外にも共通性が指摘できる。また，女子人物埴輪を見ると，分銅型のつぶし島田で頭部閉塞型，後頭部に髷を貼付している（黒袴台遺跡SZ-723，綾女塚古墳，西赤堀狐塚古墳）。これも同一工人集団における規範の範疇と言える。この規範を共有する女子人物埴輪を近隣地域で探すと，赤堀町下触石山南所在古墳，月田地蔵塚古墳，渕ノ上古墳出土の女子人物埴輪が挙げられる（第4図1～3）。これらの人物埴輪は，顔の造形や服装，アクセサリーの表現や体型などに強い共通性が認められ

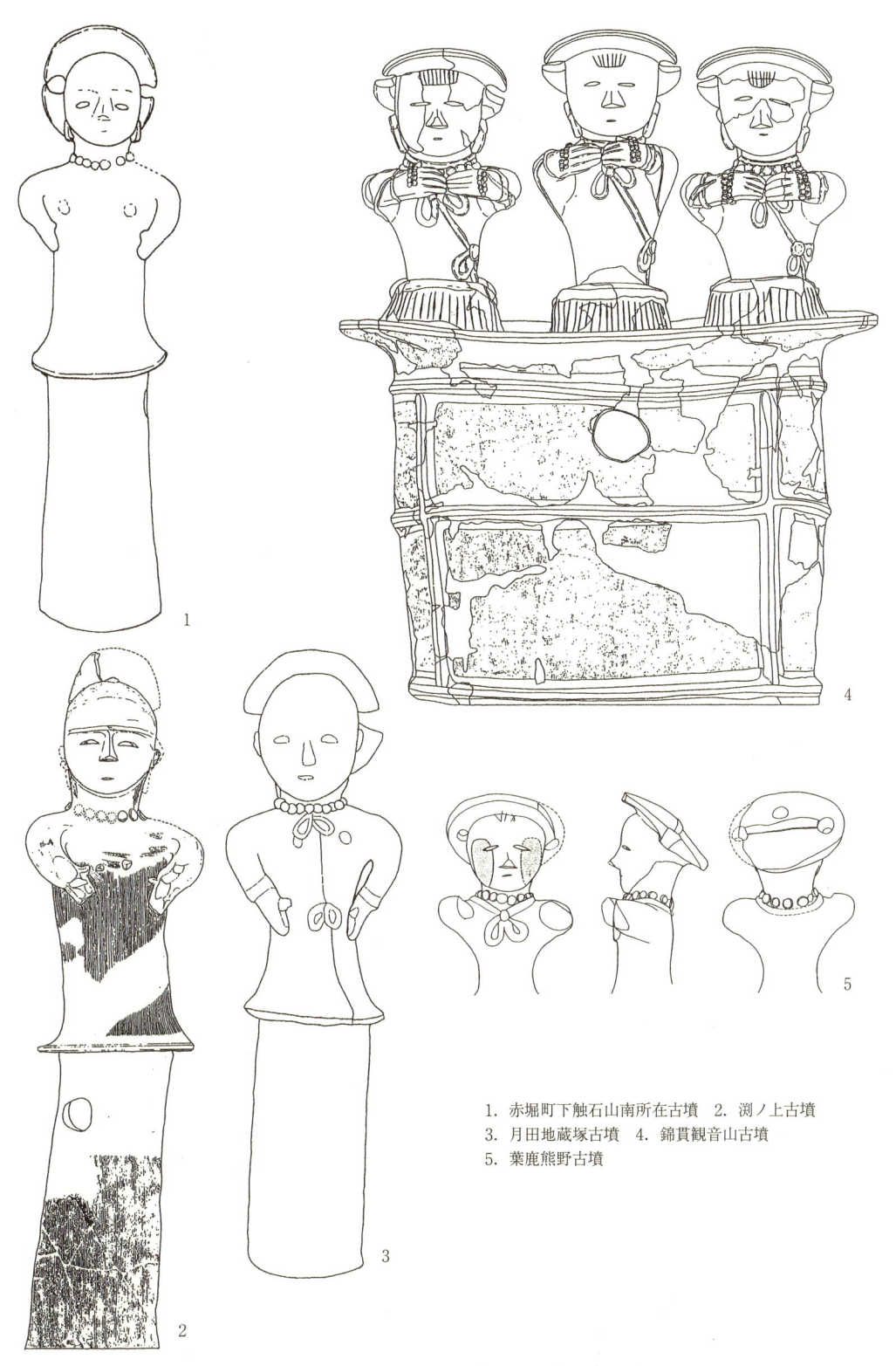

栃木県出土の人物埴輪についての覚え書き　109

1. 赤堀町下触石山南所在古墳　2. 渕ノ上古墳
3. 月田地蔵塚古墳　4. 錦貫観音山古墳
5. 葉鹿熊野古墳

第4図　後頭部に髷を持つ女子人物埴輪（1/10）

る。また，髻の形状で見ると，綾女塚古墳（第2図8）や西赤堀狐塚古墳出土の女子人物埴輪（第3図14・15）と，葉鹿熊野古墳出土の「2人童女」（第4図5）には，強い共通性が認められる。これらの共通性が，小林氏が指摘する埴輪工人の「作風」に繋がるのではないだろうか。「作風」とは，集団が保持する「規範」であり，表現方法の共有性と考えられる。そして，この「規範」が工人集団を団結させていたと考えられる。

　橋本氏は，栃木県葉鹿熊野古墳の「二人童女」と綿貫観音山古墳の「三人童女」の共通性に着目し，この2つの人物埴輪が同一工人ないしは同一工人集団の作品であることを指摘している（橋本1980, 351頁）。その一方で，橋本氏は相違点も複数挙げており，どこまでの類似性で同一工人ないしは同一工人集団の製品であるかの線引きは行っていない。綿貫観音山古墳出土の埴輪は，群馬県藤岡産であることが指摘されている（志村1999）。その一方で，葉鹿熊野古墳出土の人物埴輪は，唐沢山ゴルフ場埴輪窯跡出土であることが指摘されており，同じ作風の埴輪が別々の窯で焼成された事実が浮かび上がってくる。これはどう理解すべきなのであろうか。一つの想定として，両地域の埴輪工人集団の活発的な交流と捉え，同じ規範を持った工人集団が，両方の窯で埴輪を製作していたと考えられる。もう一つの想定として，工人集団の移動が挙げられる。モデルＡの規範を持つ埴輪工人集団は，埴輪窯に固定されない自由性を保持して埴輪製作に携わっていたと考えられる。現在の埴輪研究動向を見ると，生出塚埴輪窯跡などの埴輪窯の研究が進み，埴輪窯と工人の固定的な関係を中心に語られることが多い（城倉2011）。どちらの想定が正しくても，モデルＡを製作した埴輪工人集団は，集団独自の規範を保持して埴輪製作に携わっていたと考えられる。

おわりに

　本稿では，小林行雄氏の「作風」の概念を出発点に人物埴輪の工人集団について考えてきた。人物埴輪の造形には，工人集団の規範が反映することが判明した。同一工人集団が保持する規範に基づいて埴輪を製作することで，顔の造形や服装など，極めて共通性の強い埴輪が製作されるのである。その規範を手がかりに埴輪工人集団を追跡していくことで，埴輪工人集団の動向，ひいては埴輪製作システムにまで言及していくことが可能と考えられる。しかし，今回論じきれていない「規範」の概念規定，埴輪窯と工人集団の関係性，埴輪製作の技術的な系譜，地域的な関連性など残された課題も多い。今後の課題としたい。

　　謝辞
　筆の遅い筆者を見捨てずに叱咤激励しながら応援して下さった桐生直彦氏には，心より感謝の意を表したいと思います。また，日頃より研究面で刺激を与え続けてくれている柏木善治氏，澁谷寛子氏にも深い感謝の意を表したい。

注

1) その後，この「作風」についての共通認識が浸透し，同一古墳内出土埴輪での分析や遠距離にある古墳間での分析など，多くの研究が行われてきている。
2) 武人埴輪は有名で，上半身と下半身を別々に成形・焼成し組み合わせる「分離成形」が特徴である。他の人物埴輪と比較してみると，この武人埴輪だけ成形技法や顔の造形など様相を異にしており，出土地について疑問が提示されているので，ここでは取り扱わない（秋元・飯田1999）。また，裸の女子人物埴輪も，他の女子人物埴輪と比較要素が少ないので，ここでは混乱をさけるために対象外とした。
3) 顔の造形を比較対象とした理由は，性別や服装などの表現方法に影響されない点にある。

引用・参考文献

秋元陽光 1998「上神主狐塚古墳発掘調査報告」『峰考古』第12号　宇都宮大学考古学研究会
秋元陽光・飯田光央 1995「三王山星宮神社古墳出土の埴輪」『栃木県考古学会誌』第20集　55-89頁　栃木県考古学会
秋元陽光・飯田光史・篠原真理 1998「綾女塚古墳の課題」『栃木県考古学会誌』第19集　109-133頁　栃木県考古学会
足立佳代 1996「栃木県足利市熊野古墳出土人物埴輪について」『埴輪研究会会誌』第2号　109-114頁　埴輪研究会
石部正志・秋元陽光 1995「上神主狐塚古墳」『上三川町埋蔵文化財調査報告』第13集　上三川町教育委員会
今津節生 1988「東北地方における埴輪の年代と系譜」『企画展　東国のはにわ』82-84頁　福島県立博物館
稲村　繁 1999『人物埴輪の研究』　同成社
犬木　努 1995「下総型埴輪基礎考 ―埴輪同工品論序説―」『埴輪研究会会誌』第1号　1-36頁　埴輪研究会
犬木　努 1996「埴輪製作における個体内・工程別分業と種類別分業 ―千葉県小見川町城山1号墳出土埴輪の再検討―」『埴輪研究会会誌』第2号　1-30頁　埴輪研究会
犬木　努 2005「下総型埴輪再論」『埴輪研究会会誌』第9号　82-84頁　埴輪研究会
梅澤重昭 1998「(6) 観音山古墳の埴輪生産地」『綿貫観音山古墳Ⅰ墳丘・埴輪編』（財）群馬県埋蔵文化財調査事業団発掘調査報告書』第242集　472-479頁　（財）群馬県埋蔵文化財調査事業団
大川　清 1975「唐沢山山ゴルフ場埴輪窯跡」『佐野市史　資料編1　原始・古代・中世』433-494頁　佐野市
大川清・水野順敏・足立吉弘・新井喜昭・菊池明子 1987『西赤堀狐塚古墳』　日本窯業史研究所
大澤伸啓・足立佳代 1999「栃木県足利市熊野古墳出土人物埴輪について」『埴輪研究会会誌』第3号　18-24頁　埴輪研究会
大塚初重ほか 1998『綿貫観音山古墳Ⅰ墳丘・埴輪編』（財）群馬県埋蔵文化財調査事業団発掘調査報告書』第242集　（財）群馬県埋蔵文化財調査事業団
岡屋紀子 1993「渕ノ上古墳」『館林市埋蔵文化財発掘調査報告書』第25集　館林市教育委員会
車崎正彦 1988「埴輪の作者」『早大所沢文化財調査室月報』34　2-8頁　早大所沢校地文化財調査室
群馬県古墳時代研究会 2006『群馬県内の人物埴輪』群馬県古墳時代研究会資料集第8集
小林行雄 1966『日本陶磁大系3　埴輪』　平凡社

小森哲也 1984「京泉シトミ原古墳群」『真岡市史』第1巻考古資料編　286-334頁　真岡市

佐野市郷土博物館 1996『第26回企画展　佐野の埴輪展』　佐野市郷土博物館

鈴木一男 2001「飯塚古墳群Ⅲ―遺物編」『小山市文化財調査報告書』第44集　小山市教育委員会

城倉正祥 2011「埼玉古墳群の埴輪編年」『埼玉県立史跡の博物館紀要』第5号　57-91頁　埼玉県史跡の博物館

志村　哲 1999「藤岡産埴輪が供給された前方後円墳」『考古学ジャーナル』No.433　7-11頁　ニュー・サイエンス社

轟俊二郎 1973『埴輪研究』第1冊

栃木県立しもつけ風土記の丘資料館 1996『はにわワンダーランド―埴輪に見る下野の古墳文化―』栃木県教育委員会

中村享史 2004「東谷・中島地区遺跡群4」『栃木県埋蔵文化財調査報告』第283集　栃木県教育委員会・（財）とちぎ生涯学習文化財団

新山保和 2006「人物埴輪の髻の造形表現について」『群馬県内の人物埴輪』群馬県古墳時代研究会資料集第8集　141-157頁　群馬県古墳時代研究会

新山保和 2010「人物埴輪にみる地域相の分析と工人集団の復元―関東地域の人物埴輪を中心に―」『かながわの考古学』研究紀要16　85-100頁　財団法人かながわ考古学財団

水沼良浩 1987「安塚出土の埴輪」『壬生町史　資料編原始古代・中世』302-311頁　壬生町

橋本澄朗ほか 2001「黒袴台遺跡」『栃木県埋蔵文化財調査報告』第261集　栃木県教育委員会・（財）とちぎ生涯学習文化財団

橋本博文 1980「埴輪祭式論―人物埴輪出現後の埴輪配列をめぐって」『塚廻り古墳群』337-368頁　群馬県教育委員会

橋本博文 1996「埴輪の需要関係」『第26回企画展　佐野の埴輪展』1-7頁　佐野市郷土博物館

梁木　誠 1985「下桑島西原古墳群」『宇都宮市埋蔵文化財調査報告』第30集　宇都宮市教育委員会

日高　慎 1995「人物埴輪の共通表現とその背景」『筑波大学先史学・考古学研究』6　1-29頁　筑波大学歴史・人類学系

日高　慎 1995「人物埴輪の共通表現検討とその有効性―頭巾状被りものをつける人物埴輪をもとにして―」『埴輪研究会誌』第3号　1-17頁　埴輪研究会

日高　慎 1996「人物埴輪表現の地域性―双脚人物像の脚部の検討―」『考古学雑渉・西野元先生退官記念論文集』187-204頁　西野元先生退官記念会

三辻利一 1996「佐野市内の埴輪の蛍光X線分析」『第26回企画展　佐野の埴輪展』28-29頁　佐野市郷土博物館

図版出典

第1図　栃木県立しもつけ風土記の丘資料館1996の写真をスケッチ

第2図1（大川1975），2（橋本ほか2001），3（大澤・足立1999），4〜6（秋元・飯田1995），7・8（秋元ほか1998）

第3図9〜11（秋元・飯田1995），12〜15（大川ほか1987）

第4図1（群馬県2006），2（岡屋1993），3（新山2006），4（大塚ほか1998），5（足立1996）

古墳時代における祭場の空間構造
— 長野県坂城町青木下遺跡Ⅱの場合 —

時 枝 務

はじめに

　古墳時代の祭祀遺跡については，大場磐雄以来重厚な研究実績が蓄積され，従来は神道考古学，近年は祭祀考古学と呼ばれる独自の分野を形成している。時代による変遷は認められるが，北海道と沖縄を除けば，ほぼ均質な祭祀が列島規模でおこなわれていたことが徐々に解明されつつあるといって過言でない。その点に注目して，祭祀遺跡の政治性を説く研究が多くみられる反面，宗教的な側面は等閑視されたまま置き去りにされている感がある。

　研究者のなかには，祭祀と宗教を区別し，祭祀はあくまでも習俗であって宗教とは異質なものであると主張する者もいるようであるが，なにがしかの神観念を前提としなければ理解できない祭祀遺跡はやはり宗教遺跡の範疇において把握されなければならない遺跡であると筆者は考える。

　そのように考えた場合，祭祀遺跡を生み出した宗教がどのようなものであったかを，多少なりともあきらかにしなくては祭祀遺跡を理解したことには到底なるまい。ところが，神という観念的な存在は，物質的な証拠を残さないため，考古学がもっとも不得手な相手である。解明のための特効薬はないが，神を祀った人間の痕跡を辿れば，少しは真実に近づけるはずである。とりわけ，祭祀遺跡が神を祀った場所と深い関係にあると予測できる以上，近くに神がいると当時考えられていたことだけは確かである。そこで，祭祀遺跡を手がかりに，神を祀った場所である祭場について検討することで，神が祀られた空間を解明しようというのが本稿の目論見である。

　そこで，本稿では，古墳時代の祭祀遺跡として著名な長野県坂城町青木下遺跡Ⅱを取り上げ，祭場の空間構造について考察したいと思う。青木下遺跡Ⅱについては，正報告（坂城町教委2007）が刊行されているほか，助川朋広による概要紹介（助川1997），篠原祐一による須恵器大甕の祭祀（篠原2006），椙山林継による祭儀の復原（椙山2008），田中大輔による土器集積（田中2008・2009），坂本和俊による祭祀主体としての古代氏族（坂本2010），深澤太郎による神社起源論（深澤2012）など多数の研究があるが，祭場に特化した研究はなさそうである。

1. 土器集積の単位と単位群

　青木下遺跡Ⅱは，千曲川右岸の自然堤防と後背湿地にまたがって所在し，平成8年に発掘調

査が実施されて土器集積跡・集落跡・水田跡などが検出された（坂城町教委2007）。土器集積跡は，自然堤防上で確認された祭祀の結果残された遺構で，21基が一部重複して検出された。集落跡は，土器集積跡に隣接した自然堤防上に立地し，竪穴建物跡12棟・掘立柱建物跡3棟・土坑跡11基・溝状遺構5基が確認された。水田跡は，不明な点が多いが，平安時代の水田面の下に古墳時代の水田遺構が存在すると報告されている。

　青木下遺跡Ⅱは，何度となく執行された祭祀の痕跡が複合して形成された遺跡であり，祭場の空間構造を知るためには，1度の祭祀の痕跡，あるいは1度の儀礼行為の痕跡を可能な限り小さな単位で把握する必要がある。とりわけ，青木下遺跡Ⅱの祭祀遺構の主体を占める土器集積の単位を正確に捉えることが求められるが，実際には遺構の残存状態によって左右される側面がある。土器集積の単位は，遺物の出土状態から判断できるが，まず同一個体の遺物を識別することから作業が開始されることはいうまでもない。大部分の土器は，破損しており，複数の破片の集合体となっている。土器がいつ破損したのか不明であるが，接合関係をみると思いも寄らないほど離れた場所に残されていた破片が接合する場合もみられるが，大部分は隣接する場所に残されていた破片が接合する場合である。しかも，破片が破損以前の形を復原できるような位置関係にある場合が多く，個体識別はさほど困難でない。

　土器集積は，複数の個体からなるまとまりをなしており，多くの土師器と僅かな須恵器によって構成される場合がほとんどである。単位がどのように把握できるか，Ut2号土器集積址を事例に検討してみよう。Ut2号土器集積址は，全体が弧状をなしているが，弧の中により小さな土器のまとまりを見出すことができる。

　Ut2号土器集積址にみられる土器集積のまとまりを，円で囲って図示してみると，15箇所の単位を識別することができる（第1図）。隣接するまとまりとの区別が明確でない場所もあるが，隣接するまとまりとの間に空間があり，はっきりとまとまりを識別できる場所も存在する。このことは，この小さなまとまりが，なんらかの有意な単位であることを示している。

　隣接するまとまりとの区別が明確でない場所は，作業仮説としての円の描き方が適切でないため生じた可能性を排除できないが，まとまりの境界が重複していることが予想できる場合がある。その場合，同時進行的に形成された土器集積が結果的に接触したことによって境界の重複が起こった場合と，時間を異にして形成された新旧関係にある場合が考えられるが，報告書から判断することは困難である。

　土器集積のまとまりには，大小さまざまなものがあるが，径1ｍ強のものが多いのは何らかの規制が働いたためであろう。小さなものは，それ以上細分することができないまとまりであるが，大きなものは内部により小さなまとまりが存在している可能性を指摘できるので，今回提示した案とは異なる解釈も不可能ではない。どこでまとまりを区分するかについては異論もあろう。しかし，作業の結果をみると，弧状の土器集積がより小さな土器集積のまとまりによって形成されていることは確実である。

　土器集積が祭祀のどのような場面において形成されたものであるのかが明白でない現状では，

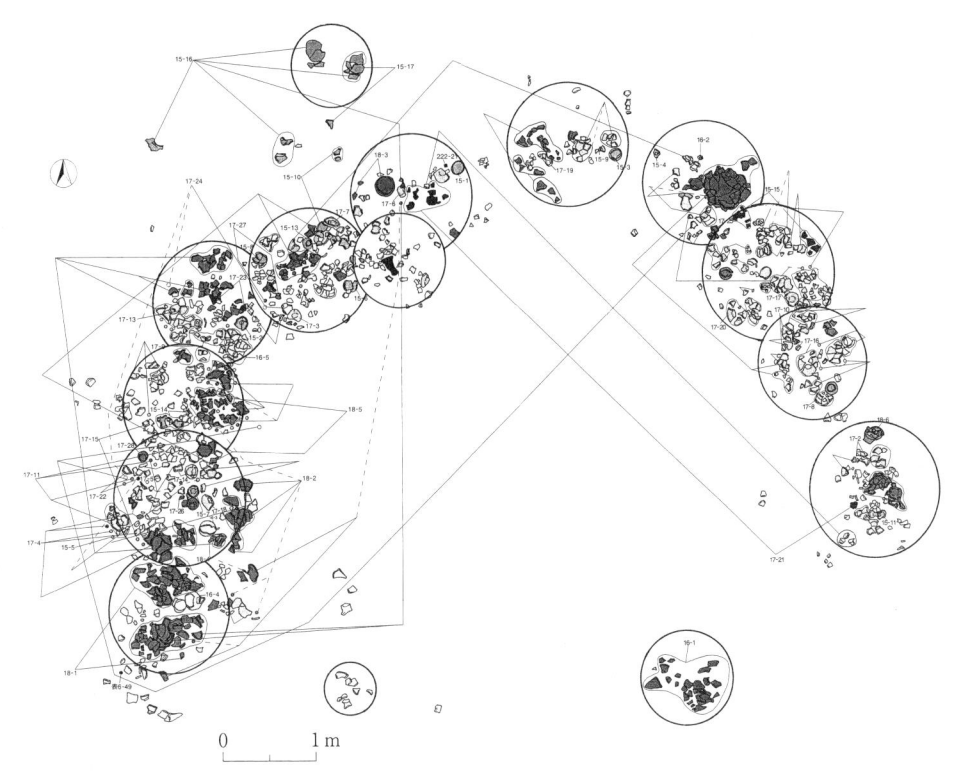

第1図　Ut2号土器集積址の単位（坂城町教育委員会2007を一部改変）

　これを1度の祭祀によって形成された単位であると言い切ることはできないが，最終的に形成されたなんらかのまとまりであることだけは疑いない。そこで，この小さな土器のまとまりを土器集積の単位と呼び，弧状をなす土器集積の全体を単位群と捉えることにしたい。つまり，弧状や環状をなす土器集積址は，実は土器集積の単位が集った単位群として理解できるのである。居住地でいえば，単位は建物跡，単位群は集落跡に当たることになろう。単位群を1つの祭祀遺構と考えているようでは，祭祀の実態に迫れないのであり，個々の単位を認識した上で改めて単位群のあり方を検討することが必要なのである。

　もっとも，Ut2号土器集積址の場合，弧状をなす全体を単位群として捉えるだけでは十分でない。単位群の構成自体を問題とする視点が必要である。単位の分布をみると，弧の線上にのるものとのらないものがあり，のらないものは南端に2箇所，北端に1箇所みられる。北端の1箇所は破片の接合範囲が広く原位置を推測することさえ難しいが，南端の東寄りの1箇所は須恵器大甕1口のみからなるもので，その特異性が注目される。一方，弧の線上にのるものは，東側の5箇所と西側の7箇所に大別され，両者の間には僅かではあるが空白がある。遺物の量は，西側に多く，東側に少ない。器種は，西側が貯蔵形態の壺や甕が顕著であるのに対して，東側は供膳形態の坏や高坏が主体を占めている。このように，東西のまとまりには相違点を見出すことが可能で，若干ではあるが性格の差があった可能性が指摘できる。つまり，Ut2号土器集積址は，弧の

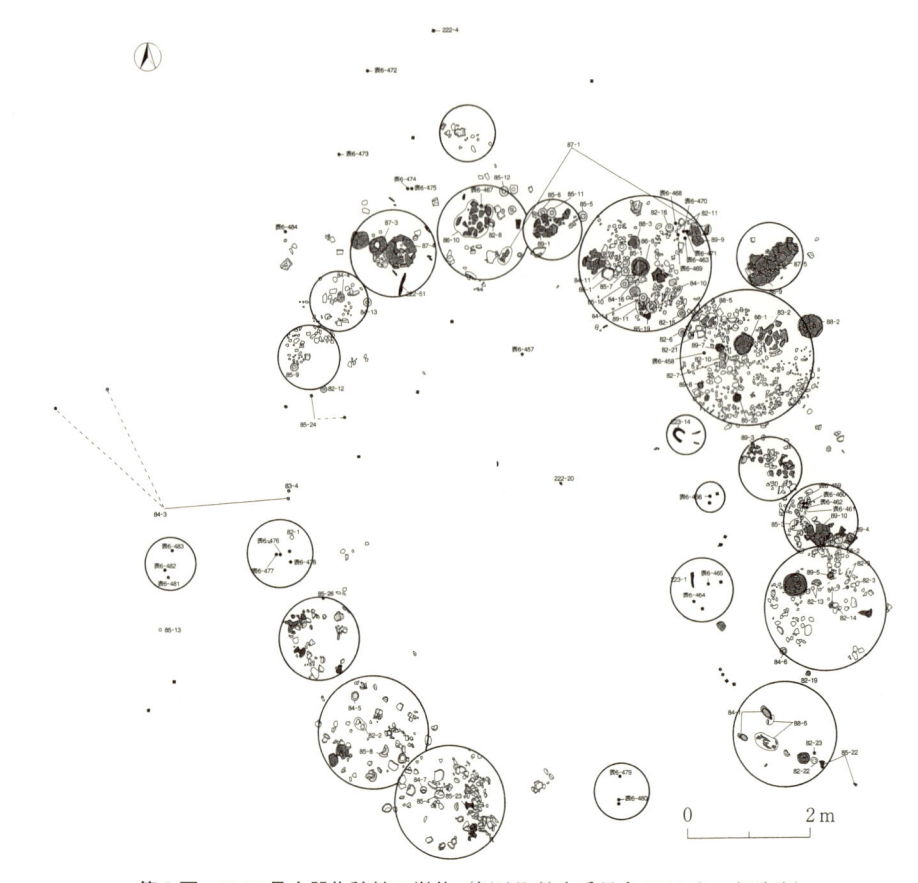

第2図　Ut12号土器集積址の単位（坂城町教育委員会2007を一部改変）

線上にのらない単位・弧の線上にのる東側の単位・弧の線上にのる西側の単位の3つの単位に区分することができる。それぞれのまとまりには微妙な性格の差がある可能性が指摘できる。そこで，単位群の中のこうしたまとまりを，亞単位群と仮称しよう。

　ついで，比較的残りのよい土器集積址であるUt12号土器集積址について，同様な方法で検討し，単位・亞単位群・単位群という構造が青木下遺跡Ⅱにおいて一般的なものなのかどうかについて考察を加えておこう。Ut12号土器集積址は環状をなす遺構で，上部にUt5号土器集積址が営まれていたことから，Ut5号土器集積址よりも古い時期に形成されたことが知られる。そのため，Ut5号土器集積址によって破壊された部分があると予測できるが，Ut12号土器集積址の構造を知るうえで差支えがあるほどのものではない。

　Ut12号土器集積址は，計22箇所の単位から構成され，うち16箇所は土器集積，6箇所は玉類集中分布の単位である（第2図）。単位は，大小の差が著しく，大きなものは細分できる可能性がある。また，玉類が土器集積とは異なる分布を見せていることは，祭場の景観を復原する上で留意すべき点といわねばならない。土器集積は，東側の13単位と西側の3単位に分けられるが，東側に属する単位が圧倒的に多く，東側に重点が置かれていたことが知られる。玉類集中分布は，

東側に3箇所，西側に2箇所，南端に東西いずれとも判断できない1箇所が存在する。環の線上にのっている単位は土器集積14箇所・玉類集中分布1箇所で，環の外側にある単位は土器集積2箇所・玉類集中分布1箇所，環の内側にある単位は玉類集中分布3箇所である。環の外側の玉類集中分布1箇所は西側の単位に，環の内側の玉類集中分布3箇所は東側の単位に付属するとみられる。つまり，計22箇所の単位は，東側の16単位と西側の5単位の亞単位群に大別され，南端の1単位のみが帰属不明である。東側の亞単位群と西側の亞単位群の間には明白な空白地区が存在しており，この地点付近にそれぞれ玉類集中分布がみられることが注目される。

　いずれの事例においても，単位の認定に異論があることは十分予測できるが，土器集積が単位―亞単位群―単位群という構造をもつことについては了解いただけたのではなかろうか。土器の配列は，取り立てて意味を見出すことができるような出土状態を示しておらず，適宜置かれたとみて大過ない。倒れたような出土状態を示す甕などがみられることからすれば，当初は正位で置かれていたものが主体を占めていたと考えてよかろう。なお，玉類や農具など土器以外の遺物を出土した単位もあり，祭祀は土器のみを使用して執行されたわけではなさそうである。この単位―亞単位群―単位群という構造がどのような意味をもつのかについては，青木下遺跡Ⅱの遺跡全体のあり方を検討した上で，改めて考察してみたい。

2. 単位群の形態

　青木下遺跡Ⅱの土器集積址について，報告書は，「遺物の平面出土パターン」によって，「Ⅰ土器の出土が散在してはいるが，集積址を構成しているもの」「Ⅱ土器が小さな纒まり（ブロック状）を持ち，集積址となったもの」「Ⅲ土器が環状・弧状などのように大きな纒まりをもって集積址となったもの」の3類型に分類している（坂城町教育委員会2007）。Ⅰ類はUt1・8・10・11・20・30号土器集積址が該当し，報告書は「Ⅴ層の砂層中からの出土遺物が多い」Ut1・8・10号土器集積址をⅠa類，「Ⅶ層のシルト層からの出土という出土状況の」Ut11・20・30号土器集積址をⅠb類に細分する。Ⅱ類はUt7・13・15・17・28号土器集積址，Ⅲ類はUt2・3・4・5・6・9・12・21・22・29号土器集積址が該当する。さらに，報告書は「この各パターンを遺構の検出された平面的な位置関係で見ていくと，Ⅰbのパターンは祭祀域の検出範囲の中央付近に多く見られ，ⅠaはⅠbの北側でⅢパターンが検出された範囲内に重複して見られる傾向がある。Ⅱは環状などの祭祀域の検出範囲南側，Ⅲは北側に分布する傾向が捉えられる。Ⅰbについては出土遺物の時期，小さな纒まりとして捉えられる幾つかの土器集積址の集合した状況を大きな土器集積址として把握してしまった感も否めないため，Ⅱのパターンに含まれる可能性が高い」という。つまり，各類型の分布には偏差が認められ，Ⅰb類については類型設定そのものに問題が残るということになる。

　そこで，単位群の最終的な平面形態を，報告書の分類を踏まえながら整理しておこう。Ⅰ類は，Ut1・11・30号が不整形塊，Ut8号が楕円形塊，Ut20号が帯状の平面形を呈し，Ut10号は楕円

形の2箇所の単位群もしくは亞単位群に分解して理解したほうがよさそうである。II類は，Ut7・28号が配石をもつ楕円形塊，Ut13・15号が円形塊，Ut17号は楕円形の2箇所の単位群もしくは亞単位群として理解できる。III類は，Ut2・3・9・21・29号が弧状，Ut4・5・6・12号が環状，Ut22号が円形塊をなしている。このように整理すると，報告書の分類は遺構の形態を考慮していないことが知られるので，改めて形態を基準に分類しておこう。土器集積址は，中心部まで土器集積で埋め尽くされるものと，中心部が空白をなすものに大別することができる。前者には不整形塊・楕円形塊・円形塊・帯状のものが属し，後者には弧状と環状のものがみられる。不整形塊にはUt1・11・30号，楕円形塊にはUt7・8・10・17・28号，円形塊にはUt13・15・22号，帯状にはUt20号，弧状にはUt2・3・9・21・29号，環状にはUt4・5・6・12号が属する。不整形・楕円形・円形のものは塊状をなしている点で共通しており，いずれの外形になるかは単位がどこに配置されたかという結果であって，本質的に同じものとみてよい。帯状のものは弧状や環状に発達する可能性をもっており，塊とみなしてよいか問題があるが，弧状や環状まで発達せずに終った場合，塊状のものとの差は小さい。つまり，土器集積址は，塊状・弧状・環状の3種類に分類し，それぞれにバリエーションがあると理解するのが，もっとも遺構の実態に即したものといえよう。

　このように，土器集積は基本的に塊状・弧状・環状の3種類に分類できるが，いずれの場合もより小さなまとまりである単位を見出すことが可能である。塊状の場合，亞単位群を欠くことがあるが，単位一単位群の構成は常に安定してみられる。ただ，塊状では単位が何列にも並列され，一見無計画に単位が散在，あるいは集中するのに対して，弧状や環状では円弧に沿って単線的に配列されることが多い点で大きく異なっている。このことは，結果的に形成された遺構の形態から判断すれば，塊状のものよりも弧状や環状のものの方が計画的に築造された可能性が高いことを示している。

　両者のレイアウトの差は，円弧を描くか否かという一点に収斂するのであるが，よくみると円弧によって形成される広場ないしは空地の確保が重要であることに気付く。塊状のものに広場などがなかったとは断定できないが，あらかじめ計画に組み込んでいたことを遺構のあり方から把握することが難しい点で，最初から異なるレイアウトであった可能性が高いことだけは疑いない。円弧に沿って土器などが集積された場合，そこが結界をなして，その内側に土器などによって区画された空間が生み出される。青木下遺跡IIの土器集積址では，その空間に目立った構築物はなく，基本的に広場・空地として捉えることができる。土器などによって区画された内部が，祭祀の執行に際してどのような役割を果たしたのか，あるいは祭祀を執行した人々にとってどのように観念されていたのか明白でないが，単純に機能的な理由だけで生み出されたプランではなかろう。円形，あるいは円弧に籠められた意味がある可能性が高いが，その点についてはさらに実証的な検討を積み重ねた後に触れよう。

　では，塊状のものには，そうした宗教的な要素がみられないのかといえば，決してそのようなことはない。Ut7・28号土器集積址では，土器などの人口遺物のほかに，自然石による配石が検

出されており，報告書では磐座と考えられている（坂城町教育委員会2007）。巨岩ではないので，磐座と断言することには躊躇するが，神が来臨するための祭場であったと考えることに異論はない。古典との関連でいえば，石を敷き詰めることによって聖化された磐境と考えたほうが合理的なように思うが，いかがなものであろうか。Ut7号土器集積址では，東側に自然石が集中し，西側に土器が集積されているところから，自然石の前面に土器が置かれた状況を読み取ることができよう（第3図）。土器集積は4箇所の単位から構成され，弧状や環状のものに比して小規模であり，形態と規模の間に相関関係が存在するかもしれない。自然石の集中箇所に降りた神を，土器などを使用して祀った状況が，遺構に残された情報から復原できるのである。ここでは，土器集積は自然石集中箇所に対して直線的な位置に存在しており，円弧とは無縁な状態をみせている。

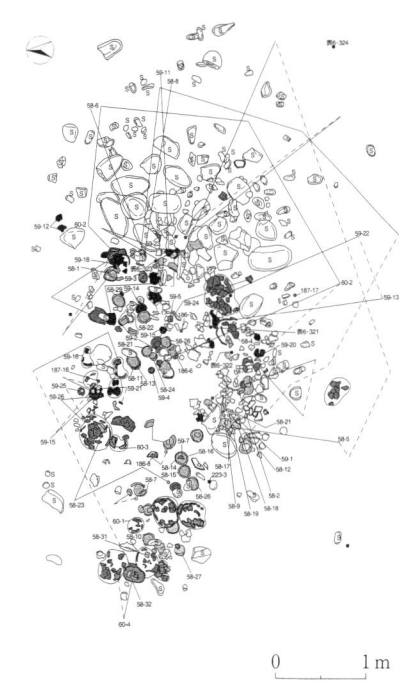

第3図　Ut7号土器集積址（坂城町教育委員会2007）

　単位群の形態は，単位がどのように配列されているかによって決定されるわけであるが，単位の形態に差違を見出すことはできず，あくまでも単位群，あるいは亞単位群の段階での形態差である点が重要である。土器集積の1単位が，どのような儀礼の結果残されたのかが不明なため，具体的な情景をうかがうことができないが，形態の違いに関係なく，ほぼ同様な儀礼が執行されたと考えられる。ただし，単位を形成した儀礼は同様なものでありながら，塊状のものと弧状・環状のものでは，単位の空間的な配列の仕方に違いがあったのである。仮に，各単位が1人の儀礼執行者に対応すると考えれば，後から儀礼を執行した者は，塊状では隣接する場所にややランダムに置いたのに対して，弧状や環状ではあらかじめ予想される円弧に沿って置いたと考えるのが自然である。もしこのように考えることが許されるならば，個人が執行した儀礼の内容は同じであるが，集団レベルでの作法が異なっていたという状況を予測することができよう。つまり，祭祀に参加した集団の人数や性格によって，塊状か弧状・環状かという形態の差が生み出された可能性が指摘できるのである。

3. 食器優位型と貯蔵・調理具優位型

　それでは，単位はすべて同質なものといえるのかどうかについて，単位を構成する土器の器種に注目して検討してみよう。

　各土器集積址における土器の器種などについては，報告書で「土師器器種別組成」「須恵器

種別組成」「出土遺物構成比」が示されており，容易に知ることができる（坂城町教育委員会 2007）。土師器と須恵器では絶対量が大きく異なるので，両者の組成を単純に比較することは避けねばならないが，土師器同士・須恵器同士の比較は有効である。そこで，土師器の器種を比較してみると，食器優位型，貯蔵・調理具優位型，中間型に大別できることが判明する。

食器優位型に属するのは，Ut2・4・5・6・7・9・12・15・17・21・22・28・29 号の 13 基の土器集積址で，圧倒的に多い。器種の組成は，Ut2 号が坏 57.81%・高坏 3.13%・鉢 2.34%，Ut4 号が坏 60.57%・高坏 3.90%・鉢 3.75%，Ut5 号が坏 47.60%・高坏 6.55%・鉢 3.93%，Ut6 号が坏 55.05%・高坏 6.65%・鉢 5.05%，Ut7 号が坏 51.43%・高坏 10.86%・鉢 0.57%，Ut9 号が坏 42.54%・高坏 9.33%・鉢 2.99%，Ut12 号が坏 42.07%・高坏 12.09%・鉢 3.27%，Ut15 号が坏 46.24%・高坏 11.27%・鉢 1.16%，Ut17 号が坏 48.95%・高坏 2.80%・鉢 4.90%，Ut21 号が坏 46.27%・高坏 9.70%・鉢 0.75%，Ut22 号が坏 44.50%・高坏 7.00%・鉢 4.00%，Ut28 号が坏 51.46%・高坏 13.87%・鉢 1.09%，Ut29 号が坏 52.20%・高坏 15.93%・鉢 6.04% である。

貯蔵・調理具優位型に属するのは，Ut1・3・8・10・20・30 号の 6 基の土器集積址で，食器優位型の半数ほどである。器種の組成は，Ut1 号が壺 63.56%・甕 16.70%，Ut3 号が壺 53.19%・甕 4.26%，Ut8 号が甕 43.10%・壺 14.66%，Ut10 号が壺 63.52%・甕 9.87%，Ut20 号が壺 42.53%・甕 4.60%，Ut30 号が壺 32.81%・甕 15.63% である。

中間型に属するのは，Ut11・13 号の 2 基の土器集積址で，例外的な存在である。器種の組成は，Ut11 号が坏 29.37%・壺 27.78%・甕 21.03%・高坏 14.68%・鉢 1.19%，Ut13 号が坏 35.64%・壺 31.79%・甕 8.21%・高坏 7.69%・鉢 2.56% である。食器優位型に属するものでも，2 位が壺である事例が大部分であることをみると，食器優位型で偶々壺の占める比率が高かったものが中間型であると考えられる。ちなみに，2 位が壺である事例は，高坏が 2 位の Ut29 号以外の全てであり，坏と壺という組み合わせが一般的なものであることを改めて確認することができる。おそらく，中間型は，統計的には 1 つの類型として立ち現れるが，実際には食器優位型として機能したものであろう。したがって，以下，中間型の性格については深く追求せず，もっぱら食器優先型と貯蔵・調理具優先型を議論の対象としたい。

ここで，食器優先型と貯蔵・調理具優先型が，どのような形態の単位群であるか整理しておこう。食器優先型の Ut7・17・28 号は楕円形塊，Ut15・22 号は円形塊，Ut2・9・21・29 号は弧状，Ut4・5・6・12 号は環状を呈する。貯蔵・調理具優先型の Ut1・30 号は不整形塊，Ut8・10 号は楕円形塊，Ut20 号は帯状，Ut3 号は弧状を呈する。塊状と弧状のものは両者に及んでいるが，環状のものは食器優先型にしか確認できず，食器優先型と環状のものの間に深い相関関係があることに気付く。

そのことを考えるにあたって注意しなければならないのは，食器優先型であっても，多数の壺や甕を伴っていることである。逆に，貯蔵・調理具優先型であっても，2 位の器種をみると，Ut3・10・20・30 号が坏，Ut8 号が高坏で，Ut1 号が甕である以外は，食器であることが知られ

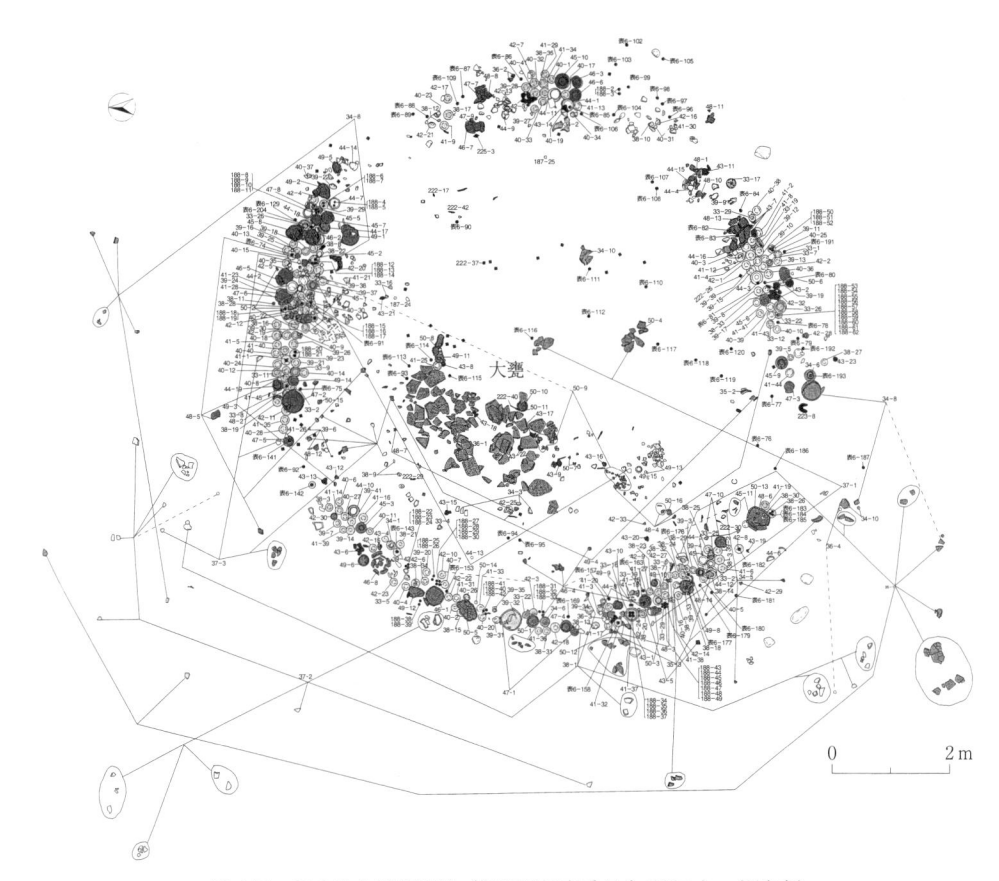

第 4 図　Ut5 号土器集積址（坂城町教育委員会 2007 を一部改変）

る。食器と貯蔵具がセットをなしていることが確認できるのである。とすると，食器優先型において食器が優先する結果となったのは，貯蔵・調理具が参加者全員に行き渡るものではなかったのに対して，食器が銘々器として儀礼参加者全員に配布されたので，参加者が多かったことが食器の数の優越をもたらしたためではなかろうか。あくまでも仮説であるが，貯蔵・調理具は参加者が属する集団ごとに用意されたのに対して，食器は個人を対象としたといったような違いによって，食器優先型と貯蔵・調理具優先型が結果的に生れたのではなかろうか。つまり，食器優先型と貯蔵・調理具優先型は，相反する性格をもつ 2 者ではなく，あくまでも相対的な関係に置かれたものとして捉えられるのである。とすれば，環状のものは，塊状や弧状のものに比して，儀礼の参加者が多かった結果形成された土器集積として理解することができよう。

　数量の多寡を別とすれば，土器集積址の大部分の単位では食器と貯蔵・調理具がセットとなって存在しているわけで，一方だけで構成される単位は例外的な存在である。ところが，弧状や環状のものの主要部分に貯蔵・調理具のみで存在する須恵器大甕は，複数の事例を見出すことができる。Ut2 号では南端，Ut5 号では中央西寄り（第 4 図），Ut6 号では南端と北端に配されており，特異なあり方をみせている。この大甕は，篠原祐一によってすでに指摘されているように，祭りに際して醸した新酒の容器であろう（篠原 2006）。酒を満たした大甕が祭場の中心に据えられて

いたわけである。とすれば，貯蔵・調理具は神前に供えられた供物の容器，食器は直会の器，なかでも坏は御神酒をいただく杯として用いられたものと解せるが，その可能性を実証するためには今後多方面からの検討を要しよう。

もっとも，個々の単位において食器と貯蔵・調理具はセットとして存在しているのが一般的で，大甕だけは特別な扱いがなされたことを意味しよう。つまり，大甕を中心とした一部の単位を除けば，単位間の器種の差は小さいといえる。大部分の単位は基本的に同質のものであったと見做してよかろう。

4. 土器集積と祭場

ところで，土器集積は，祭祀の最終局面で形成されたと考えられるので，儀礼の進行中にはまだ集積されていなかった可能性が高い。しかしながら，Ut4号には環状の北東部にあきらかに出入り口とみられる開口部が設けられており（第5図），Ut5号でも南西部に同様な開口部があり，土器が集積される直前の段階で祭祀の参加者が環状の空間に出入りするための空間が用意されていたことが知られる。Ut4号の出入り口は，北側が直線的な形状を示しており，別の遺構による破壊などがないとすれば，意図的に直線的にした可能性がある。土器を集積する以前に，この地点が出入り口であることが意識されていたことは疑いないが，なんらかの目印になるものが設置されていた可能性があろう。なぜ，ここに出入り口を設置したのかといえば，おそらく，土器の集積を終えた後に，祭場から出て行く儀礼があったためではないだろうか。儀礼の執行を考慮すると，土器集積の環を閉じることができず，出入り口を設けなければならなかったと理解できるのである。

とすれば，環状をなす土器集積址の場合，内部の広場・空地は祭祀の参加者が内部でなんらかの儀礼をおこなった場所であった。つまり，環状や弧状の土器集積址は，内部の広場・空地を含めて祭場として使用されたのである。むしろ，土器が集積されていない広場・空地こそ，主要な儀礼の場であったと考えられるのである。広場・空地で儀礼を執行し，終了後に祭場の周辺部に参加者が土器を置き，出入り口から環の外に出たのであろう。弧や環は，祭祀に際しておこなわれた宗教的な演技の舞台を区画するものであり，祭祀の終了後は神が出現した聖地として2度と使用されることなく放置されたのである。

この場合，土器集積址は祭場の内外を区切り，結界を設けるという機能を発揮したことになるが，宗教的な観点からみれば聖俗の境界を引いたことを意味する。土器集積の内側は神事を執り行った聖なる空間であるのに対し，外側は一般社会に広がる世俗的な空間ということになり，土器集積によって聖俗が区画されていたのである。土器集積は人工的に可視化した境界であり，この境によって聖なる内側の世界と世俗的な外なる世界が明示されたのであるが，問題はそれが祭祀の最終段階になって初めて顕現したことである。そこには，儀礼特有の演劇性が反映していると予測されるが，考古資料のみによって儀礼の過程を復原することは困難である。

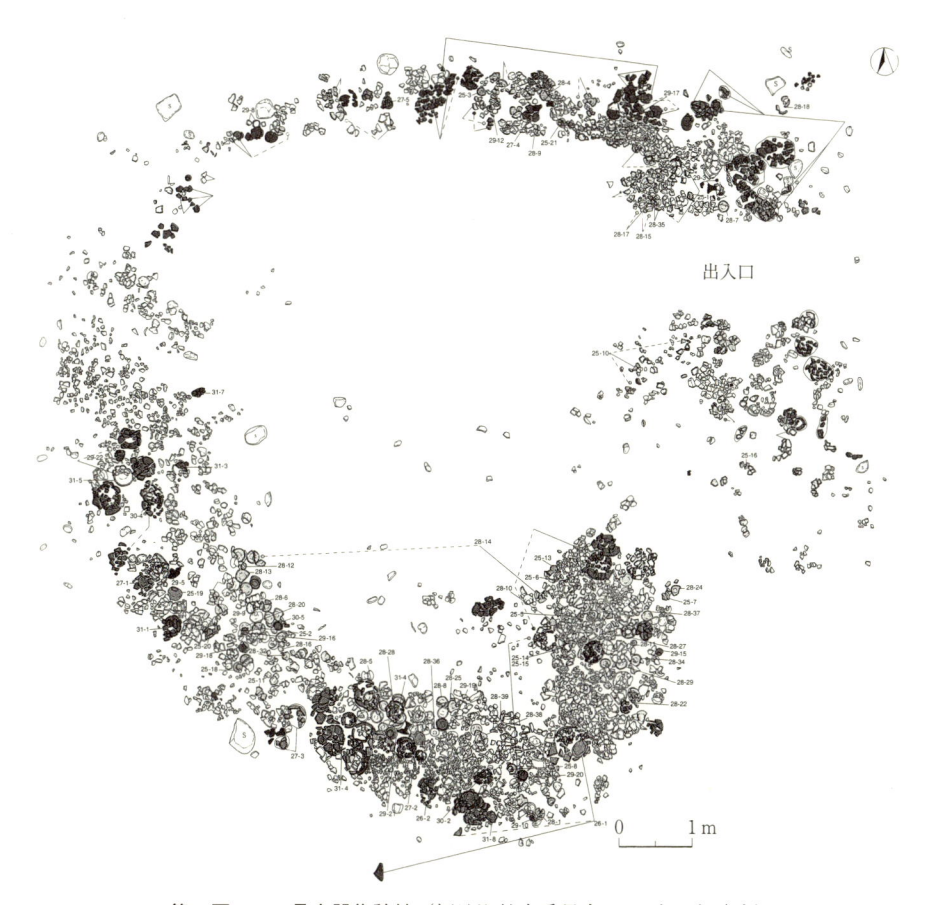

第 5 図　Ut4 号土器集積址（坂城町教育委員会 2007 を一部改変）

　そこで，祭場の景観を復原できる手がかりを探すと，Ut6 号に臼玉の集中地点が 2 箇所あることに気付く（第 6 図）。臼玉集中地点は，径約 2 m の範囲のなかに臼玉が散在するもので，2 地点合せて 108 個の臼玉が確認されている（坂城町教委2007）。臼玉は，意図的に置かれたような出土状態ではなく，一見ばら撒かれたような状態で検出されている。臼玉は，紐などを通して一連の数珠のような用いられ方をしていたと考えられるので，紐が切れてばらばらになり，散乱した状態で検出されたものとみてよい。このような出土状態は，紐を切って臼玉を撒く儀礼がおこなわれた結果残されたものか，もしくは臼玉を取り付けた枝や連ねた紐などが腐敗したため落下したものかのいずれかの結果形成されたものであろう。前者の場合でも，祭場の一画にあらかじめ臼玉が用意されており，それを儀礼に使用したと考えられるので，やはり臼玉を取り付けた枝などが祭場に立てられていた可能性が高い。北側の臼玉集中地点は土器集積址の内側，南側の臼玉集中地点は土器集積址の途切れた地点にあり，いずれも土器集積址を避けて営まれているようにみえる。しかし，それは土器集積址と重複しないことを意味するだけであって，土器集積址が形成された後に臼玉集中地点が形成されたことを示すとはいえない。むしろ，土器集積以前に臼玉集中地点になんらかの施設があり，それを避けて土器集積がおこなわれたことも考えられる。たと

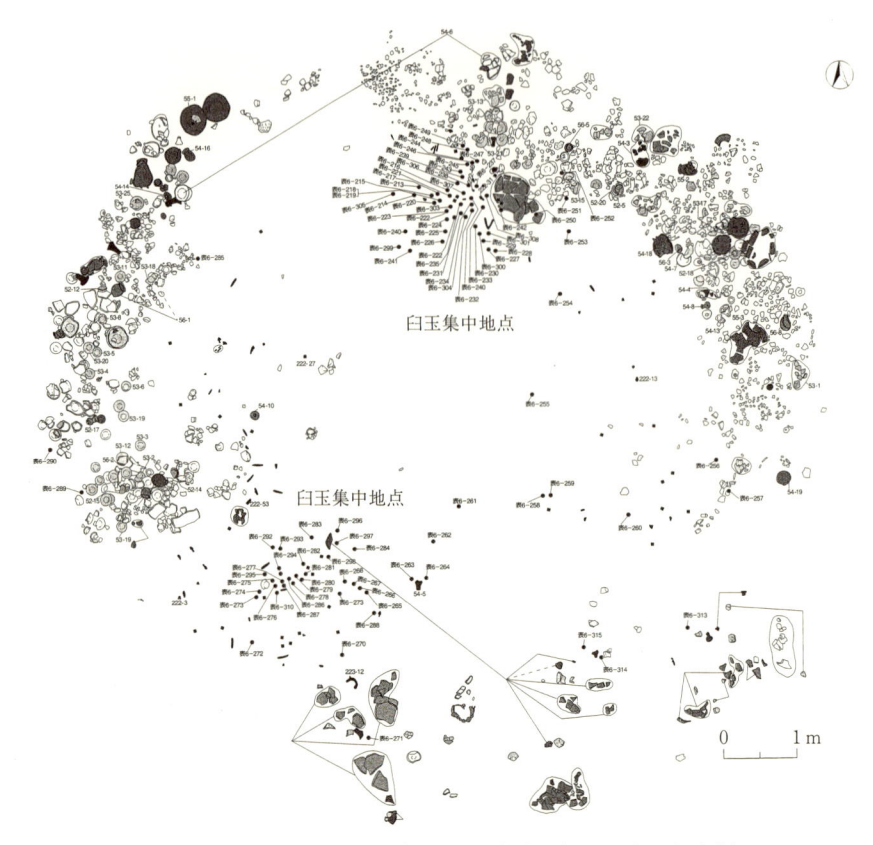

第 6 図　Ut6 号土器集積址（坂城町教育委員会 2007 を一部改変）

えば，臼玉を取り付けた常葉樹が立てられていたので，そこを避けて土器集積がなされたというような状況が想定できるのである。地面に枝を刺したような痕跡が確認されているわけではないので，あくまでも推測に過ぎないが，2箇所の臼玉集中地点に常葉樹などがあった景観を描くこともあながち間違いとはいえないであろう。

　Ut6 号の土器集積址は，東から北にかけての亞単位群と西から南にかけての亞単位群の2つに分けることができ，あたかも2つの弧が対峙しているようなあり方をみせている（第6図）。南東の一画に遺構が希薄な部分があり，そこが出入り口と推測できるので，祭祀の一行はそこから環の内部に入って儀礼を執行したのであろう。臼玉集中地点は，北側の亞単位群では西寄り，南側の亞単位群では東寄りに営まれているが，両者は中央の広場を挟んで対峙する位置にある。このような遺構の配置は，偶然に形成されたものとは考えられず，あらかじめ想定された祭場のレイアウトに立脚して形成されたものと考えることができる。

　臼玉集中地点がどのような性格をもつかによって祭場の構成は異なってくるが，もし臼玉を取り付けた常葉樹のようなものが設けられていたとすれば，そこが祭祀を執行するうえできわめて重要な役割を果たした場所であることが推測できよう。想像を逞しくすれば，そこは神の依り代である常葉樹を中心とする祭壇であり，祭祀の中心的な施設であったと考えることも不可能では

ない。まだ土器集積がなされていない段階で依り代である常葉樹に神を招く儀礼がおこなわれ，その後祭祀と饗宴が繰り広げられ，まつりの終盤に至って土器集積が形成されたという状況を思い描くことができよう。このように考えるためには，発掘調査の現場における精緻な観察が必要であるが，十分な情報を入手できているわけではないので，今は問題点として指摘するに留めざるを得ない。

このようにUt6号から祭場を復原すると，祭場の中心には依り代をもつ祭壇が設けられ，その前面に広場が置かれたことがわかる。しかも，広場には1箇所の出入り口があり，最終的には出入り口を残して広場の周縁部に土器集積が形成されたと考えられるのである。祭祀の開始時点では祭壇が設えられているだけであるが，儀礼が進展すると，そこを中心とした環状の祭場が全形を現したのに違いない。その最終的な姿が現在確認できる遺跡のあり方なのである。

しかも，青木下遺跡Ⅱでは，土器集積址の重複が認められ，土器集積址が形成後放棄され，その存在を無視して新たに土器集積がおこなわれたことが知られる。Ut12号とUt30号はUt5号に切られ，Ut5号はUt1号とUt8号に切られている。この切り合い関係から，Ut12号・Ut30号→Ut5号→Ut1号・Ut8号という3段階の新古関係を読み取ることができるが，ここで注目したいのは十分に埋まり切っていない状態で新しい土器集積がおこなわれていることである。発掘調査担当者は，Ut12号・Ut30号が6世紀後半から7世紀前半，Ut5号が7世紀前半，Ut1号・Ut8号が8世紀以降であるという（坂城町教委2007）。とすれば，Ut12号・Ut30号が形成された後，Ut5号が形成されるまでの期間は，長くて半世紀，短ければ数年程度ということになる。故意に埋めない限り，地表に遺物が散乱した状態であったとみられ，古い土器集積を壊すことを避けようとする意志はなかったと判断できる。それに対して，Ut5号からUt1号・Ut8号までは1世紀と長いが，完全に埋没した状態であったかどうかは疑問である。もっとも，Ut1号・Ut8号は「氾濫砂層に混入した土器群として理解をした方が良く，祭祀行為として捉えない方が良い」とする発掘調査担当者の見解（坂城町教委2007）が正しければ，祭場の長期間にわたる使用とは無関係なものということになる。

発掘調査担当者によれば，土器の出土状態には「放置されたものと破棄された状況の2通り存在」し，Ut4号は「坏形土器が入子状に重ねられた状況で出土していることから，確実に廃棄された状況といえよう」（坂城町教委2007）というが，「入子状に重ねられた状況」は使用後の土器を重ねて置いた状態と解され，なぜ破棄・廃棄なのか理解できない。破棄・廃棄したのであれば，明確な打撃痕などが確認できるはずであり，細かな破片の集積となると考えられるが，図面をみる限りUt4号出土の土器がそれほど壊滅的な状態にあるようには考えられない。仮に廃棄に限定されるとしても，廃棄であれば通常土坑中から検出されるなどの出土状態を示すはずであり，祭祀終了後に置かれた土器集積が確認できるUt4号の出土状態と嚙み合わない。Ut1号・Ut8号は別として，大部分の土器集積址は，基本的に放置されたままの出土状態であるといえよう。放置とは，最終的に使用された段階の状態を留めている出土状態であり，その後の片付け行為をともなわないものである。完形の土器が集積されている状態そのものが，すでに放置であることを

示しているのであり，祭祀と関連する土器集積址であることが確認された時点で，祭祀終了後に放置された遺構と考えるのが一般的な理解かと思う。

いずれにせよ，同じ場所に繰り返し土器集積址が残されている状況は，祭祀がそこでおこなわれることに深い意義があり，祭場として固定する傾向があったことを物語っている。しかも，新たに祭祀をおこなう際，古い遺構を片付けることはおこなわれていないのであり，古い祭祀の痕跡に手をつけてはいけないとする不文律があったことが推測できよう。沖ノ島祭祀遺跡を引き合いに出すまでもないが，祭祀の痕跡はそのまま残すのが基本であって，やたらに片付けることは禁止されていたのである。青木下遺跡Ⅱの土器集積はそのことを示す好例である。

5. 竪穴建物の性格

竪穴建物跡は，土器集積址のすぐ南側の微高地上に営まれており，12棟が検出された。竪穴建物などから構成される集落跡は，発掘調査区の南側や西側に広がっていることが予想され，発掘調査されたのは土器集積址に接するごく一部の地点だけであるとみられる。そのため，土器集積址と異なり，全体的な状況を把握することが難しく，遺構の性格を解明するための情報は決して十分とはいえない。しかし，竪穴建物跡は土器集積址と重複することはなく，両者が棲み分け状態にあることはあきらかである。しかも，東側に河川跡があり，そのさらに東側からは水田跡が検出されており，東側一帯が生産域として利用されていたことが知られる。もっとも，検出された水田跡は9世紀のものとみられ，古墳時代に遡る明確な遺構が確認されているわけではない。

発掘調査担当者は，竪穴建物跡を竪穴住居址と判断し，土器集積址に接して営まれていた景観を想定している。しかし，竪穴建物跡と土器集積址は極めて至近距離にあり，H1号住居址はUt1号と接している。両者が時間的に隔たっていれば問題はないが，いずれも古墳時代後期に営まれていたとされ，祭祀域と居住域が至近距離で並存していたことになる。小規模な祭祀遺跡ならばともかく，青木下遺跡Ⅱのような大規模な祭祀遺跡が，はたしてわずか数mという至近距離で集落に接していることがあるだろうかという疑問が生じる。

竪穴建物跡は，方形もしくは長方形の平面プランを呈し，竈をもつものが大部分である。しかし，明確な柱穴が検出された竪穴建物跡は少なく，貯蔵穴など顕著な付属施設をもつものはみられない。規模は，調査区の関係で完掘されていないものが多いためはっきりしない点があるが，一辺が約4～5mのものが多く，大規模なものはみられない。なかでも，H7号住居址は短軸が2.6mを測るのみで，きわめて小規模な竪穴建物跡である。壁高はもっとも高いもので36cmを測るのみで，後世に削平された可能性が高く，一概にいえないが，総じて低いと判断することができよう。H11号住居址は，火災によって焼失した竪穴建物跡であり，炭化した建築部材が検出されている。竪穴建物跡の重複関係をみると，H4号住居址・H9号住居址がH8号住居址に，H12号住居址がH10号住居址に切られており，少なくとも新旧の2時期に区分できることが知られる。これらの竪穴建物跡は，いずれも古墳時代後期に属するものであるが，小規模で質素な

建物が多い点に特色がある。柱穴が明確でないのも，小規模であることに対応する現象と考えられるが，上屋構造の共通した特色の存在を暗示していると理解できよう。

竪穴建物跡から出土した遺物は，坏・壺・甕・高坏・鉢・甑などの土師器が主体で，蓋坏・壺・甕・甑などの須恵器は少ない。土師器は，食器と貯蔵・調理具が基本的に共伴しており，いずれかに偏ったあり方を見出すことはできない。その点，食器優先型と貯蔵・調理優先型がみられる土器集積址とは，異なったあり方を示しているということができる。そのことは，竪穴建物跡が生活の場として利用されたことを物語っているが，恒常的な生活の場であったことを保証するものではない。

そこで，竪穴建物跡と祭祀の関係を物語る遺物に注目すると，H11号住居址から手捏土器，H1号住居址・H5号住居址・H8号住居址から石製臼玉，H8号住居址から石製有孔品が出土していることに気付く。また，H10号住居址から出土した石製紡錘車も，祭祀に関連する遺物である可能性がある。石製臼玉は，H1号住居址から3個，H5号住居址から1個，H8号住居址から8個（第2節竪穴住居址による。第8節玉類・石製模造品の第3表玉類・石製模造品遺構別出土表によれば9個）が出土しており，特にH8号住居址からまとまった量が検出されていることが注意をひく。H8号住居址の石製臼玉は，竪穴建物中央部の覆土中に川原石の集石遺構があり，そこから検出された。発掘調査担当者は「本住居址の埋没過程にて川原石及び臼玉が投棄されたことが考えられる」と判断している（坂城町教委2007）。断面図をみると，2層以上の黒褐色土が堆積した後に集石遺構が築かれたことが知られるので，石製臼玉は竪穴建物廃絶後，窪みが残っていた段階におこなわれた祭祀に伴うものと考えられる。問題は，祭祀が竪穴建物に関連するものなのか，否かという点であるが，間層が人為的に形成されたものかどうか不明であり，にわかに判断しかねる。ただ，石製臼玉は土器集積址でも多数確認されており，同様なものが竪穴建物廃絶後の祭祀でも使用されたことは間違いない。両者の祭祀は共通点をもっていたとみられる。また，H8号住居址からは須恵器蓋坏2口が検出されており，発掘調査担当者は「祭祀的な色彩の濃い住居址」と考えている（坂城町教委2007）。しかし，石製臼玉は竪穴建物跡に伴うものではなく，あくまでも廃絶後に構築された集石遺構に伴うものである点を看過してはならない。

一方，同様に石製臼玉を出土したH1号住居址とH5号住居址は，H8号住居址と異なり，廃絶後の祭祀の痕跡は確認できない。石製臼玉の数も少なく，祭祀に用いたものかどうかも疑問で，単なる保管や製作関連の場である可能性がある。青木下遺跡Ⅱからは総数655個の臼玉が検出されているが，それらの多くは隣接する東裏遺跡Ⅱで確認されたH3号住居址などの工房跡で製作された可能性が高く（坂城町教委1994），地元で生産と消費がなされていたと推測できる。H1号住居址とH5号住居址を工房跡とみる証拠はないが，先験的に住居と判断することを慎み，さまざまな可能性を探ってみる必要があろう。

いずれにせよ，竪穴建物は祭祀と密接な関係にあり，土器集積址となんらかの関係をもっていたと考えられる。廃絶後に祭場として使用されたH8号住居址の場合を例外的な事例と見做すとしても，青木下遺跡Ⅱの竪穴建物跡には小規模なものが多く，柱穴が明確でなく，壁が低いな

ど，住居跡と断定するには躊躇する特色が見出せる。反面，大部分に竈が付設されており，土器も生活用具としての組成をみせるなど，積極的に住居跡として評価したい要素を指摘することもできる。これらの特色を総合的に判断すれば，一般の農業集落としての性格以上に，土器集積址を形成した祭祀を執行する際の拠点としての性格をもっていた可能性が指摘できよう。あくまでも仮説であるが，土器集積址で祭祀をおこなう際に，祭祀の執行者が身を清浄に保ち，別火で作った食物を調製し，参籠するための施設として竪穴建物が営まれたと考えることはできないであろうか。竪穴建物跡が小規模で，簡略な造作をみせるのは，祭祀を目的とした仮の住居であった故ではなかろうか。青木下遺跡Ⅱの竪穴建物跡の多くは，祭祀の期間，祭祀を執行した人々が参籠した場所であったと考えるわけである。その当否の判断は，今後の研究に委ねるしかないが，一つの可能性として問題提起したいと思う。

6. 祭場の空間構造

　以上，検討してきたことにもとづいて，青木下遺跡Ⅱの祭場のあり方を，再度整理しておこう。

　青木下遺跡Ⅱは，従来祭祀域・集落域・生産域に区分して理解され，祭祀域に土器集積址，集落域に竪穴建物跡・掘立柱建物跡など，生産域に水田跡が残されたとされてきた（坂城町教委2007）。しかし，祭祀域と集落域は不可分な関係にある可能性が高く，集落を構成する竪穴建物跡などを先験的に住居跡と把握するだけでは不十分であると考えられる。祭祀域と集落域が至近距離に所在するのは，集落が祭祀をおこなうために必要であったからであり，両者を統一的に理解する必要が生じる。具体的にいえば，竪穴建物が参籠などに使用するための宗教施設である可能性が出てきたのであり，集落が単なる生活の場ではないかもしれないということである。とすれば，集落域も，祭祀遺跡の一部をなすものとみなければならないことになる。土器集積址は非日常的な遺構，竪穴建物跡は日常的な遺構と理解するだけでは，青木下遺跡Ⅱの正確な理解ができないかもしれない。そう考えると，生産域も，神に供するための新穀を刈る神田などであった可能性を考慮しなければならないであろう。つまり，青木下遺跡Ⅱは，全体として祭祀遺跡として理解すべき遺跡であって，祭祀域だけが独立した祭祀遺跡ではない可能性を指摘できるのである。この点を実証するためには，同様な遺跡の発掘調査にもとづく精緻な検討が求められるが，現時点では十分な資料に恵まれていない。

　土器集積址は，祭祀者が祭祀の終了後に，然るべき場所に土器を置いた結果形成されたものであって，祭祀がおこなわれる以前にはなかった遺構である。祭祀の開始前の状況を正確に知ることはできないが，平坦な広場が存在していたことだけが確実で，同じ場所が繰り返し使用されている状況からはそこが聖地としての性格を帯びていたと考えられる。特定の場所に籠められた宗教性は，周辺の環境を視野に入れた立地の検討によって解明できるが，今回は踏み込まない。ここでは，祭祀をおこなうのにふさわしい土地が選ばれ，祭祀の執行が可能な状況が作り出された

と推測できることだけを確認するに留めよう。そして，祭祀が開始される直前に，祭壇が設けられ，祭場としての形態を整えた可能性が高い。石製臼玉を取り付けた常葉樹の枝を祭壇に立て，そこに神を招き降ろし，祭儀が執りおこなわれたと推測できるが，その内容はもとよりあきらかでない。その後，祭場の一画に据えられた須恵器大甕から酒が汲まれ，参加者一同が神と飲食をともにしたのであろう。土師器坏に注がれた酒を，参加者が飲み干した後，土師器坏は最終的に祭場に放置されて土器集積址をなしたのである。

　土器集積址には，単位―亞単位群―単位群という構造を見出すことができるが，これらのまとまりは儀礼に参加した個人や集団の単位と深く結び付いていると考えられる。単位は個人あるいは家族に，亞単位群は親族集団に，単位群は氏族あるいは地域集団にという対応関係を想定することが可能であるが，それほど単純なものではなかったであろう。Ut6号土器集積址など亞単位群2組で1つの単位群を構成する場合がみられる点に注目すれば，祭祀の一環としておこなわれたなんらかの儀礼において，双分制的な要素がみられた可能性を指摘することができる。その場合，2つの儀礼集団は，あくまでも儀礼レベルにおける擬制的な集団であって，現実の社会関係をストレートに反映したものでなかったことは容易に推測できるところである。もっとも，ほぼ同じ場所で同じ集団が繰り返し祭祀をおこなった結果，一見2組の亞単位群からなる単位群が形成された可能性も否定できない。対峙する亞単位群が，ほぼ同時に形成されたものなのか，ある程度の時期差をもつものなのかという点については，出土遺物の年代観などを総合的に判断して結論を出す必要があろう。従って，双分制的なあり方といえるかどうかについては保留せざるを得ないが，遺跡の構造が祭祀者の社会的な関係を部分的に反映したものであろうことは疑いないところであろう。

　祭場の中心は，祭壇が所在する地点であり，祭主による儀礼はそこを中心に展開したと推測できる。祭壇は，神が憑依する依り代が設けられた場所であり，託宣などの儀礼が執行された可能性も否定できない。塊状の土器集積であるUt7号土器集積址では，奥に川原石で構築された祭壇があり，その前面に土器が放置されており，祭壇と土器集積が一体となって祭祀の中心部を形成していた。ところが，弧状や環状の土器集積では，祭壇と土器集積の間に密接な関係がみられるのはごく一部だけであり，大部分の土器集積は祭壇とは直接関係ない地点に営まれている。たとえば，Ut6号土器集積址の南側の祭壇付近には土器集積はなく，常葉樹を立てたとみられる祭壇と土器集積の間に密接な関係はみられない。しかも，環状を呈する場合には，土器集積は円弧に沿って配されることになり，広場の中央部からみれば常に周縁部に形成されることになる。この場合，祭壇さえ中心ではなく，円弧に近い位置に営まれていることになるので，遺構が顕著でない広場がきわめて重要な意味をもっていたことが推測できるのである。

　以上の検討を踏まえて，祭祀の過程に沿って，祭場におけるそれぞれの地点がどのような意味をもったのかについて，簡単に考察を加えておこう。まず，祭祀の執行に先立って，祭祀者の潔斎・忌み籠り，供物の準備がおこなわれるが，その場としては竪穴建物が考えられる。ついで，祭場に祭りがおこなわれることを示す幟などの標識が掲げられた可能性があり，やがて祭壇が設

けられ，供物が供えられるが，その場は土器集積が形成される以前の広場であろう。そして，祭壇の前で祭祀がおこなわれ，やがて須恵器大甕から酒が汲まれて直会に移るが，その場も広場であったはずである。その後，使用した食器や供物が納められていた土器などを撤収し，広場の隅の所定の位置に置き，参加者は広場から退出した。土器などはそのまま手付かずの状態で放置されたのである。放置されたのは，土器などは神のものであって，人の管理するものではなかったからであろう。後世，宴に使用した坏（かわらけ）を割る行為が普及したが，放置することと同じ心意から発したものに違いない。

このように，祭場は，広場と祭壇がメインであって，そこでの儀礼の準備のための施設が集落域に営まれていた可能性がある。竪穴建物に参籠した後，広場や祭壇で儀礼をおこない，再び竪穴建物に戻る行為が，祭祀の基本をなしていたと考えられる。広場には，祭日になると祭壇が設えられ，参加者による直会の場となり，最後には周縁部が土器集積の場所となった。当日，祭場には，祭祀を司る宗教家と参加者がおり，さらに祭祀対象である神が降臨したと考えられたはずである。神が降臨する地点は磐座や祭壇として確認できるが，宗教家や一般参加者の居場所は特定するできないものの，祭壇の前面に塊状に集る場合と，環状もしくは弧状に座が配される場合があったことが推測できる。もっとも聖性が高い神の座を中心に，その周囲に宗教家・参加者の居場所が設けられ，さらに外側に参籠施設などが配されていたと考えられる。当然，祭場の外側には世俗的な世界が広がっていたわけで，基本的には聖から俗へと同心円的な広がりをもっていたと理解して大過なかろう。

おわりに

このように，青木下遺跡 II は，古墳時代の祭場のあり方を考えるうえで，興味深い問題をわれわれに投げかけている。

まず，土器集積址は複数の単位に分解して理解することが可能で，単位―亞単位群―単位群という構造を示す。個々の土器集積がどのようにして形成されたのか，どのくらいの時間幅のなかで形成されたのかなど，重要な問題が解明できていないが，こうした構造が祭祀の過程と密接に結び付いていることは疑いない。土器集積址は塊状・弧状・環状の3種類に区分できるが，それが祭祀に参加した集団の人数や性格，あるいは祭祀の過程によることが予測できるものの，具体的な違いを示すことは困難である。土器の器種に注目すると，食器と貯蔵・調理具のいずれが優先しているかによって区分することも可能であるが，むしろ両者がセットをなすことを重視してよかろう。広場の中央に須恵器大甕が据えられていることは，すでに篠原祐一によって注目されている（篠原2006）ところであるが，祭祀の具体相を知るうえで重要な手がかりを提供してくれる。

ついで，土器集積址と祭場の関係を検討したが，祭祀の開始時にはいまだ土器集積が形成されていなかった可能性が高いことに注目したい。祭祀はおもに祭壇と広場でおこなわれたが，宴の

終了後に形成された土器集積は，むしろ広場の周縁部に残されたのである。土器集積は，祭祀の姿を直接に示すものではなく，祭具撤収後の姿であることを見落としてはなるまい。

　また，竪穴建物などは，集落域として祭祀域から切り離して理解するだけでは不十分で，祭祀に果たした役割を追究する必要がある。祭祀に際して参籠するために使用されたり，供物の調理の場となったりしたことを，可能な限り検討しなければならない。集落域・生産域を含めて，祭祀遺跡として把握することが必要であり，全体が祭場を形成している可能性を吟味する必要があろう。憶測に及ぶ面が多いかもしれないが，祭祀遺跡研究のためには，祭祀の全体像に一歩でも踏み込む方法論を樹立しなければなるまい。最後に，祭場の空間構造についてまとめたが，いまだわからないことだらけである。

　神の居場所に一歩近づくための方法が少しは模索できたが，神の姿どころか，その祭場の輪郭さえ十分に描き出せなかった。祭場をめぐる議論は始まったばかりである。というか，本稿以外に正面切って議論した研究が今までにあったことを，寡聞にして知らない。今後さまざまな角度から接近することで，古墳時代の祭祀の実態が解明され，新たな古墳時代像が切り開かれていくことを期待したい。

引用・参考文献

坂城町教育委員会 1994『東裏遺跡II・青木下遺跡』 坂城町教育委員会

坂城町教育委員会 2007『南条遺跡群青木下遺跡II・III―長野県埴科郡坂城町ベイシア店舗建設に係る緊急発掘調査報告書―』（坂城町埋蔵文化財調査報告書第30集）株式会社いせやコーポレーション・坂城町教育委員会

坂本和俊 2010「祭祀に関与した古代氏族―信濃国埴科郡青木下遺跡をめぐって―」『椙山林継先生古稀記念論集　日本基層文化論叢』 雄山閣

篠原祐一 2006「須恵器大甕祭祀」『季刊考古学』第96号　雄山閣

椙山林継 2008「青木下遺跡の性格」『青木下遺跡』（坂城町郷土シリーズ第2集）坂城町教育委員会

助川朋広 1997「長野県埴科郡坂城町青木下遺跡IIの祭祀遺構」『祭祀考古』第8号　祭祀考古学会

田中大輔 2008「古墳時代における土器集積について」『伊豆の神仏と國學院の考古学』 國學院大學伝統文化リサーチセンター「祭祀遺跡に見るモノと心」グループ

田中大輔 2009「土器集積に関する覚書」『國學院大學伝統文化リサーチセンター研究紀要』第1号　國學院大學伝統文化リサーチセンター

深澤太郎 2012「『神社』起源論覚書―神社境内遺跡から'祭祀遺跡'を再考する―」『土壁』第12号　考古学を楽しむ会

いわき地方の貝と貝製品を供献・副葬する横穴墓考
―八幡横穴墓群・餓鬼堂横穴墓群の事例を中心に―

大 竹 憲 治

はじめに

　福島県いわき市は，西方が阿武隈高地の山並み，東方が太平洋に面している。本県は地勢的特徴から会津地方・中通り地方・浜通り地方の三地方に区分されるが，いわき市は浜通り地方に属する。浜通り地方は，さらに北部域の相馬地方，中部域の双葉地方，南部域のいわき地方に細分される。かかる浜通りの三地方には，古墳時代後期から終末期の墓制形態の一つである横穴墓の造営数が，会津地方や中通り地方を凌駕して確認されており，特に以下のような重要な横穴墓がある。

　相馬地方では，南相馬市原町区羽山横穴墓[1]，同市小高区浪岩12号横穴墓[2]がある。双葉地方では，双葉町清戸廸横穴墓群[3]，同町東西郷内横穴墓群[4]，同町西宮下横穴墓群[5]などがある。いわき地方では，いわき市弾正作横穴墓群[6]をはじめ，同市中田装飾横穴[7]，同市白穴横穴墓群[8]など著名な横穴墓群が知られている。小稿で検討するいわき市平下高久の八幡横穴墓群[9]，同市平薄磯の餓鬼堂横穴墓群[10]も当地を代表する横穴墓群で，これら二つの横穴墓群からは，豊富な武器・馬具・装身具の副葬品に混じって，貝（自然遺体）と貝製品を供献もしくは副葬する事例が確認されている。具体的には，八幡11号・15号・20号・23号・30号横穴墓と餓鬼堂23号横穴墓で検出された貝と貝製品である。

　小稿では，貝と貝製品が出土した八幡・餓鬼堂両横穴墓群にスポットを当て，その横穴墓の被葬者像と横穴墓群を営んだ集団の性格について若干の考察をしたい。

1. 貝と貝製品を供献・副葬する横穴墓概観

(1) 八幡11号横穴墓（第1図（1））

横穴墓の形態　急崖に4段に亘って開鑿造営されている29基の横穴墓群のうち，ほぼ中央部に占地する。平面プランは台形もしくはコケシ状を呈し，玄室奥壁中央部に張り出し部を持つ特殊な形態である。この張り出し部を報告者は玄室の拡張と認識している[11]。本横穴墓の規模は，主軸全長4.79m，玄室最大幅2.57m，玄室高さ1.27mを測る。

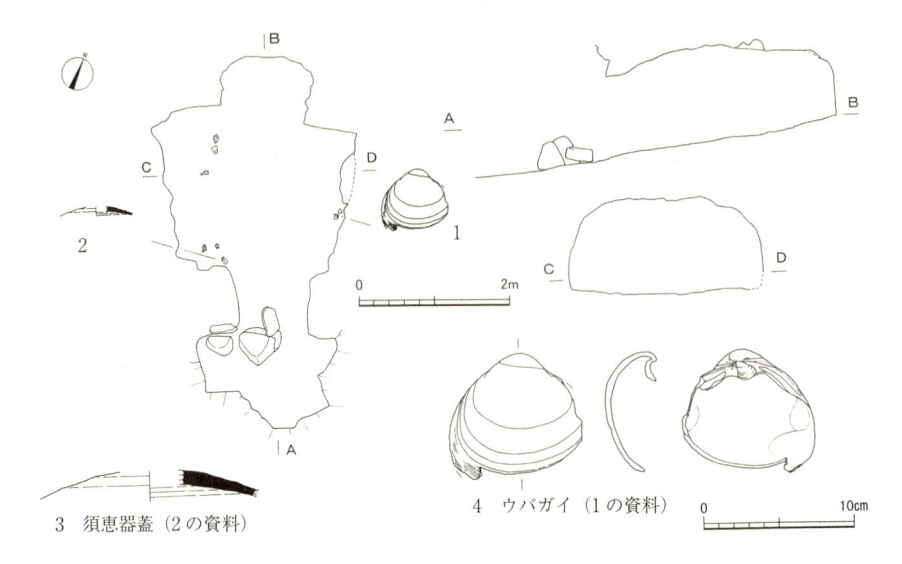

3 須恵器蓋（2の資料）　　　4 ウバガイ（1の資料）

(1) 八幡11号横穴墓平面図と遺物出土状況（1.ウバガイ　2.須恵器蓋）

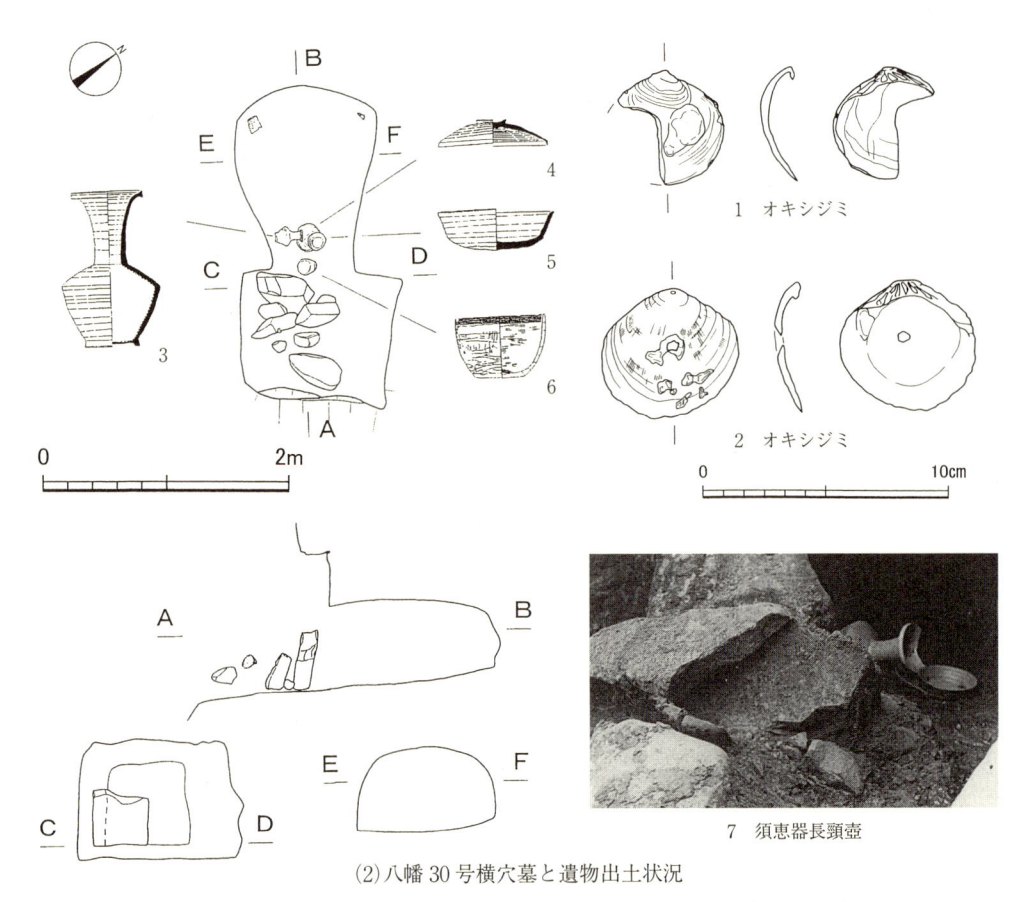

1 オキシジミ

2 オキシジミ

7 須恵器長頸壺

(2) 八幡30号横穴墓と遺物出土状況

第1図　八幡11号・30号横穴墓平面図と出土した貝と土器（松本2011）

貝の出土状況 玄室東壁直下付近から，未加工のウバガイ（ホッキガイ）が出土した（第1図（1）1・4）。寒流域に棲息するウバガイは，いわき沖から北茨城沖が南限域とされ，現在でも瞥見できる貝種である。本県では，相馬沖が産地として知られる。

その他の出土遺物 須恵器片が5点ほぼ出土した。大半は甕片であるが，蓋の破片が1点（第1図（1）3）ある。

（2）八幡15号横穴墓（第2図）

横穴墓の形態 本横穴墓群の中央部に占地し，11号横穴墓が西上に，17号横穴墓が東上にある。平面プランはコケシ状を呈し，墓前域，羨道が確認できる。天井部の一部が崩落し，閉塞石と混在しているが，羨道と玄門の境に溝が掘られており，本来は閉塞石を設置するための溝と推定される。玄室からは，この溝と直交するように墓前域まで排水溝が掘られている。本横穴墓の規模は，主軸全長4.52m，玄室最大幅2.76m，玄室高さ1.81mを測る。

貝の出土状況 玄室中央部よりやや南東方向の床面からウバガイが検出された（第2図1・4）。実測図には1個体が記載されているが，写真図版（第2図5）を見ると，数個体あったことが確認できる。当時，調査に参加した筆者の野帳には，「3個体くらい？」とのメモもあるので，1個体だけでないことは確実である。

その他の出土遺物 被葬者の人骨（成人）が西壁（左壁）奥側付近からまとまって検出された。また，装身具の棗玉2点（第2図2・3・6・7）が出土している。

（3）八幡20号横穴墓（第3図）

横穴墓の形態 11号横穴墓より東側の中央最上段に占地する。本横穴墓の西下に14号横穴墓，東下に23号横穴墓がある。狭い墓前域とやや長い羨道を持ち，しかも玄門の両袖の形成は浅く，平面プランは南関東の羽子板状の玄室と東北南部のコケシ状の中間的な様相を呈す。天井部は崩落しており確認できない。墓前域と羨道の境には，板状の切石による閉塞石3枚が粘土で固定した状態で検出された。本横穴墓の規模は，主軸全長4.5m，玄室最大幅2.11mを測る。

貝の出土状況 玄室奥壁直下に3つの人骨集積箇所（3グループの埋葬箇所）が検出されているが，その中央の人骨集積の前に大型アワビガイ（第3図1）が供献されたような状況で出土した。このアワビガイは，全長19cm内外である。アワビガイは，ほかに玄門左側より若干奥の玄室内からも出土している（第3図2）。こちらの方が人骨集積前のアワビガイよりも大型であるが，ともに人骨に伴う供献資料と認識している。

その他の出土遺物 本横穴墓の出土文物のメーンは，金銅製大刀把金具と鞘金具，さらには鉄刀身・鐔（第3図3~7）などである。この金銅製大刀把金具の先端に本来装着されていた柄（頭）の種類については，すでに双竜環であると推定されている[12]。

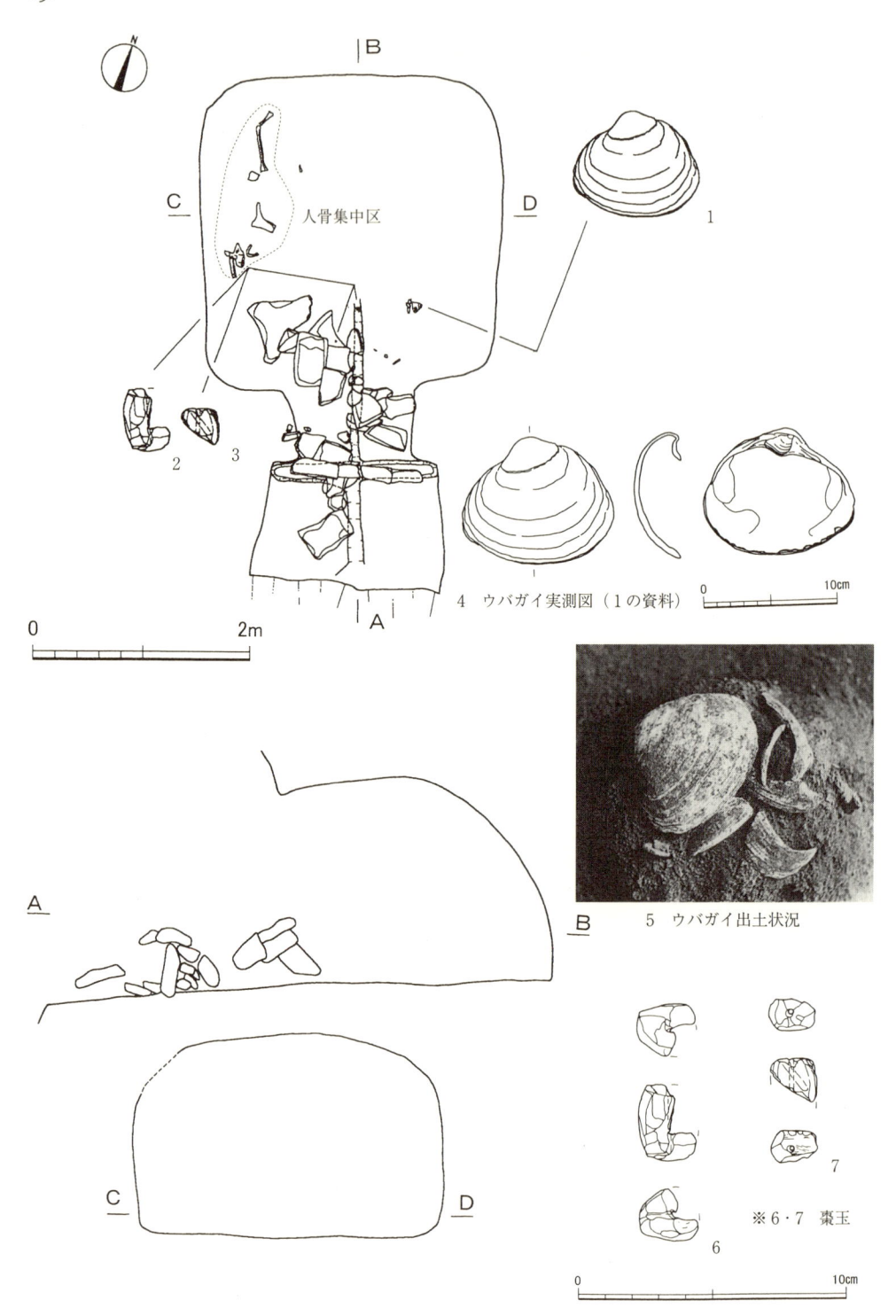

第2図　八幡15号横穴墓平面図とウバガイ・棗玉出土状況（松本・和深2011）

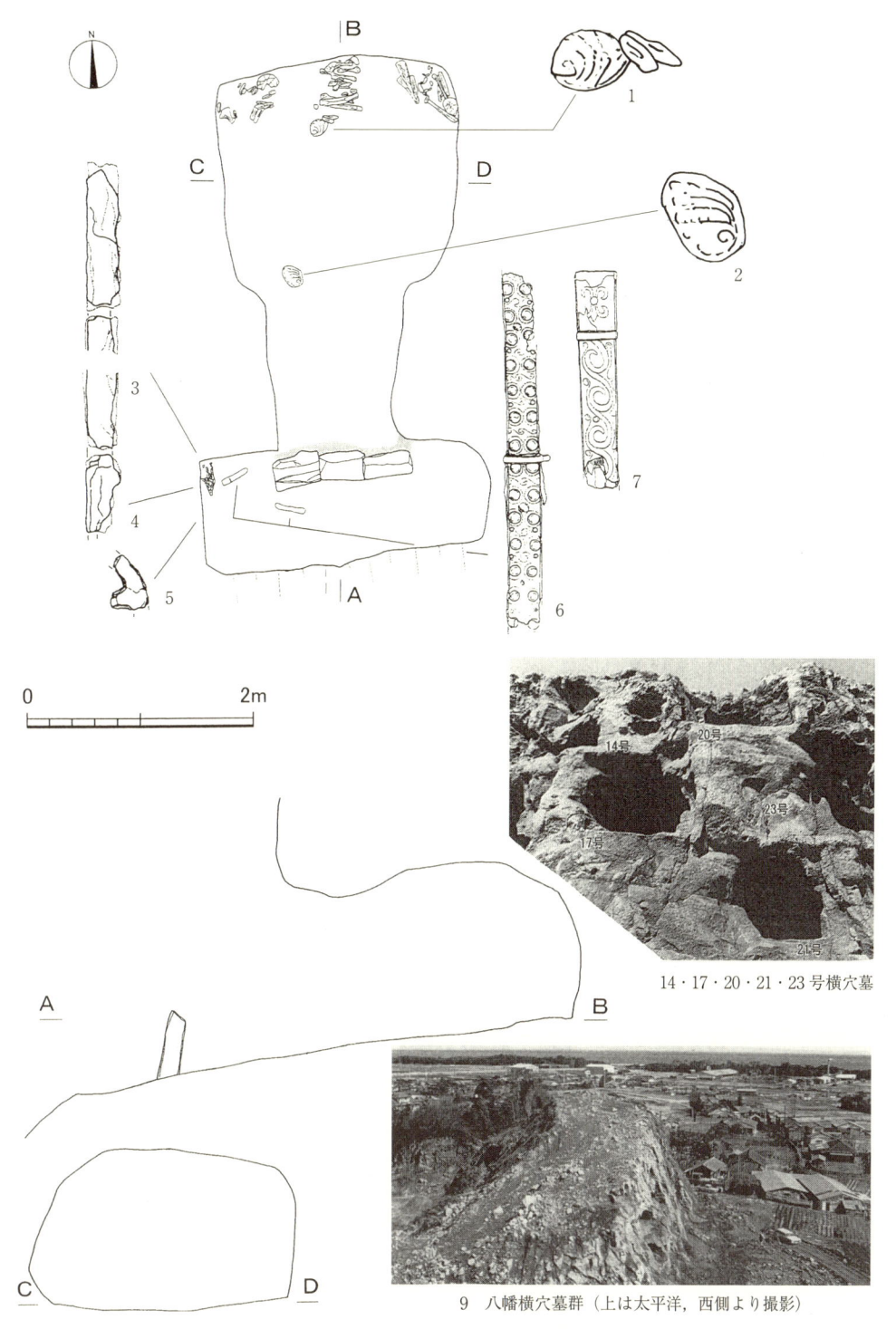

いわき地方の貝と貝製品を供献・副葬する横穴墓考　137

14・17・20・21・23号横穴墓

9　八幡横穴墓群（上は太平洋，西側より撮影）

第3図　八幡20号横穴墓平面図と出土した貝・金銅装大刀（松本・和深2011）

(4) 八幡 23 号横穴墓 （第 4 図）

横穴墓の形態　本横穴墓群の中央より東側の上段部に占地し，西側に 19 号横穴墓，東側に 25 号横穴墓がある。平面プランはコケシ状を呈するが，墓前域はほぼ崩落している。玄室奥壁直下と中ほどから，それぞれ 1 条ずつ計 2 条の排水溝が掘られていた。正式な平面実測図はなく，報告書では「（前略）急崖に阻まれて調査は難航した。それに加えて現場明け渡し後の調査となったため，遺物を回収し撤退した。記録作成などの時間的余裕はなかった（後略）」との弁明がある[13]。

貝製品の出土状況　本横穴墓における貝製品の出土状況は，平面実測図がないために把握できない。ただし，報告書で公表された貝頂に穿孔のあるサルボウガイの出土状況の写真図版（第 4 図 7）を見ると，2 つのサルボウガイが近接して出土（サルボウガイは 2 枚貝なので同一個体）している（第 4 図 8・9）。また，3 つの穿孔があるカキガイ製品（第 4 図 5）も，写真の左下端のサルボウガイと近接して検出されていることが分かる。このほかの 2 点のカキガイ製品（第 4 図 3・4）や本横穴墓群から出土した馬具類のなかで最も重要なイモガイ製雲珠（第 4 図 1・2）の出土位置が特定できないのが残念である。このイモガイ製雲珠については後節で再吟味する。

その他の出土遺物　本横穴墓の副葬品は極めて豊富である。すでに触れた貝製品以外では骨鏃（第 4 図 6）がある。以下主要な文物を列挙しておく。武器・武具では鉄刀 5 振，鉄地銀象嵌鐔・鉄鐔計 17 点，銀象嵌鉄刀片 1 点，刀装具（鉄製円筒柄頭 1・鞘尻金具 1・把縁金具 1）計 3 点，刀子 9 点，鉄鏃 36 点，弓金具（両頭金具）13 点，鉄地銀被鋲留金具 8 点，二葉状鉄地金銅張金具 5 点，挂甲小札 22 点などがある。馬具では鉄製素環鏡板付轡 1 対，引手 1 対，鉄製兵庫鎖 3 点，鉄製絞具 5 点，鉄製鞍金具 18 点，鉄地金銅張帯飾金具 5 点などが出土した。装身具の玉類は勾玉 11 点，切子玉 8 点，管玉 13 点，棗玉 16 点，土玉 7 点，ガラス珠 24 点が出土している。

(5) 八幡 30 号横穴墓 （第 1 図 (2)）

横穴墓の形態　本横穴墓は，29 基がまとまって営まれた急崖より東側に約 30 m ほど離れた同じ急崖に穿たれた小型の横穴墓である。平面プランは，玄室が方形や長方形を呈さず，まるで人物頭部のような形態である。墓前域の平面プランは台形で閉塞石があり，いわゆる羨道部が省略されている。本横穴墓の規模は，墓前域を含めた主軸全長 2.4 m，墓前域最大幅 1.4 m を測る。

貝の出土状況　本横穴墓から出土した貝は，未加工のオキシジミ（第 1 図 (2) 1・2）である。ただし，報告書には玄室のどこから出土したかの解説がない。古墳時代に当地で採集され，供献されたものと理解したい。

その他の出土遺物　貝以外で出土した副葬品は，玄室入口付近から長頸壺・蓋・杯の須恵器 3 点（第 1 図 (2) 3~5）と土師器鉢 1 点（第 1 図 (2) 6）がある。須恵器長頸壺は 7 世紀中葉に比定され，横穴墓の終末を示す資料である。土師器鉢はそれより若干新しい年代観を持つ。

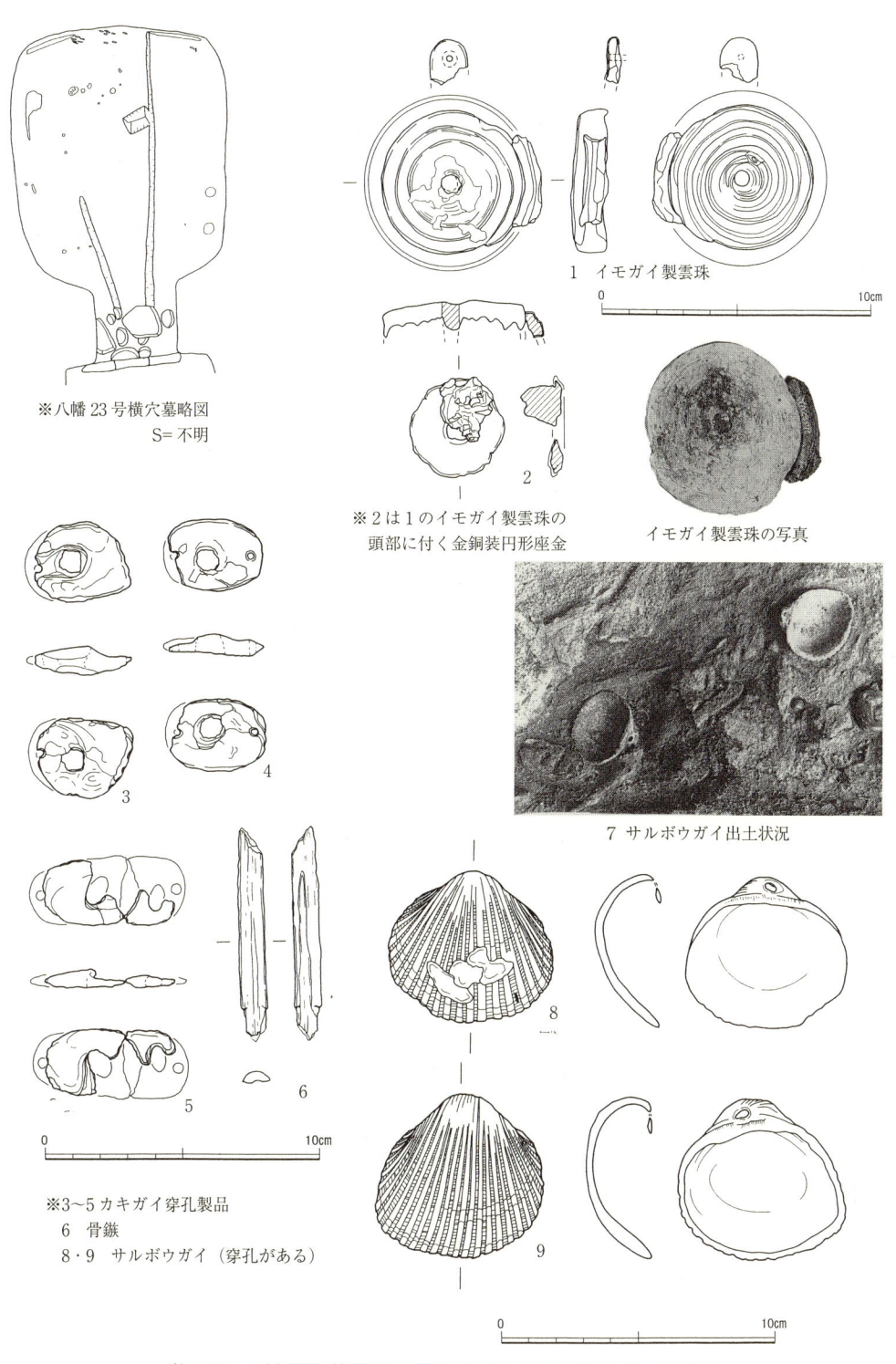

いわき地方の貝と貝製品を供献・副葬する横穴墓考　139

1　イモガイ製雲珠

※2は1のイモガイ製雲珠の
頭部に付く金銅装円形座金

イモガイ製雲珠の写真

※八幡23号横穴墓略図
S=不明

7　サルボウガイ出土状況

※3〜5 カキガイ穿孔製品
　6　骨鏃
　8・9 サルボウガイ（穿孔がある）

第4図　八幡23号横穴墓平面略図と出土した貝製品（松本2011）

(1) 餓鬼堂23号横穴墓遠影と出土した馬具とイモガイ製品
（1〜3 鈴杏葉　4 雲珠　5 辻金具　6・7 雲珠に利用されたイモガイ製品）

(2) 餓鬼堂23号横穴墓の馬具類出土状況（鈴杏葉・イモガイ製品・人刀柄頭など）

第5図　餓鬼堂23号横穴墓（『文化財ニュースいわき第66号』2011）

(6) 餓鬼堂23号横穴墓 (第5図)

横穴墓の形態 本横穴墓は，平面プランが長方形で，天井部がドーム型ではなく，四隅に稜を持つ家型である。天井や側壁に朱彩が施された装飾横穴墓として知られている[14]。本横穴墓の規模は概して大きく，玄室の主軸全長3.5m，玄室最大幅3.3m，玄室高さ2.2mを測る。

貝製品の出土状況 本横穴墓から出土した貝製品は，馬具のイモガイ製雲珠（第5図(1)6・7）である。同じタイプのものが前述した八幡23号横穴墓から検出されている（第4図1・2）。本貝製品の出土状況は他の遺物と同じく一括床面直上であった。

その他の出土遺物 イモガイ製馬具とセットをなすと考えられる青銅製鈴杏葉3点（第5図(1)1～3），鉄地金銅張雲珠・同辻金具（第5図(1)4・5）・轡が出土している。さらに，金銅製柄頭が2口検出されており，懸通孔を持つ圭頭大刀の柄頭である。また，大型メノウ製勾玉も出土した。

2. 貝と貝製品を供献・副葬する横穴墓の諸様相

貝と貝製品を供献もしくは副葬する横穴墓の様相には，大きく3つのタイプがある。

第Ⅰ様相（第1図・第2図）

未加工の貝を供献もしくは副葬するタイプで，若干の土器や玉類（装身具）の副葬品が伴うもの。八幡11号横穴墓・八幡15号横穴墓・八幡30号横穴墓がこのタイプである。

第Ⅱ様相（第4図・第5図）

貝製品のみを副葬するタイプで，これらの貝製品のほかにも武器・武具・馬具など豊富な副葬品が伴うもの。八幡23号横穴墓，餓鬼堂23号横穴墓が相当する。

第Ⅲ様相（第3図）

未加工の貝を供献もしくは副葬するタイプで，金銅製大刀など威信財を伴うもの。八幡20号横穴墓が相当する。

3. 若干の考察

貝と貝製品を供献・副葬する横穴墓の出土状況を3つの様相に分類した。このうち，第Ⅱ様相の八幡23号横穴墓と餓鬼堂23号横穴墓や第Ⅲ様相の八幡20号横穴墓からは，馬具・武器・武具などの豊富な副葬品が含まれ，その中には，畿内政権から分与された可能性の高い文物も瞥見できる。まずは，第Ⅱ様相に属す八幡23号横穴墓の貝製品のうち，馬具であるイモガイ製雲珠から述べる。このイモガイ製雲珠（第4図1・2）には，イモガイを固定する環状留金の一部が残っており，その上に付く金銅張円形座金もある。南海産の特殊な素材で製作された雲珠は，まさに畿内政権から下賜された威信財であった可能性が高く，餓鬼堂23号横穴墓のイモガイ製雲

第6図　新潟県で使用されているハマグリ製とアワビガイ製蛸壺（『漁具の考古学』1987）

珠も同様である。

次に八幡23号横穴墓の穿孔が2つないし3つあるカキガイ製品（第4図3・4）については，装身具類とは認識していない。イモガイ製雲珠のように馬具か武具の一部を装飾する貝製素材の可能性が考慮される。さらに八幡23号のサルボウガイの頭頂に穿孔のある2点の貝製品については，報告書では用途不明とされている。しかし，筆者は本来2点1組の蛸漁用漁具として製作されたものと理解している。現代でも新潟県地方などで使用されているハマグリやアワビガイ製の蛸壺（第6図）に類似する[15]。

第III様相に属す八幡20号横穴墓のアワビガイについては，アワビガイに穿孔などの加工痕がないことから，被葬者に対して供献されたものと推定する。

おわりに

以上，いわき市八幡横穴墓群と餓鬼堂横穴墓群で検出された貝と貝製品を供献・副葬したと推定される八幡11号・15号・20号・23号・30号横穴墓と餓鬼堂23号横穴墓を瞥見してきた。これらの横穴墓を，貝・貝製品と共伴した副葬品などの組み合わせにより，第I様相～第III様相に分類したが，このうち，第II様相・第III様相に属するものは，横穴墓としては後期古墳と同格あるいはそれより上級の副葬品を伴う特徴がある。

特に，イモガイ製雲珠を副葬する八幡23号横穴墓・餓鬼堂23号横穴墓や金銅製大刀（新式双竜環頭と推定）を副葬する八幡20号横穴墓などは，その被葬者が畿内政権から下賜された文物を副葬されている可能性が高い。しかも，餓鬼堂23号横穴墓の形態は家型で，天井部には朱彩が施された装飾横穴墓である。このような事例から，海岸線や海岸部に近い場所に占地する八幡横穴墓群や餓鬼堂横穴墓群を営んだ集団は，当地の夏井川下流域から滑津川下流域を支配した在地の豪族とは異なり，石城地方の海上ルートを6世紀前葉から7世紀初頭にかけて掌握していた新興勢力であったと推定したい。かれらは，大陸・韓半島系の文物を中央政権から直接下賜されるような集団であり，同時に従来の地方首長層とも共存できた技術集団であったと私考している。すなわち，それは蝦夷政策に直接係わった岐閇国造[16]と不可分の関係にある多氏や丈部系列の集団であろう。

小稿を執筆するに当たり，時枝務先生と野坂知広氏にはお世話になりました。記して御礼申し上げます。

註

1) 渡邉一雄 1974『羽山装飾横穴墓発掘調査概報』 原町市教育委員会
2) 大竹憲治ほか 1984『標葉における横穴墓群の研究』 双葉町教育委員会
3) 渡邉一雄・西　徹雄 1986『清戸廼横穴墓群』 双葉町教育委員会
4) 大竹憲治・野坂知広 2003『標葉・東西郷内横穴墓群』 双葉町教育委員会
5) 大竹憲治 1987『標葉・西宮下横穴墓群』 双葉町教育委員会
6) 樫村友延ほか 1985『弾正作横穴群』 いわき市教育委員会
7) 渡邉一雄・菅原文也・馬目順一・鈴木重美・松本友之 1971『中田装飾横穴』いわき市史別巻
8) 馬目順一 1977『白穴横穴群調査報告』 いわき市教育委員会
   馬目順一・高島好一 2010『神谷作106・白穴横穴群』 いわき市教育委員会
9) 松本友之・和深俊夫 2011『八幡横穴群』 いわき市教育委員会
10) 高島好一ほか 2011「餓鬼堂横穴群の発掘報告」『文化財ニュースいわき』第66号
    高島好一ほか 2012「餓鬼堂横穴群の発掘報告」『文化財ニュースいわき』第67号
11) 前掲9）文献に同じ
12) 前掲8）文献に同じ
13) 前掲9）文献に同じ
14) 前掲10）文献に同じ
15) 堺市博物館 1987『漁具の考古学』
16) 大竹憲治 1997「清戸廼76号装飾横穴墓被葬者考 —特に岐閇国造との関連について—」『双葉』（乾）双葉町史別冊

参考文献

大竹憲治・鯨岡勝成・鈴木　源 1994『清戸廼76号装飾横穴墓の出現とその時代』 双葉町歴史民俗資料館
菅原文也 2006「中田装飾横穴墓の再検討」『いわき地方史研究』第43号　いわき地方史研究会
大竹憲治 2012「中田装飾横穴墓の被葬者」『いわき民報（夕刊）』第20154号　いわき民報社
大竹憲治 2012「横穴墓と貝製品」『いわき民報（夕刊）』第20196号　いわき民報社
大竹憲治 2012「石城地方における装飾横穴墓の被葬者をめぐる諸問題」『福島考古』第54号　福島県考古学会

多摩川にそそぐ平瀬川流域の古代史像
―流域の高塚古墳・横穴墓から探る―

村 田 文 夫

はじめに

　多摩川下流域の右岸には，多くの小河川が台地・丘陵の裾部を縫うようにして多摩川や鶴見川にむかって流れ，やがて東京湾にそそぐ。小論は，その一つ平瀬川流域に展開した後期古墳時代から律令期にいたる古代史像を探ろうとするものである。

　この地域を地形学的にみると，神奈川県川崎市高津区の溝の口と横浜市都筑区の小机を結ぶ南北線より東側は標高40〜50ｍの平坦地で，その縁辺は急崖となって沖積低地にのぞむ。この地形は，下末吉台地と呼ばれている。逆に南北線から西側は緩やかな丘陵地形がつづき，地形学上は多摩丘陵と呼ばれている。この台地・丘陵の裾部を，三沢川・平瀬川（以上，多摩川水系）と矢上川・有馬川・早野川・真福寺川・麻生川・片平川・谷本川（以上，鶴見川水系）などが流れる。多摩川水系と鶴見川水系の分水界が，川崎市麻生区細山と川崎市宮前区潮見台を結ぶ線で，これが奇しくも古代の武蔵国橘樹郡と同国都筑郡のほぼ境界域に相当している。

　小論の舞台となる平瀬川は多摩川水系に属する。川崎市麻生区に源流があり，多摩区と宮前区の境界を流れて高津区にいたる。この流域に沿う丘陵地・沖積地からは，高塚古墳・横穴墓・古代火葬墓などが数多く発掘されてきたが，総体的な歴史像は多分に模糊としていた。小論では，そのあたりの考古資料に焦点をあて，流域の古代史像を探ってみる。

1. 平瀬川流域の古代遺跡逍遥

　平瀬川流域に展開する考古遺跡のうち，発掘調査された高塚古墳，横穴墓などから地域的な特性を探る糸口をつかんでみたい（第3図）。遺跡の選択が恣意的になるが御了解をいただきたい。

(1) 高塚古墳を逍遥する

　■諏訪天神塚古墳・諏訪浅間塚古墳・無名塚―近世の地誌『新編武蔵風土記稿』（以下，風土記稿）には，諏訪河原村，現在の行政区でいえば，川崎市高津区諏訪に存在した塚のことが書かれている。風土記稿から必要な個所を意訳してみる。

　村には3基の塚があり，一つは高さ3，4尺ばかりで上に富士浅間を勧請し，石祠が宝暦3年

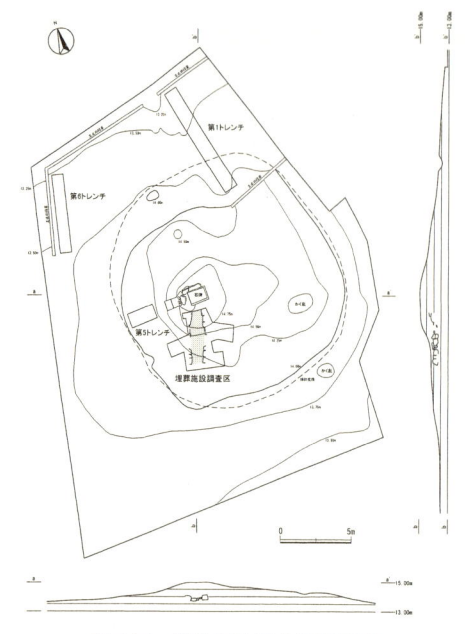

第1図　諏訪天神塚古墳実測図

頃に建てられた。浅間塚という。今一つも同じ辺にあって，広さ百坪余りで高き塚であった。掘って武器財宝の類を出したが，恐れてそのまま埋め僅かに塚となっている。今一つも同じ辺にあって40，50坪ばかりで高くない塚である。上に天神社があるので，天神塚と呼んでいる。

　一つ目の塚が，諏訪浅間塚古墳である。個人の屋敷内にあり，わたしも現存を確認したが，その時の印象としては腰高の墳丘であった。地籍は，高津区諏訪116番地。二つ目の塚は無名塚のまま湮滅したが，掘った人が悩むほどの「武器財宝の類」が掘り出されたとある。豊富な副葬品が掘り出されたのであろう。三つ目の塚が，近年，川崎市市民ミュージアムによって発掘調査された諏訪天神塚古墳である（新井・浜田ほか2011）。現存を確認している。地籍は高津区諏訪42番地。諏訪天神塚古墳は，諏訪浅間塚古墳の南東約100mに位置する。

　発掘調査された諏訪天神塚古墳は，墳丘直径約16.4m，高さ1.9m以上をはかる円墳（第1図）。内部主体は，凝灰岩と泥岩を使用した切石積みの無袖式横穴式石室で，周溝内から円筒，朝顔，形象埴輪片が発見された。須恵器などの編年もふまえ，6世紀第4四半期の築造とされる。

　上記の埴輪の胎土には，6世紀代の榛名山の火山活動にともなう角閃石安山岩が多量に含まれていた（伝田2011）。よって埴輪は利根川中流域の埴輪窯で生産されたもので，遠路はるばる漕運されてきたのであろう。ちなみに無袖式の横穴式石室の集中域の一つが，その地域にある。一方，石室の石材は近隣の産出ではなく，房総や三浦半島に分布する三浦層群中の凝灰岩・泥石とされる（増渕2011）。

　ここに，求める資材・技術に応じた幾通りかのネットワークが浮かんでくるのである。

■北見方(きたみかた)古墳─湮滅を確認する。諏訪天神塚古墳の南南東約260mに位置した高塚古墳。

　風土記稿の北見方村には，村の北方にあって田の間の突出し高さ7尺余り，径6間程で，塚名は伝えず，掘ったところ古陶器並びに壺などがでてきた。古のゆえある人の葬地であろう。

　これにより出土品をともなう古墳であったことは確実であるが，詳細は不明である。

■二子塚古墳─湮滅を確認する。高津区二子695周辺に位置し，諏訪天神塚古墳の南西約500mに築造された高塚古墳であった（第2図）。近年にいたり，浜田晋介によって土地宝典（昭和8年頃）から復元的な研究が進められた（浜田1996）。塚名の「二子塚」からして，墳形は前方後円墳であろう。

　風土記稿を意訳すると，村の南の方に塚二つ並び，一つは塚の敷地1段20歩，高さ5丈余り

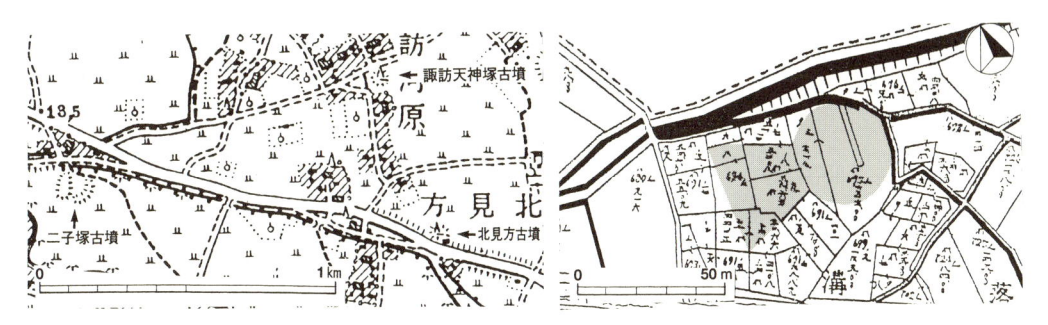

第2図　左：二子塚古墳，諏訪天神塚古墳，北見方古墳の位置（明治39年製地図）と右：二子塚古墳の墳丘形推定（土地宝典）（浜田1996）

で形丸く芝山で樹木なし，よって坊主塚という。土性がよく掘り出すと茶碗片が時々出る。このほとりを西屋敷いい，古に村民の居住があったので磁器がでたのであろう。もう一つは少し東の方にあって除地6畝29歩，高さ2丈5尺，南の方にかけて若い雑木が生立てる。

多摩川右岸，平瀬川下流域の沖積地に築造された有力古墳であることは間違いない。ちなみにかつてここから勾玉・耳環・五鈴釧が出土したと伝え，うち五鈴釧の写真から，浜田は全長60mほどの前方後円墳で，6世紀前半の築造を想定された。

ここまでは沖積地に築造された高塚古墳。つぎに丘陵地に築造された高塚古墳をあげる。

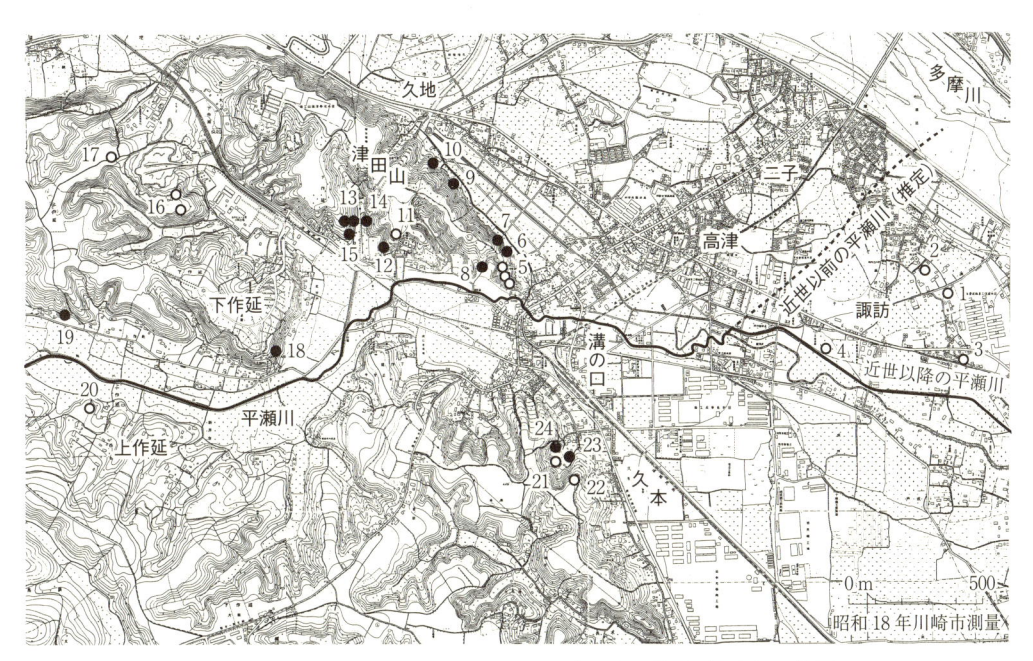

第3図　平瀬川下流域の高塚古墳（○印），横穴墓群（●印）の位置
1：諏訪天神塚古墳　2：諏訪浅間塚古墳　3：北見方古墳　4：二子塚古墳　5：宗隆寺古墳群（1～3号）　6：七面山横穴墓群　7：溝口西耕地横穴墓群　8：福ノ円横穴墓群　9：久地西前田横穴墓群　10：浄元寺裏横穴墓群　11：日向古墳　12：日向横穴墓群　13：平瀬川隧道際・西横穴墓群　14：平瀬川隧道際A横穴墓群（早大調査）　15：下作延中之橋横穴墓群　16：津田山古墳（1・2号）　17：下作延稲荷塚古墳　18：下作延横穴墓群　19：緑ヶ丘霊園南横穴墓群　20：南原古墳　21：久本桃之園古墳　22：久本山古墳　23：久本横穴墓群　24：久本桃之園横穴墓群

■宗隆寺古墳群—古墳群は平瀬川左岸の丘陵，通称七面山に築造され，宗隆寺の裏山・高津区溝の口492番地ほかに位置する。未発掘。踏査記録があり，円墳が3基とある。1号墳は3基のなかではもっとも規模が小さく，墳径11m・高さ1.4mを測る。2号墳は墳径19.5m・高さ2.2mを測る。3号墳は墳径19.5m・高さ2.2mを測り，墳頂部にはやはり石碑が建つ。3基とも墳頂部や裾部が石碑の建立によって削られている。時期・内部主体などは不明。

2012年1月30日，地権者である宗隆寺の御了解を得て踏査，現存を確認する。古墳の裾部が削られ，円墳と断定するには勇気が要るが，まずは妥当であろう。墳径長や墳丘高に関する数値は，参考程度の信頼感しか得られなかった。1号墓のさらに東側に小さな瘤状の高まり，3号墓の西側にも隆起した地形が観察できた。よって5基による古墳群の可能性もありえる。

■日向(ひなた)古墳・日向横穴墓群—ここに挙げた2種の墓は，宗隆寺古墳群とおなじ平瀬川左岸に位置する。前者は丘陵突端部に築造された墳丘で1996年に発掘されたが未報告。後者はその裾部に穿たれ，1965年と1977・78年に発掘調査された（第4図）。65年調査については報告されているが77・78年調査については概要のみ。この両者は，その後意外な展開をみせる。

日向古墳は墳丘径20m，墳丘高5m前後あり，確認トレンチで埴輪片が発掘されていた。横穴式石室を内部主体とする円墳であろうとの予測で調査し，実際，墳丘裾部から6世紀第3四半期後半の円筒埴輪一列などが発掘された。だが墳丘中心部に11本のトレンチを入れても石室類は杳として確認できなかった。整然とした墳丘にもかかわらず，内部主体は闇の中にある。

日向古墳の埴輪は，表面調整に使用された刷毛目の類型分析から，埼玉県鴻巣市の生出塚埴輪窯P地点で焼成されたものと一致する（城倉2010）。

一方，横穴墓群は65・77・78年調査で8基が発掘されている。注目される3基にふれる。

3号墓は，平面形が複式構造の横穴式石室を模し，銅鋺1点のほか小玉，直刀，金環，刀子，鉄鏃など豊富な副葬遺物が発掘された。

5号墓も複式構造をもつ形態で，鹿角装刀子，青銅製鈴，琥珀玉，直刀，鉄鏃多数が発掘された。墓前域から土師器・須恵器のほか，帽子を被る人物の頭部埴輪が発掘された。日向古墳に樹立されたものが偶然落ち込んだものか，意図的に横穴墓前域に据えたものか興趣を感じる。

7号墓は単室構造で，奥壁沿いには枕石状に河原石が据えられていた。仰臥伸展葬の頭部が置かれたのであろう。かたわらに鉄鏃が副葬状態でおかれ，南壁には直刀が立て掛けてあった。

円墳の日向古墳には，墳丘中に内部主体が構築されていなかったので，裾部に穿たれた日向横穴墓群のうち，平面形が横穴式石室の複式構造を模し，かつ日向古墳中心部にむく3・5号墓がその有力候補として浮かんでく

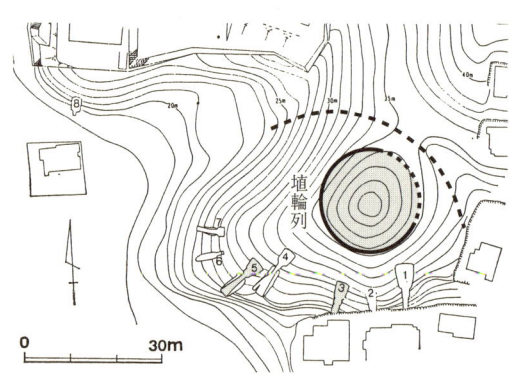

第4図　墳丘横穴墓　日向古墳（円墳）と日向横穴墓群

る。すなわち高塚古墳と横穴墓が複合して一対を形成する，いわゆる「墳丘横穴墓」と判断される。銅鋺をふくむ秀逸な副葬遺物類や，6世紀第3四半期後半以降という時期もこれまでの墳丘横穴墓の研究成果と整合的である。

■下作延稲荷塚古墳―古墳は平瀬川左岸も奥深い，高津区下作延1605番地に位置する。昭和30年代に市営墓地の造成によって埴輪片の散布が確認され，それが川崎市市民ミュージアムの所管となっている（浜田1991）。墳丘は，直径17m前後，高さ約2.8mと想定される。未発掘で，内部主体は不明。鞍，泥障，鐙，尻繋，胸繋，手綱などを装着した飾り馬が発見された。これ以外に馬の部分と円筒埴輪片や須恵器などが採集されている。円筒埴輪のタガは突起が低くつぶれた終末期のM字形で，日向古墳の円筒埴輪に酷似している。時期は6世紀第3四半期後半以降の所産である。

焼成された埴輪窯は，こちらも生出塚埴輪窯産と特定されている。

以上が平瀬川左岸の高塚古墳，およびその亜型にあたる「墳丘横穴墓」である。つぎに平瀬川右岸の高塚古墳を眺めてみよう。多摩川や平瀬川を眺望できる古墳も含めて概観する。

■久本山古墳―これまで「大蓮寺裏出土」とする人物埴輪を出土した横穴墓として周知されてきたが，近年，発見者の親族からの情報（メモ）が提供され，埴輪は久本山古墳から発見されたものであることが確認された（浜田1996）。この経緯だけで古墳の規模などは特定しがたい。

著名な人物埴輪は，胸に手をあて，耳に勾玉，頸に2段にわたって小玉・勾玉をつけている。円筒埴輪片も採集されている。時期は埴輪のタガの断面形状などから，6世紀第2四半期（I群）と同第3四半期（II群）が混在する。

後者は，埼玉県鴻巣市の生出塚埴輪窯M地点で焼成されたものと特定されている。

■久本桃之園古墳―正式報告はないが，高津区久本441に位置する。直径約20mの円墳で，内部主体は破壊されていた。この古墳からは盾持人や女子半身像の埴輪が発見され，盾持人は下総型人物埴輪の典型例とされる（第5図）。久本山古墳とは小谷を挟んで指呼の位置にある。

■上作延南原古墳―平瀬川左岸中流域の高塚古墳では，この上作延南原古墳のみである。標高35mほどの舌状台地先端にあって眼下に平瀬川が望める。地籍は高津区南原824番地。現状での墳径16.3m，高さ2.5m。墳頂部は削られ小祠を祀る。時期，内部主体などは不明である。

　　　　＊　　　　　　　　　　＊

つぎに平瀬川流域の横穴墓を逍遥してみる。溝の口から久地・上作延・津田山に至る台地（丘陵）部は「津田山」と通称され，横穴墓の集中域として知られている。ただ昭和30年代後半からの開発行為で，未調査のまま湮滅，あるいは工事中の不時発見で記録的な措置が十全でなかった点は否定できない。小論にあわせ取り上げる横穴墓は選択

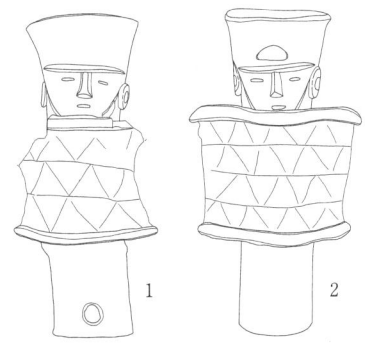

第5図　盾持人埴輪（伝田2011）
1：久本桃之園古墳　2：茨城県つくば市下横場古墳

的になるが，概要を短く紹介する。

まず平瀬川左岸側から順次取りあげていこう。

■溝口西耕地横穴墓群—高津区溝の口2丁目500に所在し，宗隆寺古墳群に隣接する。1999年の発掘調査で4基が確認され，3基が未開口（1基は未完成）であった（野中・橋本2000）。

2号墓（未開口）からは直刀1，刀子3，鉄鏃5，金環2が発見された。全長95.8cmを測る長大な直刀の六窓鍔には，波形（唐草）文様の銀象嵌が，鎺のすぐ脇の刀身部からは刃関孔が認められた。長大・銀象嵌・刃関孔の三特徴から，儀仗刀的な性格がうかがえる。刀子は鹿角装。

4号墓（未開口）は，玄室の面積が1.8×1.8m（3.2m^2）ときわめて小型であった。瑪瑙製勾玉6，水晶製切小玉2，土製臼玉9，硝子製小玉23などの玉類が集中的に発見された。被葬者は女性であろうか。これらの横穴墓群の時期は，7世紀前後と報告されている。

■久地西前田横穴墓群—川崎市高津区久地487-1ほかに位置する。1980年（第1次）と1996年（第2次）に調査され，前者から6基，後者から3基が発掘された（竹石・浜田ほか1998。当然，同一の横穴墓群であるが，報告書は別個。各々に1号墓から符牒する。混乱を避けるため，小論では頭に年次を付する）。

1次2号墓（既開口）は，奥壁に沿って平行して切石による組み合わせ石棺が確認できた。玄室右側壁には，帆を高く掲げた船の線刻画が認められた。7世紀第2四半期頃の築造という。

1次3号墓（未開口）は規模大の横穴墓で，奥壁から玄門まで7.2m，玄室部幅3.3m，玄室部長3.8m，玄室部高2.4m，玄門部高1.7mを測る。大型の横穴式石室の規模に十分比肩する（第6図1）。奥壁沿いに箱形に刳り抜いた長方形の造り付け石棺を掘る。長大で内法の長さ2.0×0.65m，深さ0.57mを測る。底部に小礫を厚く敷き詰め，礫中から金銅地金に銀箔した大きな耳環2が発見された。石棺上縁の内側は，蓋石5枚が納まるよう受け口部を造る（発見時には，蓋石3枚は石棺内に斜めに立て掛ける）。石棺内から遺骸に関する情報は皆無である。蓋石5枚のうち2枚は石棺前に置かれ，その周辺から鉄釘が集中していたので，木棺に納めた遺骸をこの上に置いたものと報告されているが，鉄釘の本数や出土状態を示す写真・図がなく真相は不明[1]。羨門部の両脇は，人頭ほどの河原石で小口積みをする。遺物は鹿角装刀子1，尖根系の鉄鏃42，耳環2。横穴墓の規模に比べると明らかに少なすぎ，とくに鉄刀類が皆無なのは奇異である。この奇妙な謎は，最後に考察してみたい。報告書によれば，7世紀第2四半期ごろの築造。

1次4号墓（未開口）は，奥壁に沿い3枚の板状切石を立てて石障とし，内・外側から鉄刀3，鹿角装刀子3，鉄鏃26（布で巻いたものを含む），耳環1が発見された。これらは副葬された時点での原位置であろう。鉄刀3本のうち，石障外の壁際から発見された1本は，おそらく壁際に立て掛けてあったのが倒れたものであろう。時期は，7世紀第1四半期頃とされる。

1次5号墓（未開口）は，平面形状が隅丸・胴張りで方形系の小型横穴墓である。墓前の羨道部床面から土師器坏（鬼高II期）1と玄室内から銀象嵌が施こされた鉄刀1が発見された（林2012）。前者は墓前祭祀の遺物であり，後者は壁際に立て掛けてあったものが倒れたのであろう。

2次1号墓（既開口）は，奥壁に沿い刳り抜き式の造り付け石棺を彫る。内法長1.8×0.69m

で，1次3号墓の石棺と変わらないが，深さは20cm。蓋石を被せる構造ではなさそうだ。

2次2号墓（未開口）は，奥壁から玄門まで4.2m，玄室部最大幅3.8m，玄室部長2.8m，玄室部高1.8m，玄門部高1.2mを測る（第6図2）。奥壁沿いの棺座中央には，長さ2.22cm×幅40cm×深さ18cmの組み合わせ式の1号木棺を置く。複数の遺骸が納められ，うち1体は北枕の伸展葬位で，頭部付近からは耳環一対が発見された。追葬時に集骨したものか，木棺北側に複数体の人骨が集骨されていた。玄室部の前方から2号木棺が発見された。遺存状態は不良で，追葬時のものとされる。また礫を石組み状にして遺骸を置いたと推測する空間が複数箇所報告されている。組み合わせ式の木棺が良好に遺存したのは，壁面に走る水脈から滲む水が堅く閉ざした羨門で密封され，常時，木棺が水漬けされていたためである。逆説的にいえば，横穴墓における木棺の直葬例はもっと多いのかも知れない。

鉄刀6，木装柄刀子3，鉄鏃28本，吊り金具1，耳環4のほか土師器・須恵器などが発見される。鉄刀の1本には，鉄製鞘尻を装着する。鉄刀2本は1号木棺の真後ろから横位で，足金具をつけたもう1本も2号木棺の脇から横位で発見された。この3本は，当初壁面に立て掛けていたのであろう。また多数の鉄鏃が奥壁沿いから発見されているが，鉄刀と並んで当初は壁に立て掛け，矢の呪力で被葬者に忍び寄る妖魔・悪鬼を放逐したものであろう。

吊り金具1は鉄鏃の茎部を転用したもの。北側側壁上位から壁に刺さった状態で発見された。対応する南側壁面に小さく剥落した部分は認められたが，金具はなく壁下にもなかった。その本来的な使途が，墓室に垂下する布帛を留めるフックであることは間違いない。

2次3号墓（未開口）の最大の特徴は，両側壁に沿って縁を付けた棺座が二つ平行的に造作さ

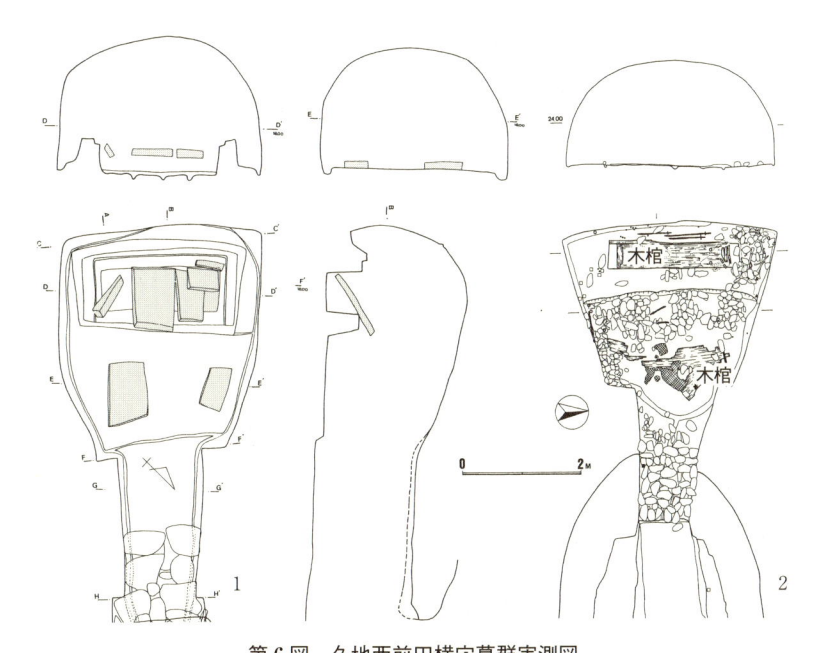

第6図　久地西前田横穴墓群実測図
1：1次3号横穴墓（アミ部分は石蓋関連）　2：2次2号横穴墓

れていたこと（第10図1：右がA棺座・左がB棺座）。棺座は2.5×0.7m前後を測る長方形で、小礫を敷く。両棺座から成人男女各1体，乳幼児1体が検出されている。棺座を中心に鉄刀3，刀子1，鉄鏃7，耳環2，土製臼玉15，ガラス製小玉25が発見される。A棺座の鉄刀1本は，当初は壁に立て掛けたものか。玄門側には玉類が集中し，耳環一対がともなう。B棺座の壁際から発見された鉄刀には刃関孔が認められる。鉄鏃7本は両棺座を分かつ通路の奥壁側から発見された。構築時期は，長脚で三方二段透かしをもち緻密な胎土から畿内産と思われる2号墓の須恵器が6世紀第3四半期から第4四半期初頭，以後1号墓→3号墓と続くと報告されている。

　第1・2次の横穴墓群は，6世紀第3四半期末から7世紀第2四半期に盛衰したことになる。

■日向横穴墓群─この横穴墓群は，いわゆる「墳丘横穴墓」であって，日向古墳に関連づけてすでにふれたのでここでの反復をさける。

■平瀬川隧道際横穴墓群─高津区下作延1989他に位置する。この横穴墓群は，1962年に津田山一帯の住宅建設時に不時発見された。同年9月に7基，12月に1基が発見され，後者は同横穴墓群中の西横穴墓群として知られる（第7図）。ともに正式報告はない。調査を担当された新井清の最終的な記録をもとに要約する（新井1988）。前者の7基のなかから簡単に紹介する。

　2号墓は奥壁に沿って棺座を確保し，前面には泥岩切石による石障を据える。鉄刀，鉄鏃が副葬されていた。その後人骨は森本岩太郎によって鑑定され，成人女性1体と判明した。

　4号墓は，切石による組合せ石棺2基を玄室長軸に沿って並置する。切石を安定させるため床面に溝を掘って嵌め，粘土を詰める。蓋は同質の切石で被覆していた。奥壁と西側壁には，意図的に赤色で塗布した痕跡が認められ，それ以外では黒色。臼歯，鉄刀，鉄鏃がともなう。

　7号墓は，奥壁に沿って切石による組合せ石棺1基を平行的に置く。鉄鏃10数本がともなう。

■平瀬川隧道際西横穴墓群─1962年12月8日の1日の調査ながら貴重な成果を得る（第7図3）。切石による組合せ石棺2基を長軸に沿って並置し，壁面と石棺を黒色に塗布する。

　人骨に関する所見をみてみる。並置された2基の石棺内には各1体。2基の石棺の間は川原石と岩塊を積みあげて石障とし，そこに2体。2基の組合石棺の前面にも2体。これら6体はすべて伸展葬位。玄門近くの壁際にも座位葬で2体が納まり，これで8体。奥壁に向かって右側の石棺床面には河原石が敷かれ，さらにその下層には砂が5cm敷かれ，砂の下から臼歯と小玉が発見された。初葬者の痕跡であろう。かくして狭い玄室内に

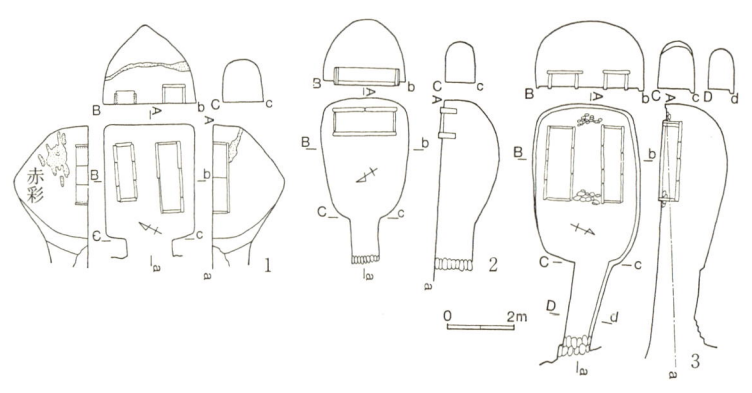

第7図　組み合わせ石棺をもつ横穴墓
1：平瀬川隧道4号墓（壁面に彩色）　2：7号墓　3：西横穴墓

9体の遺骸が葬儀されていた。

遺物のうち鉄刀8，鉄鏃20（1本は鹿角鏃）などは石棺と奥壁の間から集中し，とくに鉄刀は鞘を抜いて1か所に集め，刀身部は壁に立て掛けてあったとされる[2]。妖魔・悪鬼から被葬者を護ろうとする強烈な思惟が彷彿とできる。このような風景から，鉄刀にともなう祭祀的な所作は最終追葬時に一斉になされたのであろう。

その後人骨は形質人類学者の森本岩太郎によって，壮年期後半の男性2体，壮年期前半の女性1体，熟年～老年期の女性1体，年齢不詳の女性1体で，別に石棺床砂下から発見された初葬の人物は，性別不詳の成人1体であると鑑定された（正式報告未刊）。鉄刀類の多数副葬から男性骨だけを想定していたが，女性骨が多いのは意外であった。人骨数が調査時の所見と齟齬をきたすが，これは専門家の鑑定までに30年を経過し，その間の人骨の管理に不備があったことによる。

■下作延中之橋横穴墓群─日向横穴墓群の西方約100 m，平瀬川隧道際横穴墓群の南南東約130 mに位置し，1961年に調査された。既開口の5基構成で，うち2号墓が注目される。

2号墓は奥壁沿いに低い棺座を備えた通有の形状で，床面を精査したところ勾玉1，碧玉製管玉2，小玉1，多数の鉄鏃，木棺，臼歯などに発見された。上記以外には，高師小僧製管玉19点が発見され，12点が保存されていた（第11図右）。12点の平均サイズは，全長1.8 cm，上端部直径1.38 cm，下端部直径1.23 cm。円形の切断面に孔が偏在して開いており，その直径は3 mm前後。3号墓からも2点発見されている。稀有な素材による管玉である（持田・村田2011）。

つぎに平瀬川右岸の横穴墓群をみてみよう。

■久本横穴墓群─この横穴墓群は南武線溝の口駅の南側約300 mを測る高津区久本1-464 ほかに位置する。未開口の3・5・6・7号墓の所見を短く紹介する（後藤・坂井ほか1996）。

3号墓（未開口）には鉄刀4本が奥壁と平行して玄門に向けほぼ等間隔に整然と置かれていた。柄頭が被葬者の頭位とすれば，4体の頭位は交互になる。おそらく同時葬であろう。

奥から2番目の鉄刀は，喰出鍔に唐草文系象嵌が，近くから同文様の象嵌をもつ柄頭が発見されている（同一個体）。奥から4番目の鉄刀は刀身長78.7 cmを測り，径3 mmの刃関孔が確認されている。それ以外の鉄製遺物としては鉄鏃18，刀子7，金銅製耳環1などがある。玉類が豊富でガラス製小玉・丸玉186，水晶製切小玉2，水晶製算盤玉1，碧玉製管玉1，琥珀製棗玉1などが副葬されていた。土器には須恵器短頸壺，坏のほか，羨道部から須恵器無蓋高坏がある。坏と無蓋高坏は湖西窯製である。時期は6世紀終末から7世紀初頭とされる。

5号墓（未開口）は群中では最小規模であるが，玄室部と羨道部は面取りした2枚の大型框石で結界するなど，造作は丁寧である。副葬遺物は少なく，耳環2と鉄鏃5のみである。ただし鉄鏃5のうち2点が雁股系，2点が平根系の優品である。遺骸に関する情報はない。

6号墓（未開口）は，5号墓同様小型で平面形もきわめて類似する。床面の敷石に一部欠けている部分があることから，後世（追葬時も含め）における撹乱も考えられるとする。5号墓と同様に副葬遺物は少なく，耳環2とガラス製小玉23のみである。遺骸に関する情報はない。

この横穴墓には，奥壁部に鋭利な鉄製刃物で建物や人物を描いた線刻画が認められた。横穴墓

は未開口であったから，線刻された時期は墓の築造と同時か，床面敷石の部分的攪乱から推測した追葬時のいずれか。近年における戯画では断じてない。線刻画の解釈はあとでふれる。

7号墓（未開口）は，この横穴墓群中で唯一，玄室奥壁に沿い箱形に刳り抜いた長方形の造り付け石棺を掘る。棺の内法で長さ1.7×0.4m，深さ0.5mを測る。底部には小礫を敷き詰める。石棺は同質材の切石で蓋をする。ただし発見時は蓋がはずされ，玄室内に散乱していた。石棺内には遺骸の情報はない。玄室の平面形は隅丸長方形であるが，羨道部が北側に偏し片袖式のようである。玄室内に敷き詰めた礫は散乱し，礫の一部は羨道の閉塞に転用していた様子が窺える。造り付け石棺の蓋石の散乱状況や，玄室内礫の遺存状況から，おそらく追葬時に相応の改変があったと報告書では推測する。副葬遺物としては，石棺内からガラス製小玉25，ガラス製丸玉4，朱彩した土製丸玉2が発見され，そのほかに須恵器𤭯，鉄刀1がある。鉄刀は六窓鍔で径2mmの刃関孔を穿つ。それが散乱した状態で発見された。礫上に丁寧に置いたのではなく，側壁の立て掛けてあったものが倒れたのであろう。時期は，須恵器𤭯が北関東の窯産で6世紀後半と考えられるので，3号墓とほぼ同時期の古式横穴墓と報告されている。

■久本桃之園横穴墓群—湾入する谷を挟んで，桃之園古墳・久本横穴墓群と対面しあう位置に穿たれていた。5基からなる横穴墓群で，5号墓のみ未開口であった。

5号墓は小型規模であるが副葬遺物は豊富で，鉄刀1，鉄鏃22，刀子2，毛抜き形鉄器1，滑石製丸玉32，ソーダガラス製丸玉1が発見された。鉄器類や玉類が豊富な点は久本横穴墓などと共通するが，時期的には少し遅れた7世紀中葉から後半期に入ると報告されている。

2. 平瀬川の流末は多摩川にそそいでいた

平瀬川流域に展開した墳墓からみた後期古墳文化の一斑を，個別の遺跡の特徴をとおして縷々ふれてきた。とりわけ秀逸な副葬遺物がともなう横穴墓の様相などは瞠目に値する。わたしはその歴史の深層に迫るキーワードに，最近ようやく気がついた。迂闊にもこれまで平瀬川の流末がどこであったか，というきわめて素朴な疑問に気がついていなかったのである。

(1) 平瀬川の流末は，多摩川にそそいでいた

最近，わたしは持田春吉に協力して平瀬川右岸に位置する高津区下作延巳ノ谷遺跡群の調査報告書づくりを手伝った。すると当該集落跡群からは，湖西窯製須恵器の優品が発見されていた。では製品は，どのようなルートと運送手段で運ばれたのであろうか。まず陸路は考えがたいので，製品は船に積荷されて太平洋に出て，それから東京湾に入り，今度は多摩川を遡上したのであろう，という推測はできる。が，その先はわからない。じつは多摩川下流域右岸の川崎市域は，農業用水・二ヶ領用水（稲毛・川崎領）が慶長16年（1616）に開削され，これにより平瀬川は溝の口周辺で二ヶ領用水に連結していたのである。その地図に，わたしは長年慣れ親しんできた。そこで地質学者の増渕和夫の御協力を得て，近世以前の想定流路を復元してみた。

谷戸を縫ってきた川筋が，多摩川に向くのは自然であろう。その流路を裏付ける資料が，土地条件図の平瀬川基底等高線（第8図）。それによれば，平瀬川の流末は高津区諏訪地域に向く。しかし諏訪には古多摩川によって形成された自然堤防がある。諏訪天神塚古墳付近が乾陸化したのは，地質学的には縄文時代後期に多摩川流路が移動し，現

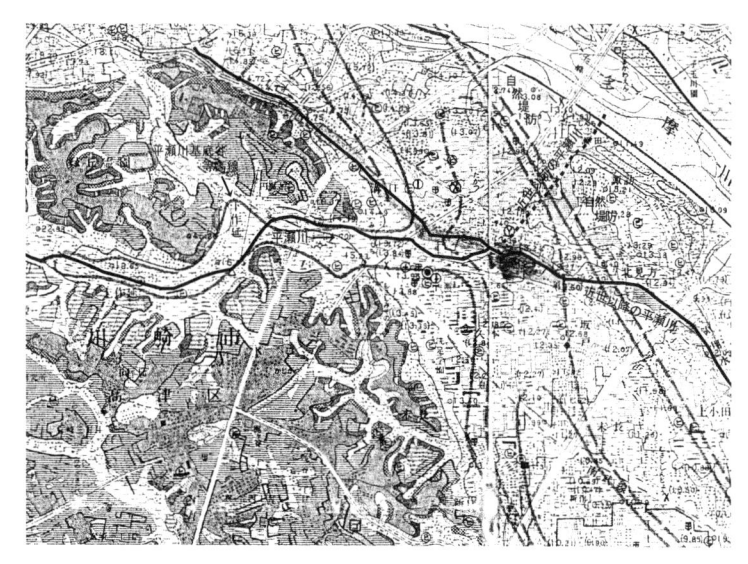

第8図　平瀬川下流域の流路復元図（国土地理院土地条件図に加筆）

流路付近を流れるようになった以降とされる（増渕2011）。諏訪の自然堤防と，低地との比高差は最大で3mもあった。かつて諏訪地域の下水管敷設工事中に5世紀代の土師器が発見され，周辺の自然堤防上に集落跡を予測したことがある（村田1981）。ちなみに大被害をもたらした1910（明治43年）年の大洪水でも諏訪地域は冠水を免れた。諏訪の少し上流の二子地域にも自然堤防が形成されていた。よって平瀬川の流路は，諏訪と二子の中間を縫うように多摩川にそそいでいた蓋然性がきわめて高い（第8図の破線部分）。田園都市線高津駅と二子新地駅の中間には，現地表下1mから幅500m・深さ約2mにわたって砂層が堆積した谷層がある。これは近世以前における平瀬川の流末路の痕跡であろう。その後の大洪水などで多少の流路の変更はあったかもしれないが，平瀬川の流末が多摩川にそそいでいた事実は動かしがたいのである。

(2) 目から鱗が落ちた視点で遺跡群を眺める

　些少な視点ながら，わたしには目から鱗。鱗が落ちた目で流域の古代遺跡群を眺めてみる。
　川筋に沿った沖積地には水利の制御が容易な稲作耕地がひろく開発されていた。その顕著な考古学的証左が，沖積地に築造された二子塚古墳（6世紀前半の前方後円墳）であり，諏訪天神塚古墳（6世紀後半の円墳）であり，近世地誌「風土記稿」に記載された複数の塚であり，丘陵地に築かれた宗隆寺古墳群（未調査・円墳）などである。関連する集落跡は，諏訪・二子地域に発達した自然堤防上や川筋に沿った洪積台地部分に展開していたのであろう。とくにこの流域の後期古墳文化の特徴は，秀逸な遺物などをともなう横穴墓群に顕在している。
　高塚古墳をふくむこれらの遺跡群は，6世紀後半〜7世紀中葉までにほぼ盛衰している。

3. 平瀬川流域の古代史像を探る

つぎに流域の古代史像を，これまでにふれてきた個別の遺構・遺物を幾つかの項目に再構成しながら探ってみよう。

(1) 遠路はるばる運ばれてきた考古資料

埴輪・須恵器・石材などからみた諸相——埼玉県鴻巣市の生出塚埴輪窯で6世紀後半代に生産された埴輪が，日向古墳・下作延稲荷塚古墳・久本山古墳から発掘されている。その需給関係の確認は，表面調整に使用された刷毛目の類型分類にもとづく。埴輪は窯場から船に積んで元荒川から東京湾に出て，多摩川をさかのぼる経路が考えられている（高田 2010）。しかし多摩川を遡及しても，肝心の平瀬川の流末が多摩川にそそいでいなければ，埴輪を古墳に樹立することはかなわない。これは下総型人物埴輪の典型例である桃ノ園古墳の盾持人にもいえる（日高 2011）。

一方，諏訪天神塚古墳の埴輪の胎土には，6世紀代の榛名山火山活動にともなう角閃石安山岩が大量に含まれており，こちらは利根川中流域で焼成された埴輪が遠路はるばる漕運されてきたものと推測できる。これも平瀬川の流末路と関連づけてこそ蓋然性が担保される。

ちなみに高津区の西福寺古墳（円墳・5世紀後半～6世紀前半）を囲繞する埴輪は，地場産の川崎市宮前区白井坂埴輪窯産であるから，6世紀後半代が地場産と遠路搬送品の交代期にあたる。

下作延巳ノ谷遺跡群中の須恵器には，湖西窯製の優品が含まれていたが，久本横穴墓群3号墓の坏と無蓋高坏も湖西窯産とされる。これらも船で太平洋を運こび，最後は多摩川から平瀬川をさかのぼって陸揚げされたのであろう。

諏訪天神塚古墳の内部主体は，凝灰岩と泥岩の切石を積みあげた横穴式石室で，これは房総半島や三浦半島の分布する三浦層群中の石材で構築したもの。多摩川下流域の横穴式石室でも多く使用されている。船に荷積みして東京湾に出て多摩川をさかのぼり，諏訪天神塚古墳の場合は平瀬川から搬入し，最終的な仕上げを古墳周辺でおこなったと思われる[3]。

風土記稿の新作村には，「土崩れて坑開け（中略），其の穴をのぞむに，上の方左右へ青石を建てるさま櫃の形なり」とある。青石とは緑泥片岩のことで，それで構築した石室か石榔であろう。緑泥片岩ならば，埼玉県秩父地域から船で東京湾に出て漕運するコースが想定できる。

地域豪族が再差配したのか——ただし遠隔地から漕運されてきた多くの文物が，無秩序に平瀬川を遡及していたとは思われない。当然，遠隔地と各種の情報が交換でき，かつ流域の水利権を掌握した有力豪族がこの地域に輩出し，管理していたから実現できたのであろう。それらの人物の奥津城こそ二子塚古墳（前方後円墳・6世紀前半）であり，諏訪天神塚古墳（円墳・6世紀後半）などであろう。遠隔地はるばる漕運されてきた文物は，一旦は平瀬川河口付近の「津」（第3図で示す「高津」の位置周辺か）で荷下ろしされ，有力豪族の再差配を受けて中流域の集落跡や古墳築造地に運びこまれたものと思われる[4]。それらの文物のうち，重量があり破損によるリスクが考え

られる埴輪などの搬送は，川の両岸から綱で舟をひく「曳舟」もありえよう（井上2007）。

　　風ふきて　川波立ちぬ引舟に　渡りも来ぬか　夜の
　　更けぬ間に　（万葉集2054）。

曳舟は，井上尚明の研究にあるように小河川では古代から重要な運搬手段であった。

久地西前田1次2号墓の壁面には，大きな帆・高い帆柱を立てて帆走する船の線刻画が描かれている（第9図）。その造りは剝り船を船台にした準構造船で，被葬者は船

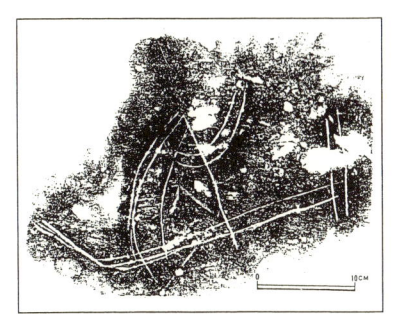

第9図　久地西前田1次2号横穴墓の船形線刻画

運の指揮権をもつこの地域の有力人物か，あるいは「舩人」自身であろう。その者の霊魂を慰撫し，1kmほど前方を流れる清流・多摩川を介して海上で他界することを願って描いたものと思考している。

(2) 人・モノ・情報の交流が示唆される考古資料

墳丘横穴墓の謎——台地縁辺に築造された日向古墳と，その裾部に穿たれた日向横穴墓群が，いわゆる「墳丘横穴墓」として把握できるとは予測外であった。立派な墳丘を築き，埴輪を囲繞しながら，何故離れた裾部の横穴墓に内部主体を託したのか。池上悟が精力的に取り組まれているテーマであるが，この二種の遺構の相関性を実証することは容易でない。典型的な事例は出雲地方に多いとされるが，近年では関東・東北地方からも確認されはじめている（池上2011）。

剝り抜き式の造り付け石棺——玄室部に敷かれた礫上に死骸を置く「礫上直葬」が普遍的な横穴墓のなかで，ひと際鄭重な内部主体がある。その最上級ランクが剝り抜き式の造り付け石棺である。久地西前田1次3号墓と久本7号墓が典型例であって，類似の造り付け石棺は大阪府柏原市高井田横穴墓群や同市玉手山東横穴墓群中などにもみえるという（松崎2011）。

久地西前田1次3号墓の場合は，横穴墓の規模が稀にみる大型で，蓋石5枚で密封できる。しかし発掘時でははずされ，石棺内からは遺骸情報がない。久本7号墓も蓋石がはずされ，石棺内からは遺骸情報がない。加えて久地西前田1次3号墓では，鉄刀類の副葬も皆無であった。

泥岩切石による組合せ石棺——泥岩切石による組合せ石棺が多いのも，平瀬川流域の横穴墓の特色である。石棺の組み方は，横穴墓の主軸に対し直角に据えるのが浄元寺裏1号墓と平瀬川隧道際7号墓。主軸と平行的に2基を据えるのが平瀬川隧道際4号墓と平瀬川隧道際西横穴墓。泥岩切石で精美に仕上げた組合せ石棺はまれで，背後に横穴式石室内の石棺が意識されていよう。類似例は，静岡県菊川流域に分布・展開する横穴墓などの中に見出せるという（松崎2011）。

稀有な組合せ木棺——横穴墓では珍しい組合せ木棺が久地西前田2次2号墓から2基発掘されている。豊富な遺物類はすでにふれたが，鉄釘有無の記載がないので，鉄釘留めかどうかは不明。当該横穴墓は玄室内が水漬け状態であったので遺存したが，類例は多いのかも知れない。

弓矢や刃物の呪力にこめる期待——鉄刀を壁に立て掛ける好例は横穴式石室に多いが，平瀬川

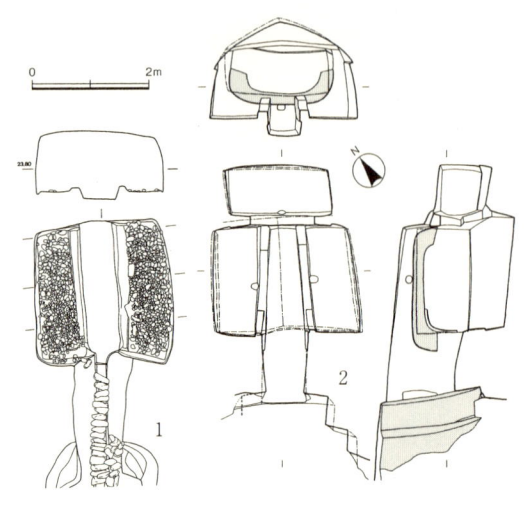

第 10 図　船形の屍床（棺座）をもつ横穴墓
1：久地西前田 2 次 3 号墓　2：熊本県石貫穴観音横穴 3 号墓（辰巳 2011）

流域では横穴墓でも実践されていた。隧道西横穴墓では，石棺内・外から 9 遺体が発見され（その後 6 体と鑑定），かつ 8 本の鉄刀は鞘をはらって壁に立て掛け，鞘は石棺の際にまとめて置かれていたと報告される。壁に鉄刀を立て掛ける事例は日向横穴 7 号墓にもあり，久地西前田 1 次 5 号横穴墓では，交互重半円文や四重の波状文を施した銀象嵌の鉄刀が 1 本玄室部入り口の壁に立て掛けてあったものと復元できる。このように横転状態で発見されても，本来は壁に立て掛けたものと推測できる事例は多い。また鉄鏃の先端を上にして壁に立て掛けたと復元できる事例もある（久地西前田 2 次 2 号墓）。これらの目的は，矢や刃物の呪力に期待して妖魔から被葬者を護るためであろう。分布域は西は福岡県から北は福島県，さらには韓国全羅南道の羅州伏岩里 3 号墳 5 号石室（7 世紀）からも類例が発掘されている（辰巳 2006，日高 2008，村田 2007）。

　墓室内を垂下する布帛を留める金具──久地西前田 2 次 2 号墓からは，鉄鏃の茎部を転用して吊金具を造り，それが壁に突き刺さった状態で発見された。布帛につけた紐の先端を吊り金具に結び，垂下して被葬者を一旦視界から遮蔽したのであろう。類例は 6 世紀以降の横穴式石室・横穴墓にわずかにみられ，分布域は熊本県から宮城県，類例は韓半島にも及ぶ（村田 2000）。

　朱・黒の二彩文様を施した装飾横穴墓──平瀬川隧道際横穴墓群中 4 号墓の奥壁と西側壁に塗布された赤（朱）・黒彩色，隧道西横穴墓の壁面や石棺に塗布された黒彩色。これらは意識的に彩色した装飾横穴墓と断言できる。周知のように，良好な類例は遠く離れた南九州や東北南部に偏している。

　舟葬風景を想起させる棺座──横穴墓の棺座は，多くは主軸位と直角に造られるが，久地西前田 2 次 3 号墓横穴墓では，中央の通路を挟んで長方形の棺座を平行的に削り出している（第 10 図 1）。主軸に平行する棺座といえば，「屍床」をゴンドラ形に削り出した熊本県玉名市の石貫穴観音横穴墓群（第 10 図 2）などが著名で，辰巳和弘により舟葬説の例証として取りあげられている。東京湾を臨む内房地域からも，船形木棺関連遺構の典型例が幾例か発掘されている（辰巳 2011）。久地西前田横穴墓に葬られた者の霊魂を前方を流れる清流・多摩川に託し，東京湾に他界させた心根が偲ばれる。船の線刻画（第 9 図）とあわせて注目しておきたい。

　珍品・高師小僧製管玉の副葬──管玉の素材としては珍品の高師小僧製管玉が下作延中之橋 2・3 号横穴墓から発見されている（第 11 図 1～12）。高師小僧とは，草の根の周囲に褐鉄鉱が厚く皮殻状をなしたもの。かならず管状を呈するので，面倒な紐を通す孔を開ける手間がはぶける。

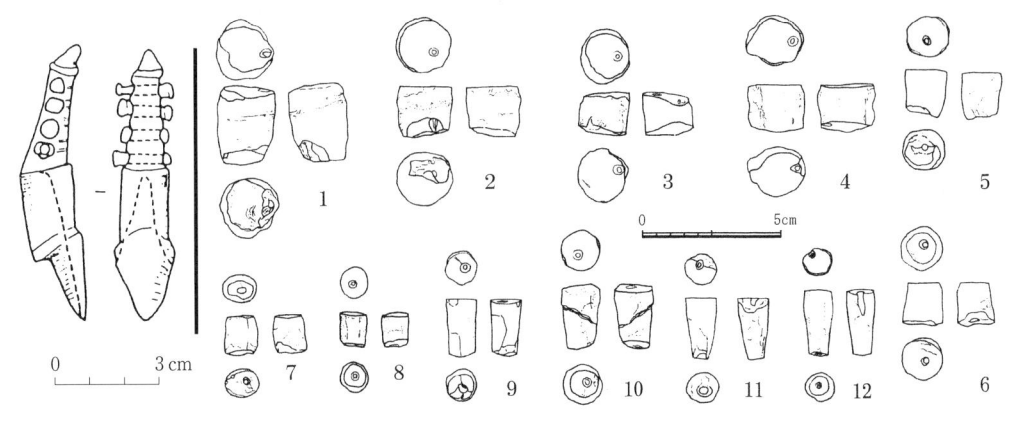

第11図　左：平瀬川隧道際A号横穴墓出土の弓弭状有栓骨製品（石守1994）と右：下作延中之橋横穴墓出土の高師小僧製管玉（1〜12）

類例は，いまのところ島根県松江市の中竹矢遺跡の方墳出土例，神奈川県横浜市の矢上台遺跡の古墳時代集落跡出土例のみ。類品発見の2遺跡の地理的な分布域からみれば，中間域の畿内・東海地域などからも類例が期待できる。当面は類例の蒐集がいそがれる（持田・村田2011）。

(3) 政治的な背景が示唆される考古資料

銀象嵌・刃関孔（池上2011）**をもつ鉄刀類**——溝口西耕地2号墓から銀象嵌と刃関孔をあわせもつ鉄刀が1本，久本3号墓からは銀象嵌をもつ鉄刀と，刃関孔をもつ鉄刀が各々1本，久本7号墓からは刃関孔をもつ鉄刀が1本，久地西前田1次5号墓から銀象嵌をもつ鉄刀が1本，同横穴墓の2次3号墓から刃関孔をもつ鉄刀が1本発掘されている。いわば銀象嵌・刃関孔をもつ鉄刀類の集中域。しかも平瀬川流域では，これらが高塚古墳ではなく，横穴墓から発見されている事実は看過できない。きわめて特徴的な地域なのである。

銅鋺の優品が発見された横穴墓——日向横穴墓と浄元寺裏横穴墓から銅鋺が発見されているが，後者は口径13.8 cm，高さ6 cmの優品。ただし，群馬・埼玉県などの地域首長クラスの高塚古墳（6世紀末〜7世紀初頭）から発見される口径17 cm前後のものに比べると一階級小振りである。松崎元樹は，大きさの差に下賜された受容者の相対的な階層差を想定されている（松崎2006）。

弓弭状有栓骨製品が発見された横穴墓——1962年，津田山団地造成時に発見された組合せ石棺をもつ横穴墓を早稲田大学が調査した（報告書未完）。そのとき石棺の蓋石上面から弓弭状有栓骨製品が発掘された（馬目1990，石守1994）。津田山A号横穴墓出土（なお津田山は地域の総称であるから，平瀬川隧道際横穴墓群A号横穴墓がふさわしかろう）の弓弭状有栓骨製品は，体部が方形で尾をもち，全長7.4 cm，縦列4孔，両瘤4個，ソケット部の縦位断面は逆U字形になる（第11図左）。弭飾りとして末弭部に被せ，有栓部の下方に弓弦を巻いて軽く引っ張ったのであろう。石守晃の分類ではIIv類（盲孔が縦位列で，オープンソケットで尾部あり）。横穴墓からの発見はきわめて稀有である。同類の弓弭状有栓骨製品が宮城県石巻市五松山洞窟遺跡（古墳時代後期以前）か

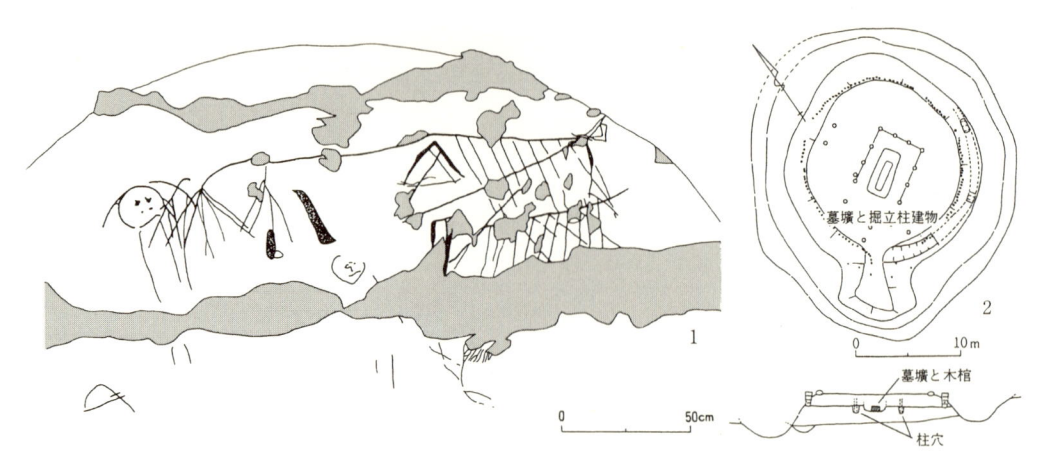

第12図　1：久本6号横穴墓の線刻画と2：兵庫県神戸市住吉東1号墳（村田1996）

ら発見されている。勿論，実戦的な武具ではなく，最上級の儀礼弓である。

喪屋をいそぎ引き倒すポーズの線刻画——久本6号横穴墓の線刻画は奥壁に向かって右側に板葺屋根・板壁造りの切妻建物が，同左側にはコケシ状に表現された人物が斜位に描かれ，真ん中下位にも小さな人物画を描く（第12図1）。墓室内の線刻画であることから，当然，重要な葬送に関わる場面であって，わたしは殯儀礼の一齣であろうと推測している（村田1996）。殯儀礼の喪屋については，『記紀』に記されたアヂシキタカヒコネ神が，アメノワカヒコの喪に訪れたとき，死んだアメノワカヒコに間違えられ，怒って十掬剣で喪屋を切り倒してしまった話が知られている。これは喪屋が簡易な構造であったことの暗喩でもある。墳丘上から，しばしば大型の須恵器が，先端の尖った鋭利な鉄製品の一撃で損壊され，破片状態で発見されることがある。それと同様，殯儀礼後，葬に関わる喪屋は素早く取り壊す必要があり，そこでコケシ状に描かれた人物が，建物棟左端から出ている紐状のものを力一杯引っ張ったのであろう。かくして久本6号横穴墓の被葬者一族は，鄭重に実修されてきた殯儀礼のクライマックスを永劫に遺そうと線刻画に託したものと思われる。

ちなみに兵庫県住吉東1号墳（5世紀末の帆立貝形古墳）からは，墳丘築造過程で殯儀礼を実修したと思われる喪屋（3間×4間の切妻形の掘立柱建物）と祭壇，儀礼を隠蔽する目隠し塀などが発掘されている（第12図2）。とくに建物類が墳丘の築造過程であることが重要である。殯儀礼後に建物を壊し，遺骸を埋め，再度墳丘を盛り上げたのである。線刻画の解釈論はともかく，板葺き屋根・板壁造り建物が「岩盤キャンパス」に鮮やかに描かれていた点だけでも十分瞠目される。著名な『粉河寺縁起』（鎌倉時代初期）に描かれた，的を掲げる板葺屋根・板壁造りの家をさかのぼる時代の一級絵画資料としても位置づけられる。

刳り抜き式造り付け石棺の石蓋は何故はずされていた——久地西前田1次3号墓・久本7号墓の石棺は蓋石がはずされ，遺骸情報もない。前者はきわめて大型の横穴墓で，飾大刀が複数本副葬されても然るべき横穴墓であるにも拘らず，鉄刀類は皆無であった。大胆に推測すれば，生前

の被葬者が地域社会で傑出していた人物であったがゆえに，葬送後時を経ず，つぎの支配者の指示で石棺が開けられ，遺骸を外に持ち出し，再び羨門は塞がれたのであろう。その際に，威信財の極みともいえる鉄刀類も権力の否定する作為として一緒に持ち出されたものと思われる。

4. 武蔵国橘樹郡縣守郷の可能性を検証する

ここまでは清流・平瀬川の流れそのもの。その一滴を掬って誇大に議論するのは馴染まない。最後に，今後の平瀬川流域の古代史研究のための展望的な課題を掲げ，後事を託したい。

(1) 平瀬川流域は，律令期橘樹郡縣主郷の勢力基盤であった

平瀬川流域に展開した後期古墳から一部終末期古墳にいたる諸事象は，つづく律令期の歴史像を描くうえで大きなヒントを与えてくれる。そのあたりの歴史道を逍遥してみよう。

近年，郡寺・影向寺（ようごうじ）と郡衙正倉院・千年伊勢山台遺跡（ちとせ）が発掘調査され，武蔵国橘樹郡（たちばなぐん）の古代史研究は進展したが，上記の遺跡は矢上川（鶴見川の支流）に沿って設定された。すなわち，白山古墳や観音松古墳などの前期古墳文化が隆盛した加瀬・矢上台を遡及した位置にある。そして奈良時代の橘樹郡四郷（高田郷・橘樹郷・縣守郷・御宅郷）のうち，橘樹郷は郡寺・郡衙が設営された宮前区野川や高津区千年を含む周辺であり，それは後期・終末期古墳の諸相からみても明白である（村田 2010）。

では他の三郷の位置は――。小論をまとめる過程で，わたしは「縣守郷」（あがたもりごう）の拠点が多摩川にそそぐ平瀬川流域であろうとする確信を深めた。『日本地理志料』（和名類聚抄の注釈本）巻十六によると，縣守はヤマト政権の地方組織・縣の長である縣主に通じる。縣主も縣守も，伝統的に支配してきた地名につく尊称に由来し，主・守もいわゆる原始的カバネである。さらに橘樹郡の北に偏して北見方村（きたみかた）があるが，『日本地理志料』では「北御縣」（きたのみあがた）が転じたものか，とする。従前は地名学の視座からの「縣守郷」考であったが，平瀬川流域における後期・終末期古墳時代における広範な物流網，整備された人・モノの情報綱，政治的に傑出した人物像などの考古データを勘案すれば，この流域こそ「縣守郷」の比定地として十分に正鵠を射ていることになる。

縣守郷長の系譜は，当然，平瀬川流域の古墳に葬られた被葬者に求められる。刳り抜き式の造り付け石棺とか，組合せ式の石棺や木棺の被葬者，銀象嵌や刃関孔をもつ鉄刀類や銅鋺・弓弭状有栓骨製品を保有していた被葬者，線刻画から殯儀礼が実修されたと思われる被葬者など，横穴墓の中から有力な候補者が次々と浮かんでくる。とくに久地西前田1次3号墓の第1次葬儀後の顚末が，さきの推測どおりであるとすれば，そこには前代の支配者の権勢を明確に否定しようとした次代権力者の政治的な作為が示唆されていよう。

ただ橘樹郷と縣守郷は，生産基盤が矢上川と平瀬川で異なっており，物流・情報網にも独自性があったと推測できる。それは大型で精美な切石積みの横穴式石室を内部主体とする馬絹古墳（円墳・7世紀中葉）に対し，秀逸な遺構を設計し，優れた威信財を副葬しながらも横穴墓という

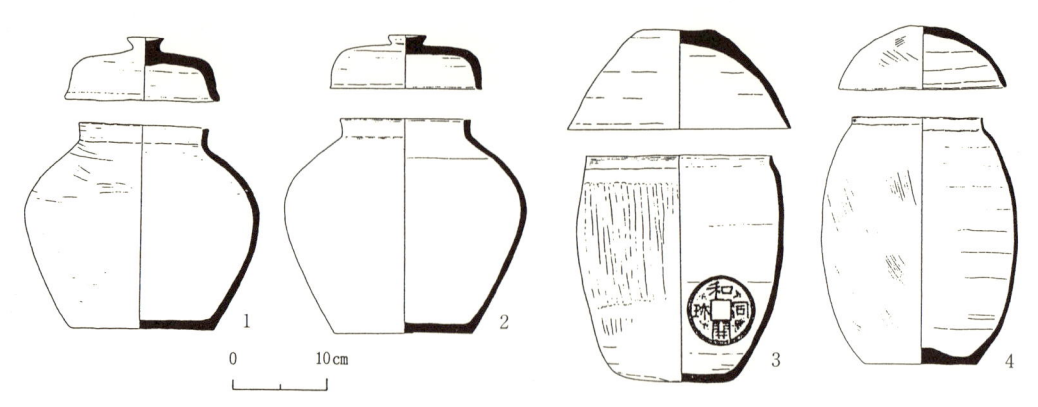

第13図　平瀬川流域の古代火葬骨蔵器（専用型骨蔵器）
1・2：菅生長沢火葬墓出土（1から5,6歳の骨，2から成人女性の骨。母子関係か）3・4：菅生潮見台火葬墓出土（3から和同開珎出土）

規制を超えられなかった両者の差異に顕現している。大領と郷長に系譜する者の差なのであろう。

(2) 古代火葬墓の被葬者像との脈絡を展望する

　武蔵国のうち，多摩川下流域の両岸や鶴見川流域からは，奈良・平安時代の火葬骨蔵器が集中的に発見される。わたしも驥尾に付して川崎市域の事例を考察したが，その過程でなぜこれほど平瀬川中・上流域に先進的な葬制が普及したのであろうかという疑問が脳裏を離れなかった。

　平瀬川中・上流域には，古代の火葬骨蔵器が8遺跡から15例が確認でき，とくに縣守郷の中心域から6km前後遡上した地点には，「菅生長沢火葬墓群」と「菅生潮見台火葬墓群」と命名した二つの集中域が存在する（村田・増子1990・1991）。以下，顕著な所見を挙げる。

　たとえば菅生潮見台火葬墓群からは，和同開珎（708年初鋳）の銅銭1枚が副葬された専用型骨蔵器（第13図3）と，凝灰岩製の組合せ式石櫃内に専用型骨蔵器2点を収納した事例などが発見されている。和同開珎がともなうので8世紀前半代の造墓であろう。和同開珎がともなう火葬墓は，西日本でも畿内に集中する。また専用型骨蔵器は，日常容器の甕形土器を転用した普遍的な事例と違って，モデルは西国から発掘される銅製骨蔵器に求められる。凝灰岩製の組合せ式石櫃内に専用型骨蔵器を納めた石櫃の周辺は加熱で変色し，鄭重な燔灼の儀礼が執行されていた。

　なぜこの種の鄭重な儀礼を伴う火葬墓が平瀬川流域に突如出現したのであろうか。その疑問は下流域の古代史像が分明になったいまようやく展望が拓けた。すなわち後期・終末期古墳の横穴墓に葬られた者のなかから，縣守郷長に連なるような者が輩出し，やがてそれに脈絡した後裔筋のなかに，火葬風習を実修する者が現れたのであろう。辺鄙な丘陵地に，和同開珎を一緒に荼毘に付すなど，きわめて革新的な葬制を実習する者が，突如出現するとは到底思えないからだ。川の流れと同様に，人が織りなす営みも物流や情報を媒介として悠久に連なっていたのである。

　当初は，武蔵国橘樹郡の四郷の比定にも論をすすめるつもりでいたが，指示された頁数も超え

ているので，別稿を考えたい。また，馬目順一・大竹憲治・新井悟ら諸氏には種々のご指導と情報をいただいた。深く感謝申しあげたい。掲載図は，関係する報告書や論文などから転載し，わたしの判断で一部編集していることをお断りし御了承願う次第である。

注

1) 前後の文脈と写真・図面などを照合すると，まさかと思うが鉄鏃の茎部と鉄釘が混同視されている可能性も排除できない。
2) わたしが実見したなかには，鞘が収まった状態と観察できる鉄刀もあった。生前，わたしは発見者の新井清氏から抜かれた鞘を纏めて置いた場所を示す簡単な図面を見せて頂いた記憶がある。なお鉄刀8本のうち1本は頭椎大刀とされてきた。実見された松崎元樹氏は古い段階の鉄装頭椎大刀の可能性は否定しないが，最終判断は留保されている。
3) 馬絹古墳では，石室周辺や前面の盛った版築層のなかに石材の削滓とか小さな塊が発見されているので，搬送してきた石材の最終工程が推測できる。切石積みの横穴式石室では普遍的な作業工程である。
4) 古代に想定される「津」と，明治22年に溝の口村周辺の8か村が合併して「高津村」が誕生した時の経過については，中・近世の史料が欠落しているので不明である。ただし「高」は川の上流をさし，「津」は港を意味するので，多摩川の上流に位置する「津」，あるいは平瀬川の河口からみて上流に位置する「津」を意味するならば，「高津」という地名は興味ぶかい。多摩川を遡った武蔵国府に隣接して想定される「津」を，「京所」≒「京津」というがごとくである。

引用・参考文献

新井　清 1988「平瀬川隧道際横穴墓群」『川崎市史』資料編1　53-57頁　川崎市

新井　悟・浜田晋介ほか 2011『諏訪天神塚古墳』川崎市市民ミュージアム考古学論叢7　川崎市市民ミュージアム

池上　悟 2010「横穴墓の大甕祭祀」『日本基層文化論叢』70-79頁　椙山林継先生古稀記念論集刊行会編　雄山閣

池上　悟 2011「東国古墳出土の刃関孔大刀」『旃檀林の考古学』235-246頁　大竹憲治先生還暦記念論集刊行会

石守　晃 1994「弓弭状有栓骨製品について」『群馬考古学手帳』第4号　1-22頁　群馬土器観会

井上尚明 2007「さいたまの津を探る」『埼玉県立史跡の博物館紀要』創刊号　31-42頁　埼玉県立史跡の博物館

後藤喜八郎・坂井勇雄ほか 1996『川崎市高津区久本横穴墓群発掘長報告書』　同遺跡調査団

城倉正祥 2010「生出塚窯産円筒埴輪の編年と生産の諸段階」『考古学雑誌』94巻1号　1-50頁　日本考古学会

高田大輔 2010『東日本最大級の埴輪工房—生出塚埴輪窯』シリーズ遺跡を学ぶ73　新泉社

竹石健二・浜田晋介ほか 1998『久地西前田横穴墓群—第1次・第2次—』　同遺跡調査団（報告書は2冊）

辰巳和弘 2006『新古代学の視点』　小学館

辰巳和弘 2011『他界へ翔る船』　新泉社

伝田郁夫 2011「諏訪天神塚古墳の埴輪をめぐって」上記『諏訪天神塚古墳』所収　43-53頁

野中和夫・橋本真紀夫 2000『神奈川県川崎市高津区溝口西耕地横穴墓群』　同遺跡調査団

浜田晋介 1991「川崎の埴輪」『川崎市市民ミュージアム紀要』第4集　1-49頁　川崎市市民ミュージアム

浜田晋介 1996「川崎の埴輪 II」『川崎市市民ミュージアム紀要』第9集　48-67頁　川崎市市民ミュージアム

浜田晋介 1996「古代橘樹郡の古墳の基礎的研究」『加瀬台古墳群の研究 I』所収　31-58頁　川崎市市民ミュージアム

林　雅恵 2012「神奈川県内出土装飾付大刀にみる象嵌等の製作技術の研究」『かながわの考古学・研究紀要17』所収　79-91頁　かながわ考古学財団

日高　慎 2008「後期古墳における刀類立てかけ副葬について」菅谷文則編『王権と武器と信仰』784-795頁　同成社

日高　慎 2011「6世紀後半における長距離供給埴輪について」『埴輪研究会誌』第15号　93-102頁　埴輪研究会

増渕和夫 2011「多摩川下流低地中流部の地形発達について」上記『諏訪天神塚古墳』所収　54-68頁

増渕和夫 2011「多摩川流域における三浦層群産古墳石室石材の分布」上記『諏訪天神塚古墳』所収　69-73頁

松崎元樹 2006「古墳時代後期の地域構造」『考古学論究』第11号　117-136頁　立正大学考古学会

松崎元樹 2011「武蔵の横穴墓」『考古学ジャーナル』620号　28-32頁　ニューサイエンス社

馬目順一 1990「書評・五松山洞窟遺跡」『石巻地方研究』第3号　ヤマト屋書店

村田文夫 1981「川崎市高津区諏訪の下水管敷設工事に伴って出土した土師器」『川崎市文化財調査集録』第17集　66-69頁　川崎市教育委員会

村田文夫 1996「遺跡は地中の語り部」『川崎市史研究』第7号　49-63頁　川崎市公文書館

村田文夫 2000「横穴式石室・横穴墓内を垂下する布帛・その後」『考古と民俗の世界』261-285頁　和田文夫先生頌寿記念論文集刊行会

村田文夫 2007「狭蠅なす妖魔・悪鬼を放逐する呪術・その断想」『史峰』第35号　15-28頁　新進考古学同人会

村田文夫 2010『川崎・たちばなの古代史』有隣新書68　有隣堂

村田文夫・増子章二 1990・1991「南武蔵における古代火葬骨蔵器の研究」(上・下)『川崎市市民ミュージアム紀要』第2・3集　1-52頁・10-72頁　川崎市市民ミュージアム（紀要は2冊）

持田春吉・村田文夫 2010「川崎市高津区下作延巳ノ谷遺跡群の歴史像を探る」『川崎市文化財調査集録』第46集　23-42頁　川崎市教育委員会

持田春吉・村田文夫 2011「高師小僧と同製管玉の事例」『考古学雑誌』第95巻3号　40-49頁　日本考古学会

あづまのくに

熊 倉 浩 靖

「あづま」と「ひむがし」─2つの東

　本書書名は『東国の考古学』だが，「東国」という言葉が指し示す範囲・内実に関する共通理解がないまま「東国」という言葉が独り歩きしている感がある。そこで改めて「東国」の指し示す範囲と内実について六国史（『日本書紀』に始まる政府編纂の歴史書）を中心に考え直してみたい。

　数え方にもよるが，六国史の「東国」ないし類例は50ほどある（第1表）。

第1表　六国史の「東」関連用例（備考欄に国史大系本のフリガナ等を注記）

書名		掲載箇所	地域としての「東」用例	備考
『日本書紀』	①	神代下天孫降臨章	（一書）此神今在乎東国攝取之地	「アヅマ」
	②	崇神天皇十八年条	九月　武渟川別　遣東海	「ウミツミチ」
	③	崇神天皇四十八年条（豊城入彦伝承）	正月　自登御諸山　向東　而八廻弄槍八廻撃 刀…兄則一片向東　当治東国 四月　以豊城命令治東国	「アヅマ」
	④	景行天皇二十五年・二十七年条（武内宿禰派遣伝承）	二十五年七月　遣武内宿禰令察北陸及東方諸国之地形且百姓之消息 二十七年二月　武内宿禰自東国環之奏言　東夷之中有日高見国　其国人男女並椎結文身為人勇悍　是捴曰蝦夷　亦土地沃壌而曠之撃可取也	「アヅマ」 「東夷」の「東」にフリガナなし
	⑤	景行天皇四十年条（日本武尊派遣伝承）	六月　東夷多叛　辺境騒動 七月　今東国不安暴神多起　亦蝦夷悉叛屢略人民（同月条「東夷」が他に4回登場*） 是歳　（日本武尊の絶唱）吾嬬者耶（嬬　此云兎摩）故因号山東諸国曰吾嬬国也	＊フリガナなし ・「ヒムカシ」 「アツマ」のフリと多様
	⑥	景行天皇五十三年条	十二月　（景行天皇）従東国環之	「アヅマ」
	⑦	景行天皇五十五・五十六年条	五十五年二月（彦狭嶋王派遣伝承）東山道十五国都督・東国百姓・上野国	「アヅマ」

		五十六年八月（御諸別王派遣伝承）專領東国・東(あづま)久之無事・其子孫於今有東国 久之無事・其子孫於今有東国	
⑧	神功摂政元年条	二月（麛坂王らの乱）犬上君祖倉見別…共隷麛坂王　因以為将軍　令興東(あづま)国兵	「アツマ」
⑨	応神天皇三年条	十月　東(あづま)蝦夷(ひな)悉朝貢　即役蝦夷(えみし)而作厩坂道	「アツマ」
⑩	崇峻天皇五年（592）	十一月（崇峻暗殺時）進東(あづま)国之調	「アツマ」
⑪	皇極天皇二年（643）	十一月（山背大兄王被殺時）詣東国以乳部爲本　興師還戦　其勝必矣	フリガナなし
⑫	皇極天皇三年（644）	七月（常世神騒動）東(あづま)国不盡河辺	「アツマ」
⑬	皇極天皇三年（644）	十月（蝦夷・入鹿の居館）名(な)健(ちから)人曰東(あづま)方(しとりべ)儐従者	「アツマ」
⑭	大化元・二年（645・646, 東国国司詔）	元年八月　拝東国等国司 二年三月　東国国司等・使治東方八道・東国朝集使等	フリガナなし 「東」に「ア」と脇書き
⑮	斉明天皇元年（655）	七月　於難波朝饗　北蝦夷九十九人　東蝦夷九十五人　幷設百済調使一百五十人	「北ハ越」「東ハ陸奥」の注
⑯	天智天皇五年（666）	是冬　以百済男女二千余人居于東(あづま)国　凡不択　緇(ほしじろきぬ)素　起癸亥年至于三歳並賜官食	「アツマ」
⑰	天武天皇元年（672）（壬申の乱）	（大海人皇子側）将入東(あづま)時、徒手入東・是日発途入東国・天皇入東国・大皇弟入東国・欲入東国・時東(あづま)師頻多臻 （近江朝側）以韋那公磐鍬…遣于東国　以穂積臣百足…遣于倭京　且遣佐伯連男於筑紫　遣樟使主磐手於吉備国　…東方駅使磐鍬	「アツマ」 日本古典文学大系本は「東方」に「ひむがしのかた」のフリガナ。
⑱	天武天皇四年（675）	正月壬戌　亦是日　大倭国貢瑞雞　東国貢白鷹　近江国貢白鵄	フリガナなし
⑲	天武天皇五年（676）	四月辛亥　勅諸王諸臣　被給封戸之税者　除以西(にしのかた)国相易給以東国	東国に「方ノ」と脇書
⑳	天武天皇五年（676）	四月己未　詔美濃国司曰　在礪杵郡紀臣阿佐麻呂之子遷東(あづま)国即其国之百姓	「アツマ」
㉑	天武天皇五年（676）	六月壬申（壬申功臣＝栗隈王甍・物部雄君連卒）壬申年従車駕入東国	フリガナなし
㉒	天武天皇十四年（685）	十月己丑　伊勢王等亦向于東(あづま)国	「アツマ」
㉓	持統称制前紀（686）	（壬申の乱）従天渟中原瀛真人天皇避難東国	「ア」と脇書
㉔	神亀元年（724）	四月癸卯　教坂東九国軍三万人	坂東用例

あづまのくに 167

	㉕	天平十二年（740）	（藤原広嗣の乱）十月己卯　勅大将軍大野朝臣東人等曰朕縁有所意今月末暫往関東	関東用例
『続日本紀』	㉖	天平宝字元年（757）	閏八月壬申　勅曰　大宰府防人　頃年差坂東諸国兵士発遣	坂東用例
	㉗	天平宝字元年（757）	（功田基準）十二月乙卯　淡海朝廷諒陰之際　義興警蹕潜意出関東	関東用例
	㉘	天平宝字二年（758）	十二月丙午　徴発坂東騎兵	坂東用例
	㉙	天平宝字三年（759）	三月庚寅（大宰府言）自罷東国防人　辺戍日以荒散・東国防人衆議不允　仍不依請	
	㉚	天平宝字三年（759）	九月庚寅　遷坂東八国幷越前越中能登等浮浪人二千人以為雄勝柵戸	坂東用例
	㉛	天平宝字三年（759）	十一月辛未　勅坂東八国　陸奥国若有急速索援軍者　国別差発二千已下兵	坂東用例
	㉜	天平宝字七年（763）	正月庚申　作唐吐羅林邑東国隼人等樂	
	㉝	天平神護二年（766）	四月壬辰（大宰府言）東国之軍・東国防人・東国力役・東国防人・東人・東国労	
	㉞	神護景雲三年（769）	十月乙未（宣命中）東人（あづまひと）・諸東国乃人（あづま）等	「アヅマ」
	㉟	神護景雲三年（769）	二月丙辰　宣坂東八国　各募部下百姓　如有情好農桑就彼地利者　則任願移徒	坂東用例
	㊱	宝亀五年（774）	八月己巳　勅坂東八国　陸奥国如有告急　随国大小差発援兵二千已下五百已上	坂東用例
	㊲	宝亀十一年（780）（対蝦夷関係）	五月丁丑　宣坂東諸国及能登越中越後　令備糒三万斛七月甲申　勅曰　今為討逆虜調発坂東軍士	坂東用例
	㊳	延暦二年（783）（対蝦夷関係）	四月辛酉　坂東八国運穀鎮所 四月乙丑　勅坂東諸国曰蛮夷猾夏自古有之 六月辛亥　今聞　坂東諸国　属有軍役毎　多甿弱全不堪戦	坂東用例
	㊴	延暦四年（785）	六月癸酉（坂上苅田麻呂奏上）東国有聖主	日本のこと
	㊵	延暦七年（788）（対蝦夷関係）	三月辛亥　下勅調発東海東山坂東諸国歩騎五万二千八百余人限来年三月会於陸奥国多賀城 十二月庚辰　坂東安危在此一挙	坂東用例
	㊶	延暦九年（790）（対蝦夷関係）	十月癸丑　当今坂東之国　久疲戎場 十一月己丑　坂東諸国　頻属軍役　因以疫旱　詔免今年田租	坂東用例
	㊷	延暦十年（791）	四月乙未（池原公綱主等言）東国六腹朝臣	

	㊸	延暦十年（791）	（対蝦夷関係）十一月己未　更仰坂東諸国　弁備軍粮糒十二万余斛	坂東用例
*	㊹	大同四年（809） 弘仁元年（810）	（薬子乱）四月戊寅　太上天皇大怒遣使発畿内幷紀伊国兵与薬子同輿自川口道向於東国 九月戊申　今日早朝取川口道入於東国	
**	㊺	承和二年（835）	三月辛酉（物部匝瑳宿禰賜姓）昔物部小事大連錫節天朝出征坂東	坂東用例
	㊻	承和八年（841）	四月庚申（百済王慶仲卒伝）自東国入都	
	㊼	嘉祥元年（848）	十一月己未（下野国言）坂東十国得度者	坂東用例
***	㊽	元慶二年（897）	九月辛酉　是日関東諸国地大震裂	関東用例

*『日本後紀』，**『続日本後紀』，***『日本三代実録』。『日本文徳天皇実録』：関連用例なし

日本自体を「東国」と記す延暦四年の坂上苅田麻呂の奏上以外は，概略次のような特徴を持つ。

1. 方角ではなく地域を表わす表現としての東西を比較すると，西国[1)]・西洲[2)]があわせて4例しかないのに対し，「東国」ないし類例は50ほどと多く，特別の地域という印象が強い。
2. 地域を表わす「東」には「あづま」と「ひむがし」の二通りの読みがあるが，「東国」と記される場合は「あづまのくに」の仮名が振られた写本が一般的である。他方「東夷」と記される場合の「東」は振り仮名がない写本も多いが，「ひむがし」「あづま」の両例があり，「東国」との連続性と異質性とが意識されている（④⑤⑨：表1の番号，以下同）。
3. 「あづま」と読まれる例では東国兵（⑧）・東方儐者（あづましとりべ）（⑬）・東国防人（㉙㉝）・東国之軍（㉝）のように軍事力としての位置づけが色濃い。壬申の乱時の東師（⑰）も同様で，神護景雲三年条掲載の称徳天皇宣命に見られる東人（あづまひと）・諸東国乃人等（㉞）も天皇近侍の兵員である[3)]。
4. ⑨⑰⑱の記載の通り東国は大倭（やまと）・近江・美濃と対置される一つの国として扱われていたと見られるが，山東諸国を「吾嬬（あづま）国と曰う」という表現（⑤）や東山道（やまのみち）十五国（⑦）・東方八道（⑭）・坂東諸国（㉔以下に頻出）に見られるように，その想定範囲はかなり広い。壬申の乱時の東国も美濃・伊勢以東の趣が強く（⑰），この表現は三関（さんげん）（美濃の不破・伊勢の鈴鹿・越前の愛発（あらち））の東＝関東という使われ方に展開していく（㉕㉗㊽）。
5. 東国という表現は『日本書紀』に集中し，『続日本紀』以降は坂東・関東が使われる傾向が強い。『続日本紀』以降の東国事例は，九州における東国防人（㉙㉝）・天皇近侍の兵員としての東人・諸東国乃人等（㉞）・池原公綱主（いけはらのきみつなぬし）らの奏上に見られる東国六腹朝臣（あづまのくにむつはらのあそみ）（㊷）・薬子の乱（㊹）に止まる。『日本書紀』事例も，孤立記載である①（神代下天孫降臨章の「東国檝取（かとり）之地」）⑩（崇峻天皇暗殺時の「東国之調」）を除くと，崇神天皇条（②）から神功摂政条（⑧），皇極天皇五年（643:⑪）から大化二年（646:⑭），天智天皇五年（666:⑯）から持統天皇称制前紀（686:㉓）に集中的に現われている。
6. 内容で見ると，①（東国檝取之地）・⑩（東国之調）・⑭（大化元年・二年の東国国司詔）の独自な

記載を除くと，軍事力（王権近侍兵員（⑧⑪⑬）・壬申の乱（⑰㉑㉓㉗）・九州防人（㉖㉙㉝）・対蝦夷関係（㉔㉘㉚㉛㉟㊲㊳㊴㊵㊶㊸））と将軍派遣伝承（武渟川別（②）・上毛野君—東国六腹朝臣（③⑦㊷）・武内宿禰（④）・日本武尊（⑤⑥））というまとまりを示す。とくに将軍派遣伝承は崇神天皇条（②③）と景行天皇条（④〜⑦）に偏っている。

以上の特徴を再整理すると，次のようにまとめることができる。

(1) 東国は三関，とくに不破・鈴鹿の東のかなりの広範囲を占める，しかし「あづま」という固有の名を持つ一つの国として認識されており，「東夷」は，その東国のさらに東にある異質の地域と意識されていた。この区別はしっかりと意識しておく必要がある。

(2) 東国が広範の地であることは，山東諸国，東山道十五国，東方八道，坂東諸国，関東を東国の別表現とすることからも伺え，表現の多様性が何を意味するかを含めて，その範囲を確定することは東国を語るに際して重要な課題となっている。

(3) 東国には，王族ないし準ずる将軍が派遣されて地域の安定と蝦夷の侵入に対処した伝承が共有されており，7世紀後半から8世紀にかけて強力な軍事力として機能した。王族将軍派遣伝承と強力な軍事力の存在は東国の基本的性格として位置づけられる。

天・東・夷の三層構造—中華と夷狄の中間地帯としての東国

六国史が描く上記の東国像に『古事記』『常陸国風土記』などの記載を重ね合わせると，どのような「あづまのくに（東国）」の姿が浮かび上がるであろうか。

『古事記』の「東国」用例は景行天皇段の1例のみで，写本に「あづま」と仮名が振られた「東」用例が景行天皇段に2例，「阿豆麻」と借音表記された例が2例（景行天皇段と雄略天皇段），「ひむがし」と仮名が振られた例が崇神天皇段に2例（「東方十二道」「東方」）ある。景行天皇段は地名（東之淡水門）・地名起源説話（阿豆麻）・歌物語（東国造）で，「東国」用例を含めて全て倭建命伝承の中に見られる（同伝承には「東方十二道」という記載もあるが，「ひむがし」「あづま」両様の読みがなされてきた）。雄略天皇段は歌物語である。

7例の意味する内容は深く，雄略天皇段の記載は六国史が描く東国像 (1) と対応し，崇神天皇段の2例と景行天皇段の4例は，「東方十二道」の記載も含めて，六国史が描く (3) の姿に重なると共に，独自性をもって (2) の範囲確定に多くの論点を用意する。

まずは雄略天皇段の歌物語から見ていこう。雄略天皇が設けた長谷の百枝槻の下での豊樂の宴に際し，伊勢国の三重の婇は大御盞を捧げたが，落葉が浮いていたことを知らずに捧げたため，天皇の怒りを招いて殺されそうになった。しかし次の歌を献上して許されたという。万葉仮名で記されているが，日本古典文学体系本をベースとすれば，次のように読める。

　纏向の日代の宮は　朝日の日照る宮　夕日の日駆ける宮　竹の根の根垂る宮　木の根の根蔓ふ宮　八百丹によし　い杵築の宮　真木栄く檜の御門　新嘗屋に生ひ立てる百足る槻が根は　上枝は天（原文は「阿米」，以下同）を覆へり　中枝は東（阿豆麻）を覆へり　下枝は夷（比那）

を覆へり　上枝の枝の末葉は中枝に落ち触らばへ　中枝の枝の末葉は下枝に落ち触らばへ　下枝の枝の末葉は　あり衣の三重の子が捧がせる瑞玉盞に浮きし脂落ちなづさひ　水こをろこをろに　是しも　あやに恐し高光る日の御子　事の語言も　是をば

『古事記』は，続く二首と共に天語歌と記しており，場面は雄略天皇への献上歌となっているが，「纒向の日代の宮」は景行天皇の宮と伝承されてきた宮であり，歌のベースには国生み神話がある。大嘗祭・新嘗祭の後の豊明節会などで歌われた宮廷寿歌の一つであろう。

問題は，上枝＝天（阿米）を覆う，中枝＝東（阿豆麻）を覆う，下枝＝夷（比那）を覆うという構造が示され，東は，天とも夷とも異なる世界と意識されていることである。

ここで言う「ひな」は都に対する鄙（田舎）一般ではないことに注目したい。『古事記』『日本書紀』の「ひな」には，万葉仮名で表記される本例以外は全て夷ないし蝦夷の字が当てられており，「東夷」は明らかに蝦夷（地）を指している。中華に服すべき化外の地の位置づけである。

他方『古事記』『日本書紀』『続日本紀』の「天」用例を拾うと神（社）名・神事・天皇諡号以外では神代の地名・件名に集中している。人代・地上の地名・件名に用いられることはまずない。天香山も天上の場合は天香山だが，地上の場合は香山と記されている[4]。従って，この歌の「阿米」は「天下」の省略形と見た方が正確である。倭国大王「治天下」の第一義的世界を指す。「治天下」は雄略天皇に比定される獲加多支鹵大王に関わる埼玉稲荷山古墳出土鉄剣（471年）・江田船山古墳出土鉄刀（5世紀後半）に初現し大宝令施行（701年）まで使われるが，この意識は『隋書』東夷伝倭国条の「開皇二十年（600），倭王，姓は阿毎，字は多利思比孤，号は阿輩鶏彌，遣使，闕（＝宮城）に詣る」（原漢文）を想起させる。「阿毎」は「あめ（あま）」，「多利思比孤」は「たらしひこ」，「阿輩鶏彌」は「おほきみ」の借音表記と見るのが穏当だろう。

「東国」は，倭国大王の第一義的な国土，中華の地「天下」と，服属すべき化外の地「夷」との間に位置する，天とも夷とも区別された第三の世界と把握されていたのである。『日本書紀』が同じ「東」の文字を用いながら「東国」と「東夷」の読みを変えていた理由は，深いものがあったのである。倭国は天・東・夷の三層構造として把握・認識され，東国は，その構造の中で，中華でもない，夷狄でもない，第三の領域と位置づけられていたのである。

このことが，東国を共通理解する第一の基礎に置かれるべきであろう。

なお，天・東・夷（蝦夷地）が東への構造であったとすれば，「あづま」と「さつま」という対称的な言葉に象徴されるように，西には天・薩摩・夷（隼人地）という対称的な構造が想定されていたと見られる。私が奉職している群馬県立女子大学文学部教授の北川和秀博士（上代文学）から，語頭にＳが付くかつかないかだけの違いで意味の似た語の組み合わせは多く（死ぬ・去ぬ，開く・咲く，植ゑ・据ゑ，うつ・棄つ，青・さを，暴く・裁くなど），「あづま」と「さつま」は，その仲間になりえそうだとのご教示を得たことをここに記して感謝申し上げたい。

東国も三層構造——核地域は上野・武蔵・下野

　興味深いことに，東国用例が皇極天皇五年条以降に集中しているのに呼応するように，王族将軍派遣伝承・上毛野君関係伝承を除くと，蝦夷用例は皇極天皇元年条以降に，欽明天皇の天国排開広庭（あめくにおしひらきひろにわ）を除くと，「天」を帯びる天皇諡号も皇極天皇の天豊財重日足姫（あめとよたからいかしひたらしひめ）以降に集中している。記録・伝承の偏りもあろうが，皇極朝に象徴される7世紀半ば以降，天・東・夷の三層構造が強く意識されるようになった可能性を否定できない。

　東国にとって7世紀半ばが一つの画期であることは大化元年（645）・二年の東国国司詔⑬にも伺えるが，『常陸国風土記』は，冒頭，次のように記している（原漢文）。

　　国郡（くにこほり）の旧事（ふること）を問ふに，古老の答へていへらく，古は相模の国足柄の岳坂より東（ひむがし）の諸の県（あがた）は惣べて我姫（あづま）の国と称ひき。この当時（とき），常陸と言はず。唯，新治（にいはり）・筑波（つくば）・茨城（うばらき）・那賀（なか）・久慈（くじ）・多珂（たか）の国と称ひ，各，造（みやつこ）・別（わけ）を遣（つか）はして検校（しらし）めしき。その後，難波長柄豊前大宮に臨軒（あめのしたしろ）しめしし天皇（すめらみこと）のみ世に至り，高向臣（たかむこのおみ）・中臣幡織田連（なかとみのはたおりだのむらじ）らを遣はして坂より東の国を惣領めしめき。時に，我姫の道，分れて八の国と為り，常陸の国，その一つに居（お）れり。

　『常陸国風土記』の記載には2つの要点がある。第1は，相模国足柄の岳坂以東は我姫（あづま）と呼ばれる一つの地域とみなされていたこと。第2は，「我姫」の分割は難波長柄豊前大宮に臨軒（あめのしたしろ）しめしし天皇（すめらみこと）つまり孝徳天皇の代（645～654）に行われたと主張していることである。

　この主張は『古事記』『日本書紀』などの認識，地域把握と一致している。まず，いずれもヤマトタケル伝承の中で，『古事記』は足柄坂以東を阿豆麻（あづま），『日本書紀』は碓日嶺以東を吾嬬（あづま）と呼んでいる。また養老公式令には「凡朝集使（おほよそちょうしゅうし），東海道坂東，東山道山東，……皆乗駅馬」とあり，その注釈書である『令義解（りょうのぎげ）』は，駿河と相模の界の坂（＝足柄坂）以東を坂東，信濃と上野の界の山（＝碓日嶺）以東を山東と注している。碓氷坂・足柄坂以東，おおよそ今日の関東地方を「あづま」と呼ぶことは，飛鳥・奈良朝の貴族・官人層の共通認識だったと言えよう。

　坂東，山東，2つの呼び方が生まれるのは，京・畿内から全国を放射状に把握しようとする律令的広域行政概念に従ったものである。坂東は東海道に沿っての，山東は東山道に沿っての呼び方である。しかし逆に，そうした呼び方がされたことは，本来，東国が，京・畿内から放射状には把握できない一つの地域だったことを示唆する。

　一つのまとまりと把握されていた東国が，7世紀半ば，孝徳天皇の代に8つの地域に分けられたという主張は『日本書紀』⑭の記載とも重なり合う。⑭は「東方八道」に派遣された8組の「国司」あるいは「朝集使」の勤務評定で，史実性には多くの議論があるが，東国と一括りに把握されていた地域が大化年代に8つのクニに分割・整理されたという歴史認識が共有されていたのは事実だろう。八国と見られるクニの確実な初見が，上毛野国（かみつけの）は斉明天皇四年（658），常陸国は天智天皇十年（671），他の国々は天武・持統朝であることは示唆的である[5]。

　しかし「大倭国貢瑞鶏　東国貢白鷹　近江国貢白鵄」（⑱天武天皇四年（675）正月壬戌条）を始

めとする天武朝の一連の東国用例や『続日本紀』に連続する坂東用例に見られるように，なおこの地域は一体的な地域として意識され続けたと見られる。

一体的と見られた東国ではあるが，「八道」⑭「八国」（『常陸国風土記』，『続日本紀』の坂東用例）「十二道」（『古事記』，『先代旧事本紀』国造本紀上毛野国造条）「東方諸国造十二氏」（『高橋氏文』）「東山道十五国都督」⑦などの書き方がされている。これらがどの地域に当てはまるのかを考えることは，東国の範囲と内部構造，その変遷を考える鍵となる。

一番明確なのは坂東八国である。初出が天平宝字三年（759）であることから，天平宝字元年再建置された安房を含む上野・武蔵・下野・相模・上総・下総・常陸・安房の八国と見られる。ほぼ今日の関東地方と重なるが，坂東用例の初出である神亀元年（724）の記事㉔には「坂東九国軍」とある。神亀元年は安房の最初の建置期間（養老二年（718）から天平十三年（742））に含まれるから坂東九国に安房は入っており，他の一国がどこかが問題となる。陸奥との意見もあるが，甲斐と見るべきだろう。その理由は『古事記』の「東方十二道」という記載にある。

「東方十二道」は倭建命派遣伝承の中に見られる記載で，『古事記』倭建命派遣伝承の地理感覚では「東方十二道」を尾張・美濃よりも東の地域と見ており[6]，伝承中の歌物語で甲斐の酒折宮にいた御火焼老人に「東国造」を給わったと記しているからである。「東方十二道」は上野・武蔵・下野・相模・上総・下総・常陸・甲斐・信濃・遠江・駿河・伊豆と見るのが妥当である。『万葉集』には陸奥が入り安房の歌がないが，『万葉集』巻十四の東歌収録範囲と重なり合う。『先代旧事本紀』国造本紀上毛野国造条の「十二国」は同一地域を指すものと見られ，『高橋氏文』の「東方諸国造十二氏」も，この記載に引かれてのものであろう[7]。

『日本書紀』景行天皇五十五年条の「東山道十五国都督」の「十五国」は，東山道とあることから，先の「十二道」に美濃・飛騨・近江を加えた形か，近江ではなく陸奥を加えた形であろうか。あるいは，『日本書紀』の成立が養老四年で上毛野朝臣と東山道への重視を考えると，短期間で再併合されたとはいえ養老二年設置の石城・石背と陸奥の三国である可能性もある。

その五十五年条と続く五十六年条は，東国の構造を考える上で重要な情報に溢れている。全文を引用しておこう（原文は漢文。一部の漢字を仮名とし，仮名遣いは現代仮名遣いとした）。

五十五年春二月戊子朔壬辰　彦狭嶋王を以て東山道十五国都督に拝けたまう。是豊城命の孫なり。しかるに春日穴咋邑に至り病に臥して薨ぬ。是時東国の百姓，その王の至らざるを悲しみて竊に王の尸を盗みて上野国に葬る。

五十六年秋八月　御諸別王に詔して曰く，汝の父彦狭嶋王任所に向かうことをえずして早く薨ぬ。故　汝専め東国を領めよ。是を以て御諸別王　天皇の命を承け　また父の業を成さんと欲して　則　行き治めて早に善政を得つ。時　蝦夷騒動。即　兵を挙げて撃つ。時に蝦夷の主帥足振辺・大羽振辺・遠津闇男辺ら叩頭来りて頓首罪を受べない　悉くにその地を献る。よって以て降者は免し不服は誅す。是を以て東（「あづま」「ひむがしのかた」の両読みあり）久しく事無し。是に由りて　その子孫，今東国に有り。

上の記載から，以下の要点が抽出される。
1. 豊城命の子・倭日向武日向彦八綱田（やまとひむかたけひむかひこやつなだ）は東国との関係を全く持っていないので，崇神天皇四十八年条の「豊城命を以て東国を治めしむ」の伝承は豊城命の孫，彦狭嶋王・御諸別王父子の東国派遣伝承の上に成り立った架上伝承と見られる。そして「その子孫，今東国に有り」の表現から，始祖王・崇神の長子を祖と仰ぐことが貴族・官人層の共通認識となっていた集団が広く東国に展開していたことが知られる。「上毛野君・下毛野君」（『日本書紀』崇神天皇四十八年条）「東国六腹朝臣」（『続日本紀』延暦十年条）を中心とする人々である。
2. 東国は，東山道十五国に広がりうるが，「竊に王の尸を盗みて上野国に葬る」とあるように，その中心は上野国と意識されていた。上野国が中枢地域で彦狭嶋王の赴任が特別なものであるという認識は『先代旧辞本紀』国造本紀上毛野国造条の「上毛野国造　瑞籬朝（みずがきのみかど（崇神））皇子豊城入彦命孫　彦狭嶋命　初治平東方十二国為封」という表現にも伺える。
3. 彦狭嶋王・御諸別王は東国の「任所」に赴任して善政を果たすことと，その東の蝦夷に対して「兵を挙げて撃つ」兵員の組織化と軍事指揮が託されている。後の陸奥守・陸奥按察使（あぜち）・陸奥鎮守府将軍に近い役割で，上毛野君関係の他の伝承や実際の行動に繋がる。現に奈良朝初めの和銅・霊亀・養老年間にあっては世襲のように上毛野朝臣は陸奥守・陸奥按察使を独占しており，多賀城碑によれば多賀城は東国六腹朝臣の一員，大野朝臣東人（おおのあそみあづまひと）の建置であった。

地理感覚をまず整理すれば，上野・下野を核とし，武蔵・相模・安房を含む上総・下総・常陸・甲斐を加えた地域が狭義の東国で，信濃・遠江・駿河・伊豆及び内国化した陸奥南部までをも範囲とするというのが飛鳥・奈良朝の貴族・官人層の共通認識だったと見られる。

その東国は「八国」であり碓氷坂・足柄坂以東であるという意識が強かったため，御食国（みけつくに）安房設置後は，甲斐が外れて，今日の関東地方と重なる形になっていったのであろう。

問題となるのは，東国における武蔵の位置づけである。宝亀二年（771），それまで東山道に属していた武蔵は，国府が南武蔵（今日の府中市）にあり東山道に従ってでは回り道であるという理由から東海道に編成替えとなる。しかし，初めから国府が相模・下総に近い南武蔵にあったなら元々東海道に属していたはずである。利根川水系の洪水などの理由で，国府を，上野（かみつけ）・下野（しもつけ）に近い北武蔵から南武蔵に移さざるをえなかったゆえの結果ではなかっただろうか。

上野・下野という対称的な名称や『先代旧事本紀』国造本紀下毛野国造条の「元毛野国　分為上下（しもつの）」の記載に引かれて，上野と下野は一体だが武蔵は別の地域と考えがちだが，上野・武蔵・下野は一連の地域と捉えるべきであろう。そして武蔵の元々の中心を上野・下野に近い北武蔵とすれば，その候補地としては埼玉（さきたま）古墳群立地の埼玉（さきたま）郡などが浮上する。仮に埼玉辺りに最初の武蔵国府が開かれたとすれば，上野国府が開かれた群馬（くるま）郡，下野国府が開かれた都賀（つが）郡と武蔵国府との関係は理解しやすく，前代の大規模古墳群の分布とも滑らかに接続する。

夷狭地として征討・内国化の対象とされた陸奥が東山道に位置づけられていること，伝承の世界とはいえ彦狭嶋王・御諸別王が「東山道十五国都督」に任じられていること（⑦）なども，上野・武蔵・下野を一連の地域と把握して初めて理解できる。上野・武蔵・下野は，全国的に規模

が小さくなる古墳時代後期，なお大規模前方後円墳を造り続けた地域である。副葬品も抜きん出た優品が多い。東国の核地域と呼ぶにふさわしい地域である[8]。そして武蔵(むさし)という名称は，巨大な武器庫，大規模な兵站基地を想起させる。

以上を整理すれば，東国を共通理解するための第二の基礎として次の２点が挙げられる。

(1) 倭国が天・東・夷の三層構造を取っていただけでなく，天＝中華でも，夷＝化外でもない，第三の領域と位置づけられる東国自体が，上野・武蔵・下野を核とし，周囲に広がる今日の関東地方を狭義の東国，広域的には信濃・遠江・駿河・伊豆・内国化した陸奥南部までをも含む地域という三層構造を持っていた。

(2) 東国の核地域は多賀城の前身施設と言ってよい性格を持ち，後の陸奥守・陸奥按察使・陸奥鎮守府将軍に近い役割を負った有力者（王族ないし準ずる者が率いる軍団）が派遣され，地域の開発と対蝦夷戦に備えた兵員編成・兵力増強が図られた。

豪族居館と言われている三ツ寺Ⅰ遺跡(みつでら)・北谷遺跡(きたやつ)（いずれも群馬県高崎市），原之城遺跡(げんのじょう)（群馬県伊勢崎市）などは，その姿を具体的に見せているものと考えられ，上野地域を中心とした東国核地域に豪族居館と呼ばれるものが多いのは，多くの王族や氏族集団が軍営を設置，兵員を組織したためではなかろうか。

また新田郡衙とされる天良七堂遺跡(てんらしちどう)（群馬県太田市）が他の郡衙に比べて異常に大きいのは兵站基地としての性格によるものと見られ，さらには，兵站基地としての本来の武蔵国府が機能を果たし得なくなったための代替措置であった可能性も考えられる。

3種類の王族将軍派遣伝承 ―上毛野君始祖伝承の特異性

東国が秀でた強力な軍事力を有する地域として位置づけられていたことは再三強調してきたが，第１表を細かく見ていくと，その軍事力には３つの側面があることが理解される。

第１は夷狄地隣接地としての対蝦夷戦力である。六国史では完成した軍制の下での記載しかないが（㉓など），天・東・夷という倭国の三層構造に照らせば第一義的な位置づけと見られる。

第２は王権中枢近侍の兵力で，⑩⑫㉝にその様子が知られ，兵士を「東舎人」と呼んだ神亀五年（728）創設の中衛府などは，その制度化であったと見られる。壬申の乱時の東国からの兵力徴発の一部には王族や優勢氏族直結の東国兵の存在も想定され，こうした兵力のありようを王族将軍派遣伝承と重ねて理解する時，東国の軍事力の実像が鮮明になると見られる。

第３は対新羅戦用の防人である。白村江の戦いへの出兵と敗戦後の軍制確立の中で，訓練された兵力としての東国の軍事力が求められたのであろう。白村江の戦いに際し，大軍を率いたのが上毛野君稚子(かみつけののきみわくこ)・阿部引田臣比羅夫(あべのひきだのおみひらふ)らであったことは示唆深く，阿部氏は，上毛野氏と同じく東国派遣伝承を持つ氏族で，関係氏族が広く東国から陸奥に展開・定着した。埼玉稲荷山古墳出土鉄剣に記された「意冨比垝(おほひこ)」に始まる系譜も阿部氏に繋がる可能性が高い。

そうした軍事力が，吉備や筑紫の場合とは異なって，王族ないし準ずる将軍の王権中枢からの

派遣伝承に根ざすところに，東国軍事力の，ひいては東国の特色がある。

『日本書紀』に記される主要な東国派遣伝承は3つある。

第1は，②の崇神天皇十年条の四道将軍の派遣である。「印綬を授いて将軍」とした大彦命(おおびこのみこと)を北陸に，吉備津彦(きびつひこ)を西道(にしのみち)に，丹波道主命(たにはのちぬしのみこと)を丹波(たには)に，「武渟川別(たけぬなかわわけ)を東海(うみつみち)に遣す」とあり，「戎夷を平(ひな)け」て帰還している。『古事記』では「東海」が「東方十二道(ひむがしのかたとをまりふたみち)」となっている。④の景行天皇二十五・二十七年条の武内宿禰派遣伝承も視察の趣が強いが，類する伝承と見られる。

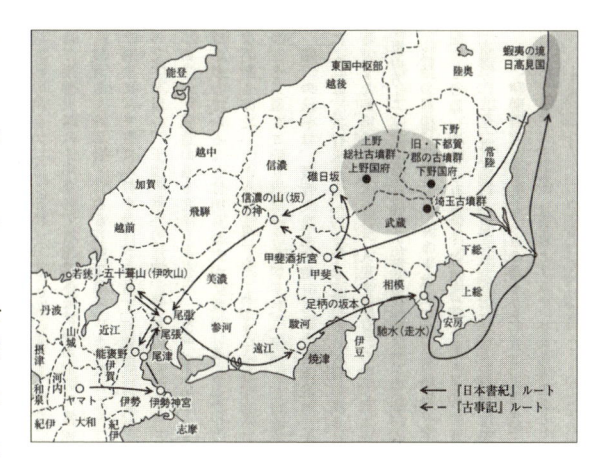

第2は，⑤の景行天皇四十年条の日本武尊の東征伝承である。蝦夷を中心とする「東夷」を「言向(ことむ)け和平(やは)せ」という命を受けた日本武尊の東征ルートは図の通りで，馳水(はしりみず)で入水した弟橘媛(おとたちばなひめ)への絶唱「吾嬬者耶(あづまはや)」を東国の地名起源説話とすべく碓日坂(うすい)を持ち出したため，甲斐酒折宮から「武蔵，上野を転歴(へめぐ)りて」となり「山東諸国」の表現が入るが，主要ルートは，武渟川別と同じく東海道沿いであった。同じ伝承を載せている『古事記』は絶唱の地を足柄の坂本として，常陸→甲斐というルートを取り，上野・武蔵・下野の東国の核地域は外れている。また，日本武尊は途上で亡くなってしまうが，武渟川別と同じく帰郷・凱旋が求められていた。

第1・第2の伝承の共通点は上野・武蔵・下野の核地域が外れていることと派遣将軍の帰還にある。趣を大きく異にするのが，先に全文を引用した景行天皇五十五・五十六年条の⑦である。

繰り返すことになるが，この第3の伝承では，「東山道十五国の都督」と記される彦狭嶋王・御諸別王は東国の百姓に待たれる存在であり，到着した御諸別王は「善政」をもたらし，「その子孫は，今東国に有」る。移住・定着者である。蝦夷に対しても，東国から「兵を挙げて撃」ったと書かれており，東国は征討対象ではなく，出撃拠点である。

したがって，第1・第2の伝承を「征討・帰還・東海道型」，上毛野君に関わる第3の伝承は「治政・移住・東山道型」と呼ぶことができる。この違いは非常に重要な違いと思われる。そして，なぜか『古事記』には第3の伝承（またはその型）がない。

さらに興味深いことに，『日本書紀』は崇神天皇条と景行天皇条の二度にわたって，第1・第2の伝承の「征討・帰還・東海道型」の後に，第3の伝承の「治政・移住・東山道型」の記事を並べている。そして第3の伝承の「治政・移住・東山道型」は上毛野君始祖伝承に偏っている。

崇神天皇十年・十一年条	武渟川別の東海派遣	——征討・帰還・東海道型
四十八年条	豊城命東国治定伝承	——治政・移住・東山道型
景行天皇二十五・二十七年条	武内宿禰の東方諸国等派遣	——征討・帰還・東海道型

四十年条　　　　　日本武尊の東征伝承　　　——征討・帰還・東海道型
　五十五・五十六年条　彦狭嶋王・御諸別王派遣　——治政・移住・東山道型

　ここまで明確に書き分けられ位置づけられるとすれば，その名の通り，東国と上毛野君—東国六腹朝臣として氏族形成を図った人々との関係は本当に深く，その人々の母体は，令制の東山道地域つまり上野・武蔵・下野に当る地域を主要な目的地として，その地に「善政」を敷いて地域を組織化すると共に，そこを拠点に蝦夷地に出撃し蝦夷地を内国化するために移住・定着した人々であるという共通認識が貴族・官人層に持たれていたということができる。

　実は，そうした目的を持って東国に派遣された王族や氏族集団は無数にあったのかもしれない。埼玉稲荷山古墳出土鉄剣に刻まれた「意冨比垝」に始まる系譜は，素直に読む限り大彦命・武渟川別（伝承上は父子）を始祖とする阿部朝臣関係氏族に繋がらざるをえないし，先に述べたように阿部氏関係氏族は東国から陸奥に多く分布する。阿部氏関係氏族の例は一例に過ぎず，⑪⑬に見られるように，上宮王家や蘇我大臣に連なる人々も確かにいたと見られる。

　埼玉稲荷山古墳出土鉄剣に名を残す獲加多支鹵大王は雄略天皇そして倭王武に比定されているが，鉄剣に記された辛亥年（471）の 8 年後の 479 年，倭王武は，宋への上表文に「自昔祖禰躬擐甲冑　山川跋渉　不遑寧処。東征毛人五十五国，西服衆夷六十六国，渡平海北九十五国」と記して，前代以来，大王自らが兵を率いて遠征したと主張した。虚構ではないだろう。

　「毛人」の語は，宋の理解を得るため『山海経』に東夷と記される文言を用いたと見られるが，「東征毛人五十五国」が東国やその東にある東夷の地を指すことはまず間違いない。

　後に「毛人」は「えみし」と読まれるようになるが，上毛野・下毛野の由来とされる「毛野」という地名自身が「毛人」から生み出された可能性も否定できない。大王に従い，あるいは命じられて東国やその東にある東夷の地に派遣された無数の王族や氏族集団の中で，始祖王・崇神の長子を祖と仰ぐ集団が東国の組織化に最終的に成功したのであろう。

　上毛野君—東国六腹朝臣が君臨する形は，東国における氏族形成の最後の形と見るべきではなかろうか。その過程で「毛人」の地は，東と夷に明確に分けられ，上毛野君—東国六腹朝臣は，天における権力闘争に関与しない代わりに，夷狄地との近接性を理由に東の地を巨大な軍営に仕立て上げ，天に吸収されない「独立」国の様相さえ確保したのではなかろうか。そうとも考えない限り，6〜7 世紀東国古墳の出土品や 7〜8 世紀の文字文化の高さは理解できない。

　考えてみれば，国家としての体制が未確立の段階では，遠征等の大事業は大王自らないし王族や側近の有力集団によって率いられるのが当然で，上毛野氏や阿部氏の一族が，他の面では主殿[9]や膳[10]といった側近・内廷官としての伝承と実務を背負っていることや戦役を含む朝鮮諸国との交渉に関わる伝承と記録を有していること[11]は理解しやすい。そして貴族・官人層へと進む氏族形成は，天・東を貫いてだけでなく，韓半島諸国の諸政治勢力，さらには中国諸王朝の貴族集団とも交流しながら行われていったと見るのが適当であろう。

　上毛野君が韓半島諸国との交渉伝承を持つばかりか，関係氏族の中に百済を中心とする韓半島諸国・諸地域からの膨大な渡来集団が含まれることを貴族・官人層が認めていたことは，そうし

た脈絡において初めて理解できる。それを奈良時代以降の仮託としてしまっては，氏族形成・国家形成のダイナミズムを見失う。

解体か拡大か ―律令国家日本の展開と東国

　このように，東国は，上毛野君―東国六腹朝臣の元に，天とも夷とも区別された一つの世界として形成されていったと見られるが，天・東・夷の三層構造に立つ倭王権が，白村江の敗戦と壬申の乱とを経て，大宝元年の大宝律令の完成と翌々年の日本国号の唐（厳密には周）による公認をもって「諸蕃と夷狄の上に立つ小中華の国」に変貌・完成していくに際し，上毛野君―東国六腹朝臣が中級貴族として台閣に並ぶ一方で，和銅七年（714）尾張・上野・信濃・越後等の国民二百戸を出羽の柵戸に配したのを嚆矢に，霊亀元年（715）相模・上総・常陸・上野・武蔵・下野の六国の富民千戸を陸奥に，養老元年（717）信濃・上野・越前・越後四国の百姓各一百戸を出羽の柵戸に，養老三年（719）東海・東山・北陸三道の民二百戸を出羽の柵に配すという形で，東国を中心とする民は矢継ぎ早に強制移住させられることになる。それ以前は帰還が前提となる兵士としての徴発や陸奥・出羽の最前線への物資の提供であったものが，強制移住に転換された。
　『続日本紀』によれば，隼人地への入植は和銅七年（714）の1回200戸だけだったが，陸奥・出羽つまり蝦夷地には，和銅七年からの僅か6年で1,800戸もの人々が移住させられたことが分かる（陸奥1,000戸・出羽800戸）。
　1,800戸とはどれほどの規模か。戸は自然な生活の家，竪穴住居一軒分ではない。兵士1名を出せる単位である。残された籍帳（戸籍簿）や正税帳（課税台帳）から25名程度が一戸の人数と見られる。里も自然村ではない。50名の兵士を出せる単位である。国民にとって律令制とは兵士を確実に出す制度であり，戸も里も兵士を出す単位だった。律令国家日本は，何よりも軍国の体制であり，人の移動もその体制で進んだ。
　1戸＝25人とすれば，1,800戸の人口は45,000人という規模になる。当時の総人口は500～600万人程度と推測されているから，およそ1％弱に当る。今日の人口に置き換えれば，100万人前後が数年で移民させられたことになる。実に大変なことが引き起こされている。防人を中心とする兵士徴発の厳しさ・悲しさが強調されてきたが，それ以上の大事件である。
　しかもその移動は全国民を対象としたのではない。尾張以東，信濃以東，越前以東に限られている。そして逆に，上野国碓氷・多胡・緑野郡，周防国吉敷郡には「俘囚郷」，播磨国賀茂・美嚢郡には「夷俘郷」と呼ばれる強制移住させられた蝦夷の郷が作られていった。
　この状況を東国の解体と見るか，夷狄地の内国化に伴う東国の拡大と見るか。それが次の課題だが，日本国家の誕生が，東国を新たな舞台に押し上げたことだけは確かだろう。

　注
　1）『日本書紀』天武天皇五年四月辛亥条，『日本三代実録』元慶四年五月丙子条
　2）『日本書紀』神代上・神皇承運段，景行天皇二十八年条二月乙丑朔条

3) 表には示さなかったが，神亀五年（728）から大同二年（807）にかけて置かれた中衛府の兵士中衛の割注「号曰東舎人」は㉕の記載に繋がると見られる（『続日本紀』神亀五年八月甲午条）
4) 『日本書紀』崇神天皇十年九月壬子条・斉明天皇是歳条。ただし『古事記』景行天皇段の倭建命伝承の中の歌には「阿米能迦具夜麻（天香久山）」とある。
5) 『日本書紀』におけるそれぞれの初出は遡るが，伝承での地名や明らかにその時代より新しい表現とみられることから，確実な初現とは言えない。
6) 『日本書紀』の東国に対する地理感覚も同様で，尾張・美濃よりも東である。『古事記』崇神天皇段の「東方十二道」も，同じ地域感覚に立ったものと見られる。
7) 『先代旧事本紀』国造本紀自体は，「十二道」と重なる地域に30前後の国造を羅列している。
8) 私は，東国六腹朝臣（あづまのくにむつはらのあそみ）と総称される中級貴族，上毛野朝臣（かみつけの）・下毛野朝臣（しもつけの）・大野朝臣（おおの）・車持朝臣（くるまもち）・佐味朝臣（さみ）・池田朝臣（いけだ）の六氏の東国での拠点は上野・武蔵・下野の5世紀後半以降の中心地域と考えており，上毛野朝臣と車持朝臣を上野国府が開かれる群馬郡辺り，佐味朝臣をその南東部，池田朝臣をその北東部，下毛野朝臣を下野国府が開かれる都賀郡辺りに比定するとともに，大野朝臣を埼玉古墳群が立地する埼玉郡辺りと見ている（拙著『古代東国の王者　上毛野氏の研究』2008年，雄山閣）。
9) 主殿は，東国六腹朝臣の一員で群馬の語源の可能性の高い車持朝臣（くるまもちのあそみ）の本来の職掌（名負）で車持とは有輪の車を引き無輪の輿を担ぐ職務を言う。『日本書紀』履仲天皇五年条には，王権から派遣されて遠く玄界灘の宗像の神の祭りに関与した形跡も記載されている。
10) 『日本書紀』景行天皇五十三年十月条（⑥）に見られる磐鹿六雁（いわかむつかり）伝承など。膳臣氏と阿部朝臣氏はともに大彦命・武渟川別を始祖としている。
11) 『日本書紀』神功摂政四十九・五十年条及び応神天皇十五・十六年条の上毛野君の祖・荒田別らの伝承，仁徳天皇五十三・五十五年条の上毛野君の祖・竹葉瀬・田道の伝承，舒明天皇九年条の上毛野君形名の記事に見られる始祖伝承，天智天皇二年条の白村江の戦いの前将軍（さきのいくさのきみ）・上毛野君稚子など。

(38) 高橋一夫『古代東国の考古学的研究』第四編第二章、六一書房、二〇〇三年。谷を塞きとめて池を構築することは『常陸国風土記』にみえる。

（12）『続日本紀』延暦九年十一月丁亥条。

（13）官社与格例は梅田義彦「官社考」「神祇制度史の基礎的研究」（吉川弘文館、一九六四年）に収集、表示されている。

（14）拙著『続日本紀』の編纂過程」『日本古代律令法史の研究』（文献出版、一九八六年）参照。

（15）伴善男の官歴は『続日本後紀』『文徳実録』『三代実録』および『公卿補任』による。

（16）『三代実録』貞観八年九月二十二日条。

（17）藤原良相の官歴は『続日本後紀』『文徳実録』『三代実録』および『公卿補任』による。

（18）『三代実録』貞観九年十月十日条。

（19）『三代実録』貞観四年十月七日条、同八年九月二十五日条。

（20）中臣逸志の官歴は『続日本後紀』『文徳実録』『三代実録』による。

（21）「藤原良尚藤子菅根等連署庄園施入帳」『朝野群載』巻十七。

（22）『平安遺文』一六五号。

（23）『三代実録』貞観八年八月三十日条、同年十月二十五日条。

（24）佐伯有義『伴善男』嘉祥三年六月己酉条。

（25）『文徳実録』吉川弘文館、一九七〇年。

（26）拙稿「奈良神社の官社預列」『埼玉史談』五八巻三号所収、二〇一一年。

（27）大洗磯前、酒列磯前薬師菩薩名神社の成立『古代東国と常陸国風土記』（雄山閣出版、一九九九年）が詳細な検討を行っていて有益である。

（28）藤原近主の官歴は『続日本後紀』『文徳実録』による。

（29）前掲注（6）。

（30）前掲注（13）梅田義彦論文。

（31）『続日本後紀』嘉祥元年七月甲申条。

（32）氷川神社については拙著「氷川神社考」『王朝政治と在地社会』（吉川弘文館、二〇〇五年）参照。

（33）拙稿「武蔵と物部―東山道からの進出―」『埼玉史談』五六巻四号所収、二〇一〇年。

（34）多気はケ乙ないし滾りの意の可能性があるが、両語のケ、キが甲音であるのに対し気のケ、キは乙音なので、一の可能性として多気は竹の意とするのが相応しいのではなかろうか（鈴鹿千代乃「多気比売神社」『式内社調査報告』第十一巻〈皇學館大学出版部、一九七六年〉。

（35）若松良一「菖蒲天王山塚古墳の造営時期と被葬者の性格について」『土曜考古』六号所収、一九八二年。若松氏は天王山塚古墳について畿内朝廷勢力による埼玉古墳群を築造してきた勢力への介入、分解方策を考え、それにより分散を余儀なくさせられた勢力が築造したとみているが、朝廷勢力から謂わば敵視、分散させられた人たちが全長一〇四メートルもの古墳を作ったとは思われず、埼玉の勢力とそれなりの連携をもちつつ元荒川、綾瀬川の水運に関わり勢力を築いていたのではないかと思われる。

（36）埼玉の津については中島洋一「埼玉沼と埼玉の津」、井上尚明「埼玉古墳群と河川交通」『古代の港と埼玉の津』『埼玉の津と埼玉古墳群』（野外調査研究所、二〇一一年）参照。

（37）山口平八郎執筆『行田市史』上巻第四篇第十二章、行田市、一九六三年。

ているが、元来は別地に鎮座していたとみられ、私は比定地未詳ながら埼玉の津のあたりに占地していたのではないかと臆測している。前玉神社は珍しく二座とされ、通常前玉比売と前玉比古が祀られていたと考えられている。私は前玉比売は埼玉の津に祀られ水運に従事する人たちに神徳を施し、加護を期待された神霊と見得るように思う。この女神前玉比売が元来の前玉神社の神霊であったが、女神のみでは不足が感じられ、後添的に男神である前玉比古が配祀されるようになったのではないか。埼玉の地は武蔵国造の治所とされ律令時代に入ると郡衙が置かれ、地方政治の中心地という性格があり、政治の中心となれば多少とも男性優位という側面があり、かかるあり方が影響を及ぼして水運に関わる前玉比売の傍らに前玉比古が祀られるようになったのであろう。

武蔵国では女神を祀る式内神社に比企郡伊古乃速御玉比売神社があり、埼玉県比企郡滑川町伊古に鎮座している。伊古は『和名抄』郷渭後を音読みした地名とされ、沼尻に関わる神霊とみられる。沼尻なら水に関わりその神霊が女神であるのは理解し易い。但しこの神霊は多分に灌漑に関わり強いて云えば豊作祈念絡みのようである。比企地方に多数作られている灌漑沼池は丘陵地帯の小開析谷に水を塞きとめたもので、高橋一夫氏によれば七世紀初頭には出現していたという。伊古乃速御玉比売神社はかかる灌漑用沼池に祀られていた神霊に由来するのであろう。『文徳実録』仁寿二年二月壬戌条の藤原高房の伝記によれば、美濃介時代に高房は灌漑を妨害する安八郡の陂渠の神を恐れず築堤を行ったという。高房伝にみえる陂渠の神は掘割の神霊ながら農業を妨げる邪神であったが、伊古乃速御玉比売は灌漑の便を図る善神で官社与格の待遇となったのであろう。

以上本節では宮城栄昌氏の官社の分類④に関わり武蔵国の例をとりあげ検討してみた。

注

(1) 『続日本紀』大宝二年二月庚戌条。本日条を国造による班幣受領とみる所見は通説とみてよいだろうが（新日本古典文学大系『続日本紀』一注、岩波書店、一九八九年）、小倉慈司「八・九世紀における地方神社行政の展開」（『史学雑誌』一〇三編三号所収、一九九四年）は賛成できないと論じている。国造が国単位で官社統制をしていたか否かは別にして、通説を否定せねばならない格別の理由はないのではなかろうか。

(2) 拙著『律令班幣制度考』『日本古代の政治と宗教』雄山閣出版、一九九七年。

(3) 『類聚三代格』巻一。

(4) 『類聚三代格』

(5) 小倉慈司「延喜神名式『貞』『延』標注の検討―官社の数量的変遷に関して」『延喜式研究』八号所収、一九九三年。

(6) 宮城栄昌「神名式の成立」『延喜式の研究』論述篇 大修館書店、一九五七年。

(7) 西山徳『祈年祭の研究』『上代神道史の研究』国書刊行会、一九八三年。

(8) 田中卓「新たに世に出た『宝亀三年太政官符』」『古典籍と史料』国書刊行会、一九九三年。

(9) 『続日本紀』同日条。

(10) 『続日本紀』宝亀三年八月甲寅条、宝亀九年十二月甲申条。

(11) 『続日本紀』宝亀十一年十二月丁巳条。

防止とするのが一案であろう。嘉祥元年七月に官社になった因幡国宇倍神は火災消鎮に神験を発揮した神であり、必ずしも天災地変絡みではない。また豊作祈念は古代人の主たる生業が農業であることを思えば尤もとはいえ、農業が生業の総てではないから幅をもたせて生業の加護とすることが考えられてよいように思われる。即ち私は④の論点に多少の付加が必要とみるのであるが、この点に関し小稿の最後に具体的な例を武蔵国の官社の中から二、三とりあげ論じておこうと思う。

武蔵国一の宮を称される埼玉県さいたま市大宮区高鼻に鎮座する氷川神社は近世になると出雲国築杵大社（出雲大社）を勧請したとされるようになるが、ヒカワの本来の意味は豊かな水流のことで、境内地から神社下の見沼に流れこむ泉流の神霊を祀る神社であったらしい。この神社が有力なそれとして浮揚するようになったのは、八世紀に入ると大宮台地東方の豊富な砂鉄を原料にして製鉄が盛んになりそれに伴い小鍛治の細工所も展開し、それらの業務に関係する人たちが奉斎するようになったことによるようである。元来の奉斎の対象は見沼に流入する泉流の霊であったが、やがて製鉄・鍛治に不可欠な火の霊であるカグツチを祀り、更には工人らの必須着衣である脛巾、脚絆に纏わる荒脛巾社が境内に祀られるようになっていた。氷川神社は製鉄、鍛治工人らに神験、神徳を施すと観念されるようになったようであり、これら工人の生業を加護する神社として神威を発揮するようになったと考えられる。大宮台地の東方において製鉄が盛んになる八世紀は足立郡領家である丈部直＝武蔵宿祢が抬頭して旧来の国造家物部直にとって替わて武蔵国造を襲職するようになる時期であり、氷川神社の官社与格が何時のことなのか不明なものの大宮台地東方の製鉄、鍛治を管掌下においていた丈部直＝武蔵宿祢が与格に関与したことが考えら

れる。これより氷川神社は製鉄・鍛治に関わりそれへの加護、神験により官社になっていたとみてよい。武蔵二の宮である児玉郡金佐奈神社も金属精錬に関わる神霊を祀る神社で、農業に非ざる生業に従事する人たちにより奉斎されていた。この神社は群馬県富岡市一ノ宮に鎮座する貫前神社を北関東に展開した物部氏の勢力と関連を有しているようである。

次に氷川神社と同じ足立郡所在で埼玉県桶川市篠津に鎮座する式内多気比売神社についてみると、元荒川とその分流とみてよい綾瀬川の合流点近くに位置している。綾瀬川は元来は元荒川の本流であったとみられる河川である。多気は竹の意かと思われるが、ここは川の流れの神霊であると考えられ、女神であるのは水神が女体のミツハノメであることに由るらしい。それは措いて元荒川を挟んで多気比売神社と相対する地点に栢間古墳群が展開し、その主墳である全長一〇四メートルの天王山塚古墳は六世紀第Ⅳ四半期に築造されたとみられている。多気比売神社の築造者らはこの水運に関わり勢力を築いていたとみられ、私はこのあたりはこの水路に沿う要衝という性格があったろう。栢間古墳群の築造者らはこの水運に関わり勢力を築いていたとみられ、私はこの人たち、またこの水路を航行する人たちが奉斎したのが多気比売神社であったと見得ると考える。これらの人たちは多気比売神社に対し水路の安全また運輸業の繁栄を祈願したのではないか。多気比売神社は元荒川と綾瀬川の合流点に鎮座するだけに舟行する船が輻輳し、多くの人々の奉斎をうけ、何時のことか不明なものの式内社に与格されたのである。猶、先に触れた埼玉には『万葉集』にみえる埼玉の津が所在し、式内前玉神社が鎮座していた。現在前玉神社は古墳上に所在

は同様に祥瑞である白鹿が献上され、それに因み斉衡三年二月二十一日に年号が天安に改められている。大洗磯前での新神の出現は木連理、白鹿の上奏、献上と無関係でなく、改元祥瑞絡みの慶事とみてよいのであるが、薬師菩薩神社という仏教的な社号は豊前国宇佐郡の官社八幡大菩薩宇佐宮の如き先例がないわけではないものの、極めて異例である。私は医薬に神徳を有するスクナヒコナ絡みで、新降神が敢えて薩を神号とするに至った理由は判り易いと考えるが、新降神が敢えて医薬絡みとされているのは、右引斉衡三年十二月常陸国言上で云っている済民のためとともに、文徳天皇の病弱を踏まえ玉体の健康、安穏に関わるところがあったのではないか。

この当時の常陸国司を調べると、親王太守の下で斉衡二年十一月に藤原近主が介に任官し国務を領導していたことが知られる。近主は藤原吉野の息子で承和六年一月に正六位上から従五位下に昇叙していたが、承和九年七月の嵯峨太上天皇死を契機として出来した承和の変に連坐し、この月二十六日に春宮坊大進から伯耆権介に左遷、実質配流処分にされ、同十四年二月に入京を許され、翌年二月に河内和泉班田使次官に任じた後常陸介に就いたのであった。近主のような失脚、配流から復任を遂げている官人は往々にして自分を改権者にとりいり阿ねるような行動に出るものである。近主は嘉祥からそろそろ改元を考え始めていた朝政の指導者である藤原良房や良相以下の意向を察知して祥瑞である木連理を奏上し、更には玉体安穏のため医薬の神徳を有する新神の出降を奏上したのではないか。薬師菩薩神社という社号は仏教信仰に篤かった藤原良相と盟友伴善男あたりの意に出たとみてよいし、それを理解している藤原近主の創案をみることもできよう。仁明、文徳朝にみられた官社与格の理由について明言している例

三

前二節で官社与格の動向をとりあげ政治史との絡みで検討してみたが、次に神社が与格に至った具体的な原因について論じてみたい。この点に関し神社与格に与格の原因を整理した宮城栄昌氏は与格の原因を

① 皇室御願
② 皇室の外戚関係
③ 国土の防衛の目的
④ 天災地変の防止と豊作祈念
⑤ 対氏族政策

の五に分類している。㉙氏は①として延暦二十五年四月の御願により官社となった大和国高天彦神社をあげ、②として桓武天皇母后高野新笠の遠祖に関わる平野祭神、③では対蝦夷戦争絡みの神社や隠岐、対馬、壱岐等の辺境に鎮座する神社、④では水旱防止や火山の活動を防止するなどを目的とする神社、⑤では藤原氏の祖神であるアメノコヤネノ命を祀る神社その他が当ると述べている。㉚この分類は真に尤もであり梅田義彦氏が妥当な所見と評している通りであるが、古代人の日常生活に及ぼす神祇の作用を纏めているとみ做せる④に関しては多少付加すべき点があるように思われるのである。天災地変の防止とは災難の防止ということであり、天災地変にも災難の原因はあるわけで、ここは天災地変を含むさまざまな災難

ことが知られる。㉓善男が地方の人への賜姓の便宜を図りそれが在地に勢力を築くに当っての手段になっていたという指摘が先学によりなされているが、㉔良相と善男は地方の神社の官社化を求める動きに関与することにより人脈、勢力を構築することを行っていたことが考えられるように思う。嘉祥三年六月に武蔵国の広瀬神社が官社となっている㉕のは、同神社の近くに良相が領する広瀬荘の所在が確認されるので官社化に良相の関与、口聞きの如きがあり、良相と神社所在地との結びつきを深める契機になっていたのではないか。朝政に影響を及ぼし指導に当っていた良相と善男はその神祇思想により官社化に積極的であったとともに、地方への進出や勢力構築への思惑も関与していたとみることができるように思うのである。

以上より私は承和の頃から貞観九年までの間に前後の時代と比較して盛んであった官社与格の動きの背景に藤原良相、伴善男、中臣逸志の神祇を巡る連携があったと考えるのであるが、それとは別に仁明、文徳天皇が蒲柳の体質で薬石に依存するとともに、朝廷内外に天皇の玉体安穏を求め神祇の加護への関心が惹起され、それとの関連で官社化を推進する動きがあったことも考えられるように思う。仁明天皇の一代記でもある『続日本後紀』の巻末に付された論纂には、

帝自_二従少小_一、聖体尩羸、

とあり、治世三六年の間に不予の記事が二四あり、『文徳実録』巻末の論纂には、

聖体羸病、頻廃_二万機_一、撫運不_レ長、在位已短、天之降命、蓋有_レ数歟、

と記されている。第一節で述べた如く天平勝宝七年十一月に聖武太上天皇が不予となった際には赦令布告や山陵への祈請、伊勢神宮へ奉幣

して回癒祈願する一方で武蔵国小野、今城青八尺稲実、高負比古、出雲伊波比等の神社への官社与格を行っており、官社与格により神験を仰ぐことができるとの観念があった。旧稿で私は嘉祥二年十一月に官社となったと認められた武蔵国幡羅郡の奈良神社のケースを、病身の仁明天皇の玉体安穏祈願に関わると考えたことがある。㉖六国史の官社格付与を示す記事の大半は単に官社に預列するというのみでその理由は示されていないが、在地の側が朝廷にとりいり玉体安穏、平癒祈願に関わる神験、神徳を理由に官社化を求めることがあれば、朝廷側が積極的に官社格を付与することがあったのではないか。

文徳朝における特異な官社与格に天安元年八月の常陸国大洗磯前、酒列磯前神社がある。㉗この両神社は『文徳実録』斉衡三年十二月戊戌条に、

常陸国上言、鹿嶋郡大洗磯前有_レ神新降、初郡民有_下煮_レ海為_レ塩者_上、夜中望_レ海、光耀属_レ天、明日有_二両怪石_一、見在_二水次_一、高各尺許、体於_二神造_一、非_二人間石_一、塩翁私異_レ之去、後一日、亦有_二廿余小石_一、在_二向石左右_一、以若_二侍坐_一、彩色非_レ常、或形像_二沙門_一、唯無_二耳目_一、時神憑_レ人云、我是大奈母知少比古奈命也、昔造_二此国_一訖、去往_二東海_一、今為_レ済_レ民、更亦来帰、

とあり、前年の十二月に大洗磯前に新降したとされるオホナムチ神とスクナヒコナ神を祀った神社であった。天安元年十月己卯紀には、

在_二常陸国大洗磯前、酒列磯前両神_一、号_二薬師菩薩名神_一

とあり、延喜式神名には大洗磯前薬師菩薩明神社、酒列磯前薬師菩薩神社とみえている。オホナムチは国土造営に当った神であり、スクナヒコナはオホナムチに協力するとともに医薬に神徳を有した神である。両神新降に先だち常陸国から祥瑞である木連理が上奏され美作国から

副に転じ、貞観元年に神祇伯となって同九年一月に死去するまで伯に任じていた[20]。これより逸志は家業である神祇絡みで神祇副、伯に就く一方で、長期に渉り内蔵寮官人として良相と同僚関係であったことが判るのである。

内蔵寮は勿論内廷関係の財務、物品供給を司る経済官司であるが、宮中が関わる神祇祭祀に関わり諸祭幣帛を担当し祭使として神祇官人とともに内蔵寮官人が差遣されることが多く、祭祀絡みをも職掌としていた。神祇家出身の逸志が長期に渉り内蔵寮官人となっているのは謂れのあるところであるが、神祇家でない北家出身の良相は長期の内蔵助、頭勤務により神祇への関心を深め、更に逸志との同僚関係を介し神祇、敬神の思想を学び体得するようになっていったのではないか。良相が仏教の篤信者であったことは既述した通りであるが、その宗教的関心は仏教のみに終らず神祇にも向っていたことを考えてよいように思われる。当時の神道と仏教の関係は相互に排斥しあっていたとみる必要はなく神仏習合が時代風潮であったから、仏教篤信者が神祇信仰に向っていて不思議でない。私はかく考えることから良相は仏教信仰のみならず神祇信仰にも篤く、この神祇への関心は盟友であった善男にも通じていたように思うのである。

即ち私は良相を介して逸志の神祇思想が善男にも伝わっており、承和から貞観前半にかけての朝廷の神祇を巡る動きに逸志—良相—善男の結びつきが少なからず関わっていた、と見得るのではないかと考える。小論の課題である先述した官社与格に関しても、この三人の連携が関わっていたのではないか。良相は政論家として兄良房の下で朝政指導に関わり、良房が太政大臣に任官すると朝政の審議の場である政や定の上卿として指導する役割から後退するようになるのに伴いその

替りの上卿として活躍するようになり、良相の朝政への関与は深まり、盟友善男も関わりを深めるようになっていたとみられるのである。既述した貞観九年とする官社与格の趨勢が見られなくなるのは、この三人の動向と関連していたと見得る余地は十分にあるように思う。

既述したが如く、善男は貞観八年九月に失脚し、逸志は同年一月に死去、良相は同年十月に薨去していた。九世紀に入った段階において祈年幣帛の受領において祝部らの間に怠慢行為が発生していたり瀆神的行動がみられていたことは紛れもない事実であるが、官社与格により神社の格式が上昇するとの思いがあり神社関係者の中に与格を求める動きがあったことも疑いようのない事実であろう。かかる神祇への関心は薄れても官社与格は求めるという動きである。かかる状況下で官社与格の政治を遂行したのも良相—善男—逸志であり、この三人の失脚、死去とともに官社与格の動きがみられなくなったのである。

平安初期の中央貴族が宮廷官人として出仕する傍ら、地方に拠点を築き経済活動を行っていたことはよく知られている。著名な例では寛平二年八月五日藤原良相ら菅根らの曽祖父黒麻呂による下総国藻原荘の開発と子孫への継承がある[21]。黒麻呂とその子孫は中央貴族として活躍しつつ藻原荘の経営に当り、寝居、墳墓の地としていたという。藤原良相が在地で荘を営み、経済活動を進めていたことは貞観十四年三月九日「貞観寺田地目録帳」[22]にみえる良相の貞観寺への施入地が武蔵、下野、備後、伊予等の諸国に分布していることから知られ、伴善男が諸国に田畠、塩浜等を有していたことが善男の没官地から判り、更に善男の僕従として越前国足羽郡の生江恒山や因幡国巨濃郡の占部田主がいたことから、地方に勢力を築くことに努めていた

十日夜の応天門の焼落事件を契機とする大納言伴善男の追放、伊豆配流の事件がある。この事件は善男が左大臣源信の失脚を謀り着火した政争絡みの事件とされ、善男の追却により落着したのであるが、善男は佐渡配流を経た後参議となった伴国道の子で、既に藤原北家が朝廷内で一大権門として勢力を築いている状況下で氏族としての政治基盤を欠くものの、努力、才質により仁明天皇の寵遇、信頼を得、校書殿出仕を経て承和八年二月に大内記に就任、同九年一月に蔵人となり、十一年十二月に右少弁に任じ十四年一月に蔵人頭となり右中弁となり、後十五年二月に参議となっている。以後要職を兼官して清和朝に入ると貞観二年一月に中納言、同六年一月に大納言に昇進していた。仁明朝における官界の大事件であった善愷訴訟事件は、法隆寺僧善愷による訴訟を弁官が受理した事案が違法であったか否かを巡る法律論争の形をとりながら、実態は仁明天皇の上席弁官の寵である右少弁善男が左大弁正躬王以下の上席弁官の失脚を謀りそれを実現したもので、善男の政治力の程を如実に示すものであった。善男は伝記に「性忍酷、有口弁、当官幹理、察断機敏、政務変通、朝庭制度多所詳究、問無不対、但心不寛雅、出言舛剌、弾斥人短、無所畏避」とあり、⑯冷酷な陰謀家という面を有しつつ政策に明るい能吏であったが、この善男と盟友関係にあったのが当時朝廷内で最高政治指導者であった藤原北家良房の弟良相であった。

良相は仁明天皇が即位するとすぐに蔵人となり承和三年十月に内蔵助、同六年閏正月に参議に任じ、仁寿元年十二月に権中納言、斉衡元年八月に大納言、天安元年二月に右大臣に任官している。⑰良相は他の近臣が試飲するのを避けた仁明天皇が煎練した薬石を一挙に飲尽するなどして天皇と格別の信頼関係を築き、

その一方で伝に「貞観之初、専心機務、志在匡済、当時飛鷹従禽之事、一切禁止、山川藪沢之利、不妨民業、皆是大臣所奉行也」⑱とある政策家であった。善男と良相とでは後者の方が六歳年少にも拘らず権門出身ということがあり、官歴では先んじる間柄であったが、同時期に蔵人として仁明天皇の近側に仕えとともに天皇の信寵を得、盟友関係を結ぶに至っていたのである。良相は伝に内典を学び真言に精熟していたとあり、その築造した藤原氏の困窮者救済施設である崇親院内に仏堂を構えて観音名号を誦させるなど仏教の篤信者であったが、善男も冷酷な陰謀家ながら貞観四年十月に山城国紀伊郡深草郷の別荘を報恩寺とし、貞観九年十月に四恩に報いるため法華八講を催すなど、仏教を篤信していた。⑲善男と良相が盟友関係になった背景には両人が仁明朝の頃から天皇の側近として同僚関係にあったことと共に、政務に精通し仏教を篤信していたという共通性が契機になったようである。応天門の変に関しても善男は良相に相通じて着火した可能性がないとは云えず、両人の盟友関係の程が窺われ、この二人の関係は朝政に多大な影響を与えていたことが考えられるのである。善男の追却から約一年後の貞観九年十月に良相も善男の配流から約一年後の貞観九年十月に死去している。

ところで良相の官歴に注目すると内蔵助、承和三年十月に内蔵助に任じた後同六年閏一月に頭があり、既述した如く嘉祥元年に参議になるまで約十三年間内蔵寮に勤務していた。この間神祇家中臣氏の出である逸志が承和三年に内蔵少允に任じその後大允となり、恐らく良相が承和六年閏一月に助から頭になった後の助となり、嘉祥元年には良相の頭の後任となっている。その後嘉祥二年に神祇少副となり翌年大

なかったか、あっても取捨選択が行われ結果として記事化されることがなかったのではないか。『日本後紀』は全四十巻のうち十巻しか現伝しておらず、『日本紀略』『類聚国史』があるにしても同書の官社与格記事の本来のあり方を知ることはできないが、延暦十一年以降の延暦年間、および大同年間、弘仁年間天長年間のそれぞれについて与格記事が知られ、取捨選択はあったろうが与格記事採用の方針が貫かれていたことが確実である。

ここで『続日本紀』の後半部分がカバーする天平宝字二年から延暦十年までの三四年間の同書にみえる官社与格例をとりあげると十九社なので、平均すれば一年に〇・六社となる。『続日本紀』に続く『日本後紀』の時代に関しては『日本紀略』と『類聚国史』を介して知れる与格例を含め四一年間に十五社なので年平均〇・四となるが、残存巻部のみについて調べると八年間に八社の与格記事があるので年平均一・〇となっている。これより『日本後紀』になると『続日本紀』後半部に比べ官社与格の記事が多少増加しているとみることが可能である。次に『続日本後紀』になると年平均三・六となり、『日本後紀』に比べ大幅に増加していることが判明する。この背景に『続日本後紀』と『文徳実録』では『続日本紀』後半部ないし『日本後紀』に比べより多くの与格記事を採るという編集方針の変更の可能性が考えられるが、実態として前二者の時代に官社与格がふえてきているとみることができそうである。『続日本後紀』以降の国史にみえる官社与格例の変動が編集方針の変更によるものか、実態としての変動によるものか、それを示す確かな史料はないが、官社与格記事の殆んどが単に官社に預く、ないし官社に列すというスタイルで終始しており、格別の神験

に言及しているのは数例でしかない事実を考慮すると、官社に預列されている神社に差別があったとはいえないようであり、取捨選択はさ程行われていなかったのではないか、と推測可能である。これより私は、『続日本後紀』『文徳実録』の官社与格記事はさ程の取捨選択をすることなく採られていて、与格動向の実態に即している可能性が大きいとみるのである。即ち実態として『続日本後紀』『文徳実録』の時代においては、官社与格が増加していたのではないか。

『三代実録』では貞観年間の官社与格記事は年平均二・一社となっており、比較的多いが、元慶以降になるとぐっと減っていて、既述した如く貞観式編纂以後は官社与格が僅かになるとの宮城栄昌、小倉慈司両氏の所見に合致している。貞観は十八年と比較的長いが、同九年までと同十年以降とに分けてみると、前者では年平均四・二社を与格する記事がみえるのに対し後者では皆無という際立った対比を示しているのである。貞観年間では貞観九年五月二一日紀の因幡国の天穂日命神を官社に列すとの記事を最後に与格記事がみられなくなっているのである。この事実は、貞観九年までは『続日本後紀』と『文徳実録』の時代を引きついで官社与格が盛行し、これ以降官社与格が行われなかったと解することができるのではないか。承和の頃から頻りに行われていた官社与格が貞観九年を最後に停止するということである。

官社与格は朝政のあり方の一環であるから、貞観九年の頃を境に朝政のあり方に変化があったのではないか。私はここで貞観八、九年頃の朝廷内における政治指導の変動に注目承和の頃から頻りに行われるようになっていた官社与格が貞観十年を境にみられなくなったとすると、そこには何らかの原因があったことが考えられるように思われる。官社与格は朝政の一環であるから、貞観九年の頃を境に朝政のあり方に変化があったのではないか。私はここで貞観八、九年頃の朝廷内における政治指導の変動となると、貞観八年三月してみたい。云うまでもなくこの時期の変動となると、貞観八年三月

年号と官社与格

年号	a 年数	b 官社与格数	b/a
大宝	3	1	0.3
慶雲	4	19	4.8
和銅	7	0	0.0
霊亀	2	0	0.0
養老	7	0	0.0
神亀	5	0	0.0
天平	20	?	?
天平勝宝	8	4	0.5
天平宝字	8	0	0.0
天平神護	2	0	0.0
神護景雲	3	0	0.0
宝亀	11	16	1.5
天応	1	0	0.0
延暦	24	8	0.3
大同	4	1	0.3
弘仁	14	7	0.5
天長	10	1	0.1
承和	14	45	3.2
嘉祥	3	16	5.3
仁寿	3	11	3.7
斎衡	3	11	3.7
天安	2	38	6.5
貞観	18	13	2.1
元慶	8	3	0.4
仁和	4	0	0.0
寛平	9	0	0.0
昌泰	3	0	0.0

＊天平年間の与格数を不詳としたのは，天平9年8月甲宣詔により多数の神社が官社となったと考えられるものの，具体的な数が不明なためである。

とみられる。因に宝亀三年十二月十九日太政官符所引天平勝宝七年十一月二日太政官符以下四社の官社与格は，『続日本紀』にみえていない。但し宝亀年間に入るとかなりふえており，宝亀十一年十二月の陸奥国桃生、白河郡の十一社の官社与格が押しあげている。既述した如く対蝦夷戦争過程という特異な状況下での神功が注目され，『続日本紀』の記事となっていることの検討結果に吻合している。

即ち『続日本紀』が原則として官社与格記事を採用していなかったとはいえ，掲記した表に当ると宝亀年間にはかなりな与格記事があり，『続日本紀』がカバーする延暦元年から同十年までをとると社号を伴う三社を官社とする記事がみえており，宝亀年間以前と以降とで官社与格記事の採用如何で『続日本紀』の編集方針らしい様相を看取することが出来そうである。ここで『続日本紀』の編纂過程について触れると天平宝字二年七月までの前半と同年八月以降の後半とでは大きく異なっており，前者が曹案三十巻として淳仁朝に成立した後再修定が施されて現伝の形になったのに対し，後者は光仁朝に編纂が始り再修定と追加が行われ成立したのであった。即ち前半と後半とでは別個の国史として編まれたと見得る余地があり，両者の間で編集方針が相違し，後半天平宝字二年八月以降にあっては官社与格記事を採用する方針に切り替わっているように思われるのである。大宝から天平にかけて官社拡充策がとられていたらしいことから天平にかけて官社拡充策がとられていたらしいこと勿論方針が変更されたにしてもすべての与格例が記事化されているとは思われず取捨選択があったであろうが，『続日本紀』の天平宝字二年八月以降からなる後半部の編集方針として官社与格記事の採用があり，この方針は『日本後紀』以下の国史編纂過程で踏襲されているとみることができそうである。掲記の表で天平宝字年間から神護景雲年間にかけての『続日本紀』に官社与格記事がみえないのは，与格例が

元慶以降与格例が減少するのは，宮城栄昌、小倉慈司両氏により確認されている貞観式編纂以降官社となっている例が僅かでしかないとの検討結果に吻合している。『続日本紀』の時代で知られる与格例の多いのは慶雲年間であり、甲斐以下五国で一挙に十五社が官社になっているが、他の年号の時期にあっては甚だ少い様相を呈している。大宝令施行当初から天平期に至るまでの間において社号を伴って官社与格が知られるのは大宝二年七月癸酉紀の山背火雷神のみである。大宝から天平にかけて官社拡充策がとられていたらしいことを考慮すると不可解な感がするが，典拠史料である『続日本紀』が官社与格記事を採用することを原則としていなかったことに由る

といわれ、郷里制や四証図の最初である天平十四年田図その他があげられるが、官社の拡充と帳簿の制度も右の動きと軌を一にしているとみることができる。

天平期に官社拡充が到達点に至った後も適当な神社への官社与格は行われており、既に紹介した小倉慈司氏の所見にみる如く九世紀においても八世紀のあり方が継承されている。但し一の完結状態を呈した以降ということがあり、時々の政治社会情勢に対応して特定の神社の官社化が図られたり特異な神験を発揮した神社への官社格付与がなされていると解される。戦後になり新たに世に出た太政官符として著名な宝亀三年十二月十九日太政官符所引の天平勝宝七年十一月二日太政官符は武蔵国小野社、今城青八尺稲実社、高負比古乃社、出雲伊波比社の官社与格を伝達する内容である。当時聖武太上天皇が病重篤となり、十一月二日太政官符に先行して十月二十一日には聖武の救病のため大赦と鰒寡惸独らへの施物を行い殺生禁断令を出し山陵等へ奉幣、祈請し、十一月二日には少納言厚見王を伊勢へ派遣して祈請している。十一月二日太政官符はかかる趨勢の中で布告されているものであり、太上天皇の平癒祈願の一環とみられるのである。当時権力中枢を担う官司であった紫微中台に武蔵国高麗郡出身の高麗福信が少弼として勤務していたので、この人物が口聞き役をして官社与格が図られたらしい。福信は後に恵美押勝の乱鎮圧で成果をあげる丈部直不破麻呂や物部直広成を出した武蔵の在地有力豪族層の要望を受ける一方で、紫微令である藤原仲麻呂や光明皇后にアピールして四社の官社昇格を果たしているのであろう。宝亀三年八月に甚大な被害を齎した台風に関わるとされた伊勢の荒御玉命、伊佐奈伎命、伊佐奈弥命三神へ官社格付与が行われ、同九年十二月には大隅国の桜島の火山活動に

関わり大穴持神が官社とされている。⑩ともに天災、異変絡みで除災を期するなどとしての官社化である。桜島は天平宝字八年十二月に爆発をおこし海中に島を出現させていたが、宝亀年間の頃再び火山活動が発生していたのではないか。宝亀十一年十二月には陸奥鎮守副将軍百済王俊哲らの言上、

己等為レ賊被レ囲、兵庫矢尽、而祈二桃生、白河等郡神一十一社、乃得レ潰レ囲、自レ非二神力一何存二軍士、請預二幣社一、

に基き、陸奥国十一社が官社格を付与されている。⑪当時は宝亀五年に始まり弘仁二年に終息する対蝦夷三八年戦争の最中であり、この戦争過程で神験を顕した十一社を官社としているのであって、当時の政治状況と密接した官社化である。延暦九年十一月に官社となっている陸奥国黒川郡の石神、山精社も対蝦夷戦争で神功を顕したことに由る可能性があるようである。⑫以上天平勝宝以降から『続日本紀』が終わる延暦十年に至る間に官社となった神社をとりあげてみたが、いずれも時の政治社会状況との関連で神威を発揮したり造島、災異に関わるとされるなどして与格されることが判る。

二

前節で『続日本紀』がカバーする時代の官社与格について検討してみたが、ここで『続日本紀』の時代を含め知られる官社与格例を年号ごとに整理すると掲記の表の如くなる。⑬典拠史料は二、三の例外を除き『続日本紀』以下の六国史（含『類聚国史』『日本紀略』）である。一見して『続日本紀』の時代は少く、承和から貞観にかけて与格例の多いことが知られ、貞観が過ぎると再び減少していることが判明する。

大宝令施行後間もなくの間の官社与格例をみると乙訓郡の火雷神と甲斐以下五国の十九社しか知られないが、史料上にみえないだけでこの間少なからざる神社の官社与格が行われていたのではないか。天平九年八月甲寅紀詔では、

其在二諸国一、能起二風雨一、為レ国有レ験神、未レ預二幣帛一者、悉入二供幣之例一、

と令している。当時西海道方面から流行してきていた天然痘の猛威を除去しようとの意図で布告された詔令で、神験を期して従前奉幣の例に預かっていなかった神社を供幣、官社とせよとの指示である。右引文によれば神験がありながら官社とされていなかった全神社の官社与格が図られたことになる。即ちこの詔により当時官社たるに相応しいとされた神社の総てが官社とされたことになろう。右詔令に先行する天平五年に撰進された『出雲国風土記』の神祇関係記事によれば、出雲国内の神祇三九五座のうち一八四座が官社となっており、延喜式神名帳の出雲国官社は一八七座なので、延喜式内官社の九八％が天平五年当時の段階において官社となっていたことが判明する。これより天平五年当時において出雲国内では官社に相応しい神社のほぼ総てが官社となっていたことが判り、天平九年八月詔により新たに官社となった神社は殆ど無かったことになる。出雲国の隣国石見国では延喜式内官社三四座のうち十五座が承和四年一月辛卯に官社となっているので、弘仁式段階の官社は多く見積っても三四座に過ぎず、天平九年当時の官社数は出雲国のケースと異り延喜式内官社数をかなり下まわっていたと推測される。延喜式内官社の割合はかなり異なるが、出雲国段階における出雲、石見両国の官社の定着に相応しいとみられたほぼ総ての神社が官社に相応していたと推測される。延喜式内官社数と対比した天平九年段階における出雲、石見両国の官社の割合はかなり相異するが、出雲国段階において官社に相応しいとみられたほぼ総ての神社が官社になっていたと

るのに准じ、石見国においても当時官社たるに相応しいとみられていた有験の神社は総て官社となっていたようにみえる。官社与格は国司が国内神祇に精通する国造、郡司らに諮問した上で奏請し決定していたとみてよく、出雲国ではより詳細な調査がなされ石見国では必ずしも十分な調査がなされていなかったのだろうが、それは飽くまで結果としてであり、天平九年段階において諸国で有験とされた神社は、右引詔により総て官社与格を求める奏請がなされ官社となったのではないか。『古語拾遺』では先引部分に続けて、

（天平年中）中臣専レ権、任レ意取捨、有レ由者、小祀皆列、大社猶廃、敷奏施行、当時独歩、

とあり、斎部広成は官社与格に当時の神祇界で優勢であった中臣氏の意向が関わり公正でなかったとの指摘を行っている。これによれば官社に相応しくない神社が官社となり与格され逆に相応しい大社にして官社にされていないケースがあったことになるが、当時の官社認定のあり方に不満をもつ者がいたにしても、大まかな看点からみれば天平の頃官社に相応しいと見做されていた神社は原則総て官社となったとみてよいと思う。

私は右のように考えることから、天平九年段階において大宝令施行以後精力的に進められてきた官社の拡充は到達点に達し、一の完結状態を呈するようになっていたと見得るように思う。先に私は官社名を列記した神祇官帳、神名帳の制度が天平期に整備されたと述べたが、帳簿の整備に並行して官社の拡充も進められ天平期に官社に相応しいとされた神社は総て官社とされるに至っていたと解することができそうである。律令諸制の定着に関し屢々大宝令施行後慶雲、和銅から養老にかけて頻りに手直しがなされ、天平期に至り安定した状態になる

て貞観式に登載された官社の次に郡ごとに纏めて記載されていたとみられるので、小倉氏の推計の方法は理に適っていることになる。小倉氏はこの方法によって、延喜式段階の官社三一三二座のうちの一五％から二〇％が弘仁式以降に官社となったとの結論を導いている。逆に云えば、三一三二座のうちの八〇％から八五％は弘仁式の段階において官社となっていたことになる。小倉氏はこの数字を概略的と称しており、伝写本に貞、延標注のない部分の推計の不確かさを考慮すればその通りであるが、かなりな所まで依拠し得る数字と云ってよいであろう。氏はこの数字より九世紀に入っても官社の拡充は着実に進められており、弘仁式における官社の増加はそれ以前のあり方と連続しているとと論じている。氏の所見を忖度してみれば、弘仁式以降においての律令行政の一環として官社の加増が行われていたということであり、その背景に官社の神験への期待があれば、官社格付与に当時の歴史社会に相応しい要因があったということなのであろう。氏の弘仁式段階における官社数、またそれ以降の増加分についての推計は正に労作であり、得た結論は重要であるが、より詳細な展開過程を抉出することが可能なようであり、更に官社の拡充は朝政の一環として行われているのであるから、政治史との絡みで検討する必要があるように思われる。次に官社認定の動向について卑考するところを述べてみたい。

祭二幣諸社一

祈年祭に際しての官社への奉幣は大宝神祇令において定められていたと考えられるが、祈年祭の嚆矢となると、天武四年一月戊辰紀の、諸社へ幣帛を頒つことが行われていた。天武朝においては敬神の傾向が顕著であり、その流れの中で祈年祭が始まったらし

い。右引『日本書紀』の記事では諸社に幣帛を頒ったとあるのみで如何な神社が奉幣の対象になっていたか不明であるが、それなりの神威、神徳を顕していた神社とみてよく、恐らく後代の官社の前身と解してよいように思われる。天武朝においては後代の神祇官に当る官司として神官が設置されていたことが知られるので、この官司が天武朝当時の祈年奉幣官社を管掌し頒幣することを行っていたとみてよいだろう。持統朝、浄御原令制下になると神祇官が設置されるようになっており、この神祇官が前代の祈年奉幣官社を継承して幣帛を頒つことを行い、このあり方が大宝令の祈年祭に引き継がれていったとみられる。大宝令制施行前の段階において祈年幣帛を頒賜されていた神社がどれくらいあったか不明であるが、かなりの数にのぼっていたことを推測してよく、それらの神社に対し大宝二年度の祈年祭に際し既述した如く上京した国造を介して幣物が奉納されていたのである。大宝二年七月癸酉紀に祈雨の験により山背国乙訓郡の火雷神を奉幣、官社としたことがみえている。『続日本紀』には少い官社与格記事であり、何故このの事例が『続日本紀』の記事として採用されたのか判らないが、或いは大宝令施行後早々の官社与格例なので記事として記述したのかもしれない。それは措いて大宝元年以前から祈年奉幣の対象となっていた神社と大宝令施行後奉幣、官社となった乙訓郡火雷神の如き神社が、先引『古語拾遺』の文章中にみえる大宝年中に作成された記文に記載されていたのであろう。

慶雲三年二月庚子紀には甲斐、越中、信濃、但馬、土佐等五国の十九社を官社としたことがみえている。大宝令施行に伴い従前の幣神社にプラスして官社の加増を図っているようであり、有験神社を神祇官の掌る神祇体系の中に組み込む施策が進められていたらしい

による幣帛受領と国司を介する頒賜という現実のあり方を法として整備したのが『類聚国史』巻十、同十九にみえる延暦十七年九月癸丑紀条の、

定可レ奉r祈年幣帛ー神社上、先レ是、諸国祝等、毎年入京、各受二幣帛一、而道路僻遠、往還多レ難、今便用二当国物一、

と、官社に祝部が上京して幣物を受領する官幣社と国司が頒つ国幣社の別を立て、畿外の官社にあっては少数の神社のみ祝賜する幣物の出処も「用二当国物一」とあることから神祇官由来でなく、諸国で準備する方式に改定されている。右引文の「先レ是」以下の文章は、諸国祝部らの上京、幣物受領が理念であって実際には実現されていない状況を示唆していると解してよいだろう。延暦十七年政令が布告された後に出された斉衡二年五月二十一日太政官符「応奉二月次新嘗等祭幣一事」では武蔵以下十カ国の上京して幣物を受領すべき官社の祝部が緩怠して受領していない現状を指摘し、上京国司である祝帳使に付して頒下することを下令し、貞観十七年三月二十八日太政官符では貢調使が神祇官に出頭しないので税帳・大帳・朝集使に付すべきことを指令している。寛平五年三月二日太政官符の中には「雇出二身代一不二自参進一」る者がいることを指摘し、同六年十一月十一日太政官符では国司一人が祝部らを引率して神祇官へ向い幣物を受領せよと下命している。延暦十七年制布告後も官幣社の祝部が自から上京、幣物を受領することをせず、上京国司による代理受領や身代りによる受領がみられていたことが知られるので、延暦十七年制以前の全官社の祝部らの上京、幣物受領が号令されていた時代にあっても、先に推考した如く国司による受領や代理

受領が行われていたことを示唆していると解してよいだろう。

以上より官社に関わる帳簿の制度は天平年間における神祇官帳、神名帳の作成により整えられ、班幣方式は延暦十七年制により官幣、国幣の別が立てられ整備されたことになる。尤も延暦十七年以前にあっては全官社の祝部らの上京、幣物受領が定められたが、同年以降にあっては官幣社の祝部らの上京、幣物受領が定められたが、必ずしも遵守されず、在京国司により受領されたり、ケースによっては身代りによる受納が行われることがあったのである。

次に官社の認定がどのように進展したのかをみると、興味深い研究として小倉慈司氏による数量的変遷の追究がある。⑤氏は延喜式巻九、十神名において写本（金剛寺本および武田本）にみえる貞、延という標注に注目して、それが弘仁式以降、貞観式ないし延喜式編纂に至る段階において官社となった神社を意味するとし、同一郡内において貞、延標記のある神社以下の神社はいずれも貞観式、延喜式において官社とされるようになった神社とみてよいとする宮城栄昌氏の理解に依拠して、弘仁式以降に官社となった神社を計上し、更に伝写本に貞、延標記のない箇所については、延喜式神名に登載されている官社として六国史等より弘仁式以降に官社となっている神社を検出して、延喜式神社においてその神社を解し得るとみて、弘仁式以降に官社となった神社数を官社を推計したのである。貞観式の編纂方針は弘仁式文を前提としてその改訂、補充部分のみについて云えば弘仁式以降に官社となっているので、神名列記について云えば弘仁式以降に官社となったもののみを一括して書記していることが考えられ、宮城栄昌氏の理解は真に尤もであり、貞観式編纂以降に官社となった神社も延喜式神名にお

官社小考

森田　悌

一

　官社とは社格の一つで、神祇官において作成された神祇官帳ないし神名帳と称される帳簿に登載された神社のことで、朝廷で執行される祈年祭の際に幣帛が班賜されることになっている。神祇官帳は略して官帳、神名帳は神帳と称されることがあり、官社名の集成は、律令制施行当初の頃においては神祇官の種々の記文を書き上げていた神祇官記に記載されていたが、『古語拾遺』には、

　　至二大宝年中一、初有二記文一、神祇之簿、猶無二明案一、望秩之例　未レ制二其式一、至二天平年中一、勘二造神帳一、

とあり、天平年間に至り神祇官帳、神名帳の制が整ったことが知られる。官社を列記した神祇官帳、神名帳として延喜式の段階で定まったのが延喜式巻九、十神名であり、総数三一三二座となっている。延喜式に先行する弘仁式、貞観式においても神名の部があったが、伝来していない。

　官社への幣物班賜の根拠は神祇令季冬条の、

　　前件諸祭、供神調度及礼儀、斎日皆依二別式一、其祈午月次祭者、百官集二神祇官一、中臣宣二祝詞一、忌部班二幣帛一、

とあり、忌部が班賜すると定めているが、それ以上の詳細については規定していない。右引文に付された『令集解』穴記には、

　　班謂レ班二諸国一也、時行事社々祝部、参二神祇官一受取耳、

とあり、国に対して班つとする一方で、現実の行政実例である時行事では神祇官に官社の祝部が参集して受領していると述べている。大宝令施行当初の大宝二年度の祈年祭においては二月に諸国の国造を上京させて班賜し、受領した国許が国許へ戻り、各官社へ頒つという方式に依っていたらしい。その後は全官社の祝部を上京させ班賜する方式をとるようになったが、実際には全国の総ての官社の祝部らが上京するには交通事情等からみて困難があり、更に参集先である神祇官に全祝部の参集を可能にする空間があったとはみられないことから、理念として全官社の祝部の上京が意図されたにしても国司が神祇官で受領して国許で頒賜する方式が採られ、祝部が上京して受領する神社は限られていたらしい。事例によっては上京した祝部が他の神社へ頒たれる幣物を代理受領することもあったようである。恐らく上京する祝部

（5）小宮俊久「郡家正倉の配置復元試論『上野国交替実録帳』に見た正倉の配置」東国史論第21号、二〇〇七年）
（6）拙稿「古代上野国における国内交通路に関する一考察」（『日本古代の地域社会と周縁』吉川弘文館、二〇一二年）。以下、駅路の記載は拙稿による。
（7）『群馬の遺跡』6・古代（上毛新聞社、二〇〇四年）の神谷の図による。
（8）『新田町誌』1 通史編（新田町、一九九八年）
（9）尾崎喜左雄『群馬の地名』上・下（上毛新聞社、一九七六年）
（10）本説は拙稿『阿佐美沼用水史』（浅見沼土地改良区、二〇〇八年）掲載の拙論による。
（11）拙稿「上野国古代氏族資料集成」『明和学園短期大学紀要』15、二〇〇三年）
（12）拙稿「上野における氏族の分布とその動向」（『装飾付太刀と後期古墳』、二〇〇五年）
（13）須田茂「上野国新田郡における古代寺院について―地方寺院の形態とその形成背景に関する一試論―」（『群馬県埋蔵文化財調査事業団研究紀要』7 一九九〇年）
（14）前掲註（8）

でもあろう。新田郡は武蔵国、下野国と上野国を結ぶ要衝であり、その郡家は上野国の初期国府として機能した可能性もある。また、須恵器や瓦、鉄、石材などの工房地帯で、特に北部の笠懸地域は郡家工房として淡甘郷を形成し、後には国府工房として発展し、国分寺や上野各地の寺院造営に協力し、上野国の仏教の発展に貢献した。発掘が進んでおらず、強引な論調になってしまった箇所も有るかと思われる。特に武蔵路は現状では決しがたく、今後の発掘を待つしかない。本論が新田郡の今後の研究に役立てば幸いである。

仏教関係では郡家隣接寺院（通称郡寺）として郡家である天良七堂遺跡の東側数百メートルの場所に寺井廃寺がある。白鳳期に創建された郡司となった氏族の寺院であり、令製下では定額寺となり、国司に管理されていた可能性が高い。ただ、市街地化が進み、発掘できない状況にあるため、詳しいことはわからない。

国分寺などの官寺の僧は民間への布教が禁止されていたため、民衆への布教は民間の僧が行っていたようである。村落社会にも徐々に仏教は浸透し始めていたようである。その結果、郷単位にお堂（村落内寺院と称する）のような小規模な仏教施設が建立されたようである。確認されている範囲では以下の遺跡があげられる。[14]

台ノ原廃寺（藪塚本町杉原）瓦塔
上野井廃寺（新田町村田）瓦塔
源六堰廃寺（新田町下田中）
中江田本郷廃寺（新田町中江田）瓦塔
釣堂廃寺（太田市脇屋・新野）
梨子木廃寺（新田町花香塚）

いずれも八世紀中葉から～八世紀後半にかけて造営されたもので、八世紀初等にまでさかのぼるものは少ない（第5図、第1表）。国家は神祇と仏教をはっきりと分けたが、民衆レベルでは神でも仏でも自己に役立つものはなんでも信仰したのだろう。

おわりに

以上、現状の文献資料や発掘の成果から考え得る新田郡像を描いて

註

（1）鎌田元一「評の成立と国造」『律令公民制の研究』、塙書房、二〇〇一年、初出一九七七年、森　公章「評の成立と評造」『古代郡司制度の研究』、吉川弘文館、二〇〇〇年

（2）拙稿「上野における郡家地域の景観と郡司」『国史学』一九八、二〇〇九年

（3）『天良七堂遺跡』1・2（太田市教育委員会、二〇〇八年、二〇一〇年、『天良七堂遺跡』Ⅱ（新田町教育委員会、二〇〇四年）。郡庁については初めの二冊、正倉については三冊目を参照した。

（4）「上野国交替実録帳」が不与解由状であることについては前沢和之氏が詳細に検討を加えている。①『上野国交替実録帳』の性格について――定額寺資材帳と不与解由状『日本歴史の構造と展開』山川出版、一九八三年、②「上野国分寺と『上野国交替実録帳』『律令制社会の成立と展開』吉川弘文館、一九八八年、③『群馬県史』資料編4　古代4、「上野国交替実録帳」解説など）が丁寧に解説している。釈文は『群馬県史』資料編4古代4が写真と詳細にわたる釈文を掲載している。

の根底にある信仰である。であるが、神社は七世紀後半以降、律令国家が公認した神（式内社）から造営が始められたが、地域社会に神社を築く風習は平安時代に至るまでなかなか定着していない。新田郡に式内社はなく、公的に尊崇を承けている神社もないが、『上野国神名帳』から以下の神の名が知られる。この資料は平安時代になると神に位階が授けられるとそれを国司が帳簿に記載し、保管する。すなわち平安時代の上野国神社総覧とでも言うべき資料である。

新田郡　十五社　　従三位生階大伏明神

従四位新池明神　　正五位大穴伏明神

従五位楯事明神　　従五位阿波明神　　従五位郡玉明神

右之外在八社

この内、生階明神は新田義貞が鎌倉幕府倒幕前に立ち寄った生品神社であろう。それ以外で現在の神社に比定できる神社はない。また、「上野国交替実録帳」に正六位上皆見大神社が見える。これを現在の阿佐美八幡に当てる考えもある。八幡は武士の神で平安時代末期頃から拡大するので、その可能性はある。令などを見ると、神社はムラ毎に有ったことが知られる。実際にはもっと数多くの神社があり、離合集散を繰り返しただろう。また、特に初期の神祇信仰は木や岩などの自然のものに神が降臨すると考えられており、神社を造営する意識に乏しかったため、神社遺構というのはほとんど発掘されていないが、それは神が降臨する依り代が神社として残るような遺構ではなかったため

第1表　新田郡の村落内寺院

瓦の時期分類	I 期　II 期　III 期　IV 期　V 期
年　　　代	650　700　750　800　850　900　950　1000
寺 井 廃 寺	
台 之 原 廃 寺	
源 六 堰 遺 跡	
中 江 田 本 郷 遺 跡	
釣 堂 遺 跡	
上 野 井 遺 跡	
梨 子 木 遺 跡	
小 角 田 遺 跡	
中 溝 遺 跡	
徳 川 道 上 遺 跡	
入 谷 遺 跡	
天 良 七 堂 遺 跡	

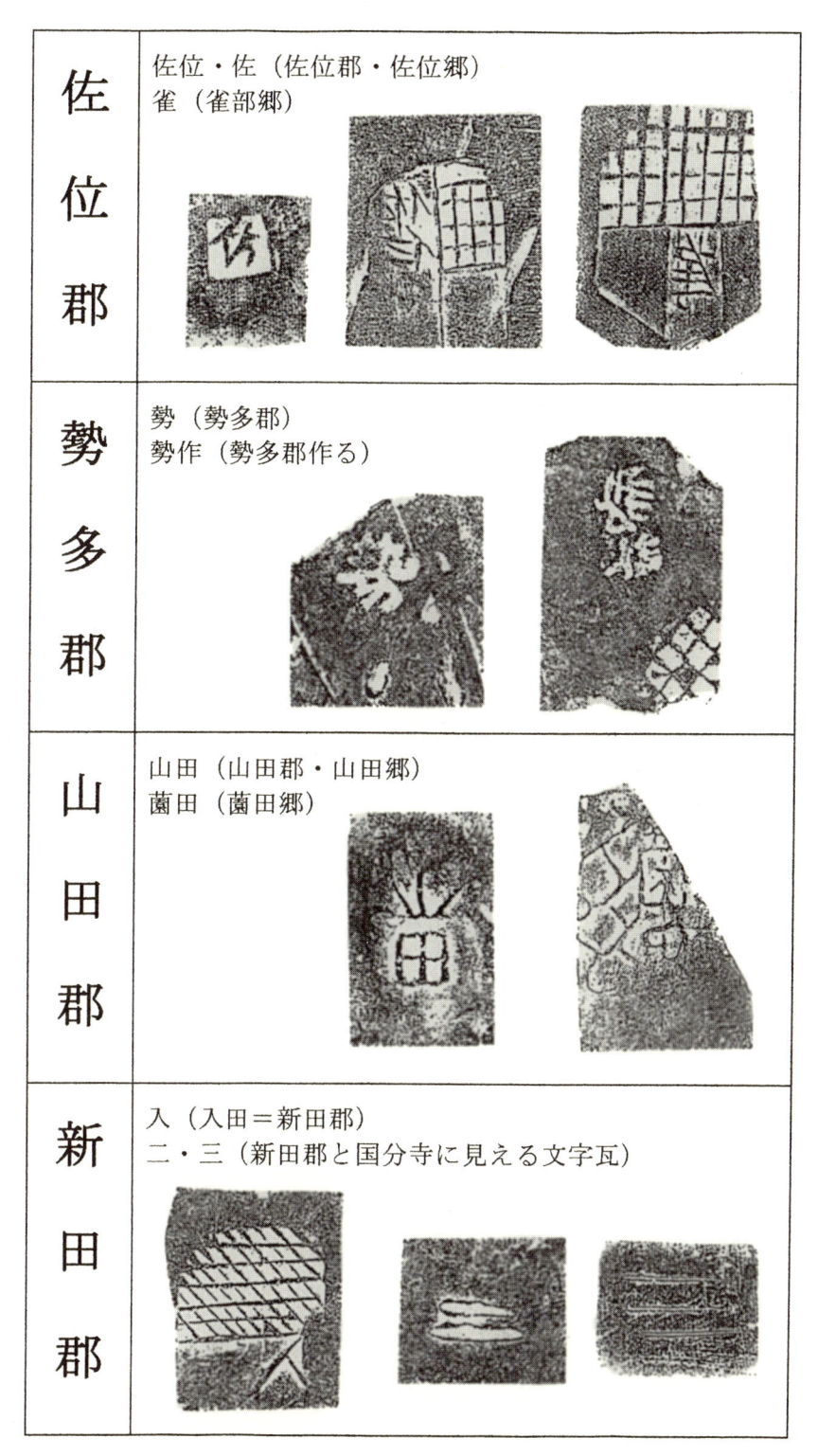

佐位郡	佐位・佐（佐位郡・佐位郷） 雀（雀部郷）
勢多郡	勢（勢多郡） 勢作（勢多郡作る）
山田郡	山田（山田郡・山田郷） 薗田（薗田郷）
新田郡	入（入田＝新田郡） 二・三（新田郡と国分寺に見える文字瓦）

第7図　山際窯の文字瓦

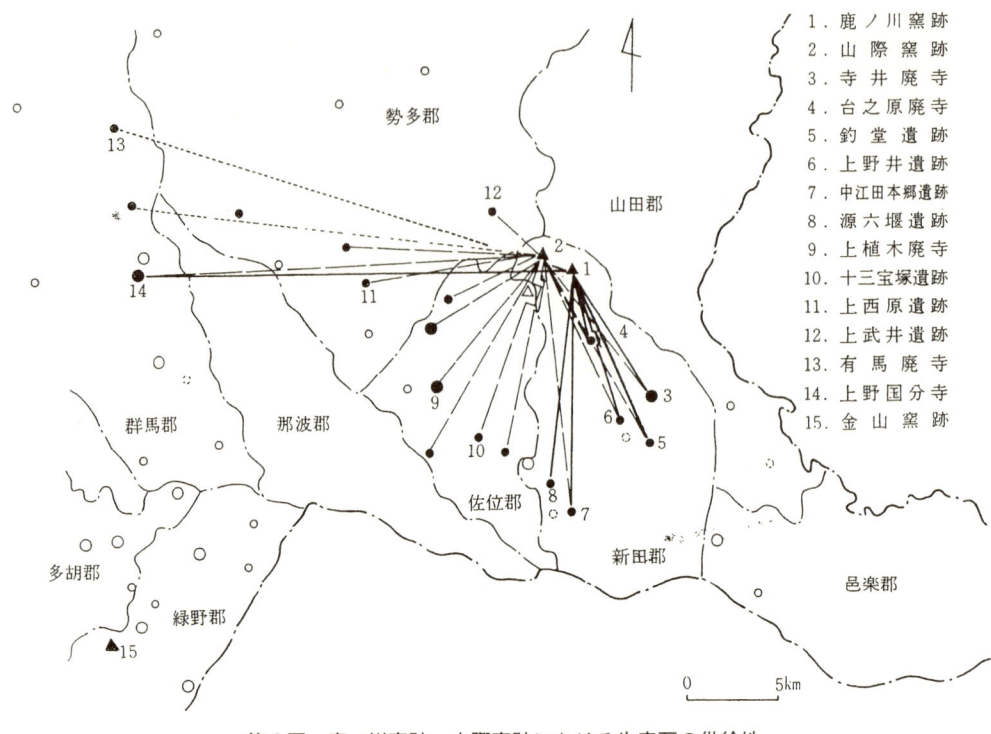

第6図　鹿ノ川窯跡・山際窯跡における生産瓦の供給地

1. 鹿ノ川窯跡
2. 山際窯跡
3. 寺井廃寺
4. 台之原廃寺
5. 釣堂遺跡
6. 上野井遺跡
7. 中江田本郷遺跡
8. 源六堰遺跡
9. 上植木廃寺
10. 十三宝塚遺跡
11. 上西原遺跡
12. 上武井遺跡
13. 有馬廃寺
14. 上野国分寺
15. 金山窯跡

たと考えられるのである。鹿ノ川窯跡は国分寺創建期の瓦と新田郡内の寺院や村内寺院、上野国各地の寺院に瓦を供給している（第6図）。この段階は郡家工房だと考えられる。それが、山際窯跡に生産が移る頃になると国分寺の修造期における勢多郡、佐位郡、山田郡などの瓦を代理生産するようになる。勢多郡のものは郡名での押印、山田郡は郡名と郷名の押印で、佐位郡も郡名と郷名を押印している⑬。

また、鹿ノ川遺跡と同じく他郡の寺院へも瓦を供給している（第6図）。恐らく、こうした文字記載は生産の依頼者（国司や郡司から負担を請け負った主体）を明らかにすることに目的があったのだろう。新田郡内だけの供給であれば、新田郡司の差配で瓦生産ができるだろうから郡家工房であっただろうが、他郡の瓦を請け負う段階では対等な力関係にある各郡の郡司との調整が必要になるだろうから新田郡司の力では運営は難しく、国司が関与した国府工房として再編成されたと考えるべきであろう。恐らく、国司から貢納を命じられた各郡が、自前で瓦を製造するか、製品の購入の形をとって新田郡に生産を依頼したのだろうか。さらに天神山から凝灰岩を切り出し、国分寺や上植木廃寺、十三宝塚遺跡などの寺院に石材を供給している。すなわち淡甘郷は、この段階で国府からの生産を行う国府工房の郷として整備されたのである。さらに間野谷遺跡は瓦の集積地と考えられる遺構であり、馬見岡遺跡は工人集落と思われる遺跡である。こうした体制を背景として阿佐美遺跡などの一般集落を加えて淡甘郷が形成されたのではないだろうか。

最後に信仰について概観しておく。信仰といった時、基層信仰である神祇信仰と仏教を想定する必要がある。

神祇信仰は神社信仰と言いかえてもいいが、現在まで続く、日本人

と記す例もでるが、これは定着しなかったようである。⑩

以上から淡甘の地名の変遷は、以下のようになる。浅海は阿左美沼を意識した特殊な用例であり、南光寺の「淡甘」は古伝承がこの地に残されており、それにしたがって記したものではないのではないか。

淡甘　→　皆見　→　あさミ　→　阿左美

淡甘郷は後に記すように国府工房地帯になったと考えられるので、淡甘郷は阿佐美地域から鹿あたりの新田郡北辺を郷域とすべきだろう。また、この郷の初見は以下の「正倉院調庸墨書銘」である。

「上野国新田郡淡甘郷戸主矢田部根麻呂調黄一疋（略）天平勝宝四年（七五二）十月（略）」

可能性としてこの郷は八世紀後半の国分寺や尼寺の創建に前後して形成されたのではないだろうか。

以上見てきた郷の配置に関しては第5図を参照してもらいたい。次に新田郡に在住していた氏族について検討したい。氏族に関する資料は限られているものの以下の人々の存在がわかっている。

新田郡は交通の要衝であるので、勢力を蓄えた有力首長が、終末期古墳と郡寺、郡家を造営した可能性が高い。郡司として分かっているのは擬少領の他田部君足人だけである。擬少領は郡司の候補者であるので、彼は後に正式な少領になったのだろう。当時は同じ氏族から大領と少領の両方を出すことができない規定であったので、もっとも有力な氏族がいたものと思われるが、それが何氏かはわからない。他田部君氏は上毛野氏と同じ君姓であるので、上毛野氏と近い関係にあったのかもしれない。有力な氏族としては他に矢田部氏、物部氏、犬養氏、壬生氏などがいるが、それ以上のことはわからない。物部氏や壬生氏は上野国では西部を中心として勢力を伸ばしていた氏族である。⑫氏族

はもっといたはずであり、今後の発掘による墨書土器や木簡などの出土文字資料の成果をまたなければならない。また、「法師尼」と刻書された紡錘車が主土しており、尼がいたこともわかっている。

四、新田郡の産業と信仰

新田郡は一期二期東山道駅路のあった近辺が丘陵の南端部となっており、ここを境に南北で郡の様相が異なる。水田開発など農業はこのラインの南部が盛んであり、特に平安時代には初期東山道駅路の側溝を利用した用水路が作られ（牛堀・矢ノ原遺跡。新田堀も恐らくこうして作られた水路であろう。）、水田開発が進んだ。これに対して北部では、八王子丘陵沿いの通称しんなし川近辺と佐位郡との境界の早川近辺で農業が営まれた程度であり、地下水位が高いため、農業は盛んではない。

これに対して北部と山田郡が接する地域は手工業生産地域である。金山丘陵縁辺部では菅の沢遺跡や萩原窯跡のように古墳時代から須恵器生産が盛んに行われていた。また、八王子丘陵縁辺では西野原遺跡や峯山遺跡のように製鉄生産が盛んである。（以上第6図を参照）鉄が農具か武器の生産かまでは確認できていないようであるが、上野国が蝦夷征討の後方支援の有力な地であることを考えると武器生産を行った可能性もあるのではないだろうか。そして岩宿近辺では鹿ノ川窯跡、山際窯跡のように瓦生産が盛んであるし、天神山からは石材も産出している。

以上の状況を考えると、特に淡甘郷に特色が見られる。この地域は郡家工房として始まり、八世紀中葉頃には国府工房として郷を形成し

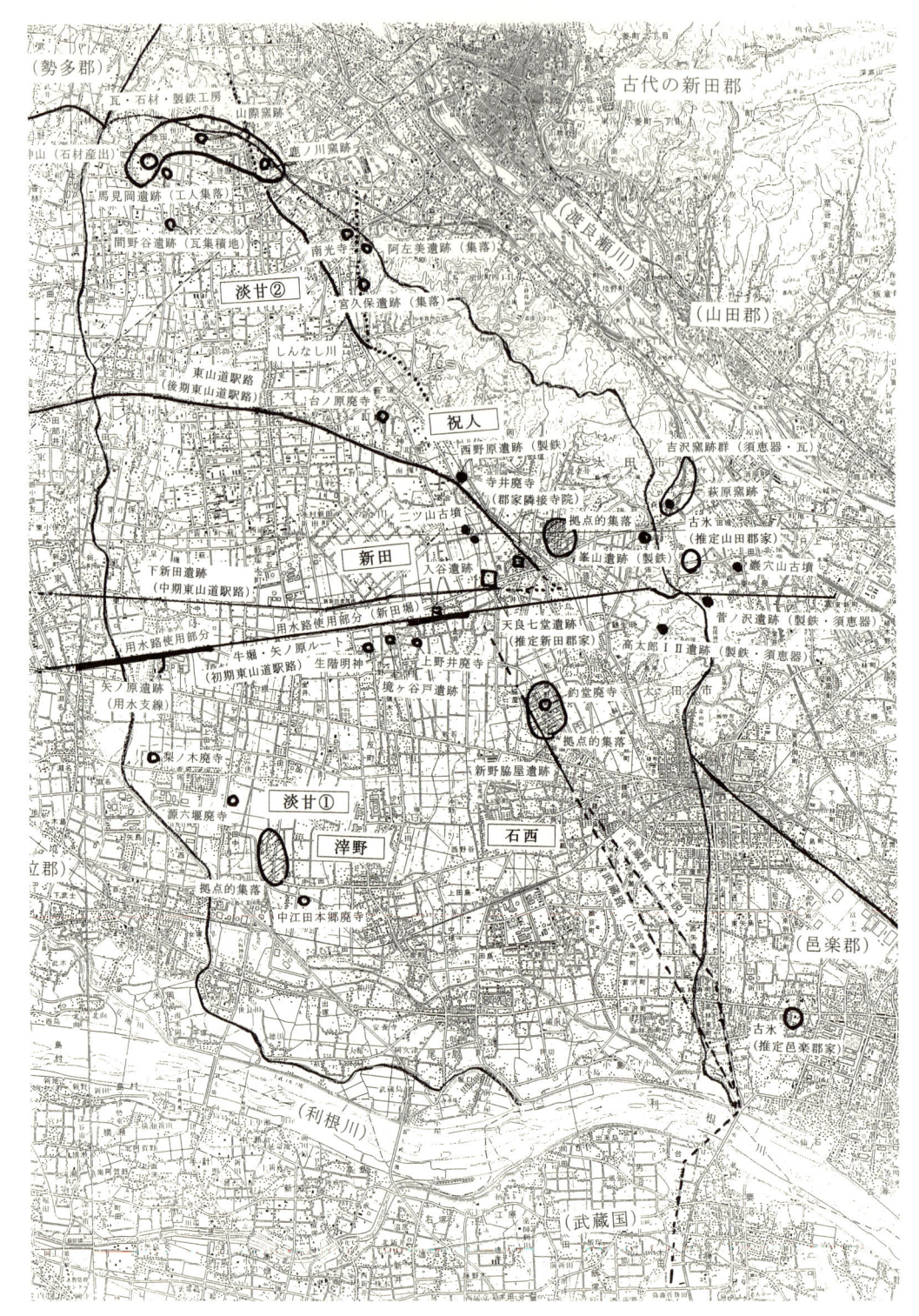

第5図　新田郡全図

古代の新田郡に関する諸問題 （10）203

新田郷 （郡名と同じ。郡家のあった郷である可能性が高い）（尓布太・爾比多）

① 「新田」＝「あらた」＝「安良田」＝「世良田」説（尾崎）
② 「新田」＝「尓布太」＝「入田」説（小宮）・「入田」の墨書土器（天良七堂遺跡など、ただし笠懸町阿左美の宮久保遺跡からも出土しており、郡名を示す可能性もある）『出雲国風土記』を参照すると郡名と同じ郷には郡家があるケースが多いので天良七堂遺跡を中心とした周辺地域を郷域とすべきであろう。

駅家郷 駅家を経済的に助けるための郷であり、駅家が郡家近くに建てられたと考えれば、新田郷近辺にあったとみるのが妥当であろう。

滓野郷（加須乃） 尾島町粕川（尾島町・新田町南部）近辺

石西郷 太田市岩瀬川（太田市南西部蛇川流域）近辺
一四五五（享徳四）年の新田岩松文書は「いわせかわの郷」とする。

祝人郷（波布利） 太田市菅塩祝人（八王子丘陵西麓）

淡甘郷 これ以前の郷に関しては比定地もそう問題なく理解されるところである。しかし、この淡甘郷は読み方も定まっていない。通説的に言われるのは尾崎喜佐男氏の説である。尾崎氏は淡甘を「たんこう」と読み、これが「たこう」と変化し、新田町の高尾を淡甘郷にあてる。そして尾島工業団地遺跡から九世紀の「高生」と墨書した土器が出土したことにより、通説的見解を占めるにいたった。しかし、この墨書土器の存在は高尾の地が、古代も高生であったことを示すにすぎず、この地から淡甘と書いた墨書土器か木簡が出土しない限り、この地が淡甘郷であったとは言えないのである。淡甘郷の今一つの候補地は笠懸町の阿左美である。近世に書かれた『上野郷名跡考』は淡甘郷を「阿波加比」または、「阿布美」と読み、阿左美を当てる。阿佐美にある南光寺の梵鐘銘には「上毛淡甘 日輪山 観音院 南光寺」とあり、その可能性は高い。阿佐美を「かい」か「かも」、「かみ」と読む。令制下の地名の原則は「好字二字」である。阿佐美沼の恩恵にあずかり、その水を頼って農耕を行っていた辺の可能性を考えると沼や池を意味するアワに「淡」の字を当て、水辺などの辺を意味するミに「あまい、うまい」を意味する好字「甘」を用いたのではないだろうか。その後、この郷は十一世紀頃には皆見と記され（上野国交替実録帳）、十二世紀にはあさミ（新田庄田畠在家目録写「あさミの郷」）が用いられるようになる。また、近世には浅海八幡神社のように浅海

郷が用いられるようになる。また、近世には現在の阿左美（新田庄内惣領知行分郷々公田百町注文「阿左美郷」）

氏族名	資料の概要	出典	遺跡名
矢田部根麻呂	七五二（天平勝宝四）、戸主、調黄銘墨書	『正倉院調黄墨書銘』	新田郡淡甘郷
矢田公子家守□	物部□		
他田公君足人	の石製紡錘車刻書		尾島町 尾島工業団地遺跡
物部	七五二（天平勝宝四）擬少領、無位	『正倉院調黄』	新田町 中屋敷・中村田遺跡
犬養子羊（丈部臣）	八四三（承和十）勲七等 改姓	『続日本後紀』	新田町 中屋敷・中村田遺跡
犬養真虎（丈部臣）	八四三（承和十）勲七等 改姓	『続日本後紀』	新田町 中屋敷・中村田遺跡
川部	「川部」「川」の土器墨書		新田町 中江田原遺跡
川部	「川」の土器墨書		新田町 中屋敷・中村田遺跡
壬生 生部	「壬」「生」の土器墨書		新田町 中溝II遺跡
□□□天福	八六七（貞観九）目代（木簡）		新田町 前六供遺跡
壬生道□（壬生）	八六七（貞観九）検収権目代（木簡）		新田町 前六供遺跡

下野国に官符をもたらすのが原則である。その煩雑さから宝亀二年以後、武蔵国は東海道に属すようになったと見るべきだろう。これが官符にある「公私繁多くして祇供堪え難し。」の意味であろう。ただ、武蔵路は廃止になったとはいえ、この道を利用してきた官人にしてみれば、資料に残るだけで以下のような本来は東山道駅路と武蔵路を利用して目的地に向かっている。

（武蔵路を通過した人々）

七〇一（大宝元）年　田口益人（上野国司）『万葉集』

七三四（天平六）年　上野国父馬（種馬）十疋　陸奥国進上御馬四疋　『尾張国正税帳』

七三八（天平十）年　下野国那須湯での湯治のため従四位下小野朝臣牛養ら十三人が下向
陸奥国進上御馬部領使図書工大初位下奈気
私造石島ら三人が上京
下野国造薬師寺司宗蔵ら十二名が上京
陸奥国送摂津職俘囚部領使が上京（部領使は当国の軍団職員）
『駿河国正税帳』

上野国以東の人々が利用するのは、上野国以東の国では、碓氷峠越えが負担なため、平城京から下向・上京する人々の多くは、東山道駅路を利用し、武蔵路を経由したのだろう。武蔵路の発掘例は少ないが、官符によれば、邑楽郡を経て、利根川を渡り、武蔵国府に至ったとする。木本雅康氏によりほぼルートは確定しており、武蔵国府の東の上遺跡や太田市の新野脇野遺跡などで発掘されている。

たが、五ヶ駅を邑楽郡五ヶ所の地名と解するかで対立があり、まだルートは確定したとは言えず、特に埼玉県吉見町で通説と異なる方位（邑楽郡五ヶ方面）に向かう大規模道路遺構が検出されたため、今後の発掘成果を待つ必要がある。ただ、発掘の成果からも平安時代以降の武蔵路の改修が見られる。武蔵路は公的ルート廃止後も利用しやすい道だったようで、この道を利用してみれば、この道は非常に使いやすい道だったようで、上野国司の赴任など、このルートは非常に使いやすい道だったようで、都に向かうための民間の道として利用されつづけたのではないだろうか。

武蔵国への渡河点は太田市古戸に至るルートは新野脇野遺跡を延長させた小宮説と地図上の分析から小宮説より東を通ったとする木本説が対立している。（小宮説では邑楽郡を経るとした官符の意味が不明瞭となるため、木本説の方が蓋然性が高いが、この決着も発掘を待たねばならない。）

三、新田郡の郷と氏族

郷（令制当初は里）は五十戸一郷で国家により人為的に編成された行政区分である。奈良時代はおおよそ千人ほどの人口であっただろう。郷はおよそ一戸二十一人ほどと考えられている。したがって一郷は人為的編成により国司や郡司による関係から郷域はあるが、郷編成の基本は自然集落を元にしたではないだろうか。新田郡の郷比定に関しては『新田町誌』がおおむね妥当な比定を行っている。

『和名類聚抄』の郷名はおおよそ九世紀後半頃の実態を示していると考えられる。

・新田　淬野　石西　祝人　淡甘　駅家（新田）

二、新田郡と駅路

上野国は東山道に属する。その郡域は西に佐位郡、北西に勢多郡、北東に山田郡、東南に邑楽郡となる。第5図を参照してほしい。佐位郡との郡界は早川である。勢多郡とは境を微妙に接しない。山田郡及び邑楽郡との郡界は金山から南北にほぼ直線的にさがる八瀬川ではないか。さらに山田郡・新田郡との郡界は金山・八王子山・鹿田山を結ぶラインとなろう。邑楽郡・山田郡、新田郡との郡界についてはさらに二説ある。『太田市史』は太田市東南部の飯田、東別所、東・南矢島町を新田郡とするが、同地域を神谷佳明は山田郡とする。両説とも次に記す武蔵路が邑楽郡を通らないことになるので従いがたい。現状では太田市と大泉町の境界を新田郡と考えておきたい。宝亀二年の官符で武蔵路について「柾ゲテ邑楽郡ヲ経ル」とある以上、武蔵路は新田郡から邑楽郡に一度は至らなければならない。新田郡には新田駅家があり、それは上野国最後の駅家である。また、令制当初武蔵国は東山道に属しており、新田郡から武蔵国府に至る岐路がでていた。通称それを武蔵道という。だが、道は東海道や山陽道のように行政区分を指すので道ではない。したがって東山道は東山道駅路、武蔵道は武蔵道駅路、武蔵道と記載するのが正しいものと思われる。武蔵国は宝亀二年に東山道から東海道に変わる。新田駅家についてはこの段階で廃止されることになる。宝亀二年の太政官奏は以下のように記す。新田駅家としての武蔵路はこの段階で廃止されることになる。しかし、発掘が進められているが、入谷遺跡は瓦や瓦塔などの寺院的要素を示す遺物が出土しており、山陽道などにおける駅家の発掘事例を

参照すると駅家とするのは疑問を抱かざるを得ない。武蔵路は宝亀二年に公的には廃止される。よく知られた官符だが以下にその官符を掲載する。

*七七一（宝亀二）年十月己卯（二十七）条

太政官奏すらく、「武蔵国は山道に属るといへども、兼ねて海道を承けたり。公私繁多くして祇供堪え難し。その東山の駅路は上野国新田駅より下野国足利駅に達る。此れ便道なり。而るに柾りて上野国邑楽郡より五箇駅を経て武蔵国に到り、事畢りて去る日に、また同じき道を取りて下野国に達る。今東海道は、相模国夷参駅従り、下総国に達るまで其の間四駅にして、往還便ち近し。しかるに此を去り彼に就くこと損害極めて多し。『東山道を改めて、東海道に属らば、公私所を得て、人馬は息ふこと有らむ』奏するに可としたまふ。

東山道駅路のルートは三段階に分かれるが、ほぼ確定している。碓氷峠から碓井川右岸を東上し、高崎南部〜玉村町を経て伊勢崎市南部・新田郡そして山田郡を経るのが初期の東山道駅路である。この道は八世紀前半におそらく、国府に近いルートへと変更し、平安時代に至り、道幅を狭めて、もっと北上するルートへ変わる。幅員も当初幅十メートルを超え、道の両側に側溝を持っていた大規模なものであったが、平安時代には幅員が六メートル前後と現実的な幅になる。武蔵路は駅路の二期目の東山道駅路の段階で公的ルートからは外れることになる。武蔵路廃止の原因ははっきりとわかっていないが、武蔵國は東山道に属しており、政府からの官符（行政連絡書類）逓送は、上野国府へ官符をもたらした後、新田郡から武蔵路を通り、武蔵国府へ行き、官符をもたらした後、再び、新田郡まで戻り、

人数を特に定めない国府・郡家に仕える雑任

調綾師并生造筬等丁（不貢綾国不在此限）
進官雑物網丁并持丁
国司交替并貢調使国郡司送丁及持公文丁
伝使厨人并駅子及伝馬丁渡子等
採甘葛汁蜜及猪膏等丁（進官国不在此限）

　　調庸（国）
　　調庸（国）
　　雑務（国郡）
交通・駅馬伝馬（国郡）
　　調庸（郡）

　国府に関する雑任を国雑任と呼ぶ。彼らの主任務は文書行政に関わるものが中心であり、紙を作る職人までいる。郡に勤務する雑任を郡雑任とよぶ。彼らも文書作成に携わり、紙なども作るが、その中心的な職務は徴税であり、租庸調や出挙の徴収に携わる雑任が主であり、税長と徴税丁のように、役務の長と徭丁がセットで職務に携わっている。新田郡は下郡であるとはいえ、百人を超える人々が勤務していたのである。この雑任以外にも郡の必要に応じて雑任者は置かれていない。瓦を焼くための職人も雑徭などで徴発されただろう。また、武蔵新田郡の場合、寺院用の瓦を生産しているので瓦長がいたかもしれない。路の利根川の渡河点の管理に邑楽郡と共に関わっていれば、津を管理した津長もいただろう。もし、橋がなく、渡し船を利用していれば、その運営のための徭丁も勤務していただろう。
　彼ら役人は毎日勤務するわけではない。仕事がある時に勤務するのである。それはおおよそ以下のようである。

（定期）

春期　出挙の貸し付け関係業務（正倉院）
夏期　出挙の貸し付け（正倉院）・計帳作成関係業務（郡庁）
秋期　出挙・田租など稲穀の収取関係業務（正倉院）
　　　穀、米への調整作業（正倉院）

冬期　兵士・雑徭の徴発（郡庁・軍団）

（不定期）

交通　国司巡行の接待（館・厨）・伝馬の管理
行政　各種帳簿・郷長や雑任への伝達用の木簡や貢進物用の木簡の作成（郡庁）
　　　→郡内への法令伝達（郷長・村長・田令などの招集）や人間の呼び出し
官舎・正倉・道路の建設・修理（雑徭を利用して農閑期に行う。）
司法　国司の命令に従い労働力を徴発
　　　犯罪者の逮捕・笞罪などの決罰の執行（郡庁前庭か）
勧農
徴税　賑給の分配（正倉院）
　　　物資確保：郡家工房の管理・運営（工房）・物資の買い付け（市か行商）
工房での勤務　急を要していなければ農閑期に行われただろう。これ以外にも郡務に携わる人々は郡司を始め結構多忙なのである。
　郡領は、郷内の村々を見回り、耕作状況や生活状況をチェックし、飢饉があれば、免税申請を国司にしなければならないし、国司が郡の勤務状況を視察に来た時には、彼らの接待もしなければならなかった。
　第一、国司が政府に送る戸籍や計帳、税帳などは、基本は郡が作成しなければならないのだから大変である。ただ、地域を支配しているのだから、地域のボスとして、それなりの実入りはあったことだろう。

　調庸の徴発・点検（国府への引率）（郡庁庁庭か）（贄は食料品が主なので常時

た当初の国司(国宰)は、まだ国府が無いので、有力な郡家に滞在するか、各地の郡家を順次移動して政務をとるかしかなかったはずである。上野国の場合、その対象となるのは、後に国府の置かれる群馬郡がふさわしい。新田郡にはこの段階で有力な首長は認めがたく、恐らくは、律令政府(もしくは国司)は群馬郡の首長(上毛野氏か)と良好な関係を十分に築けていなかったのではないだろうか。その結果、国司は、武蔵国とも下野国とも近く、交通の要衝である新田郡家に目を付けたのではないだろうか。新田郡家は七世紀末期には成立している。上野国は武蔵国府への連絡路の起点であり、蝦夷征討の後方支援としても当初から役割をもたされている下野国にも近い。同じ役割は上野国ももたされており、政治上、新田郡の位置づけは小さなものではない。必要以上に巨大で華美な郡家を持つ新田郡家はこうした役割を持たされて、より華美に整備された可能性が高い。

最後に郡家における仕事の実際を見ておきたい。国府や郡家に勤務する人間は位階を得るために勤務場所を探している下級官人や雑徭などの労役によりまかなわれていた。業務の種類に関しては弘仁十三年の官符により概要を見ることができる。郡関係だけ抜き出すと以下のようである。

郡雑任(郡家毎に仕える雑任)			
郡書生		公文(郡庁)(計帳等作成・土地売券調査)	大郡8人 上郡6人 中郡4人 下郡3人
毎郡案主		公文(郡庁)	2人(文書起案)
			2人(動用倉・穎倉の管理)
鎰取		処理	院別2人(稲の出納・出挙貸付収納・滞納)郷別1人
			郷別2人
税長正倉官舎		稲穀(正倉の管理)	2人
徴税丁		稲穀	郷別1人(調庸物貢進の責任者)郷別1人
調長		調庸	2人
庸長		調庸	1人
服長		調庸(機織)	大郡15人 上郡12人 中郡10人 下郡8人
庸米長		調庸	1人
駈使		調庸	2人
厨長		厨家で食事を準備	2人
駈使		厨家で食事を準備	3人
器作		工房	2人(食器など作成)
造紙丁		工房(紙)	郡別1人
採松丁		工房(タイマツ)	郡井駅家別4人
炭焼丁		工房(炭焼)	
採藁丁		工房(わら)	
箒丁		工房(不明)	
駅伝使舗設丁		伝馬	
伝馬長		伝馬	

第3図 郡家のプラン

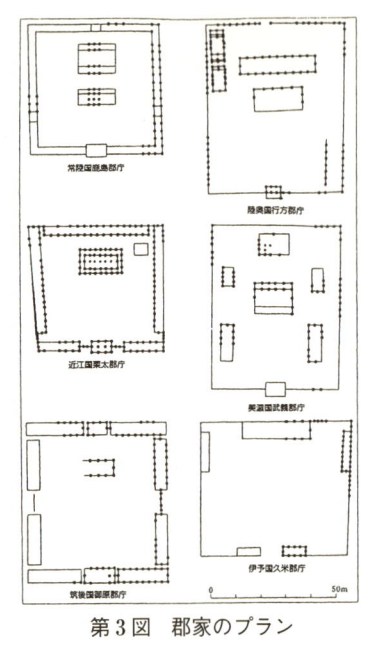

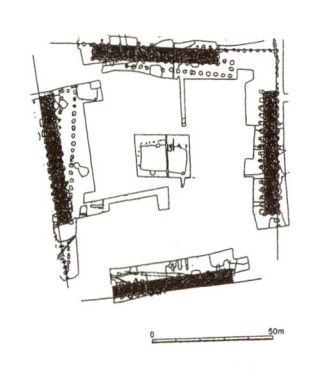

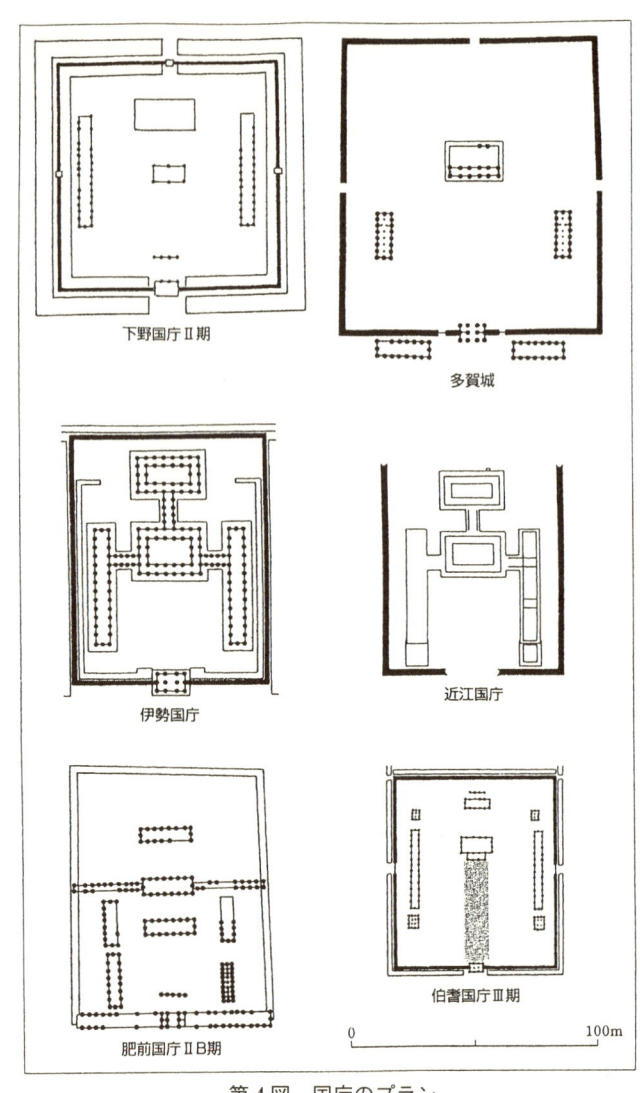

第4図 国庁のプラン
＊国府・郡家は同一縮尺

指すのか不明であり、それらと実録帳の記載との整合性を求めて研究が進められているが、まだうまく合わないようである。⑤今後の発掘成果がまたれるところである。

問題なのは郡庁院である。その規模や内容は国府にある国庁クラスなのである。第3図に見るようにはるかに一般的な郡家政庁と比べてはるかに大きく、第4図の国庁クラスであることがわかる。ただ立派ではあるが平面形は大きくゆがんでおり、計画性に欠ける面も見られる。また、当初は床面全面に石が敷かれ、正殿南面には石敷きの参道もあった。このような遺構は国府のものであり、通常、郡家には存在しない。国府の多くは八世紀中葉に整備される例が多い。天良七堂遺跡は下郡の新田郡にはあまりに大きすぎるのである。これは郡成立当初新田郡が、上野国において大きな役割を担っていたことを意味するのではないだろうか。その意味として考えられるのは初期の国府としての役割である。制度ができ、任命され

郡家の基本的な構成は稲を納める正倉院、政治を行う郡庁院、その他、巡回した国司などが宿泊する館や郡司が住む館である。国家にとり一番重要なのは田粗や出挙稲などを納めた正倉院である。地方財政は稲を中心に運用されたので、稲の多少は国司の勤務評定に関わる。ただこの文書は、先記したようにこの段階で破損したり、紛失したものの一覧であり、現存しているものの一覧ではないのでこの段階では四方の長屋はない。発掘成果では四方に長屋を持つロの字状の遺構と長屋の中心に正殿が検出されている。この長屋は九世紀後半には廃絶しているので、以後の国司は長屋を直すでもなく、実録帳には廃絶段階のものを前任者の記載をそのまま踏襲して書き写したことになる。正殿の記載が無いので、実録帳作成段階ではこれは残っていたのだろう。それ以外の雑舎や館の存在として公文屋（公文書保管庫と思われる）、厨（厨房）が知られるが、それ以外は現段階では不明である。館は四グループあるべきところが第三グループのみ現存していることになる。ただ発掘成果では郡家近辺に新田駅家と想定された入谷遺跡や郡司の住居と考えられる当時としては貴重で珍しい三彩を出土した境ケ谷戸遺跡など官衙関連遺構が多く、新田郡家近辺は官衙街であったことが予測される。

正倉院は東・北・西・中にあったことがわかり、土倉の多かったことが予測される。水害が起こりやすかったのか、破損した正倉も皆土倉で、実際の発掘でもこれらの地域から土倉遺構が出土している。建立当初は掘立柱の倉庫であったと考えられ、立て替えも何度かなされているはずであり、正倉の検出は今後も続くだろう。ただ、倉庫の配列と実際の遺構との整合性が不明確であり、特に中行がどこの位置を

（館）国司巡行などの時に国司が滞在した施設だと思われる。国司は年に何度も郡司の政務状況を確認するために全郡を巡行している。

（厨は厨房施設）

（郡庁院）郡司が政務をとる場所。国司や郡司から農民への命令もここからだされた。（現在の市役所に相当する）戸籍や計帳、正税帳の作成時期などの事務繁多の時は、郡司や書類を作成する郡雑任は泊まり込むこともあっただろう。建物の中には厨（厨房）もあるので、国司や国の使節が滞在した時はここで接待も行われた可能性がある。

土倉壱宇
西□□□倉壱宇
西第四土倉壱宇　西第五土倉壱宇
西第六土倉壱宇　東第三土倉壱宇　北第一土倉壱宇
北第二土倉壱宇　東第四土倉壱宇　北第五土倉壱宇
北第五土倉壱宇　北第二土倉壱宇　東第五土倉壱宇
東第六土倉壱宇　北第四土倉壱宇　中行第二土倉壱宇
中行第三土倉壱宇

東□屋壱宇　西長屋壱宇　南長屋壱宇
□□屋壱宇　公文屋壱宇　厨壱宇

一館
宿屋壱□　向屋壱宇　厨屋壱宇　副屋壱宇
二館
宿屋壱宇　南屋壱宇　副屋壱宇　厨壱宇
四館
宿屋壱宇　向屋壱宇　副屋壱宇　厨壱宇

厨屋

第2図　郡庁の変遷

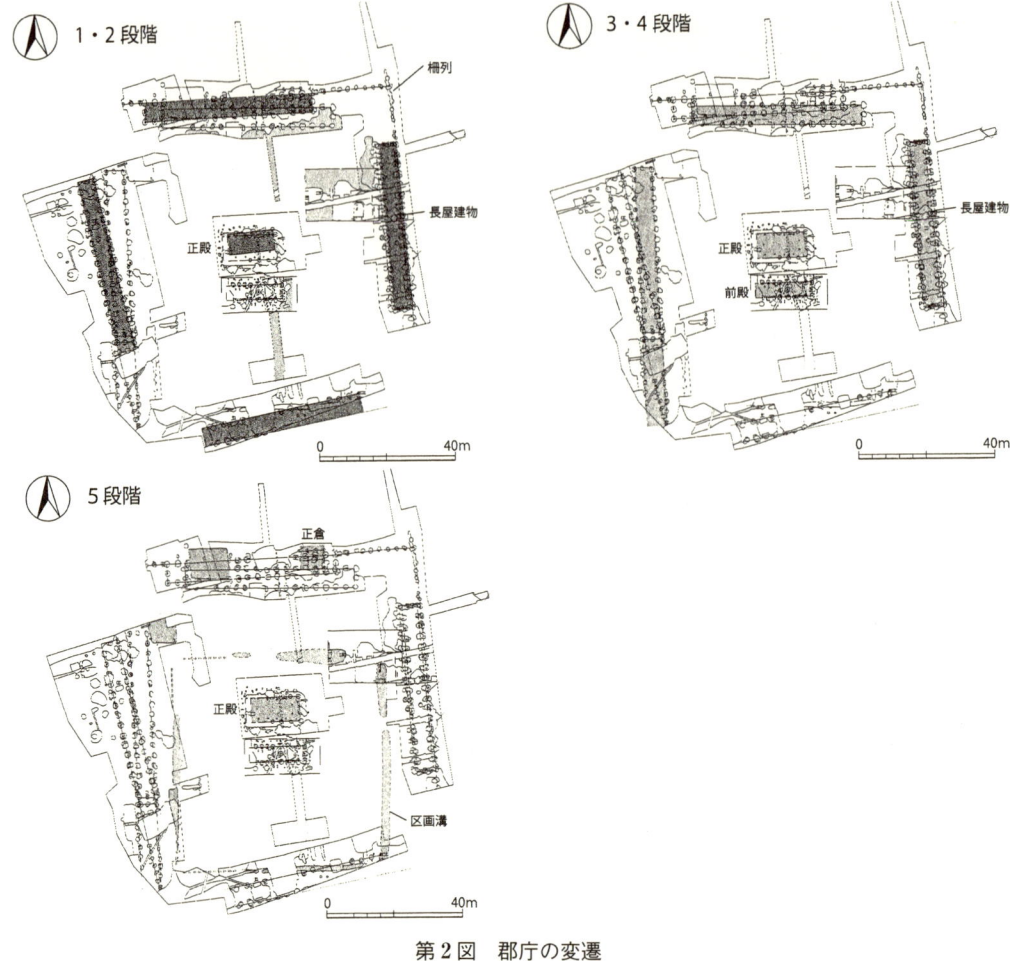

新田郡は郷の数が少なく（すなわち納税者である農民が少ない）、郡としては小さく下郡であるので令の規定により、郡司の人数は、大領・少領・主帳各一名の三人である。彼らには地域の有力者が任命され、終身官として任務につき、その職は一族で代々引き継いでいったものと思われる。郡家の実態を示す資料として一〇三〇（長元三）年に作成された「上野国交替実録帳」がある。この文書は前任国司が後任の新任国司に任務を引き継ぐにあたり、上野国の行財政の現状を記載した不与解由状の下書きであったと考えられており、当時の政治の実態をよく示していると資料である。その郡家関連の項目の新田郡の項は以下のように記載されている。ただこの箇所は郡家建物の破損状況を記載する項目であるので、文書作成年代の時の状況はわからない。だが郡家にどのような建物が造営されていたのかは確認できる。（いつの時代に破損されたものが記載され、書き写されてきたかは不明であり、今後の発掘成果と照合させていく必要がある。）

（正倉院）田租や出挙などの穀物に関する税を収納する施設。田租や出挙稲は地方財源の中心であるので最重要施設である。

東第二土倉壱宇　中第一土倉壱宇　東第一
土倉壱宇
北第二土倉壱宇　西第一土倉壱宇　西第二

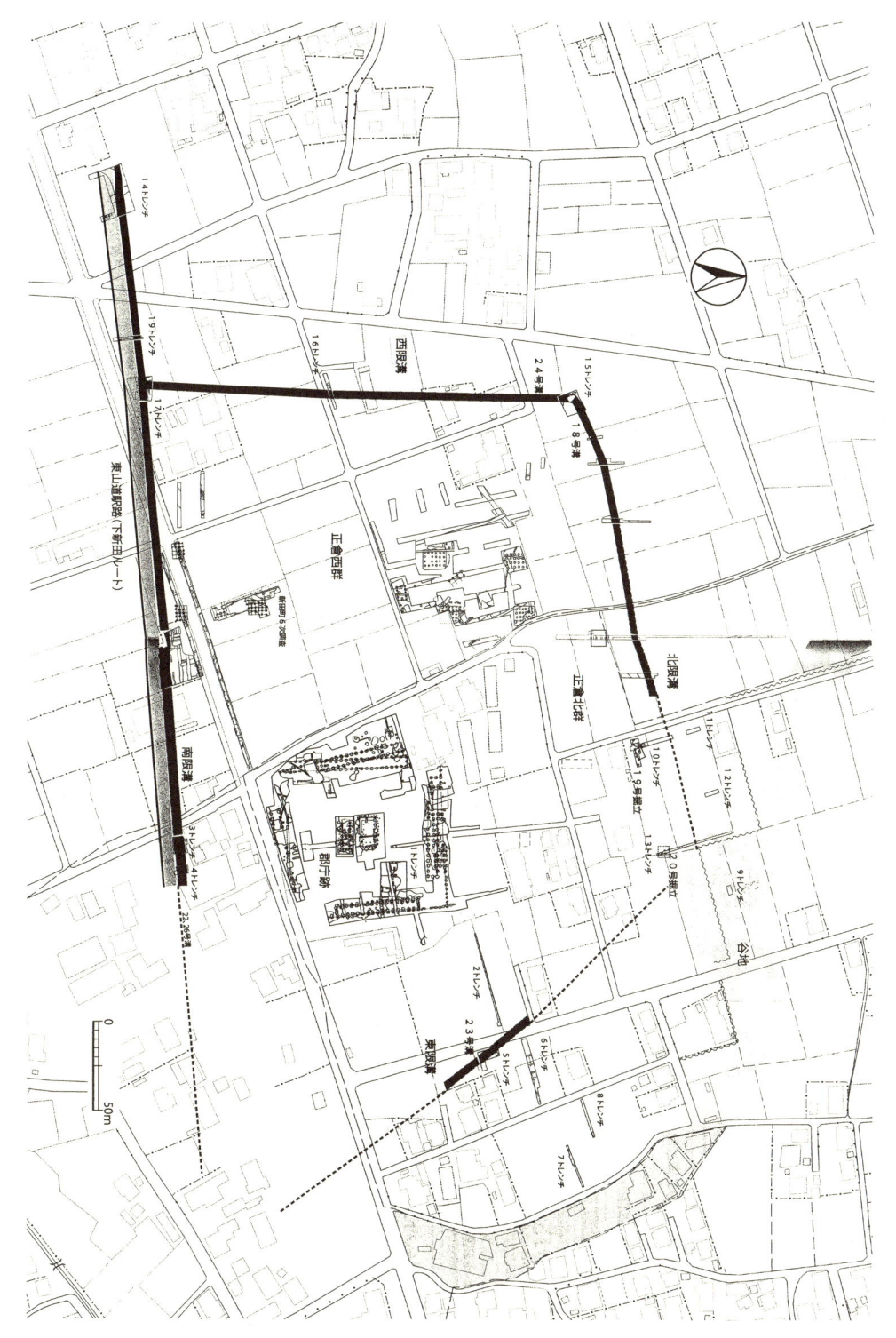

第1図　新田郡家全体図

古代の新田郡に関する諸問題

川原　秀夫

はじめに

　新田郡は古代上野国における要地である。武蔵国府に至る武蔵路の起点であり、新田駅家が置かれ、駅家郷も置かれていた。郡内を通過する東山道駅路は下野国を抜け蝦夷地へ向かう主要ルートでもある。生産においても須恵器や寺院に供給する瓦を生産し、鉄や石材も生産している。近年、発掘が進んだ道路遺構では駅路にふさわしい立派な幅員と側溝を持った遺構が検出されている。また、新田郡家の発掘も進み、国府並みの規模と企画を持った遺構が検出されている。本論は近年の発掘成果などを参照し、古代における新田郡の役割を検討することを目的とする。

一、上野国府と新田郡家

　新田郡の成立はいつ頃だろうか。七世紀後半の孝徳朝、いわゆる大化の改新段階で地方政治の体制は大きく変わり国造制が評制に移行する。これはやがて律令体制の国郡制へと移行していく端緒である。評への移行はヤマト王権の強制力により、全国一斉に行われたものと考えられる。[1]上野国の場合、上毛野の国造の支配地が、そのまま名称不明の某評に変わり、その後、上毛野に好字が当てられ、上野となり、その地域は令制下の郡に連なる小さな評に分割されていったのだと考えられる。おそらく、七世紀末期までに多胡郡を除く十三郡全てが成立しただろう。[2]新田郡だけ遅れる理由はないので、新田郡もこの段階で成立したはずである。

　上野国の中心は前橋市元総社町にあったと推測される国府周辺である。近辺には古墳時代終末期にまで連綿と続く豪族の墳墓域である総社古墳群や白鳳期からの寺院である放光寺（山王廃寺）、令制下に入ってからは国分寺や国分尼寺、国府、総社神社が造営される。新田郡は上野国の中心から見ると東端にあたるが、武蔵国に至る武蔵路の起点であるなど、その位置付けは小さくないものと思われる。

　新田郡の中心である郡家は天良七堂遺跡である。（第1・2図）。今まで正倉群が見つかっていたが、近年、郡庁が見つかり、その全貌が見えてきた。[3]郡家の全体像が確認されるのは上野国では初めてである。

佐位郡と新田郡
── 大間々扇状地上における粕川の史的意義 ──

関 口 功 一

はじめに

　筆者は群馬県下の諸地域の古代の「開発」の諸相について考えて来ている[1]が、一連の考察の過程で、赤城山小沼より流下する粕川が、その流域地域の各時代に亘って、非常に重要な意味を持っているのではないかと思うようになってきた。

　群馬県内にあっても、関東平野を流下する利根川の重要性は言うまでもなく、両毛地域に関わる渡良瀬川や、武蔵国との国境となる神流川の意味は非常に大きい。また、利根郡＝片品川、吾妻郡＝吾妻川、碓氷郡＝碓氷川、群馬郡＝烏川、甘楽郡・多胡郡＝鏑川などの、地形等によって規定された、各郡を単位とするような地域を貫流する河川には、それぞれ様々な論点が含まれているに相違ない。

　それらの河川と比較すれば粕川は、赤城山南面の山麓地域を構成する勢多郡〜佐位郡を流下する、中小河川の一つに過ぎないであろう（第1図）。しかし後述するように、幾つかの要素によって、その流路の長さや流域面積の大小を超えた存在意義を持っているのではないかと思われるのである。

　考察の対象になるような要素は様々あるだろうが、流路に沿った「氾濫原（低地）＝水田」と、流路が開析する「洪積台地＝畠」とは、これまで各時代に亘って各種の開発の対象となってきている。それらの耕地の密度と配置、耕地（特に水田）相互を結びつける形ではりめぐらされた各種の用・排水の配置とに、特に注目して考えてみたい。

　上記の考察に当たって、国土地理院がHPで公開する「国土変遷アーカイブ」を適宜閲覧した。米軍空撮の空中写真で写りのよいものをトレースして文中の模式図とした。

　以下、空中写真の観察と現地踏査による表面観察を中心に、現状で気がついた二、三の内容について紹介し、私見を提示してみたい。

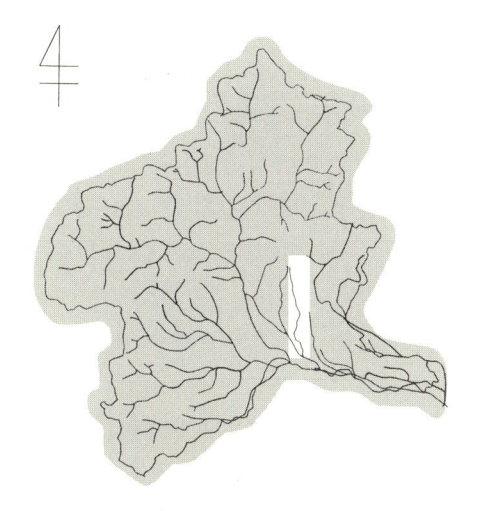

第1図　群馬県下における粕川の位置

1. 粕川流域の用・排水路について

　粕川流域を特徴づける地形的要素に，全国でも最大級の規模を誇る「大間々扇状地」がある。大間々扇状地について，前近代の行政区分を当てはめれば，北東部に山田郡・中央部に新田郡・南西部に佐位郡で構成され，北西部で勢多郡に接する形になっていると思われる。

　これらのうち，東日本を代表する荘園の一つに数えられる新田荘（旧新田郡全域に一部周辺地域を含む）に密接に関わる部分については，非常に厚い研究史を持っている[2]。その盛況さと比較すれば，その縁辺各地域は，残存史料の僅少さとの関係で，なかなか踏み込んだ議論が出来ない状況が続いてきたと思われる[3]。

　上記の各郡との関わりで，粕川の流下する勢多郡・佐位郡の範囲が本来どのようなものであったのかを明らかにすることは，現状では非常に困難である。後者について通説に従うならば，『倭名類聚抄』に記載された地域を構成する郷名は，やや錯乱している部分もあるが，恐らく「名橋・雀部・茂呂・佐井・淵名」の「5」であり，これは令制の郡の等級で「下郡」に相当する。郡の等級は，主として人口に対応するもので，必ずしも面積の広狭とは連動しないらしい。上野国内では，平野部で東に隣接する新田郡や，西毛の碓氷郡・多胡郡とほぼ同規模である。

　一方，佐位郡に関する自然的境界のイメージは，東が早川，北が神沢川，西から南にかけてが広瀬川（旧利根川）の各河川に囲まれ，大間々扇状地の西半部及びその下位の低地で構成されていたものと思われる。東に隣接する新田郡とともに，早川を境界線として大間々扇状地を二分するイメージになるだろう。

　また，赤城山の小沼から流下する粕川は，前述のように北半部では，蛇行しながら勢多郡域を通過する。そして，赤城山南面の火山性泥流丘の連なりのなかでも，石山丘陵付近に勢多郡と佐位郡との，人為的な境界線があったものと思われる。

　この地点付近に関して，先ず注意されるのは，県内で一般に「東山道」と呼称されている道路状遺構との関係である。新田郡と隣接する佐位郡東部地域から，粕川までの部分に関しては，連続的に地表面の地割ないし地下遺構が認められる。そしてその一部は，かつて牛堀・矢ノ原遺跡として調査されたことがある[4]。

　ところで，佐位郡の西に隣接する那波郡の玉村町〜群馬郡の高崎市などでは，類似の道路状遺構とされるものが連続的に調査されているので，ある時期に両者はつながっていたと見るのが順当であろう。しかし，現状では粕川の渡河点から広瀬川までの間には，少なくとも現地表にそうした痕跡を見出すことができない。確認されている「側溝」とされる遺構の掘り込みの浅さも気になるところである。

　これらのことは，恐らく急激な都市化というだけでは割り切れないのではないか。水田部分には「条里」型土地区画が残存するのであるから，河川の乱流といった事情も想定しにくいだろう。この種の「条里」型地割に一般的な，9世紀代に造成されたものが直接起源であるとすれば，

「駅路」としての機能が，既にその段階で失われていた可能性があることになる。

東山道「駅路」に関しては，ある時期の中央と地方とを結ぶ路線であることは疑いない。火急の早馬が，常に通行できる路線であるならば，路面や路側に関する然るべき工事が施され，付帯施設も完備した状況が想定される。通常は『延喜式』記載の駅名をつなげた路線が想定されているが，少なくともそれが，現在群馬県内各地で確認されている，幅員10mを超えるような直線的道路状遺構と一致するとみるべきではない。

「中路」であった東山道「駅路」には，相応の規格（幅員7〜8m）があったので，それに外れた「駅路」はありえないであろう。その規格に当てはまるのは，現状で強いていえば，必ずしも直線的ではない「あずまみち」[5]の方である。こちらは各地で現地表に痕跡を残している。そのことは，古代以降への機能の持続性を示すもので，それこそ「駅路」的な道路に相応しい。しばしば史料に記される通り，「駅路」は基本的に改廃を繰り返す性格のものであって，政治的な磁場の変化による路線変更も日常的に見られた。そのような前提条件を踏まえるならば，上野国府の設置や多胡建郡などは，大きな契機になるだろう[6]。

上野国内全域という視野で古代の「道路」を考えれば，「伝路」の存在も注意されるところである。「伝路」に関しては，その存在そのものを疑問視する向きもある[7]が，同時代の文書逓送を介した地域支配の方法としては，あってもおかしくない公的施設になるだろう。

佐位郡の北部には，著名な国史跡「女堀」が通過している[8]が，時期的に後発すると見られる大規模な工作物である。その走行は，上記の「あずまみち」と並行するものである。前橋市上泉町から，伊勢崎市東町の通称「独鈷田」まで連なる国史跡「女堀」は，中世初期の未完の用水路であるとされてきた。その後，取水口が前橋市下小出町であるとする見解[9]や，終末点給水ではなく，途中分水の可能性もあったとする見解[10]なども出されているが，現在でもなお未解明な要素が多い。

粕川は，その終末点に近い伊勢崎市下触町地先で，走行上この国史跡「女堀」と交差しているが，その成立と密接に関わっていた可能性がある。なぜならば，粕川ないしその支流から直接取水して，現状での終末点「独鈷田」へと注ぐとされる国史跡「女堀」と並行した水路が，国史跡「女堀」

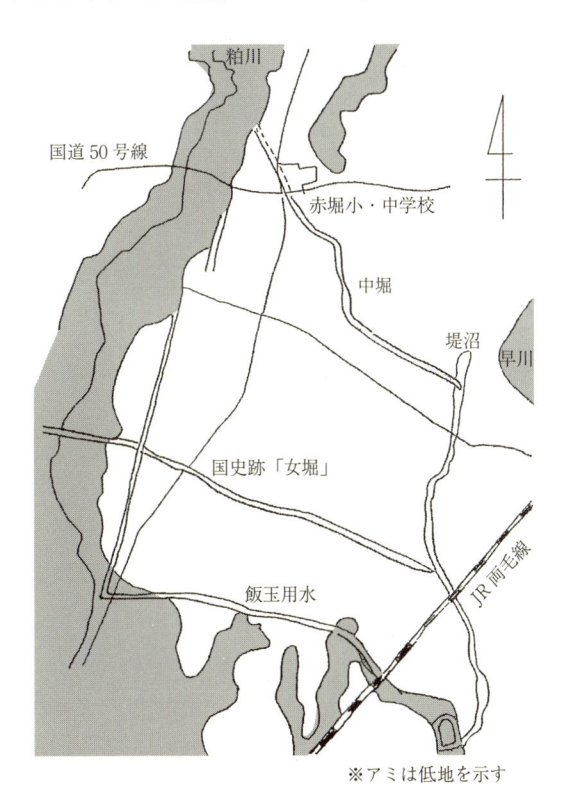

第2図　国史跡「女堀」終末点付近要図
※アミは低地を示す

を挟む形で，少なくとも他に2本は認められる[11]からである（第2図）。

　ちなみに，未完であるから当然なのかもしれないが，1948年の空中写真を拡大してみると，国史跡「女堀」の末端部分は「独鈷田」とされる低地に非常に近接しているものの，東側を流下する帯状の低地が，北西から南東方向へと微妙に蛇行している関係で，直接には接続していないらしいのが確認できる。終末点近くの国史跡「女堀」は現状で道路だが上流域に比べると工事量が少ないように感じられる。

　国史跡「女堀」の南側の水路（＝飯玉用水）は，取水点こそ現在地よりも粕川を遡及した地点になり，以下粕川に沿って流下するが，東西方向の走行を示す部分では，かつての赤堀町と伊勢崎市との境界線に一致している。その点では，境界としての意味が持続されていたのである。

　この飯玉用水は，北関東自動車道・伊勢崎インターチェンジの北西の，粕川が東に蛇行する左岸で，急激に東に走行を変える。途中二カ所ある谷頭の湧水地点では，いずれも南側にある低地に分水しながら南東方向に流下する。二つ目の低地に分水した後，走行をさらに南に変え，最終的には国史跡「女堀」の到達している低地の下流部分で終わる。この低地は，現在の西小保方沼から南方へつながってゆくものである。偶然かもしれないが，その走行は本来国史跡「女堀」が採るべきであったとかつて能登健氏が想定された標高100mのルート[12]を踏襲しているのである。飯玉用水は，本来国史跡「女堀」に期待されていた機能を代替していた要素がある。

　さらに，飯玉用水の通水部分の幅員は，国史跡「女堀」よりも大分狭いが，湧水地点部分を中継するような方法は，国史跡「女堀」の西側延長部分にも見られるものである[13]。国史跡「女堀」と飯玉用水の終末点での距離は，後者が南に走向を変える関係もあって，1,000mほどあるが，粕川左岸付近のほぼ並行している部分では，東に行くほど距離が縮まるものの，その半分ほどの等距離を保っている。

　飯玉用水は，その全体規模などから見て，さらに時期的に後出するものと見られるが，全線が同時期に成立したかは問題がある。幾つか認められる大間々扇状地扇端の湧水点を点綴する形になっているからである。そして，この付近の用水路遺構で実際に現在でも機能していると見られるのは，この飯玉用水の事例のみである。

　一方，国史跡「女堀」の北側に位置する「中堀」は，赤堀小・中学校の北西方で，粕川支流の鏑木川から取水したとみられるが，現状では流路が離れている。その地点には，鏑木川に架かる「中堀橋」が所在し，この水路の地元での通称を示している。

　なお，この付近では粕川本流より支流の鏑木川ないし蕨沢川の水量の方が多いほどである。国道50号線と交差する地点（赤堀今井町）までに，右の2本の支流を併せた粕川は，この近辺では最大の河川になる。その後中堀は，同小・中学校の敷地や国道50号線西久保交差点東を経て，南東方向に流下する。東西50m・南北100m程の，現在全く消滅した遊水池的な低地の北端に流入し，その南端から南東方向に僅かに流出した後，走行を国史跡「女堀」と平行に近く変更して，直線的に並走する形になる。最終的には国史跡「女堀」の終末点とされる「独鈷田」に連なる低地に現存する湧水点「堤沼」の南で給水する。給水点付近の両者の距離も，1,000mほどで

ある。

　中堀の距離自体が短いこともあるが，全線を通じて排土の処理の状態を示すような部分は認められず，幅員も一定していない。幅員等では飯玉用水よりは国史跡「女堀」に近い。ただし，実際にかつて流水があった影響からか，全体としては自然流路に近い形状を示す。粕川支流の鏑木川からの取水という事情を考慮すれば，途中の水路の方向転換などが，設計上の若干の無理を物語っている。

　なお，遊水池的な低地を経由して，土木工事を省略する技法は，以西の国史跡「女堀」の場合に類似する部分があるのは飯玉用水の場合と同様である。ただし，全体として水路部分の深さはかなり浅いようで，特に宅地化が進行している国道50号線付近の部分では，僅かな地割程度しか残されていない。しかも1960年代初頭には，周辺の圃場整備が実施され，西半部が完全に消滅したことが空中写真で確認できる。現在では，東半部にも区画整理が及び，公園になっている「堤沼」付近などに，往事の痕跡を僅かに残す状態であり，全線に亘って開渠としては通水していないと思われる。「独鈷田」自体が現状では道路に伴う僅かなくぼみとなっている。

　かつて，これらの3本の水路が並行していたことについて，その間の前後関係が問題になると思われる。考古学的な調査が未了の現状では，あれこれの可能性について考えてみるのにとどまる。強いていえば，中堀が女堀に後発し，先に完成した可能性が高い。

　同様に，東に隣接する新田郡との境界付近に所在する「牛堀」[14]も，「初期東山道の側溝」という当初の工事目的はともかく，直接連絡はしないものの，山田郡の渡良瀬川右岸から引水する新田堀用水の延長線上にあって，非常に注意される。その線形は基本的に直線的であるが，発掘調査で途中分水のための構造物があることが確認されている。

　また，『群馬県古城塁址の研究』（山崎1978）には「女堀」伝承地の指摘が幾つか散見されるが，佐位郡関係のものが少なくとも2例ある。いずれも郡内では南端に近い低平な地点である。その1は，伊勢崎市南部の広瀬川左岸で，茂呂城跡の中核部分に架橋する「光円橋」付近にはじまる「女堀」である。広瀬川左岸の崖線を利用する茂呂城の東端の「遠構」と交差するようだが，現状ではそれに切断されているように見える。崖線に並行する形でそのまま南東方向に流下し，徐々に弓なりに走向を変えながら続く。広瀬川の自然堤防上を南下した後，走向を徐々に東に変化させながら平坦な低地を横断して，粕川右岸の保泉の旧集落のなかに入っていき，最終的には粕川に合流すると見られる。ただし，幅の割に掘り込みが浅いようで，旧状でも保泉の集落に入る辺りからは，遺構が判然としない。なお，現在では道路や町の境界などに僅かに線形を残すが，保泉ニュータウンの建設によって，表面の遺構はほぼ消滅状態である。

　その2は，東武伊勢崎線剛志駅東側の，粕川左岸の自然堤防上から始まり，能満寺の東を南下して，御嶽山自然の森公園（「上武士の砦」跡）の東で広瀬川に合流するものである。途中，旧保泉の集落の北方の対岸で，東西方向の水路に分断されるが，本来は一連のものであったろう。その後，能満寺の北方で南方に方向を変えるのと，広瀬川との合流直前に僅かに東へ曲がる以外は，比較的直線を維持している。現状で能満寺以南は，どうにか道路の線形に遺構が残されているが，

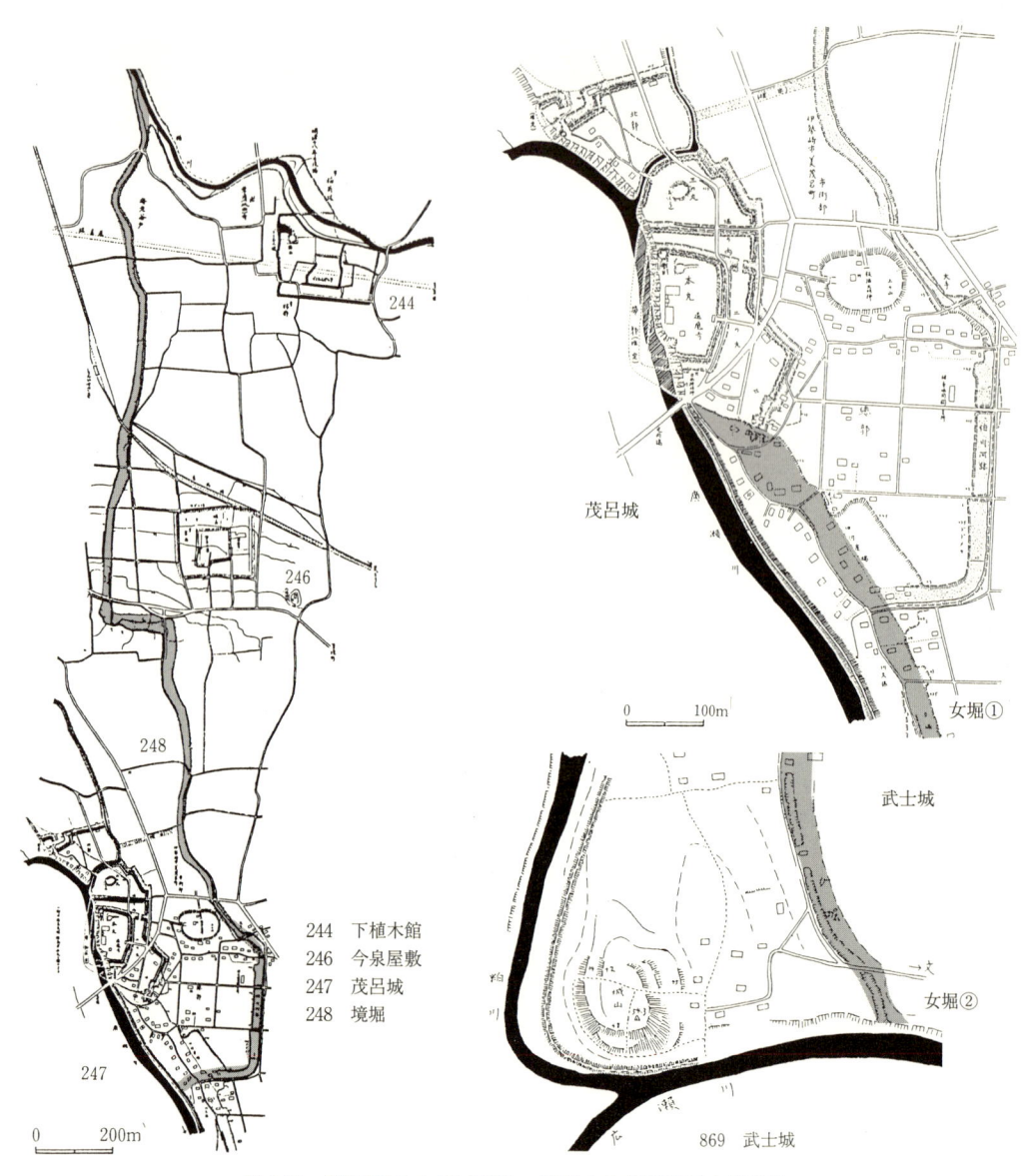

第3図　『群馬県の中世城館跡』所載の佐位郡関係水路遺構

それ以北については圃場整備によって，地表面の遺構はほぼ消滅状態である。位置関係として「上武士の砦」の東側に隣接するが，現地は北側に大きく開けており，防御施設としての役割はほとんど果たしていないだろう。

　佐位郡南部所在の「女堀」は，いずれも比較的短距離である。ただし，上武士地区の例が直線的なのに対し，茂呂地区の線形は曲線的である。それぞれ自然堤防～台地上を不自然に縦断するので，単なる自然流路ではないのは明らかである。粕川を媒介として，前者が上流（広瀬川→粕川）で，後者が下流（粕川→広瀬川）の位置関係になっているが，合流位置も微妙にずれており，現状では直接の連続関係はないようである。

また，『群馬県の中世城館跡』（群馬県教育委員会1988）に，「248. 堤堀」と紹介されている事例がある。右の報告書（一覧表）によれば，所在地が「下植木〜茂呂」，所属時期が「16世紀」，築・在城者が「由良氏か」，遺構・遺物等が「下植木館・今泉屋敷・茂呂城」，備考として「粕川の配水路を兼ねた阻障」のように記載されている。

　粕川と広瀬川とが最も接近した部分の平坦地を，南北に横断する大規模な水路であるから，有事の際には何らかの防御機能も持たされたかもしれないが，土塁等の特別な遮蔽物もなく，地形変化に応じて比較的浅い部分もあり，基本的には粕川から広瀬川へと通じる用水路になるだろう。やや下流に位置するその東方には，伊勢崎市粕川町の「条里」型土地区画を有する水田が広がっているのである。

　途中にあるとされる3カ所の城館は，それぞれ「堤堀」に隣接してはいるが，施設の一部として組み込まれている訳ではない。最も堅固な茂呂城でさえ，中心部に比較して造作が見られず，北に開いた形になっており，閉じた空間を形成しない。このことは，時期差を示すのだろう。それ以外は「方形館」とするべきもので，防御的機能は非常に低い。各城館の形状から言っても時期差がありそうで，順次成立した結果，現状のように密集して見える形になった。

　また，中間に「折れ」を示すような部分があるが，このことは本来的な防御的機能を示すのではなくて，工事が何回かに及んだことを示しているのではないか。「折れ」というよりも蛇行に近い。あるいは，本来「折れ」の部分から西の広瀬川方面に流れていったものが，南方の茂呂城方面からの施設と連結して一体化し，その後に若干の戦術的内容も持たされるようになった可能性がある（以上，第3図）。

　以上の各事例を，取水と排水の各地点に注意して整理すれば，次のようになる。

　若干の見落としなどもあるかもしれないが，規模の大きく主要なものは網羅できたと思われる。

```
女堀（国史跡）＝桃木川（利根川旧流路）〜独鈷田
中堀＝鏑木川〜独鈷田
飯玉用水＝粕川〜独鈷田
牛堀＝粕川〜早川？
安堀＝荒砥川〜広瀬川（利根川旧流路）
境堀＝粕川〜広瀬川（利根川旧流路）
女堀①＝広瀬川（利根川旧流路）〜粕川
女堀②＝粕川〜広瀬川（利根川旧流路）
```

これらは，基本的には粕川及び広瀬川（利根川旧流路）を媒介にした調節機能を付与された水利施設群と考えてよいだろう。直接佐位郡に関係する部分では，広瀬川に比較して小規模な粕川が，東西に蛇行していることの意味も大きいようである。それらのうち多くが粕川と関わっているのは注意されるだろう。

　相互に距離の長短はあるが，国史跡「女堀」のような例外を除けば，単独郡内かせいぜい2郡

の間の領主の合意があれば，工事が可能であったとみられる規模である。これらの存在によって，郡内外に対する佐位郡の積極的な開発行為への関与がうかがわれるのである。粕川上流などには，大間々扇状地上面や赤城山南面などの丘陵地形に，多数の水路が掘削され，なかには既に廃絶し，さらには埋没してしまったような例もある。逆に，開析が進行し，溝と言うよりも低地と化し，水田化されているような場所などもある。

　北側の勢多郡との境界は，大間々扇状地の西端を流下する神沢川になるが，南の高い地勢の関係によって神沢川から直接南方に取水するのは困難であったようである。佐位郡北部の水田部分は，主に桂川と粕川によって給水されていたとみられる。そしてその最終形とも言うべきものが，現在主要な農業用水の位置を占める「佐波伊勢崎（八坂）用水」の達成であった。

　長期間にわたって，こうした農業関連の土木工事を繰り返すことが可能であった地域の，潜在的な経済力には先ず注意されるべきだろう。そしてこの佐位郡付近では，粕川と広瀬川との流量を，何本もの水路によって微妙に調整する形で，広範囲な開発が達成された可能性がある。そのような技術は，最低でも1郡単位以上の政治的意志と労力とを必要とするものになる。

3. 佐位郡域の開発状況

　先にも触れた通り，粕川流域の氾濫原を中心とした低地部分は，他の同様の場所と比較して開田化が進んでいる。しかも，その多くに「条里」型の土地区画を残しているのである。

　群馬県内の「条里」型の地割に関しては，既に表面観察に基づく歴史地理学的な先行研究によって，具体的な規模や内容に関する十分な説明がなされてきている[15]。

　その一方で，かつて長野県更埴条里遺跡の調査成果によって全国的に周知された地下遺構の存在が，浅間山や榛名山を供給源とする火山噴出物の，広範囲な降下よって被覆されたという特殊事情によって，西毛地域を中心に考古学的に確認され，全国的にも一躍注目されるようになった[16]。

　このような傾向は，その後全県的に拡大され，大規模開発の事前調査などで，水田部分も考古学的な調査の対象にされたことにより，多くの調査事例の蓄積をみることになった。このことは，具体的な地番の設定を裏付ける史料の決定的欠如という現状を補って余りがある。少なくともそれらの耕地の表面と地下遺構の少なからぬ相関関係によって，長期間に亘って区画を失うことがないような，安定的な耕地であったことは認められるだろう。

　他の地点で，同様の例が絶無という訳ではないが，粕川流域では開発条件に恵まれた平坦な地形ではなく，非常に狭隘な谷田部分にも，執拗に手間を掛けている。以下，主要な地点を上流から通覧してみたい（第4図）。

①前橋市粕川町女淵～深津周辺

　粕川と桂川とに挟まれた低地部分に，やや範囲は狭いが「条里」型の土地区画があった。この部分については，ほぼ全面的に粕川から水がかかり，西側の一部のみ桂川から水がかかる仕組み

であったと思われる。また、周辺地域のなかでも、特にこの地点の上流部には、大小の「溜め池」が多く造成されており、河川の水量の増減にかかわらず、耕作が維持できる構造であったと思われる。

なお、その下流に位置する伊勢崎市赤堀今井町付近までの水田は、幾つもの泥流丘の存在の影響で、非常に不定型で小規模な耕地なので、現状では「条里」型土地区画とは言えそうなものが見つからない。ただし、泥流丘の間の窪地状の低地を、各種の水路や堤を駆使して開田化している。このことは、労働量や水かかりに関して費用対効果でぎりぎりの事例と思われる。それらが可能であったということは、労働力を投下できる人口密度や、河川等の水利施設の条件が恵まれていたことを示している。

②伊勢崎市五目牛町周辺

この付近の粕川の氾濫原は、粕川自体の蛇行によって寸断され、非常に狭隘なものとなっている。にも拘わらず、桂川や神沢川の氾濫原の低地も含め、「条里」型の土地区画が卓越している。後述する「中堀」は、粕川が泥流丘の影響で東に蛇行した部分の北端から取水しており、その右岸の僅かな低地にも「条里」型土地区画が設定されている。このことは、恐らくこれらの一連の開発が、比較的近接した時期の所産である可能性を示唆している。

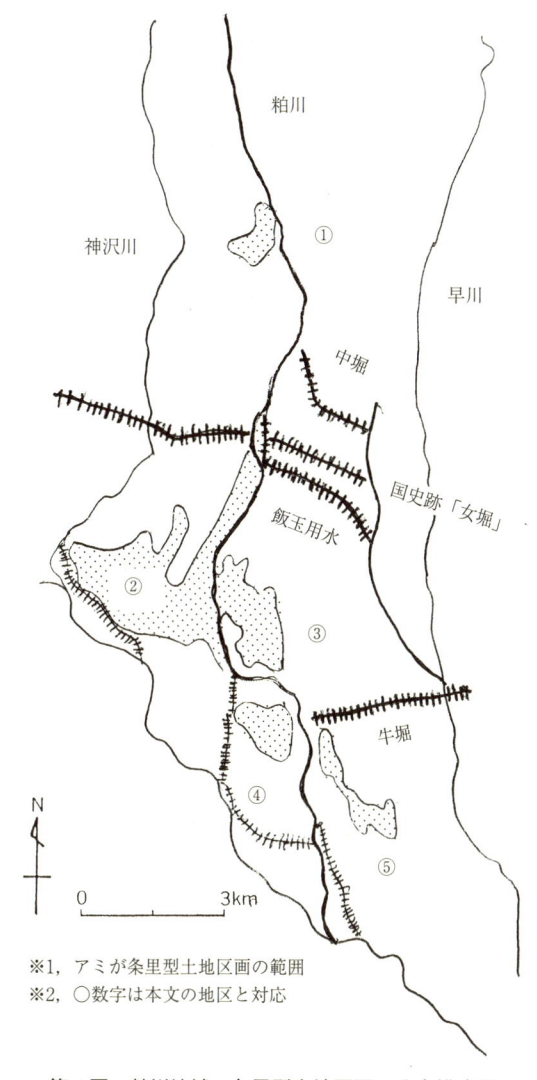

※1．アミが条里型土地区画の範囲
※2．○数字は本文の地区と対応

第4図　粕川流域の条里型土地区画の分布模式図

③伊勢崎市鹿島町周辺

その後粕川は、南北方向に幾つか連続する泥流丘の間を縫うように流下するが、現在の華蔵寺公園から南側は、比較的低平な地形が広がるようになる。前述のように、粕川の左岸の鹿島町の水田には、全面的に「条里」型土地区画が展開している。

④伊勢崎市粕川町

華蔵寺公園東側辺りから、多少の蛇行を伴いながらも、ほぼ南北方向に流下していた粕川は、県立伊勢崎工業高校の東で急激に東へ流路変更するが、これは人工的な付け替えかもしれない。さらに日乃出町の南西端で、再度南へと流路変更する。この右岸の低地部分に、かなりの大きさ

で「条里」型土地区画が展開する。③〜④の事例に連続性が認められるとすれば、広瀬川西方に展開する「条里」型土地区画とも併せて、「広域条里」の範疇に含めて考えるべきかもしれない。ただし、微妙な地形変化の関係で、方位を異にする事例の集積と言うべき様相を呈しており、全体として幾つかの施行単位は指摘できる可能性がある。

　⑤伊勢崎市境伊与久町周辺

　粕川左岸で、④の東側に位置する境伊与久にも「条里」型土地区画が認められる。伊与久沼の南に接した場所である。同様な条件の地形は、以南にもあると思われるのだが、1946年以前の段階で区画整理が実施され、空中写真の観察では確認できない。少なくとも広瀬川以西については、河川の乱流の痕跡が目立ち、安定的な耕地ではなかったことが予想される。そうであれば、恒常的な方格地割は設定されていなかった可能性が強いと思われる。

　これらの事例は、いずれも「条里」型土地区画とはいっても、平坦地にも拘わらず変形が著しい。また、群馬県内全体の一般的傾向と同様に、「一（市）ノ坪」といった地名のレベルでの数詞の遺称地等は、ほとんど認められない。しかも、微地形を十分克服しきらないために、各坪内を構成する畦畔や水路が乱れている部分が多い。結果として、畿内に見られる典型的な「長地型」・「半折型」といった形も少ない[17]。それらのことは、現状で「条」または「里」に相当する大きな地割が非常に認定しにくくなっていて、坪並等の復元を困難なものにしている。右の傾向は、谷田のような地形的制約の下にあればなおさらだろう。そうであるにしても、場所によっては河川や比較的狭い微高地部分をまたいで、畦畔が長く連続したりする事例もあるので、ある時期の土地区画の規制が、かなり強力に推進されたことは想像に難くない。

　そしてそのような規制が、最近まで方格地割が持続されてきたことの背景としては、水利慣行や土地所有の単位としての便宜や、当時の農耕技術の段階に適合していたなどの複数の要因が、時代を超えても通用するような性格のものであったことを示している。

3. 国史跡「女堀」と早川の関係

　かつて峰岸純夫氏が指摘されたように、北関東地方で意味を持つ「女堀」が一般名詞なら、本稿で問題にした廃絶水路の事例を含めて、「女堀」と呼称すべき事例には事欠かないはずであるが、特定の水路だけが「女堀」と呼称されているらしいのもかなり問題である。この点に関する可能性としては幾つかあるだろうが、少なくともこの付近では武蔵国境に近い佐位郡南部には、「国領」の地名が残されているのが注意される。上記の「女堀」が給水できたはずの地域に、現状で「条里」型土地区画が確認できないのも、その後の地形改変だけでは説明できない。

　また、各水路の規格について一部に直線を含むものの、東・西・南・北の正方位を示すようなことはほとんどなく、地形に順応する形で施工されていることは、これらが「条里」型土地区画などの造成に先行するものではない可能性を示す。どちらかといえば開発の前提としてではなく、大間々扇状地西端周辺の、既存の造成地の恒常的な乏水性を解消する目的で、耕作維持のための

施設が多かったと考える。

　境伊与久町よりも下流の粕川は，ほどなく広瀬川に合流する。その短い区間で目立つ耕地は，左岸の東武伊勢崎線剛志駅の北西に広がる水田があるが，特に「条里」型土地区画は認められないようである。これ以下の標高の水田は，大間々扇状地の扇端部になり，連続的な湧水点の分布の関係で，用水路よりもむしろ排水路が必要であった。

　大間々扇状地の西端に位置する佐位郡は，その西に隣接する那波郡ほどではないものの，特に郡内西部地域を中心に可耕地の水田化の比率が高かった可能性がある。そして，現状で水田になっていないような北部地域にも，積極的に水路を引いて水田化を試みたとみられる。随所で直線的に区画された谷戸田の広がりが，その積極的開発を裏付ける。各時代を通じて，それらの開発行為の中核にあったのが粕川であり，その水系を通じて，上流の勢多郡とも密接に関わっていた可能性が想定されるのである[18]。

　また，佐位郡の西方には，広瀬川が流れている。広瀬川は，群馬県内の中流域では最も有力な旧利根川の流路であり，佐位郡の対岸になる前橋台地（群馬郡・那波郡）の東縁に沿って，幅の広い低地を形成していた。帯状の低地は，少なくとも上・下に二段階あり，より開析の進んだ下位の低地部分には，河川の乱流の痕跡が顕著だが，上位の低地は比較的安定化し，居住域や生産域として活用されていた[19]。「条里」型土地区画の認められる小規模な水田が何カ所かあるのも，この上位の低地である。

　右の低地の中でも，桃木川と合流した広瀬川に，神沢川・宮川と合流した荒砥川が合流する地点周辺は，かなり広大な低地を形成していた。それらのなかでも，前橋市西大室町から南に流下する神沢川は，かつてはつづら折れの状態で蛇行していたが，最近の河川改修によってすっかり直線的な線形になった。それが，前橋市飯土井町と伊勢崎市波志江町の間で，大きく南西方向へと流路を変えるのは，そこが大間々扇状地と赤城山体の境目の，大規模な窪地だったからである。

　赤城山側からの河川は，いずれも神沢川に合流するが，南が大間々扇状地西端のやや高い地勢の関係で，基本的にそこから南へは分岐しない。神沢川よりも東には，前述の粕川や早川が流下しているが，少なくともこの付近の早川には，連絡水路が全く見られない。一方大きな蛇行を繰り返して，前橋市二之宮町で宮川と合流した荒砥川は，伊勢崎市宮子町付近で，桃木川と合流し水量の増した広瀬川と合流する。この広瀬川の左岸が，前橋低地の中でも最も幅広な上位の低地になる。

　また，上流の桃木川左岸・荒砥川右岸の低地には，赤城山体の段丘との間に小規模な「条里」型土地区画が広がっている。ただし，その付近の水田の大半は，勢多郡（芳賀郷カ）の所属になるであろう。近時，上泉地区以西の「女堀」との連続が確認されつつあり，取水点が利根川本流付近にあった可能性が改めて指摘されるようになってきている。なお，これまで取水点とされてきた地点（前橋市上泉町）付近で，桃木川の流路を付け替えた痕跡がある。かつての桃木川は，現在よりも南の位置を南東方向に流れており，国史跡「女堀」と接続するために東に引いて，段丘崖際を流れるように変流させている。そして，結果として自然堤防の微高地を切断する場所も

第5図　「新田荘」の周辺略図

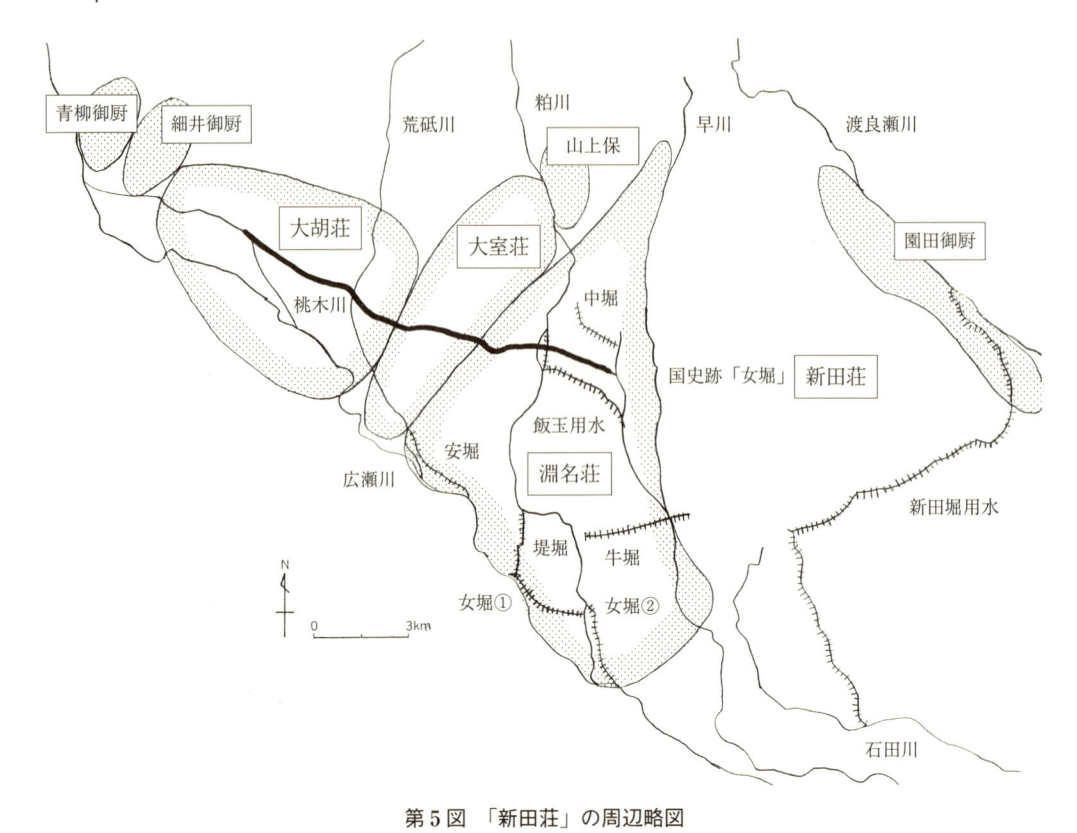

発生している。その周辺でも破片的な「条里」型土地区画が確認できるのである（第5図）。

　それらの南側に接続する形で、伊勢崎市波志江町～安堀町の「条里」型土地区画が展開するのである。佐位郡西部は、多くの自然流路とその多少の変流によって、比較的潤沢な水利資源があった。これに対して佐位郡東部～新田郡は、その開発を推進するために、各種の水路によって働きかけを行わなければならない可能性があった。

　本質的に開発条件に恵まれない地点で、それほどまで執拗に給水に伴う土木工事を必要とした場所とは何だったのだろうか。少なくともその段階では、下流地域が問題なのではなくて、この地点こそが問題であったと考えられるだろう。この点に関しては、前節で取り上げた、粕川流域中～下流の開発状況が参考になる。

　前述のように、粕川流域の方格地割を残すような水田は、氾濫原とその付近の低地を中心に展開している。下流に行くほどその全体規模は拡大し、典型的な「条里」型を呈するようになる。そのことは、恐らく地域内部の政治的中心地の所在と、耕地の安定性とが相関的に反映しているだろう。そして、国史跡「女堀」が成立する頃、粕川流域は上流が「山上保」、下流が「淵名荘」に相当した（第5図）。

　国史跡「女堀」の終末点から下流の地域では、大間々扇状地上に見られた地形変化が減少し、非常に単調な地勢を示している。扇状地の扇央部にやや近いが、水さえあれば大規模な水田造成

が可能らしいことは，粕川流域の一連の開発によって，既に経験済みといえる状態であったのではないか。

さらにその西側に「淵名荘」が存在することによって，その開発との関連がしばしば言われる[20]。そのような理解で大過なければ，その隣接地の再開発—荘域の拡大，ないしは新たな荘園の立荘というような事態もあり得たということになる。ただし「淵名荘」域が，水田可耕地を中心に，多くの「条里」型土地区画を残すような「熟田」状態の場所であったならば，その主対象は東側に隣接する広い「空閑地」と考える方が，より妥当性があるように思われる。

そして，幾つもの領主の意向を調整できるような政治力が，まだ上野国府に残されていたとすれば，「国衙領」の拡大といった動きであった可能性もあるのかもしれない。その契機として，直近の次期に中央から下向し，婚姻関係等によって地域内部に人脈を拡大していた，新田義重ないしはその子孫の個人的名望に，大いに期待するものがあったのではないか。

周囲の理解と協力で，新たに新田一族の本拠地を構築し，その基盤を盤石にするために，東部を中心とした上野国内の主要な関係者の総意によって大規模な事業が企画され，速やかに実行に移された。そのような人望を持つ人物なり組織は，歴史上そうたくさんはあり得なかっただろう。

県内各地の各時代の開発行為に伴って，各種の水利施設が構築されたことは，様々なレベルで確認できる。それらの精密な年代比定には問題が残るが，比較的距離の短い用・排水は，河川の沿岸を中心にかなりの事例があると思われる。

そのように考えられるとすれば，改めて注目されるのが早川の存在である。現状での流量は必ずしも多くはなく，上流域に早川貯水池が築造されて，その安定化が図られている。恐らく流速が早いことによって命名されたのであろうが，その流速は早川の直線的な線形に由来している。

早川は，大間々扇状地の中央部を断ち割る形で，ほぼ南北方向に流下する。地理的な常識から言えば，このこと自体が尋常ではない。旧尾島町付近の下流地域に至って初めて，東方に大きく屈曲するまでは，ほとんど蛇行もなく直線的である。その屈曲部周辺に，初期の新田荘の郷々の西半分は集中する傾向にある。方位は全く異なるが，この早川の単調な線形は国史跡「女堀」のそれを思わせる。

早川も，国史跡「女堀」と同様に，随所で低地部分を通過するが，その大半が横断ではなく縦断である。このことは，工事の難易度の点で，後者よりも数段有利な条件になるだろう。同様に注意されるのは，中流域で幾つもの微高地を切断していることである。これは，直線の線形を確保するためである。しかも上〜中流域では，早川に合流する河川がほとんどなく，途中の分水もみられない。これらのことは，上流域を中心とした早川が，特定の目的のための人造河川であることを如実に示している。国史跡「女堀」や中堀・飯玉用水なども，「独鈷田」付近への通水を目的としたのではなく，更に下流の早川への給水を目指した施設ではなかったか。その早川は，初期の新田荘成立のために大きな役割を果たしていた。

早川の流路は，「淵名荘」の東縁を流下する形なのだが，この河川を新たに通過させるに際して，新田郡と佐位郡との境界線上になっているのにも，人為的境界としての意味があるのではな

いか。「新田荘」（西部）開発のために造成された，東西方向の水路が「女堀」なら，南北方向の水路が早川だった可能性もある。両者の交差する場所に「牛堀」等を加えれば，その目標が「新田荘」西部の開発以外にはなさそうなことに気づくだろう。

　さらに憶測を逞しくして言えば，工事の難易度の関係で先に完成した早川の達成によって，技術的・政治的により難工事であった国史跡「女堀」の必要性が，ほとんどなくなってしまったことが，工事の急な中断を将来したのかもしれない。

むすびにかえて

　古代の佐位郡に関しては，北部の畑作地域や南西部の河川乱流地域を除き，官衙の集中する郡域中央部東寄りを中心に，かなりの部分の平坦地水田で，具体的な「条里」型土地区画が施行されていたとみられる。恐らく机上の作業になる地番の設定は，これを上回るものであっただろう。ただし，群馬県内では避けられない山地や丘陵地が比較的少ないという自然条件もあるだろうが，同様の事例は群馬郡・那波郡など一部地域に知られるのみである。

　榛名山東南麓から，南東方向に広範囲に広がる前橋台地上を，東西に横断する形の北関東自動車道等の建設に伴う最近の調査では，「条里」型土地区画水田のような大規模な造成が，9世紀代に始まったらしいとの調査所見[21]であった。8世紀代には始まったとされる地番の設定から，具体的な地割の造成に至るまでに，少なく見て1世紀以上も要したことになる。その間の政治・社会情勢の変化を考慮すれば，当初の理念がどの程度継承されたかは，甚だ心許ないといえるだろう。

　工事期間中の休耕による損耗を，最小限のものにとどめるために，工事の順序としては政治的中心から周辺へと広がり，着工の手順としては河川の下流から上流へ工事が進捗したものだろう。従って，これほど統一された規格に基づく大規模な耕地整理が，当時の技術的制約の下で，時間幅として1世紀程度で済んでいたとしたら，むしろ短期間であったと見られるのかもしれない。

　郡内に「駅路」が通過し「駅」も設置されていて，上野国内では比較的繁華な地域であったとみられる佐位郡は，その郡域全体が同時代としてはかなり開発の進んだ地域であったと言える。こうした地域再開発のために，破格の規模の用水路＝国史跡「女堀」を引くことは，かなり時代が下るとはいえ，屋上屋を架す類のものであろう。

　国史跡「女堀」が，あくまでも未完成であるという事実に留意しなければならないが，施設としてはより開発の必要性の高い地域のためのものであったと考えるべきである。私見でも，近時再論されるように，その契機は「新田郡西部の再開発＝新田荘の成立」[22]にあったとするのが妥当と考える。

　考古学的な調査によって明らかにされた通り，国史跡「女堀」の造営事業自体は，当初の目論見通りには完遂されなかった可能性が非常に高い。しかし，当面その前後関係は不明だが，幾つかの補完的な開発行為によって代替され，最終的にはどうにか所期の目的が達成されたようであ

る。そのことを端的に示すのが，右に示した中堀・飯玉用水や早川等の存在なのではなかろうか。

　いずれにしても，今回取り上げたのは主として「新田荘」の西側からのアプローチに関する問題である。1郡単位の広大な範囲を持っていた「新田荘」は，北側や東側からも各種の開発行為が続けられたはずである。現段階で見落とされているような各種水利施設等についても，国史跡「女堀」に関するような，1980年代までとその後の到達点とを共に止揚して，今後さらに考察が深められていくべきだろう。今後の目標としておきたい。

　なお，本稿を草するに当たり，飯島義雄氏・板橋春夫氏及び須藤聡氏に種々ご教示を得た。文末ながら記して感謝の微意を表したい。

注
1) 拙稿「群馬県下の条里的方格地割に関する予察」(『古代史研究』創刊号，1984年)，同「鏑川流域の条里的地割」(『条里制研究』2号，1986年)，同「古代における地域と開発」(地方史研究協議会編『地方史の新視点』雄山閣，1988年)，同「前橋低地の『開発』をめぐる二・三の臆説」(『群馬歴史民俗』32号，2011年) 等。
2) 能登健・峰岸純夫編『よみがえる中世』5，浅間大噴火と中世の東国 (平凡社，1989年) が，その段階の一つの到達点を示す．。
3) その意味で，大間々扇状地研究会編『共同研究　群馬県大間々扇状地の地域と景観』(2011年) の成果は，画期的な意味を持つといえるだろう。
4) 坂爪久純「境町『牛堀』遺跡について」(『群馬文化』205号，1985年)。
5) この周辺の事例では，坂井隆「東山道とあずま道を中心とする道路遺構の考古学的特徴」((財)群馬県埋蔵文化財調査事業団『研究紀要』6，1986年) に悉皆的な整理がある。
6) 拙稿「大宝令制定前後の地域編成政策」(『地方史研究』201号，1986年)，同「東山道『駅路』の成立」(地方誌研究協議会編『交流の地方史』雄山閣，2005年所収)。
7) 森田悌「駅伝制」(『日本古代の駅伝と交通』岩田書院，2000年所収)。
8) (財)群馬県埋蔵文化財調査事業団『女堀』(1984年)，能登健・峰岸純夫『よみがえる中世』5浅間火山灰と中世の東国，平凡社，1989年)。
9) 服部英雄「東国の灌漑用水」(『古代史復元』10，講談社，1990年)，飯島義雄「未完の用水遺構・女堀の取水予定地の再検討」((財)群馬県埋蔵文化財調査事業団『研究紀要』19，2001年) 等。
10) 梅澤重昭「女堀の受益地域を考える」(『ぐんま史料研究』22，2004年)。
11) 飯島義雄「灌漑用水遺構・女堀の終末地点の検討」((財)群馬県埋蔵文化財調査事業団『研究紀要』29号，2011年) では，女堀の終末部分について，粕川の変流工事の可能性が示唆されている。
12) 能登健「計画とその顛末」前掲注11) 書所収。
13) 前掲注1) 拙稿「前橋低地の『開発』をめぐる二・三の臆説」参照。
14) たとえば，坂爪久純「上野国の古代道路」(『古代文化』47巻4号，1995年)，同「上野国の東山道駅路」(『古代文化』49巻8号，1997年)。
15) 三友国五郎「関東の条里」(『埼玉大学紀要』8-22，1960年)，服部昌之「条里制」(『日本歴史地図』柏書房，1983年)，岡田隆夫「特論　上野国の条里制」(『群馬県史』通史編2，1991年) 等参照。
16) この点に関して，当時最も活発に発言していたのは横倉興一氏である。たとえば横倉興一「上野国府周辺における条里遺構の問題点」(『条里制研究』2号，1986年)。

17) 前掲注 15) 岡田論文参照。また，隣接地の事例では前橋市埋蔵文化財発掘調査団『中原遺跡 I』(1993 年)，同『中原遺跡 II』(1994 年)，同『中原遺跡 IV』(1995 年)，同『中原遺跡 III・V・VII』(1996 年) 等参照。
18) 古墳時代には，粕川流域に大きな基壇を持つ帆立貝型の前方後円墳が，集中して築造されていることが指摘されている。たとえば，前原豊『東国大豪族の威勢　大室古墳群［群馬］』(新泉社，2010 年)。
19) 前原豊・秋池武・飯島義雄「利根川からの引水遺構である『女溝』の意義」(『群馬文化』266 号，2001 年)。
20) 峰岸純夫「荘園の成立」前掲注 11) 書所収。
21) 新井仁「群馬県における平安時代の水田開発について」((財) 群馬県埋蔵文化財調査事業団『研究紀要』19 号，2001 年)。
22) たとえば，須藤聡「新田荘成立試論」(前掲注 12) 書所収) 参照。

上野国の郡衙の構造と変遷
―新田郡衙を中心として―

小 宮 俊 久

はじめに

　上野国の郡衙は，『上野国交替実録帳　諸郡官舎項』の存在により，発掘調査された遺構と史料が対比できることで注目されてきた。近年，新田郡衙である天良七堂遺跡，佐位郡衙正倉である三軒屋遺跡の発掘調査が継続的に行われ，遺構と『上野国交替実録帳』との対比を行うことが可能になってきた。

　筆者は，かつて『東国史論第21号』において，『上野国交替実録帳』（以下『実録帳』）の記載内容から新田郡衙正倉の配置の復元を試みた[1]（以下前稿）が，平成19年から平成23年の発掘調査により新田郡衙の全容が明らかになった結果，復元の修正を行う必要が生じてきた。本稿では，発掘調査で明らかになった新田郡衙の遺構に検討を加え，これらの遺構と『実録帳』の記載との対比を行うことにより，以前提示した模式図の修正を行いたい。また，上野国佐位郡衙である三軒屋遺跡の建物配置を検討することにより，上野国を中心とした郡衙正倉の配置について再検討したい。

1. 新田郡衙の位置と周辺の遺跡

　新田郡衙は，上野国東部の古代新田郡の中央部から北東よりの，太田市天良町，寺井町，新田小金井町に立地している。この地域は，渡良瀬川によって形成された大間々扇状地の末端部に当たり，東方には，金山と八王子という独立丘陵がそびえている。郡衙の南部を中心に多くの湧水が見られ，東にある浅い谷では，かつて降水量が多いときに水が湧き出す現象を見ることができた。この谷を隔てた北東約300mには，7世紀後半創建と推定される寺井廃寺が立地している。郡衙の西部では，7世紀後半から8世紀初頭と推定される瓦葺建物跡が検出された入谷遺跡や古代の大規模な掘立柱建物跡が検出された笠松遺跡，唐三彩陶枕が出土した境ヶ谷戸遺跡など，重要な遺跡が立地している。さらに，北500mには6世紀末築造の2基の前方後円墳，二ツ山古墳（1・2号墳）があり，北1,800mには，7世紀末の大規模な製鉄遺跡である西野原遺跡が立地するなど，古代の重要な遺跡が密集する地域である。これに対して，北西部は扇状地扇央の渇水地帯で，遺跡がほとんど存在しない地域である。

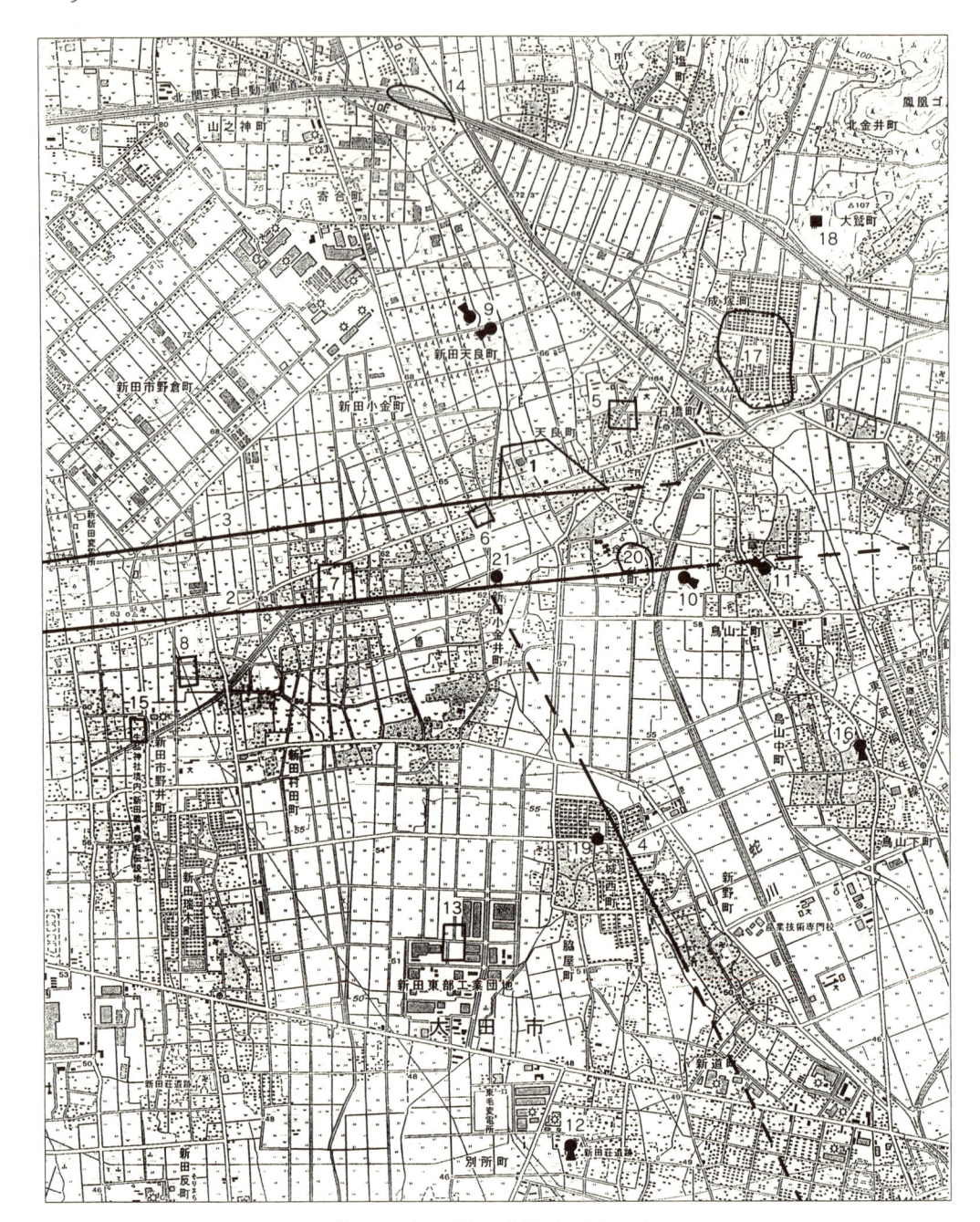

第1図 新田郡衙の位置（3万分の1）

1. 新田郡衙 2. 牛堀・矢ノ原ルート 3. 下新田ルート 4. 推定武蔵路 5. 寺井廃寺 6. 笠松遺跡 7. 入谷遺跡 8. 境ヶ谷戸遺跡 9. 二ツ山古墳 10. 鶴山古墳 11. 亀山古墳 12. 円福寺茶臼古墳 13. 中溝・深町遺跡 14. 西ノ原遺跡 15. 生品神社境内 16. 鳥崇神社古墳 17. 成塚住宅団地遺跡 18. 向山1号墳 19. オクマン山古墳 20. 久保畑遺跡 21. 松尾神社古墳

郡衙の南部では，東山道駅路と推定される大規模な道路遺構が検出されている。南400ｍでは路面の幅約12ｍで，N-83°-Eの走行をとる牛堀・矢ノ原ルートが検出されている。また，南に隣接した地点では，約11ｍの幅を持ちN-80°-E前後の走行をとる下新田ルートが通過している。これらの南部にある新野脇屋遺跡群の調査では，幅8〜12ｍでN-26°-Wの走行の武蔵路と推定される道路遺構が確認され[2]，新田郡衙の西300ｍにはこれらの分岐点があると推定される（第1図）。

　新田郡衙の発掘調査は，昭和30年の群馬大学の調査に始まる。その後10度の調査により，正倉の一部を確認し，また，郡衙の南部で郡名と推定される墨書土器「入田」が出土するなどの成果をあげている。平成19年度の調査により，国内最大級の規模を有する郡庁跡が確認され[3]，平成20年には，「上野国新田郡庁跡」として史跡に指定された。平成20年度から23年度に太田市教育委員会による確認調査が行われた結果，東西約400ｍ，南北約300ｍの台形の区画溝の中に，郡庁と正倉が配置された郡衙の様相が明らかになった[4]（第2図）。

2．新田郡衙郡庁跡

　新田郡衙の郡庁は，郡衙中央部から東よりの，郡衙内部でも高い場所に造られている。同じ場所に造りかえられ，次に示す1〜5段階の変遷を遂げたと考えられる（第3図）。

(1) 1・2段階

　郡庁の東西南北に長大な掘立柱建物（長屋）が配置される。長屋はほぼ同じ位置で建て替えられ，建物間は柵列で連結されている。建物の走行は，西長屋（1号掘立柱建物跡，以下「1号掘立」）がN-14°-W，南長屋（5号掘立）がN-78°-E，東長屋（3号掘立）がN-6°-W，北長屋（6号掘立）がN-87°-Eで，全体として逆台形の配置である。郡庁の規模は，中心部で東西92ｍ，南北97ｍで，各辺の規模は北辺が100ｍ，西辺が104ｍ，南辺が97ｍ，東辺が90ｍである。これらのほぼ中央には，掘立の正殿（9号掘立）が置かれている。正殿は，ほぼ同じ地点での建て替えが認められ，5×3間，13.5×6.3ｍの規模と推定される。方位はN-6°-Wである。なお，郡庁内の多くの部分は石敷きされ，正殿の南では，郡庁入口から正殿へ向かう通路と推定される石敷きがある。

(2) 3・4段階

　長屋が，ほぼ正方位に建て替えられる。長屋は東，北，西の三方向で検出されているが，南側の長屋建物は調査区内では確認されていない。規模は，東西方向で88ｍである。いずれの長屋でも建て替えが行われている。西側の長屋建物は2棟（2・8号掘立）が南北方向に並んでいる。正殿は正方位となり，総地業の礎石建物（1号礎石）となる。この段階のいずれかの時期に，正殿の南に9×2間（16.8×4.2ｍ）の前殿が置かれたと考えられる。なお，正殿の総地業に地割れ

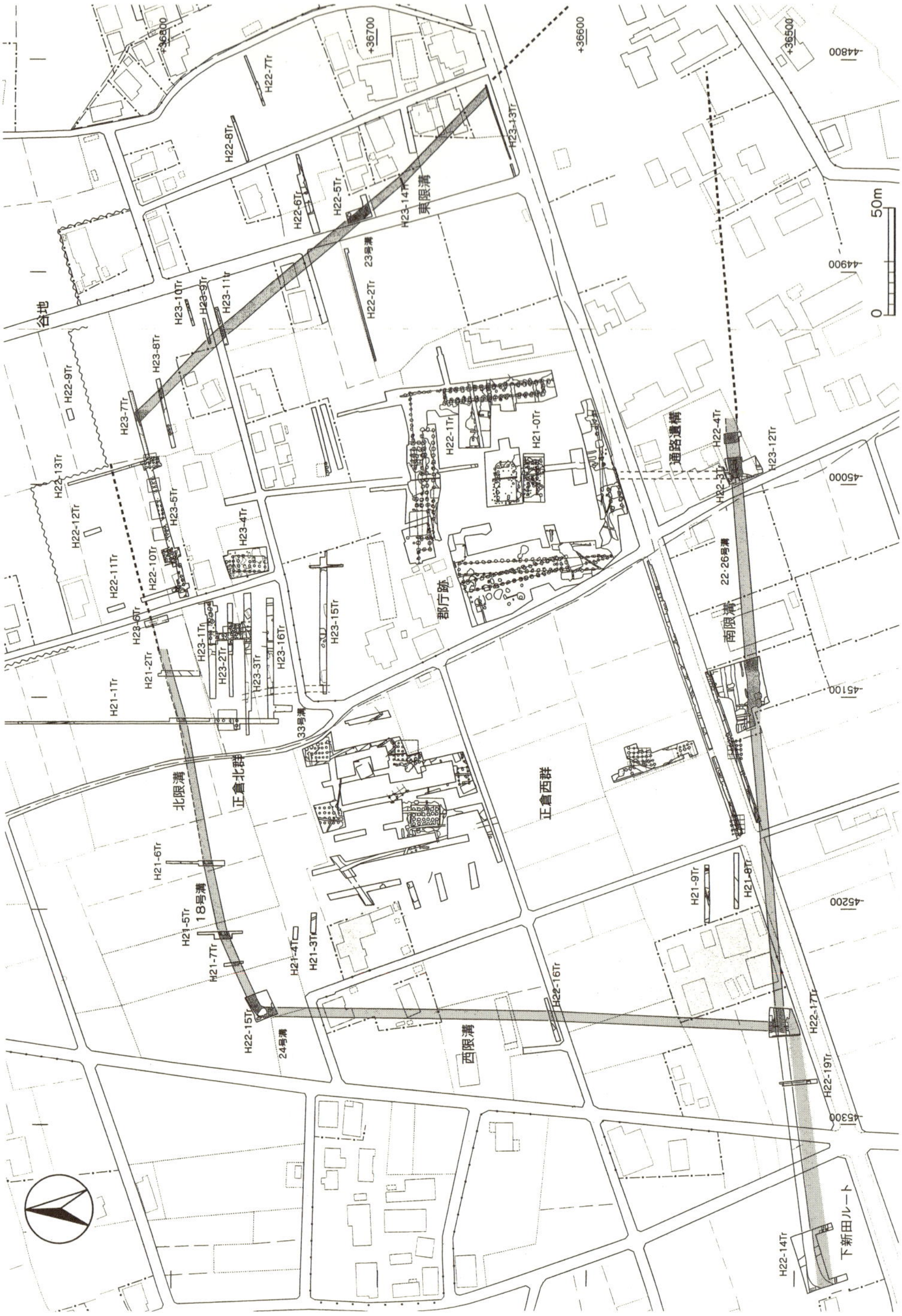
台地
郡庁跡
正倉北群
正倉西群
北限溝
東限溝
南限溝
西限溝
通路遺構
下新田ルート
18号溝
23号溝
24号溝
33号溝
22·26号溝
H21-0Tr
H22-1Tr
H21-1Tr
H21-2Tr
H21-3Tr
H21-4Tr
H21-5Tr
H21-6Tr
H21-7Tr
H21-8Tr
H21-9Tr
H22-2Tr
H22-4Tr
H22-5Tr
H22-6Tr
H22-7Tr
H22-8Tr
H22-9Tr
H22-10Tr
H22-11Tr
H22-12Tr
H22-13Tr
H22-14Tr
H22-15Tr
H22-16Tr
H22-17Tr
H22-19Tr
H23-1Tr
H23-2Tr
H23-3Tr
H23-4Tr
H23-5Tr
H23-6Tr
H23-7Tr
H23-8Tr
H23-9Tr
H23-10Tr
H23-11Tr
H23-12Tr
H23-13Tr
H23-14Tr
H23-15Tr
H23-16Tr
+36500
+36600
+36700
+36800
-44800
-44900
-45000
-45100
-45200
-45300
0
50m

第2図　新田郡衙平面図

第1表　新田郡庁跡の変遷

段階	正殿	前殿	長屋	石敷	方位	区画施設	規模（東西）
1	掘立柱建物		東西南北	有	斜方位	柵列	92 m
2	掘立柱建物		東西南北	有	斜方位	柵列	92 m
3	礎石建物（総地業）	?	東西北		正方位		88 m
4	礎石建物（総地業）	掘立柱建物	東西北		正方位		88 m
5	礎石建物（壺地業）	掘立柱建物			正方位	溝	63 m

が入り，この後，壺地業に建て直されることから，3・4段階の間あるいは4段階の後，地震が起きたと考えられる。

(3) 5段階

　郡庁の規模が東西約63 m，南北約61 mの方形に縮小され，周囲が不整形の溝で区画される。長屋はなくなる。正殿は，前段階と同じ位置に配置されている。壺地業の礎石建物跡で，5×3間，15.0×7.2 mである。前殿はこの段階まで存在した可能性が高い。郡庁の北には3棟の礎石建物跡が配置され，このうちの2棟は北長屋の上に造られることから，北長屋廃絶後の建物であることは明らかである。なお，郡庁周囲の不整形の溝と同様の溝は，須賀川市栄町遺跡においても確認されている[5]。

(4) 各段階の年代観

　1・2段階の1号掘立は，N-14°-Wの方位である。平成9年に西部で調査した新田町6次1号掘立は，三方あるいは四方に庇が付く大規模な掘立で，方位がN-17°-Wと1号掘立に近い。この掘立の柱穴埋土からは7世紀第4四半期と推定される土師器坏完形品が出土している。1号掘立は，6次1号掘立と近い方位であることから，7世紀後半前後と推定され，郡庁1段階もこの時期と推定される。一方，太田市北部で建物跡が斜方位から正方位に変わるのは，8世紀中葉を前後する時期であることから，3段階の始まりもこのころと推定される。また，正殿の総地業に入る地割れは，弘仁9（818）年の地震による地割れと推定され[6]，総地業の正殿はこれより古いと考えられる。5段階の20・21号溝は，ほぼ埋まった上で9世紀後半の須恵器高台坏が出土している。これらのことから，1・2段階は，7世紀後半から8世紀前半を中心とする時期と推定され，5段階は9世紀中葉から後半と推定される。そうすると，3・4段階は，8世紀中葉から9世紀前半を中心とする時期と推定される。

3. 新田郡衙正倉跡

　新田郡衙の正倉は，郡庁の北側にある正倉北群，西側にある正倉西群，東側にある正倉東群の3群が検出されている。正倉北群では，掘立柱建物→掘立柱建物→礎石建物（総地業）→礎石建

第3図 新田郡庁跡変遷図

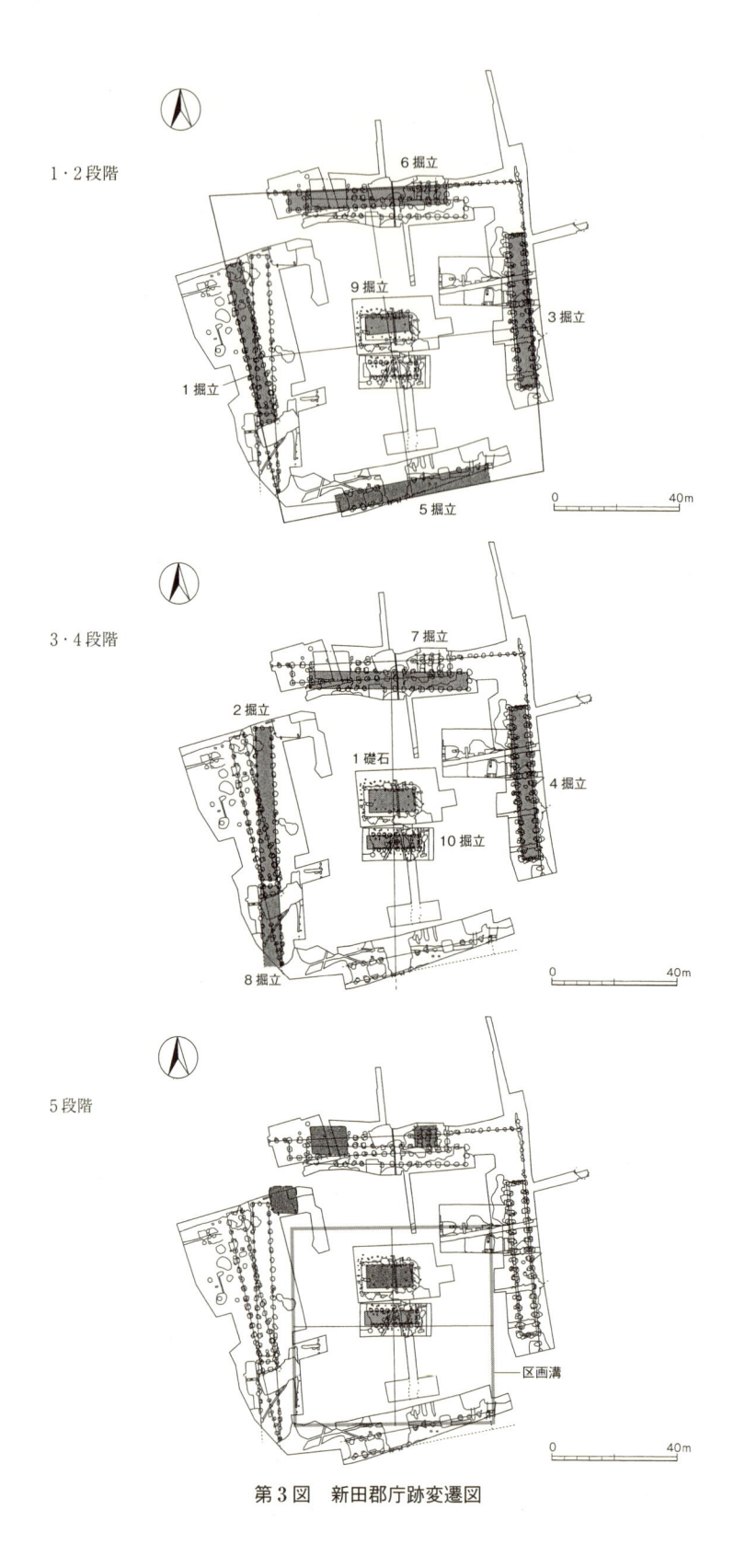

物（壺地業）と変遷している（以下，掘立，礎石）。また，正倉東群でも，1棟ながら，掘立→礎石（総地業）→礎石（壺地業）と変遷している。これに対して，正倉西群では，礎石（総地業）→礎石（壺地業）と変遷しており，掘立の正倉は確認されていない。

(1) 正倉北群（第4図）

16棟の総柱の掘立柱建物跡，7棟の総柱の礎石建物跡が確認されている。掘立柱建物跡は，方位が20°前後振れる1群（19・26号掘立），8°振れる2群（20・22～24・27号掘立），12～15°振れる3群（25・29・30号掘立）に分類できる。重複により，1群から2・3群への変遷を捉えることができた。3群の20・22・23・24号掘立は南の柱筋をほぼ揃えており，同時期の可能性が高い。

掘立柱建物跡と礎石建物跡は，35号掘立→16号礎石（総地業）→12・17号礎石（壺地業）の変遷を確認した。11号礎石周辺では，33号掘立→34号掘立→11号礎石（壺地業）→21号掘立の変遷を確認することができた。9号礎石においても，壺地業が総地業の中心に載らず，総地業と壺地業の方位が僅かに異なることから，総地業→壺地業の建て替えがあったと考えられる。以上のことから，正倉北群では，掘立1群→掘立2・3群→総地業礎石→壺地業礎石（→小規模掘立）の変遷を想定することができた。山中敏史氏により，正倉は，8世紀後半代に掘立柱建物から礎石建物へ変わる例が増加すると指摘されている[7]が，新田郡衙においても，この時期に掘立柱建物から礎石建物へ変遷することを捉えることができた。

正倉北群の西30mでは，33号溝が確認されている。この溝は上幅3～3.5mで，逆台形のしっかりした掘り込みの溝で，走行が掘立に近く，溝の西に掘立柱建物の正倉がないことから，これらを区画する溝であった可能性が高い。33号溝を北へ延長し，18号溝と交差した地点を北西角とする区画が正倉北群を区画していた可能性が高い。

(2) 正倉西群

郡庁跡の北西部で4棟の総柱礎石建物跡（5～8号）が確認され，郡庁西部の3棟の礎石建物跡（新田町1次1・2号礎石，新田町6次1号礎石）と合わせて，2列の正倉が南北方向に並んでいたことが確認された。正倉西群はいずれも礎石建物である。

(3) 正倉東群

14号礎石建物跡1棟のみが確認されている。建物跡は，掘立→総地業→壺地業と，正倉北群と同様の変遷を遂げている。建物跡北部では，23号溝（東限溝）の覆土から夥しい量の炭化米が出土していることから，この付近にも正倉東群の倉があったことを想定することができる。

(4) 正倉域の拡大

正倉北群の掘立のうち，同時期と推定される2群の20・22～24号掘立，1群の19・26号掘立は，4～5mと非常に近接している。これに対して，礎石建物跡は，12号礎石と15号礎石が近

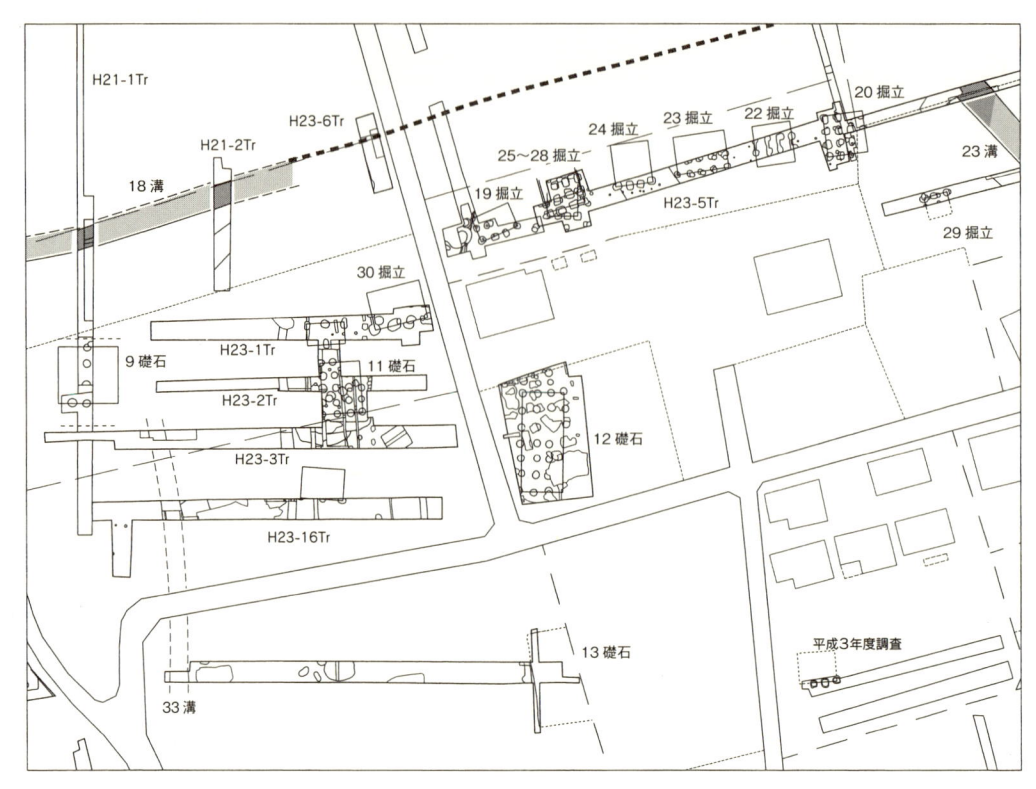

第4図　新田郡正倉北群平面図（1,200分の1）

接している他は，9号礎石と11号礎石が30m，11号礎石と12号礎石が24m，13号礎石と16号礎石が21mと，一定以上の距離をおいて建てられている。延暦10（791）年の太政官符に，新しい倉は必ず10丈（30m）以上離すようにとの規定があり[8]，これに従った措置と考えられる。正倉北群の北側は沖積地であることから，この部分で建物の間隔を広げることはできず，正倉の範囲を拡大するために，北群に集中していた正倉域を西部に拡大したと考えられる。この時に西限溝も西側に拡張されたと想定できる。東群については，礎石建物以前に掘立柱建物があったことが明らかで，ここにも古い段階の掘立柱建物の正倉があった可能性はある。

4. 新田郡衙外郭と下新田ルート

(1) 郡衙外郭溝

18号溝を北限，24号溝を西限，26号溝を南限とする逆コの字形の区画が存在したことが明らかで，23号溝が東限溝と考えられる。溝から遺物が出土せず，時期を特定することはできないが，西限溝，南限溝は，3・4段階の郡庁，正倉西群の礎石建物跡と同じ方位であることから，同じ時期に機能していたと考えられる。しかし，これらの溝の方位は1・2段階の郡庁とは全く

異なっている。33号溝を西限とする区画がある可能性を指摘したが，さらにこの西部にある17号溝も区画溝である可能性がある。17号溝は，新田町6次1号溝と同一の溝である。北部では2m前後の幅であるが，南部では6m幅と広くなる。17号溝は7世紀第4四半期の新田町6次1号掘立を切り，新田町6次1号礎石より古いことは明らかである。溝から8世紀前半の土器が出土しており，この時期の遺構と推定される。17号溝の走行は，N-17～20°-W で，1・2段階の郡庁西長屋である1号掘立に近い。このことから，1・2段階には，17号溝を西限として，第5図（上）のような平行四辺形に近い区画があったと考えられる。なお，北限，東限溝は，1・2段階の郡庁と方位が一致しないが，これまでの調査で他の溝が確認されていないことから，この段階から存在した可能性が高い。一方，南限溝は，1・2段階の郡庁南長屋と方位が異なっている。郡庁の正面という重要な場所である南長屋（門）と南限溝の方位が異なるとは考えられず，26号溝は，1・2段階には存在しなかったと考えられる。

(2) 下新田ルート

　南限溝（26号溝）の南には，これと並行する27号溝が走っている。両溝の心々距離は11.4mである。H22-17トレンチでは，22号溝の南部で幅5m以上の硬化面が確認され，両溝の間が古代の道路であることは明らかである。この上面では9世紀と推定される須恵器坏の破片が出土している。平成2年，太田市新田市町の下新田遺跡で幅員12mの道路遺構が発掘調査され，「下新田ルート」と命名されている[9]。このルートを東に延長すると，新田郡庁の南を通過することが予測されていた。調査により確認された道路遺構は，心々距離が11.4mとやや狭いが，想定ライン上に載り，両溝間に硬化面を持つことから，下新田ルートであると考えられる。H22-14トレンチでN-80°-Eの走行であったが，H22-11トレンチから東ではN-86°-Eと僅かに南に振れる走行となっており，これは郡衙南限溝に取り付けるための修正と考えられる。

　下新田ルートの南約400mでは，心々幅約13.5m，走行N-83°-Eの道路遺構「牛堀・矢ノ原ルート」が確認されている。この遺構は，伊勢崎市矢ノ原遺跡から太田市久保畑遺跡まで10km以上一直線に延びており，東山道駅路と推定されている。この遺構は，金山東部の大道東遺跡の調査により，7世紀第3四半世紀に造成され，8世紀第2四半世紀には廃絶されたことが明らかとなっている[10]。新田郡庁の1・2段階の中軸線は，N-8°-Wの方位で，牛堀・矢ノ原ルートとほぼ直交しており，年代的にもほぼ一致している。

　一方，下新田ルートは，郡衙南部でN-86°-Eの方位であることから，正方位を採る郡庁3段階（8世紀中葉前後）に整備されたと考えられる（第2図）。新田郡衙の7km東にある矢部遺跡の発掘調査では，下新田ルートの延長線上で，走行N-83°-E，幅員約10.03mの道路遺構が確認されている[11]。この結果，下新田ルートは，下新田遺跡から矢部遺跡まで，新田・山田両郡の郡界を越えて，延長10km以上ほぼ直線のルートをとることが明らかとなった。新田郡衙の調査により8世紀中葉前後に整備されたことが明らかとなり，牛堀・矢ノ原ルートが廃絶された後の東山道駅路である可能性が高くなったといえよう[12]。

第5図 新田郡衙の変遷（上から2・4・5段階）

5. 新田郡衙と『上野国交替実録帳』との対比

『上野国交替実録帳』(以下,『実録帳』)は,長元3(1030)年の上野国司交替に際して作成された不与解由状の草案である。これまで,前澤和之氏の一連の研究により,『諸郡官舎項』は,上野国の郡衙の「無実」となった建物が列記された史料であることが明らかにされている。また,前澤氏により,郡単位でまとめられた「本帳」に拠って記載されたことが指摘されている[13]。新田郡は,「正倉」「郡庁」「館」「厨」の順に記載されている。以下,新田郡の「郡庁」「正倉」について述べたい。

(1) 郡庁

新田郡の「郡庁」は,「東□屋」「西長屋」「南長屋」「□□屋」「公文屋」「厨」が「無実」であったと記載されている。これまで指摘されているように「東□屋」は「東長屋」と推定され,「□□屋」は「北長屋」と推定されることから,東西南北に長屋が配置されていたことが明らかである[14]。発掘調査の結果,1〜2段階には東西南北に長軸50m前後の長大な掘立柱建物が置かれ,3〜4段階には東,西,北に同様な掘立柱建物が置かれたことが明らかになった[15]。これが「長屋」であった可能性が高く,史料に記載された建物と同様な遺構が実際に検出されたことになる。次の5段階には,郡庁の規模が縮小され,これらの長屋が廃絶していることから,『実録帳』は,4段階の建物が無実となった,5段階(9世紀中葉〜後半)あるいはこの後に記載されたと考えられる。なお,『実録帳』に発掘調査で確認された「正殿」「前殿」が記載されていないことから,史料が作成された時にはこれらが残っていた可能性がある。なお,『実録帳』の上野国の他の郡庁の記載には,「長屋」の記載が全く見られない。山中氏は,郡庁の建物について,ロの字回廊型,ロの字長舎連結型,コの字型やそれらの省略型が古い段階から採用されているのに対して,品字型配置やその省略変化型はやや後出する郡庁構造である可能性があるとの指摘を行っている[16]。上野国の他の郡で「長屋」の記載がないことは,『実録帳』が記載される以前に,古い段階の長屋建物が無実となっており,広大であった新田郡のみに長屋建物が残されていた可能性があると考えられる。

(2) 正倉

『実録帳』では,「正倉」は「東第二土倉壹宇」というように,①位置②番号③倉の種類④無実であった建物の数の順に記載されている。新田郡の「正倉」は,22棟が無実であったと記載され,このうち「位置」は,「東」「西」「北」「中」「中行」に次のような建物が記載されている。

「東」は「第一〜第六土倉」の六棟が記載されている。

「西」は「第一〜第六土倉」の六棟が記載されている。

「北」は「第一土倉」「第二土倉」「第五土倉」が記載されているが,「第二」は三箇所,「第

「五」は二箇所記載されており，誤記の可能性がある。

「中」は「第一土倉」が記載されている。

「中行」は「第二土倉」「第三土倉」が記載されている。

前稿では，これらの記載から，新田郡衙の正倉は，「東」「北」「西」の位置に配置された，南が開くコの字状の配置をとり，これらの「中」「中行」に倉が配置されていたとの推定を行った。平成19年から平成23年の発掘調査の結果では，8世紀後半から9世紀（3・4段階）は，正倉が郡庁の東，北，西を取り囲むように配置された可能性が高いことが明らかになった。これらの正倉群は，「東」「北」「西」に配置されていることから，『実録帳』に記載された正倉に相当する可能性が高いと考えられる。「東」「北」「西」の位置は，郡庁を対象とした方位を示した可能性が高い（第6図）。なお，5段階の正倉は，3・4号礎石建物跡が郡庁の北長屋（6号掘立）を切る形で確認され，この南部で2号礎石建物跡が確認されている。これら3棟の礎石建物は，北，西，東群から距離を置くことから，正倉「中」「中行」に相当する可能性がある。ここでは仮に「中群」としておきたい。郡庁の北長屋を切る礎石建物が「正倉中群」であるとすると，『実録帳』は「北長屋」と同時存在しない「正倉中群」を記載していることになり，一時期ではなく複数の時期の建物を記載している可能性がある。なお，前澤氏が指摘している[17]ように，新田郡の正倉の種類はいずれも「土倉」と記載されている。正倉西群ではスサ入の粘土塊が出土していることから，土壁を持つ倉であったことを裏付ける結果となっている。

これまで見てきたように，『実録帳』の新田郡衙の郡庁，正倉の記載は，4段階の建物が「無実」となった様子，すなわち，9世紀代の様相を示していると考えられる。史料が作成された1030年とは200年前後の差があるが，調査された遺構から判断すると，9世紀代の遺構の様相を示す可能性が高い。

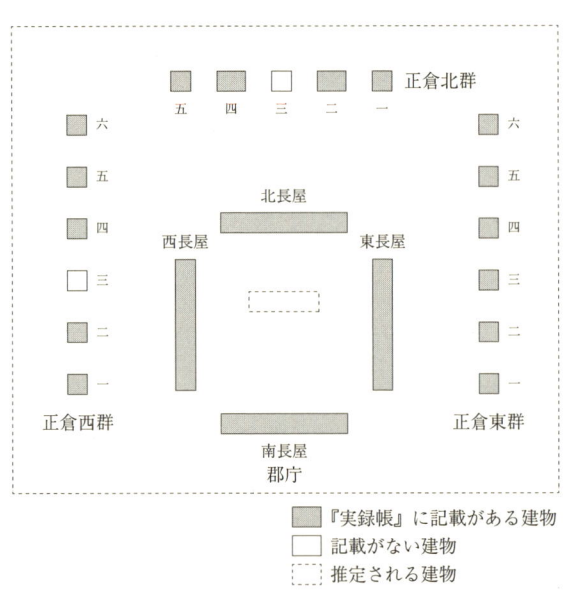

第6図　新田郡衙推定図

6. 佐位郡衙の正倉

　近年，継続的に発掘調査が行われ，佐位郡衙正倉であることが明らかになった伊勢崎市三軒屋遺跡の成果を見たい。三軒屋遺跡は，新田郡衙の西約10kmの伊勢崎市殖蓮町に立地している。平成17年の発掘調査で八角形の倉庫跡（3号礎石建物跡）が検出され，これが『上野国交替実録帳』に記載された「八面甲倉」であることが明らかにされた[18]。その後の発掘調査により，正倉院の範囲や正倉の配置が明らかにされている（第7図）。

　『実録帳』では，「佐位郡」の郡名は判読できないが，すでに指摘されているように，『倭名類従抄』『延喜式』の郡の記載順が，「勢多郡，佐位郡，新田郡」の順であること，『実録帳』において「勢多郡」と「新田郡」の間に記載されていることから，この郡が「佐位郡」であることは疑いない。「佐位郡」では，「正倉」「郡庁」「厨屋」が記載され，「正倉」については18棟が「無実」であったと記載されている。

　佐位郡の正倉の「位置」は，「中南」「中南行」「中南二行」「中南三行」「中南四行」「南」「北」「第北一行」が記載されている。「中○○」については，「新田郡」でも記載があるが，18棟のうち10棟と「中」が多いことが特徴である。また，「行」と記載された倉が9棟と多いことが特徴である。この記載から推定すると，「中」の配置に「行」配置された「正倉」の，南と北に「正倉」が配置された様相を推定することができる。なお，前稿では，「中」を正倉院の中と推定したが，この部分を正倉院と限定する必要はなく，本稿では正倉「中群」と推定したい。また，前稿では「中群」に五行に配置された正倉を推定したが，「中南」は行配置されていない正倉の可能性もあることから，本稿では，四行の配置を想定した（第9図）。「中」の次にはいずれも「南」が記載されているのに対し，これに対する「中北」等の記載はない。史料作成時に「無実」でなかったのであろうか，現時点では不明である。

　三軒屋遺跡の担当者の出浦崇氏は，発掘調査された正倉がⅠ～Ⅳ期の変遷を遂げ，Ⅲ期（9世紀）には，八角形の倉庫をはじめとする礎石建物に統一されたと推定している。出浦氏は，佐位郡の正倉が北・中・中南・南の4グループに分かれ，それぞれが東西方向の列（行）に並ぶと推定し，1号礎石建物を『実録帳』の「法土倉」とし，八角形礎石建物を「八面甲倉」として，『実録帳』と調査された遺構との対比を行っている（第8図）[19]。出浦氏の分析では，「中南」のグループについて「八面甲倉」のある「行」が一番南で，この北から順に「四行」「三行」「二行」と推定している。これは，発掘調査された遺構との整合性によると考えられるが，南から順に「行」「二行」「三行」「四行」と記載したと考えた方が自然と考えられる。また，番号についても「中南行」では東から，「中南二行」では西から付けたと推定しているが，「八面甲倉」が正倉院の東端であることから，他の「行」においても東から番号を付けた可能性が高いのではないだろうか。三軒屋遺跡については，近々，正式報告書が刊行されるとのことであり，この時点での見解に期待したい。

③Ⅲab期

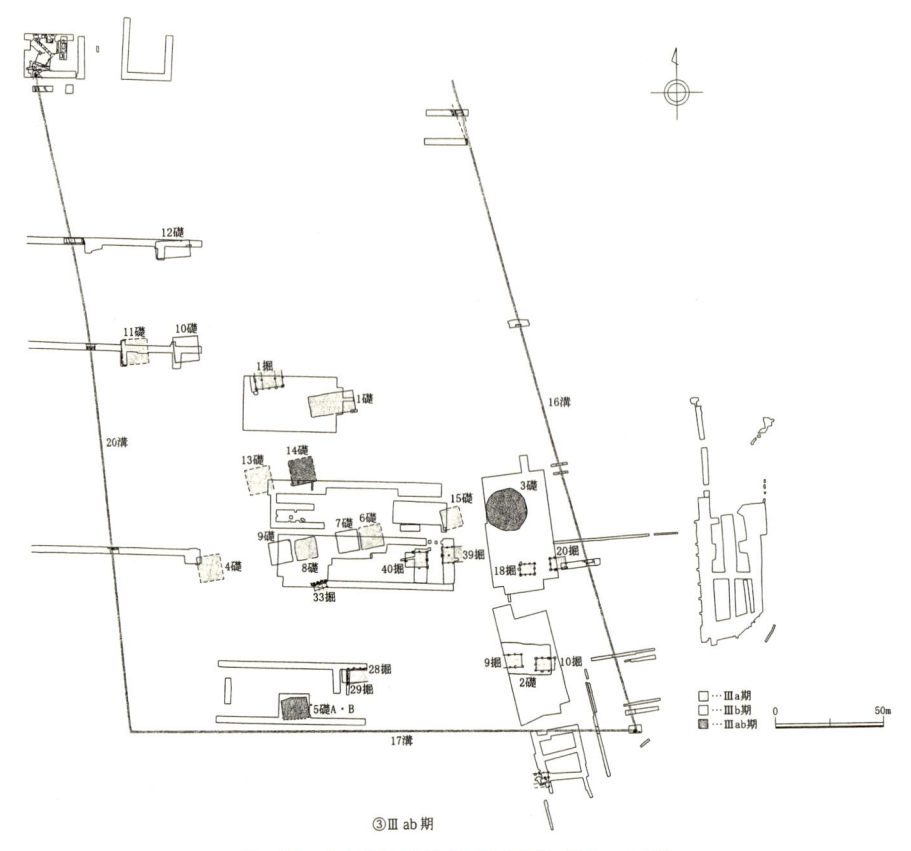

第7図　佐位郡正倉遺構変遷図[18]（Ⅲa・b期）

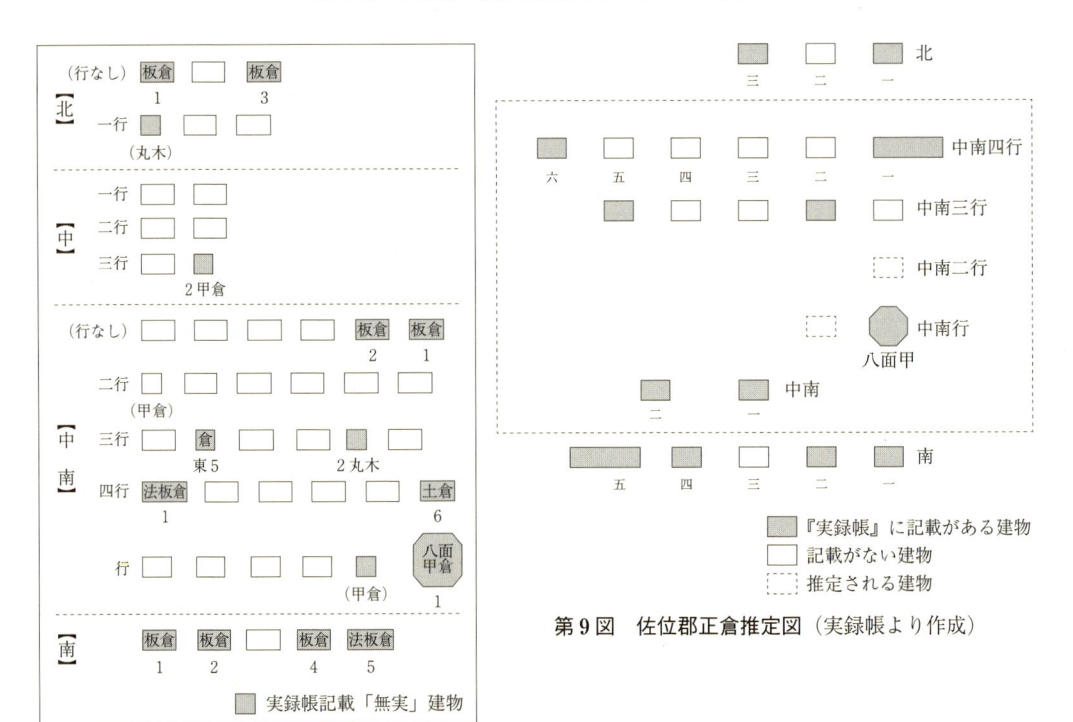

第8図　佐位郡正倉模式図[19]

第9図　佐位郡正倉推定図（実録帳より作成）

いずれにせよ，佐位郡では，東西200m以上×南北300m以上の正倉院が郡庁とは別に形成されており，ここに「行配置」された正倉が発掘調査により明らかにされた。正倉が行配置された様相は，『実録帳』の記載からもうかがうことができ，発掘調査された遺構と史料を照合する上でも貴重な成果となっている。佐位郡の正倉は，郡庁とは別に院を形成しており，倉庫が「行配置」されていたことが明らかである。

7. 『上野国交替実録帳』に見た上野国の正倉

次に，『実録帳』の記載から上野国の他の郡の正倉の配置を推定してみたい。新田郡の南東に隣接している「邑楽郡」は，『実録帳』によると，14棟の正倉の建物が「無実」であったと記載されている。正倉の「位置」は，「西行」5棟，「西一行」1棟，「西二行」2棟，「西四」1棟，「西六行」1棟，「南二」1棟，「南一」1棟，「南行」1棟などが記載されている。このうち「西六行」は，他に「三行」「四行」「五行」の記載がないことから，「西行六」の誤記である可能性が強い。また，「西行」と「西一行」という記載があり，これが同じ「行」を示すと解釈すると，第10図のように，西側に行配置された正倉と南側に配置された正倉を想定することができる。西側の「行」配置は，佐位郡の正倉配置に類似している。

これに対して，上野国西部の「甘楽郡」，「緑野郡」の正倉は，「東・西・南・北」の位置が記載されているのに対して，「行」は記載されていない。このことから，新田郡の正倉に近い，東西南北方向の配置であったことを想定することができる（第11図）。なお，これらの郡衙は，まだ発掘調査が行われていないため，今後の調査に期待したい。

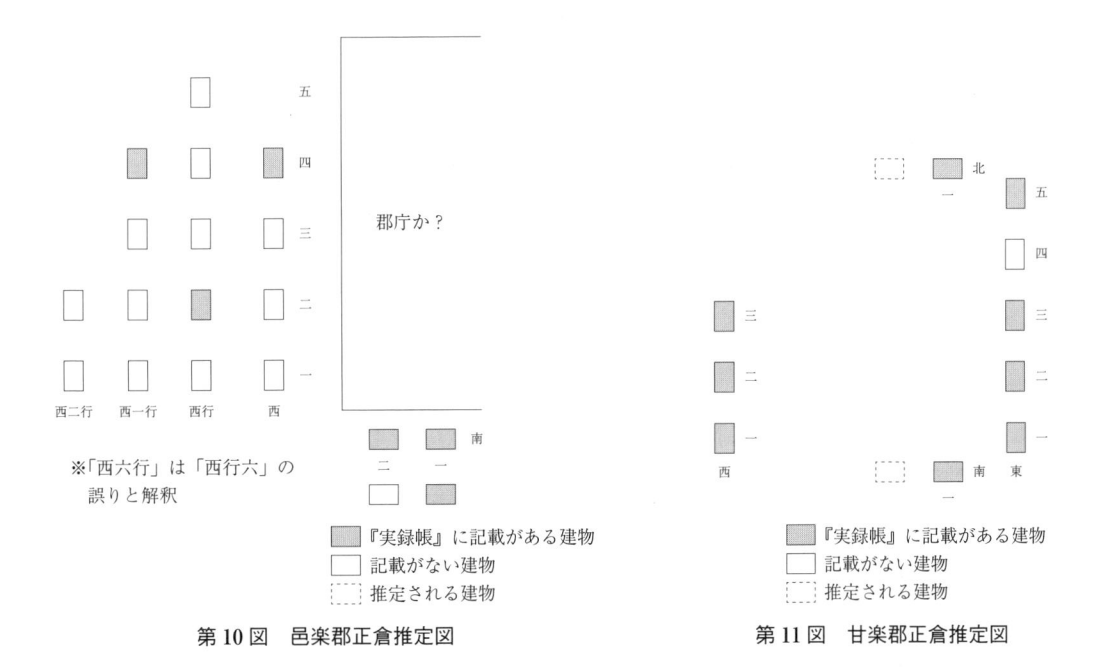

第10図　邑楽郡正倉推定図　　　　　第11図　甘楽郡正倉推定図

おわりに

　これまで述べたように，新田郡衙では，発掘調査により郡庁，正倉，郡衙外郭の様相が明らかになった。新田郡衙の郡庁は，1〜5段階までほぼ同じ場所に造られ，特に正殿は同じ場所に建て替えられている。1〜4段階まで長屋が東西南北に配置され，この中に正殿が置かれている。1・2段階には石敷きがあり，3段階か4段階には前殿が置かれる。一辺90mと規模が大きい点，石敷きを有する点，前殿を持つ点は，他の郡庁にはほとんど例がない特徴であるが[20]，多くの正倉が配置される様子は，他の郡衙に見られる特徴である。1〜4段階まで一辺約90mと国庁なみの規模であったが，5段階になると60m前後の規模に縮小される。

　正倉は，1・2段階には北群を中心に掘立柱建物が密集して造られていたが，3・4段階に礎石建物に建て替えられる。この時に西群へと範囲が拡大され，郡庁の東，北，西に正倉が形成される。外郭溝は，当初，正倉北群の周囲を囲んでいたが，正倉の範囲が拡大するとともに郡庁を含む東西約400m，南北約350mの範囲を囲む台形の区画が形成される。この時点で，南限溝の南に下新田ルートが造成されたと考えられる。下新田ルートは，牛堀・矢ノ原ルートが廃絶された後の東山道駅路である可能性が高い。

　『上野国交替実録帳』に記載された新田郡衙の正倉は，3・4段階の郡庁の東，北，西に配置された正倉を示す可能性が高い。これに対し，三軒屋遺跡で確認された佐位郡衙正倉は，東西方向の「行」に配置されたことが明らかとなっている。これは『実録帳』の記載とも矛盾していない。この結果，上野国では，少なくとも，新田郡と佐位郡の二通りの正倉の配置があることが明らかになり，今後，上野国の郡衙正倉を検討するうえでの問題点を提示した。

　また，発掘調査された新田郡の郡庁・正倉と『実録帳』の記載を比較した結果，9世紀代の建物が無実となった様相を示す可能性が高いことが明らかになった。佐位郡の正倉においても同様の結果が提示されており，『実録帳』が古代の郡衙の様相を如実に示す史料であることが証明された。この反面，『実録帳』に記載された建物の年代についての再考が迫られる結果となった。今後の研究課題としたい。

注
1) 小宮俊久 2007「郡家正倉の配置復元試論 —『上野国交替実録帳』に見た正倉の配置—」『東国史論第21号』
2) 小宮俊久 2011「上野国における東山道武蔵路」『東国史論第25号』
3) 太田市教育委員会 2008「天良七堂遺跡」
4) 太田市教育委員会 2010「天良七堂遺跡2」
　 太田市教育委員会 2012「天良七堂遺跡3」
5) 須賀川市教育委員会 2012「栄町遺跡 —陸奥国石背郡衙跡の発掘調査報告書」石背衙と推定される須賀川市栄町遺跡では，IV期郡庁の周囲が不整形の溝で区画され，東と西の溝が切れる部分に門が設置さ

れている。

6) 『類聚国史』巻171「(弘仁) 九年七月。相模。武蔵。下総。上総。常陸。上野。下野等国地震。山崩或埋数里。圧死百姓不可勝計。(中略) 上野国等境。地震為災。水潦相仍。人物凋損。(後略)」
7) 山中敏史 1994「古代地方官衙遺跡の研究」(株) 塙書房
8) 延暦10 (791) 年2月12日 太政官符 応造倉庫事 「(前略) 諸国倉庫。犬牙相接。縦一倉失火者。百庫共被焚焼。(中略) 自今以後。新造倉庫。各相去必須十丈已上」『類従三代格』巻第12
9) 新田町教育委員会他 1992「下新田遺跡」
10) (財) 群馬県埋蔵文化財調査事業団 2010「大道東遺跡」
11) (財) 群馬県埋蔵文化財調査事業団 2012「矢部遺跡」
12) 下新田ルートを駅路と推定した根拠については, 別稿で述べたい。
13) 前澤和之 1978「「上野国交替実録帳」郡衙項についての覚書」『群馬県史研究第7号』
14) 山中敏史 注7
15) 太田市教育委員会 2008「天良七堂遺跡」
16) 山中敏史 注7
17) 前澤和之 注13
18) 伊勢崎市教育委員会 2007「三軒屋遺跡Ⅰ」
    伊勢崎市教育委員会 2010「三軒屋遺跡Ⅱ」
19) 出浦 崇 2009「「上野国交替実録帳」からみた郡衙正倉 ―建物配置と構造を中心に―」『上毛野の考古学Ⅱ ―群馬考古学ネットワーク5周年記念論文集―』
    出浦 崇 2011「三軒屋遺跡の調査成果」『三軒屋遺跡シンポジウム資料集』
20) 石敷きは泉廃寺跡Ⅱ期郡庁院で確認されている (南相馬市教育委員会 2007「泉廃寺跡 ―陸奥国行方郡家の調査報告―」)。また, 前殿は神野向遺跡Ⅱ・Ⅲ期郡庁で確認されている (鹿島町教育委員会 1985「神野向遺跡Ⅴ」)。

『上野国交替実録帳　諸郡官舎項』（「新田郡」以外は正倉部分のみ記載した）

「片岡郡
正倉
　西一倉壹宇　西萱屋壹宇　東土倉壹宇　郡外□倉□
　東一板倉壹宇　第二板倉壹宇　中行第二倉壹宇
　南収板倉壹宇　第二板倉壹宇　中四板倉壹宇」

「甘楽郡
正倉
　北一土倉壹宇　南一板倉壹宇　南一倉壹宇
　東一土倉壹宇　西二土倉壹宇　東二板倉□□
　東三板倉壹宇　東五土倉壹宇　西一土倉壹宇
　西二板倉壹宇　西三板倉壹宇」

「多胡郡
正倉
　西一土倉壹宇　西二土倉壹宇　南一土倉壹宇　南二土倉□
　南三土倉壹宇　南四土倉壹宇　中一□□板倉□□　北一板□」

「緑野郡
□倉
　庁屋壹宇　北土倉壹宇　東二土倉壹宇　南一土倉□
　南二土倉壹宇　南向屋壹宇　北屋壹宇　西屋壹宇
　北二土倉壹宇　西二土倉壹宇」

「那波郡
正倉院
　倉拾柒宇　不注本帳並名　東甲一倉壹宇」

「群馬郡
正倉貳宇
　南行第四申倉壹宇　中行第二板倉
東院伍宇

上野国の郡衙の構造と変遷　　247

　　中行第二板倉壹宇　南行第一板倉壹宇　第二甲倉□
　　西行第一甲倉壹宇　中行第二倉壹宇
雑舎陸宇
　　庁壹宇　稲予倉壹宇　納屋壹宇
　　厨屋壹宇　酒屋壹宇　備屋壹宇
郡庁
　　西一甲倉壹宇　中二板倉壹宇　西院中二土壹宇　西一土倉□
　　西三土倉壹宇　西五土倉壹宇　中二北倉壹宇　東板倉□
□野院
　　北一板倉壹宇　東一板壹宇
八木院
　　北一板倉壹宇」

「五妻郡
正倉参宇
　　東二甲倉壹宇　東甲倉壹宇　北一甲倉壹宇」

「利根郡
　　東一板倉壹宇　南一板倉壹宇　北四葺屋壹宇　郡中東一屋壹宇
　　東外板倉壹宇　郡庁壹宇　南二板倉壹宇」

「勢多郡
□倉郡中壹宇　南外五板倉壹宇　南外六板倉壹宇
東第一板倉壹宇　南外五板倉壹宇　院中二板倉壹宇
東四板倉壹宇　北一板倉壹宇　院中二板倉壹宇
南外一板倉壹宇　南一板倉壹宇　西一甲倉壹宇
西三甲倉壹宇　西五板倉壹宇　西七土倉壹宇
第四板倉壹宇　南外北一土倉壹宇　北板倉壹宇
北五土倉壹宇　北二土倉壹宇　北三土倉壹宇
北四土倉壹宇　北七板倉壹宇」

「□□□（佐位郡）
正倉
　　中南第二板倉壹宇　中二行中第二甲倉壹宇　中南第一板倉□
　　中南行甲倉壹宇　中南二行甲倉壹宇　中南行第一八面甲倉壹□

中南三行第二丸木倉壹字　中南三行東第五倉壹字　第北二行丸木□
南第二土倉壹字　南第二土倉壹字　第二土倉壹字
南第四板倉壹字　南第五法板倉壹字　中南四行第二法土倉壹□
中南四行第六土倉壹字　北第二板倉壹字　北第三土倉壹字」

「新田郡
正倉
東第二土倉壹字　中第二土倉壹字　東第二土倉壹字
北第二土倉壹字　西第二土倉壹字　西第二土倉壹字
西□□土倉壹字　西第四土倉壹字　西第五土倉壹字
西第六土倉壹字　東第二土倉壹字　北第二土倉壹字
北第二土倉壹字　東第二土倉壹字　北第五土倉壹字
北第五土倉壹字　北第二土倉壹字　東第五土倉壹字
東第六土倉壹字　北第四土倉壹字　中行第二土倉壹字
中行第二土倉壹字

郡廳
東□屋壹字　西長屋壹字　南長屋壹字
□□屋壹字　公文屋壹字　厨壹字
一舘
　宿屋壹□　向屋壹字　厨屋壹字　副屋壹字
二舘
　宿屋壹□　南屋壹字　副屋壹字　厨屋壹字
四舘
　宿屋壹□　向屋壹字　副屋壹字　厨壹字
厨屋
　酒屋壹□　納屋壹字　備屋壹字　竈屋壹字」

「山田郡
正倉
西□□□字　第二板倉壹字　第二板倉壹字　南外板倉□字
北二倉壹字　南第二土倉壹字　第四板倉壹字　第七板壹字
第六土倉壹字　北□土倉壹字　第五土倉壹字　第八板倉壹字」

「邑樂郡

正倉
　西□□宇　西二行板倉壱宇　西二行板倉壱宇　西六行板倉壱宇
　西行四板倉壹宇　南行一板倉壹宇　西二行板倉壹宇　西行二板倉壹宇
　西行四板倉壹宇　西行土倉壹宇　西四土倉壹宇　南一土倉壹宇
　南二土倉壹宇　西行板倉壹宇」

多胡碑の石材採石地と石材名の考察

秋 池　武

はじめに

　多胡碑は，和銅4年（711）新たに多胡郡を設けたことを記念して建立された群馬県高崎市吉井町大字池字御門1095に所在する碑である。

　碑には，碑名が記されていないことから永正6年（1509）連歌師宗長が記した「東路の津都」には「上野国多胡郡辨官符碑」とあり，文政元年（1818）の「古京遺文」には「建多胡郡辨官符碑」，18世紀後半の「山吹日記」には「羊の碑」，中国清代の孫星衍の『寰宇訪碑録』には「日本國片岡緑野甘楽三郡題名残碑」，「多胡郡碑」などとして紹介されてきた。また，碑の建立年時も刻まれていないことから，古代の碑とすることについて異論を唱える研究者もいた。

　この様な点を内蔵しながらも，江戸時代以降数百年にわたる研究の広がりと深まりにより，大正10年（1921）3月には国史跡に指定された。

　碑本体の本格的研究は，碑文内容や書風の研究に比べると遅れ，太平洋戦争後の尾崎喜左雄まで待たねばならなかった。しかし，この時代も客観的資料精度がいまだ十分ではなかったことなどもあり，碑型や加工・石材利用などの点では検討の余地を多く残していた。

　平成14年（2002），吉井町（現高崎市）で多胡碑の総合的検討が実施され，委員の一人であった筆者は多胡碑を精度の高いレーザスキャンにより実測し，これをもとに碑の形式と石材利用の特性を見極める機会を得た。この成果は，平成17年（2005）に「多胡碑の石材的検討」『古代多胡碑と東アジア』（山川出版）で発表した。（秋池2005）

　本論は，この時に記すことが出来なかった「採石地」と「石材名称」についての詳細な検証とその成果を記したもので，これにより多胡碑の石材利用の詳細をこれまでより明確に示すことが出来た。

1. 多胡碑の形と石材

(1) 古代多胡碑

　2005年筆者が「多胡碑の石材的検討」で明らかにした主要な点は，江戸時代以来詳細に検討

されたことがなかった「古代多胡碑」の形と石材についてであった。

現在の多胡碑は，台石は新たに置き換えられ碑身と笠石のみが古代のものである。この内，笠石の置き方については従来から違和感があったが，検討の結果前後が逆であること，二つに割れた原因はこの石特有の構造亀裂によること，江戸時代安永3年（1774）刊行の「俳諧多胡碑集」に既に亀裂が描かれていることや割れ口の風化度から，かなり早い時期に分離したと考えられた。

碑形は，この笠石の形に従って本来の置き方に戻すと，碑身の捻れを頂部の柄位置と笠石上部の加工調整によりバランスがとれた引き締まった形となり，古墳時代の技術に独自の加工方法を加えた細かい配慮のもとで製作され，碑身石材は，歪みや断面が菱形である点などから崩落岩ないしは初期転石を石材としたことなどを明らかにした。

これらの指摘は，これまで本来の置き方でない不釣り合いの笠石を載せた碑形を，どこか素朴で古代東国風と考えて来た江戸時代以来の考え方を改めなければならないこととなった。

(2)「疑問碑」への石材的見解

大正12（1923）年「国民新聞」は，鉱物学者福島武雄氏の「多胡碑の古碑は果たして真物か鉱物学上から看た眼では疑いがある」を連載し多胡碑否定説を唱えた[1]。

多胡碑石材は，牛伏層中の砂岩で269頁に記した近藤鐵郎の研究成果，この地域での原始古代から当時までの使用実態をつぶさに観察されていればこの様な連載はなかったものと考えられる。

しかし，2005年3月『大東書道研究』（第12号）「多胡碑を疑う」で財前謙氏は多胡碑が疑問碑であるその根拠の一つに，この福島武雄氏の指摘を引用された。

このことは，百年近くなる今日まで福島説に対して石材的に反論することなくきたことが原因と考えられる。本稿では，同氏が指摘された以下の5項目を中心に見解を記しておくこととした。

　a 多胡碑の用材は，岩石学上最も風化に弱い第三紀砂岩で，対風化力の統計上から300年が最大寿命とされている。

　b 土中に埋没した場合，空中の酸素を溶解した雨水が浸し，さらに草木の根から分泌される酸素の科学作用で，雨水が蒸発する地表以上の腐食が進行する。

　c 上野3碑のうち，山ノ上碑，金井沢碑が安山岩であるのに対し，多胡碑は第三紀砂岩である。古墳時代ですら安山岩を使用しているのに，多胡碑のみ砂岩を使用するのは疑問である。

　d 多胡碑と同一性質の石を使用した江戸時代中期以降の石碑約200基の調査でも，それに相当の浸食がみられるが，多胡碑のみが風化原則の例外にある。

　e 多胡碑が1200年を経過しながら文字を鮮明に維持しているのは根拠がない。したがって，多胡碑を真物として肯定できない。

abの点について

多胡碑と同じ石材は，縄文時代の石皿や砥石，古墳の主体部，中世石造物，近世墓石などに多数使用され，明治時代には富岡製糸場基礎，大正時代には鉄道橋脚や駅舎の基礎の他，首都圏のビル壁材としても利用されてきた信頼性の高いもので今日なお健在のものが多い。

この事実から考えると，指摘された懸念は多胡碑本体の石材分析からの結果であれば分析方法に，牛伏層の岩石サンプル採取によるのであれば採取箇所などに課題があったと思われる。また，一般論であればより説得力が乏しいと言わざるを得ない。

cの点について

古墳時代の7世紀は，群集墳の形成にともない石材流通圏が一層明確になった時期である。この中にあって鏑川左岸の金井沢碑と山上碑は烏川を中心とした安山岩石材流通圏，鏑川右岸にある多胡碑は牛伏砂岩石材流通圏に属し，むしろ古代に建立したことを裏付けるものである。

dの点について

江戸時代の墓石は，財力の弱い一般庶民層が建立の中心であったことや戒名，没年を刻むことから，粒子が均一で採石が容易な水酸化鉄集合層の少ない凝灰岩質砂岩が使用されることが多かった。このため指摘されたような耐久性の乏しいものが含まれる。

多胡碑は，郡司など財力と動員力を持つ者が建立者と見られ，古墳など古代の石材加工に精通した石工が関わったと見られること，砂岩の中でも堅牢な大型崩落岩か初期転石を使用していること，など江戸時代の墓石石材の選択眼とは大きく異なっていた。

e 文字などが鮮明に残っている点

多胡碑は，笠石が風化により二つに割れ，頂部や軒先，碑身の水酸化鉄集合層は周囲の風化により浮き上がり，碑文面の下半は文字の彫り込みが浅くなるなどしていて，一見鮮明な形を見せているが，詳細に検討すると年代に応じた風化が進んでいる。

これらのことから，第三紀の砂岩でも，たしかな石工の目を通して採石加工したものは，今日に伝わる耐久性を充分持ち，「第三紀砂岩」であるから疑問碑であるとすることは当たらない。

2. 牛伏層砂岩の性質と在り方

(1) 牛伏層と牛伏砂岩

1) 牛伏層

牛伏層の呼称は，昭和13年（1938）藤本治義・小林学により命名された。その範囲は，西は富岡市額部大塩貯水池から東は三名川左岸の藤岡市三本木地区丘陵間の砂岩や凝灰岩，泥岩の互層を指している。小幡塁層に属し甘楽町～旧吉井町～藤岡市では南は結晶片岩層と断層面で接し，北麓の先端は甘楽町天引久保・前河原南地区，吉井東谷中山・塩八束口地区，多比良瀧ノ影・日陰・森ノ前・中小原地区で鏑川右岸丘陵地を形成する井戸沢塁層や福島塁層，吉井塁層下に埋没している。牛伏山，八束山，朝日岳付近では，厚さ約250mと報告されている（木崎1977）。

この牛伏層中の砂岩を，甘楽町小幡，天引，高崎市吉井町東谷，塩，藤岡市平井，金井地区などそれぞれの場所で石材として利用してきた。

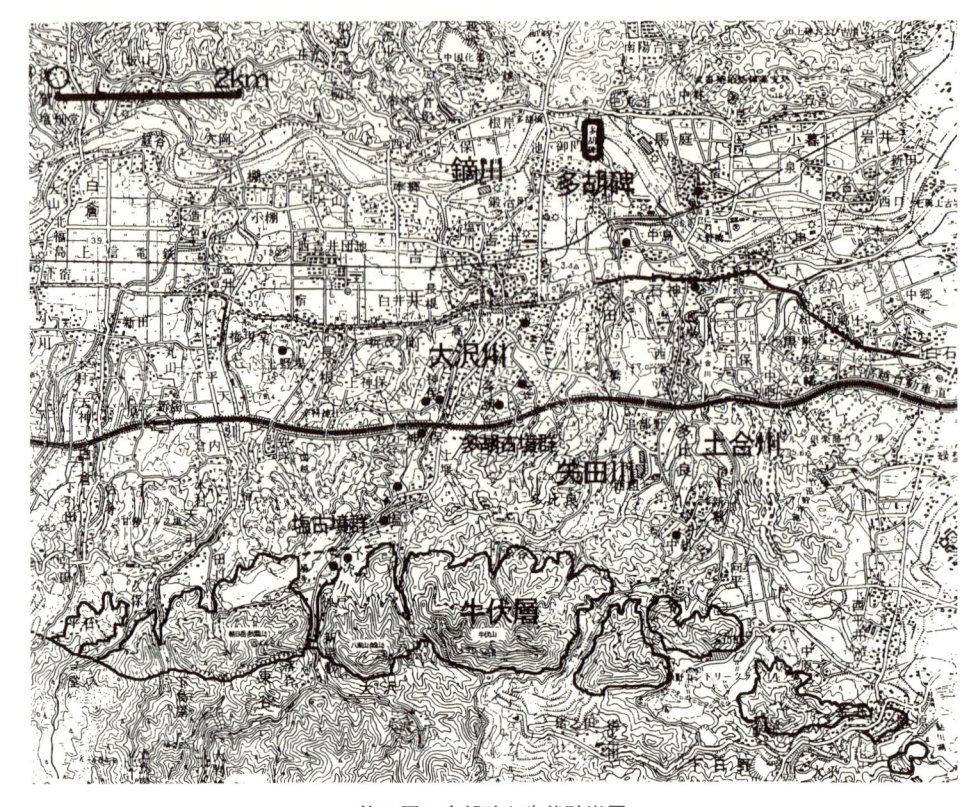

第1図 多胡碑と牛伏砂岩層

2) 地形と地層

　牛伏層を構成する主な山体と標高は，西から連石山351.5m，平岩332.0m，猛崖378.0m，幕岩・朝日岳（秋葉山）450.0m，八束山（城山）453.0m，牛伏山490.5m，長岩約440m，丸山約380m，金山約330m，藤岡市三本木地区は約190mで，東西に帯状に連り南北幅は，牛伏山が約1.3kmで最大，東西に進むに従って狭まっている。

　この内，標高が最も高いのは牛伏山で，ここから東西に離れるに従い丘陵地形に移行している。地層も中央では砂岩層が優勢であるが，離れるに従い凝灰岩層が優勢となっている。

　これらから，牛伏層の中心が朝日岳，八束山，牛伏山にあることが分かる。

　牛伏層は，褶曲や断層により複雑であるが中心地域は南北は平均15～20度の北傾斜層で山麓はこの地層の角度による場所が多い（第1表）。東方の吉井多比良から藤岡市にかけては褶曲や断層に伴う地層の歪みが強くこの数字は保たれていない。

　朝日岳の石材量の調査では，牛伏層中には4層の砂岩層がありその全層の厚さは250mに及ぶと報告されている（木崎・1977）。これらの岩層からの崩落岩中に菱形断面の方柱状・厚板状石材が含まれている。

　牛伏層の南面は，断層崖で山体頂部はいずれもこの南寄りの断層崖上にある。南麓は断層面急傾斜地で各所に砂岩が露頭し山麓には崩落岩が堆積する。

第1表　牛伏砂岩層の傾斜

地域	場所	傾斜
平　岩	平岩摩崖仏享保年間摩崖仏岩層 平岩摩崖仏宝永年間摩崖仏岩塊 平岩集落ゴミ集積所	15～20度北下がり 水平 15～20度北下がり
天引川流域	猛崖山裾	
朝日岳		
大沢川流域	八束山裾東谷渓谷 山口橋下河床	約15度北下がり 約30度北下がり
八束沢	矢束口	16～20度北下り
牛伏山	車下山道西面　山頂 北面第二駐車場付近 柳谷 末沢	約15度北上がり 約10度東上がり 約15度北下がり 約20度北下がり
長　岩	阿夫利神社裏 阿夫利神社南 長岩裾	20～30度北上がり 20～30度北上がり 35～40度東下がり 約10度北下がり
鮎　川	鮎川	約5度南上がり

　また，東西に連続する牛伏層を甘楽町下川，雄川，天引川，高崎市吉井町大沢川，土合川，藤岡市鮎川が南から北に貫流し，それぞれの両岸に露頭部が形成されている。この内，牛伏山，八束山，朝日岳貫流部は現在も浸食が激しく大きな露頭部が見られるが，雄川と土合川，鮎川貫流部は谷幅が広く比較的安定した地形である。

3）岩質

　牛伏層の砂岩は，石英，長石，カオリンが主成分で縞模様は水酸化鉄と報告されている（群馬県1977）。この砂岩層は，凝灰岩や泥岩，砂岩などの軟質層に挟まり褶曲や断層の影響を強く受け層が大きく歪み多数の構造亀裂が観察できる。また，各層から溶け出した水酸化鉄が砂岩層に浸透沈着し牛伏砂岩特有の木目調紋様を描き出している。

　この特徴が最も鮮明に現れるのが岩層中央の朝日岳～牛伏山西部である。

　すなわち，この地方の岩質は石英，長石粒が揃い結合が密で明確なものが多いが，東西に移行するに従い粒子は細かくなり凝灰岩質となっている。また，特有の水酸化鉄の紋様は西の連石山では明確でないが，平岩や猛崖では鮮明なものが多くなり，朝日岳（秋葉山）・八束山（城山）では紋様が繊細・鮮明で変化に富んだものが多い。東方の牛伏山では砂岩の粒子が粗く繊細なものは少ない。藤岡市日野，平井地域は組成が粗い凝灰岩質，鮎川流域金井地区は基質の均一性に乏しい凝灰岩質で，ともに繊細さや鮮明さに欠けるものが多い。

　これらのことから，良好な石材が得られる地域は牛伏層堆積の中心地である朝日岳，東谷渓谷，八束山，八束沢この山麓や沢筋に継続的に派生する崩落岩や沢筋転石発生地であることが注目で

第2表 牛伏砂岩の分析

```
●物性と分析
    比　　重　1.95                          2.22～2.28
    吸 水 率　9.6%                          5.61～7.47
    凍害試験　20回以上
    曲げ試験　80 kgf
    圧縮試験　528 kgf                       216.5～284.9 kg/cm²
    鉱物組成　石英，長石，カオリン
    縞模様はx線分析により水酸化鉄
    ※左欄工業試験場分析
    　右欄観音山古墳修理報告書（6石とも亜角礫岩と報告されている。）

●石材的特性
    (1) 硬度が適度である（加工が容易）
    (2) 耐久性がある（永続性が高い）
    (3) 耐水性がある（屋外石材として使用が可能）
    (4) 耐熱性がある（竈石としての使用が可能）
    (5) 耐凍害性がある（屋外石材として使用が可能）
    (6) 耐腐食性（化学変化に強い）
    (7) 石英，長石が混在する（研磨材・床材としての使用が可能）
    (8) 水酸化鉄の集合に伴う文様がある（装飾性がある）
    (9) 色彩的に温かみがある（親近性がある）
    (10) 比較的軽量である（搬送が容易）
    (11) 板目状で水酸化鉄集合層が芯に広がる岩石は強度が高い（強度向上）
    (12) 崩落岩や転石の使用（石材入手，加工が容易・継続的石材採取）
```

※ 昭和52年（1977）多胡碑賦存量調査報告書　群馬県商工労働部繊維工鉱課

　きる。また，岩質や水酸化鉄の集合層の在り方は地域的片寄りが見られ採石地域特定の目安になり得るものである。

　牛伏砂岩の組成と石材としての特性は，第2表のとおりである。

　この時使用された5個の石材試験サンプルは，朝日岳（秋葉山）産である。曲げ試験ではそれぞれ64，91，84，69，91で煉瓦が88，圧縮試験ではそれぞれ558，541，486，319，250（石英，長石の少ない資料）で煉瓦が320 kgf/cm² で全体的に煉瓦よりやや高めの強度があると見られている。

　色調は，含有鉱物の石英に加えて長石の混入が増加するに従い白色化傾向が強くなる。石英が密に結合したものは風化に強いが耐火性が下がり，凝灰岩質のものは耐火性が高くこの性質を見極めて建築材や竈石などに使用した。この砂岩には，緑色微細な結晶片岩片が含まれる。

(2) 崩落岩発生と分布

　前項までに牛伏層の堆積の中心が朝日岳，東谷渓谷，八束山，八束沢間にあり，この間の露頭部から石材として利用可能な鉄分集合層混入の大型砂岩が得られることを明らかにした。

多胡碑の石材採石地と石材名の考察　257

a段階

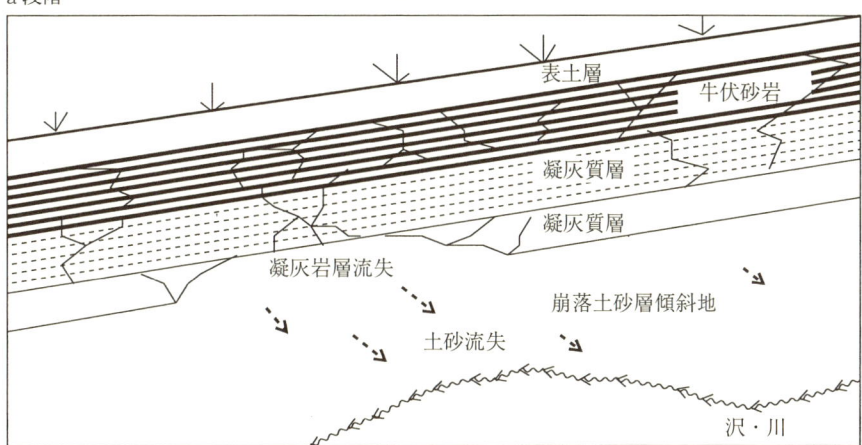

表土層
牛伏砂岩
凝灰質層
凝灰質層
凝灰岩層流失
崩落土砂層傾斜地
土砂流失
沢・川

b段階

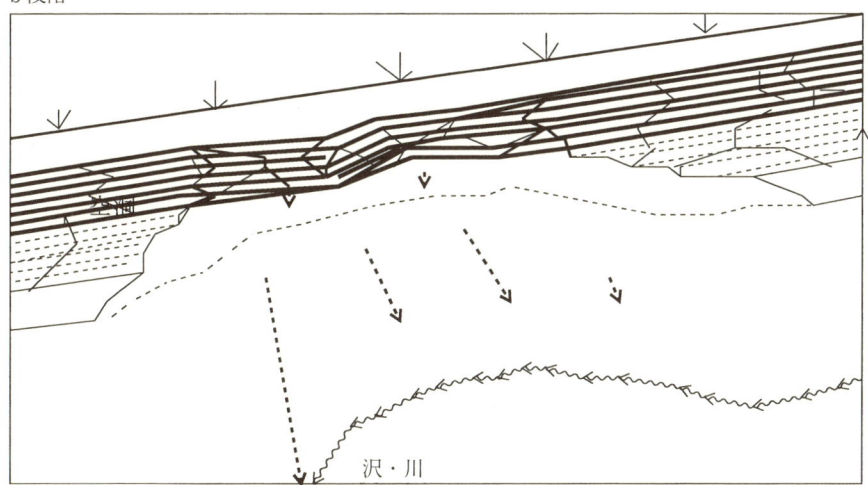

沢・川

c段階

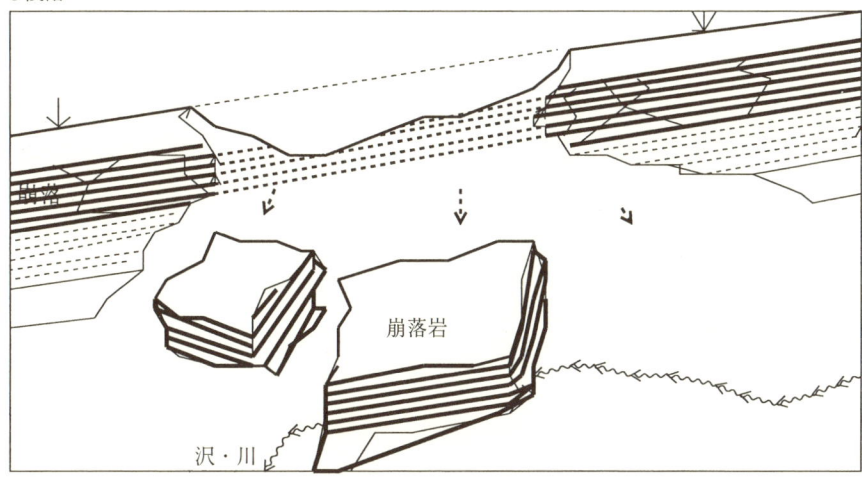

崩落岩

沢・川

第2図　牛伏砂岩沢筋での崩落（矢束沢例）

本項では，この地域の崩落岩や転石発生メカニズムを明らかにし，古代牛伏砂岩石材利用は，これを採石することが最も合理的であったことを検証する。

その手掛かりとして八束沢の崩落岩発生メカニズムを下記三段階に分けて記した（第2図）。

a段階　砂岩層が褶曲や地圧，雨水浸透や植物などにより構造亀裂を生じている。下位層が雨水などにより浸食・流失し次第に空洞化が進む。

b段階　下部の空洞化はしだいに上層におよび砂岩層下が空洞化する。砂岩層の亀裂が増加拡大し，大型岩塊が沢方向に移動しはじめる。

c段階　砂岩は直下に崩落し沢筋に堆積する。不整形岩石に混じり厚板の板目状や方柱状の岩塊が混入している。

この様な発生メカニズムは，各地の露頭部で見られるが，特に甘楽町平岩地区山頂の江戸時代，享保年間磨崖仏の刻まれた地層は15～20度北下がり，亀裂線を挟んで隣の宝永年間の磨崖仏が刻まれた岩塊は水平で，谷方向に移動しはじめていることが分かる。また，牛伏山第二駐車場付近の大型岩塊の地層も傾斜が一定せず，岩層から離脱して沢方向に移動し始めているものがある。

第3図は，この地域の砂岩露頭部と大型崩落岩・転石分布の概要を示したものである。図中手前左が朝日岳（秋葉山），中央が八束山，右が牛伏山である。X印が崩落岩が多い場所を示している。

1）朝日岳・八束山・八束沢・牛伏山砂岩の詳細

①朝日岳（秋葉山）

天引川右岸～大沢川左岸間にある朝日岳には近代の牛伏砂岩丁場跡が多数残る。

この西山麓は天引川，東山麓は大沢川が深く浸食しそれぞれ山頂方向に深い沢筋が延び露頭部を形成している。山頂部南には，天引川から連続する「幕岩」がある。北山麓は，標高250m程までは傾斜が強く露頭部がある。この北面裾は，東流する草喰川により凝灰岩層が解析され低丘陵化している。

南断層崖の「幕岩」は，東山麓の「舟石・釜石」地区から「東谷渓谷」に達し，更に八束山南面露頭部へと連なっている。これらの下方には崩落岩が堆積している。

写真1は，朝日岳の大正時代の牛伏砂岩採石丁場を伝える写真である。石材を下ろす線路と台車，滑車が，その麓には住吉神社，すなわち大沢川が牛伏砂岩基盤を大きく浸食する「東谷渓谷」，向かい側の八束山西山麓には浸食により土砂や砂礫，岩塊が大沢川に流れ込む様子が撮影されている[2]。

②八束山

山頂は，南端の断層崖上にあり多胡碑と結

写真1　八束沢砂岩露頭部

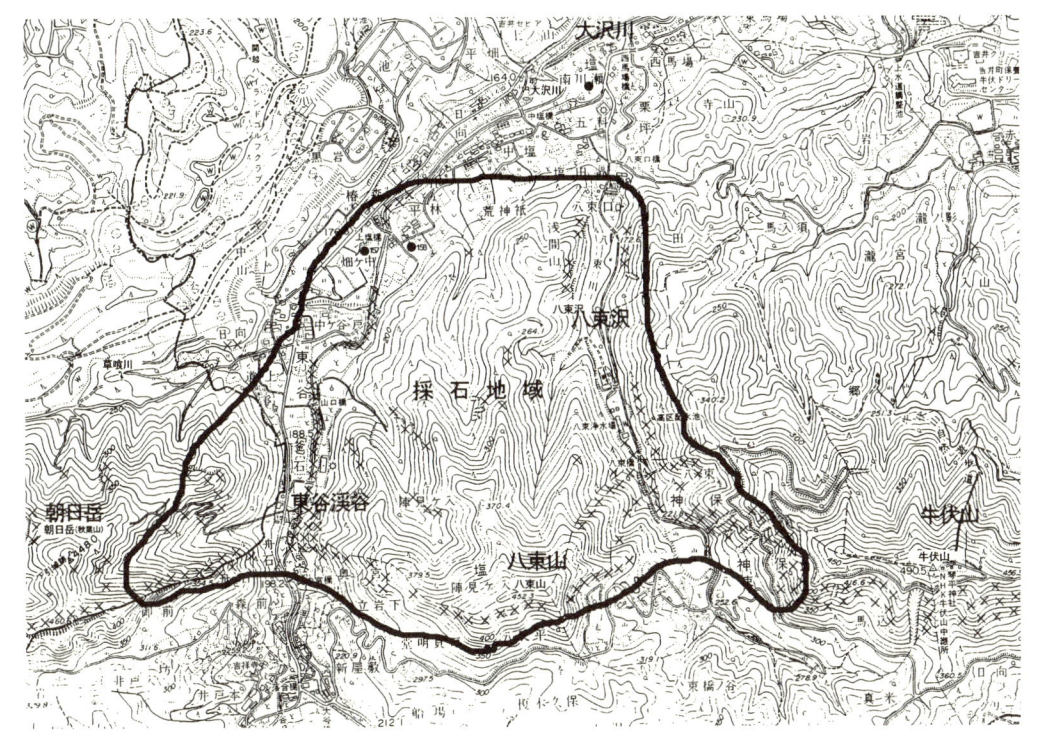

第3図 朝日岳，～牛伏山間砂岩露頭部と丁場跡・崩落岩・転石の分布

びついた羊太夫伝説の「館跡」とされている。この南断層崖に東谷渓谷から続く大規模露頭部があり，東側八束沢に向かって連続する。山頂から北側に延びる尾根にも露頭部が顕在するが，この稜線の傾斜は牛伏層の傾きとほぼ同じ15～20度で，平林地区と八束口で地中に埋没している。近代の丁場跡が残る。

③八束沢

八束沢は，模式図に示した沢である。八束川は牛伏山南崖下から西に回り込み標高約250m地点から北に下りながら沢を浸食する。この上流両脇の八束山，牛伏山西裾を漏斗状に大きく浸食し，岩層傾斜面に沿って16～20度で標高170m附近の矢束口にまで一気に下っている。この間，沢が左右に振れて両岸を浸食し右岸には厚さ約5mの砂岩露頭部が50m程連続，大型厚板状砂岩が崩落・堆積している。下刻作用はまだ弱く牛伏層基盤まで深く浸食していない。

近代の丁場跡は，朝日岳では標高350～250m，八束山では標高300～200m線に並

写真2　朝日岳大正時代の丁場

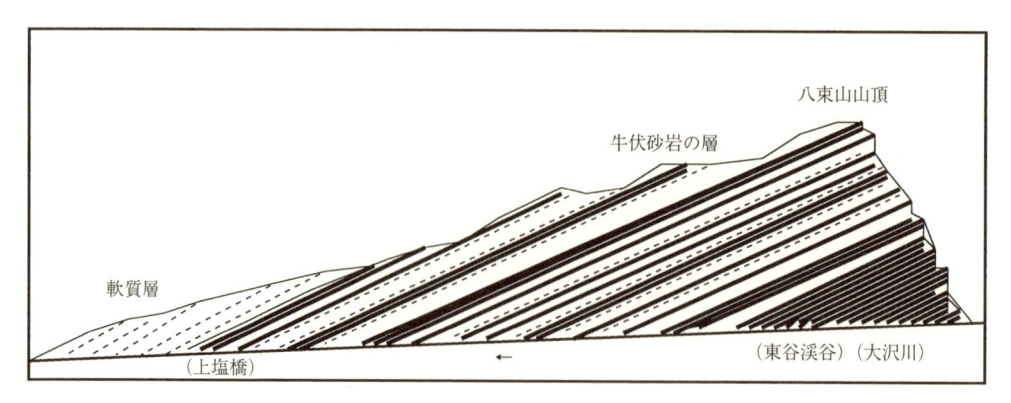

第4図　八束山西山麓牛伏層南北模式図

んでいる。

　④牛伏山

　牛伏山山頂は，南面断層崖上にあり，眼下に砂岩露頭部と崩落岩がある。北面山麓は，標高250m程までは急傾斜を示すが露頭はみられない。それより下は厚い凝灰岩層が丘陵状に緩やかに堆積している。この中の駐車場に僅かに点在する岩塊は15度北上がり，「柳谷」に下る途中の岩塊は10度東上がりで岩盤から移動したものである。

　この北面，山麓を深く浸食する入山地区赤沢と，柳谷出口の標高160m程の沢底には北へ約15度下がる砂岩層を確認できる。また，東部末沢地区の周回道路東断面にも約20度の北下がりの砂岩層がありこれらを結ぶラインが砂岩北限と見られる。

　2) 大沢川「東谷渓谷」〜「上塩橋」間の詳細

　大沢川は，第4図の如く東西に延びる牛伏層を南北に貫流し，「東谷渓谷」から「上塩橋」間約1kmの河床と両岸には，傾斜する牛伏層が地中に潜り込む露頭部と転石を連続的に観察できる。

　①「東谷渓谷」は，八束山基盤を大沢川が浸食する幅約3〜5m深さ5〜10mの狭隘な渓谷で，河床と両岸には砂岩南端断層崖の始まりから塩沢石材店の橋までに層が連続している。この河床露頭部は，八束山標高200〜250mの採石跡や山頂露頭部の岩層と連動する。

　②山口橋下流の河床に，幅約10m，深さ3mで約30度北下がりの厚板状の牛伏砂岩層が横断する。間層を挟みながら更に下流に連続している。

　③中ケ谷戸橋附近は，八束山裾を浸食する蛇行部両岸や河床に砂岩露頭部が連続する。巨大な崩落岩があり河床にも稜線の鋭く残る転石が堆積している。一部崩落岩には採石痕が残る。この橋から下流50m附近までは砂岩とその他の層が連続する。

　④上塩橋と下流約50m間には，両岸と河床に幅10〜20mの砂岩層が連続的に露頭し崩落岩や転石を生み出している。この河床露頭部は，八束山北麓稜線中の平林地区砂岩層と左岸関越ハイランドゴルフ場入口岩層露頭部と対応し，この地域が砂岩層の範囲で北側末端が砂岩層の北限であることを示している。

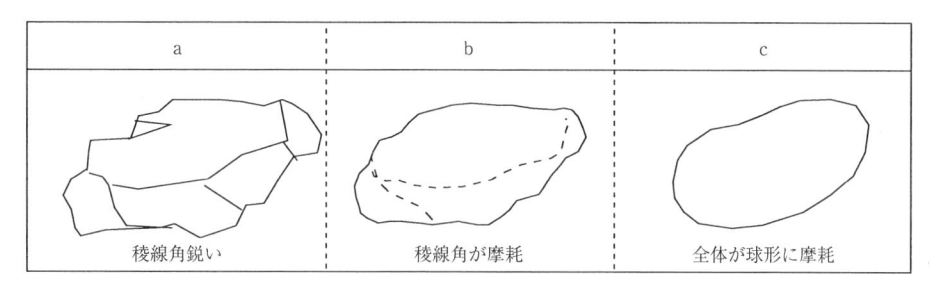

a	b	c
稜線角鋭い	稜線角が摩耗	全体が球形に摩耗

第5図　転石摩耗度

　以上の観察結果をもとに大沢川流域の牛伏砂岩所在状況をまとめると，

　第3図の如く，朝日岳（秋葉山）・東谷渓谷・八束山・牛伏山は，牛伏層の南面断層崖露頭部や河川貫流部に崩落岩が集中する。大沢川河床の「東谷渓谷」から「山口橋」間にも砂岩層が地中に埋没していく露頭部があり崩落岩や転石を派生している。

　この地の地層は，第4図の如く初期には砂岩質層の堆積が優勢で，その後次第に泥岩層や凝灰岩層などが交互に堆積，更に凝灰質や泥質の軟質層が優勢となったと見られる。そのため，中心の朝日岳，八束山の砂岩は，石英，長石などの含有鉱物が結合し均一堅牢のものが多いが，北山麓上部には凝灰岩質層が厚く堆積している。この北面凝灰岩層は，朝日岳では草喰川により浸食され消滅，八束山では大沢川の浸食により次第に減少し始めている。しかし，牛伏山北麓は谷田川の浸食力が少ないことから凝灰岩層が丘陵状に厚く残っている。このことは，鏑川側からの石材使用では牛伏山での採石が最も不利であることを意味している。

(3) 転石発生と分布

　a 崩落岩時の角や稜線は摩耗され鋭さが失われはじめ，面の凸部は摩耗が進むが凹部は崩落時の面が残る。全体的に角張った様子が残る（初期転石）。
　b 角が隅丸状に摩耗し，平坦面の稜線の凸部はなめらかなうねりとなる。稜線の名残はあるが全体として丸みをもつ。
　c 角や稜線は殆ど消える。円形なしは楕円形。

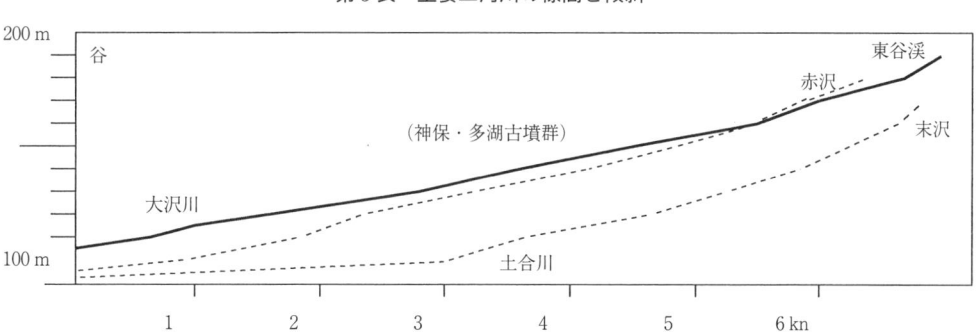

第3表　主要三河川の標高と傾斜

第4表　三河川牛伏砂岩転石所在状況

河川名・地点	大沢川 調査地	規格（cm）	形量	矢田川 調査地	規格（cm）	形量	土合川 調査地	規格（cm）	形量
0〜1 km	東谷渓谷（露頭）	150×120×100 105×93×70 153×120×83	b a ② a	赤谷沢（露頭）	120×70×85 95×70×55 95×85×70	b b ① b	取橋	42×28×22 45×32×17 36×29×23	c c ② c
	山口橋（露頭）	140×123×50 132×70×47 125×112×63	b b ② b	赤谷一号橋	45×48×25 37×41×28 43×40×21	c c ① c	桐木橋	22×17×15 18×14×7 15×15×10	c c ③ c
	中ケ戸橋（露頭）	750×400×300 350×200×150 200×150×130	a a ③ a	日陰橋	38×32×20 32×28×20 20×15×10	c c ① c	長谷川橋	20×18×15 25×14×14 28×14×15	c c ③ c
	上塩橋（露頭）	320×400×150 180×250×120 150×210×110	a a ③ a	見明寺川柳谷	97×68×45 132×55×45 158×80×50	b b ① b			
〜2 km	中塩橋	95×63×69 112×88×73 97×71×67	c c ③ b	見明寺川湯端温泉	20×10×11 22×13×5 15×13×13	c c ② c	中組橋	53×55×40 15×13×7 23×20×14	c c ③ c
	塩橋	89×50×48 210×130×60 67×54×62	b b ③ c	谷田・見明寺川合流	43×21×8 30×25×21 28×21×10	c c ② c	朝日橋	17×11×7 11×10×5 7×6×5	c c ⑤ c
〜3 km	高速道下	89×57×49 90×79×50 50×32×29	c c ③ c	堰端橋	50×41×38 39×28×8 12×12×10	c c ③ c	平野橋	17×16×5	c ⑤ c
	城橋下	85×70×53 120×65×43 108×62×47	c b ④ b	高速道下谷田川橋	75×29×25 28×18×11 10×5×5	c c ⑤ c	高速道下	18×17×15 15×8×7 5×4×3	c c ⑤ c
〜4 km	親水公園	65×32×61 50×28×25 62×58×35	c c ④ c	上信電鉄ガード下	15×9×4 13×8×4 10×8×3	c c ⑤ c	新鶴巻橋	5×4×4 6×3×2 6×7×3	c c ⑤ c
〜5 km	長栄橋	70×50×40	c ⑤						
〜6 km	上信橋下	28×17×15 25×7×15 31×20×15	c c ⑤ c						
	二ツ橋	38×29×15 28×15×18 56×38×35	c c ⑤ c						

※ 規格は調査地点最大のもの三位まで。
※ 牛伏砂岩転石の量は1m方形を基準とし，81%以上含まれる場合は①，80〜61%②，60〜41%は③，40〜21%は④，20〜1%は⑤，0に分けた。
※ a〜cは「第5図」本文説明のとおり

次に，砂岩層から多胡碑近くの鏑川に注ぐ土合川，谷田川，大沢川流域で調査し，第5図の如く転石摩耗度と規格を分類し，第4表に各流域の転石石材の採石可能地域を表示した。

土合川は，最も下流にあり既に地形的に安定した牛伏山と長岩間で岩層（標高170 m）を通過し，北麓の裾をしばらく東流して，方向を北にかえて鏑川（標高93 m）に流入する。上流から4 km地点までは傾斜を維持するがその先は緩やかな緩傾斜である。約2 km下流の「朝日橋」では結晶片岩，泥岩などとともに小型転石が点在する。

谷田川は，牛伏山北山麓の凝灰岩や泥岩層（標高180 m）のみを給源とする河川で水量が少ない。山麓を出た河川は，砂岩露頭部と僅かに接触し，赤沢や柳谷で1 mを越える転石が僅かに混在する。山麓に沿って東流する間には人頭大転石がある。途中，柳谷からの見明寺川と合流しやや大型の転石が混在する。北流して，高速道路下では泥岩や一般砂岩転石が多く牛伏砂岩は更に小型化し占有率も下がっている。

大沢川は，上流大沢地区の結晶片岩層を通過し牛伏層の中心が露頭する朝日岳東山麓と八束山間の「東谷渓谷」で貫流して北に下る。鏑川右岸段丘上に扇状地を形成して鏑川と合流している。

この扇央部には吉井市街，東扇端に多胡碑がある。本流路は現在は碑とは反対の西を流れている。

砂岩露頭部がある東谷渓谷（標高190 m）から「上塩橋」（標高164 m）間約1 kmは，比高差34 mの急傾地である。ここを過ぎると約4 km下流の親水公園附近までは緩傾斜が続く。その後約1 km附近で再び傾斜を強めて鏑川（標高105 m）と合流している。

大沢川は，「東谷渓谷」から八束川が合流する「上塩橋」までの間は，角や稜線を明確に残す大型の転石が残る。「塩橋」から「親水公園」間には小型化した転石に混じりやや大型の転石が点在している。「親水公園」をこえて鏑川迄の間には，人頭大の転石が混在している。

大沢川は，東谷渓谷や八束沢や塩地区の河床砂岩露頭部からの大型・小型転石数が他の2河川より飛び抜けて多い。

3. 多胡碑石材の採石地と石材名称

(1) 古代の石材利用

牛伏砂岩北端が，河床に露頭する「上塩橋」隣接地の「塩古墳群」金堀塚支群には，字畑中の吉井町157号墳主体部天井石に初期大型転石，側壁2枚が大型転石，下流の松山支群の塩字松山吉井町第152号墳の天井石と側壁に2石の使用が確認できる。

この下流で中小転石が堆積する「城橋」附近両岸には，神保古墳群と多胡古墳群があり石室石材に牛伏砂岩や結晶片岩の転石が多数使用されている。この内，左岸段丘上の墓地にある吉井町第133号墳主体部は側壁は角の稜線が残る大型石材と角に丸みを持つ石材，天井石も板目状の大型板状石材である。壁には小型で角の丸い転石が使用されている。この外，以前はこの地にあり

現在は多胡碑記念館脇に移設された吉井町神保南高原1号墳（吉井町第115号）は，主体部左右の側壁と天井石は何れも板目で角が丸みを持つ大型板状転石で，左手前の側壁は面の凹凸や角が摩耗した転石である。

多胡古墳群中には，多胡薬師塚古墳の外道路工事で解体された古墳4基の主体部に径1m以上の岩塊が合計36石使用されていた。この内，稜線を強く残すものが30個，稜線が摩滅しているものが2個，中間のものが4個であった。また，多胡丘陵北端上で多胡碑を見下ろす延命院に隣接してあった吉井町大字吉井字浅間塚に存在した稲荷塚古墳は，昭和18年（1943）の調査時の記録によると主体部天井石と奥壁に牛伏砂岩と見られる大型自然石が使用されていた事が報告されている。

この丘陵東側には石上字祝神の入野古墳群中の入野村36号墳主体部，鏑川を挟んで対岸の馬庭駅北側の御穴塚古墳天井石には牛伏砂岩大型石材を使用している。規模の大きな古墳はこの地域まで牛伏砂岩石材の流通圏であったことを示している。

大沢川流域や鏑川上位段丘上の古墳主体部は，牛伏層の山麓や山裾の露頭部，沢で入手した大型崩落岩ないしは初期転石の使用比率が高く，中小岩塊は，転石が主体となっている。

しかし，大沢川と鏑川の合流点に広がる本郷古墳群の主体部石材は牛伏砂岩ではなく，鏑川河岸の凝灰岩と小型転石を使用している。また，多胡碑に近い鏑川右岸段丘上の下池古墳群，高木古墳群主体部にも鏑川転石を多く使用している。

(2) 採石地の特定

多胡碑石材は，既述したように「形態的に碑身の捻れが見られ，断面が菱形で崩落岩の特徴を残すこと，岩石の基質が細かく均一で比較的硬く締まること，堆積層があること，線状の水酸化鉄集合層が全体におよんでいたこと」などが確認できる。

前章までに，この様な様な石材と成りうる岩塊の所在地域や在り方を検討した。

①牛伏層は北に傾斜し上層が凝灰岩，下層が砂岩優勢の地層である。

②牛伏層堆積の中心地朝日岳・八束山・牛伏山山麓に露頭部があり崩落岩が見られるが，特に南麓崖面とこの層を大沢川や八束川が貫流する露頭部に大型崩落岩や転石が多い。

③大沢川東谷渓谷〜上塩橋間にも牛伏砂岩層の基底部が露頭し崩落岩や転石が点在する。

この様に，多胡碑石材の特徴を示す大型岩塊や転石の所在地は大沢川中流の限られた場所にあり，下流の鏑川寄りにある多胡碑石材には，大沢川河床露頭部や砂岩層露頭部が近い朝日岳や八束山八束沢地域がその中心と考えられ，地層名となった牛伏山の砂岩使用の可能性はかなり低いと考えざるを得ない。

これらのことから，多胡碑の石材は「朝日岳と八束沢を含む八束山」か大沢川中流の「東谷渓谷から上塩橋間」で派生した崩落岩か初期転石をこの地域で採石して使用した可能性が最も高いと考えられる。

また，ここにある八束山は，碑文中の「羊」と結びついた羊太夫伝説（羊太夫栄枯記など）中で，

主人公の八束羊太夫宗勝の居城であり[3]，山裾東谷渓谷の大沢不動尊（住吉神社）は宗勝が願掛けして子の勝定が授かった場所と伝えている。この様な結びつきは多胡碑石材がこの地の石材であることも一因となっていると考えられる。

(3) 多胡碑石材の呼称

　牛伏砂岩の石材名は，甘楽町雄川流域では「小幡石」，同町秋葉山（朝日岳）で採石し天引川流域で加工された「天引石」，吉井町朝日岳（秋葉山）東麓・八束山で採石し大沢川流域で加工された「多胡石」・「八束石」・「皺石」，藤岡市では「丸山石」，「平井石」などと呼称された。

　これらは，使用時期に時差や長短があるが石材業者が採石から製品まで一貫した流通意識のもとで付けた名称で，石材流通を検討する上では尊重されるべきである。

　多胡碑石材の名称は，明治42（1911）〜43（1912）年刊行の『新屋村郷土誌』では「所謂天引石」に類似，昭和2年（1927）内務省刊行の『史蹟調査報告第2』，及昭和4年の『群馬県史跡名勝天然記念物調査報告書』第一輯では「碑石は俗に天引石又は八束石」，昭和2年刊行の『群馬県多野郡誌』，昭和3年刊行の『群馬県北甘楽郡誌』は「天引石」，太平洋戦争後の昭和31年『日本石材史』は「多胡石」，昭和36年「截石積石室の用石と多胡碑の碑石との技法上の比較」『多胡碑の研究』は「牛臥砂岩（俗に天引石）」，『吉井町誌』でも「牛臥砂岩」と記載している。

　この中で，『史蹟調査報告第2』，『群馬県史跡名勝天然記念物調査報告書』では「碑石は俗に天引石又は八束石」と記し「現に此等と同様の石材は其附近の山から産出する所少からず，大字池の西南一里半程を距てる北甘楽郡新屋村大字天引は，其産地として特に著はれ，やがて天引石の名あるに至った。蓋し此碑を営む際にも石材を遠隔の地に求めず，附近に産出する此石材を便なりとして使用せしものである。」とあり，「八束石」をあげ大沢川流域の可能性も示唆している。

　しかし，近年は地質学で命名した「牛伏層」（藤本・小林 1938）中の砂岩との意味で「牛臥砂岩」を石材名として使用することが多い（尾崎喜左雄 1961）。

　この「牛臥砂岩」名は「俗に天引石」と記していることや，当然のことながら地質学で付した牛伏層は同質の岩層の広がりをまとめて命名したもので，この名称に依存しすぎると，採石範囲が大沢川流域か天引川流域どころか東西十数kmにおよぶいずれかの地域ということになり，多胡碑石材の採石範囲をこれまでより曖昧にしてしまう恐れがある。また，採石の可能性が低い牛伏山そのものが採石地であるとの誤解も与えかねない。

　筆者は，この様な懸念もあり多胡碑の石材は地質学の成果と石材呼称経過を整理し，採石地を特定した上で妥当性のある石材名を使用することが必要と考えてきた。

　その結果，前項までにまとめたとおり多胡碑の石材採石地は「朝日岳と八束沢を含む八束山崩落岩」か大沢川中流の「東谷渓谷から上塩橋間」で派生した初期転石を使用した可能性が最も高いと考えた。この地域は，「多胡石」名が使用されている地域であるが歴史的経過があるので以下では「天引石」と「多胡石」名呼称の経過を中心に整理し改めて石材名を提案することとする。

鏑川流域は，明治 17 (1884) に鐵道が高崎まで開通し，同 30 年 (1897) には高崎〜下仁田間に軽便鐵道が開通するなど，近代化の波がこの時期に進み流域の石材需要が増加した。

天引石について，明治 43 年 (1911) 年頃刊行された新屋村『新屋村郷土誌』第六章 (群馬県立文書蔵館群馬県行政文書議会 792) に次のように記載されている。

　　鑛物トシテハ所謂天引石ナルモノヲ出ス其區域ハ大字天引村南方山岳ヨリ隣村小幡村ニ至レリ石ハ凝灰岩ノ一種ニシテ色ハ灰黄色質ハ稍柔カナリ粗密一様ナラザルモヨク風雨ニ耐ヘ反テ鞏固トナル殊ニ水ニ対シテハ一層強ク極寒ニ遇フモ崩壊スルコトナシ而シ火力ニ割合弱シ稍青色ヲ帯ベルモノハ崩壊シ易シ敷石石垣井戸側踏石石塔垪垣石橋ピーヤ等に用フ現ニ富岡製糸場軽便鉄道鉄橋ノピーヤ及ビ停車場等ニ用ヒタルハ概此石材ナリ又吉井町耕地整理ニモ多ク用ヒラレタリ (中略) 近年ハ新町及本庄方面ヘモ多額ニ供給セリ此石ハ余程古クヨリ採掘シタル様子ナレド其年代等詳ナラズ大字天引村向陽寺境内ニ天長三年 (淳和天皇ノ御代紀元千四百八十六年) ニ建テタル古碑アリ慥ニ天引石ニテ作リタルモノナリ彼ノ日本三碑ノ一ナル多胡ノ碑モ或ハ此ノ石ナランカ品質ヨク類似セリ

本誌の記述には，石材名を「所謂天引石」と記し，採石地は「天引村」南方山岳から「小幡村」で，大沢川流域の「東谷渓谷」や八束山，八束沢，牛伏山など大沢川流域が含まれていない。岩質については，鉄分集合層の紋様についての記述は含まれず，むしろ「色ハ灰黄色質ハ稍柔カナリ」，「耐水性，耐寒性，耐火性が高い」と実用的で鉄道の鉄橋ピーヤ，停車場新設，吉井町耕地整理の用材などへの使用が記載されている。また，この石材は「多胡碑」石材と類似していると記している。

近代の国内石材利用の広がりは，東京を中心とした洋式建築物の増加と帝国議会議事堂建築に先立ち，明治 35 年 (1902) 設置された「議院建築計画調査委員会」で，建設資材はすべて国産品を使用することとしたことが大きい。

これをもとに，国により明治 43 年 (1910) から 45 年 (1912) にかけて構造用石材及び装飾用石材二種について国内主要石材産地の調査が実施された。この結果は，大正 10 年 (1921) に大正 7 年 (1918) 迄に把握できた石材を追加して『本邦産建築石材』として臨時議院建築局編纂から刊行された。この中の「本邦産建築石材産地一覧表」第三紀層砂岩之部に「群馬県北甘楽郡富岡町天引村」が含まれている。富岡市は，新屋村の誤りである。この石材調査は，明治・大正時代の建築界や石材業界にそれまでにない石材情報をもたらし，首都圏を中心に地方石材進出のきっかけをつくった。

東京では，大正時代後半になると石材研磨作業の機械化が進みビルの花崗岩などの外装に「磨仕上」が主流となったが，同時に大正 11 年 (1921) 帝国ホテル外装に大谷石粗面仕上げの石材が採用されるなど，軟質石材を使用したビルも増加しはじめた。

この間の，大正時代から昭和初期の群馬県内の砂岩出荷量を第 5 表にまとめた[4]。砂岩は多野郡と甘楽郡二郡のみに出荷量が記載されているが，当時産出量が多かった北甘楽郡分は新屋村 (天引石)，多野郡分は多胡村 (多胡石) の生産量と考えられる。

第5表 大正・昭和初期の砂岩の生産

年	多野郡	北甘楽郡	年	多野郡	北甘楽郡
大正4年（1915）	0 0	500 315	昭和2年（1927）	9,412 5,711	2,800 1,455
大正5年（1916）	0 0	700 441	昭和3年（1928）	10,276 4,962	2,450 1,150
大正6年（1917）	0 0	0 0	昭和4年（1929）	24,820 4,949	2,530 1,165
大正7年（1918）	― ―	― ―	昭和5年（1930）	― ―	― ―
大正8年（1919）	― ―	― ―	昭和6年（1931）	― ―	― ―
大正9年（1920）	0 0	900 1,300	昭和7年（1932）	― ―	― ―
大正10年（1921）	― ―	― ―	昭和8年（1933）	13,488 1,809	0 0
大正11年（1922）	1,500 1,500	1,900 1,045	昭和9年（1934）	― ―	― ―
大正12年（1923）	0 0	2,000 1,125	昭和10年（1935）	― ―	― ―
大正13年（1924）	0 0	2,650 1,437	昭和11年（1936）	― ―	― ―
大正14年（1925）	0 0	2,500 1,550	昭和12年（1937）	60,630 5,384	0 0
大正15年（1926） 昭和元年	10,280 7,426	2,520 1,580	昭和13年（1938）	35,788 3,662	0 0

※『群馬県統計資料（勧業之部）』の「石材土石及鑛水」資料から作成。―は資料が確認できない年。
※1才＝一立方尺・上段数量（才）下段価額（円）

　北甘楽郡の生産は，大正4年には500才，大正5年には700才，大正9年には900才，関東大震災のあった翌年の大正13年には2,653才に上昇している。その後，昭和4年まではほぼ同様の数量が維持されてきたが昭和8年以降は生産がとまっている。

　多野郡は，大正11年に1,500才の生産があるがその後空白があり，大正15年（昭和元年）には10,280才，更に2年，3年とほぼ同様の数字が並び，昭和8年には24,820才，昭和12年には60,630才と最高の数字を示している。昭和13年には幾分下がるが35,788才と依然として高い数字を維持している。

　北甘楽郡の生産は，大正15年（昭和元年）多野郡の生産量が本格化した時期にも石材としての棲み分けが出来ていたことが窺える。北甘楽郡の石材（天引石）が，力を失うのは昭和に入り普及したコンクリートと用途が重なった為と考えられる。

この間，県外での砂岩使用記録を見ると大正7，8年頃東京本郷湯島2丁目の「岩谷松平が経営した天狗煙草（岩谷天狗）の倉庫は多胡石製で，関東大震災時にも崩れずその後も使用された」との伝承がある[5]。この時「多胡石」と呼称していた確証はないが，既述した統計資料によれば北甘楽郡で採石された砂岩の一部が東京で使用された可能性がある。

その後，大正12年の関東大震災に被災した「日本橋區米澤町内國通運株式会社」ビルは「多胡石」が使用されたと記録があり，大正11年に出荷された1,500才の石材は首都圏に販売された可能性が高い。震災後，この石材の高評価と石材特需を背景に本格的な生産体制に入り，大正15年（昭和元年）には北甘楽郡を大幅に上回る10,280才が生産され戦時体制下まで生産量が維持された。

生産量（才）と価額（円）の推移を比較すると，北甘楽郡は一才あたり0.5～0.6円で推移したが，大正9年には1.4円と高額であり，この年首都圏向けに採石された可能性がある。多野郡は，採石初期の大正11年が1.0円と高額である。本格化した大正15年には0.7円，その後昭和2年，3年は0.6，0.5円と下がり，4年は0.2円，8年・12年は0.1円と出荷数量は多いが単価は低くなっている。

この様な価格の動向は，一般利用で需要を維持してきた天引石と鉄分集合層の紋様を活かして建築用貼材として需要を伸ばし始めた用途の違いを示すものと考えたい。

第6表は，この時期記録にあらわれてくる「天引石」と「多胡石」名をまとめたものである。

「多胡石」の名称が最初に文献に登場するのは，大正12年（1923）に東京内國通運株式会社外壁石材，次いで大正15年（1926）12月の『地学雑誌』である。雑誌は，東京地学協会の学会誌で，この時期進みつつあった帝国議会議事堂建築に関わる石材研究成果や論文が掲載された。

工学士近藤鐵郎は，この『地学雑誌』に「再び本邦産建築石材の耐火性に就いて」と題して，議事堂使用候補となっていた静岡県「立棒石」，福島県「白岩石」と「多胡石」を比較し，「多胡石」は美麗で最も耐火性に優れた石材であると報告している。そして，この時期首都圏に流通した理由を次のように記している。

第6表　記録に見える「天引石」と「多胡石」名

年	多胡石	天引石
明治11　（1878）	郡村誌多胡郡中の村石材の記載なし	郡村誌新屋村石材の記載なし
明治43～（1911）		新屋村郷土誌旧天引村「所謂天引石」
大正10　（1921）		本邦産建築石材「砂岩天引村」
大正12　（1923）	東京内國通運株式会社外壁「多胡石」	
大正15　（1926）	地学雑誌「多胡石は多胡村旭嶽」	
同上	東京本所公会堂腰板「多胡石」	
昭和2　（1927）	群馬県多野郡誌「町所有多胡村内採石」	群馬県多野郡誌旧天引村「天引石」
同上	史蹟調査報告第2「（八束石）」	史蹟調査報告第2「天引石」
昭和3　（1928）	群馬県甘楽郡誌［近年所有は東京の某］	群馬県甘楽郡誌旧天引村「天引石」
昭和8　（1933）	仙台齊藤報恩会館外壁「多胡石」	
昭和9　（1934）	東京大日本麦酒銀座ビヤホール外壁「多胡石」	

「之を例證する事實として日本橋區米澤町内國通運株式会社の建築用材として多胡石を使用したが，震火災に遭遇して赤變して寧ろ美観を呈したとて該石材の宣傳の材料となったことは砂岩の耐火性について述べたこと、對照すれば全く之を有孔率の大きい為としなければならない。」(近藤 1926)。

この記述から，東京では既に大正 12 年には「多胡石」石材名で流通していたこと，震災により被熱した「多胡石」の耐火性が高かったこと，赤変して美しくなったこと，この特性をとらえて販売の促進が行われ首都圏で流通の拡大が図られたことなどが分かる。

その後，大正 15 年には震災被害が最も悲惨であった東京本所の「本所公会堂」腰板に使用されたことは，この石材の持つ耐熱性や紋様の装飾性が高く評価されたことを実証している。そして，昭和 8 年には仙台市の「齊藤報恩会館外壁」，昭和 9 年 (1934) には東京「大日本麦酒銀座ビヤホール外壁」にも使用され首都圏のみでなく地方へも広がっていた (日本石材史 1956)。

これらのことから，「多胡石」名を使用して首都圏で本格的に販売した時期は大正 10 年 (1921) 前後と見られる。

この時期の地元の記録には以下のように記されている。

昭和 2 年 (1927) に刊行された『史蹟調査報告第 2』で，多胡碑の石材採石地を「朝日岳だけでなく八束山に及ぶ地域をも加味した検討が必要である。」ことを指摘していたことは，「多胡石」出荷量の増加に伴い採石地が天引川流域の朝日岳（秋葉山）東側だけでなく，鉄分集合層が顕著に見られる大沢川流域での採石が本格化し始めていたことが背景にあった。

同じ 2 年刊行の「群馬県多野郡誌」大澤不動尊参考の項には，「朝日岳を構成する岩石は概赤褐色をなせる砂岩にして質軟く採掘加工に易く而かも時日を経るに従い著く硬度を増すの特性を有するので其の用途は頗多い隣接地北甘楽郡新屋村大字天引地内より此の石材を採掘したるにより一般に天引石といわれてゐる奇岩に充てる處は多胡村地内なるも現今は吉井町の所有に帰し同町に於いて近年石材を採掘しつゝあれば自然山容の変化は免れぬところである。」と記している。

この記述によれば，奇岩がある附近の地番は新屋村大字天引であるが，多胡村地内にあり，ここにある吉井町有林内から近年採石していると記している。この点について以下の史料がある。

1) 翌昭和 3 年 (1928) 刊行の「群馬県北甘楽郡誌」「新屋村」岩石の項には「最近に至り，東京の某といふ人石山を買ひしといふ。」とある。
2) 大正時代から昭和初期の「櫛島福七吉井町長の日記」(高崎市吉井町郷土資料館寄託資料「櫛島堅次氏所蔵」)により，大沢川流域の多胡村神保塩原・八束，多胡村隣接地新屋村大字天引字草喰の吉井町有地からの採石の詳細を知ることが出来る。その主な点を以下に示した。

・大正十年五月九日　「大住文治郎ナル者ヨリ本町有草喰岩石切取ノ件願出ノ趣モ有之調査」
・同年五月二十八日

　「一臨時委員会ヲ開キ兼テ大住文治郎氏ヨリ願出ニ対し前会五百円宛二回ニ払込ニ対し一時ニ壱千円払込ベキ旨代表者ニ申聞タル処本人ニ申聞挨拶致スベキ旨ニテ立去リ紹介人金子直吉氏方ヘ大住氏ヨリ書面ニテ一千円即納承知シタルニ付願クハ草喰ニ於テ石切取所四

第7表　天引石と多胡石の石材利用の歴史

採石地	八束沢・八束山・朝日岳（秋葉山）	
行政区	旧吉井町	甘楽町
時代・流域	大沢川多胡石の系譜	天引川天引石の系譜
牛伏砂岩石材利用の推移 / 古代	7世紀大沢川流域牛伏砂岩製主体部古墳 　砂岩層隣接地（主体部全体に使用） 　・塩古墳群 157・158号古墳など 　上位段丘（主体部主要部に使用） 　・塩古墳群 　・神保古墳群 　・多胡古墳群 　下位段丘（主体部天井に使用） 　・塚原古墳群 　・入野村 36・37号 　・馬庭御穴塚古墳など 　※水酸化鉄集合層を持つ石材多い 多胡碑	7世紀天引川流域牛伏砂岩製主体部古墳 　砂岩層隣接地（主体部全体に使用） 　・天引黒渕古墳群 　上位段丘（主体部に使用） 　・安坪古墳群 　・ロ明塚古墳群
中世	流域供養塔・石仏 　玄太寺三尊仏（鎌倉時代） 　※水酸化鉄集合層を利用 　板碑 　　建治 2年（1276）	流域供養塔・石仏 　板碑 　　文永10年（1273）・文永11年（1274） 　笠塔婆 　　正安元年（1299）・正安4年（1303）
近世	地域墓石・土木用石材・地覆石 　※墓石は水酸化鉄集合層避ける	地域墓石・土木用石材・地覆石 　※墓石は水酸化鉄集合層避ける
明治	地域墓石・土木用石材・地覆石 　※墓石は水酸化鉄集合層避ける	地域墓石・土木石材・地覆石 　※墓石は水酸化鉄集合層避ける 鏑川流域近代化に伴う建築・土木と日常生活用石材　※耐久性・加工性主体 「新屋村郡村誌」（天引石）
大正	「地学雑誌」454号（多胡石） 首都圏近代化と関東大震災 首都圏建築用石材 水酸化鉄集合層の装飾性	鏑川流域近代化に伴う建築・土木用石材 日常生活用石材
昭和	首都圏建築装飾用石材 戦後燈籠・建築用壁床材 水酸化鉄集合層の装飾性	コンクリートの普及により衰退

　　反歩石切落運搬所四反八畝ノ外八束ニ於テ五畝歩立石三個切取事御聴許相成レバ幸甚ナル旨申来リタルニ付委員協議ノ上承諾ノ事トシ来月十日頃町会ヲ開キ議決ノ上郡長ノ許可ヲ得テ契約取結ブベキ方針にし其旨金子氏ヨリ通知置ク等」

・大正十二年七月二十三日

　　「一大住文治郎氏ヨリ（中略）町有草喰ニ於テ石切り取り度壱反百円ノ割ニテ七反歩此金七百円付近運搬方使用地ノ分三百円都合金千円ニテ従前ノ通拾ケ年借用致度満期ノ上猶契約致度者申込有之ニ付臨時委員ニモ謀リ尚開会中ノ議員ニモ謀リタルニ異議無之候ニ付近日仮契約締結ノ都合ナリ但し金円ハ受取直ニ江原収入役ニ渡セリ」

・同年十一月三日

「一町有原野北甘楽郡新屋村大字天引字草喰千二百六十二番原野反別拾八町参反八畝弐拾壱歩中添付図面ニ表示セル石材所在地南北弐ケ所壱町四反ヲ大正十二年　月　日ヨリ向弐拾ケ年間石材採取ノ目的ヲ以テ賃貸スル事ヲ契約スコトトシ覚書ヲ交換セリ賃借人ハ東京市芝白金町八拾八番地大住文治郎同市牛込区箪笥町三十二番地今井忍郎同市麻布区本村町百拾六番地北村敬介東京府下北豊島郡滝野川町大字中里四百六十六番地田中三郎ノ四名ナリ

右ハ町会ノ議決ヲ経郡長ノ認可得而シテ其相続ヲナスモノトス」

・昭和三年九月四日

　金子直吉氏来町し，大住文治郎家督相続人大住栄一後見人北村啓介氏らから「債権譲渡ニ付承認請求書」が提出され公証第六千八百拾弐号左ノ山林石材採取権ヲ今般東京神田区今川小路一ノ六鍋島石材興業株式会社へ譲渡したい旨承認の依頼があった。

　これにより，以降の採石は鍋島興業株式会社が行うこととなった。

3)「日本石材史」砂岩の項に，「群馬県吉井町産（多胡石）—黄色，元仙女香，鍋島石材店，日本三大古碑」とあり，多胡石は日本三古碑の一つである「多胡碑」に使用された石材で在ることを示すとともに，東京屈指の石材問屋で茨城県稲田石開発者としても知られる東京九段の「鍋島商店」に「多胡石」が使用されていたことを記している。

「多胡石」は，これらのことから首都圏の石材需要を背景に大正10年東京在住の大住文次郎らが朝日岳東麓の多胡村地域にある新屋村大字天引字草喰1262番地の吉井町有林と同じく神保村飛び地の八束地区吉井町町有林から装飾性に優れた石材を採石し始めたことが始まりであることが分かる。その後大正12年には，採掘権延長と共に採掘量を増加させ震災需要に即応させるべく首都圏に送り出した。昭和3年，大住文治郎死去にともない鍋島石材興業に採掘権が移譲された。

　この様な採石移譲や資本の流れから，大住は石材大手の鍋島商店を通して石材を販売していた可能性が高く，明治22年（1889）市制町村制施行で新たな枠組で大沢川上流に発足した「多胡村」地域から出荷した装飾性の高い建築用石材「多胡石」として広く販売されたと推定される。

　その後，昭和16年には太平洋戦争に突入し商業的建築物や文化的建築物の需要がとまり，戦時体制の中で「多胡石」の石材供給も途絶えることとなった。

　太平洋戦争後の昭和30年代には，大沢川流域塩地区の農家が副業として朝日岳，八束山などの石材で石燈籠製作をはじめ「多胡石」名が改めて地元にも定着した。同時に，

写真3　吉井町玄太寺三尊仏

色調や紋様などの特性を活かした建築用壁材や床材など装飾性の高い石材生産も開始された。昭和35年（1960）竣工した東宮御所（赤坂御所）公室玄関付近の壁材には「多胡石ノコギリズラ」の仕上げの石材が使用されたが，この石材の個性と大正から昭和初期の「多胡石」の広がりが信頼と実績となった。

(4) 多胡石の特徴

　天引石と多胡石の石材利用上の違いは，大正時代から始まったものではなく第7表に示した様に古くは古代・中世から見られた傾向である。

　甘楽町天引川流域は，古くは古墳主体部へも利用されたが，中世から近世には鉄分集合層が少ない石材が中心となって多くの供養塔や石仏が建立された。近代には，特に朝日岳（秋葉山）の石材を「天引石」として利用したが，石材の特徴は既述した明治時代の『新屋村郷土誌』に，

　　「凝灰岩ノ一種ニシテ色ハ灰黄色質ハ稍柔カナリ粗密一様ナラザルモヨク風雨ニ耐ヘ反テ鞏
　　固トナル殊ニ水ニ対シテハ一層強ク極寒ニ遇フモ崩壊スルコトナシ而シ火力ニ割合弱シ稍青
　　色ヲ帯ベルモノハ崩壊シ易シ」

とあるように，耐水性や耐久性，耐寒性に優れた実用的な石材として利用された。

　これに対して，大沢川流域は水酸化鉄の集合層がある岩層露頭部や大型崩落岩，転石が多数有り，古墳主体部，特に天井石に多数使用されていたこと，中世鎌倉時代の吉井町玄太寺阿弥陀三尊座像は，写真3の如く中央の阿弥陀如来座像は灰白色で蓮座と光背は黄灰色水酸化鉄集合層，右端の凝灰岩質砂岩製灰白色の観音菩薩座像は蓮座部分が黄灰色，左端の白黄色で砂岩質の勢至菩薩座像は像左肩から右足膝頭をめがけて黄褐色の木目調水酸化鉄集合層が衣をあらわすように垂れ下がり，紋様として意図的に使用されている。これらの事例は，大正時代になり「鉄分集合層の紋様」や「色彩の鮮やかさ」，「岩質」などの装飾的要素を重んじた「多胡石」の必須条件となったが，古代・中世の石材選択眼の中にすでに存在していたことを示している。

　この近代の「天引石」と「多胡石」の採石目的の違いは，その後「多胡石」の需要量増加に伴う朝日岳での棲み分けから，装飾性に優れた岩塊が広がる大沢川流域へと広がっていったと考えられる。

　これらの利用経過と記述した岩層や岩質の在り方，採石可能地域を総合的に検討した結果，同じ大沢川中流地域で採石されたと考えられる多胡碑の石材名は「多胡石」名を使用することが妥当と考えられる。この上に立ち，これまでとの関係に留意するなら「牛伏砂岩（多胡石）」と表現することを提案したい。

　本論をまとめるにあたり，特に吉井郷土資料館中島義明氏には種々お世話になりました。ここに記してお礼申し上げます。

まとめ

(1) 多胡碑石材採石地域

多胡碑石材は，大沢川流域の古代石材流通同様「矢束沢を含む八束山および朝日岳東麓の崩落岩」か大沢川「東谷渓谷」～「塩橋」間初期転石を使用したと考えられる。

(2) 多胡碑石材名

多胡碑の石材名は，大正時代鉄分集合層の紋様を特徴として全国に流通した「多胡石」採石地と同じ地域からの採石とみられ，「多胡石」とすることが最も妥当と考えらる，

(3) この採石地域の一画にある八束山頂「羊太夫館跡」，東谷渓谷の住吉神社はともに「羊太夫伝説」の主要な舞台地でありこの「伝説」成立には多胡碑石材利用も関わっていると見られる。

注

1) 福島武雄 1923『国民新聞』徳富蘇峰が1890年（明治23年）に創刊した日刊新聞
2) 吉井町東谷「塩沢石材」に伝わる2枚の写真の一枚。大正時代の採石風景を示すものと考えられる。
3) 文化15年（1818）の「上州多胡郡神保村飛地字八束谷繪圖」（高崎市吉井郷土資料館蔵）には，沢筋や沢筋西側稜線途中にも岩塊が多数の岩塊が描かれている。山頂部には，「□□羊太夫築城館」と記されている。
4) 『群馬県統計資料（勧業之部）』「石材土石及鑛水」群馬県立図書館蔵
5) 高崎市吉井町久保信太郎氏のご教示による

引用・参考文献

『新屋村郷土誌』1911～1912 新屋村
『棚山福七郎町長の日記』棚山堅次氏所蔵　高崎市吉井郷土資料館寄託資料
『本邦産建築石材』1921 臨時議院建築局編纂
近藤鐡郎 1926年「再び本邦産建築石材の耐火性に就いて」『地学雑誌』第38年第454号　698-706頁
『史蹟調査報告』第2 1927 内務省
『群馬県史跡名勝天然記念物調査報告書』第一輯 1929 群馬県
『群馬県多野郡誌』1927 多野郡教育会編纂
本多亀三 1928『群馬県北甘楽郡史』三光出版社
藤本治義・小林　学 1938「群馬県碓氷川及び鏑川流域の第三紀に就いて」『地質雑誌』45　205-226頁
川勝政太郎 1956『日本石材史』 日本石材振興会編
尾崎喜左雄 1961「截石積石室の用石と多胡碑の碑石との技法上の比較」『上野三碑の研究』265　尾崎喜先生著書刊行会
『吉井町誌』1974 吉井町誌編さん委員会
群馬県商工労働部繊維工鉱課 1977『多胡碑賦存量調査報告書』
木崎喜雄 1977「多胡石の分布及び賦存状況調査報告」『多胡石賦存状況調査報告書』　群馬県
右島和夫ほか 1990「牛伏砂岩古墳の研究（1）」『研究紀要』7　（財）群馬県埋蔵文化財調査事業団

右島和夫ほか 1991「牛伏砂岩古墳の研究（2）」『研究紀要』8　（財）群馬県埋蔵文化財調査事業団
秋池　武 2005「多胡碑の石材的検討」『古代多胡碑と東アジア』5-54　山川出版
財前　謙 2005「多胡碑を疑う」『大東書道研究』第12号　154-167　大東文化大学書道研究所
秋池　武 2010「高崎市吉井町の石造文化財」『ぐんま地域文化』36号　群馬県地域文化振興会

瓦塔造立背景に関する仏教史的考証(序)
— 笹生衛論考「瓦塔の景観と滅罪の信仰」批評(1) —

池　田　敏　宏

はじめに

　筆者は，これまでに関東地方出土瓦塔の編年的位置付けを試みた論考を公表してきた(池田1999等)。また，その時々の依頼により，瓦塔の出土傾向や，瓦塔の性格の一端を記す機会に恵まれた(池田2004等)。瓦塔初重空間における小仏像・仏舎利(身舎利)・経典(法舎利)の安置の可能性の検証，ならびに8～9世紀における瓦塔造立盛行の背景＝塔造立の根拠となる経典・経疏・論書の変化を予察した拙稿2005も，そうした成果の一つである。

　ところで，2012年，笹生衛氏は『日本の古代祭祀考古学』「第3部第2章　瓦塔の景観と滅罪の信仰」を表された[1]。笹生氏によれば，8・9世紀の瓦塔造立の背景にあるものは，生者・亡者の滅罪であり，その根拠経典・陀羅尼が『仏頂尊勝陀羅尼経』・『尊勝陀羅尼』であると言う。

　笹生氏の経典理解が筆者と異なるため，笹生論考を読み返すたび違和感がつのった。さらに僭越ながら，筆者自身の手により『仏頂尊勝陀羅尼経』・『尊勝陀羅尼』を，仏教教理史的に位置付け直す必要を感じた[2]。幸い，筆者所感を本書編集者にお話したところ，本書への投稿を，快くご快諾頂けた。そこで本稿「1 笹生衛【瓦塔の景観と滅罪の信仰】・概観」では，笹生論考を概観したのち，当該論考の成果と問題点を整理してみたい。さらに「2『尊勝』経典群の位置付け」「3 笹生2012論考の検討―『尊勝』経典群の位置付けをもとにして―」では，『仏頂尊勝陀羅尼経』・『尊勝陀羅尼』に関わる笹生氏言説に対し考証をおこないたい。

1. 笹生衛「瓦塔の景観と滅罪の信仰」・概観

(1) 論考の概要

　この節では，笹生2012論考を概観してみたい。笹生氏は，まず「一　はじめに」で，瓦塔研究史を概述し，「【瓦塔】は，その造形から仏教信仰と関連することは明らかであるが，その信仰の内容については今一つ明らかにされていない」と課題点を記す(305頁)。また，瓦塔の在り方，造立意図は，瓦塔が安置された環境・状況により多用であるとも述べる。その上で，「八・九世紀の人々は，どのような環境や景観の中で瓦塔を眺め，認識していたのかという視点での分析が

必要」であると論じている（306頁）。

　そして，「二　瓦塔が建てられた景観」において，「特徴的な瓦塔の景観を復元できる例」を任意抽出（群馬県・三原田諏訪上遺跡，同・小丸山遺跡，茨城県・根鹿北遺跡，埼玉県・東山遺跡，同・多武峯遺跡，千葉県・谷津遺跡，同・江原台遺跡，同・村上込の内遺跡，同・小谷遺跡）。それらの事例から，①集落縁辺の出入り口に安置される瓦塔，②丘陵頂部に安置される瓦塔，③墓域に安置される瓦塔，の三パターンを設定する（312頁）。

　さらに，「三　滅罪の陀羅尼」では，これら「瓦塔の景観と整合性を持つ経典」（313頁）として『仏頂尊勝陀羅尼』系経典・陀羅尼グループ（以下，本稿では『尊勝』経典群と呼称[3]）をあげる。加えて，『尊勝』経典群を造塔根拠とし，「生者・亡者の【滅罪】のため」に，瓦塔が「集落の縁辺や丘陵上」，「墓域に安置され」ていったと結論づける（317頁）。

　また，「Ⅳ　まとめ」では，下総地域事例を引き合いに，8・9世紀，東国集落では「罪過」を祓い除く信仰が展開していたことを論述。「八世紀末期から九世紀前半，郡司層以外の新興勢力を含めた地域の有力者が，宗教的な権威を得る手段の一つ」として，「滅罪のための瓦塔の造立・安置が位置付けられ，その需要が高まった結果，細部表現を簡略化した瓦塔の量産化へつながった」とする。また，瓦塔や「罪」銘墨書土器の存在背景に，「その後の日本人の信仰に大きな影響を落とし続ける【罪・穢】の問題が深く関与していた」と述べ，同書掲載「第三部第三章　古代東国における【罪】の信仰とその系譜」へと自説を展開していく（320頁）。

(2) 笹生2012論考/成果と問題点

　次に上記をふまえ，笹生2012論考の成果・問題点を整理したい。まず，笹生氏論考の成果として，(i) 8世紀末〜9世紀前半代の瓦塔造立景観の復元を具体的に試みようとしている点，(ii) 瓦塔の存在が必須条件（瓦堂が出土している場合は，瓦堂は瓦塔に付随する性格）であることを言及している点，(iii) 8世紀末〜9世紀に出現する，細部表現を簡略化した瓦塔出現の背景について笹生氏なりに解釈を試みている点，をあげたい。

　だが，筆者は，当該論考に対して，次の疑義をもっている。

　疑義（a）　笹生氏は，「三　滅罪の陀羅尼」において，『仏頂尊勝陀羅尼経』を「生者・亡者の滅罪のための経典」として自説を展開している（同様に，笹生氏は，「一　はじめに」において，「信仰の内容を一律に規定することは難しい」（306頁）と言いながらも，自説展開の中で，瓦塔＝「滅罪」という狭隘な図式に規定している）。しかし，『尊勝』経典群の根幹は密教世界観にこそあるのではなかろうか。また，それならば，『尊勝』経典群を単なる「滅罪」経典として矮小化するのは，問題があるのではなかろうか。

　疑義（b）　笹生氏は，「二　瓦塔が建てられた景観」において，①集落縁辺の出入り口に安置される瓦塔，②丘陵頂部に安置される瓦塔，③墓域に安置される瓦塔，の三パターンを設定している。しかし，それは，自説（生者・亡者の【滅罪】のための瓦塔造立）に都合の良い事例＝「特徴的な瓦塔の景観を復元できる例」を抽出しているように感じざるをえない。

第1表 『仏頂尊』系経典儀軌一覧（三崎1977改編）

	経典・儀軌名	訳者	備考
1	陀羅尼集経12巻	唐僧，阿地瞿多	『大正新脩大蔵経』18巻，経番901
2	仏頂尊勝陀羅尼経1巻	唐僧，仏陀波利	『大正新脩大蔵経』19巻，経番967
3	仏頂尊勝陀羅尼経1巻	唐僧，杜行顗	『大正新脩大蔵経』19巻，経番968
4	仏頂尊勝陀羅尼経1巻	唐僧，地婆訶羅	『大正新脩大蔵経』19巻，経番969
5	最勝仏頂陀羅尼除業障呪経1巻	唐僧，地婆訶羅	『大正新脩大蔵経』19巻，経番970
6	仏説仏頂尊勝陀羅尼経1巻	唐僧，義浄	『大正新脩大蔵経』19巻，経番971
7	大仏頂如来密因修証了義諸菩薩万行首楞厳経10巻	唐僧，般刺蜜帝	『大正新脩大蔵経』19巻，経番945
8	大陀羅尼末法中一字心呪経1巻	唐僧，宝思惟	『大正新脩大蔵経』19巻，経番956
9	一字仏頂輪王経5巻	唐僧，菩提流志	『大正新脩大蔵経』19巻，経番951
10	五仏頂三昧陀羅尼経4巻	唐僧，菩提流志	『大正新脩大蔵経』19巻，経番952
11	蘇悉地羯羅経3巻	唐僧，善無畏	『大正新脩大蔵経』18巻，経番893
12	一字奇徳仏頂経3巻	唐僧，不空	『大正新脩大蔵経』19巻，経番953
13	菩提場所説一字頂輪王経5巻	唐僧，不空	『大正新脩大蔵経』19巻，経番950
14	仏頂尊勝陀羅尼念誦儀軌法1巻	唐僧，不空	『大正新脩大蔵経』19巻，経番972
15	一字頂輪王念誦儀軌1巻	唐僧，不空	『大正新脩大蔵経』19巻，経番954A
16	一字頂輪王瑜伽観行儀軌1巻	唐僧，不空	『大正新脩大蔵経』19巻，経番955
17	金剛頂経一字輪王瑜伽一切時処念誦成仏儀軌1巻	唐僧，不空	『大正新脩大蔵経』19巻，経番957
18	金輪王仏頂要略念誦法1巻	唐僧，不空	『大正新脩大蔵経』19巻，経番948
19	蕤呬耶経3巻	唐僧，不空	『大正新脩大蔵経』18巻，経番897
20	宝悉地成仏陀羅尼経1巻	唐僧，不空	『大正新脩大蔵経』19巻，経番962
21	仏頂尊勝陀羅尼1巻	不明	『大正新脩大蔵経』19巻，経番974B
22	大仏頂如来放光悉怛多鉢多羅尼	唐僧，不空	『大正新脩大蔵経』19巻，経番944
23	金剛頂瑜伽三十七尊出生義1巻	唐僧，不空	『大正新脩大蔵経』18巻，経番872
24	仏頂尊勝陀羅尼注義1巻	唐僧，不空	『大正新脩大蔵経』19巻，経番974D
25	仏頂尊勝陀羅尼真言1巻	不明	『大正新脩大蔵経』19巻，経番974E
26	仏頂尊勝陀羅尼別法1巻	亀兹僧，若那	『大正新脩大蔵経』19巻，経番974F
27	加句霊験仏頂尊勝陀羅尼記1巻	武徹 記	『大正新脩大蔵経』19巻，経番974C
28	仏説熾盛光大威徳消災陀羅尼経1巻	唐僧，不空	『大正新脩大蔵経』19巻，経番963
29	大妙金剛大甘露軍拏利焔鬘熾盛仏経1巻	唐僧，達摩栖那	『大正新脩大蔵経』19巻，経番965
30	頂輪王大曼荼羅灌頂儀軌1巻	唐僧，習弘集	『大正新脩大蔵経』19巻，経番959
31	金剛峰楼閣一切瑜伽祇経2巻	唐僧，金剛智	『大正新脩大蔵経』18巻，経番867
32	大勝金剛仏頂念誦儀軌1巻	唐僧，金剛智	『大正新脩大蔵経』19巻，経番980
33	尊勝仏頂脩瑜伽法儀軌1巻	唐僧，善無畏	『大正新脩大蔵経』19巻，経番973
34	三種悉地破地獄転業出三界秘密陀羅尼法1巻	唐僧，善無畏	『大正新脩大蔵経』18巻，経番905
35	仏頂尊勝心破地獄転業出三界秘密三身仏果三種悉地真言儀軌1巻	唐僧，善無畏	『大正新脩大蔵経』18巻，経番906
36	仏頂尊勝心破地獄転業障出三界秘密陀羅尼1巻	唐僧，善無畏	『大正新脩大蔵経』18巻，経番907
37	清浄法身毘盧遮那心地法門成就一切陀羅尼三種悉地1巻	不明	『大正新脩大蔵経』18巻，経番899
38	仏説毘奈耶経1巻	不明	『大正新脩大蔵経』18巻，経番898
39	白傘蓋大仏頂王最勝無比大威徳金剛無礙大道場陀羅尼念誦法要1巻	不明	『大正新脩大蔵経』19巻，経番975
40	仏説大威徳金輪仏頂熾盛光如来消除一切災難陀羅尼経1巻	不明	『大正新脩大蔵経』19巻，経番964
41	大聖妙吉祥菩薩説除災教令法輪1巻	不明	『大正新脩大蔵経』19巻，経番966
42	金剛頂経一字輪王儀軌音義1巻	唐僧，不空	『大正新脩大蔵経』19巻，経番958
43	大仏頂広聚陀羅尼5巻	不明	『大正新脩大蔵経』19巻，経番946
44	大仏頂如来放光悉怛多般怛多大神力都攝一切呪王陀羅尼経大威徳最勝金剛三昧呪品1巻	不明	『大正新脩大蔵経』19巻，経番947
45	奇特最勝金輪仏頂念誦儀軌法要1巻	不明	『大正新脩大蔵経』19巻，経番949
46	干瑟抳沙毘左野陀羅尼1巻	高麗僧，指空	『大正新脩大蔵経』19巻，経番979
47	最勝仏頂陀羅尼経1巻	北宋僧，法天	『大正新脩大蔵経』19巻，経番974A
48	仏説一切如来烏瑟膩沙最勝総持経1巻	北宋僧，法天	『大正新脩大蔵経』19巻，経番978
49	一切如来説仏頂輪王一百八名讃1巻	北宋僧，施護	『大正新脩大蔵経』19巻，経番960
50	仏説大乗観想曼拏羅浄諸悪趣経2巻	北宋僧，法賢	『大正新脩大蔵経』19巻，経番939
51	仏頂大白傘蓋陀羅尼経1巻	元僧，沙羅巴	『大正新脩大蔵経』19巻，経番976
52	仏説大白傘蓋総持陀羅尼経1巻	元僧，真智等	『大正新脩大蔵経』19巻，経番977
53	仏説尊勝陀羅尼経釈1巻	清僧，続法 述	

なお，疑義（b）への筆者所見の大部分は，別稿（「続・山野開発と瓦塔の造立—笹生衛論考「瓦塔の景観と滅罪の信仰」批評（2）—」）を用意している[4]。ゆえに本稿3章で『尊勝』経典群の位置付け（経典の新旧関係）を概観したのち，第4章にて疑義（a）と疑義（b）の一部＝笹生氏の『尊勝』経典群に関わる見解（日本への伝播経路，思想系譜等）の考証を試みたい。

2.『尊勝』経典群の位置付け

(1)『仏頂尊』系経典・儀軌群における『尊勝』経典群の位置付け

仏頂如来，または仏頂尊（【梵】Buddhosoisa）とは，仏陀（【梵】Buddha，仏陀の略称が仏）の頭頂の功徳＝仏陀の智慧（仏智。または一切智々，一切種智ともいう）を人格化して，教理的に作られた最尊最勝の仏身である。仏頂如来は，仏頂輪王と称されるが，その種子がボロン（【梵】bhrun）一字であることから一字仏頂輪王，一字金輪仏頂とも言う。仏頂如来を中心とする経典・儀軌（以下，経軌）は多数あり，三仏頂・五仏頂・八仏頂・九仏頂・十仏頂如来などを諸尊の一つとしているものも存在する（密教大辞典再刊行委員會1969，佐和編1975，三崎1977・1984）。『仏頂尊』系経典・儀軌一覧（第1表）を見れば，『尊勝』経典群は，『仏頂尊』系経軌群の一カテゴリーであることが理解できよう。

なお，三崎良周氏や，佐々木大樹氏が指摘しているように，(i)『尊勝』経典群，『一字仏頂輪王』経典群は，『大日』・『金剛頂』系経軌群が中国に伝来する前後には，すでに訳出されていたらしい点[5]，(ii)『仏頂尊』系経軌群のうち，中央～東アジア圏に最も伝播した経典が『尊勝』経典群である点[6]は注視する必要がある（三崎1977，佐々木2009）。

(2)『尊勝』経典群の分類・編年

『仏頂尊勝陀羅尼経』一巻は，略して『尊勝陀羅尼経』，または『尊勝経』と称されている。翻訳が比較的多く，現在遺っているだけでも，11種類の経典がある（第3表）。これらを分析・検討した，佐々木氏の研究成果によれば，『尊勝経』は，《仏→善住天子》タイプと，《無量寿如来→観自在菩薩》タイプに2大別できるとのことである（第2表）（佐々木2009）。

なお，佐々木氏は，第2表をふまえ，両タイプの成立年代を推定。《仏→善住天子》タイプは7世紀以前の成立と考えられる点，《無量寿如来→観自在菩薩》タイプは10世紀以前の成立と考えられる点を指摘する（佐々木2009，215～216頁）。つまり，密教史的（立川・頼富編2005）に言えば，『尊勝経』・《仏→善住天子》タイプは初期密教段階の後半期～中期密教段階の初期＝6世紀から7世紀前半頃に，同・《無量寿如来→観自在菩薩》タイプは後期密教段階の前半期＝9世紀から10世紀頃に位置付けられるのである[7]。

第2表 『仏頂尊勝陀羅尼経』の構成（佐々木2009 一部改編）

● 《仏→善住天子》タイプ……経典①②③④⑤⑩（⑪）

　三十三天の善住天子は，ある夜，天から「あなたは七日後に死に，生まれ苦しむ」との不思議な声を聞く。この声に怖れおののいた善住天子は，帝釈天に相談を持ちかけ，最終的に給孤独園に滞在する世尊（薄伽梵）を訪ねるのである。そこで世尊は，仏頂より光を放ち，十方世界を照らし，「尊勝陀羅尼」を説き示すのである。その後，この陀羅尼が無量無数の仏が共に説くものであることを明かし，受持の方法（土砂加持や陀羅尼経幡等の儀軌）や，罪障生滅・寿命増長等の功徳を明かすのである。善住天子は，世尊の説示にもとづき，六日六夜修行して，寿命を増長し，死の危機を回避するのである。

● 《無量寿如来→観自在菩薩》タイプ……経典⑥⑧（⑦⑨⑪）

　極楽浄土が話の舞台。無量寿（阿弥陀）如来が，疾病で苦しむ短命な人々のため観自在（観世音）菩薩の求めに応じて「尊勝陀羅尼」を説くのである。その後，仏塔に陀羅尼を納める儀軌，本尊仏頂尊勝母（【梵】Usnisavijiya）の画像法・観想法，護摩法等を説き，その功徳として寿命増長・極楽浄土往生等を明かすのである。

　さて，次に「仏頂尊勝陀羅尼」について見てみよう。「仏頂尊勝陀羅尼」は略して「尊勝陀羅尼」と称される（別称：延寿陀羅尼，善吉祥陀羅尼）。世尊（薄伽梵）[8]による仏頂光の功徳（罪障消滅，延命長寿，除厄）を説く陀羅尼（【梵】dhāranī）で，『尊勝』経典群に所収されている。だが，佐々木氏によると，陀羅尼単体が誦唱されるようになった7～8世紀頃から，「尊勝陀羅尼」が改変・増広（語句の追加）されていった可能性が高いとのことである。結果，陀羅尼については，大きくは甲類・乙類の二種類，細かくは五種類ほどに分類できると言う（第3表）（佐々木2006～2009）。加えて，佐々木氏は，「甲類の陀羅尼でも第一種（初期）のものは《仏→善住天子》タイプの経典に基づき，乙類はほぼ《無量寿如来→観自在菩薩》に対応」する旨，推察している（佐々木2009, 222頁）。

3. 笹生2012論考の検討 —『尊勝』経典群の位置付けをもとにして—

(1)『尊勝』経典群の日本伝来時期について

　ここでは，前章「2『尊勝』経典群の位置付け」をふまえ，『尊勝』経典群の漢訳時期，日本伝来時期を再確認する。

　まず『尊勝』経典群の漢訳時期であるが，《仏→善住天子》タイプ（第3表①～⑤）は6世紀から7世紀前半頃＝南北朝時代～唐代前半期，《無量寿如来→観自在菩薩》タイプ（第3表⑥）は9世紀から10世紀頃＝唐代末期～北宋代初期となる。

　つぎに『尊勝』経典群の日本への伝来時期である。笹生氏がふれている（笹生2011, 313頁）よ

第3表 『仏頂尊勝陀羅尼経』一覧 (佐々木2009改編)

	訳語	訳者	経典名	出典	訳出年代
①	漢訳	仏陀波利	仏頂尊勝陀羅尼経	大正蔵 No.967	683年頃
②	漢訳	杜行顗	仏頂尊勝陀羅尼経	大正蔵 No.968	679年頃
③	漢訳	地婆訶羅	仏頂最勝陀羅尼経	大正蔵 No.969	680年 or 682年頃
④	漢訳		最勝仏頂陀羅尼淨除業障呪経	大正蔵 No.970	685年 or 687年頃（695～731年の可能性も）
⑤	漢訳	義浄	仏説仏頂尊勝陀羅尼経	大正蔵 No.971	710年
⑥	漢訳	法天	仏説一切如來烏瑟膩沙最勝総持経	大正蔵 No.978	973年～1001年
⑦	チベット訳	チューキデ・バリ共訳	一切如来の頂尊勝と名づける陀羅尼ならびに儀軌	東北 No.594	10世紀以降
⑧	チベット訳	―	一切如来の頂尊勝と名づける陀羅尼ならびに儀軌	東北 No.595	10世紀以降
⑨	チベット訳	―	一切如来の頂尊勝と名づける陀羅尼ならびに儀軌	東北 No.596	10世紀以降
⑩	チベット訳	ジナミトラ・イェシェーデ等共訳	聖一切悪趣を浄化する頂尊勝と名づける陀羅尼	東北 No.597	9世紀頃
⑪	チベット訳	ネウカンポ・ニーマギャルツェン共訳	一切如来の頂尊勝と名づける陀羅尼ならびに儀軌	東北 No.598	10世紀以降

うに，天平11 (739) 年の跋語を伴う『仏頂尊勝陀羅尼経』(仏陀波利訳[第3表①]の可能性)，天平勝宝3 (751) 年頃の仏陀波利訳『仏頂尊勝陀羅尼経』(第3表①)，杜行顗訳『仏頂尊勝陀羅尼経』(第3表②)，義浄訳『仏説仏頂尊勝陀羅尼経』(第3表⑤)，天平勝宝5 (753) 年頃の日照再訳『最勝仏頂尊勝陀羅尼除業障経』(第3表④か) などが確認されている。つまり，奈良密教段階[9]に佐々木2009分類《仏→善住天子》タイプが日本に流布していたことは間違いない。また，従来，陀羅尼の縁起で説かれる罪障消滅，延命長寿，除厄の功徳が強調されて『尊勝』経典群は，「雑部密教」経典として位置付けられてきた経緯がある (松長1969，立川・頼富編2005)。

しかし，前章でみたように，佐々木2009分類《仏→善住天子》タイプが，初期密教段階後半期～中期密教段階初期＝6世紀から7世紀前半頃に成立する点を考慮するならば，それは『尊勝』経典群の一面でしかない。なぜならば，経文・陀羅尼ともに教理的側面が強く，「入我我入」の理や，「如来全身舎利卒堵婆塔」の理，密教的「十地」[10]の理を説くなど，単なる「滅罪の経典・陀羅尼」にとどまらないからである。次節以降では，この検証を試みる。

(2)「入我我入」，「如来全身舎利卒堵婆塔」について

仏陀波利訳の『仏頂尊勝陀羅尼経』(第3表①) には「大日如來智印印之」(『大正新脩大蔵経』第19巻，351頁)，「爾時如來頂上放種種光。遍満十方世界已。其光還來繞佛三匝。從佛口入」(同巻，350頁) と記されている。また，地婆加羅訳『最勝仏頂陀羅尼淨除業障呪経』(第3表④) は「爾時世尊從於頂上放大光明。流照十方一切佛世界。其光五色青赤黄白黒互相紛右旋轉。還至佛所遶

第4表 『仏頂尊勝陀羅尼』分類（佐々木2007改編）

分類			No.	経番	経典名	
甲類	第一種	天	1	968	仏頂尊勝陀羅尼経	
			2	969	仏頂最勝陀羅尼経	
			3	967	仏頂尊勝陀羅尼経	＊宋本
			4	967	仏頂尊勝陀羅尼経	＊明本
			5	971	仏説仏頂尊勝陀羅尼経	
			6	970	最勝仏頂陀羅尼淨除業障呪経	
			7	972	仏頂尊勝陀羅尼念誦儀軌法	
			8	1803	仏頂尊勝陀羅尼経教跡義記	
			9	974E	仏頂尊勝陀羅尼真言	
	第二種	地	10	974D	仏頂尊勝陀羅尼注義	
			11	974C	加句霊験本	＊武徹記中
			12	973	尊勝仏頂修瑜伽法軌義	＊豊大本
			13	973	尊勝仏頂修瑜伽法軌義	＊豊大本
		人	14	967	仏頂尊勝陀羅尼経	＊高麗本
			15	973	尊勝仏頂修瑜伽法軌義	＊霊雲寺本
			16	973	尊勝仏頂修瑜伽法軌義	＊仁和寺本
			17	974C	加字具足本	＊武徹記中
			18	974B	仏頂尊勝陀羅尼	
			19	974B	仏頂尊勝陀羅尼	
乙類	第一種		20	974A	最勝仏頂陀羅尼経	
			21	978	一切如來烏瑟膩沙最勝総持経	
	第二種		22	1320	瑜伽集要焰口施食儀	
			23	1320	瑜伽集要焰口施食儀	
			24	979	于瑟捉沙毘左野陀羅尼	
			25	D597	聖一切悪趣を浄化する頂尊勝と名づける陀羅尼	
			26	D594	一切如来の頂尊勝と名づける陀羅尼ならびに儀軌	
			27	D595	一切如来の頂尊勝と名づける陀羅尼ならびに儀軌	
			28	D596	一切如来の頂尊勝と名づける陀羅尼ならびに儀軌	
			29	D598	一切如来の頂尊勝と名づける陀羅尼ならびに儀軌	

佛三匝。従佛口入」（同巻，358頁）と記している（これらと同種の記載は，他の『尊勝経』にもみてとれる）。

経文を意訳すれば，（世尊が印を結び呪を誦して仏頂如来となったのち）仏の頭頂上から無数の光を放ち，仏の功徳が三千世界の衆生に及ぶことを表す。さらに，その上で無数の光は再び，仏のもとに還り，口より仏の体内に入ったことを示しているのである。すなわち，中期密教経典に比べれば，稚拙ではあるものの，『尊勝』経典群は「入我我入」（仏と衆生が一心同体＝不二同一の存在）をまぎれもなく説いているのである。

さらに『尊勝』経典群は，併せて「如來全身舍利卒堵婆塔」（『仏頂尊勝陀羅尼経』第3表①）「諸仏舍利寶塔」（『仏頂最勝陀羅尼経』第3表⑤）を建立することを勧め，その功徳の現れとして転迷改悟を説いている。まさに「舍利礼」に説く「本地法身　法界塔婆　我等禮敬　為我現身　入我我入（略）發菩提心　修菩薩行　同入円寂」（『真言宗常用経典』など所収）を思わせる内容である[11]。

ところで，笹生氏は，笹生2012論考中で「入我我入」の理には全くふれず，『尊勝』経典群を生者・亡者のための滅罪の経典として断じている。またその一方で，自説を立証させるため「又是如来全身舍利卒塔婆塔」の言のみを引用している（笹生2012，316頁）。「入我我入」は密教教理上，非常に重要なエッセンスであり，それを意図的にふれていないのは遺憾にたえない。

(3)「仏頂尊勝陀羅尼」の構成について

第3点目として，「仏頂尊勝陀羅尼」全訳文（第5表）をふまえ，筆者なりに「仏頂尊勝陀羅尼」の構成について解釈を加えてみたい。

まず，悪業障を消除する功徳であるが，「尊勝陀羅尼」中，「（悪業を）除き除きて浄化したまえ」（第三浄除悪趣門）の語や，「撃て，撃て（悪魔を）。くだけ，くだけ（怨敵を）。（われらを）憶持憶念したまえ」（第七定慧相応門）で認められる。しかし，陀羅尼全文を見ても，直接的に悪業障を表記したのは，これらのみである。

次に，亡者の滅罪であるが，「【はなはだ，筆者注釈，以下省略】平等にして，【地獄・餓鬼・畜生・人・天の六道】の底まで普ねく照らす自性清浄尊【宇宙の本体を示す尊い存在】」（第三浄除悪趣門）が，それに該当するのみである（「悪業障を消除する功徳」や「亡者の滅罪」よりも，全体を通して諸仏諸尊を讃える語句，諸仏諸尊による導きを求める語句のほうが圧倒的に多い）。

むしろ，密教的「十地」の理（「第一帰敬尊徳門」に発し，「第十成就涅槃門」に至る階梯）において「悪業障」が「成覚」に転ずることを示している点は，「十住心論」を彷彿とさせ興味深い[12]。筆者は，この点にこそ，「尊勝陀羅尼」の本質があると捉える。

さらに佐々木氏が述べているように，今日，常用読誦する真言や陀羅尼は，日本に伝来したものの全体からすれば極一部であり，それは歴史の中で取捨選択されてきた結果でもある（佐々木2009，212頁）。亡者回向追善のための「尊勝陀羅尼」等誦唱は，より後世的なもののようである点，注意を要そう[13]。

笹生氏は,「仏頂尊勝陀羅尼」を瓦塔初重内に安置すること等で,亡者供養がなされると説いている(笹生2012, 316〜317頁)。だが,亡者回向追善のための「尊勝陀羅尼」念誦が,8〜9世紀代まで遡るか否かは,さらに考証すべき課題である。

第5表　現行本「仏頂尊勝陀羅尼」（全訳文）[14]

　三世【密教では,法身・報身・応身の三身[15]をさす,筆者注釈,以下省略】中,最も殊勝なる【最も尊い】世尊・仏陀世尊に礼したてまつる（第一帰敬尊徳門）。即ちオーン【(梵) om の音写語で密教における呼びかけの言葉】（第二影表法身門）。【はなはだ】平等にして,【地獄・餓鬼・畜生・人・天の六道】の底まで普ねく照らす自性清浄尊【宇宙の本体を示す尊い存在】よ。（悪業を）除き除きて浄化したまえ（第三浄除悪趣門）。われに灌頂したまえ。善逝【悟りを開いたものの美称＝如来をさす】の妙言説きたる甘露灌頂の大真言句【この場合,真言（梵）mantra は,仏の説法の意】をもって,（涅槃に）導き到らしめたまえ（第四善明灌頂門）。無量寿尊【密教では阿弥陀如来を無量寿如来と呼称する】よ。清めたまえ,清めたまえ。虚空遍浄尊よ。佛頂最勝遍浄尊よ。衆生（の昏睡）を警覚せしむる千光明尊よ。一切如来の仰ぎ見る尊よ。（布施,持戒,忍辱,精進,禅定,智慧の）六波羅蜜の行を完成せし尊よ【六波羅蜜菩薩をさす】。一切如来の心真言【この場合,真言は,三密の一つ,語密をさす】の加持力によって加持される尊よ。広く衆生の成仏を計る尊よ。金剛身に集成されたる遍浄尊よ。一切の惑障・怖畏・悪趣を浄化する尊よ（第五神力加持門）。転迷開悟せしめたまえ。慧命清浄尊よ。（一切如来の）本尊に加持されたる尊よ。宝珠中の宝珠尊よ。大宝珠尊よ（第六寿命増長門）。真如実際に遍浄なる尊よ。開敷せる仏智による清浄尊【開敷華王仏をさす】よ。撃て,撃て（悪魔を）。くだけ,くだけ（怨敵を）。（われらを）憶持憶念したまえ（第七定慧相応門）。一切仏智に加持される清浄尊よ。金剛尊よ。金剛蔵尊よ。われらと一切衆生の身体を金剛身たらしめたまえ。身体極清浄尊よ（第八金剛供養門）。一切生趣を全く清浄ならしめる尊よ。わが身を極清浄ならしめたまえ。また一切如来はわれを激励したまえ。一切如来に激励護持されたる尊よ。成覚【仏の悟りをさす】したまえ,成覚したまえ。【または,よく覚りてあれ,よく覚りてあれ】。成覚せしめたまえ,成覚せしめたまえ【または,よく覚らしめよ,よく覚らしめよ】。普遍清浄尊よ。一切如来の心真言の加持力に加持せられ,広く衆生の成仏を計る尊よ（第九普証清浄門）。成就あれ【または,吉祥あれ】（第十成就涅槃門）。

〔小　結〕　以上,述べてきたことを整理すると,次のようにまとめられよう。

　世尊（釈迦）を密教的に理念化した最尊最勝の仏身＝仏頂尊を主尊とし,『仏頂尊』系経軌群（『尊勝』経典群含む）は6世紀〜7世紀初頭に成立した。また,だからこそ,『仏頂尊』系経軌群は「仏」を呼称する際,「仏陀」「世尊」の顕教用語を用いるだけでなく,「薄伽梵」という新語を用い尊称している。さらに,密教的に,世尊の説法を再構成した結果が,『尊勝』経典群中に散見される,「入我我入」の理,「如来全身舎利卒堵婆塔」の理,密教的「十地」の理などなのであろう（『仏頂尊』系経軌群は,中期密教段階初期は『大日』・『金剛頂』系経軌群＝正純密教経軌群とは異系統経軌群として存在していた。だが,これらの諸要素は『大日』・『金剛頂』系密教に匹敵する教理を具有

しており，『大日』・『金剛頂』系経軌群の体系整備の中で，いわゆる正純密教の教理に取り込まれてしまったのである）。

つまるところ，『尊勝』経典群は，笹生氏が説くような，単なる「滅罪の経典・陀羅尼」ではない（それは『尊勝』経典群の一面にしかすぎない）。密教的成覚を説く点（「悪業障」を「成覚」へ導く点）こそ，『尊勝』経典群が重要視された根源なのである。

結びに代えて ―造塔根拠経典について―

最後に，造塔根拠経典に関する今後の課題を，少しふれたい。前稿でも述べたように，8世紀後半～9世紀代の日本において，仏塔造立の根拠となる経典や経疏（経典の注釈書）・論書（仏教理論を論じた書物），さらには「仏塔とは何か」「仏とは何か」を考える教学の変化があった可能性は高い（拙稿2005，59頁）。

実際，この時期，密教経典である『無垢浄光大陀羅尼経』『仏説造塔延命功徳経』『宝篋印陀羅尼経』（いずれも『大正新脩大蔵経』第19巻に所収）などが中国経由で，日本に伝わってきている。しかも面白いことに，これらの経典は，みな「如来全身舎利塔」の理を説き，さらに，微妙な違いはあるものの「主人公が地獄に落ちる予言を受ける→世尊を訪ね相談する→世尊より造塔を勧められる→仏塔を建立した功徳によって転迷改悟する」という縁起形式を採用している（本稿で扱った『仏頂尊勝陀羅尼経』も，この共通図式にのっとっている）。

今後は，これらの言説が，いつ，どこで，どのような理由（背景）で形成し，どのように相互関係をもち（又は，もたなかったのか），どのように普及したのか（又は，しなかったのか）を検証，これらの経典の再評価をしていく必要があろう。

筆者自身，今後も，折にふれて，この問題を（とりわけ「如来全身舎利塔」＝法身仏塔），考察していきたい。

謝　辞

細川康裕氏（高野山本王院・五大院住職），鳥羽正剛氏（高野山総本山金剛峯寺開創法会事務局）からは，高野山真言宗における『仏頂尊勝陀羅尼』誦唱次第等について懇切丁寧な御指導を賜りました。また，田中法生氏（曹洞宗宝珠山観泉寺）から，曹洞宗在地寺院での法会次第を御教示頂きました。『仏頂尊勝陀羅尼経』関連文献の収集にあたっては，高野山大学図書館，駒澤大学図書館に御便宜をはかって頂きました。さらに，普段から親しくしている桐生直彦，津野仁，内藤　亮，石橋　宏，坂田敏行，中村岳彦の各氏には，本稿執筆構想メモを御覧頂く等したうえで，忌憚のない意見交換・御助言を頂きました。記して御礼申し上げます。末文ながら，本稿提出を辛抱強くお待ち頂いた，本書編集者一同，六一書房の皆様には，深謝申し上げる次第です。

[付記]

　脱稿後，上川通夫「尊勝陀羅尼の受容とその展開」(中野玄三ほか 2010『方法としての仏教文化史—ヒト・モノ・イメージの歴史学—』勉誠出版社) の存在を知った。上川氏によると，古代日本における「尊勝陀羅尼」は悔過儀礼に用いられはするものの，諸陀羅尼中で特別視される存在ではなかったという。さらに卒塔婆信仰，埋経，土砂加持，死者儀礼と結びついた「尊勝陀羅尼」信仰は，10～12世紀頃の形成であることを論述している。

　笹生氏が説く亡者回向追善のための「尊勝陀羅尼」念誦は，8～9世紀代まで遡りえない可能性を示唆すると共に，拙稿註13) と深く関わる内容でもある。一読をお勧めしたい。

註

1) 笹生衛論考「瓦塔の景観と滅罪の信仰」は，元々は，『東アジアの古代文化』第136号に掲載された論考である（笹生2008)。だが現在『東アジアの古代文化』は廃刊となっており，同書も入手しにくくなっている。一方，笹生氏は，近年の信仰史関係の成果を一書（『日本の古代祭祀考古学』）にまとめられている。加えて，当該論考（笹生2008）は，ほぼ原文のまま，同書第3部第2章に所収されている（笹生2012）。それゆえ，本稿では，笹生2012論考のみを検討対象として取り扱っている。

2) 余談であるが，筆者は大学学部生以来，仏教学・仏教史を学ぶかたわら，考古学を志し，今日に至っている。それゆえ本稿を草した。

3) 『仏頂尊勝陀羅尼経』一巻（略して『尊勝陀羅尼経』，または『尊勝経』）は，現在遺っているだけでも，11種類の経典がある（第3表）。また，『仏頂尊勝陀羅尼経』中に所収されている「仏頂尊勝陀羅尼」（略称「尊勝陀羅尼」，別称：延寿陀羅尼，善吉祥陀羅尼）も同様である（第4表）。このため本稿では，これらの経典・陀羅尼グループを便宜的に『尊勝』経典群と呼称することとした。

4) 「続・山野開発と瓦塔の造立—笹生衛論考「瓦塔の景観と滅罪の信仰」批評(2)—」は，(財)とちぎ未来づくり財団埋蔵文化財センター『研究紀要』に掲載予定である（現在，執筆中）。

5) 『仏頂尊』系経軌を検討した三崎氏は，仏頂そのものを仏とするという抽象的な尊格が，大日如来（より教理的な仏，すなわち法身仏）を形成させる土壌を醸し出した意義を指摘している。また併せて，インドにおいて『大日経』『金剛頂経』が成立した頃には，仏頂尊は，既にその体系内に摂入されていた可能性を類推している（三崎1977，497頁）。

6) 『尊勝』経典群は，インドで成立し，チベット，ネパール，西域諸国，中国，ベトナム，朝鮮，日本等に流布した（他の『仏頂尊』系経軌群は，ここまでの流布は認められないようである）。漢訳典籍の新旧関係や，敦煌本・チベット本の検証によって，複数種類のサンスクリット語原本が存在していたことが推察されている（三崎1977，佐々木2006～2009）。

7) インドにおいて（初期）密教が成立したのは4～5世紀頃と考えられる。この頃，インド仏教は新興のヒンドゥー教により衰退傾向にあった。それゆえ，仏教の再構築をはかるため，ヒンドゥー教の信仰要素（呪文・呪術により現世利益を強く説く点や，強い尊格の諸尊が存在する点等）を取り入れていったのであるが，未だ体系化されたものではなかった。しかし，初期密教段階の後半期（6世紀代）ともなると，諸尊にそれぞれ陀羅尼や供養法が整えられるようになった〔この時期の密教経典は，世尊（釈迦）による説法の形式をとっている〕。

そして，7～8世紀代，大日如来を主尊とする『大日』『金剛頂』系経軌群を核に密教の実践法（事相）と教理（教相）の体系化がはかられた（中期密教）。中国に，中期密教が伝わったのも，この頃である。

なお，8世紀後半代以降，ヒンドゥー教のタントライズム（【梵】Tantrism，ヨーガを基調とした特殊な実践行法）の影響もあって，生理的瞑想法を活用する後期密教が形成された。だが，ヒンドゥー教の隆盛とイスラーム教の進出によりインド密教は13世紀には消滅してしまった。チベット仏教は，9世紀以降，インドから後期密教を体系的に導入し今日に伝えているが，後期密教は中国や日本には，ほとんど伝わることはなかった（松長1969，佐和編1975，立川・頼富編2005）。

8）　如来（【梵】tathāgata，「真如より来れるもの」という意味で仏陀の同義語）を呼ぶ名称として如来十号がある（如来，応供，正偏知，明行足，善逝，世間解，無上士，調御夫，天人師，仏，世尊のうち，如来を除いた十項目を数えることが通例）。このうち，世尊［【梵】bhagavat］は，「世界中で最も尊い者」の意訳であり，原始仏教経典をはじめ数多くの典籍で用いられている（水野1977，77頁。多屋ほか1995，291頁）。

一方，薄伽梵は，【梵】bhagavanの音訳語で（「衆徳を持って世から尊重恭敬される者」の意味），密教経典で用いられることが多い（佐和編1975，559頁）。なお『尊勝』経典群における「薄伽梵」は仏陀＝釈尊をさしているが，『大日経』などで用いられている「薄伽梵」は大日如来のことである（鳥羽氏，御教示）。

9）　空海が日本に密教（『大日』『金剛頂』系経軌群によって体系づけられた教理。密教史的にいえば中期密教）をもたらして以降を正純密教（純密），空海請来以前＝7～8世紀代の体系化されていない密教を雑部密教（雑密）と，旧来（江戸時代後期以来の教学研究の伝統として），呼び習わしてきた。しかし，雑部密教典籍中に正純密教的要素を持つものがあることが，再確認されるようになり，空海以前の密教（『大日』『金剛頂』系教理の正式伝来以前の密教）を再評価する動きが認められる。あわせて，雑部密教の語は，ふさわしくないとの評価が往々なされるようになってきている（奈良国立博物館2005，立川・頼富編2005，根本2011）。ゆえ，本稿では，根本誠二氏所説（根本2011，7～8頁）にもとづき，7～8世紀代の日本伝来密教を奈良密教と称する。

10）　大乗仏教のほとんどは，菩薩修行の多数の階梯の一つとして十地を説き（十地自体も，さらに十の高下段階が設けられている），いずれの階梯も，前段階が後段階によって否定されて次へ至る構成をとっている。

だが，密教では，十地は「無高下無浅深」とみており，「十地の第一地（初地）即正覚（悟り）」とされる。なお，第二地以上は前段階が後段階へと発展的に吸収され第十地に至る構成をとっており，正覚（成覚）の深まりを示す点が最大の特徴である（水野1972，高神1989，袴谷2005）

11）　佐々木氏は，中国などにおける仏頂尊勝陀羅尼経幡の流行についてふれている（佐々木2008）。これを筆者は，入我我入にもとづく法身仏塔（全身舎利塔，すなわち仏の身舎利を要さない仏塔）信仰が成立したあらわれと現時点では捉えている。ただし，これについては，今後の検討課題の一つとしたい。

12）　「尊勝陀羅尼」全訳文でみられた句義要約（「第一帰敬尊徳門」などの科段吊り）は，サンスクリッド語原本には存在しないという。一方，空海真筆本「注尊勝陀羅尼」一帖（『三十帖冊子』）では，このような句義の解説がなされている（密教大辞典再刊行委員會1969，1940頁。坂内1981，34頁）。これは，「十住心論」との関係において，空海が「尊勝陀羅尼」を着目していたことを示す事例であり，その歴史的・宗教的意義は非常に大きい。

なお，「十住心論」（正しくは『秘密曼荼羅十住心論』全10巻，空海著）とは，第一住心「異生羝羊心」

（獣のごとく本能のままに生きる境地）から第十住心「秘密荘厳心」（大日如来の悟りの境地）に至る心の変化模様を説いており，真言密教の真髄をなす思想体系書の一つである。さらに，『秘蔵宝鑰』全3巻（空海著）は「十住心論」を容略したものであること付記しておく（松長1969，佐和編1975）。

13) 真言宗では，「尊勝陀羅尼」は，「宝篋印陀羅尼」「阿弥陀根本陀羅尼」とともに三陀羅尼の一つとされている（古義・新義にかかわらず）。そしてこれらは，「尊勝陀羅尼（懺悔・発心）→宝篋印陀羅尼（如来全身舎利＝不二同体）→阿弥陀根本陀羅尼（極楽浄土往生）」の順で唱えることになっている。なお，高野山真言宗では「尊勝陀羅尼」単独の念誦は殆どない点や，四度加行等でないと「尊勝陀羅尼」を誦唱しない点，智山派では三陀羅尼の一つとして「尊勝陀羅尼」を回向追善のために読誦する点等をふまえると，11世紀以降の真言念仏隆盛（高野山浄土教等）を背景に三陀羅尼読誦，ならび亡者回向（浄土往生）次第が成立した可能性が想起できるのではなかろうか（細川氏・鳥羽氏御教示や，村上2009文献，佐々木2009，212頁をふまえた筆者解釈）。今後の検討に期したい。

　ちなみに，天台宗や，禅宗でも「尊勝陀羅尼」が重用されたというが（佐々木2009），現在の曹洞宗在地寺院では，「年忌回向で『尊勝陀羅尼』を唱えることはない。ただし本山での諸仏法要の場合は，調べないと，わからない」との聞き取りを得た（田中法生氏，御教示）。なお，私の実家は曹洞宗在家であるが，葬儀・年忌法要の折，『尊勝陀羅尼』を，お唱えされたことはなかったように記憶している。天台宗，臨済宗での『尊勝陀羅尼』誦唱次第は，今回は聞き取りをおこなえず，不明である。

14)「尊勝陀羅尼」全訳文は，坂内1981文献の32～34頁を底本と引用したが，【　】内の語句は筆者注釈である。なお，【　】内注釈にあたり，諸氏の訳文（萩原1912論文，干潟1934論文，佐々木2006論文），ならびに佐和編1975文献，多屋ほか1995文献を参照した。

15) インドの部派仏教では仏陀（【梵】Buddha）を超人的性格とみなし，これを信仰の対称とした。そして，この世に出現した釈迦牟尼仏（【梵】Shyakiyamuni-Buddha）は仮の姿（化身・応身）で，その本体はダルマ（【梵】darma. 法，真理）にあるとし，これを法身（【梵】darma-kāya）と称した。一方，大乗仏教では，仏陀に対する哲学的考察が盛んとなり，二身説（法身・生身の二種），三身説（法身・報身・応身とする説と自性身・受用身・変化身とする説がある），四身説（法身・報身・応身・化身とする説と自性身・自受用身・他受用身・変化身とする説がある），華厳教学の十身説などが生み出された。なお，大乗仏教の仏身論は中期密教（『大日』『金剛頂』系密教）において集約され，法身の仏は自性身（理智を具し三密［身密・意密・語密＝密教の真髄］を説法する仏），受容身（自受容身と他受用身にわかれる。菩薩への説法身），変化身（衆生のためその時事に変化して教化する姿），等流身（六道九界の衆生のため等同の身となって救済する姿）に分かれ，一切衆生の前に現出すると説くに至った（水野1972・佐和編1975・金岡ほか1989）。

　ちなみに，『尊勝』経典群は，「尊勝陀羅尼」で「三世」という語を用いており，三身説の立場をとっているようである（筆者所感。ただし，これについては，検討の余地を残すことを付記しておきたい）。

参考文献

池田敏宏 1999A「関東地方瓦塔編年と他地域瓦塔編年の比較・検証 —関東地方瓦塔屋蓋部編年の検証作業を中心に—」『研究紀要』第9号　（財）栃木県文化振興事業団埋蔵文化財センター

池田敏宏 1999B「東国の瓦塔出土遺跡」『栃木県立しもつけ風土記の丘資料館第13回企画展　仏堂のある風景 —古代のムラと仏教信仰—』栃木県教育委員会

池田敏宏 2004「山野開発と瓦塔の造立 —瓦塔造立の背景についての考察—」『古代の社会と環境　開発と

神仏とのかかわり』資料集　帝京大学山梨文化財研究所，古代・考古学フォーラム実行委員会
池田敏宏　2005「瓦塔初重空間の利用法 ―8～9世紀における造塔意識の変化に関する考察―」『研究紀要』
　　　第13号　（財）とちぎ生涯学習文化財団埋蔵文化財センター
大山公淳　1987『増補校訂　中院流の研究』　東方出版
金岡秀友ほか　1989『仏教文化史辞典』　佼成出版社
坂内龍雄　1981「第3章　仏頂呪」『真言陀羅尼』　平河出版社，
佐々木大樹　2006「尊勝陀羅尼分類考」『大正大学綜合佛教研究所年報』第29号　大正大学綜合佛教研究所
佐々木大樹　2007「尊勝陀羅尼成立考」『加藤精一先生古稀記念論文集　真言密教と日本文化〈下〉』　ノンブ
　　　ル社
佐々木大樹　2008「仏頂尊勝陀羅尼経幡の研究」『智山学報』第57輯（通巻71号）　智山勧学会
佐々木大樹　2009「仏頂尊勝陀羅尼概観」『現代密教』第20号　智山伝法院
笹生　衛　2008「瓦塔の景観と滅罪の信仰 ―瓦塔が建てられた景観と経典との関連を中心に―」『東アジア
　　　の古代文化』136号　特集　大陸文化の古代史　大和書房
笹生　衛　2012「第3章第2節　瓦塔の景観と滅罪の信仰」『日本の古代祭祀考古学』　雄山閣
佐和隆研編　1975『密教辞典』（全一巻）　法藏館
高神覚昇　1989『密教概論』改装新版　大法輪閣（原版は1937年刊行）
立川武蔵・頼富本宏編　2005『シリーズ密教』[1]～[4]（全4巻）　春秋社
多屋頼俊ほか　1995『新版仏教学辞典』　法藏館
千葉照観　1987「不空の密教における仏頂尊の位置づけ」『大正大学綜合佛教研究所年報』第9号　大正大学
　　　綜合佛教研究所
那須政隆　1952「仏頂尊勝陀羅尼経の翻訳について」『大正大學學報』第38輯　大正大學出版部
奈良国立博物館　2005『特別展　古密教 ―日本密教の胎動―』
根本誠二　2011『奈良仏教と密教』　高志書院
袴谷憲昭　2005『日本仏教文化史』　大蔵出版
萩原運來　1912「尊勝陀羅尼の研究」『密教』第弐巻第壱号　密教研究會（高野山大學内）
干潟龍祥　1934「佛頂尊勝陀羅尼經諸傳の研究」『密教研究』第68号　密教研究會（高野山大學内）
松長有慶　1969『サーラ叢書19　密教の歴史』　平楽寺書店
三崎良周　1977「仏頂系の密教 ―唐代密教史の一視点―」『吉岡博士還暦記念　道教研究論集 ―道教の思想
　　　と文化―』吉岡義豊博士還暦記念論集刊行會（大正大学中国学研究室内）　国書刊行会
三崎良周　1984「仏頂尊勝陀羅尼経と諸星母陀羅尼」『講座敦煌7　敦煌と中国仏教』　大東出版社
水野弘元　1972『仏教要語の基礎知識』　春秋社
密教大辭典再刊行委員會　1969『密教大辞典』増訂版　法藏館
村上弘子　2009『高野山信仰の成立と展開』　雄山閣

会津地方における11・12世紀の土器と集落，屋敷，城館
—古代から中世への狭間の考古学的素描—

山 中 雄 志

はじめに

　古代から中世への移行期にあたる11・12世紀についての考古学的な議論，特に土器については，1990年に『シンポジウム土器から見た中世社会の成立』（シンポジウム実行委員会1990）で全国的な視野からの検討がなされた。1995年には『概説　中世の土器・陶磁器』が刊行され，各地の研究者により，中世の前段階から前期の土器の各地の在り方がまとめられている。東北地方では，東北中世考古学研究会による一連の研究成果があり，『中世奥羽の土器・陶磁器』として刊行された（東北中世考古学会2003）。また，平泉をはじめとする奥州藤原氏，清原氏関連遺跡の調査および研究により，東北北部では，その具体像が明らかになりつつある。

　東北地方における現段階での成果は飯村均によりまとめられており（飯村2009），飯村は土器のみならず，集落や生産，交通など多様な観点から中世初期の状況を論述している。会津地方では，吉田博行（吉田2007）や和田聡（和田2007）による先行研究もなされている。

　これら先行諸研究は中世から遡及的に古代末期を論考するものが主であるが，地域における古代から中世への変遷過程，具体像についてはさらに議論を深める余地も残されていると考える。

　本論は，これら先行諸研究に学びつつ，11～12世紀の会津地方の土器と集落についてまとめ，当該時期のケーススタディとするものである。会津地方において当該時期にかかるとされる報告事例等は現段階では会津盆地西部に偏るが，まずは8遺跡について土器を概観，整理し，次に3遺跡を加えて集落，屋敷等の構成，内容をまとめていきたい。なお，本論では，古代陸奥国において通有の酸化炎焼成された，内面もしくは内外面を黒色処理された食膳用の土器および酸化炎焼成の煮炊具を土師器，黒色処理されない土器を赤焼土器として論を進める[1]。

1. 11世紀から12世紀の土器について

(1) 出土事例の検討

　ここでは，10世紀中葉頃の土器群から観ていく。会津地方の11～12世紀代の土器については，菅野和博（菅野2009）により年代観が提示されており，年代観については本稿も大きくは異なら

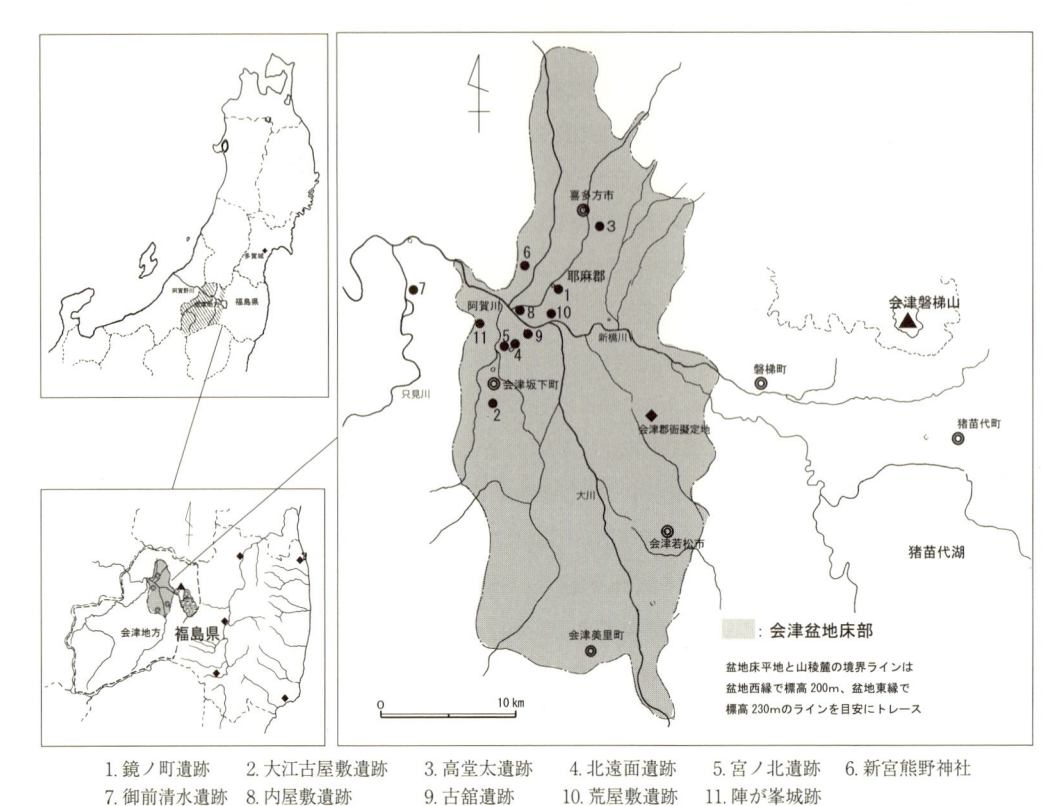

1. 鏡ノ町遺跡　2. 大江古屋敷遺跡　3. 高堂太遺跡　4. 北遠面遺跡　5. 宮ノ北遺跡　6. 新宮熊野神社
7. 御前清水遺跡　8. 内屋敷遺跡　9. 古舘遺跡　10. 荒屋敷遺跡　11. 陣が峯城跡

第1図　遺跡位置図

ないが，法量比較，変化の方向性については独自に分析し論考を加えたい。

　分析にあたっては，古代より食膳具として普及している杯の法量変化を重視する。形態の属性と変化の方向性を把握する方法としては，底径／口径（底口比）と器高／口径（高口比）の百分率比値を指数とする分布表，および器高／口径の百分率比値と実口径値の分布を出土事例毎に表にして比較し，析出していきたい[2]。

鏡ノ町遺跡 A 出土事例

　鏡ノ町遺跡は，喜多方市塩川町に所在する。掘立柱建物群からなる遺跡で，主要時期は 8～10世紀代と 12・13 世紀代とされる。古代の存続時期は 8 世紀末葉から 10 世紀中葉頃にかかる。

　規則的に並ぶ建物群と大規模な庇付建物を含むこと等から，官衙的性格を持つ建物群もしくは豪族居宅跡とされる[3]。報告では 8 世紀末～10 世紀中頃までの I～IV 期と 12～13 世紀代の V・VI 期に分けられる（和田 1997, 植村・和田 2001）。

　ここでは土器群の標識的事例として 9 世紀末～10 世紀代の IV 期の SK20 号土坑事例と SX3 号遺構出土土器群を上げる。

SK20・SX3 出土土器（第 2・3 図，第 1・2 表）

　SK20 出土土器群は土師器杯 14 点，土師器高台杯 7 点，赤焼土器高台杯 1 点，赤焼土器皿 1 点からなる。SX3 出土土器群は構成がほぼ共通であるが，赤焼土器の数量，特に高台杯と皿が顕著であり，SK20 と同時期か，やや時期が降ると見られる。この 2 遺構出土土器群は，土師器杯と赤焼土器の構成から見て，多賀城市高崎遺跡 SX1080 土器群との対比が可能である。

　高崎遺跡土器群は，土師器杯，赤焼土器杯（須恵系土器）からなる一括性の高い土器群で，10 世紀前葉に降灰した灰白色火山灰との関係から，その頃の時期が与えられている[4]。SK20，SX3 出土土器群には皿が含まれていることから，後出的な要素を含み，時期的には 10 前葉〜中葉にかけての時期に位置付けられよう。

　SK20，SX3 出土土器群には 9 世紀末葉まで食膳具の主体であった土師器杯に，赤焼土器杯，赤焼土器高台杯と皿を含む。9 世紀段階では高台杯の明確な出土事例は少なく，皿については出土事例がないが，10 世紀前葉〜中葉に顕在化する。技法的には底部下端に手持ちヘラ削りもしくは回転ヘラ削り再調整が施されている。

　法量を見ると，杯は土師器，赤焼土器ともに底口比指数 30〜42，高口比指数は 25〜35 前後の範囲に収まり，両者の指数値分布はほぼ重なる[5]。また，この時期に現れる新器種である皿は，高/口比指数が 20 以下であり，この時期以後に増加する小径小形，浅めの赤焼土器杯と区別する目安を考える上で注目できる。

大江古屋敷遺跡出土事例

　大江古屋敷遺跡は会津坂下町に所在する。鏡ノ町遺跡と同じく掘立柱建物群からなり，9〜10 世紀代を主要時期に，14〜15 世紀の集落が複合している。古代においては 9 世紀代から 10 世紀代に継続して営まれている掘立柱建物群であり，最盛期の 10 世紀中葉〜後葉は 300 m² 級の大型四面庇付建物を含む。性格については建物群の規模や出土遺物から，官衙関連施設もしくは豪族居宅とされている（吉田ほか 1990，菅原 2007・2009）。報告では古代は 9 世紀代の 1a 期，1b 期，2 期，10 世紀代の 3a 期，3b 期からなる。

　土器群の事例としては，3a 期に位置付けられている SE1 号井戸状遺構，および，10 世紀中葉から後葉の時期が与えられ，3b 期の時期設定基準となっている SK1 号土坑の出土遺物を上げる。

SK1・SE1 出土土器（第 4・5 図，第 3〜6 表）

　SK1 の出土土器群は，土師器杯 3 点，内外面黒色処理の土師器高台杯 2 点，赤焼土器杯 20 点，赤焼土器皿 15 点，赤焼土器高台杯 1 点，赤焼土器高台皿 3 点等からなる。土師器杯が少なく，内外面黒色土師器高台杯が伴う。赤焼土器は皿の数量が多く，また高台皿が加わっている。これら土器群に越州窯青磁碗片が出土しており，当遺跡の営主の階層的位置を示している。時期的には 10 世紀中葉から後葉が与えられており，高台の低い内外面黒色処理碗の存在や，鏡ノ町 SK20 と比較しての土師器杯と赤焼土器杯の数量差はこれを首肯する。器種としては高台皿が加わっている。SE1 では，土師器杯，赤焼土器杯・皿・高台皿，内外面黒色処理高台碗からなり，

●=土師器

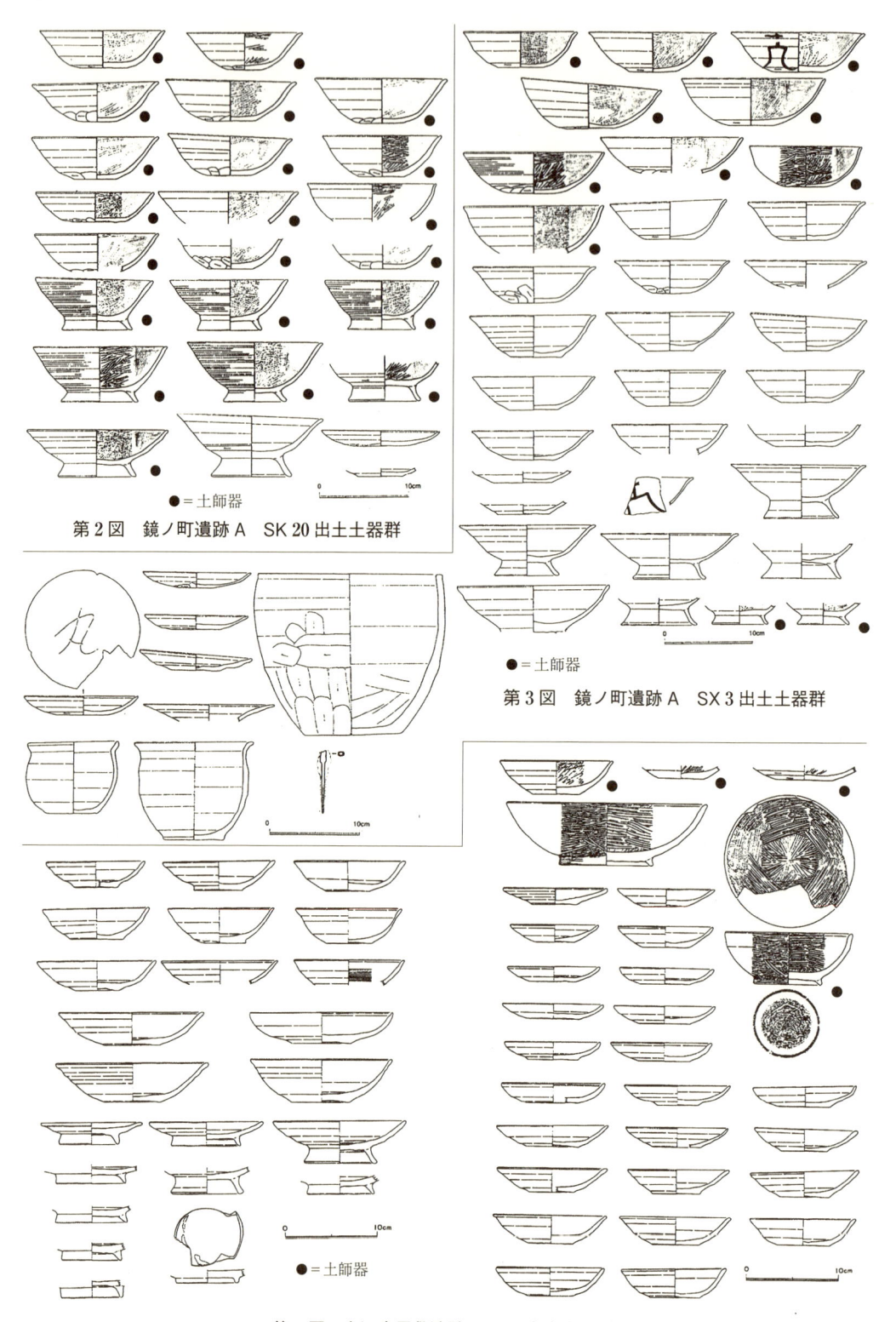

第2図 鏡ノ町遺跡A SK20出土土器群

第3図 鏡ノ町遺跡A SX3出土土器群

●=土師器

●=土師器

第4図 大江古屋敷遺跡 SK1出土土器群

会津地方における 11・12 世紀の土器と集落, 屋敷, 城館　　293

表1　鏡ノ町遺跡 A　SK20・SX3 出土土器群 底口：高口指数分布表, 表2　高口指数：口径値分布表

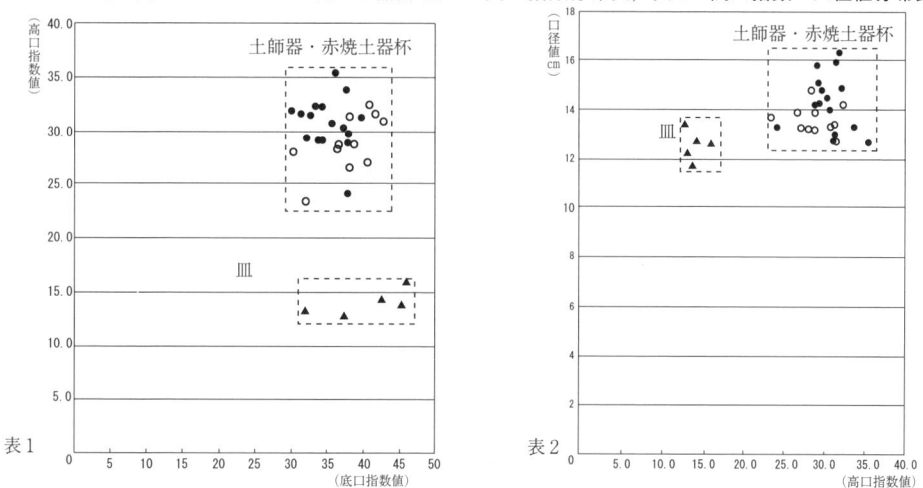

表3　大江古屋敷遺跡 SK1 出土土器群 底口：高口指数分布表, 表4　高口指数：口径値分布表

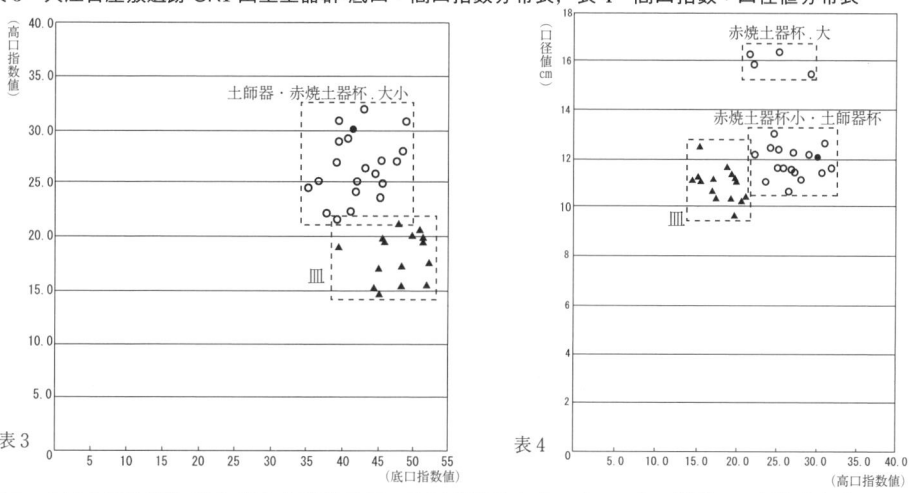

表5　大江古屋敷遺跡 SE1 出土土器群 底口：高口指数分布表, 表6　高口指数：口径値分布表

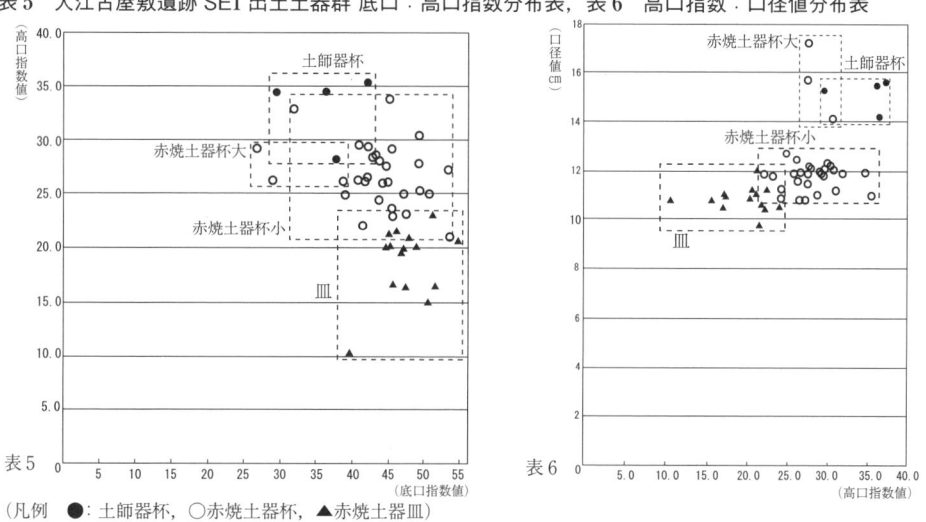

(凡例　●：土師器杯, ○：赤焼土器杯, ▲：赤焼土器皿)

図示遺物以外にやや遡る時期の須恵器片を含むが，SK1と基本的に同構成である。

法量を見ると，土師器杯は底口比指数30～42，口高比指数は28～36前後，口径も14～16 cmで，鏡ノ町遺跡事例とほぼ同範囲に収まるが，SK1では口径12 cm代のものがある。

一方，赤焼土器杯は前段階とは異なる面が現れる。口径では，土師器杯と共通する14～16 cmのものと10～12 cmのものに分化しており，特に小口径化，小形化した杯の数量が顕著である。ただし底径の場合は口径ほど小径には作らないため，必然的に底口比指数は底径比が大きくなり数値が40～55まで増大している。これは9～10世紀代のロクロ土師器杯の底径が，時期が降るに従い小径化し，底口比指数も減少しながら推移している傾向とは異なる。

土師器杯，赤焼土器杯の口径が13～16 cmの範囲に収まるのが9世紀末葉から10世紀中葉までの在り方であるのに対し，13 cm以下10 cm代のものが加わり，法量の分化するのが10世紀中葉から後葉にかけての傾向であることが看取されよう。赤焼土器皿は全体的に小径化し，鏡ノ町SK20の口径12～14 cmから，大江古屋敷遺跡SK1号土坑，SE10号遺構では10～12 cm代となっている。大江古屋敷遺跡の土器群では13 cm代から16 cm代までの口径の杯に加えて，新たに口径13 cm以下の杯と，口径10 cmから12 cm代の皿により構成されている。

また，赤焼土器には杯か皿か判断し難い器形を持つ，高口比指数22前後のものがあり，このように判別しにくい器形が出てくるのも小口径化による。

高堂太遺跡出土事例

高堂太遺跡は喜多方市豊川町高堂太地区に所在する。14世紀後半～17世紀初頭の居館跡を主体としている複合遺跡で，古代の建物は確認されていないが，9世紀代からの土器が出土しており，溝跡の一つから大量の木製品とともに良好な土器群が出土している。調査報告の検討により10世紀末～11世紀前葉の時期が与えられている（菅野2009前掲）。遺跡の性格としては当該時期の集落が調査区外に存在する可能性とともに，祭祀等に関わる一括廃棄土器群とされる。

SD60出土土器群（第6・7図，第7・8表）

赤焼土器杯，赤焼土器高台杯，赤焼土器皿，土師器杯，須恵器杯，土師器高台杯よりなり，図示しないが土師器煮炊具として，ロクロ及び非ロクロの長胴甕，胴の短い土師器甕1点を含む。須恵器杯は逆位の墨書がある回転糸切りのもので，会津地方では底部回転糸切りの事例は少なく，赤焼土器主体土器群との伴出事例も希である。赤焼土器高台皿は確認できないが，高台部のみの破片も多く，高台皿を含んでいた可能性が高い。

量的には赤焼土器主体で，赤焼土器杯は2法量化が明確であり，口径12 cm以上は減少，10 cm以下のものもあるなど小径化が顕著である。

赤焼土器杯の底口比と高口比を見ると，口径の大きいものは土師器杯と通有であるが，小型小径のものは杯と皿との判別の付き難さが指摘されている。この土器群では杯の小径化に加えて，皿状の浅い器形でも口径14～16 cm代のものがあるなど，大江古屋敷遺跡の出土土器群より器形判別の困難な個体が多い。また報告では土師器杯との胎土の違いが指摘されている。

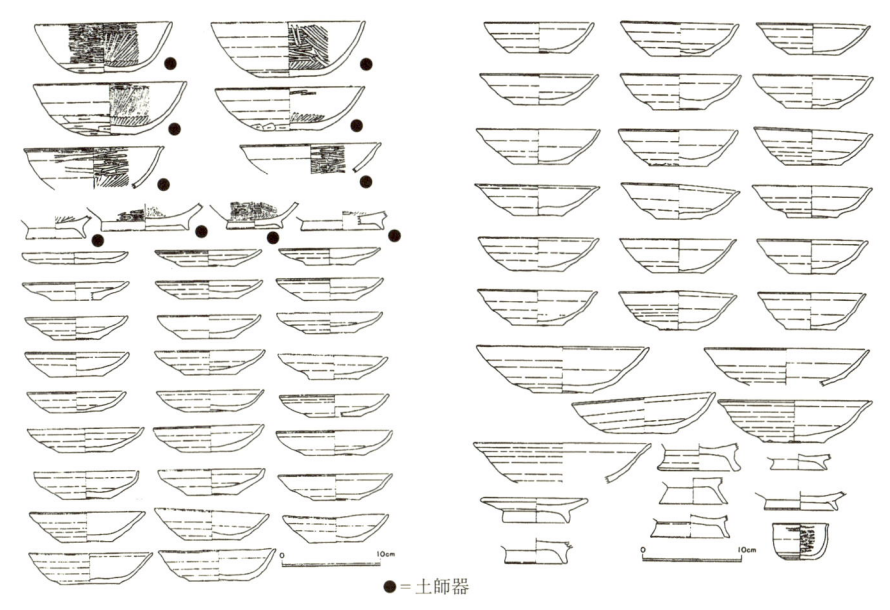

会津地方における 11・12 世紀の土器と集落，屋敷，城館　295

●＝土師器

第5図　大江古屋敷遺跡 SE1 出土土器群

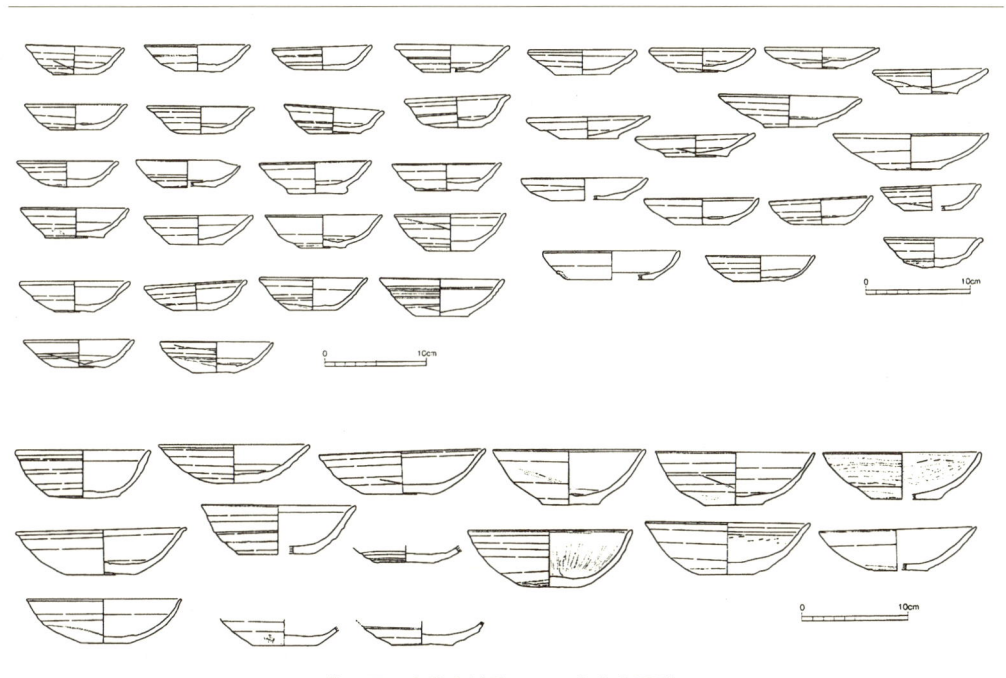

第6図　高堂太遺跡 SD60 出土土器群 1

北遠面遺跡出土事例

　北遠面遺跡は会津坂下町に所在する。掘立柱建物群からなる遺跡で，出土遺物は I 期 9 世紀代，II 期 10 世紀代，III 期 11 世紀代，IV 期 13～14 世紀代と V 期 15 世紀代からなる（吉田 1992）。II 期と目される赤焼土器杯には「寺」と墨書されたものが存在し，古代においては寺院に関連する

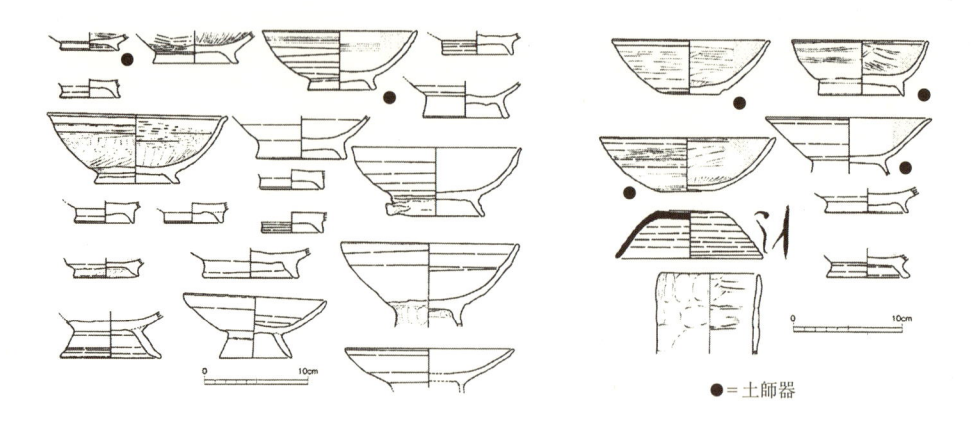

第7図　高堂太遺跡 SD60 出土土器群 2

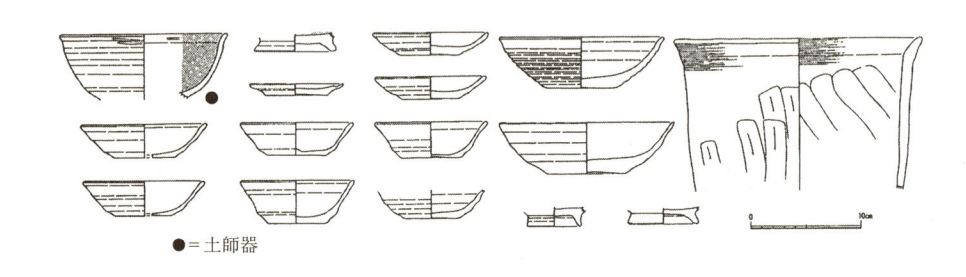

●＝土師器

第8図　北遠面遺跡 SK87 出土土器群

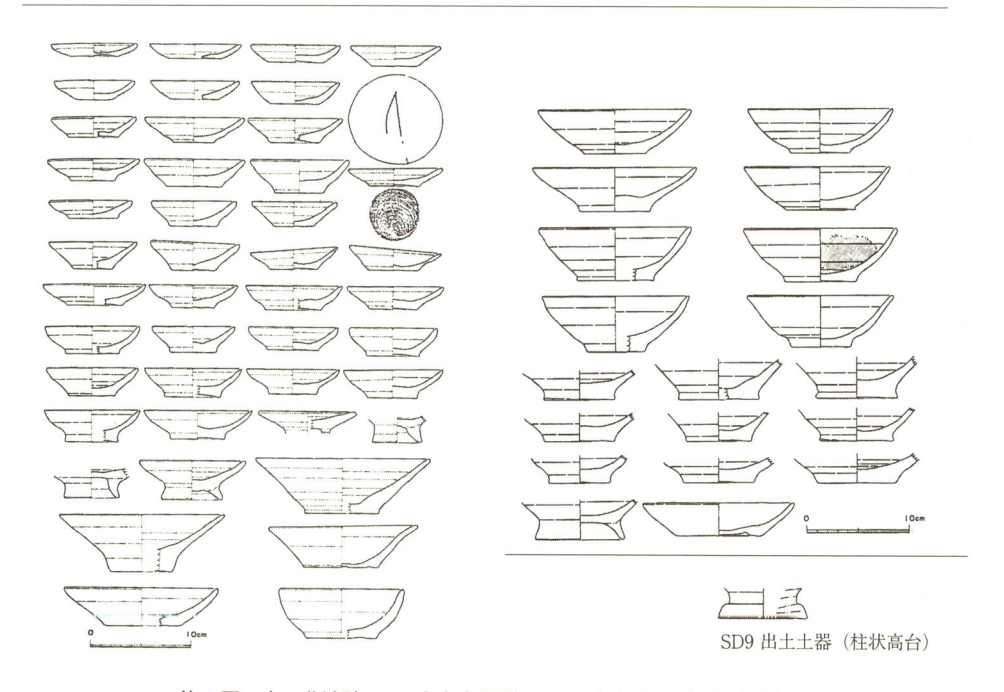

SD9 出土土器（柱状高台）

第9図　宮ノ北遺跡 SD1 出土土器群・SD9 出土土器（柱状高台）

集落である可能性を有する。

　詳細は後述するが，次項の宮ノ北遺跡も含めた所在地の周辺一帯は，歴史環境的に見て古墳時代以来，会津盆地西半部における拠点を形成していた場所であり，中世においては摂関家領蜷河荘の領域にあったと考えられる。

　当遺跡では，前項に上げた大江古屋敷遺跡，高堂太遺跡と通有する赤焼土器群を主体とする土器群が多く出土しているが，ここでは前項に上げてきた土器群とは異なる形態の土器群を含む87号土坑事例を上げる。

SK87出土土器群（第8図，第9・10表）

　赤焼土器皿，杯を主体とする。土師器の深めの杯や赤焼土器高台皿もしくは高台杯の高台部，非ロクロの煮炊具と見られる個体，須恵器甕片などが一緒に出土している。器形としては，口縁端部にくぼみを持つ底径の大きい皿や，体部が外反する杯など，当地の9・10世紀代の土器には見られない器形のものを含んでおり，また土師器杯は減少している。皿については木製品の写しである可能性があろう。

　法量としては，杯の口径は10～12 cm代と14～16 cm代である点は大江古屋敷事例と同じであるが，底口指数は25～30前後と，口径に比して器高が低く浅い器形のものが主体となっている。皿は口径10 cm前後となり，小径化が顕著である。

　当土器群の時期的位置付けについては，高堂太遺跡SD60事例との比較では，外反器体の杯が含まれる点で異なった要素を持ち，宮ノ北遺跡SD1事例との比較では底部突出形態を含まないなど，両土器群と本事例の間に差異が認められる。ここでは底部突出形態を含まない点で宮ノ北遺跡より前出的であることから，両者の間，11世紀中葉頃と考えておきたい[6]。

宮ノ北遺跡出土事例

　宮ノ北遺跡は古墳時代，古代，中世の複合遺跡であり，北遠面遺跡の西南西約500 mに位置している。古代は9世紀前半～中葉頃の竪穴建物と掘立柱建物からなるⅠ期，掘立柱建物群を主体とし，溝跡出土土器群から11世紀後半とされるⅡ期，12～13世紀とされるⅢ期からなり，Ⅱ，Ⅲ期は蜷河荘の経営拠点であったと目されている（和田1994・2007前掲，吉田2007前掲）。ここではⅡ期SD1号溝跡出土土器群を取り上げる。

SD1出土土器群（第9図，第11・12表）

　赤焼土器杯，皿，高台皿で構成され，土師器を含まない。溝内への一括廃棄土器群と報告されている。溝内の出土位置と層位にまとまりのある同時性の高い一括廃棄土器群であり，量的に見て日常的使用による器物の廃棄とは考えられない。

　杯は口径がおおよそ14～16 cm代と8～10 cm代に分かれ，皿は8～9 cm代となり，北遠面遺跡事例より一層小径化した土器の増える一群である。小径化の結果として，高口指数は50を越えるものが半数に近い。法量的に小形の杯も殆どが10 cm以下となり杯は2法量化が顕著であり，小径の坏と皿との器形が判別し難くなっている（本稿では報文の分類に従う）。

第7表　高堂太遺跡（SD60出土土器群）底口：高口指数分布，第8表　高口指数：口径値分布

第9表　北遠面遺跡（SK87出土土器群）底口：高口指数分布，第10表　高口指数：口径値分布

第11表　宮ノ北遺跡 SD1出土土器群）底口：高口指数分布，第12表　高口指数：口径値分布

（凡例　●：土師器杯，○：赤焼土器杯，▲：赤焼土器皿）

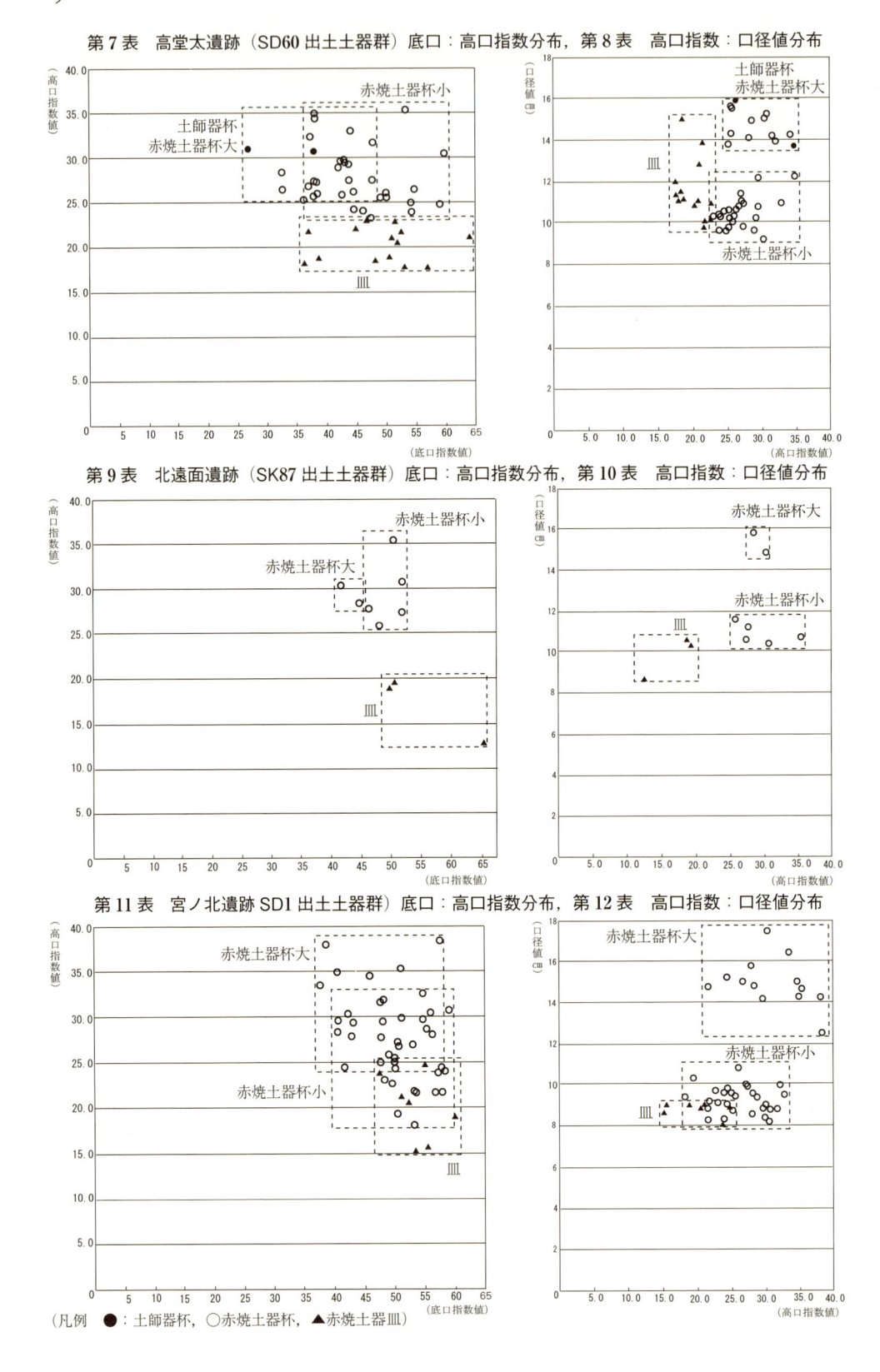

形態的には，杯，小形杯，皿いずれにも底部が突出するものが主体となり，柱状高台に近いものも認められる。この形態は鏡ノ町遺跡では存在せず，大江古屋敷遺跡，高堂太遺跡でも底部の突出が宮ノ北遺跡事例ほど顕著ではないため，新たな形態的特徴といえる。また，胎土も緻密で白色が強く水簸された土を使用している。

当土器群の時期としては，土師器杯を含まない点や，突出する底部形態のものが主体となっていることから，北遠面遺跡87号土坑の土器群より後出する要素を持つ。しかし次に上げる御前清水遺跡，新宮熊野神社長床基壇内出土土器群と比べると，柱状高台を含まない点で前出的である。遺跡内の他遺構では柱状高台と見られる底部片が1点出土しているため，12世紀代に近い時期が考えられ，報告されている11世紀後半代の時期が首肯される土器群である。

新宮熊野神社長床　出土事例

基壇内出土土器群（第10図）

新宮熊野神社は喜多方市慶徳町に所在し，平安時代末〜鎌倉時代初頭とされる国重要文化財建造物の長床を擁する古社である。国指定重要文化財となっている長床は四面庇付き礎石立て総柱吹き抜けの拝殿であり，他に同時期頃とされる木造薬師如来座像や騎獅文殊菩薩座像をはじめ，鎌倉期〜室町期に遡る金石銘文史料など豊富な中世資料を所蔵する。

長床は昭和47年から50年にかけて解体復元修理工事が行われた際に，基壇部に裁ち割りトレンチを入れての発掘調査がなされており，基壇内より一群の土器が出土している。解体修理復元工事の報告書には土器の写真のみで図示はないが，全て基壇積み土内よりの出土であることが記載されている。これらの土器群は長床建築に先立つ儀式等で使用された器物が基壇積土内に廃棄されたものである可能性が高い（山中2004・2007ab，山中ほか2008に再録）。

図示した土器群は底部破片のみであり全形を保つものはないが，底部の突出する赤焼土器杯もしくは皿と碗からなり，うち1点は後述の御前清水遺跡や，岩手県の平泉遺跡群で出土している，中実の脚部が高い柱状高台である。

土器群の時期は長床の築造以前となるが，長床の性格な築造年は明確ではない。ただし江戸時代の地誌『新編会津風土記』[7]には，長床に掛けられていた鰐口の治承三年銘文が所収されていることから，長床の築造は治承3年＝1179年より以前であり，建築史的に平安末期から鎌倉初頭の時期が与えられていることからすれば，土器群は12世紀世紀前葉に遡ると考えられる。これは柱状高台の皿や器台が大量に出土している岩手県平泉遺跡群や，柱状高台皿もしくは器台を含む後述の御前清水遺跡，陣が峯城跡出土土器群に与えられている時期と整合する。

御前清水遺跡出土事例

A区・B区出土土器群（第11図）

御前清水遺跡は喜多方市山都町に所在し，「祓い」など湧水地の儀式に関連する信仰・祭祀遺跡とされる（古川ほか1985）。

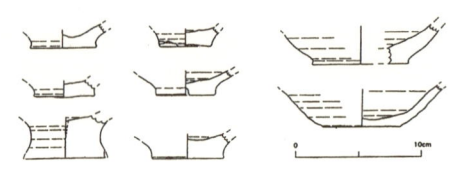

第 10 図　新宮熊野神社長床基壇内出土土器群

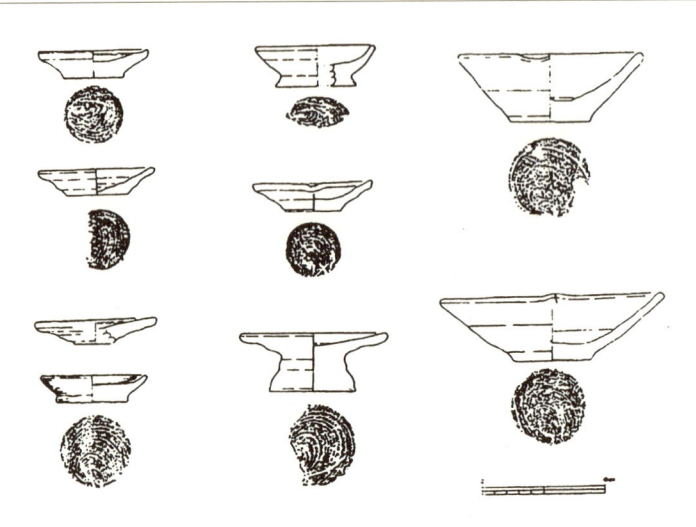

第 11 図　御前清水遺跡出土土器群

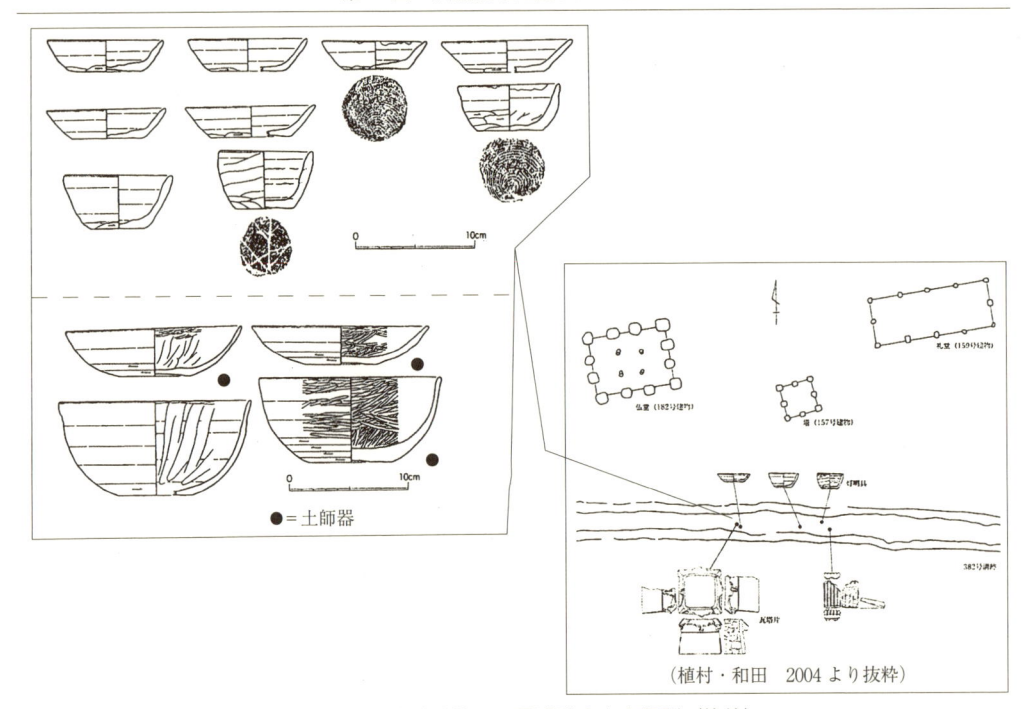

●＝土師器

（植村・和田　2004 より抜粋）

第 12 図　内屋敷遺跡第 382 号溝跡出土土器群（抜粋）

出土している土器群は赤焼土器皿，杯と柱状高台の皿もしくは器台からなり，青白磁合子片が伴出している。法量的には杯は14～15 cm，皿は8～10 cm代である。時期としては12世紀代に位置付けられている（中山1988，飯村2009前掲）。

（2）出土事例の整理

ここで上述してきた土器群について時期毎に整理し，推移と傾向をまとめておく。

10世紀前葉

土師器と赤焼土器からなり，土師器は杯と高台杯，赤焼土器には杯と皿がある。杯は土師器，赤焼土器ともに，9世紀末葉の土師器杯に法量，口径と底口・底高比において通有の要素を持つが，土師器高台杯や赤焼土器高台杯，皿など新たな要素が加わる。

10世紀中葉～後葉

赤焼土器が構成に占める割合が高くなり，足高高台は10世紀前葉から中葉にかかる時期に現れると考えられる。土師器杯は時期が降るに従い漸減し，中葉頃を境に赤焼土器との数量が逆転していると考えられる。法量的には杯の口径に2分化の傾向，皿は小径化の方向が中葉頃から現れる。

10世紀末葉～11世紀前半

土師器食膳具の減少が著しく，赤焼土器は法量の2分化がより明確となる。赤焼土器皿の小径化が一層進み，末葉には10 cm以下が主体となっている。形態的には赤焼土器杯に体部外反のものが現れ，皿には底口指数が65を超える広底のものがある。

この時期は，土師器杯が残る点に9世紀末葉から続く要素も残しているが，古代的要素は大きく後退し，新たな要素が顕著となる。土師器煮炊具では非ロクロのものが散見され，従来からのロクロ土師器長胴甕の消滅に前後して短期間ではあろうが定量存在している。

竈を持つ古代的竪穴建物は前段階の10世紀代に減少し，遅くともこの段階には消滅すると考えられる。また，10世紀代に貯蔵具主体であった須恵器もこの段階で見られなくなる。

11世紀後半

土師器は食膳具，煮炊具とも11世紀後半に入るとほぼ消滅する。赤焼土器杯の法量2分化が明確となり，杯と皿の小径のものは一層小径化している。小径の杯には高口指数が22以下で皿との区別が付き難いものが多く，皿の器形は多様性を帯びる。形態的には底部突出のものが現れており，この形態は，逆台形が基調の古代の食膳具とは器体外形が異なるため，底口・高口指数のみで器形の属性をとらえるのは不適である。また，宮ノ北遺跡SD1出土事例は胎土からみて，水簸された粘土を用いていると見られる。法量，形態，胎土はいずれも古代の要素から離れており，古代の土器とは異なる要素を持つ。「かわらけ」としてよい段階であろうと考える。

12世紀代

前項の御前清水遺跡，長床基壇内事例説明では赤焼土器杯としたが，実質的には「かわらけ」である。法量的には大小2種，皿は8～10 cm代と前段階と同じであるが，底部突出のものが主

体を占め，柱状高台が現れる。器形的にも独自の時代的特徴が明確になる。

(3) 小結

　ここで土器についてまとめる。基本的に10世紀代までは，器種構成，法量ともに9世紀代から連続する要素を持っている。この要素は時期が降るに従い減退しつつも，10世紀代後半までは確認できる。しかし11世紀代に入ると，10世紀中葉頃に現れた新たな法量分化の傾向が定着し，11世紀後半には外形もそれまでとは異なる底部形態のものが主体を占めている。11世紀代後半の土器群は古代とは異なる特徴を具有するようになると評価できよう。

　使用の面から土器の変遷を整理すると，後述のように10世紀中葉～後半が竈付き竪穴建物の最末段階であり，日常食生活用具である土師器煮炊具も10世紀末葉～11世紀前葉段階で消滅する。

　一方，土器の大量消費は，掘立柱建物群を主体とする集落を中心に9世紀代からの事例があり，10世紀代に続く。10世紀代においては，竈付き竪穴建物からなる集落事例の減少もあるが，所謂官衙的もしくは豪族居宅と評される遺跡でのまとまった出土事例が顕著となる。これは事例数にも左右されるが，時期が降るにしたがい，日常食生活用具としての役割から後退し，特定階層あるいは一定階層以上の集落において量的にまとまって消費される傾向が強くなっている。

　このような土器の使用の場の変化を踏まえて，形態，法量の推移を見ると，まず10世紀中葉頃を境に赤焼土器の法量が口径13～16cm代から，15～16cm代と10～13cm代の2通りへと明確に2法量化しており，9世紀以来の汎用的サイズ（13～16cm代）から，用途にあわせた法量分化へと進む傾向が看取される。法量分化や皿の出現は，より多器種の土器を使用する供膳様式の波及によると考えられよう。11世紀代には，宮ノ北遺跡のような屋敷での非日常的使用が主体を占めるようになると類推できる。

　10世紀中葉～後葉には，一定以上の階層による限定的使用に消費される傾向が強まり，11世紀代には，非日常的使用のための器物となっていく時代的方向性として理解されよう。

　ただし，特定階層の限定的使用のために赤焼土器が作られる事例については，9世紀中葉頃に位置付けられている内屋敷遺跡382号溝跡出土土器群で確認できる（植村・和田2004）。内屋敷遺跡は7世紀後半代より続く地域の拠点的集落で，9世紀代は掘立柱建物群からなる官衙関連遺跡もしくは屋敷群とされ，仏堂と考えられる宗教的施設を有する。宗教的施設脇の382号溝跡では灯明皿に使用された痕跡のある赤焼土器が，土師器杯，瓦塔片とともに出土しており（第12図），この赤焼土器は器形が10世紀代の赤焼土器とは異なっている。9世紀の段階では，会津地方のみならず，陸奥国域も須恵器と土師器が食膳用土器の中心であり，会津地方及び陸奥国南部の赤焼土器，所謂須恵系土器の顕在化が9世紀末に降ることを考慮すれば四半世紀ほど早い。

　内屋敷遺跡事例は，掘立柱建物群からなる集落内の宗教的施設で，灯明皿として限定的に使用された例ではあるが，9世紀段階で特定の使用目的のために，日常使用するものとは異なる土器が製作，供給されていると思われ，赤焼土器の始源を示唆する事例として注目される。会津地方

のみならず陸奥国南部域の傾向として，10世紀代に入ると本稿でいう赤焼土器，所謂須恵系土器食膳具が漸次，従来の内面黒色処理を施した土師器食膳具に取って代わっていく。土師器は竈付き竪穴建物とともに減少し，11世紀段階では集落の遺構そのものが考古学的に確認し難くなる。しかし居住形態や煮炊，食膳具など食生活用具が変化し，土器が日常生活より後退しても，非日常的場で使用される土器の役割は残り，11世紀代には非日常的な使用が土器消費の主体となって，所謂「かわらけ」となる流れが見えてくる。

以上が11・12世紀の土器の変遷であり，土器から見た大きな画期は，10世紀と12世紀の間の11世紀代にある。あえて時期を絞れば，11世紀前葉の高堂太遺跡事例が古代の要素を残しているのに対し，11世紀後葉に位置づけられる宮ノ北遺跡SD1出土土器群が，古代の土器とは形態や胎土において大きく異なっており，古代的様態を全く払拭していること，12世紀代に続く要素を持つことから，11世紀中葉頃が転換期となる。

2. 集落と屋敷，城館

前節において，11世紀代から12世紀代の土器についてまとめたが，本節では集落についてまとめる。事例としては，前節に掲げた遺跡に加えて，当該時期の土器を出した遺跡を中心に観ていく。時期区分や位置付け，所属遺構の時期については各報告文に従っている。

大江古屋敷遺跡，北遠面遺跡，宮ノ北遺跡の概要については前節で述べているため，ここでは建物構成や変遷について述べる。

(1) 事例の検討

古舘遺跡（第13図）

古舘遺跡は，会津坂下町に所在する。位置的に北遠面遺跡や宮ノ北遺跡の北東側約1.5kmに所在し，阿賀川沿いの自然堤防上に立地する。掘立柱建物跡，多数の竪穴建物群が調査されており，竈の付く竪穴建物群は10世紀代，所謂方形竪穴建物が13～14世紀代[8]，掘立柱建物群は12世紀代の時期が与えられている（和田ほか1992）。

古代の竪穴建物跡は7棟からなり，出土する土器は食膳具が赤焼土器杯，煮炊具は長胴甕主体で，土師器杯，高台杯，土師器鍋がある。竪穴建物は竈や竈跡があるものと竈の無いものに分かれるが，食生活の基本用具である煮炊具が土師器長胴甕であることから，基本的には竈の付いた竪穴建物で構成される古代集落の範疇に入る。

時期的には土器群から観て10世紀中葉頃を主体に営まれたと考えられ，現段階では会津地方において最も時期が降る竈付き竪穴建物群集落である。

11世紀代は当遺跡の空白期となっており，古代の集落とは時期的に連続していない。12世代には，板塀もしくは柵を持つ掘立柱からなる建物群が出てくるが，12世紀のどの段階で出現するか，また一般集落か特定の性格を持つ建物かは判断できる出土遺物に欠け，明確ではない。

304

● = 土師器

SI-2 出土土器

SI-2 竪穴建物跡

■ 10世紀代の竪穴建物跡
▨ 12世紀代の掘立柱建物跡
□ 13世紀からの方形竪穴跡

第13図　古舘遺跡遺構配置図

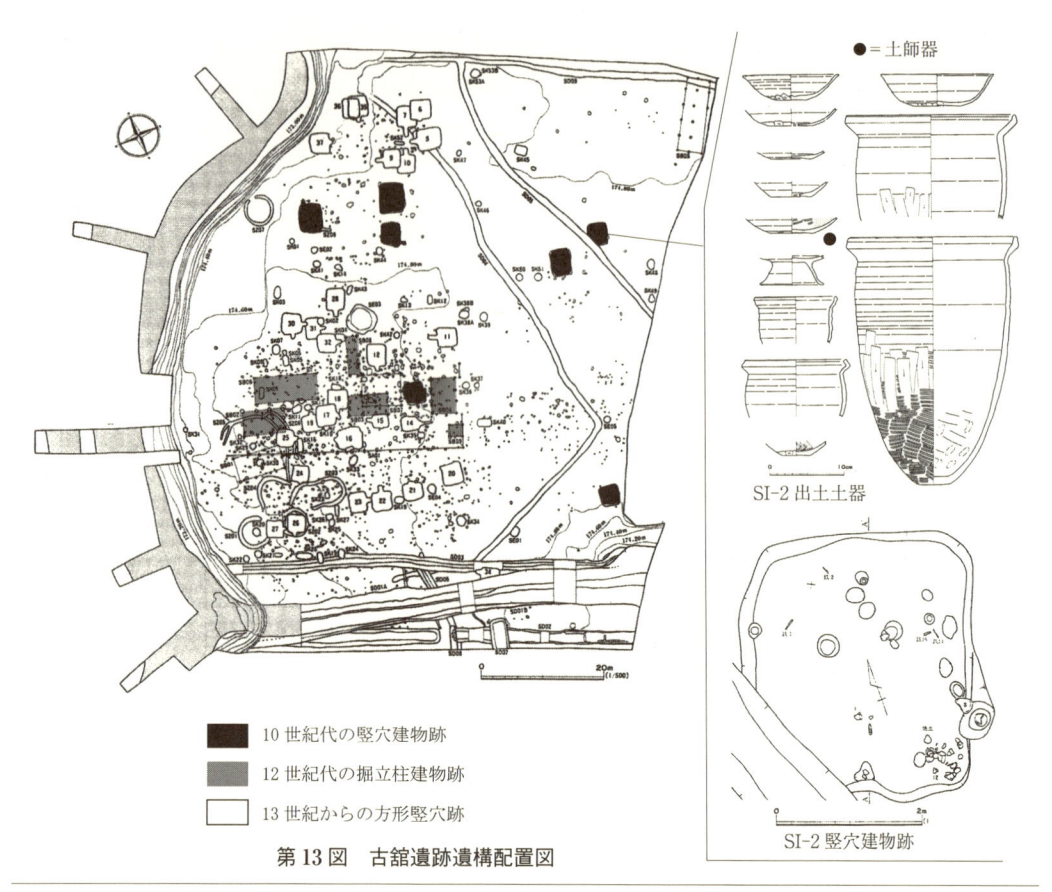

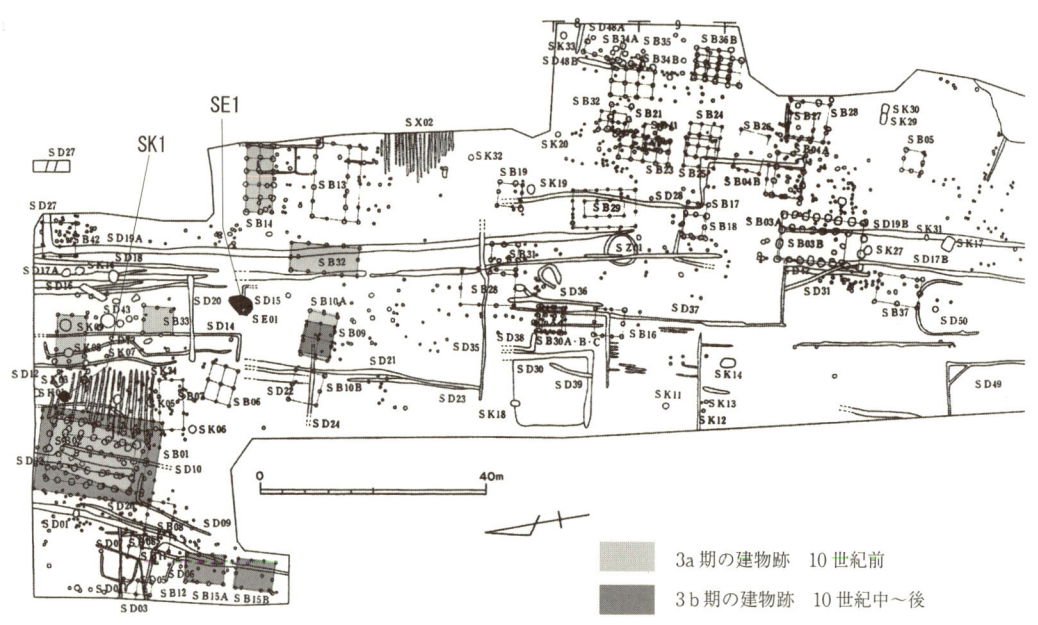

3a期の建物跡　10世紀前
3b期の建物跡　10世紀中～後

第14図　大江古屋敷遺跡遺構配置図

13世紀代からは、新たに竪穴建物群からなる集落が大規模に営まれている。方形竪穴建物は、出入り口と見られる部分が張り出し、凸形を呈する。構造により、Ⅲ群に分けらており、中世陶器片や宋銭が出土している。14世紀代まで継続しており、河川交通に関わる集落である可能性が指摘されている（飯村2009前掲）。中世期の方形竪穴建物のみで構成される集落は、当地域の集落の在り方の一つとして多いに注目される。

大江古屋敷遺跡（第14図）

ここでは10世紀代に位置付けられている建物と土器以外の出土遺物について述べる。

この時期に該当する3b期は、2間×5間の身舎に四面庇、四方廻り縁の付く約293 m^{2}の傑出した規模のSB1を主屋とする。SB1は主軸が東偏する南北棟で、副屋は約27～41 m^{2}の側柱建物4棟が報告されており、主屋の規模は、各時期を通して3b期が最大となる。また3b期が古代における大江古屋敷遺跡の最終時期であり、以後、14世紀代まで遺物および遺構は確認されていない。

建物群の規模を3b期に先行する3a期と比較すると、3a期は、4間×7間の総柱もしくは2間×5間に四面庇の付く面積約142 m^{2}の建物SB2が主屋で、5棟の副屋がある。主屋の規模は面積が約半分であるが、副屋は2間×5間に総柱で約56 m^{2}のSB14や、2間×4間で約58 m^{2}のSB32など副屋の規模が3b期より目立つ構成である。

出土遺物としては前述の土師器、赤焼土器、須恵器に加えて、越州青磁や石製権錘、施釉陶器、円面硯が出土しているが、円面硯の出土は、この建物群の機能と営主が行政の一端に連なっていた事を示している。

北遠面遺跡（第15図）

北遠面遺跡の掘立柱建物群は、Ⅱ期10世紀代のSB13が1棟、11世紀代前半のⅢ期と13～14世紀代のⅣ期どちらかに属する建物跡としてSB3、5、6、7、8、9、19の7棟、Ⅳ期の建物跡としてSB1、2、4、11、12、14、15の7棟、15～16世紀のⅤ期はSB10、16、17、18に分けられている。ここではⅢ～Ⅳ期とされる7棟を取り上げる。

Ⅲ期もしくはⅣ期に属するとされる7棟は、いずれも側柱で1間×2間、1間×3間、もしくは片2間と1間×3間、片3間と2間×3間、3間×4間と片5間という変則的なものが多く、面積は最大級のSB5と7が約30 m^2、最小のSB19で約14 m^{2}となっている。

この建物群のより明確な時期比定は困難であるが、SB5とSB7はⅣ期の溝跡に切られていることから、Ⅳ期に前出することが明らかである。建物方向からはSB9とSB19、SB3とSB5、SB6とSB7とSB8の組み合わせでのグループ分けが考えられ、SB5とSB7を含むグループは13世紀以前の集落になろう。建物規模から見て一般階層の居住集落と考えるのが妥当であり、15 m^{2}から30 m^{2}程度の大きさの建物、2乃至3棟程度で構成される集落を想定できる。

出土遺物としては、前述のように10世紀中葉頃と見られる土器群中に「寺」銘墨書のある赤

遺構配置図

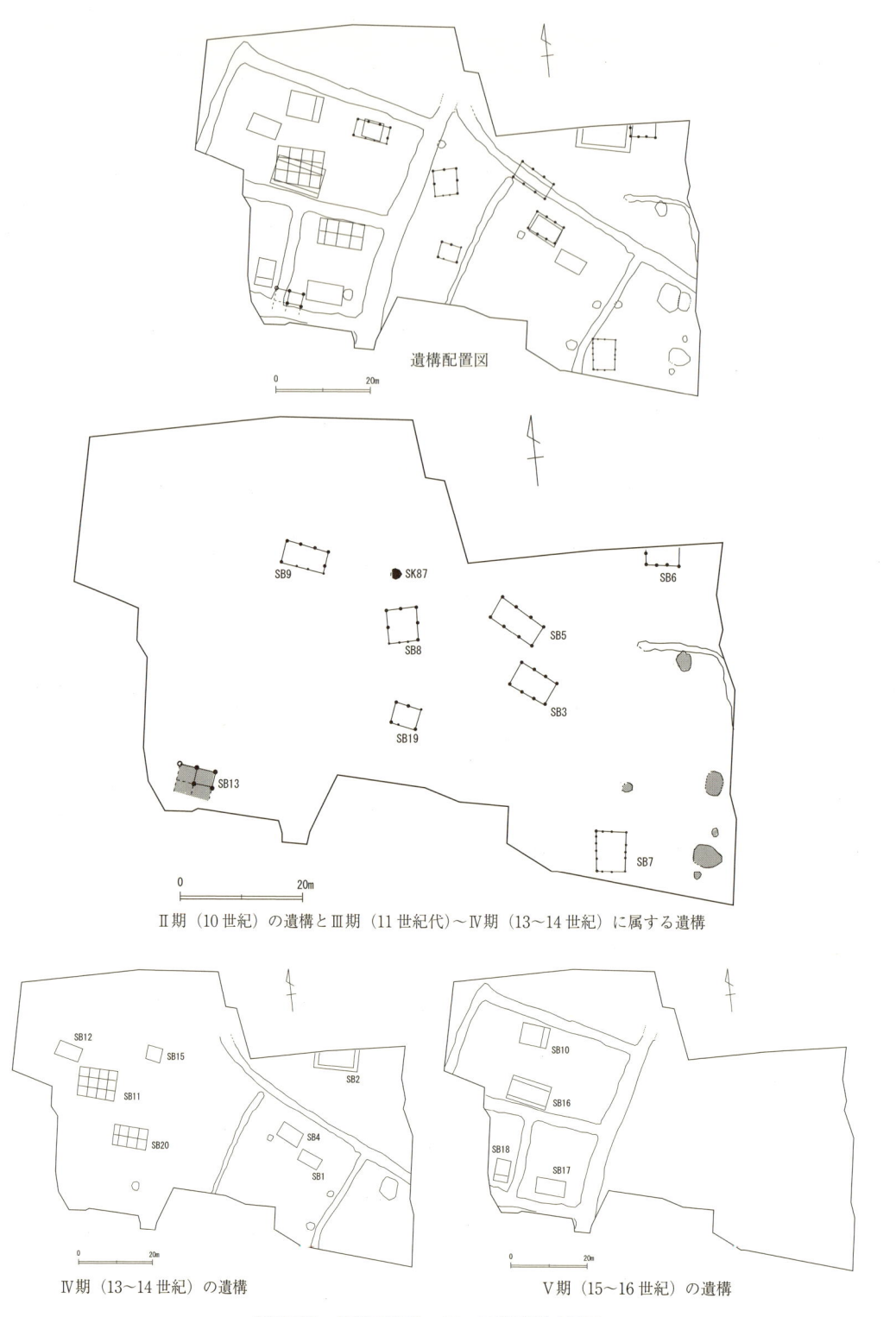

II期（10世紀）の遺構とIII期（11世紀代）～IV期（13～14世紀）に属する遺構

IV期（13～14世紀）の遺構

V期（15～16世紀）の遺構

第15図　北遠面遺跡　III～V期遺構変遷図

焼土器が出土していることから，10世紀代には寺院に関連する集落であった可能性がある。

宮ノ北遺跡（第16図）

　宮ノ北遺跡の建物群はⅠ～Ⅲ期に分けられ，Ⅰ期が9世紀代，Ⅱ期は11世紀代，Ⅲ期は12～13世紀代とされる。ここではⅡ，Ⅲ期の掘立柱建物群を取り上げる。

　Ⅱ期とⅢ期は建物方向で分けられ，Ⅱ期とされている建物跡はSB1，4，12，14，16の5棟である。SB1は床束を持つ身舎2間×3間四面庇付きで面積約100 m^2，SB12は床束もしくは総柱2×5間四面庇付きで面積約110 m^{2}の規模を持つ。SB4は2間×5間で総柱もしくは床束を持つ総面積約63 m^{2}の建物跡である。SB14は2間×3間総柱もしくは床束で面積約30 m^2，SB16は1間×3間で平側2面に下屋もしくは濡れ縁を付け，総面積約40 m^{2}である。前節に掲げた土器群が出土しているSD1はⅡ期に属する。

　Ⅲ期とされる建物跡はSB2，3，5，8，6，7の6棟である。SB2は1間×間で面積約67 m^2，SB3は総柱もしくは床束を持つ2間×5間で総面積68 m^2，SB5は2間×5間で面積約70 m^2，SB6は2間×3間で平側の2面に庇もしくは下屋か濡れ縁を持ち総面積約63 m^2，SB7は2間×3間で床束もしくは総柱を持ち面積約42 m^2，SB8は2間×2間で面積約8 m^{2}となっている。

　両期を比較するとⅡ期のSB1とSB12の規模，構造は他を圧している。主屋級の建物と目されるが，1つの屋敷であるとすれば，同一期間内に同規模，同構造の主屋が2棟存在するとは考え難い。Ⅱ期内でもSB1が主屋の時期とSB12が主屋の時期に分かれるか，2つの隣接した屋敷になると考えられる。構成的に見れば，後続するⅢ期に100 m^{2}級の建物を欠くため，主軸の方向が他の建物とやや異なっていてもSB12がⅢ期の主屋になる可能性を有するが，ここでは，Ⅱ，Ⅲ期内での時期細分の可能性を指摘するにとどめ，報告書の見解に従う。

　建物群の居住階層としては，Ⅱ期11世紀代からⅢ期の12～13世紀代においては，有力階層の屋敷もしくは居住集落であったと考えられ，多量の赤焼土器を使用したのはⅡ期の建物群を営んだ主体者となる。吉田博行は大江古屋敷遺跡を大江郷の有力階層，豪族の屋敷とし，大江古屋敷遺跡から蜷河荘の拠点地域である宮ノ北遺跡へ地域支配の中心が移動したとの見解を述べている（吉田2007前掲）。

荒屋敷遺跡（第17図）

　荒屋敷遺跡は喜多方市塩川町に所在する。位置的には，前出の鏡ノ町遺跡の南東側約4 km，古舘遺跡の東側約3 kmの距離にある。会津盆地を東西に貫いて西流する日橋川と，南会津方面から北に流下してきた大川が合して阿賀川となる合流部に程近く，日橋川を500 mほど遡上した北岸側に位置する。

　旧塩川町教育委員会の3次に渡る調査と，県文化振興事業団の5次に渡る調査により，9世紀代の土師器，須恵器および12，13世紀代の土器，いわゆる「かわらけ」と陶磁器類が出土し，溝跡，掘立柱建物跡が検出されている（井2003・2004）。

308

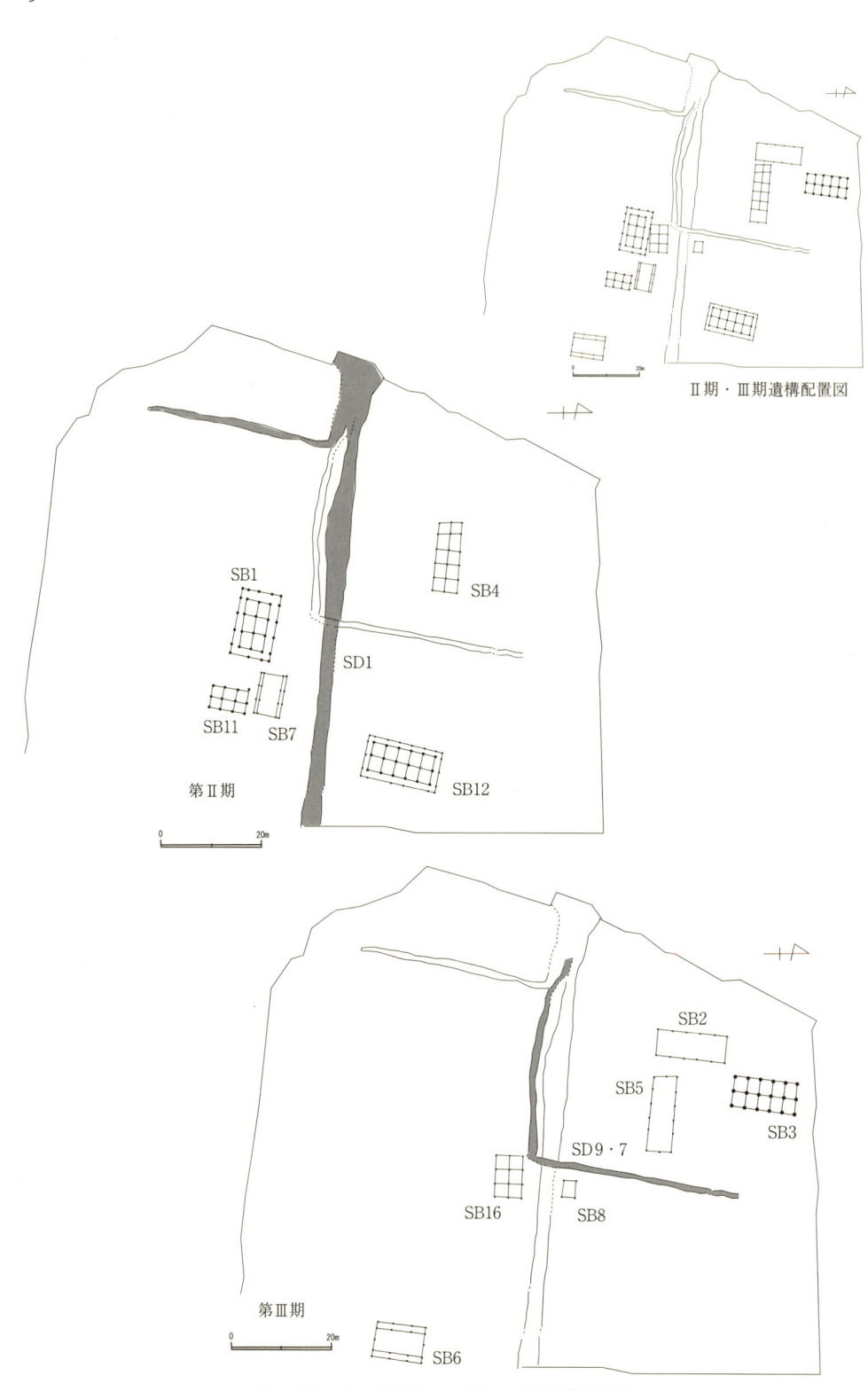

第16図 宮ノ北遺跡 Ⅱ期〜Ⅲ期遺構変遷図

建物跡は，広い調査範囲の中で4カ所に分かれて分布しているが，ここでは，その中で出土遺物や建物の構造状，注目される3カ所を取り上げる。

　最北寄り（県3次調査区）では2間×3間の身舎で，東面，南面，北面に下屋もしく庇を持ち，西面に濡れ縁と見られる張り出しを付ける約68 m^{2}の建物跡SB8と面積約22 m^{2}のSB10，約14.7 m^{2}のSB11，約8.1 m^{2}のSB9の3棟，全容が調査区外のため明らかでないSB12，計5棟が検出されている。建物群北側のL字状溝跡はこの建物群に伴うとされる。

　中ほど南寄り（県2次）では小規模な側柱掘立建物2棟が検出されており，うち1棟のSB6は伴うと見られる溝跡から，かわらけ，柱状高台皿とともに，12～13世紀代の白磁，青磁が出土している。もう1棟のSB2はかわらけを出す溝跡を切っており，これより新しい時期のものである。

　最南寄り（県2次）では，4間×5間で東面に下屋もしく庇を持つか，4間×4間に3面庇で内部仕切りを持つSB3と，柱列を伴う2間×3間のSB4，SB3と重複するSB7，溝との重複により全容が不明なSB5が検出されている。面積はSB3が約96 m^2，SB4は約24 m^{2}を測る。またSB3は正方形となる平面形や特異な柱並びから仏堂などの宗教関連建物となる可能性が指摘されている。

　これら建物群の中でSB3，4，5，6，8～12が古代末から中世に属するとされ，溝跡や土坑内からの出土遺物により，12～13世紀代の時期が与えられている。性格としては，河川の交通にかかわる川湊にともなう関連施設群とされる（井2007）。

陣が峯城跡（第18図）

　陣が峯城跡は会津坂下町に所在する。段丘崖上に立地し，天然谷を利用した二重の堀が巡る城館跡で，存続時期としては12世紀初頭から後半にかかる70年程度とされる（吉田2008）。遺構はIからIII期に分けられ，中心部では主殿と見られる建物跡3棟が検出されている。最大規模のSB1・2は2間×5間の身舎に4間×2間の広縁を持つ建物跡で，面積約93 m^{2}を測る。SB3は2間×5間に四面庇を持ち，面積約75.24 m^2，SB4は2間×5間で西面に庇または縁か下屋を持つ。

　出土遺物は12世紀代の白磁碗，白磁壺などの袋物，高麗青磁，柱状高台を含むかわらけであり，その組成は平泉遺跡群での12世紀代にも通有する要素を持つ事が指摘されている（吉田2007前掲）。国産陶器は瓷器系壺，鉢，皿類と須恵器系の壺，甕類である。

　出土遺物には鉄鏃や青銅製権衡，石製硯，松鶴文方形鏡など，この遺跡の性格を物語るものが見られる。性格を摘要すると，保元・平治から治承・寿永の内乱期における摂関家領蜷河荘の在地掌握，支配に関わる防御施設を備えた城館跡と考えられている。

　防御施設は，天然谷を利用する総口幅30～50 mの二重堀と比高差約20 mの段丘崖を利用した大規模なものであり，中世でも早い段階となる12世紀に出現した城跡として，国指定史跡となっている。

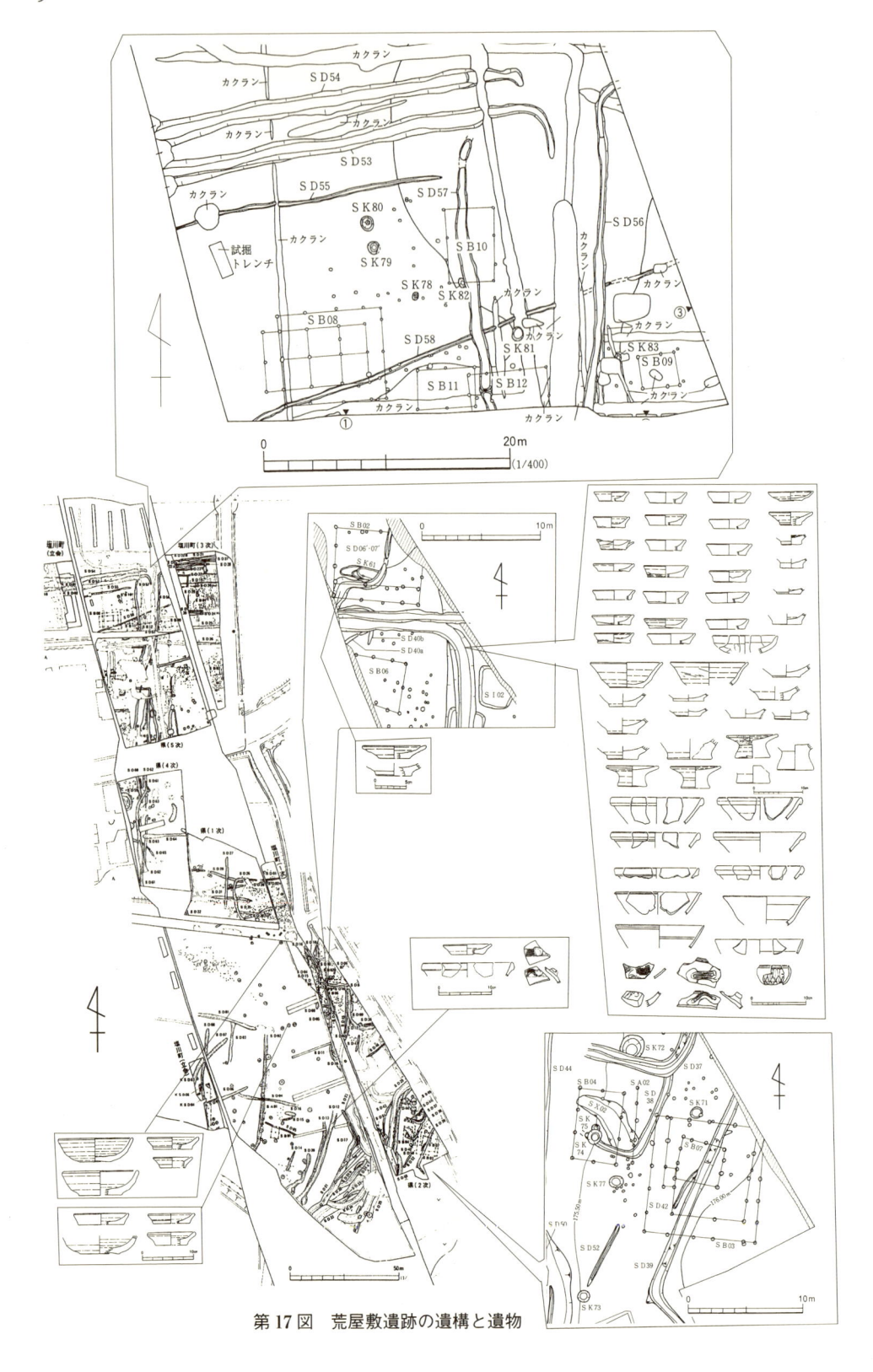

第 17 図 荒屋敷遺跡の遺構と遺物

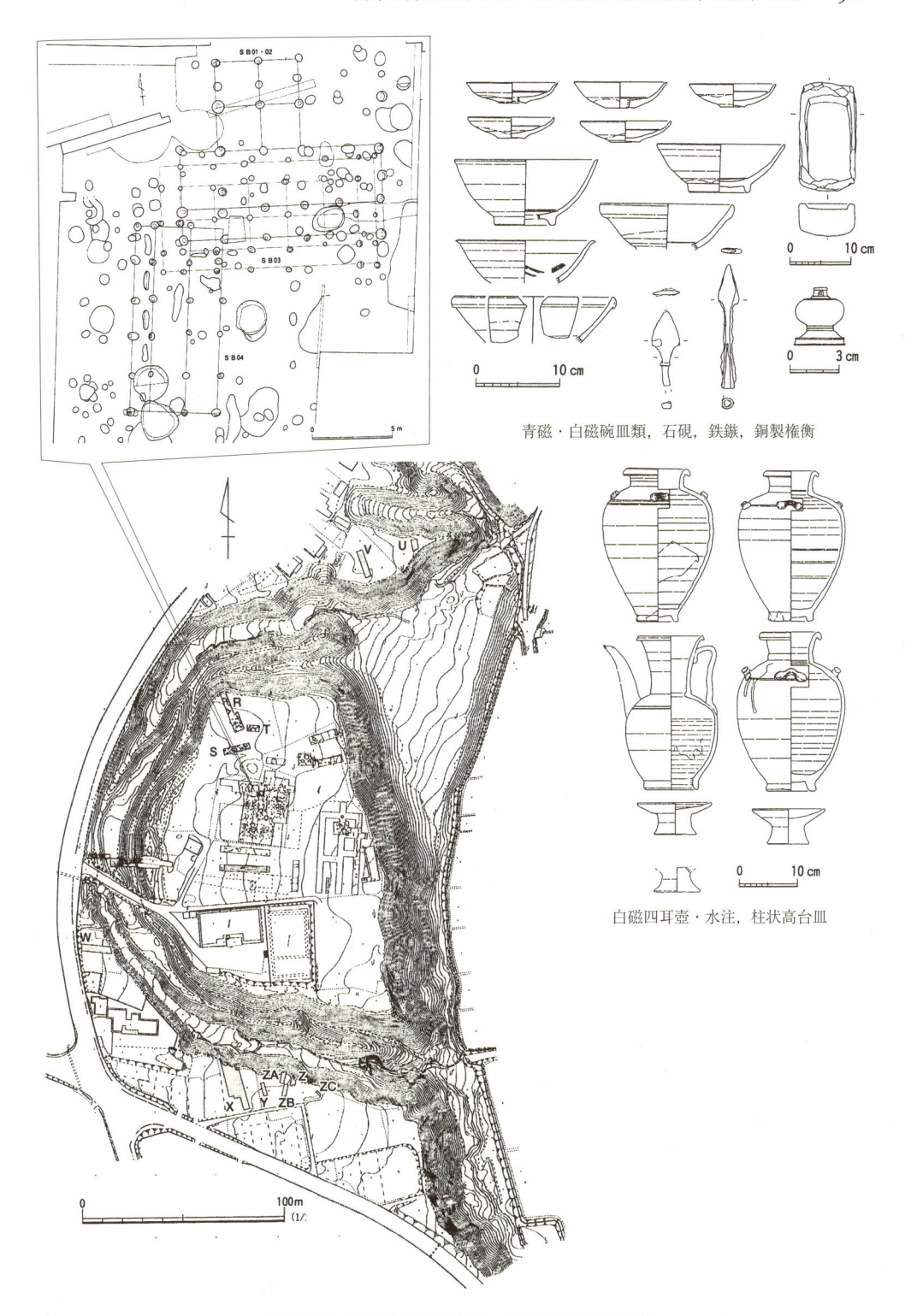

会津地方における 11・12 世紀の土器と集落, 屋敷, 城館　311

青磁・白磁碗皿類, 石硯, 鉄鏃, 銅製権衡

白磁四耳壺・水注, 柱状高台皿

第18図　陣が峯城跡全体図・遺構図と出土遺物

(2) 事例の整理

以下に前項に見てきた事例から時期毎の特質をまとめる。

10世紀後葉～11世紀前葉

　竈付き竪穴建物は10世紀後半以降，ほぼ見られなくなる。竈付きの竪穴建物は10世紀代の事例が9世紀代より少ないため，漸次に掘立柱建物に取って代わり，10世紀末から降っても11世紀前葉には，土師器長胴甕とともに姿を消していると考えられる。

　鏡ノ町遺跡や大江古屋敷遺跡事例に見るような，掘り方径70cm以上の柱穴による総面積100m^2を超える大型庇付き掘立柱建物を中心に，方向など規則性をもって配置された5棟以上の副屋群からなる古代的な様相を持つ，所謂豪族居宅や官衙的建物群も会津盆地内で確認されているのは10世紀代までである。

　この段階で，竈付き竪穴建物と掘立柱建物群を基調とする古代的な集落景観は姿を変えている。

11世紀中葉～後葉

　北遠面遺跡Ⅱ・Ⅲ期に見るように15～30m^2程度の掘立柱建物2，3棟で構成される建物群が一般階層の住居に該当しよう。北遠面遺跡は10世紀段階で寺院が付近に存在した可能性が高く，また付近一帯が古代から中世にかけての拠点的地域であったため，北遠面遺跡も拠点的集落の一画を成していたものと考えてよかろう。

　一方，同じ場所で有力・有勢階層の居宅，屋敷となるのが宮ノ北遺跡Ⅱ・Ⅲ期の建物群である。溝を伴い，主屋を中心に，桁行きの長い副屋2，3棟程度からなる屋敷構えが明瞭となっている。

　会津地方では，庇等が付き60～80m^2程度の主屋を中心に副屋1，2棟を配置する建物群からなる集落（屋敷）が9世紀代後半に現れ，10世紀代には数を増す。この形態の屋敷は，規模や建物配置の点で前述の古代的な所謂豪族居宅等とは区別される。また，主屋の規模と構造，副屋の棟数や規模などに差異があり，区画施設の有無等もあるため，規模や屋敷構え等により居住者の階層が分かれると考えられる。主屋＋副屋2棟程度を基本とする屋敷形態は12世紀以降も認められるため，集落内で一定程度の実力を持つ有力者の居宅スタイルとして定着したものと考えられる。

12世紀代

　大規模な防御施設を備える陣が峯城は，12世紀以前の当地方には見られなかった要素を持つ，いわゆる城館である。このような城館跡については継続して築かれた事例が無いため，この時期に定型化した可能性は薄く，分布も現段階では陸奥，出羽に限られるが[9]，12世紀代以前にはない，新たな形態の館，屋敷が姿を現した時期といえる。

　また，溝を持つ屋敷（最北寄り）＋小規模な単体の掘立建物（中ほど南寄り）＋宗教的施設（最南寄り）が，一定の範囲内に距離を置いて展開する荒屋敷遺跡は，当該期における集落景観の一例を垣間見せてくれる。つづく13世紀代には，溝で区画する屋敷群が集村的に営まれる北遠面

遺跡Ⅳ～Ⅴ期や古舘遺跡にみる方形竪穴建物からなる集落も営まれ，集落の姿に多様性が増す。

(3) 小結

　古代末から中世集落についての考古学的研究は，関西を中心とした11世紀以降の事例により，既に広瀬和夫氏により先駆的研究がなされている（広瀬1988）。

　広瀬氏の集落類型は掘立柱建物からなる関西の集落事例となるが，本稿事例の掘立柱建物群について広瀬氏の類型に従えば，北遠面遺跡Ⅲ期は下層農民層によるA型，宮ノ北遺跡は富裕層によるC型となる。

　荒屋敷遺跡は，自立した上層農民によるB型＋A型＋宗教的施設の建物により構成されている。古舘遺跡の事例は，古代竪穴建物集落→C型の屋敷？→方形竪穴建物による集落へと変化している。方形竪穴で構成される中世集落は東日本に見られ，当地域においては13世紀代より新たに展開を見せる集落形態である。古舘遺跡は，河川交通に関わる「津」の集落とされ（飯村2009前掲），荒屋敷遺跡についても河湊的な性格が論じられている（井2007前掲）。

　大規模な防御施設で囲隔された陣が峯城跡はD型となるが，このような11～12世紀代の城郭事例は出羽国，陸奥国域に分布が限られるようである。

　11～12世紀の会津地方では，階層の分化に加えて，集落が営まれる地勢的環境および生業などの違いにより生じてきた居住施設形態の差異が集落景観に影響を与えるとともに，地域の拠点となる場所へ集落が再結集していく様子を看取する事ができる。陣が峯城は，そのような地域の拠点的場所の支配を維持する施設として出現している。

3. まとめ

　以上，会津地方の11・12世紀の土器と集落について述べてきた。ここで土器，集落から見た，この段階の特質をまとめておく。

　まず大きいのは生活様式の変化であろう。古墳時代以来，一般階層の居住スタイルであった竈付き竪穴建物が遅くとも11世紀前葉には消滅し，これと歩を合わせるように土師器，須恵器も消える。居住形態は竈付き竪穴建物から小規模側柱掘立建物へと変化し，土器は日常の食生活用具より後退している。しかし，土器は非日常の場では使用される側面が残りつづけており，11世紀段階では口径が明確に分化し，器形も多様になっている。12世紀段階では河湊的な荒屋敷遺跡や，該期の大規模城館である陣が峯城跡，信仰の場での御前清水遺跡や熊野神社長床基壇内など，使用の場が明確化している。貿易陶磁器の供伴が顕著となるのも12世紀代の特徴である。

　一方，集落を見ると，11～12世紀代かけては，小規模側柱掘立単体乃至2棟程度からなるものと，庇や濡縁等を付ける主屋に副屋を伴うもの，2つの形態が確認できる。いずれも居宅や屋敷の単位になると見られ，前者は一般階層であろうが，後者は一定以上の有力階層であり，主屋の構造と規模，副屋の数，区画施設の有無などに営主の階層的位置や富裕の度合いが現れてい

る[10]。

　集落の継続性としては，大江古屋敷遺跡が9世紀中葉頃から10世紀代まで継続的に営まれた以外は，宮ノ北遺跡遺跡が9世紀後半と11世紀前半段階が断続的であり，古舘遺跡は11世紀段階に一旦空白期をおいて再度，屋敷が営まれている。宮ノ北遺跡，北遠面遺跡，古舘遺跡のある会津坂下町広瀬地区青津，沼越，中政所，下政所の一帯では，9〜10世紀代の集落遺跡が多く調査されており，空白期の集落は位置を変えて営まれていた可能性が高い。荒屋敷遺跡でも出土遺物には9・10世紀代の土師器や須恵器を含んでおり，前段階の集落が付近に存在している可能性が大きい。土器の事例であげた鏡ノ町遺跡も11世紀代の空白期をおいて12世紀代後半に，内屋敷遺跡も7世紀後半以来の集落が10〜12世紀代は空白期となり，13世紀代に再度屋敷群が営まれている。この状況に，11〜12世紀段階での集落の再編を看取できると考える。荒屋敷遺跡，古舘遺跡，内屋敷遺跡など河川交通の要所への再結集は，当地方の中世集落の一特質として注目される。

　本稿で事例とした遺跡の分布範囲は，会津盆地床部の西部から北西部にあたり，一帯は東北有数の宇内青津古墳群が所在地する，古墳時代以来の要地であった。北西部側の阿賀川北岸域は，会津郡より分置された耶麻郡であり，西部にあたる阿賀川南岸の地域は，会津郡もしくは河沼郡より分かれた蜷河荘にあたる。いずれも成立年代未詳であるが，蜷河荘は摂関家領荘園であり，11世紀代の成立と考えられている。摂関家領蜷河荘を東国荘園の一典型例と見れば，この地域の11・12世紀の在り方も，古代から中世にいたる典型的な地域事例の一つとして見ることが可能であろう。

おわりに

　11〜12世紀代は集落，土器ともに確認が困難となり，考古学的には把握しづらい時期とされる。

　11世紀には日常の食生活用具が木器と金属製煮炊具に変化し，居住形態についても竈付き竪穴建物から掘立柱建物もしくは平地式建物に変わったと考えられている。また，秋田県胡桃舘跡埋没家屋のような板組みによる建物の存在も考慮する必要がある。いずれも地中に痕跡が残りにくい。

　しかし，12世紀代より，地中に加えて経塚や城館跡など地上にも遺構を遺すようになる。考古学的資料のみならず現存の仏教彫刻や寺社建造物など，さらに地名等も歴史資料として扱える場合がある。新宮熊野神社長床基壇内の事例は，寺社建造物と考古資料が結びついた好例であろう。

　考古学的には11・12世紀は地下遺構中心の「古代」から，地下と地上にも遺構を残す「中世」への狭間とも言える。本稿がその狭間の時期を考古学的に捉えていく一助となれば幸いである。

　最後となりましたが，東国史論は筆者にとっては，論文投稿の機会をいただき，研究研鑽の場

となる貴重な存在でした。東国史論が終巻を迎えることは非常に寂しいのですが，最後の寄稿者に加えていただいた事を感謝申し上げます。また群馬考古学研究会の方々や，日頃よりご教示を頂いている桐生直彦氏，時枝務氏，飯村均氏，吉田博行氏および，和田聡氏，植村泰徳氏をはじめとする同僚諸氏に記して感謝し，結びといたします。

（第2～14・17・18図は参考引用文献にあげた報告書の掲載図より抜粋，加筆している。第15・16図は報告書掲載図をもとに作図したものである。）

注

1) 本稿では，内面黒色処理の所謂内黒ロクロ土師器と内外面黒色処理の食膳具を土師器としている。
   非内黒のロクロ土器は東北地方では須恵系土器と呼称するのが一般的であるが，会津地方の当該土器には須恵系土器の要素にはない，再調整を施すものが多く存在するため，本稿では赤焼土器を用いる。
   ただし当地の赤焼土器は，顕在化の時期や推移，器種，形態では須恵系土器と大凡で同じ様相を持つ。
2) 杯形土器に底口，高口指数を用いる分析方法は木本元治の研究に従う（木本1984）。なお，本稿で表に現した各遺跡の土器の個体計算や，建物の面積値は報告書掲載の観察文と表によった。
3) 鏡ノ町遺跡A・Bの古代の建物群については，報告文も含めて豪族居宅・館とする考えが主流であるが（菅原2007・2009前掲），最近，寺院とする見解が出されている（窪田2011）
4) 高崎遺跡井戸尻地区出土土器群については，高野芳宏（高野1991）により報告され，柳澤和明（柳澤1994），村田晃一（村田1995），により時期が言及されている。
5) 会津地方の8世紀末から10世紀代の土器については，ロクロ土師器杯の底口・高口指数値と形態をもとに分類して年代観を提示している（山中1999・2000・2002・2003）。
6) 筆者は北遠面遺跡SK87出土土器群について，10世紀後半～末の年代を与えたが（山中2004），本稿であらためておきたい。
7) 新編会津風土記は，会津藩により編纂された領内の詳細な地誌で，成稿は文化6年（1809）である。在村の中世古文書や金石銘文資料などを所収しており，史料性が高いと評される。
8) 本稿では，便宜的に古代の竪穴建物を竈付き竪穴建物，中世期のものを方形竪穴建物とする。
9) 陸奥国では藤原氏や安部氏，出羽では清原氏関連の事例が中心となっている。
10) 該期の階層分化や富裕階層が現れてくる歴史的，社会的背景の解明は，9世紀～10世紀代の集落の様態を丁寧に分析していく必要がある。会津地方でのこの課題については別稿を用意している。脱稿後，会津郡衙推定値である郡山遺跡で，11～12世紀代の建物遺構が会津若松市教育委員会の調査により検出されている（五十嵐純一氏のご教示による）。この点についても別稿に期したい。

参考引用文献

飯村　均　2009『中世奥羽のムラとマチ』　東京大学出版会
岩手県考古学会編　2006『古代末期から中世前期の居館と宗教　資料集』　岩手県考古学会
井　憲治ほか　2003『会津北縦貫北道路遺跡発掘調査報告2　荒屋敷遺跡』　福島県教育委員会
井　憲治ほか　2004『会津北縦貫北道路遺跡発掘調査報告3　荒屋敷遺跡2次』　福島県教育委員会
井　賢治ほか　2004『会津北縦貫北道路遺跡発掘調査報告4　荒屋敷遺跡3次』　福島県教育委員会
井　憲治　2007「12世紀の川湊とその風景」『中世会津の風景』　高志書院
植村泰徳・和田聡ほか　2004『内屋敷遺跡』　塩川町教育委員会

小笠原好彦 1976「東北地方における平安時代の土器の二，三の問題」『東北考古学の諸問題』 東北考古学会

管野和博ほか 2009『会津北縦貫北道路遺跡発掘調査報告9 高堂太遺跡（4次）』 福島県教育委員会

金ヶ崎町中央生涯教育センター編集・発行 2011『第九回 安部氏の柵シンポジウム』

金ヶ崎町中央生涯教育センター編集・発行 2012『安部氏のうつわ検討会』

木本元治 1984「重回帰分析によるロクロ調整杯形土器群器形記述の試み」『福島考古』第25号 福島県考古学会

桑原滋郎 1976「須恵系土器について」『東北考古学の諸問題』 東北考古学会

窪田大介 2011「第二部 第一章 九世紀陸奥国における掘立柱仏堂の展開 十一鏡ノ町遺跡」『古代東北仏教史研究』 佛教大学研究叢書 法蔵館

後三年（役）史跡検討会編集・発行 2006『古代末期土器検討会資料集 清原のかわらけ』

シンポジウム実行委員会編集・発行 1990『シンポジウム「土器から見た中世社会の成立」』

菅原祥夫 2007「東北の豪族居宅」『古代豪族居宅の構造と機能』 奈良文化財研究所

菅原祥夫 2008「東北の豪族居宅（補遺）」『蔵王東麓の郷土誌 中橋章吾先生追悼文集』 中橋章吾先生追悼論文集刊行会

高野芳宏 1991「高崎遺跡井戸尻地区の調査」『多賀城市史』4 考古資料 多賀城市

中世土器研究会編 1995『概説 中世の土器・陶磁器』 真陽社

東北中世考古学会編 2003『中世奥羽の土器・陶磁器』 高志書院

奈良文化財研究所編 2008『胡桃館遺跡埋没建物部材調査報告書』 北秋田市役所

中山雅弘 1988「福島県における中世土器の様相」『東国土器研究』第1号 東国土器研究会

文化財建造物保存協会編 1974『重要文化財熊野神社長床修理工事報告書』 重要文化財熊野神社長床修理委員会

広瀬和雄 1988「中世村落の形成と展開」『物質文化』50 物質文化研究会

古川利意ほか 1985『御前清水遺跡・金山遺跡』 耶麻郡山都町教育委員会

福田秀生・菅原祥夫 2006「第1編 荒屋敷遺跡（5次）」『会津縦貫北道路遺跡発掘調査報告6』 福島県教育委員会

北陸古代土器研究会編集・発行 1997『シンポジウム北陸の10・11世紀代の土器様相』

村田晃一 1995「宮城郡における10世紀前後の土器」『福島考古』第36号 福島県考古学会

柳澤和明 1991「III 第61次調査」『宮城県多賀城跡調査研究所年報1991 多賀城跡』 宮城県多賀城跡調査研究所

柳澤和明 1994「1 東北の施釉陶器 ―陸奥を中心に―」『古代の土器研究 律令的土器様式の西・東』 古代の土器研究会

山中雄志 1994「ロクロ土師器を中心とする会津地方の土器様相（前編）」『福島考古』第40号

山中雄志 1995「ロクロ土師器を中心とする会津地方の土器様相（後編）」『福島考古』第41号 福島県考古学会

山中雄志 2003「古代会津地方の長胴甕にみる特質について」『行政社会論集』第15巻3号 福島大学行政社会学会

山中雄志 2004「会津地方西半における平安時代の土器の移り変わり」『文化財シンポジウム「会津地方の平安時代」報告書』 河沼郡会津坂下町教育委員会

山中雄志 2007a「神仏習合　陸奥南部の一中世社寺の事例から」『季刊考古学』97号　雄山閣
山中雄志 2007b「新宮熊野神社と新宮城跡」『中世会津の風景』　高志書院
山中雄志ほか 2008『会津新宮城跡発掘調査報告書』　喜多方市教育委員会
吉田博行ほか 1990『大江古屋敷遺跡』　河沼郡会津坂下町教育委員会
吉田博行ほか 1992『北遠面遺跡』　河沼郡会津坂下町教育委員会
吉田博行 2007「会津蜷河荘成立前後の様相」『中世会津の風景』　高志書院
吉田博行 2008『会津陣が峯城跡』　河沼郡会津坂下町教育委員会
和田　聡ほか 1992『阿賀川Ⅱ期地区遺跡発掘調査報告書　宮ノ北遺跡』　河沼郡会津坂下町教育委員会
和田　聡 1994『阿賀川地区遺跡発掘調査報告書　古舘遺跡　高畑遺跡』　河沼郡会津坂下町教育委員会
和田　聡 1997『鏡ノ町遺跡A』　耶麻郡塩川町教育委員会
和田　聡ほか 2001『鏡ノ町遺跡B』　耶麻郡塩川町教育委員会
和田　聡 2007「十世紀～十一世紀の会津」『中世会津の風景』　高志書院

農事の馬小屋
―あなたも知らずに馬小屋を掘っていた―

篠 崎 譲 治

はじめに

　2010年10月に『馬小屋の考古学』を刊行した。この本のねらいは，主として「馬小屋がどのような構造をしているのか」に焦点を当て，「何をもって馬小屋であると判断してよいか」を明らかにすることであった。そしてまた，これまで竪穴状遺構として葬り去られてきた馬小屋を再び蘇らせることにあった。本稿では，「何をもって馬小屋であると判断するのか」を概説し，もっとも発掘されることが多い農事に関わる馬小屋に絞って記すことにしたい。農事とは，耕作する，作物・道具・肥料などを運搬する，堆肥の原料である糞尿を生産するなどをいう。本稿で割愛した排尿・排水施設[1]をもつ馬小屋については『馬小屋の考古学』を，厩舎については『馬小屋の考古学』ならびに「馬小屋・厩舎の個室から見えてくるもの」（『土壁』第12号）をご覧いただきたい。

　なお，報告書に馬小屋と記されているものは馬小屋名を，馬小屋と判断されるが掘立柱建物・竪穴状遺構・SX・SBなどと記されているものについてはそのまま記すことにする。

　また，本稿で使用する個室とは，馬1頭に与えられた，柱で囲まれた方形の空間という意味である。「馬房」という語もあるが，馬小屋・厩舎の意味にも使用されているので個室の語を使うこととする。

1. 馬小屋の判断基準

　何をもって馬小屋であると判断するのか，その判断基準をまず記す。この判断基準は，多数の発掘事例に見る馬小屋の地中構造と，多くの方からの聞き取りや民俗事例および文献に記された馬小屋の構造とが一致していることに基づいて，「何をもって馬小屋とするのか」を提示したものである。

①**竪穴が設けられている。**

　竪穴を設けるのは，ワラや木の葉などを糞尿とともに踏ませ，堆肥の原料を製造するためであり，それが外に洩れないようにするためである。竪穴の平面形は，方形〜長方形である。竪穴の

深さは，7cm～2mと幅がある。長野県開田村（現在，木曽町）では深さ2mという記録もある。竪穴壁は，素掘りのままのものが多いが，腰板や石組みを設けているものもある。

②カマド・炉はない。

　発掘事例，聞き取り調査事例，『日本の馬と人の生活誌』に取り上げられた民俗事例，および近世の『百姓伝記』の馬小屋について書かれた箇所には，馬小屋内にカマド・炉が設けられているという報告や記載はない。しかし，竪穴壁～床面・尿溜め・スロープに，焼土・炭化物の散布域が見られる発掘事例も少なくない。この焼土・炭化物の散布域は，『日本の馬と人の生活誌』に，「蚊・蠅駆除のために煙でいぶりだし……，発煙材料には地域差があるが，野草，レンゲの種殻，桐葉，杉葉，乾燥蓬などである」と記されている。したがって，馬小屋内の焼土や炭化物の散布域は，馬小屋内で行われた蚊・蠅をいぶりだすために駆除材を焚いた痕跡である。

③床面は傾斜している。

　尿溜めに尿を導き，横になって寝る馬が起きやすいようにするためである。傾斜は，尿溜めに向かって付けられ，きわめてゆるいものから中華鍋状のもの，一方向に傾斜するものなどがある。

④尿溜めがある。

　尿溜めの多くは竪穴内に設けられ，傾斜した床面の先すなわち最深部にある。素掘りのもの，木桶，石組みのもの，尿を汲み取ることで自然に抉れたものなどがある。素掘りの尿溜めには，溝状のものもある。深さは25cm～約1mである。屋外に尿溜めを設け，尿を竪穴内から溝や樋などを伝わらせて溜めるものもある。なお，竪穴に設けられた尿溜めのうち，深いものには足を守るためのスノコが敷かれていたと考えてよいだろう。

⑤張り出しが付くものがある。

　張り出しは，人馬の出入り口にあたるので，人馬の出入りによって，あるいは厩肥上げによって自然に抉られたとも考えられるが，当初から人為的に造られたものとも考えられる。

　ただし，張り出しがあれば即馬小屋というわけではない。張り出しは，作業小屋・倉庫・詰所・桑室などにも見られる（第5図参照）。また，張り出しがないことは，馬小屋であることを否定するものではない。

⑥スロープが設けられているものがある。

　スロープは，竪穴外部への出入り口に接続している。人馬の出入りや厩肥上げをしやすくするための施設である。竪穴を掘るときに地山を掘り残したものが多いが，丸太をその上に設置したものや，平らな石を階段状に設置したものもある。これをもつ竪穴建物は馬小屋である可能性は高い。

なお，スロープが設けられていないことは，馬小屋であることを否定するものではない。反対に，スロープが設けられていれば即馬小屋であるとはいえない。作業小屋・納屋・詰所などにもスロープが見られる場合がある（第5図参照）。

⑦柱は竪穴の周囲を方形に回る。

古代～近現代の発掘された農事に関わる馬小屋34例のうち27例が竪穴を回る柱が方形を描いている。また，柱が後世の耕作などによって削平され不明となったものが7例あるが，竪穴の形状が方形であることから，柱はその外側を方形に回っていたと考えられる。したがって，馬小屋の柱は，竪穴の外側あるいは個室の周囲を方形に回っていると考えてよいだろう。この項目を，農事に関わる馬小屋に限っての判断基準に加えておきたい。

2. 発掘事例

これまでに発掘された馬小屋であると判断される古代～近現代の事例を第1～3図に掲載する。馬小屋は，母屋の内部に設けられたもの（内馬屋）と母屋の外に設けられたもの（外馬屋）があるが，いずれにしても馬が寝起きする部屋（個室）および飼葉置き場や通路から成っている。個室は，柱で囲まれ馬栓棒・板壁（腰板）などで仕切られている。なお，竪穴部分のみ残存している馬小屋があるが，これは竪穴を方形に囲む柱穴が耕作などによって削平されたものと考えている。

馬小屋内の個室が造る全体の形状をわかりやすくするために，次のように分けて表現した。
1 個室のみ：口の字形　2 個室が並ぶ：日の字形　3 個室が連続する：目の字形　4 個室：日の字形が連続し田の字形を造る。ただし，その可能性があるにとどめる。4個室以上が連続する：ハシゴ形

古代の馬小屋　第1図は古墳時代（6世紀中頃）～奈良・平安時代の馬小屋である。群馬県黒井峯遺跡の馬小屋は，ゆるい傾斜面に設けられ，浅い竪穴をもち，スノコと考えられる板が敷かれていることが特徴である。C85は「日の字形」に2個室，C50・77は「目の字形」に3個室，C76は「ハシゴ形」に4個室が並ぶ。個室列に沿って通路が設けられている。

馬小屋ごとに個室の規模にばらつきがあるが，幅が狭いのが気になるところである。ことにC50・76家畜小屋は幅1.6～1.8mとたいへん狭い。個室は横木や腰板などによって仕切られるが，飼養されていた馬が体長約1.5mの木曽馬ほどの馬であれば，幅1.6～1.8mは馬が向きを変えるにはぎりぎりの広さであると思われ，首・胸および尻を傷つける恐れがあるだろう。またC77・85家畜小屋の個室幅もけして広いとはいえない。

坂口一は，黒井峯遺跡と同じ時期の，群馬県子持山村白井地区で出土した馬の蹄跡から名付けられた白井馬について語っている。白井馬の大きさは，蹄の幅を計測しコンピュータ分析したところ，「木曽馬ぐらいの馬らしいということがわかった」という（坂口2010）。したがって，黒井峯遺跡の馬小屋における個室の幅が狭いのは，当時の馬が体長1.5m前後[2)3)]・体高1.3mの木

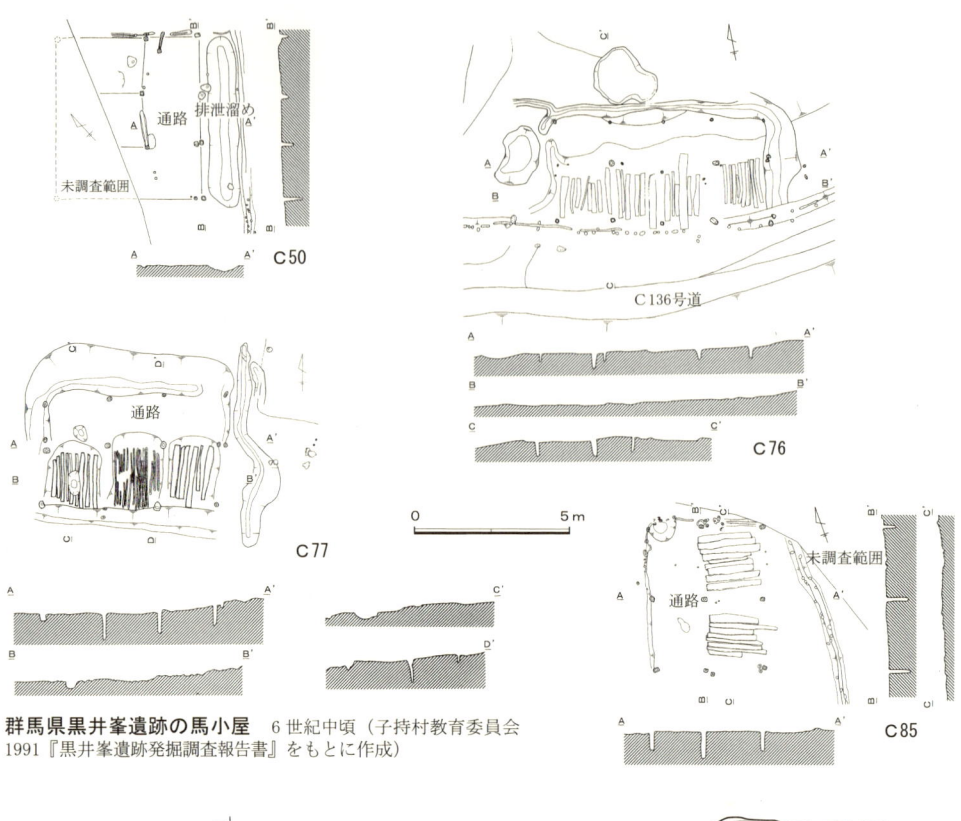

群馬県黒井峯遺跡の馬小屋　6世紀中頃（子持村教育委員会1991『黒井峯遺跡発掘調査報告書』をもとに作成）

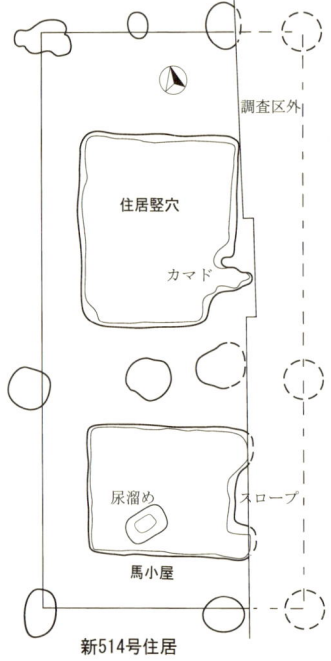

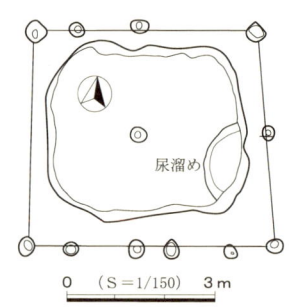

東京都南広間地遺跡235号竪穴状遺構　奈良・平安時代（日野市遺跡調査会1997『南広間地遺跡9』をもとに作成）

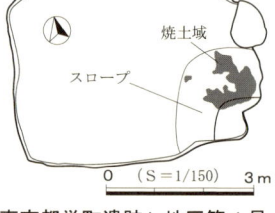

東京南広間地遺跡新514号住居の竪穴と馬小屋　10世紀後半（日野市遺跡調査会1998『南広間地遺跡12』をもとに作成）

東京都栄町遺跡L地区第1号竪穴状遺構　10世紀後半（日野市栄町遺跡調査会1995『栄町遺跡』をもとに作成）

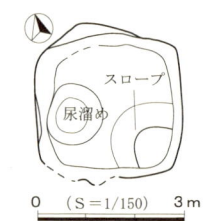

東京都栄町遺跡B地区第1号竪穴状遺構　10世紀後半（日野市栄町遺跡調査会1995『栄町遺跡』をもとに作成）

第1図　古代

農事の馬小屋 323

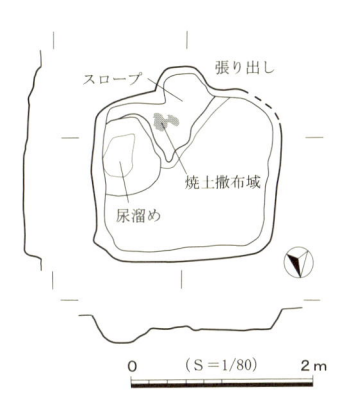

東京都南広間地遺跡第18次調査地点の竪穴状遺構　中世前期（日野市遺跡調査会1994『田中藤重による協同住宅建設に伴う埋蔵文化財発掘調査報告書』をもとに作成）

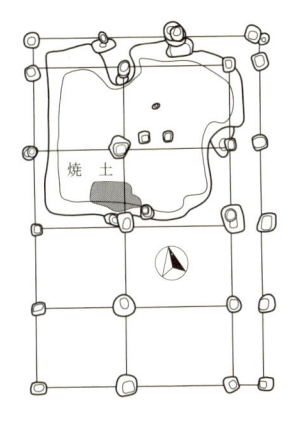

神奈川県上浜田遺跡ＳＢ03　13世紀後半～15世紀前半（神奈川県教育委員会1979『上浜田遺跡』をもとに作成）

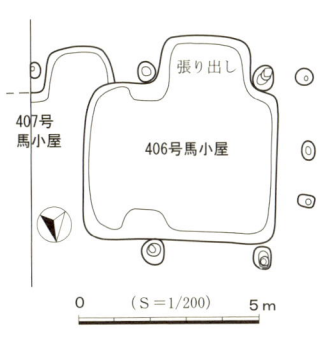

東京都南広間地遺跡406号馬小屋　15世紀後半以降（群馬考古学研究会1992『東国史論』第７号をもとに作成）

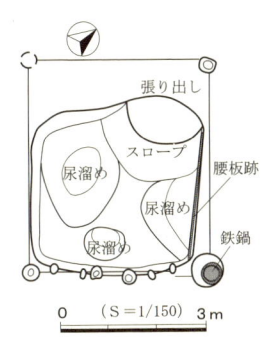

東京都南広間地遺跡427号馬小屋　15～16世紀（日野市遺跡調査会1997『㈱大京Ｖ共同住宅建設に伴う埋蔵文化財発掘調査報告書』をもとに作成）

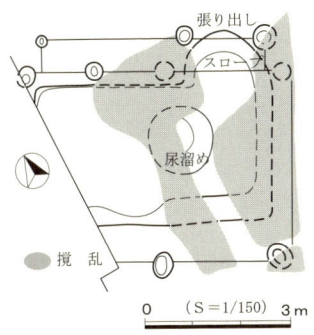

東京都南広間地遺跡433号馬小屋　15～16世紀（日野市遺跡調査会1997『日野税務署建設に伴う埋蔵文化財発掘調査報告書』をもとに作成）

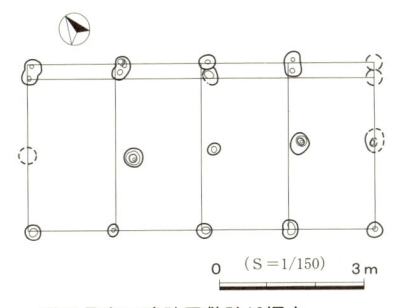

群馬県東田遺跡屋敷跡12掘立　14～15世紀前半頃（新田町教育委員会1987『東田遺跡』をもとに作成）

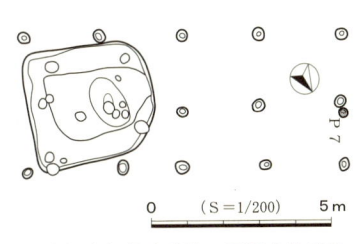

東京都姥久保遺跡第３号掘立柱建物と第２号竪穴状遺構　中世（東京都西部住宅建設事務所1999『姥久保遺跡Ⅱ』をもとに作成）

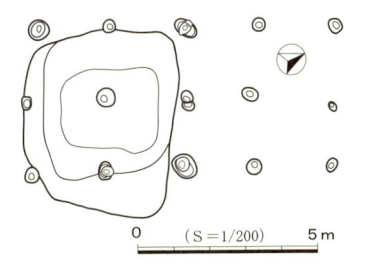

東京都姥久保遺跡第６号掘立柱建物と第５号竪穴状遺構　中世（東京都西部住宅建設事務所1999『姥久保遺跡Ⅱ』をもとに作成）

第２図　中世

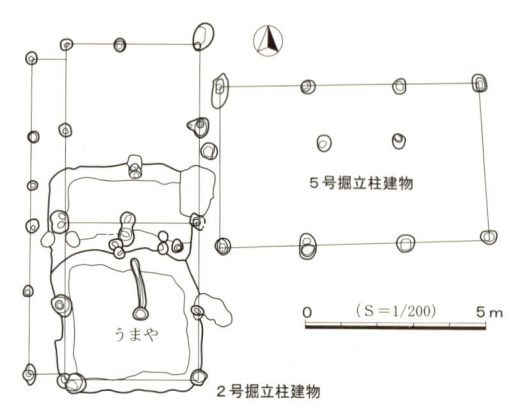

群馬県今井道上・道下遺跡2号掘立柱建物と馬小屋
近世初頭以前（南から。群馬県埋蔵文化財事業団1995『群馬県今井道上・道下遺跡』をもとに作成）

群馬県尾坂遺跡馬小屋竪穴部（上が北）
～1783年　竪穴北西隅にスロープが設けられている。桶で作られた尿溜めが、竪穴の外にある（群馬県埋蔵文化財調査事業団2007『遺跡は今』第15号より）

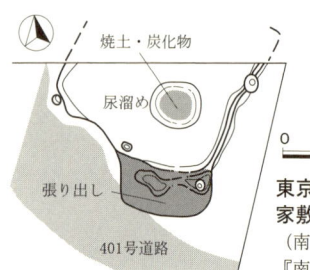

東京都南広間地遺跡柴崎家敷地内の馬小屋　17世紀代
（南広間地遺跡整理調査団2007『南広間地遺跡』をもとに作成）

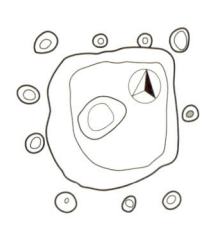

東京都落川・一の宮遺跡2号馬小屋
17世紀末葉から19世紀後葉（落川・一の宮遺跡調査会1999『落川・一の宮遺跡Ⅰ』をもとに作成）

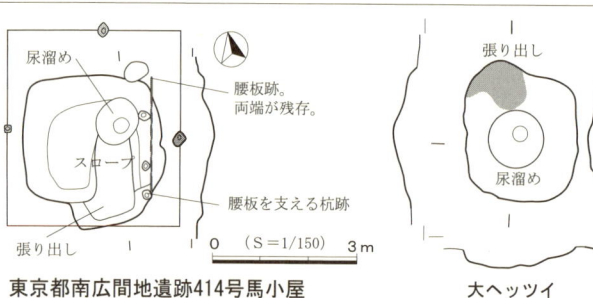

<近世>

<近・現代>

東京都南広間地遺跡414号馬小屋
明治期（南広間地遺跡整理調査団2007『南広間地遺跡』をもとに作成）

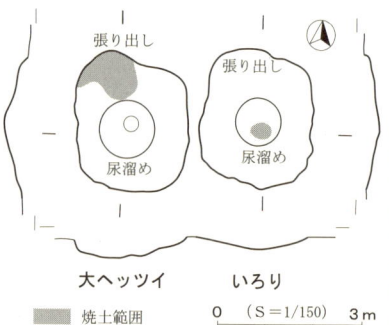

東京都南広間地遺跡第28次調査の大ヘッツイといろりとされた馬小屋
～昭和20年前後（日野市遺跡調査会1996『南広間地遺跡第28次調査』をもとに作成）

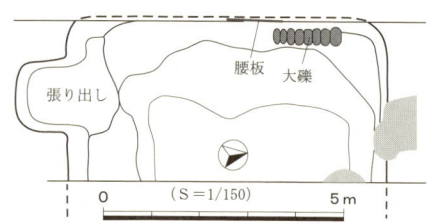

東京都南広間地遺跡412号馬小屋
大正期（南広間地遺跡整理調査団2007『南広間地遺跡』をもとに作成）

南部曲屋のうまや
（石川さとみ氏提供。1992撮影）

第3図　近世・近現代

曽馬より小さかったからではない。とすると、個室内を馬が自由に動き回れる造りではなく、馬を一方向に向けて飼養していた可能性が高いことになる。

また、個室の幅・奥行ともに狭く取り、個室が「目の字形」や「ハシゴ形」に並ぶ形状は、厩舎の造り[4]に似ていることから、平時には農用馬であるが、必要に応じて軍用馬・情報伝達用馬などの任に就く馬を繋ぎ置く馬小屋であったのかもしれない。

下段の4例は、10世紀後半代の馬小屋を内にもつ住居および馬小屋である。東京都南広間地遺跡235号竪穴状遺構は、竪穴中央に柱穴をもつ馬小屋であり、上屋を支え、かつ個室を2個室（日の字形）もしくは可能性として4個室（田の字形）に分けるための柱を設けたと考えられる。東京都南広間地遺跡新514号住居の馬小屋は、竪穴建物内にもうひとつの竪穴である馬小屋が設けられている事例であり、竪穴建物と馬小屋を全体で1つの遺構として捉える必要がある例である。

中世の馬小屋　第2図は中世の馬小屋である。東京都南広間地遺跡の馬小屋および神奈川県上浜田遺跡SB03には、張り出しが見られる。スロープや尿溜めがはっきりしているものも多い。群馬県東田遺跡12掘立には、図には表されていないが、浅い竪穴が認められる。

群馬県東田遺跡12掘立は「ハシゴ形」に4個室が並び、東京都南広間地遺跡433号馬小屋は「目の字形」に3個室が並ぶ。個室の幅が2m前後と狭く、馬を1方向に向けて繋いだと思われる。日頃は農事に携わるが、有事には軍用馬あるいは輸送用馬としての馬を飼養していた厩舎と捉えてもよいだろう。

神奈川県上浜田遺跡SB03および東京都姥久保遺跡第6号掘立柱建物と第5号竪穴状遺構からなる馬小屋は、竪穴中央に柱穴があるが、上屋を支えるために必要なだけでなく、個室を2個室（日の字形）もしくは可能性として4個室（田の字形）に分けるための柱を設けたと考えられる。

なお、東京都南広間地遺跡や東京都姥久保遺跡の馬小屋は西党日奉氏一族に、また神奈川県上浜田遺跡SB03は秩父平氏の一族渋谷氏に関係し、群馬県東田遺跡12掘立は新田荘の有力農民とされているように、中世の馬小屋は中世武士団と密接に関わっていたと思われる。

近世の馬小屋　第3図上段は、近世の馬小屋である。群馬県尾坂遺跡の馬小屋は、1783年に浅間山噴火によって埋没した礎石建の農家のものである。馬小屋は、農家の南西部に設けられた内馬屋である。スロープとともに床面上に尿溜めが認められ、かつ竪穴と重複するように桶が設置されている。尿溜めに溜まった尿を汲み取り、桶で尿を熟成させたのであろう。尾坂遺跡の馬小屋に対して、近世初頭以前の群馬県今井道上・道下遺跡の馬小屋は、母屋と別棟（外馬屋）となっているが、時期差か地域差なのか気になるところである。

近現代の馬小屋　第3図下段は、近現代の馬小屋である。中華鍋状の床および尿溜めをもち、張り出しやスロープがあるなど、古代〜近世までの馬小屋と大差ない。南部曲屋の馬小屋は、張り出しやスロープの有無は不明であるが、竪穴の深さや形状のあり方をよく示している。ただし、南部曲屋の紹介ホームページを見ていただくとわかるが、復元あるいは移築された南部曲屋では、馬小屋の竪穴が平坦に埋められたものが多く残念である。

3. 文　献

　馬小屋について記した文献はきわめて少ない。ここでは，『百姓伝記』を取り上げる。『百姓伝記』は，近世に著わされた全15巻からなる著作であり，「三河および遠州を舞台に，主として農業技術について述べている。著書および成立年代は明らかではないが[5]，農書としてはもっとも古い時代に成立したものに属し，最大のものの一つである」（本書巻頭）。この書には，馬小屋の構造や厩肥また厩肥置き場などを考える上で重要な事柄が少なからず記されている。本稿では岡光夫・守田志郎により現代語訳されたものを記す。

　巻4　屋敷構善悪・樹木集　馬屋の事（抜粋）
　1，百姓は馬屋を広く造り，湿気の少ないところを選んで深く掘って，敷草を多く入れて踏ませること。馬はつないでおいてはいけない。冬は寒くないようにわらで外側を囲い，夏は涼しいようにして，馬屋に入れて飼うこと。ただし，外につなぐ場所を作ること。百姓にとって肥料は第一に大切なものであるから，馬屋には充分な配慮をすること。湿気のある土地では棟を高くして，腰板を打ち，また竹で垣を作ったりして，敷草を多く入れるようにすること。武士の馬屋のように敷草をしばしば取り出すことは，糞尿がわらに浸み込まないので肥料とするにはよくない。

　巻6　不浄集　馬屋の事（抜粋）
　1，百姓の馬屋は，1頭だけ飼う場合でも9尺四方か2間四方にすること。せまい馬屋はよくない。馬の立つところを地面から3尺も4尺も掘って，常にわらや草をたくさん入れて踏ませる。湿気の多い屋敷の馬屋は，馬の立つところを深く掘ることができないので，棟を高くして腰板を打つと具合がよい。
　1，馬はつながないようにする。「ませ」で入口をふさいで，放し飼いにして厩肥を踏ませること。つないだ馬は1か所だけを踏むので，馬もよごれるし肥料をとるにも都合が悪い。
　1，百姓の馬屋は四方をぐるりと人が歩けるようにして，飼料の桶を何か所にも吊るすと具合がよい。
　1，馬屋を建てるところは排水が外に流れ出るようにして，それをためる穴を掘って毎日尿などを汲み取るのがよい。馬屋が湿っては馬が冷えてやせるし，また厩肥の質が落ちる。百姓の家屋敷に湿気はよくない。
　1，厩肥やごみ溜めの肥料は，草，わら，野芝，道芝，山芝，ごみ，芥だけを入れて馬に踏ませて腐らせたのでは効果が少ない。そのため，乾いた砂土を一層ごとに運び込んで，いろいろのごみと腐り合うようにする。50日も100日もたってから，これを外庭に取り出して山のように積み上げ，さらに腐るのを待って利用する。

『百姓伝記』に書かれた馬の性格，馬小屋の構造と役割，厩肥などについてまとめると，次のようになる。

馬小屋内に竪穴が設けられている　馬小屋の広さは，9尺〜2間（約2.7〜3.6m）四方である。竪穴の深さは3〜4尺（約90〜120cm）である。そこにワラや草を入れ，糞尿とともに馬に踏ませ，厩肥の原材料を作る。

床面・排水路には傾斜をつける　床面の形状については触れられていない。しかし，「馬屋を建てるところは排水が外に流れ出るようにし」は，"傾斜"のついた床面および排水路を造ることを前提にしている。傾斜がなければ尿・水は流れない，という誰もが知っている自明の理は省かれている。

外に尿・水を溜める穴（尿溜め）を設ける　馬小屋から流れ出た尿・水をこの穴に溜める。

馬小屋の外に，馬を繋ぐ場所を造る　手綱を結ぶための横木を渡した，柵状のものであろう。

馬は湿気を嫌う　これが馬の性格であり，それを踏まえて馬小屋を造る。馬小屋の棟を高く造る，四方に腰板などを貼る，である。

厩肥置き場と厩肥の熟成，施肥　馬に踏ませた堆肥の原材料（元肥）は，50〜100日たってから外庭に取り出し積み上げ，醸成させる。それを田畑に施す。

武家の厩肥　武家の馬小屋では，ワラや草をしばしば取り出すが，ワラや草に糞尿が浸み込まないため，肥料としてはよくないものができる。

馬小屋の四方を人が歩けるように造る　飼葉桶や水桶を換えやすくするだけでなく，糞尿の踏まれ具合や馬の様子をよく観察できるようにとのことであろう。

なお，カマド・炉についての記述はない。

このように『百姓伝記』に記された馬小屋は，発掘された農家の馬小屋の構造と合致していることがわかるだけでなく，馬とともに生きていた農民の馬への心遣いが伝わってくる。

4. 聞き取り事例

馬小屋と思われる遺構が検出されるたびに，地元の方がたから聞き取りを行ってきた。また，調査にあたった調査作業員に，家族からの聞き取りをお願いした。この聞き取りをもとに，馬小屋はどのような構造になっているのか，それがどのような役割を果たしているのかなどについてまとめる。第4図上段を参照していただきたい。

聞き取り1

発掘を毎日見に来た80歳くらいの老人からの聞き取りである（第4図右上）。

「馬小屋は，地面を数10cm掘り下げて，床は壁に向かってゆるく立ち上げ傾斜をつけて造る。それは，馬は横になって寝るが，床が平らだと起き上がるときに苦労するので，楽に起き上がれるようにするためだ」「馬の尿や糞は最高の堆肥のもとになるので，農家の馬小屋は，尿が溜ま

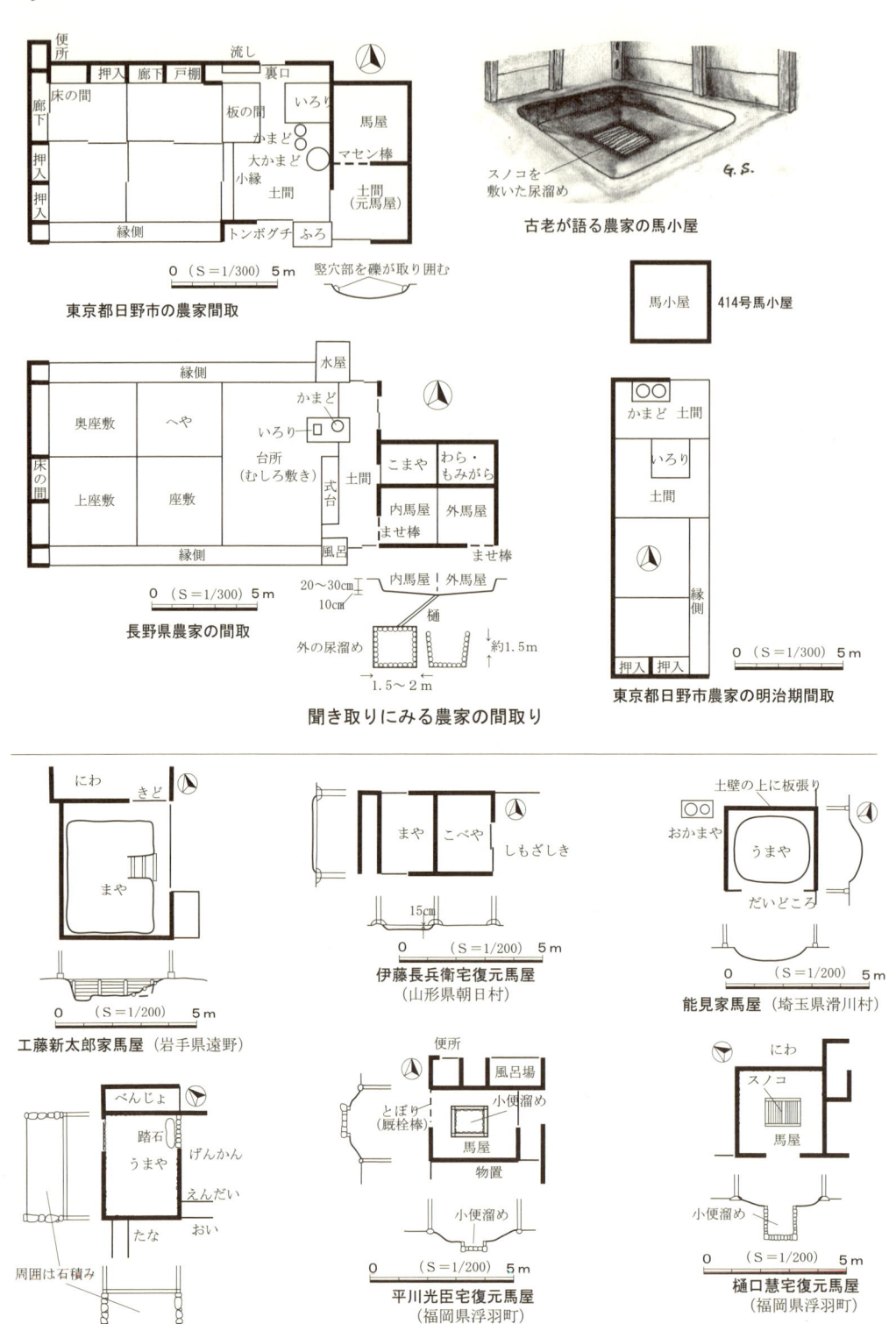

第4図

るように床に穴をあける。これを溜めという。その上にスノコを敷く。田畑を耕すのと堆肥を作るには馬が一番だ」(1991.8採録)

聞き取り2

調査現場でよく出会った新都市建設公社所長（当時）であったS氏からの聞き取りである。S氏の実家は日光東照宮の氏子で，神馬を代々飼育してきた。

「馬小屋は地表から1mほど地面を掘り下げ，壁や床は大谷石を組んで造られ，中央には大谷石を組んだ四角い落ち込みが造られていた。尿を中央の落ち込みに集めるために，また横になって寝る馬が起きやすくするために，床は中央に向かってゆるい傾斜がつけられている。馬は，床の高いほうを頭にして寝る。なにかの拍子に反対に寝ると，起き上がれなくなり，梁にロープを掛けて大勢で引っ張り上げたこともある。ワラや木の葉を糞尿と一緒に踏ませて堆肥のもとにし，それを1～2か月ごとに取り出す」(1991.8採録)

聞き取り3

調査作業員のAさんによる，岐阜の父親からの聞き取りである。実家は農家である。

「マヤ（馬屋）は母屋の中にあった。マヤの床は掘り込んであって，その床に溝が掘ってある。床に溜まった尿は，この溝を伝ってマヤの外の肥ガメに溜めた。そこで尿が熟成すると，水で薄め肥料として田に撒いた。マヤには途中柱がないところがあり，そこは馬の出入り口で，1～1.5間の取り外せる横木を渡してある」(1991.10採録)

聞き取り4

調査作業員のHさんによる，信州出身の夫からの聞き取りである。夫の実家は農家である（第4図中段左）。

「マヤ（馬屋）は，つながった内マヤと外マヤがあって，内マヤは夏場，外マヤは冬場に使う。マヤは，土間から20～30cm掘り下げて造り，内マヤと外マヤの床は，内マヤと外マヤの境に向かって10cmほど下がる傾斜がついている。真中に溜まった尿は，竹をくりぬいたトヨ（樋）を伝って，外にある尿溜めに溜める。尿溜めは，1.5～2mの正方形，深さは1.5mほどの石組みで，そこで雨水などで薄められて肥料になる。壁がないところが馬の出入り口で，1.5間くらいのマセ棒を渡してある」(1992.12採録)。

間取り図からすると，マヤは母屋に連続しているが別棟と思われる建物内にあり，土間の東側に位置している。

聞き取り5

調査作業員のIさんによる，父親のからの聞き取りである（第4図左上）。

「馬屋は，母屋内にあって土間の東側に設けられている。馬屋は，8畳の広さで，土間より30～40cm掘り下げ，床は中央に向かって傾斜がついている。そこに落ち葉とワラを切ったものを敷き詰め，糞と尿を混ぜて馬に踏ませ，それを畑に積んでおく。この場所を"こいま（肥え間）"という。掘り込みの内側を，出入り口を除いて，大きな石で取り囲み，木の葉やワラ，糞尿がはみださないようにする。馬に代わって昭和35年頃までは牛を飼っていたが，それ以前は，

5月頃になると馬喰からある期間を限って馬を借りてきた。馬の尿だけでなく，風呂の排水も溜桶に溜めて肥料にした。マセン棒は，馬に栓をして外にでないようにするための棒で，"馬栓棒"ではないか」（1992.12採録）。

聞き取り6

　落川・一の宮遺跡で調査に携わっていた方からの聞き取りである。「うちは農家で，昔馬を飼っていた。床面の窪んだところは"溜め"といって，ここに尿が溜まる。毎日柄杓で汲まされた」（1991採録）

聞き取り7

　東京都南広間地遺跡414号馬小屋が検出された家の隣に住んでいた代々宮大工のK氏（明治42年生まれ）は，「私が物心ついた時には，ここに農家のMさんが建てた家があった。Mさんの子Bさんが生まれたのが明治元年だから，その家は，その頃に建ったものだろう。馬小屋はここの位置にあって，母屋と接しているが別棟だった。後に，馬小屋の位置に母屋と別棟の風呂場が建てられ，便所が付いた牛小屋が母屋と離れた庭先に建った」と，配置図を書いて語ってくれた（第4図中段右）。馬小屋の図は，第3図下段左上を参照。

　以下，聞き取りに語られた事柄をもとに，馬小屋の構造とその役割についてまとめる。

竪穴が設けられている　地面を掘り込んだ竪穴が設けられている。竪穴の深さは，30cmから1m以上のものまであり，竪穴の周囲に石を組んだものもある。竪穴は，糞尿とともに木の葉やワラを馬に踏ませ堆肥の原料を作る場であり，またそれを外部に漏らさないための施設であるとわかる。この堆肥の原料は，竪穴から取り出し，畑の"こいま"（肥え間）とよばれる場所に置かれ，熟成され堆肥となる。

床面は傾斜が付いている　馬小屋の床面には傾斜がついている。1つは，尿を竪穴内部の窪み・尿溜めに集めるためである。いま1つは，馬は横になって寝るが[6]，床に傾斜をつけると楽に起き上がれるからである。

尿溜めがある　尿溜めは，尿を集める施設である。溜めには，床面を窪めたものから，石組みのものまである。また，竪穴内部の尿溜めにたまった尿は，そのまま熟成させる，あるいは毎日〜1・2か月ごとに汲み出したり，樋や溝を伝わらせて屋外の施設（尿溜め・溜桶・肥ガメなどさまざまに呼ばれる）に溜める。熟成させた尿は，水や雨水で薄めて田畑に撒いた。

カマドや囲炉裏は馬小屋とは別に設けられている　添付された間取り図には，カマドは土間に，囲炉裏は土間あるいは座敷に設けられ，馬小屋とは別になっている。

　以上，聞き取りは，中部地方から関東の農家の馬小屋についてのものであるが，農家の馬小屋における竪穴・床面・尿溜めがどのような構造をし，どのような役割を果たしているのかを明らかにしてくれた。またそれは，発掘された古代から現代までの馬小屋の構造とその意味を解き明かす重要な鍵となった。

5. 民俗資料

　ここでは，『日本の馬と人の生活誌』から，馬小屋の地中部分を中心に第4図下段に抜粋して紹介する。まとめると次のようになる。

竪穴が設けられている　深さは，浅いもので15cm，深いもので2mと，さまざまである。壁面は，板を張る，石を積むなどが施されている例がある。

傾斜した床面をもつ　床面は，傾斜がつけられ，中華鍋状のものが多い。復元馬屋の図には，床を水平にした事例があるが，うち伊藤長兵衛宅復元馬屋には「床には勾配をつけ，尿などを外に排出させる」と説明されているように，実際はゆるい傾斜がついていたと考えられる。

尿溜めがある　尿溜めは，馬小屋内部あるいは外部に設けられている。素掘りのもの，木桶，石組みのもの，溝状のものなどがある。深さは，25cm〜約1mである。尿溜めの上には，スノコを載せる事例もある。

スロープが設けられているものがある　スロープが設けられている事例は，工藤新太郎家馬屋1例である。厩肥上げや人馬の出入りをしやすくする施設である。石のステップを設けた今井三郎家復元馬屋も類例である。

カマド・炉はない　カマドは土間に，囲炉裏は土間あるいは座敷に設けられている。なお，火を焚くことに関連する事柄として，「蚊・蠅駆除のために煙でいぶりだし……，発煙材料には地域差があるが，野草，レンゲの種殻，桐葉，杉葉，乾燥蓬などである」と記されている。なお，外から馬小屋に扇ぐなどして煙を入れる事例も記されている。

　『日本の馬と人の生活誌』の民俗事例は，日本各地の馬小屋は基本的な構造に大きな差異はないことを示している。

　このように，発掘された馬小屋の構造と『百姓伝記』・聞き取り・民俗事例に見る馬小屋の構造とは，ほぼ一致するといってよいだろう。

6. 馬の大きさと排泄物の量

　日本の馬がどのような馬であったのかは意外に知られていない。木曽馬やトカラ馬などの日本在来の馬は，競馬馬や映画・TVなどにみるサラブレッドのような大きな馬を想像されているかもしれないが，そうではない。蒙古馬系の，ポニーに分類される小型〜中型の馬なのである。その大きさは，木曽馬を例にとれば，平均的な体高は1.3mであり，平均的な体長は1.5m前後である。また，体重は，サラブレッドは450〜500kgであり，日本在来馬はその8割程度の350〜400kgである（社団法人馬事協会）。ちなみにサラブレッドは体高1.6〜1.7mである。

　また馬が1日に排泄する糞の量は，北海道日高中部地区農業改良普及センターによれば，西洋

馬の成馬1頭は1日20kgの糞を排泄する。西洋馬より1～2まわり小さい日本馬では，その8割程度であるから，16kg前後である。JRA競馬博物館学芸員は，馬に与える水の量は1日数十ℓであるという。排泄する量もやはり1日数十ℓより少ないが相当なものだと推測される。

　馬が排泄した糞尿は，ほんの数十年前まで，熟成され農作物を育てる大事な肥料となったことを忘れてはならない。それを忘れてしまったことが，馬小屋を竪穴状遺構という正体不明の遺構に追いやってしまった一番の原因かもしれない。

7. 馬小屋に似た馬小屋ではない遺構

　『馬小屋の考古学』が刊行されてから，「竪穴のあるこの遺構は馬小屋ではないか」という問い合わせがいくつかあった。そこで，こうした馬小屋に似た遺構を，抜粋であるが第5図に紹介し，それぞれについて簡単に記す。

　東京都南広間地遺跡701号住居は，調査当初「住居」とした遺構であるが，「カマド・炉の痕跡がない」「柱穴の規模が小さい」「隣接する古墳時代後期の住居と軸方位が一致する」「出土遺物がない」ことから住居に付随する「小屋」と報告した。竪穴内に6基（推定）の柱穴があり，床面は平坦である。カマド・炉はない。納屋や作業小屋を想定している。

　福岡県岡田地区遺跡群ⅡのSX4は，竪穴内に6基の柱穴と2基の浅い窪みがある。SX5は竪穴内に8基の柱穴がありその内側に深さ10cmの方形の平坦な窪みがある。福岡県大宰府条坊跡SI213は，竪穴内に4基の柱穴と13基の浅い窪みがある。床面は平坦であり，カマド・炉はない。床面上の浅い窪みや平坦な窪みは，何らかの作業するために地面を浅く窪めたものではないかと推測している。また，馬小屋の個室の幅・柱間距離がもっとも狭いのは黒井峯遺跡C76の1.6mであるが，SX4・SX5・SI213の個室幅はそれぞれ1.4m・1.3m・0.8mであり，木曽馬ほどの大きさの馬を飼養もしくは繋ぎ止めるには狭すぎる。SX4・SX5・SI213は，作業小屋・納屋などを想定したほうがよいように思う。なお，SX4・SX5・SI213に類するもの（無柱穴のものを含む）は，筑紫野市域3遺跡で検出され，「官道に沿ったエリアに数基が群集して検出される」ことが特徴的であると記されている（筑紫野市教育委員会2003）。

　群馬県東田遺跡1号は，竪穴内に6基の柱穴がある。2号竪穴状建物は，竪穴壁に沿って6基の柱穴がある。ともに床面は平坦であり，カマド・炉はない。「下人の住居あるいは作業小屋のようなもの」が想定されている。

　青森県聖寿寺館跡では，SI-27をはじめ多数の竪穴付掘立柱建物が検出されている。それぞれ竪穴内に柱穴が多数ある。張り出しを設けたものもあり，床面は平坦である。カマドは設けられていない。板倉的な倉庫や室・納屋が想定されている。

　青森県根城跡では，SI258・SI257に類する大小の竪穴建物は82棟が検出されている。張り出しを設けたものは60棟と多い。竪穴内・竪穴壁に沿って柱穴を設けているが，竪穴中央に柱穴1基のみ設けたものもある。床面は平坦である。18棟に被熱部分があるが，すべての棟にカマド

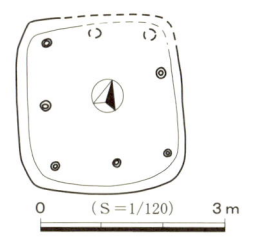

農事の馬小屋 333

東京都南広間地遺跡701号住居
古墳時代後期（日野市遺跡調査会 1996『田中タダによる共同住宅建築に伴う埋蔵文化財調査報告書』をもとに作成）

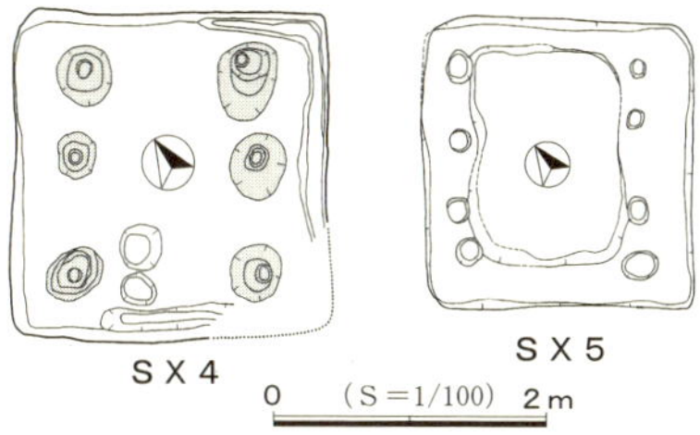

福岡県岡田地区遺跡群ⅡSX4・5
8世紀中頃〜9世紀初頭（筑紫野市教育委員会 1998『筑紫野市岡田地区遺跡群Ⅱ』をもとに作成）

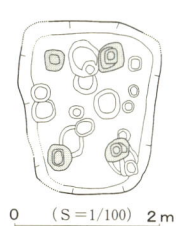

大宰府条坊跡SI213
8世紀中頃〜9世紀初頭（筑紫野市教育委員会 2003『大宰府条坊跡—第200次調査—』をもとに作成）

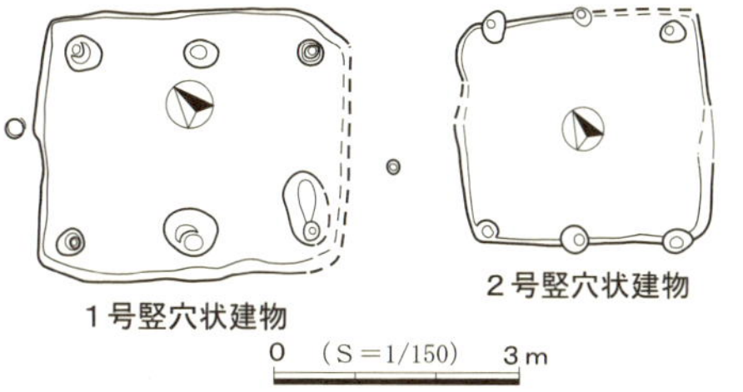

群馬県東田遺跡1号・2号竪穴状建物 14世紀〜15世紀前半頃（新田町教育委員会1987『東田遺跡』をもとに作成）

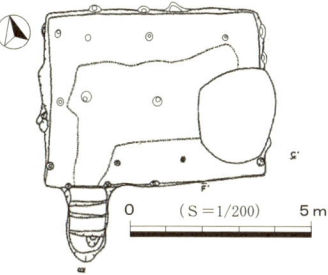

栃木県飛山城跡竪穴建物ST15
13世紀末以降（宇都宮市教育委員会 2006『史跡飛山城跡保存整備報告書』をもとに作成）

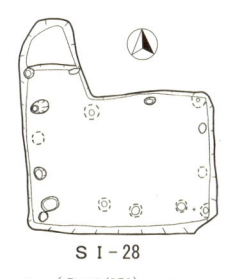

青森県聖寿寺館跡SI-27
15世紀後半〜16世紀（南部町教育委員会 2003『聖寿寺館跡発掘調査報告書Ⅷ』をもとに作成）

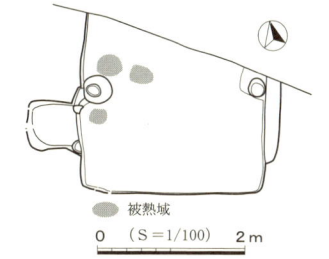

埼玉県岩槻城跡竪穴建物SK21
15世紀末〜16世紀初頭（さいたま市教育委員会 2009『岩槻城跡（二の丸跡第2地点）発掘調査』をもとに作成）

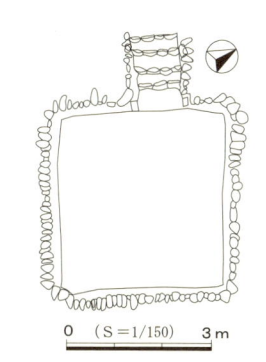

東京都南広間地遺跡桑室
現代（南広間地遺跡整理調査団2007『南広間地遺跡』をもとに作成）

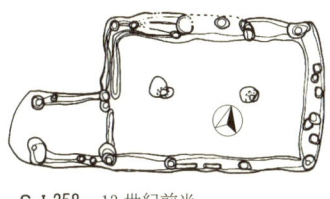

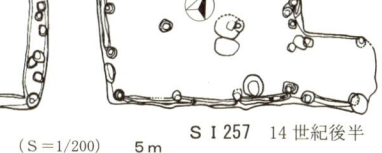

青森県根城跡竪穴建物跡（八戸市教育委員会 1993『根城』をもとに作成）

第5図

はない。工房とされるものの他に倉庫・櫓・住居等が想定されている。

張り出しがある，竪穴内に柱穴があるなどの形状をとる竪穴建物に，埼玉県岩槻城跡SK21や栃木県飛山城跡ST15などがある。倉庫・工房・作業小屋などが想定される。

いずれも「竪穴をもつ」「カマド・炉はない」「張り出しが付くものがある」「スロープが設けられているものがある」までは馬小屋の判断基準に合致しているが，事例すべての床面は平坦であり，「床面が傾斜している」とはいえない。また，柱のない南広間地遺跡の現代の桑室を除き，柱は竪穴内部を方形に回り，農事に関わる馬小屋の判断基準の1つと考えている「柱は竪穴の周囲を方形に回る」にも合致していない。

竪穴内に柱を設けた例が多数を占める。馬小屋の竪穴は，糞尿をよく踏ませ，かつ外部にはみ出ることを防ぐためのものであるが，竪穴内部に設けた柱の外側およびその付近は，糞尿は踏まれることもなく，また柱が厩肥上げを妨げる。

参考として竪穴内に柱穴を設けた馬小屋例は，前述した南広間地遺跡235号竪穴状遺構（第1図）・上浜田遺跡SB03（第2図）・姥久保遺跡第6号掘立柱建物と第5号竪穴状遺構からなる馬小屋（第2図）がある。この3例は，個室を2等分「日の字形」（可能性として4等分「田の字形」もある）に分割するための柱を，竪穴の中央に1基設けたものであり，第5図に取り上げた竪穴内の柱とは性格が異なると思われる。

以上から，第5図に紹介した遺構あるいはそれに類する遺構は，「馬小屋に似ているが馬小屋ではない」と判断したい。

8. 情報提示は正直に

数多くの報告書に目を通していると，気になることがあった。それは多くの実測図に，柱穴列を通した断面図はあるが，竪穴を含めた建物全体を縦断・横断する断面図がきわめて少ないのである。建物内を縦断・横断する図面を作成し，竪穴・床面・尿溜め・通路・スロープ・張り出しなど諸施設に関する情報を提示してほしい。また，写真には明らかにスロープが写っているが，平面図には竪穴の上端と下端が図示されているものの，スロープは図示されず，四角い竪穴だけとなっている事例があった。実測図は正直に記していただきたいと思う。

おわりに

「あなたも知らずに馬小屋を掘っていた」と副題を付けたのは，多くの方が馬小屋を馬小屋と気付くことなく発掘していたのではないかと思われるからである。そして馬小屋は，性格を明らかにすることなく竪穴状遺構の中に放り込み，放置してきたのではないだろうか。

かつて「報告書には，馬小屋と書かずに竪穴状遺構とするように」という「研究上の指導」を受けた思い出がある。しかし，聞き取り調査・文献・民俗資料などの援軍を得，理解者の支援も

あって，竪穴状遺構から馬小屋を解き放ち救い出すことができた。正体不明の遺構が数多く発掘されているが，馬小屋がそうであったように，それが何ものなのかを明らかにしていくことも大事な作業ではないだろうか。

注
1) ここで取り上げる農事用の馬小屋とほとんど変わりない構造をしているが，尿溜めである穴の代わりに，円形・方形の穴に礫や石をスカスカに詰めた，尿・水を地中に逃すための施設である。尿や飲みこぼした水から生じる湿気や，蹄を劣化させるアンモニアとなる尿を取り除くための施設である。近世から現代までの乗用・輸送用馬を飼養する馬小屋・厩舎に見られる。
2) JRA競馬博物館主任学芸員村井文彦氏のご教示は「馬の体高は，前足の蹄下から背のもっとも高いところまでの長さであり，体長は，胸前部から尻までの長さである」。
3) 上野動物園こども動物園教育普及課橋川真弓氏のご教示による。
4) 古代の厩舎は，佐賀県吉野ヶ里遺跡SB0677では，15 (推定)×8.4mの竪穴内は柱によって，通路部分と2.1×2.1mの個室6室が1列に並ぶ。中世の厩舎は，栃木県飛山城跡SB51では，幅1.8mの長い通路北側に2×2mの9個室が並び，北側に飼葉小屋が付く。近世の厩舎は，現存する彦根城馬屋では，通路と2.1×2.1mの10個室が並ぶ2棟がL字形に連なる。いずれも通路側に向けて繋がれていたと思われる。
5) 古島敏雄1997『百姓伝記』岩波書店では，1680～1682年に執筆されたと推定している。
6) 馬の博物館主任学芸員日高嘉継氏によれば，「襲われる恐れがなく安心できると感じたところでは，馬は横になって寝る。野生に近い，例えば宮崎県の都井岬の馬は立ったまま寝る」とのことである。

引用・参考文献
宇都宮市教育委員会 2006『史跡飛山城跡保存整備報告書』
落川・一の宮遺跡調査会 1999『落川・一の宮遺跡I』近世・中世編
神奈川県教育委員会 1979『上浜田遺跡』
群馬県埋蔵文化財調査事業団 1991『黒井峯遺跡』
　　　1995『今井道上・道下遺跡』
　　　2007『遺跡は今』第15号
古島敏雄 1997『百姓伝記』(上・下) 岩波書店
子持村教育委員会 1991『黒井峯遺跡発掘調査報告書』
さいたま市教育委員会 2009『岩槻城跡(二の丸跡第2地点)発掘調査』
坂口 一 2010「古墳時代の馬とその文化」『渋川市歴史資料館紀要第1号』 渋川市教育委員会
佐賀県教育委員会 1994「吉野ヶ里遺跡」
佐々木浩一 2007『根城跡』 同成社
篠崎譲治 1992「埋もれた馬小屋」『東国史論』第7号　群馬考古学研究会
　　　2003「発掘された馬小屋の構造をめぐって」『土壁』第7号　考古学を楽しむ会
　　　2006「古代の厩舎構造について」『土壁』第10号　考古学を楽しむ会
　　　2010『馬小屋の考古学』 高志書院
　　　2012 「馬小屋・厩舎の個室から見えてくるもの」『土壁』第12号　考古学を楽しむ会

須田　茂　1989「有力農民の屋敷 ―新田庄・東田遺跡―」『よみがえる中世 5』　平凡社
筑紫野市教育委員会　1998『筑紫野市岡田地区遺跡群Ⅱ』
　　　　2003『大宰府条坊跡』―第 200 次発掘調査―
東京都南部住宅建設事務所　1999『姥久保遺跡Ⅱ』
南部町教育委員会　2003『聖寿寺館跡発掘調査報告書Ⅷ』
新田町教育委員会　1987『東田遺跡』
八戸市教育委員会　1993『根城』
日野市遺跡調査会　1994『田中藤重による共同住宅建築に伴う埋蔵文化財発掘調査報告書』
　　　　1996『南広間地遺跡第 28 次調査』
　　　　1997『(株) 大京 V 共同住宅建設に伴う埋蔵文化財発掘調査報告書』
　　　　1997『日野税務署建設に伴う埋蔵文化財発掘調査報告書』
　　　　1997『南広間地遺跡 9』
　　　　1998『南広間地遺跡 12』
日野市落川・一の宮遺跡調査会　1999『落川・一の宮遺跡Ⅰ』
日野市栄町遺跡調査会　1995『栄町遺跡』
日野市南広間地遺跡整理調査団　2007『南広間地遺跡 ―万願寺地区土地区画整理事業に伴う埋蔵文化財発掘
　　　調査資料集―』
山森芳郎・有馬洋太郎・岡村　純　1993『日本の馬と人の生活誌』原書房
山田龍雄・飯沼二郎・岡光夫・守田志郎編　1979『百姓伝記』農山魚村文化協会
　　　（URL）
北海道日高中部地区農業改良普及センター〈http://www.hidaka.pref.hokkaido.lg.jp/ss/nkc/index.htm〉

宝永と天明の火山灰処理

青木 利文

はじめに

　江戸時代の関東における火山災害としては，宝永4年（1707）の富士山の噴火と天明3年（1783）の浅間山の噴火がその代表的なものである（第1図）。この両災害では広い範囲が火山灰により土地が埋もれ，生活環境を変化させた。被災した土地は火山灰に覆われることにより，農作物に深刻被害を受け，場所によっては収穫ができなくなるとともに，以後の農作物の生産もできず，食料の確保が困難となってしまった。このような場合，火山灰が積もった土地から離れるという方法もあるが，当時の社会にあっては新たな土地を求めることも困難であり，このため人々はこの火山灰を除去しなければならなかった。積もった火山灰が除去できれば元の生活を取り戻せるわけであるが，現在のようなブルドーザーや油圧ショベルなどの大型機械や，トラックやダンプといった運搬機械がない江戸時代ではどれほどの困難な作業であったかが想像できる。

　近年の発掘調査では当時の火山灰を復旧した痕跡を示す遺構が確認され，当時の火山灰処理法が明らかとなってきている。しかしながら，このような復旧の痕跡は広大な被災地域のすべてで明らかとなっているわけではなく，今のところごく一部に過ぎない。一方，災害を受けた地域には降灰の被害状況や復旧の様子を伝える文書記録が残されており，ここからも当時の火山灰処理法が確認できる。本稿では宝永と天明の降灰被害を受けた両地域の発掘調査で見つかった火山灰復旧遺構と，同地域に残されている降灰被害やその復旧に関する文書記録を総合して，江戸時代における両地域の降灰災害からの復旧を明らかにしたい。

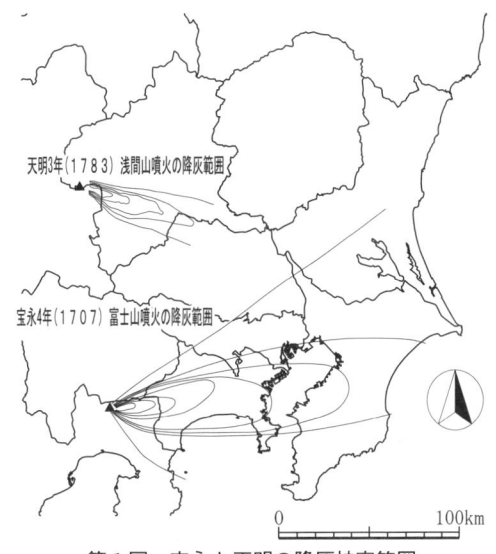

第1図　宝永と天明の降灰被害範囲

1. 火山灰復旧遺構

　宝永4年の富士山噴火による災害としては広範囲わたる降灰の被害とともに，この火山灰が河川を埋めたことによる河川決壊などがあった。降灰被害は静岡県東部から神奈川県，東京都などでは降灰に関する記録や火山灰の堆積[1]が確認されている。静岡県御殿場市の長坂遺跡では火山灰に埋もれた民家が発掘され，湯飲み，キセル，包丁，砥石など日用品が出土している。

　火山灰復旧遺構としては，神奈川県山北町の河村城跡（第8図★A）で連続した溝群に火山灰を充填した遺構（第2図）が確認された。また，神奈川県茅ヶ崎市下寺尾西方B遺跡（第8図★B）では円形や方形の土坑群に火山灰を充填している（第3図）。これらは溝や穴を掘削し，その中に火山灰を充填した復旧事例である。神奈川県平塚市の神明久保遺跡（第8図★C）では面的に広がる鋤先痕に宝永スコリアが主体的に入る畝状遺構（第4図）が確認でき，火山灰を鋤込んだものと考えられる。その一方，静岡県御殿場市の古城地区や上小林地区（第8図★D）では「灰よけ山」と呼ばれる，火山灰を集積した遺構（写真1）がある。前の2例のような地中に処理するものでなく，地上に集積する事例である。

　天明4年の浅間山噴火では広域にわたる降灰の被害の他に，河川流域では噴火による泥流被害が大きな災害となった。降灰被害では群馬県の南西部から埼玉北部にかけての地域で降灰の記録や火山灰の堆積が確認されている。泥流被害は土石流が吾妻川から利根川に流れ出し，この河川の流域を覆ってしまった。近年の発掘調査で泥流直下から当時の集落や水田，畠が確認され，特に集落では当時の生活資材などのほか，建物の基礎や家屋の材が残っており，当時の生活を復元するうえで重要な遺跡となる。

　火山灰復旧遺構としては群馬県高崎市下之城村東遺跡（第9図★a）などで確認された，連続した溝や土坑に火山灰（As-A）を充填させた遺構（第5図）がある。また同市内の東町V遺跡（第9図★b）や上滝五反田遺跡（第9図★c）[2]では耕作地全面に火山灰を鋤込んだとみられる農具痕が確認されている（第6図）。一方，群馬県甘楽町の天引向原遺跡（第9図★d）では発掘調査により火山灰を地上に集積した事例となる「灰掻き山」（写真2・第7図）が確認できる。このような火山灰を集積した遺構は「砂山」や「砂置場」などと呼ばれ，群馬県安中市の高別当地区や古屋地区（第9図★e）などで，現在もわずかに残っている。

　両被災地で確認されている復旧遺構としては，地下に火山灰を充填した遺構，農具の痕跡に火山灰が入り込んだ遺構，そして，地上に集積する遺構が確認できる。これらの遺構に関しては，黒田晃は火山灰の処理方法を地下に充填させる方法，火山灰ごと耕す方法，地上に集積させる方法の3種類の可能性を提示している。また，金井武は地上に集積する方法と地下に充填する方法，火山灰を耕作土と混ぜ込んで耕作する方法，さらに，火山灰ごと深く鋤きこんで反転させる方法，の4種類の方法を提示している。

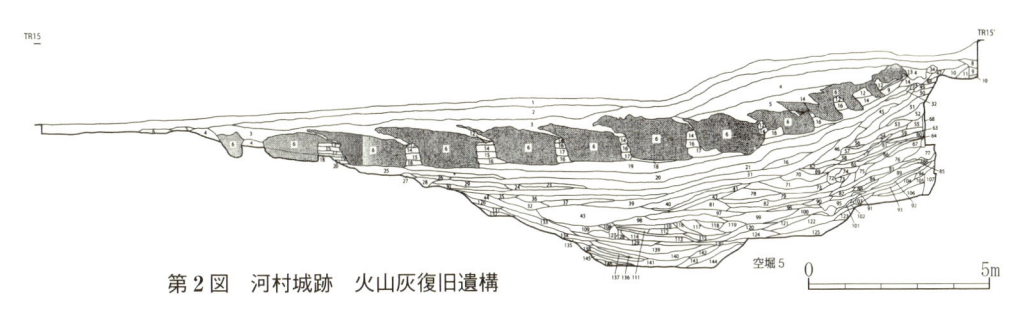

宝永と天明の火山灰処理 339

第2図　河村城跡　火山灰復旧遺構

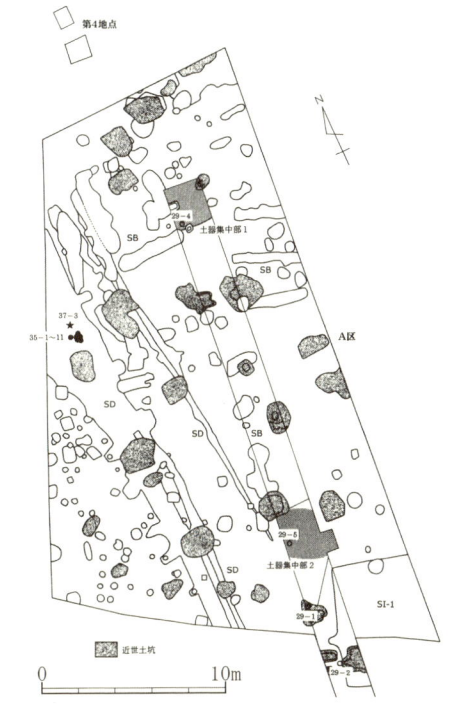

第3図　下寺尾・西方B遺跡　火山灰充填土抗群
（近世土坑に宝永スコリアが充填されている）

写真1　御殿場市古城地区「灰よけ山」

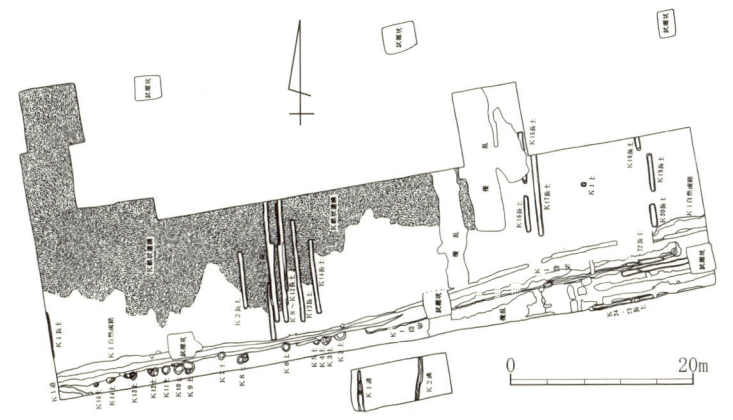

第4図　神明久保遺跡　畝状遺構（範囲図）

340

第5図　下之城村東遺跡　火山灰充填土坑群

第6図　上滝五反田遺跡　農具痕のある耕作地

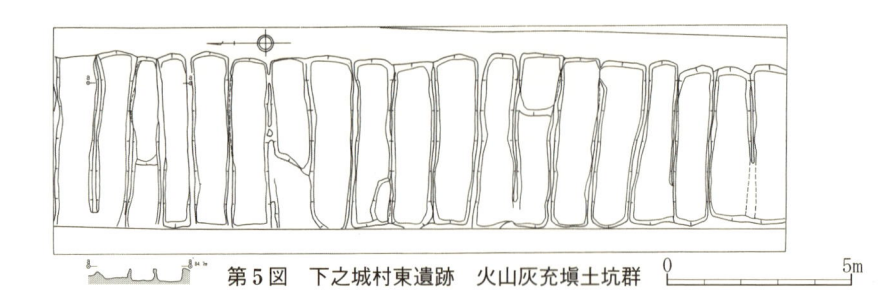

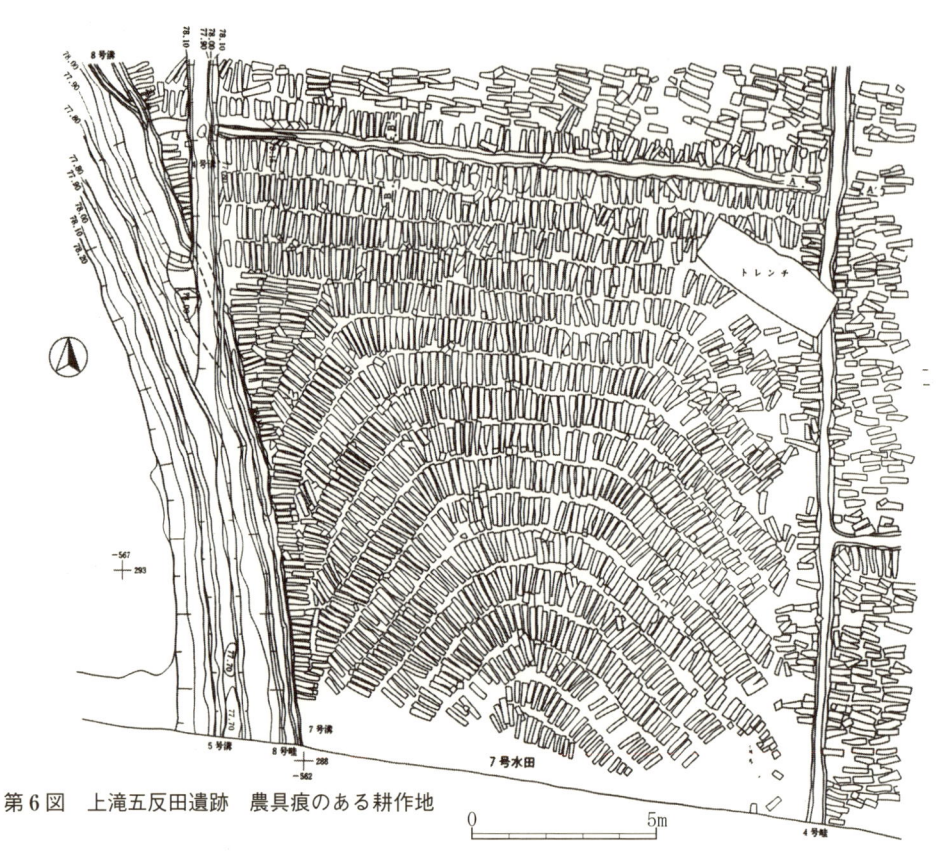

写真2　天引向原遺跡「灰掻き山」

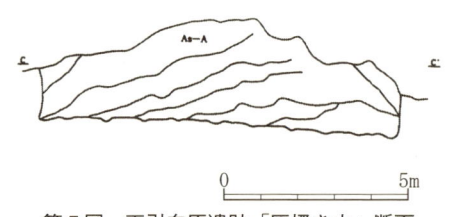

第7図　天引向原遺跡「灰掻き山」断面

2. 文書にみる火山灰の復旧

　宝永の富士山の噴火と天明の浅間山の噴火の降灰被害の状況は各地の文書記録が残されており，この中には火山灰の除去や処理などを具体的に示したものも多くみられる（第1・2表）。これらの文書の内容としては領主からの復旧の指示，各村の被害状況を伝えるもの，復旧の状況を伝えるもの，後の時代の土地利用状況が確認できるものなどがある。ここでは，これらを通して当時の復旧の様子を検討してみたい。

宝永の文書記録

　宝永の富士山噴火は同年4年の11月23日より噴火を始め，12月9日まで大きな被害があった。このときの噴火は宝永火口からその東側に広く降灰災害があり，火山灰は江戸にまで達している。特に静岡県駿東郡，神奈川県の足柄上郡，足柄下郡では多量の火山灰が堆積した。小田原藩領はこの甚大な被害地にあたり，12月中旬には藩役人の柳田九左衛門が検分を行なっている。このとき柳田は被害が甚大であり，藩としてはとても救済措置ができる状況ではないと判断し，農民が自力で灰の除去を行うよう指示を出している。これに対し農民は自力での復旧は行えないとし，幕府に救済を求める追訴運動が起こっている。結果的に翌5年1月には小田原藩領，松永藩領，旗本稲葉正辰領などが幕府領に組み込まれることとなるが，灰の除去はやはり農民の自力での復旧が基本的な考え方であった。

　復旧初期の状況が確認できるものとしては，被害状況，復旧方針や，作業人数など知るための報告的なものが多い。小田原藩領では宝永4年12月下旬の柳田の検分のときに提出されたものがある。永塚村（第1表No11，第8図11），曽我谷津村（第1表No12，第8図12）や関本村（第1表No6，第8図6）などでは，具体的な「砂置場」の面積や作業人数が試算されていることから，柳田の検分の頃にはすでにある程度の復旧が開始されていることが考えられる。永塚村では田畑以外に捨て場を設ける所もないので，田畑の内に「砂置場」を設けた復旧法であった。「砂置場」とは降り積もった灰を除去し，耕地の一部に集積したものである。

　被害の大きかった小田原領，松永藩領，旗本稲葉正辰領などの私領では復旧が困難なため，翌年の宝永5年1月16日には幕府領に編入されることなり，このとき幕府から各村へ復旧に関する具体的な指示[3]が出された。この指示は11ヶ条で
　①村単位で百姓が砂捨てに取り掛かり，田畑ではない山，野，海などの近いところに捨てること。
　②村中の百姓だけでなく，女や子供まで出て，少しでも早く砂を捨てること。
　③捨て場のない場合は田畑や屋敷の内に片付けるか，穴を掘って捨てること。
　④できるだけ田畑をつぶさぬように考えること。
　⑤砂の堆積が少なく影響のない田畑は地主がそれなりの対応をすること。

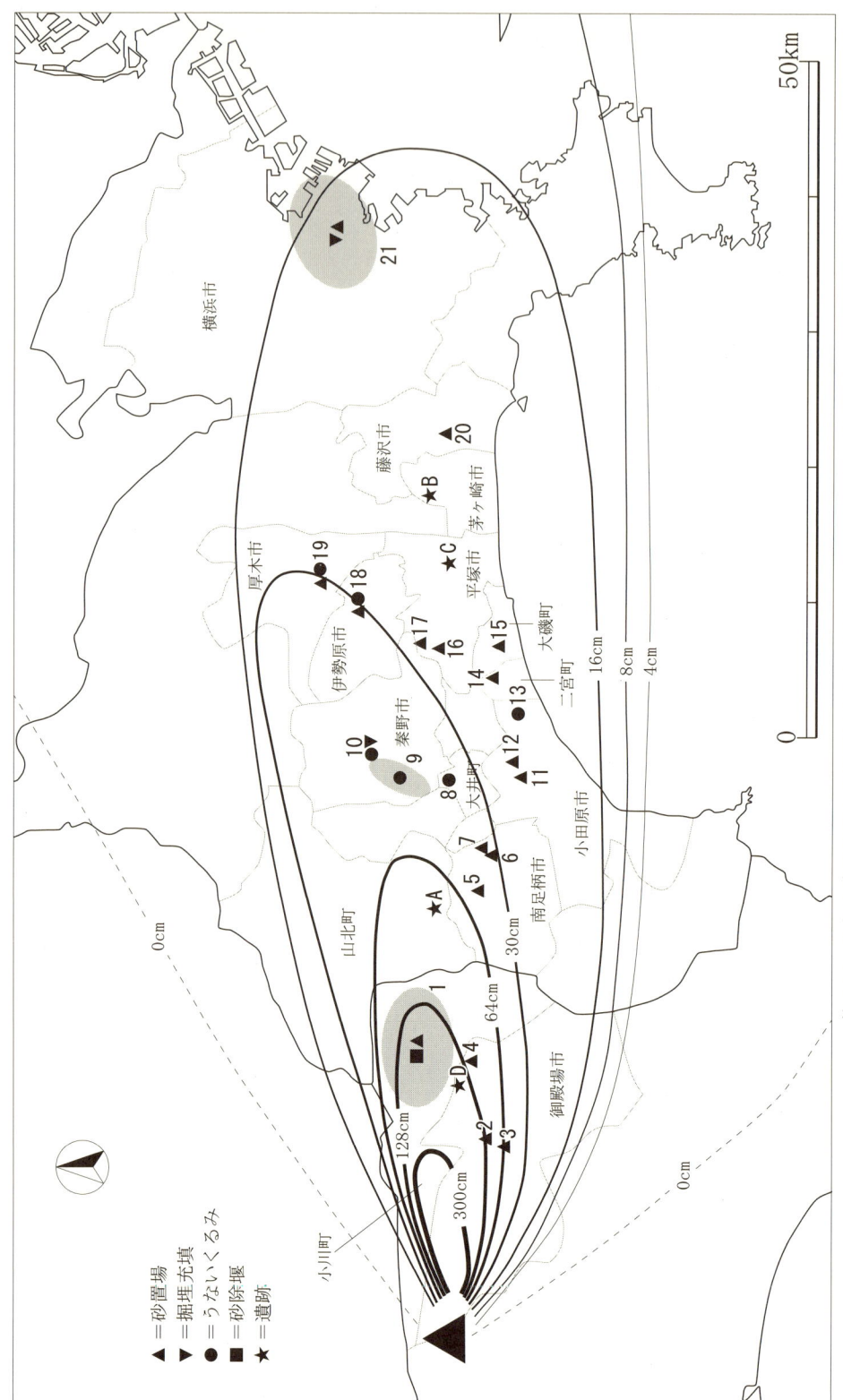

第 8 図　宝永の降灰範囲と復旧記録の分布（図内の番号は第1表と対応）

第1表　宝永の火山灰復旧記録（表内の番号は第8図と対応）

No	村	和暦	西暦	火山灰の除去状況	引用文献
1	藤曲村ほか	享保1年12月	1716	砂除堰	一
2	中畑村	宝永5年8月	1708	砂置	二
3	川柳新田	宝永5年8月	1708	砂捨場	三
4	増田村	宝永6年4月	1709	砂捨場	四
5	弘西寺村	宝永5年11月	1708	方付置場	五
6	関本村	宝永4年12月	1707	砂置場	六
7	壗下村	宝永四年か？	1707	砂置場	七
8	篠窪村	宝永6年5月	1708	土三分，砂七分程と堀まぜに仕候	八
9	菖蒲村ほか	宝永7年10月	1710	うなへくるみ	九
10	横野村	宝永5年1月	1708	砂うなへくるミ又ハほりうつみミ仕，	一〇
11	永塚村	宝永4年12月	1707	砂置場	一一
12	曽我谷津村	宝永4年12月	1707	砂置場	一二
13	小舟村	宝永5年1月	1708	田は方付（かたづけ），畑うないくるみ畑	一三A
14	中里村	宝永5年5月	1708	砂場	一四
15	生沢村	元文2年11月	1737	砂置場	一五
16	北金目村	宝永5年5月	1708	土くるみ嶋畑	一六A
16	北金目村	宝永5年10月	1708	砂置場	一六B
17	真田村	宝永5年10月	1708	砂置場	一七
18	西富岡村	宝永5年1月	1708	田は砂取除ヶ…砂敷潰シ田，畑は砂うないくるミ	一八
19	恩名村	宝永5年5月	1708	砂は置場潰地，畑はうない込	一九
20	羽鳥村	宝永4年12月	1707	田畑の内に捨置	二〇
21	最戸村ほか	宝永5年1月	1708	田畑は畑鏨埋メ，苗代田は一方へ片付て上に土を塗る	二一

⑥砂が多く村中でも復旧が難しいところでも，できる限り砂を取り退けること。そのうちに検分を行う。

⑦麦はどうにかして収穫できるようにし，作らなかったところはどの程度であったのかを報告すること。

⑧麦ができるまで昨年のたくわえで餓えぬようすること。吟味し食料の救済もあるだろう。

⑨たびたび見分を遣わし，不正なことがあったものは処罰される。

⑩一人身のものは助け合うようにすること。

⑪砂の片付けで喧嘩をしないようにすること。また，他の村に砂を持っていかないようにすること。

という内容である。この中で特に復旧に関する具体的な指示は，百姓が自力で砂の除去を行い，

田畑以外の場所に捨てる。捨て場がなければ田畑や屋敷の一角に置くか穴を掘って埋めよという指示である。

最戸村（第1表No21，第8図21）の宝永5年1月記録では砂捨て場所がないため，耕作地に「鑿埋メ」にしたとしている。「鑿埋メ」という方法は具体的にはまだ不明な点もあるが，地下に埋め込む方法が想定される。しかしながら，苗代田は砂をほり埋めて苗が育たないので，砂を一方に寄せ，土を塗る方法を用いている。これは永塚村などと同様の集積する復旧あったと考えられる。

小船村（第1表No13，第8図13）の宝永5年1月記録では田方は「砂方付（かたづけ）」，畑方は「うないくるみ」を行なったとしている。畑方の「うないくるみ」とは耕作土と火山灰を混ぜ込んで耕作したものと考えられる。なお，「うない込む」とは収穫の終わったものや熟れ過ぎてしまったものをすきこんで混ぜ込む作業の意味もある。北金目村（第1表No16，第8図16）の「土くるみ」や恩名村（第1表No19，第8図19）の「うない込」といった表現もあるがおおよそ同じ意味合いと考えられる。また，小船村の5年3月の記録（引用文献十三B）では「一面うないくるみに仕候」とあり，「うないくるみ」は耕作地の全面に耕作土と砂を混ぜ込んで耕作を行なうものと考えられる。村によっては畑を中心に行う村もあれば，田と畑の両方に行なう村もある。

篠窪村（第1表No8・第8図8）の天明6年の記録では「うないくるみ」の記載はないものの混ぜ込む復旧対策が採られる。「土三分，砂七分程と堀まぜに仕候…向後共に諸作実成申間敷と奉存候，依之又々掘置（起）し申候ば…」とあるように混ぜる砂の割合が多く，作物が実らず結局，再開発を行なう必要があった。しかし小舟村の場合（引用文献十三B）では「田作の義は砂取る退る者も有，押なべてうないくるみ出来候所はいずれ同前，田作極大違い」とあり，「うないくるみ」を行っても以前と同じ収穫があった場所もある。

上記以外の復旧法としては，火山灰が特に厚く堆積した駿東郡御厨の15カ村（第1表No1，第8図1）では，宝永4年から9年後の享保元年（1716）頃に，本格的な開発として「砂除堰」といわれる火山灰処理のための溝を掘削している。特に富士山に近い地域では火山灰の堆積が厚く，復旧も全体的に遅れがちであることから，「砂除堰」の溝に火山灰を捨て，水流により押し流すというものであった。

天明の文書記録

天明3年の浅間山噴火は4月より噴火活動が見られ，特に6月の下旬には活発となり，7月の7日と8日には大量の火山灰被害があった。火山灰は火口から南東側に降り，群馬県では主に西毛地域を中心として，安中市，高崎市，藤岡市，伊勢崎市などで，埼玉県では北部に被害があった。一方，8日には山腹で土石なだれを引き起こし，この土石流が吾妻川から利根川に流れ込み，これらの川の流域に泥流被害をもたらせた。

天明の降灰被害のあった地域では複数の領主が存在するため，復旧の対応も領主によりさまざまであった。幕府領であれば多少の救済措置があったが，私領では甚大な災害に対してほとんど

引用文献 二七 (藤岡市史)
天明三年八月
三本木村外一四ヵ村、浅間焼災害復興につき請書

御吟味ニ付申上候書付

上州緑野郡村々砂降ニ付、品々願書差出候所、何れ茂大造成願ニ付段々畑耕地御見分被遊候処、此節蕎麦・菜・大根等少々宛茂仕付候得共、畑之内脇江砂片付仕付候場所有之候、左候而者多分之荒地出来致候間、可成丈道添之畑者道江出、川原等有之場所者其所江少し茂出し又除場無之所者、少々宛茂砂之分地底江堀込、其余ハうない込仕候ハヽ、当麦作茂仕付候ハヽ、差障ニ茂成間敷、田場之儀茂同様ニ致候ハヽ、来年仕付差支茂無之間敷候

　　　中　略

一除場無之所者少々宛茂砂地底江堀埋候様被仰付候得共、地底江堀込候ニ者浅地者底ゟ却而石・砂利・堀出、地深者土強く容易ニ自力ニ難及、又者うない込切交候由被仰渡候得共、うない込切交候而者、是迄之上田畑下々之下畑ニ茂可相劣与歎敷奉存候、別而田方之儀者御高免之地ニ御座候得者、切交候儀者決而難相成砂持出不申候而者、永々仕付ニ相成可申哉与奉存候、是迄少々宛砂片付候積りニ而者、壱反歩之所其田之内江片付置候ニ茂、凡人足百五拾人余茂相掛可申候、畑方之儀茂右同様ニ御座候得者、うない込切交ニ者御取下奉願上候

　　　中　略

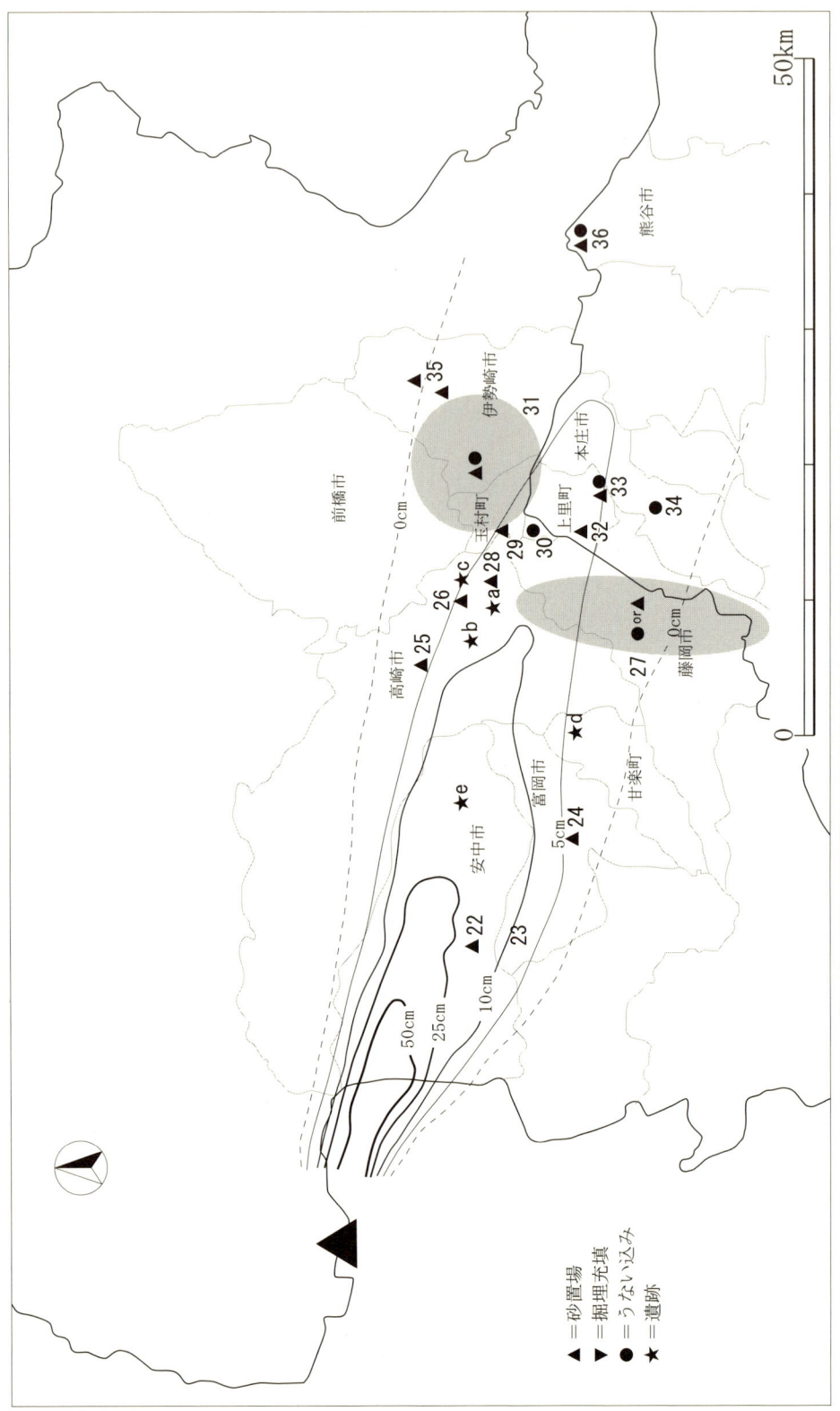

第 9 図　天明の降灰範囲と復旧記録の分布（図内の番号は第 2 表と対応）

第2表　宝永の火山灰復旧記録（表内の番号は第9図と対応）

No	村	和暦	西暦	火山灰の除去状況	引用文献
22	五料村	天明6年4月	1786	砂敷	二二
23	菅原村	天明7年7月	1783	17, 18日頃から石出しを開始	二三
24	一の宮	天明3年8月	1783	砂しき	二四
25	上小鳥村	寛政9年10月	1792	砂置引	二五
26	中大類村	天明3年8月	1783	畑の角に積置候	二六
27	三本木村ほか14か村	天明3年8月	1783	うない込切交，其田の内へ片付置	二七
28	中里村	天明7年8月	1787	砂置場引	二八
29	上新田村	天保3年	1832	砂置，砂畑成	二九
30	新町	天明3年8月	1783	片付候には及間敷候間堀込候	三〇
31	伊勢崎町，那波郡	天明3年7月	1783	畑は「ぬき取不申共」，田は抜取	三一A
31	那波郡中	天明3年9月	1783	押寄置候，掘返シ堀交候	三一B
32	下郷村・六所村	寛政6年9月	1789	砂置荒	三二
33	下久城村周辺	不明		取出，砂ふミ込	三三
34	八幡町	天明3年9月	1783	田畑ともにうない込	三四
35	小保方村，国定村	天明7年9月	1783	砂寄	三五
36	小島村	天明3年9月	1783	田畑の内へ片付候，その後は切返	三六

　天明3年の埼玉県上里町下久城周辺の様子を記録した『降砂日記』（第2表No33，第9図33）
では「砂片付候共，儘候共，亦ハ差置候とも，評議まちまち二候所…」とありそれぞれの対応
が見られる。なお当記録にはそれぞれの復旧の評価が示されており，畦などに取り寄せたものは
風に吹かれて飛び散ってしまい麦が収穫できなかった場所もあったが，一方「悪敷砂ふミ込分」
は麦がよくできたとしている。

　天明3年8月の三本木村ほか14ヶ村（第2表No27，第9図27，引用文献二七）では「うない込
切交候にては，是迄之上田畑　下ヶ之下田畑にも可相劣…うない込切交には，御取下奉願上候」
とあり，領主側（幕府領）から「うない込」の指示があったが，田畑の質が低下してしまうので
この指示を取り下げて，砂を耕作地内に片付置く復旧対策を希望している。実際どちらの方法が
採用されたか不明であるが，両対策が検討されている。

　天明の被災地域でも，火山灰を地上に集積する方法は広い範囲で認められる。この「砂置」や
「砂山」は後の文書でも無税地や荒地となってその土地に残った。これらは明治の壬申地引絵図
で記載される場合や，現在でも確認が可能である。砂の浅い平野部では「砂置場」も見られるが，
これに平行して「うない込」による復旧も多く確認されている。平野部に積もった砂は粒子が細
かくなり，人手をかけて除去した砂が北関東地域特有の冬の風で飛ばされて広がってしまうため，
多少の地力低下をともなうが，むしろ「うない込」を積極的にとりいれた場所もあった。

3. 火山灰復旧遺構と復旧記録

　前項では宝永と天明の火山灰災害からの復旧について発掘で明らかとなった側面と文書記録に残っている側面をそれぞれ明らかにしてきた。ここでは両資料を総合して改めて当時の復旧の様子を検討したい。

　第1の復旧方法は地上に堆積した火山灰を地下に埋めてしまう方法である。この復旧遺構の事例では神奈川県山北町の河村城跡や茅ヶ崎市の下寺尾西方B，群馬県高崎市の下之城村東遺跡がこの事例にあたる。発掘調査においては充填された火山灰が遺構覆土の主体となるため，遺構としては認識されやすい。特に群馬県では復旧遺構の多くがこの方法によるものと見られる。なお，同県においては火山灰の他にも，洪水により堆積した砂や，天明で泥流などもこの方法により処理されている。

　この復旧法に関する文書記録としては宝永の富士山噴火の場合であれば，宝永5年の1月に小田原藩領が幕府領に編入されるにあたって出された11か条の「申渡覚」には，「捨て場のない場合は田畑や屋敷の内に片付けるか，穴を掘って捨てること」としている。一方，天明の浅間山噴火の場合では天明3年8月の三本木村ほか14カ村の記録には「砂を捨てる場所のないところは，少しつつでも砂の分地の底を掘り込み，その余はうない込みにする」という復旧の指示が出されている。

　第2の復旧方法は火山灰ごと耕作する方法である。復旧遺構の事例としては神奈川県平塚市の神明久保遺跡や群馬県高崎市の東町Ⅴ遺跡，上滝五反田遺跡，宿横手三波川遺跡，上滝榎町北遺跡などで確認された，宝永スコリアやAs-A軽石が入り込んだ農具痕である。この方法は地表に現れず，しかも降灰以前の耕作土と混ぜ込まれ，以後の耕作でさらに攪拌されるため，農具の痕跡が失われる可能性も考えられる。確認できた農具痕は火山灰ごと混ぜ込んで耕作した痕跡であり，これが「うないくるみ」や「うない込」に相当するものと考えられる。

　宝永の富士山噴火の記録であれば，数箇所で「うないくるみ」を行った記録が見つかっているが，記録の分布を見ると火口からやや離れた神奈川県の中央部から東に確認できる。一方，天明の浅間山噴火の場合では群馬県旧那波郡，伊勢崎，埼玉県児玉地域などで，やはり火口から離れた，灰の薄くなる地域に分布している。

　第3の復旧方法は火山灰を耕地の一角に集積する方法である。発掘調査で確認された遺構としては群馬県甘楽町の天引向原遺跡で見つかった「灰掻き山」のみである。この遺構の特徴としては地上において塚状の遺構が残るため，戦後の圃場整備や開発などにより，その多くが処理されてしまっている。確認できるものとして宝永の火山灰の集積は御殿場市の上小林地区や古沢地区に残り，天明では群馬県安中市の高別当地区や古屋地区，高崎市の浅間山古墳周堀部内の田島[5]などが残っている。

　両被災地の文献記録では多く地域でこの方法が用いられ，これらはおおよそ文献に出る「砂置

場」や「砂しき」といったものでよいと考えられる。特に災害の初期段階では確実に耕地を復元できる点で有効あったと考えられる。しかしながら，堆積した火山灰を耕地の一区画に掻き集める人員と，掻き集めた一区画を潰して占有してしまうなどデメリットもある。砂置場の取調べ記録や年貢の割付状などから見ると，「砂置場」や「砂しき」は復旧後まもなくから徐々に処理され，占有する割合も徐々に減っていることが伺える[6]。

おわりに

本稿は宝永と天明の降灰被害による復旧を取り上げた。この災害では被災地全域がほぼ均一に火山灰の埋もれ，これを人力で灰を処理しなければならなかった。さらに，この復旧作業は翌年の作物の生産に間に合わなければ食料の確保が困難となるため，短期間で確実に火山灰を除去する必要があった。両被災地の復旧方法としては，地域差と時間差はあるものの，火山灰を地下に埋める方法（充填土坑，復旧溝など），火山灰と耕作土を混ぜ込む方法（畝状遺構，うないくるみ，うない込みなど），地上に集めて集積する方法（砂置場，「灰よけ山」，灰掻き山など）が共通の方法であった。それぞれの復旧方法に目を向けると，「うないくるみ」，「うない込」などの混ぜ込む方法や，「砂置場」「砂山」などの集積させる方法は発掘の事例は少ないが，文献記録では広い地域で用いられていたことが確認できた。一方，発掘調査で最も多く確認できる，「火山灰復旧溝」や「火山灰充填土坑」などの溝や土坑を掘って埋める方法は，文献記録においては領主の命令などで見られる程度で，具体的な処理の記録は確認できていない。また，宝永の火山災害において特に被害が大きかった駿東郡御厨15か村で行われた「砂除堰」による処理方法は今のところ文献記録のみで確認はできるものの，遺構としては見つかっていない，さらにこの方法が天明の災害復旧でも行われていたのか今後の課題としたい。

注
1) 江戸では3〜5cmの降灰が記録されている。また，東京都港区の麻布一丁目遺跡では火山灰を掃き捨てた土坑が確認されている。
2) 今回は上滝五反畑遺跡の事例を取り上げたが，隣接する宿横手三波川遺跡，上滝榎町北遺跡・上滝II遺跡でも同様の遺構が確認されており，これらも含むものとする。
3) この指示は神奈川県山北町の都夫良野・矢峨，二ノ宮町の中里，静岡県小川町の大胡田など同じ内容のものが確認できる。
4) 菅原村周辺（第2表No23，第9図23）の復旧記録では復旧作業の開始日と人員などが確認できるが，具体的な処理方法は不明である。
5) 「田島」については青木利文・大谷正芳の「浅間軽石の砂山について」で事例を報告。
6) 神奈川県平塚市北金目村の事例で砂置場の減少が認められる。

参考文献
（富士山宝永噴火関連）

小田原市 1988『小田原市史』通史編　近世
小山町史編さん専門委員会 1998『小山町史』第7巻　近世通史編
神奈川県足柄上郡　山北町教育委員会 2007『河村城跡』
神奈川県県民部県史編集室 1983『神奈川県史』通史編3　近世
かながわ考古財団 2001『神明久保遺跡』
御殿場市史編さん委員会 1975『御殿場史』2　近世通史編　御殿場市役所
静岡県 1996『静岡県史』通史編3　近世一
茅ヶ崎市教育委員会 2004『下寺尾西方B遺跡』
中央防災会議 2006『1707　富士山宝永噴火報告書』　内閣府
秦野市 1988『秦野市史』通史2　近世
平塚市 1990『平塚市史』9　通史編　古代・中世・近世
福永慶二 2002『富士山宝永大爆発』　集英社新書
南葛野遺跡発掘調査団 1995『南葛野遺跡』
山北町 2005『山北町史』通史編
渡辺清史 2004「宝永火山灰に関わる遺構」『考古から近世・近代へのアプローチ』神奈川県考古学会
（浅間山天明噴火関連）
青木利文・大谷正芳 2011「浅間軽石の砂山について」『東国史論』第25号　群馬考古学研究会
浅間山麓埋没村落総合調査会 1982『天明3年（1783）浅間山大噴火による埋没村落（鎌原村）の発掘調査』
新井房夫ほか 1993『火山灰考古学』　古今書院
伊勢崎市 1993『伊勢崎市史』通史編2　近世　伊勢崎市
かみつけの里博物館 2007『第16回特別展江戸時代，浅間山大噴火。』
群馬県埋蔵文化財調査事業団 1997『白倉下原・天引向原遺跡V』
群馬県埋蔵文化財調査事業団 1999『上滝五反畑遺跡』」
群馬県埋蔵文化財調査事業団 2001『宿横手三波川遺跡』
群馬県埋蔵文化財調査事業団 2002『上滝榎町北遺跡・上滝II遺跡』
下之城村東遺跡調査会 1983「下之城村東遺跡」
関　俊明 2010『浅間山大噴火の爪痕・天明三年浅間災害遺跡』　新泉社
高崎市教育委員会 1996『東町V遺跡』
高崎市史編さん委員会 2004『新編　高崎市史』通史編3　高崎市
谷藤保彦 2002「天明三年浅間山噴火後の耕地復旧について」『研究紀要20』（財）群馬県埋蔵文化財調査
　　事業団
玉村町教育委員会 2002『福島治部前遺跡』
玉村町教育委員会 2003『天神前II遺跡』
中央防災会議 2006『1783天明浅間山噴火報告書』　内閣府

引用文献
一　『小川町史』第二巻　近世資料編I　481享保元年十二月　藤曲村など十五ヵ村砂除人足扶持米受取証文
二　『御殿場市史』3近世資料編　10宝永五年砂除け見積もり
三　『御殿場市史』2近世資料編　8宝永五年砂除け見積もり

四　『御殿場市史』2近世資料編　3宝永六年砂除け及び川ざらい見積もり

五　『南足柄市史』2資料編　近世（1）　284宝永五年十一月　弘西寺村年貢割付状

六　『南足柄市史』2資料編　近世（2）　69宝永四年十一月　関本村の富士山噴火降砂片付人足見積控帳

七　『南足柄市史』2資料編　近世（1）　89宝永四年　富士山噴火による降砂片付け人足見積書

八　『大井町史』資料編　近世（2）　130宝永六年五月　富士山噴火による降砂地の開発と川浚について篠窪村からの願書

九　秦野市史　第二巻　近世史料1　144宝永七年四月菖蒲・八沢・三廻部・柳川四カ村田畑開発願い

一〇　秦野市史　第二巻　近世史料1　133宝永五年十月横野村砂除け書上げ

一一　小田原市史　史料編　近世Ⅱ　藩領1　273宝永四年十二月　永塚村が富士山噴火について被害を書上げる

一二　小田原市史　史料編　近世Ⅱ　藩領1　274宝永四年十二月　曽我谷津村が富士山噴火について被害を書上げる

一三A　小田原市史　史料編　近世Ⅱ　藩領1　284宝永五年閏一月　小船村が富士山噴火後の開発について願いでる

一三B　小田原市史　史料編　近世Ⅱ　藩領1　291宝永五年三月　小船村名主が富士山噴火による作物の被害を記す

一四　二宮町史　資料編1　原始古代中世近世　37宝永五年五月　中里村田畑砂置場書上

一五　神奈川県史　資料編8　近世（5上）　一五三　元文二年十一月　生沢村明細帳

一六A　平塚市史3　資料編　近世（2）　63宝永五年閏正月　富士山噴火砂降り後村柄書上

一六B　平塚市史3　資料編　近世（2）　64宝永五年十月　年貢割付状

一七　平塚市史3　資料編　近世（2）　133宝永五年十月　年貢割付状

一八　伊勢原市史　資料編　近世Ⅰ　228宝永五年閏正月　降砂検分書上帳

一九　神奈川県史　資料編8　近世（5上）　四六三　宝永五年五月　恩名村降り砂取除改帳

二〇　藤沢市史　第二巻　資料編　五　羽鳥村岩砂埋書上覚

二一　神奈川県史　資料編6　近世（3）　九六　宝永五年閏一月　武州本牧領最戸村火降砂見分諸事書上

二二　浅間山天明噴火史料集成Ⅴ　雑編　文書編　復旧工事関係　十二　碓氷郡五料村田畑降砂取退除書上

二三　浅間山天明噴火史料集成Ⅲ　記録編（三）　浅間山大焼一件記

二四　浅間山天明噴火史料集成Ⅲ　記録編（三）　浅間焼見聞実記

二五　高崎市史　資料編8　近世Ⅳ　三六　寛政九年十月　群馬群下小鳥村砂置御手当米調帳

二六　高崎市史　資料編8　近世Ⅳ　二四　群馬郡中大類村砂捨て場などにつき願

二七　藤岡市史　資料編　近世　四五六　天明三年八月　浅間焼災害復興につき請書

二八　高崎市史　資料編8　近世Ⅳ　三四　天明七年八月　群馬郡中里村田方砂置場引歩帳

二九　玉村町誌　別巻Ⅱ「玉村町の文書」　一四四　天保三年　上新田村砂埋書上帳

三〇　浅間山天明噴火史料集成Ⅴ　雑編　文書編　復旧工事関係　十四　多野郡新町関係報告書など

三一A　伊勢崎市史　資料編1　近世Ⅰ　一五二　天明三年　信州浅間焼砂降り書留

三一B　浅間山天明噴火史料集成Ⅴ　雑編　文書編　復旧工事関係　九　上野国那波郡村々田畑復旧につき願

三二　上里町史　資料編　一七　寛政元年（1789）九月　下郷村・六所村の旱損につき検見請書

三三　上里町史　資料編　二〇　天明三年（1789）浅間焼出し砂降日記
三四　児玉町史　近世史料編　三七　天明三年　浅間山噴火の次第
三五　群馬県史　資料編14　近世6　四〇一　天明三年　佐位郡村々浅間焼実録
三六　浅間山天明噴火史料集成Ⅳ　記録編（三）　砂降ニ付用向扣

1783年上州の天明泥流下建物跡

中 島 直 樹

はじめに

　群馬県と長野県の境に位置する浅間山は，天明3（1783）年の春先から鳴動を繰り返してきたが，旧暦7月8日（新暦8月5日）に最大の爆発を起こし，続いて発生した火砕流と土石なだれが吾妻川を伝って泥流と化したのち利根川へ合流し，川沿いの村々を襲い群馬県内でも1,500人を数える人命を奪った（関2010）。破壊・流失家屋は1,300戸に達したと云われる（関2002）。泥流とその下層に堆積する軽石から田畑・建物跡・土構築物がほぼ当時の姿のまま見つかっている。本稿では上州（群馬県）における1783年天明泥流下建物跡事例の集成を中心に行い，遺構と出土遺物について確認状況を含めて断片的に概観したい。

1. 遺構・建築部材からみた建物跡の特徴

　群馬県における1783年天明泥流下建物跡は，現在のところ13遺跡53事例が報告されている（第1表）。とくに泥流が厚く堆積した吾妻川・利根川流域に集中しており，行政的には吾妻郡嬬恋村・吾妻郡長野原町・吾妻郡東吾妻町・渋川市・前橋市・佐波郡玉村町・伊勢崎市に分布する。調査の嚆矢は昭和54年調査の鎌原遺跡（吾妻郡嬬恋村）埋没家屋の発掘調査であり，これが全国に知れ渡った。近年は八ツ場ダム建設工事に伴う発掘調査により事例が増加している。
　53事例のうち遺構の種類は，民家・便所・蔵・寺院・神社・門・その他があるが性格の分からない建物も多い。とくに民家と便所については狭い面積の調査であれば別だが，ある程度の広さの面積の調査であれば主屋をはじめ，便所などの付属施設，畑，溝などが構成されて屋敷となる。最終的には屋敷の構造を把握することが目標となるわけであるが，今回は便所もひとつの建物跡の事例として表に掲載している。なお，鎌原遺跡十日ノ窪（1）の3軒の家屋と旧新井村（5）は詳細な内容が不詳であるため，それぞれ1事例として扱った。このうち，民家は東宮遺跡Ⅰ区1号建物（10）の桁行（東西）20.24 m×梁行（南北）11.96 mが今のところ一番規模が大きい。第2～6図の群馬県における1783年天明泥流下建物跡平面図・復元図は，報告書掲載図を縮尺約1: 200で転載したものであるが，これを見ても1号建物がずば抜けて規模が大きいことが分かる。また，遺構から復元が行われたものをみると三間取り・広間型の構造が一番多い。広間は「炊事，

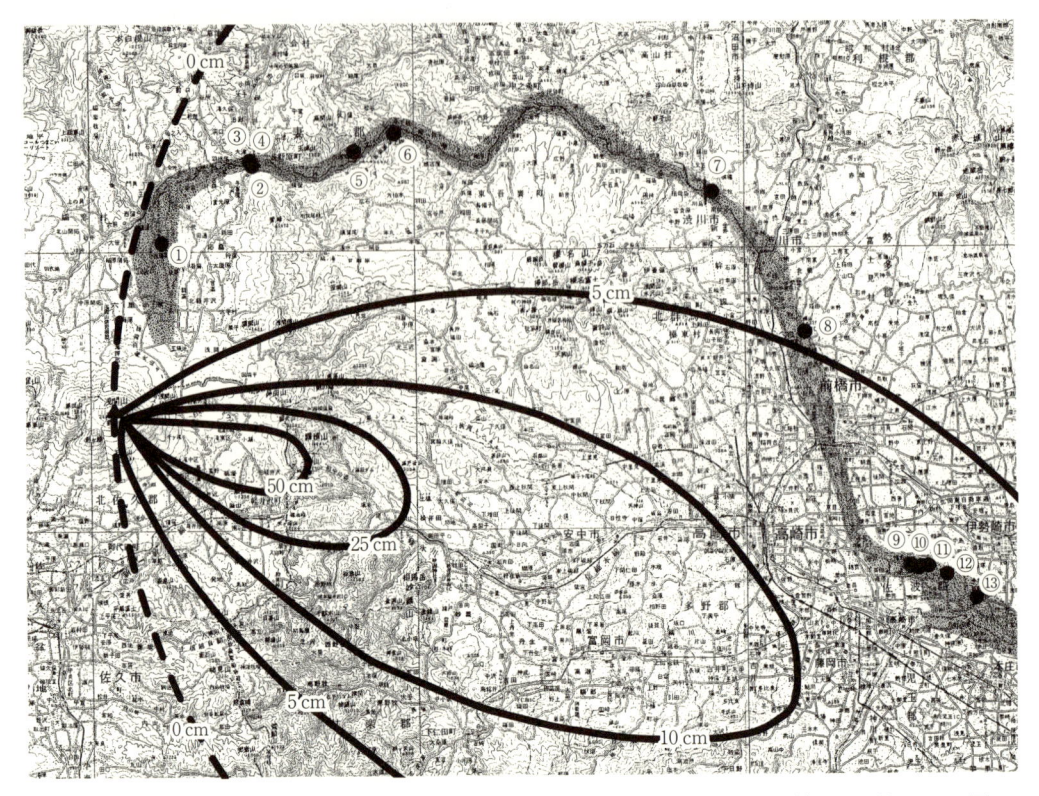

第1図　群馬県における1783年天明泥流下建物跡遺跡分布図（軽石降下・泥流範囲は，早田1990図23，かみつけの里博物館2007 2-3頁，関2010図11をもとに作成，S＝1/50万，cmは軽石堆積厚，トーンは泥流範囲を示す。）
①鎌原遺跡　②旧新井村　③小林家屋敷跡　④町遺跡　⑤東宮遺跡　⑥上郷岡原遺跡　⑦川島久保内・馬場遺跡　⑧田口上田尻遺跡　⑨上福島中町遺跡　⑩中町遺跡　⑪樋越諏訪前遺跡　⑫下之宮高伋遺跡　⑬柴遺跡

食事，団欒，さらに作業，日常の接客など」（村田2012，998頁），座敷は「日常は寝間や納戸として用いられるが，冠婚葬祭時，また特別な客の接客用として用いられた部屋」（村田2012，998頁）である。主屋であるならば竈・囲炉裏も備えている。

　建築部材は多様にわたって出土している。とくに前述した鎌原遺跡，東宮遺跡からは柱・垂木といった空間を構成する建築部材から，東宮遺跡I区1号建物（10）のように床板がそのまま残っている事例があった。また，上福島中町遺跡VI区1号建物跡（41）では西・北の壁，内部を仕切っていた壁を良好な状態で確認され，さらに板の間の痕跡を残す有機質の層が地面から約25cmの高さで水平に残されていた。東宮遺跡I区1号建物（10）には土間出入口に唐臼が設置されており，中央部南端の張出部に風呂とみられる施設があり，この施設からの排水は馬屋に埋設された便槽へと連結されている。上福島中町遺跡VI区3号建物跡（43）にはハシロと見られる床面があり，その下には竹スノコの痕跡と見られるものも部分的に確認されている。

　柱を受ける礎石には墨書きで番付がされている事例もある。田口上田尻遺跡1号建物（31）では，礎石は一つおきにより大きめな石が配され，「＋」・「キ」状の当たりが付けられるものがあ

り，当たりの脇には「に八」「中二」「〇三」などの番付が墨書きされている。上福島中町遺跡Ⅵ区3号建物跡（43）の礎石にも柱の番付け痕跡がある。樋越諏訪前遺跡（51）の事例では，盛土下に礎石列に重なるように浅い溝状遺構があり，建築時の地業に伴う計画線と考えられる。

　便所（便槽）は便所の事例数は10を数え，これは民家に次ぐ事例数である。建物内部に設置される他，独立したものとして見つかる事例がある。また，上福島中町遺跡には円形の土坑が並んだ建物があり，便所の可能性が高いようだ。こうした便所はいわば外便所であり，肥料を目的としたものであろう。東宮遺跡Ⅰ区6号建物（15）は，肥料備蓄をひとつの目的とした建物が指摘されている。興味深いのは田口上田尻遺跡2号建物（32）における大小便所の存在で，報告書の所見では「肥料において小便が大便より優位性があり，小便溜めの建物が便所とは別棟として建てられていたことを明らかにする遺構として価値がある」（村田2012，999頁）と指摘されており，田畑に欠かせない肥料と密接な関係にある重要な施設であり，示唆することは大きい。

2．建物跡から出土した遺物

　出土遺物の一覧を作成するにあたっては報告書の遺物観察表を基に作成した。また，陶磁器などは産地別によって分類すれば流通ルートが分かるのかもしれないが，今回は所持品数の傾向を把握するに留めたため分類していない。

　事例のうち最大規模の民家である東宮遺跡Ⅰ区1号建物（10）からは，土器陶磁器，漆器・木製品・布・道具類，石製品など多量の出土遺物があり，とくに木製品など有機物がほぼ当時のままの状態で出土している。各事例で興味深い出土遺物があるのだが，一つ一つ取り上げる余裕はなく，第1表を参照されたい。

　遺物出土箇所については，上福島中町遺跡を事例に挙げるとⅥ区2号建物跡（42）では囲炉裏北側と西側の内倉内において多量の遺物が出土している。Ⅵ区3号建物跡（43）では遺物の多くが囲炉裏周辺及び部屋の北側部分において出土している。また，Ⅱ区1号建物跡（34）の竈周辺には礫や陶磁器類，石臼などが多く出土している。Ⅱ区6号建物跡（39）竈の北側部分や建物北西部分から遺物の出土が顕著であり，竈には鉄釜が掛かった状態で出土し，その右脇下には茶釜（火消し壺か）が出土している。Ⅵ区1号建物跡（41）では，床下に蒔かれたように多量の銭が出土している。その他，中町遺跡（50）は小規模面積の調査であったが，泥流に残るタガや網目の圧痕から，桶の上にザルがのっていたことが考えられる。また，その出土位置からザルには陶磁器類が，桶には砥石がそれぞれまとまっていたことが考えられ当時の道具の収納を考える上で貴重な事例である。

鎌原遺跡
推定本堂跡の実測図
推定庫裏跡（部分）・納屋跡実測図

小林家屋敷跡

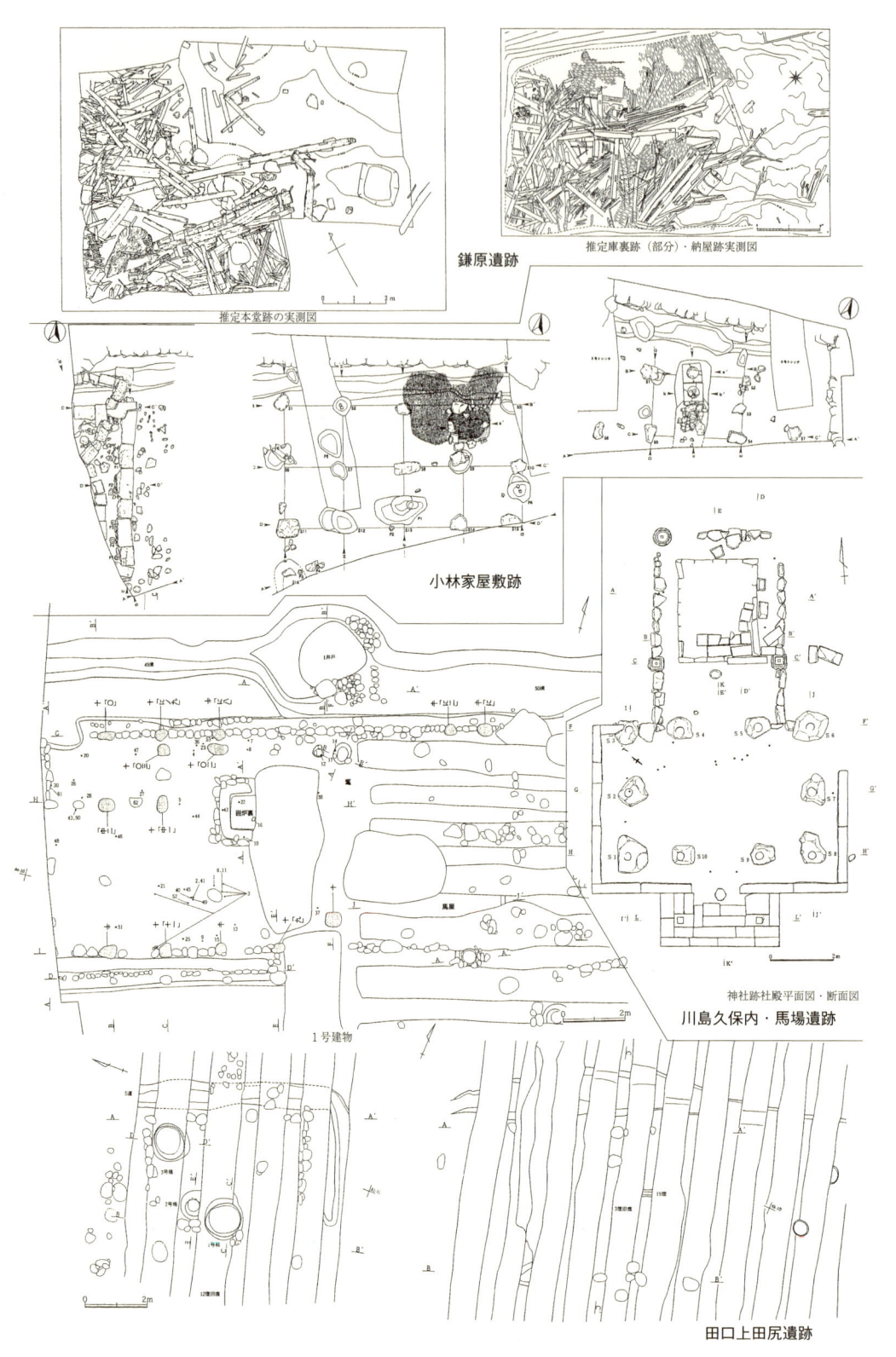

川島久保内・馬場遺跡
神社跡社殿平面図・断面図

田口上田尻遺跡

第2図　群馬県における1783年天明泥流下建物跡平面図・復元図（1）（報告書掲載図を転載。縮尺約1：200）

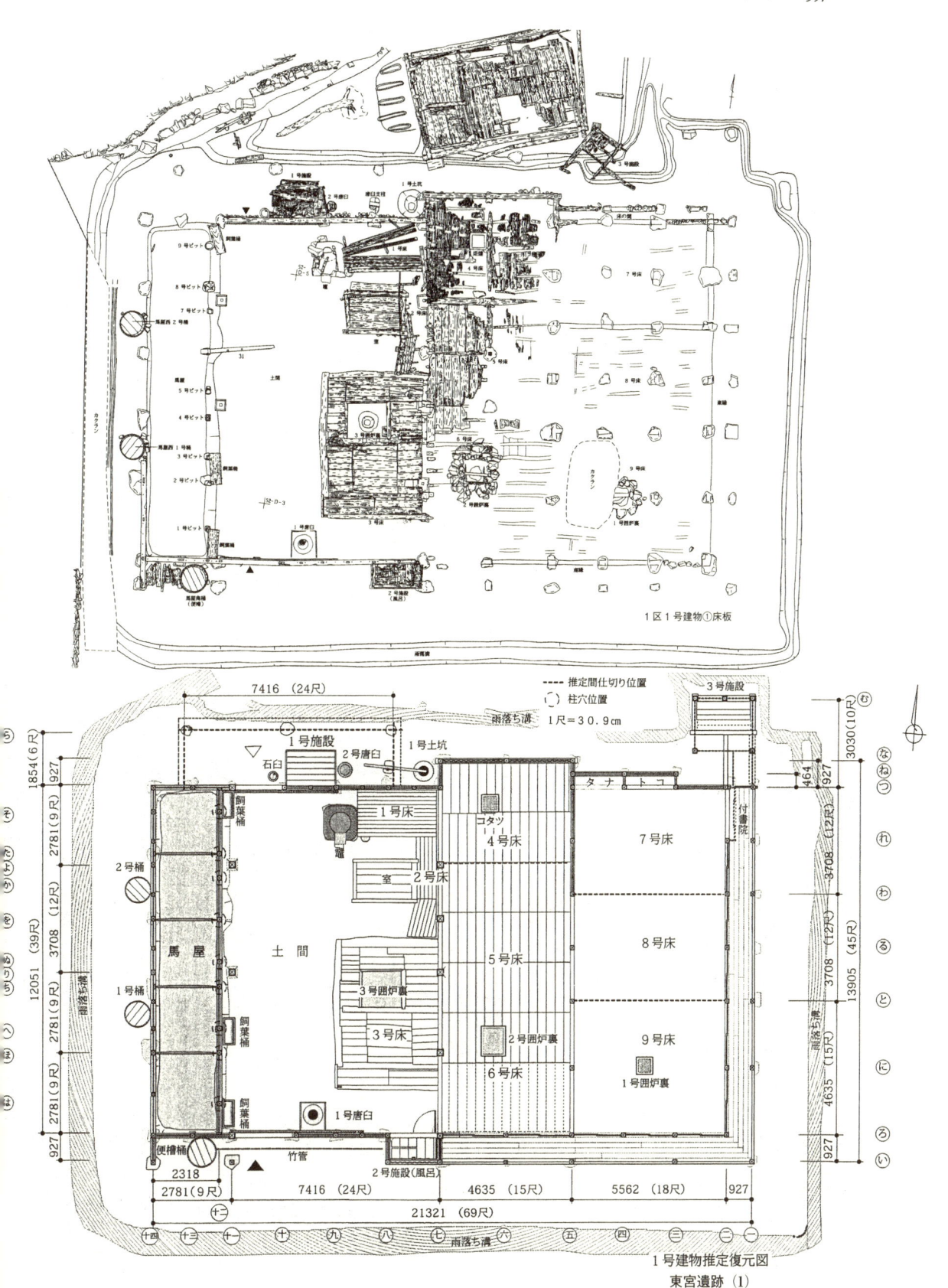

1783年上州の天明泥流下建物跡　357

第3図　群馬県における1783年天明泥流下建物跡平面図・復元図 (2)（報告書掲載図を転載。縮尺約1:200）

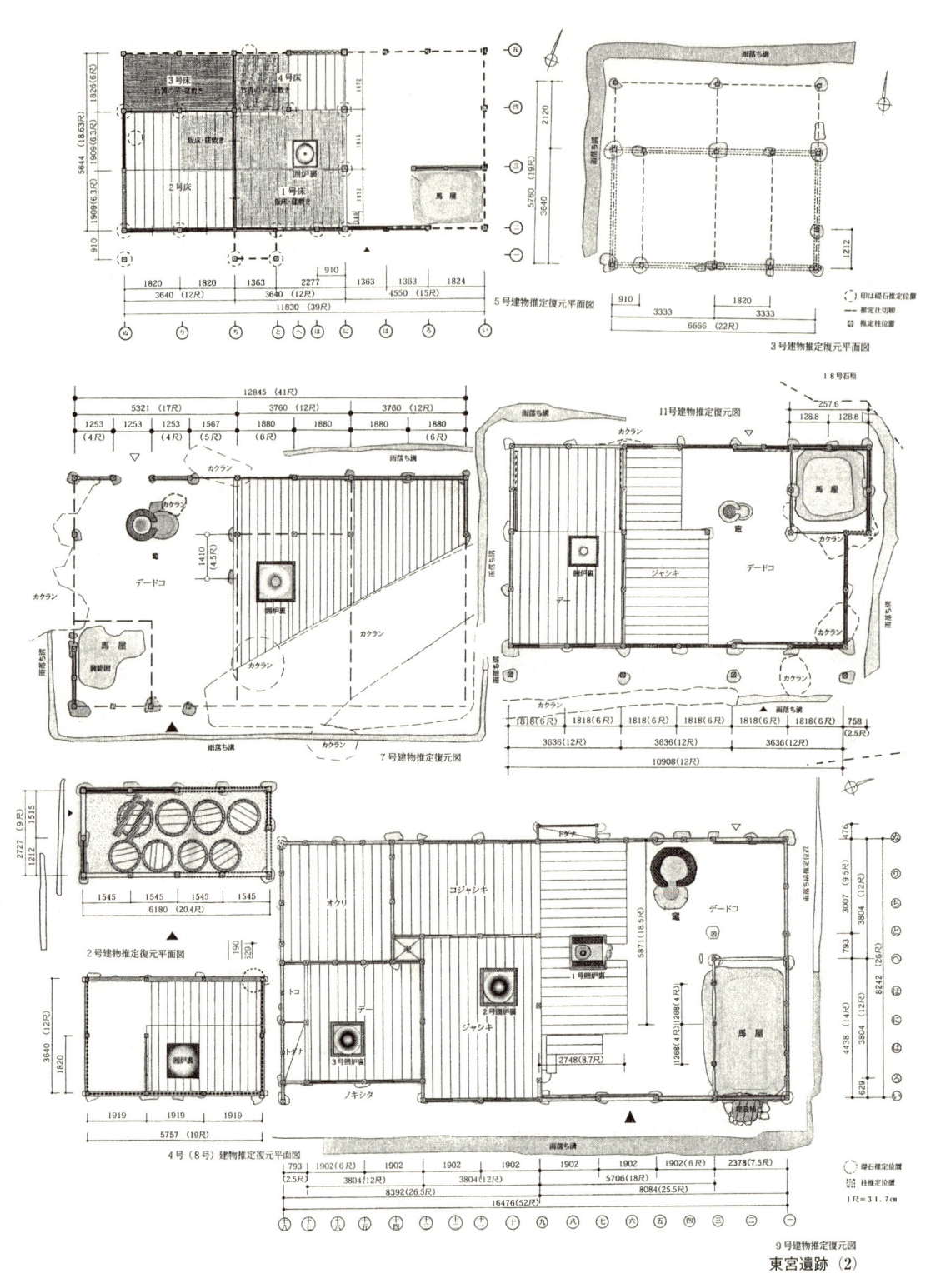

第4図　群馬県における1783年天明泥流下建物跡平面図・復元図（3）（報告書掲載図を転載。縮尺約1:200）

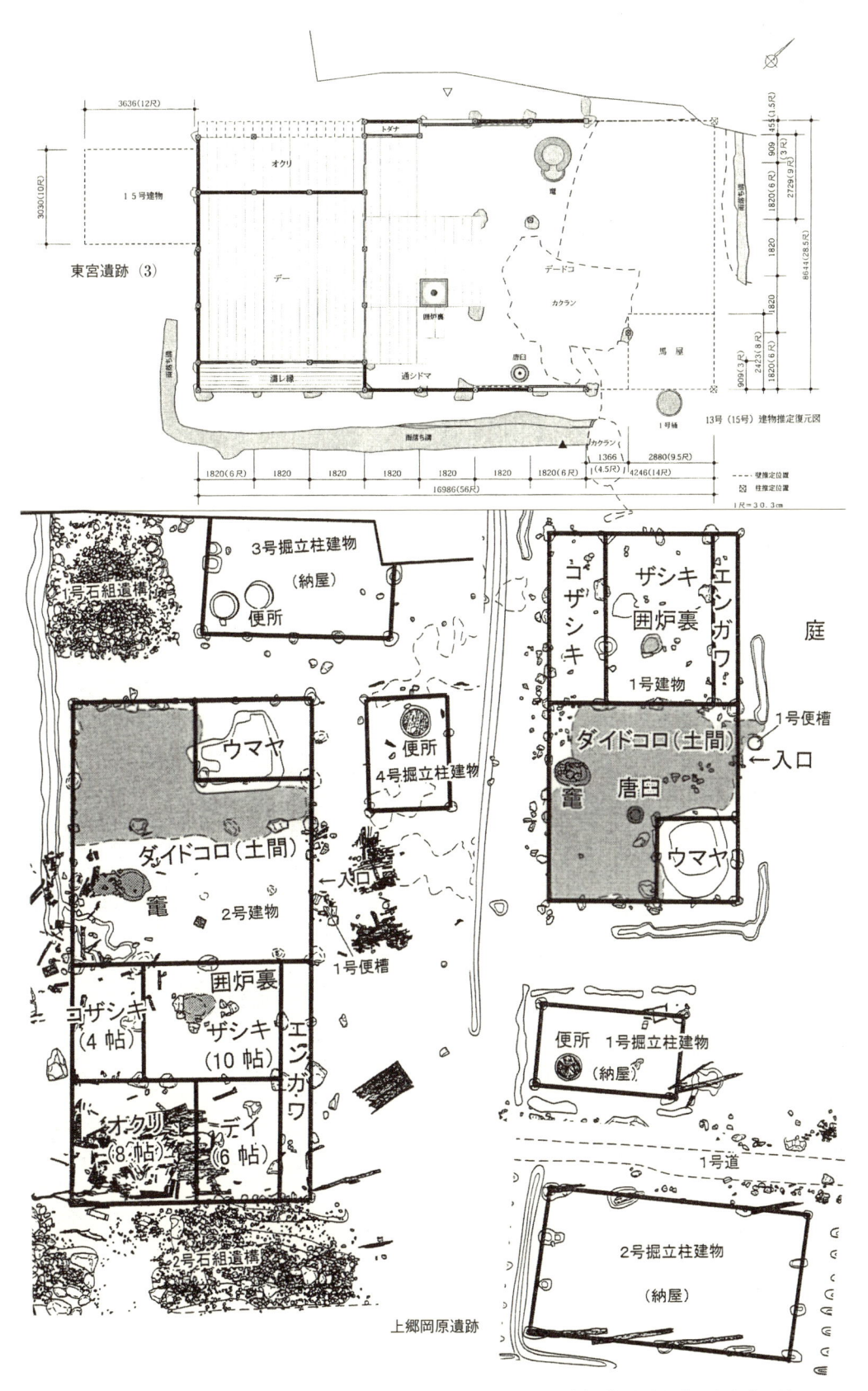

第5図　群馬県における1783年天明泥流下建物跡平面図・復元図（4）（報告書掲載図を転載。縮尺約1:200）

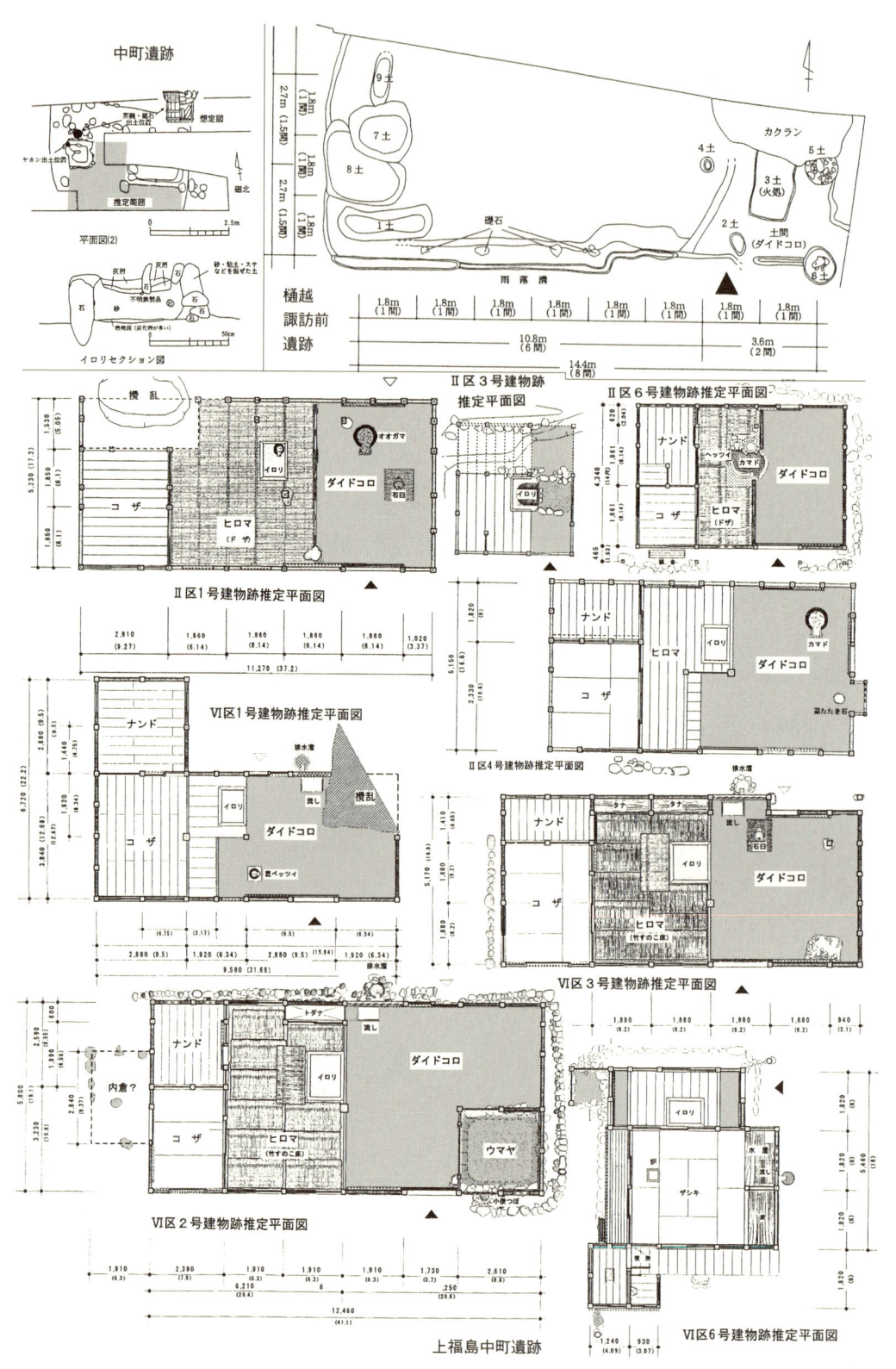

第6図　群馬県における1783年天明泥流下建物跡平面図・復元図（5）（報告書掲載図を転載。縮尺は中町遺跡イロリセクション図を除き約1:200）

1783年上州の天明泥流下建物跡　361

第1表　群馬県における1783年天明泥流下建物跡一覧　（財）・（公財）群馬県埋蔵文化財調査事業団は群埋文と略す。下駄・草履は対の数ではない。

No.	遺跡名	所在地	遺構名	家屋規模	遺構・建築部材	出土遺物	特記事項	文献
1	鎌原遺跡十日ノ窪	吾妻郡嬬恋村鎌原区			建築資材多数集積（昭和54年調査）。畳、柱、桁・梁・垂木・投首など・（昭和56年調査）	3軒の家屋のうち、1軒はほぼ完全に掘り上げた1軒から建築用材と三百数十点の生活用品（炭化した絹布・下駄・鼈甲の簪・ガラスの飾り玉・漆塗りの櫛・ビードロ鏡・和鋏・炭化した大麦・小麦・栗・漆器碗・陶磁器・印籠・煙管・白・硫黄塊入り石製容器・千歯こき・鍬・鎌・鶴嘴・斧・鉈・鳶口・砥石・銭・硯・木製判子・煙管・刀・三尊像・鉦・香炉など）	3軒の家屋	嬬恋村教委1994『鎌原村発掘調査概報』『延命寺跡』
2	鎌原遺跡延命寺跡	吾妻郡嬬恋村鎌原区	推定本堂跡	約9m×約9m	床面及び床面構造は原位置に比較的良く遺存。建築部材：礎石・土台・大引・根太・床板・縁框	仏像4・神像2・仏具（燭台1・華瓶4・香炉1・五鈷鈴2・錫杖1・金剛盤2・鏡鉢1・錫鉢1・柄香炉3・香炉蓋3・鏡台17・鏡鉢台か1・鏡光背1・数珠1・供物台1・曲録1・飾り金具・払子1・銭・硯・仏飯器1・仏華瓶1・容器蓋1）	推定本堂跡数m手前から当時の地表より数十cm浮いた状態で馬の遺体	No.1に同じ
3	鎌原遺跡延命寺跡	吾妻郡嬬恋村鎌原区	推定庫裏跡	間口5間前後×奥行き4間前後と推定	建築部材：柱・大引・根太・敷居・鴨居・板戸・座敷用敷物・床板・地袋板と袋戸の引戸・角材・板片・推定欄間装飾	仏具（鏡1・供物台3・鉢2・大鉢2・鉢2・灰落とし5・火消し2・碗1・瓶子4・碗4・火入れ1）・猪口20・香炉3・灰落とし5・水滴1・皿15・小皿3・壺1・油壺3		No.1に同じ
4	鎌原遺跡延命寺跡	吾妻郡嬬恋村鎌原区	推定納屋（物置）跡	間口3間×奥行き2間程度と推定	建築部材：棟木・桁・モヤ柱・茅及び垂木戸片	木製スリ臼1・手桶1・小皿1・灯明皿2・薪粗朶1	推定納屋裏の庭先から50歳前後の男性遺体	No.1に同じ
5	旧新井村	吾妻郡長野原町大字長野原	屋敷跡			日待供養塔・石臼・農具など		長野原町教委1990『長野原町の遺跡』
6	小林家屋敷跡	吾妻郡長野原町大字長野原	土蔵跡	東西間口2.06m以上（2間以上）×奥行き5.4m（3間）	北側に雨落ち溝	甕1・すり鉢1・釘4・楔か1	吾妻地方の分限者（富家）小林助右衛門屋敷の一部。瓦の出土が確認できず茅葺き屋根を想定	長野原町教委2005『小林家屋敷跡』
7	小林家屋敷跡	吾妻郡長野原町大字長野原	1号礎石建物跡	東西間口7.6m以上（4間）×奥行き5.7m以上（3間以上）柱間1.9m	北側に雨落ち溝	碗2・植木鉢1・鉈1・釘11・鋲1・石臼（上）2・石臼（下）2・固定臼2・鎌1・鉈1・鋲1・木製品建築部材26・木製品建築部材7・飾り金具	吾妻地方の分限者（富家）小林助右衛門屋敷の一部	No.6に同じ
8	小林家屋敷跡	吾妻郡長野原町大字長野原	2号礎石建物跡	間口2.75m×奥行き1.9m以上（1間以上）間半ヵ	北側に雨落ち溝	猪口か1・木製品建築部材4・釘1・搗臼2	吾妻地方の分限者（富家）小林助右衛門屋敷の一部	No.6に同じ
9	町遺跡	吾妻郡長野原町大字長野原	1号建物跡		西側に建物床板	東側から下駄・櫛・煙管・漆碗など		群馬文HP

No.	遺跡名	所在地	遺構名	家屋規模	遺構・建築部材	出土遺物	特記事項	文献
10	東宮遺跡	吾妻郡長野原町大字川原畑	I区1号建物	桁行（東西）20.24 m×梁行（南北）11.96 m	土間・馬屋・竈・室・用炉裏2・板の間・床の間・風呂とみられる施設、建築部材：遺方小杭3、北側土台5、南側土台1、西側土台1、東側土台1、床束11、床板42、根太41、根太掛3、根立柱2、大引12、杓子板1・作業板1・作業板2・支柱1・桶底板1・桶側木枠1・西側木枠1・東側木枠1、礎石	土器陶磁器（碗22、皿6、仏飯具1、徳利1、板1、灯火皿2、火入1、香炉2、すり鉢1、鉢か1、お膳1）、漆椀蓋5・曲物・行灯1・櫛2・板材1・木文字1・杓子1・木製品道具3・竹へら1・木製部材9・箕か1、建築部材9・タガ1・引き手か1・縁金1・撥鍬の手斧1、下駄46、草履6、薬缶13、樽1、鉄1、鎌2、麦缶1、盗蓋1・蓋1、釘11、鍵1、茶釜1・鉄鍋1・鉄製品円弾4、鉛製品2・石製品2・石臼（上）2・石臼（下）2、寛永通宝25、雁首銭2、ヒゲ鉢1、唐臼2	1号屋敷跡（1～4号、1・6・9号建物、1・2・4号石垣、4号畑、1・2号溝、1号道、1号橋）、入口に唐臼設置。土間出入口に唐臼とみられる張出部に中央部南端の張出部に風呂とみられる施設あり。この施設からの排水は馬屋へ連結された便槽へ連結する。馬屋から家畜出糞	群埋文2011『東宮遺跡第514集』(1)J『東宮遺跡第536集』(2)J 2012
11	東宮遺跡	吾妻郡長野原町大字川原畑	I区2号建物	桁行（東西）6.13 m×梁行（南北）2.76 m	8基の桶が地面に埋設されるが、ナラシダメ（人糞・蚕糞等を混合して肥料を製し備蓄する）に相当するか可能性が高いことが指摘される。建築部材：板2、柱1、蓋板9、北側土台1、西側土台1、南側土台1、桶側板8、桶底板8	土器陶磁器（小杯1・碗1・鉢1・不詳1）、漆器・木製品布・家形木製品1・桶2・桶部材1・建築部材2・作業台か3・丸木材1・木製品道具1、金属製品道具1、鉄製品道具1・鎌1・鉦鉸か1、鉛製品円弾1・鋳銭3		No. 10に同じ
12	東宮遺跡	吾妻郡長野原町大字川原畑	I区3号建物	東西6.45 m×南北5.83 m	礎石・土台痕。西・北側に雨落ち溝	土器陶磁器（碗1）、寛永通宝1、ヒゲ鉢1	1号屋敷跡（1～4号、1・6・9号建物、1・2・4号石垣、4号畑、1・2号溝、1号橋）	No. 10に同じ
13	東宮遺跡	吾妻郡長野原町大字川原畑	I区4号建物	5.7 m×3.7 m	土台・大引・根太・床板、柱か敷居の一部等。建築部材：床板6・敷居1・北側土台2・西側土台1・南側土台2・根太15・柱1・板裏引1、礎盤板1、板裏支え木1、床の間か1	土器陶磁器（碗19、皿1、蓋1、鉢1、鉢か1、練鉢1）、漆器・お膳蓋1・お膳板1・布・道具類・曲物・柄杓か1・お膳の蓋か1・竪杵1・築部材7・木製品道具1・竹製品不詳1・下駄14、樽1・釘1・錠1・薬缶か1・鉄鍋2	1号屋敷跡（1～4号、1・6・9号建物、1・2・4号石垣、4号畑、1・2号溝、1号道、1号橋、建物ごと泥流に運搬されたと指摘されている	No. 10に同じ

1783年上州の天明泥流下建物跡　363

No.	遺跡名	所在地	遺構名	家屋規模	遺構・建築部材	出土遺物	特記事項	文献
14	東宮遺跡	吾妻郡長野原町大字川原畑	I区5号建物	桁行(東西)12.07m×梁行(南北)5.82m	礎石・土台状の部材。掘立柱根入部、囲炉裏・馬屋・1号施設・2号施設。建築部材：床の間か2、敷居部材1、床板2、土台11か1、大引13・大引根太21、板杭3、掘込柱19か1、下駄18、金属固定杭1、柱2、土台固定杭1、木杭1、土台築樽1・杭1、斜杭1、飼築樽2	土器陶磁器（碗24、碗か猪口1、皿1・油漕1、片口2・片口か1・半胴か1・すり鉢1・亀形陶器1・土人形1）、漆器・木製品・布・道具類（櫃蓋2・樺1・曲物か4・曲物か2・緒か1・柄杓か1・杓文字1・櫛1・籠1・火打箱1・樺か1・桶か樺か1・桶1・苔か1・竹籠1・火打箱1・箱2・掘込柱3・木製部材4・布下駄2、金属鍋か1・道具類（煙管6・刀子2・手斧1・蟹1・蓋2・鉄鍋2・鉄鍋か1・鉄製品不詳2、寛永通宝9・南鐐二朱銀4・あで小判2、砥石2、ヒブ鉢（上）1・骨角器1	2号屋敷跡（5・6号建物、5・11・12号畑、6・7号石垣、3号溝）の主屋	同No.10に
15	東宮遺跡	吾妻郡長野原町大字川原畑	I区6号建物	桁行(東西)3.07m×梁行(南北)1.99m	掘立柱建物跡。建築部材：柱1	土器陶磁器（碗2）、漆器・木製品・布・道具類、金属器、鍬1、建築部材1、道具類（煙管1、釘1）	2号屋敷跡（5・6号建物、5・11・12号畑、6・7号石垣、3号溝）、肥料備蓄をひとつの目的とした建物が指摘されている	同No.10に
16	東宮遺跡	吾妻郡長野原町大字川原畑	II区7号建物	桁行(東西)12.81m×梁行(南北)7.36m	土間・馬屋・竈・囲炉裏・床部	土器陶磁器（碗14・皿2・徳利1・灯火皿1・片口か1・すり鉢3・水滴か1）、漆器、布・道具類（漆碗蓋4・漆器5・道具箱2・樺2・桶か樺1・桶か樺2・楔か1・箱1・建築部材1、刀2・鎌1・包丁か2・刀1・薬缶1（下）・茶臼1・鉄巾蓋1・木製砥石台1・茶臼1（下）・石臼1、銭36、砥石4	3号屋敷跡（7号建物、18・20・21号畑、9号石垣、4号道、5号溝）の主屋	同No.10に
17	東宮遺跡	吾妻郡長野原町大字川原畑	IV区9号建物	桁行(南北)16.50m×梁行(東西)8.25m	礎石・馬屋・竈・囲炉裏3	土器陶磁器（小杯1・皿12・仏飯器1・香炉1・片口1・土人形1）、漆器・木製品・布・道具類（杓子1・お膳蓋1・蓋1・刷毛1、曲物2・柄杓か1・栓1・横木1、桶1・羅宇か1・鎌1・鉄製部材2・蓋1）、金属器、道具類（煙管5・羅宇か1・鉄鍋4）、銅製品蓋1・鉄製品蓋2・銅製品蓋1、銭10、砥石4、石臼（下）1	4号屋敷跡（9号建物、10号石垣、6号溝）の主屋	同No.10に
18	東宮遺跡	吾妻郡長野原町大字川原畑	IV区10号建物	桁行(南北)11.65m×梁行(東西)7.97m	建築部材：東側土台か1・敷板1・柱5・柱杭か3・板材4・根杭1・土管1・土壁部材1・土壁竹小舞1・土壁部1・板材1・梁か1・木杭10・不明4、石段	土器陶磁器（碗7・蓋付碗1・灯火受皿1・卸皿1・灯火皿1・灯火具1・根杭か1・蓋1・根杭か1・道具類（漆碗1・木製品・布・道具類・サヤか1・竹製品不詳2、桶か74・桶1・蓋1・樺か樺1・栓1・蓋1・樺1・蓋1・箱か2・栓15・木製品不詳19、下駄1、作業台か1・毛抜き1・灯火皿1、建築部材6・木製品不詳1・蓋1・鎌1・釜2、鉄鍋1	5号屋敷跡（10・12号建物、1号炉、11～13号石垣、1・2号施設）の酒蔵	同No.10に
19	東宮遺跡	吾妻郡長野原町大字川原畑	IV区12号建物	桁行(南北)3.68m×梁行(東西)1.84m	礎石・埋設樽		5号屋敷跡（10・12号建物、1号炉、11～13号石垣、1・2号施設）	同No.10に

364

No.	遺跡名	所在地	遺構名	家屋規模	遺構・建築部材	出土遺物	特記事項	文献
20	東宮遺跡	吾妻郡長野原町大字川原畑	Ⅳ区11号建物	桁行(南北)11.66m×梁行(東西)7.46m	礎石・馬屋・竈・囲炉裏	土器陶磁器(碗5・香炉1・皿1・灯火受皿1・片口1・甕か1・金属器・道具類(煙管2・鋼製品蓋1・薬缶1・毛抜き1・火箸か1・鏨1・鎌1・鉄製品蓋1・鉄鍋3)、砥石2	6号屋敷跡(11号建物、27号畑、15・18号石垣)	No.10に同じ
21	東宮遺跡	吾妻郡長野原町大字川原畑	Ⅳ区13号建物	桁行(北東から南西)17.02m×梁行(北西から南東)8.59m	礎石・竈・囲炉裏・雨落ち溝。大引あるいは根太、床板の痕跡あり	土器陶磁器(小杯1・碗31・紅皿1・皿14・蓋付鉢2・蓋1・香炉2・灯火受皿1・灯火具4・油壺1・瓶2・瓶1・練鉢1・水甕1・根付1)、漆器・木製品・布・道具類(棹秤1・鋳12・刀1・柄鏡1・毛抜き1・道具1・杓子1・箱1・包丁か1・羅字か1・火床1・火箸1・鑪3・釘1・鉄鍋蓋1・鉄鍋取手1・鉄鍋の補修1・鉄筋か1・矢床1・工具1・おろし金1・鉄鍋蓋2・花板1・鉦鼓1・茶釜2・灯火皿1・灯火具1・飾り金具1・鉄製品円弾1・鉄製品不詳7)、銭96・雁首銭1、砥1・鋼製品不詳1・鉛製品円弾1・鉄製品円弾1・獣骨1	7号屋敷跡(13～15号建物、26号畑、8、14・16・17号石垣、5号道)の主屋	No.10に同じ
22	東宮遺跡	吾妻郡長野原町大字川原畑	Ⅳ区14号建物	桁行11.36m×梁行(7.43)m	礎石・雨落ち溝	土器陶磁器(小杯1・碗5・皿か1・すり鉢1、香炉1・線香差し1、煙管1・鉄製品不詳1)、金属器・道具類、石臼18、寛永通宝	7号屋敷跡(13～15号建物、26号畑、8、14・16・17号石垣、5号道)	No.10に同じ
23	東宮遺跡	吾妻郡長野原町大字川原畑	Ⅳ区15号建物	(3.80)m×(3.03)m			7号屋敷跡(13～15号建物、26号畑、8、14・16・17号石垣、5号道)	No.10に同じ
24	上郷岡原遺跡	吾妻郡東吾妻町大字三島	Ⅲ区1面1号掘立柱建物	1×2間 5.2m×3.5m	便槽・雨落ち溝	寛永通宝1・便槽底板1・柱材2	1・2号建物の関連施設と推定されている。周辺には麻畑も確認	群埋文2007『上郷岡原遺跡(1)』第410集
25	上郷岡原遺跡	吾妻郡東吾妻町大字三島	Ⅲ区1面2号掘立柱建物	2×4間 桁行約8.6m×梁行約4.6m	雨落ち溝	石鉢1・柱材6	1・2号建物の関連施設と推定されている。周辺には麻畑も確認	No.24に同じ
26	上郷岡原遺跡	吾妻郡東吾妻町大字三島	Ⅲ区1面3号掘立柱建物	北側一部は調査区外。桁行約6.2m×梁行約2m	便槽		1・2号建物の関連施設と推定されている。周辺には麻畑も確認	No.24に同じ

1783年上州の天明泥流下建物跡　365

No.	遺跡名	所在地	遺構名	家屋規模	遺構・建築部材	出土遺物	特記事項	文献
27	上郷岡原遺跡	吾妻郡東吾妻町大字三島	Ⅲ区1号面4号掘立柱建物	1×2間 桁行約3.6m×梁行約2.6m	便槽		1・2号建物の関連施設と推定されている。周辺には麻畑も確認	No.24に同じ
28	上郷岡原遺跡	吾妻郡東吾妻町大字三島	Ⅲ区1面1号建物	桁行約12m×梁行約6.5m	便槽・竈・搗き臼・馬屋・囲炉裏	碗5・小碗1・灯明皿2・灯明受け皿1・皿1・火箸1・鉄棒1・鎌1・鉈(片)1・煙管火皿吸口1・煙管雁首2・鉄砲玉1・寛永通宝1・砥石2・石1・竈石7・搗臼(唐臼)1	間取り復元案あり。周辺には麻畑も確認	No.24に同じ
29	上郷岡原遺跡	吾妻郡東吾妻町大字三島	Ⅲ区1面2号建物	桁行約16m×梁行約8m	便槽・竈・搗き臼・馬屋・囲炉裏	碗13・小碗1・香炉2・慈利か1・灯明皿2・漆器椀蓋12・漆器椀蓋3・漆器椀か1・漆器平8・漆器平蓋2・漆器雁首1・煙管蓋か1・煙管吸口4・煙管雁首2・竈石1・鍬1・刀鞘7・木不明1・膳か2・下駄台石1・桶か2・櫛1・曲物6・わっぱか1・まな板3・こおりか1・木製品底板か2・麻引板か1・建築部材6・杭か2・箱か1・戸板1・根太か1・天井板か1・側土台か1など建築材多数	間取り復元案あり。周辺には麻畑も確認	No.24に同じ
30	川島久保内・馬場遺跡	渋川市川島	神社社殿	拝殿身舎5.790×3.945m・幣殿3.784×2.063m・覆屋3.784×3.967m・本殿1.396m×1.142m	拝殿・幣殿・覆屋・木殿	銭17・飾り金具2・釘2・皿3	上野十二社の四ノ宮である甲波宿禰神社	渋川市教委1998『川島久保内・馬場遺跡』第62集
31	田口上田尻遺跡	前橋市田口町	建物1号	間口15.00m×奥行きき6.68m	三間取り・広間型。被災した時点で建物は上屋のない廃屋の状態	陶磁器や煙管などの遺物は床下にあたる部分の灰層上から出土しており、竈周辺などの遺物はほとんどない。碗5・仏飯器か・小杯1・釘1・香炉1・すり鉢2・瓦2・煙管9・刀装具木不明5・鉈1・火打ち金1・銭16・砥石5・石臼(上)2・石臼(下)1	礎石は一つおきに大きな石が配され、「ヘ」「キ」状の当たりがつけられるものがある。当たりの脇には「ロ」「○」「三」などの番付が墨書される	群埋文2012『田口上田尻遺跡　田口下田尻遺跡』
32	田口上田尻遺跡	前橋市田口町	建物2号	間口(5.40)m×奥行き(3.60)m	大小便所2棟の復元案あり	碗1・砥石1	肥料においてはん大小便より小便溜めの優位性があり、小便溜めの建物が便所とは別棟として建てられていたとする墨書あり見あり	No.31に同じ

No.	遺跡名	所在地	遺構名	家屋規模	遺構・建築部材	出土遺物	特記事項	文献
33	田口上田尻遺跡	前橋市田口町	3号建物	間口―m×奥行き4.50m	礎石らしい東西方向の偏平な川原石の列			No.31に同じ
34	上福島中町遺跡	佐波郡玉村町大字上福島	Ⅱ区1号建物跡	3×5間 5.2m×11.4m	三間取り・広間型。中央やや北に囲炉裏、土間の北側に竈	碗12・香炉1・皿1・片口鉢1・灯明受け皿1・風炉1・水滴1・ひょうそく1・徳利1・小瓶1・焜炉か風炉1・すり鉢1・石臼(上)2・石臼(下)1・石鉢1・砥石3・軽石製品1・流編み石9・鋼製品水滴か1・錠1・鏝1・板状製品1・刀子1・刀子か1・煙管雁首5・煙管吸い口3・錠1・寛永通宝6・鉄銭2	竈周辺には礫や陶磁器類、石臼などが多く出土。間取り復元案あり	群埋文2003『上福島中町遺跡』第318集
35	上福島中町遺跡	佐波郡玉村町大字上福島	Ⅱ区2号建物跡	2.3m×2.3m	西・南側を除き礎石が方形に配列される。大小2つの円形の土坑	甕1・碗1・鍋1・鋼銭2	便所	No.34に同じ
36	上福島中町遺跡	佐波郡玉村町大字上福島	Ⅱ区3号建物跡	1.26×2.1間 2.4m×4.0m	北寄り中央に囲炉裏	皿1・碗1・小碗1・仏飯器1・瓶1・火鉢1・鍋1・鉈1・鎌1・包丁1・釘1・火打ち金か1・砥石3・五輪塔(火輪)1、泥流中の板の間の高さ部分で徳利などの遺物出土	埋没断面に土壁・板の間の痕跡あり。間取り復元案あり	No.34に同じ
37	上福島中町遺跡	佐波郡玉村町大字上福島	Ⅱ区4号建物跡	3×5間 5.2m×9.5m	三間取り・広間型。土間の北東隅に竈。囲炉裏は中央やや北に作られる	皿4・皿か6・杯1・小碗6・繰り鉢1・火鉢か1・風炉1・瓶3・髪入れ2・徳利1・さな1・砥石6・石臼(上)2・石臼(下)1・鉈1・包丁1・煙管吸い口1・寛永通宝1・鋼銭2	間取り復元案あり。竈は馬蹄形に粘土が廻り、焚口の両側に細長い川原石が袖材としても用いられる	No.34に同じ
38	上福島中町遺跡	佐波郡玉村町大字上福島	Ⅱ区5号建物跡		3つの円形の土坑		便所	No.34に同じ
39	上福島中町遺跡	佐波郡玉村町大字上福島	Ⅱ区6号建物跡	間口6.53m×奥行き4.34m	三間取り・広間型。囲炉裏状施設・竈	皿13・小皿7・碗18・碗蓋1・仏飯器1・香炉2・小香炉1・瓶蓋1・チューカ1・小瓶1・大黒人形1・在地系土器不明1・灯明皿4・灯明受け皿2・手付き水注1・双耳瓶1・徳利3・瓶1・片口鉢1・すり鉢1・鍋1・鈕1・硯1・石臼(上)4・石臼(下)3・砥石10・茶釜1・鍋2・鈕1・包丁3・刀子か1・刀子3・刀子か2・鍔1・錠1・矢立1・火打ち金1・鎌1・十能1・煙管雁首5・煙管吸い口4・鋼銭10・鉄銭7・か1・鉄製品不明1・鉄製品棒状製品1・鋸か1・指し銭	竈の北側部分や建物北西部分から遺物の出土顕著。竈には鉄釜が掛かった状態で出土し、その右脇下には茶釜(火消し壺か)が出土。間取り復元案あり	No.34に同じ
40	上福島中町遺跡	佐波郡玉村町大字上福島	Ⅱ区7号建物跡		大小2つの円形の土坑		便所	No.34に同じ

1783 年上州の天明泥流下建物跡　367

No.	遺跡名	所在地	遺構名	家屋規模	遺構・建築部材	出土遺物	特記事項	文献
41	上福島中町遺跡	佐波郡玉村町大字上福島	Ⅵ区1号建物跡	2 (3.5)×5間 3.8 (6.65) m ×9.5 m	囲炉裏・竃。西・北の壁を内部を仕切っていた壁をりか良好な状態で確認。板の痕跡を残す木様質の間が痕跡地面から約25 cmの層さで水平に残る	皿3・碗6・丸碗1・向付1・筒形碗1・灯明皿2・陶器不明（ちろりか）1・香炉か火入れ1・鉢1・石臼1・焙烙2・徳利1・印籠1・凹石1・砥石1・鍋1・蓋1・火打ち金1・鎌1・鋸1（下）1・鉄製品棒状製品1・鉈1・板状製品1・煙管雁首7・煙管吸い口5・釘2・釣か1・小判型模鋳銭1・銅銭65・鉄銭56・石臼1	床下に時かれたよう内多量の銭が出土	No. 34に同じ
42	上福島中町遺跡	佐波郡玉村町大字上福島	Ⅵ区2号建物跡	2.3×6間 4.4 m×12 m	三間取り・広間型。囲炉裏・竃。建物右手はほぼ半分が土間と見られ硬くしまる。	皿12・碗26・小碗3・小杯1・猪口1・灯明受け皿2・灯明皿2・仏飯器1・香炉4・香炉か火入れ2・ひょうそく（）1・凹石1・火消壺1・瓶2・鉢1・鍋1・焙烙2・鍋2・手あぶり1・五輪塔1（火輪）1・石鉢1（下）1・刀子1・包丁か2・飾り鋲1・鉄製品1・鉄製品棒状製品1・釘か1・毛抜きか1・小刀1・鋏か1・鎖か1・鋤1・鉈と、まつ品2・留め具2・煙管雁首2・煙管吸い口1・鋳か1・鍋製品筒型容器1・鉄砲玉1・煙管雁首2・鉈1・煙管吸い口1・婚か1・銅銭5・鉄銭7・銅銭環状鉄製品鋲16・鉄砲玉1（含む紹聖元宝）	囲炉裏北側から多数の遺物出土。西側内倉内において多量の遺物（陶磁器・刀煙管・鋤・鉈などの農具類）がまとまって出土し、木箱や布などにくるまった状態で保管されていたものがあったと指摘されている。間取り復元案あり	No. 34に同じ
43	上福島中町遺跡	佐波郡玉村町大字上福島	Ⅵ区3号建物跡	3×6間 11.28 m× 5.17 m	三間取り。入口右手1間、左手が台間。土間部分は硬く締まる。中央やや北に囲炉裏ある。中央やや北に囲炉裏あムシロの下には竹のノコその痕跡と見られるものの部分的に見られるものさらにその下には根太やころばし根太の痕跡あり。	皿8・蓋1・碗7・仏飯器1・水滴1・双耳壺1・片口鉢1・髪水入れ1・鍋1・瓶1・鉢2・瓶2・石臼1・凹石2（上）1・石臼1・凹石（下）1・砥石1・火打ち金1・銅製品不明1・煙管雁首5・煙管吸い口3・小柄か1・ガラス製鋼製品円盤状製品1・鉄製品環状製品1・銅銭22・鉄銭7	礎石には住の番付け痕跡があり、南東隅を起点に西から東受けて、二、三、イ、ロ、ハ・・・と墨書きされている。間取り復元案あり	No. 34に同じ
44	上福島中町遺跡	佐波郡玉村町大字上福島	Ⅵ区4号建物跡	2.2×1.3 m	大小2つの円形の土坑	灯明受け皿1	便所	No. 34に同じ
45	上福島中町遺跡	佐波郡玉村町大字上福島	Ⅵ区5号建物跡	一×3間 一×5.7 m	東・南側に雨落ち溝	皿2・甕1・砥石1	Ⅵ区2号建物跡の付属屋か	No. 34に同じ
46	上福島中町遺跡	佐波郡玉村町大字上福島	Ⅵ区6号建物跡	3×3 (2.5)間 5.28× 5.46 m	礎石列。中央やや北寄りに囲炉裏、中央やや西寄りに小型囲炉裏様の施設。	片口鉢1・火消壺1・蓋1・焙烙1・砥石2・鉄鉢1・銭2・銭（不明）1・銅銭4	上福島中町遺跡唯一の内便所。間取り復元案あり	No. 34に同じ

No.	遺跡名	所在地	遺構名	家屋規模	遺構・建築部材	出土遺物	特記事項	文献
47	上福島中町遺跡	佐波郡玉村町大字上福島	Ⅵ区7号建物跡	1.26×2.3間 2.4m× 4.4m	床面やや締まる	石臼（上）1・砥石1・弧輪み石6		No.34に同じ
48	上福島中町遺跡	佐波郡玉村町大字上福島	Ⅵ区8号建物跡	推定2×2m	大中小3つの円形の土坑		便所	No.34に同じ
49	上福島中町遺跡	佐波郡玉村町大字上福島	Ⅵ区9号建物跡	2.0×1.6m	西に開いたコの字状に礎石が並び、中に大小の土坑（便槽）が東西に掘り込まれる			No.34に同じ
50	中町遺跡	佐波郡玉村町大字上福島		東西2間× 南北2間以上 東西1.85m ×南北1.75 ～1.80m	北西隅に開炉裏	碗7・火もらい1・土人形1・幣状製品1・砥石5・薬缶1・鉄製農耕具1、囲炉裏の上付近から薬缶が出土	泥流に残るタガや網目の圧痕から桶の上にザルがのっていたこと、またその出土位置からザルには陶磁器類が、桶にはそれぞれ石がそれぞれまとまっていたことがうかがえられる	中里正憲・中島直樹 2002「江戸時代後期の埋没建物」『群馬考古学手帳』12
51	樋越諏訪前遺跡	佐波郡玉村町大字樋越	家屋	残存規模東西 17m × 南北6m			盛土下に礎石列に重なるように浅い溝状遺構があり、建築時の地業に伴う計画線か。周囲には植え込み・土手・溝・井戸あり	玉村町教委 2004『樋越諏訪前遺跡』
52	下之宮高隊遺跡	佐波郡玉村町大字下之宮	屋敷跡		母屋は三間取り・広間型		母屋は礎石に番付あり、他にハナレ・井戸あり	群埋文 2012『年報』31
53	柴遺跡	伊勢崎市柴町	1号建物跡	礎石列	中央に門、その東西に長屋門か		他に道路状遺構・溝・水田・畑あり	伊勢崎市教委 2008『柴遺跡』

おわりに

　本稿では上州（群馬県）における1783年天明泥流下建物跡事例の集成を中心に行い，遺構と出土遺物について確認状況を含めて断片的に概観した。今後の課題であるが，遺構については建築学の研究者からの検討がしやすい遺構図作成が求められる。その理由は「一般的には座敷における2間の柱間内法寸法は建造年代推定の有力な指標となる」（村田2012, 998頁）からで，現場において礎石と柱間内法寸法についての実寸法の計測が求められる。出土遺物については，東宮遺跡からは木製品など多量の有機物が出土している。有機物がほとんど残っていなかった上福島中町遺跡においても，多量の陶磁器が出土しており，これが当時の一般的な標準だったのか，果たして何を基準とするのか検討の余地がある。それは民家がその地域にとってどのような存在だったのか一つ一つ検証していく地道な作業なのだろうが，今後の課題である。

　最後になりましたが本稿執筆にあたり，青木利文・黒澤照弘・清水豊・関俊明・勢藤力・富田孝彦・原眞・村田敬一の各氏から御教示をいただきました。また編集にあたり菊池実・小宮俊久の各氏の手を煩わせました。記して感謝を申し上げます。

引用・参考文献（発掘調査報告書は第1表に掲載）

かみつけの里博物館　2007『江戸時代，浅間山噴火。』第16回特別展図録　2-3頁
関　俊明　2002「天明三年の浅間山焼け」『両毛と上州諸街道』吉川弘文館
関　俊明　2006「天明泥流はどう流下したか」『ぐんま史料研究』24
関　俊明　2010『浅間山噴火の爪痕・天明三年浅間災害遺跡』新泉社
早田　勉　1990「火山噴火と災害」『群馬県史』通史編1
村田敬一　2012「田口上田尻遺跡1・2号建物について」『田口上田尻遺跡　田口下田尻遺跡』（財）群馬県埋蔵文化財調査事業団

中島飛行機小泉製作所に対する米軍艦上機空襲

菊 池　実

はじめに

　海軍機体工場として，中島飛行機太田製作所の所在する群馬県太田町（現太田市）に隣接する邑楽郡小泉町と大川村に，小泉製作所の建設が始まったのは1939（昭和14）年のことである。そして1941年，太田製作所と小泉製作所の間約130万 m² の敷地に1,300 m 滑走路と格納庫・整備工場などを有する太田飛行場（米軍は小泉飛行場と呼んでいた），飛行場と両製作所の間に幅30 m 以上の完成機運搬専用道路も併設され（第1図），海軍機の生産が開始された。

　工場敷地は，東西914 m，南北853 m，面積132万 m² に及んだ。さらに運動場や寮などの付属施設を入れると200万 m² 以上にも達する。58棟の工場の総床面積は31万 m² で，その75％以上は鉄筋コンクリート造りであった（第2図）[1]。1944年12月末現在，小泉本工場（分工場を除く）[2]の従業員は2万5,138人，動員学徒6,448人，援助工員1,605人で，合計3万3,191人，分工場を含めると総計5万3,730人にのぼり[3]，「零戦」と「銀河」および試作中の「橘花」を生産していた。

　この小泉製作所に対して米軍は二度の大規模な空襲を敢行した。その最初が1945年2月25日のことである。この空襲による被害はきわめて大きかった。

　本稿はこの2月25日の米軍艦上機空襲の実態を日米両軍の史料，とりわけこれまで分析されてこなかった「米国海軍艦上機戦闘報告書」から明らかにするものである。

1. 2月25日の陸海軍の処置と戦闘状況

　まず日本側の史料[4]をもとに2月24日から25日にかけての経過を記すと次のようであった。

　北の風でおだやかな一日であった24日の関東地区の天候は，夜に入り悪化し吹雪となった。午後9時頃，小笠原諸島の北東にいた海軍監視船は銚子南東方約800 km 付近に敵機動部隊を発見した。また同日の特殊情報[5]により，翌25日にマリアナ基地の B-29 の大挙本土来襲が予想された。このために防衛総司令官（東久邇宮稔彦王大将）は，25日払暁（日の出前）以降，主として関東地区へ敵機動部隊の艦上機による空襲とこれに引き続き予想される B-29 の来襲に対し，警戒を厳にするように処置した。

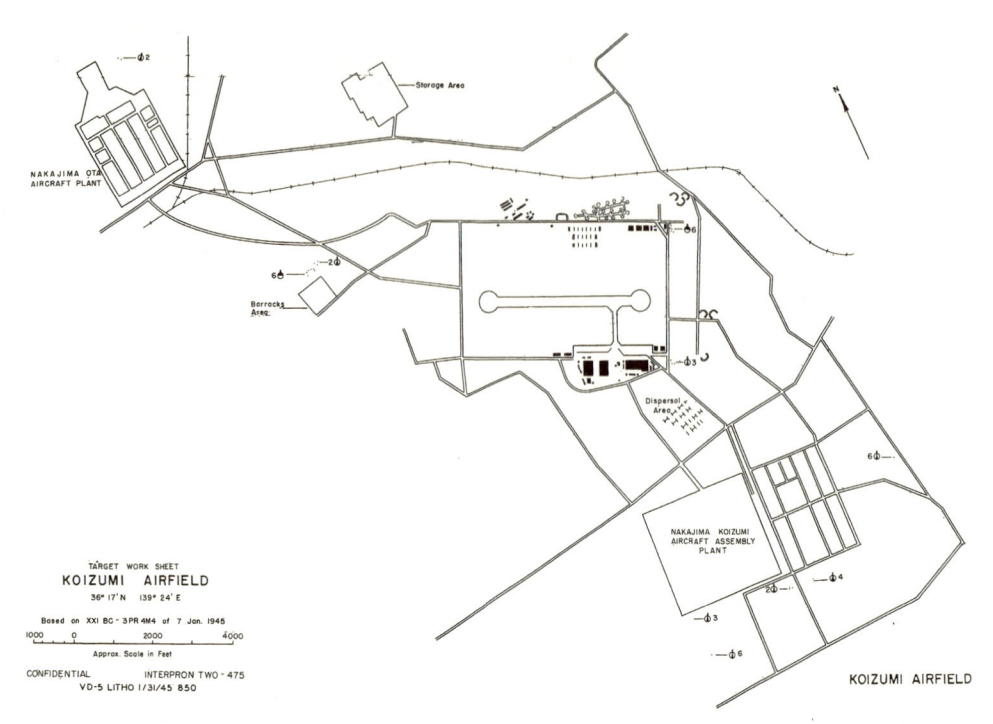

第1図　中島飛行機太田製作所―小泉（太田）飛行場―小泉製作所位置関係図（米軍資料から）

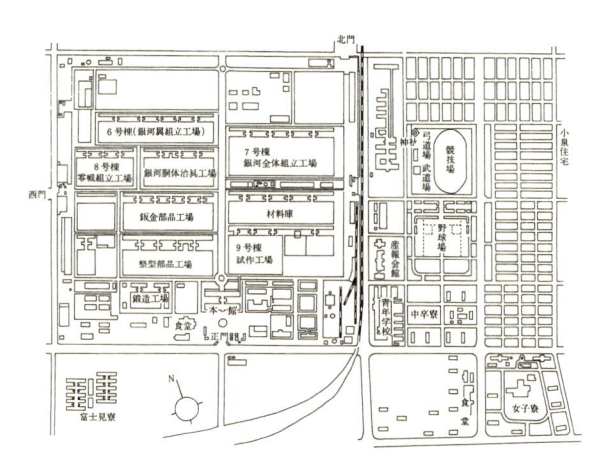

第2図　中島飛行機小泉製作所配置図（1944年秋当時）

　25日の天候は本曇り，のちにまた吹雪となり，約30cmの積雪を記録した。
　「第三〇二海軍航空隊戦時日誌」[6]には，25日の気象状況を次のように記録している。「午前六時　本曇　風向風速北北東二・〇　気温（一）三・八　視界一〇―二〇，正午　雪　風向風速北北東二・〇　気温（一）一・五　視界二―四，午後六時　雪　風向風速北四・〇　気温（一）三・〇　視界〇・二―〇・五」
　敵艦上機とB-29の同時攻撃を受けることを予想した，陸軍第10飛行師団では午前5時30分より各隊警戒戦備甲（出動待機態勢）で準備した。艦上機の邀撃については，飛行第23戦隊（飛

行機・1式戦，飛行場・印旛），同第70戦隊（2式戦・柏），同第18戦隊（3式戦・柏）のみに限定した。B-29に対しては，独立飛行第17中隊（100式司偵・調布），飛行第28戦隊（100式司偵・東金），同第53戦隊（2式複戦・夜間専門飛行隊を除く，松戸）を払暁以後，成るべく速かに群馬県の新田飛行場に機動させて邀撃を準備させた。また各戦隊の震天隊（空対空特攻隊）は現配置のまま艦上機に対しては分散遮蔽しつつ同じく邀撃を準備させた。100式司偵及び2式複戦装備のその他の部隊はB-29に対する邀撃のみを実施するように処置した。

ところが，マリアナ基地B-29の本土来襲は午後1時30分から午後2時頃と判断されたため，師団長は一部で実施する機動部隊邀撃の決心を変更した。しかも関東地区は全天雲厚く，後に雪となったために結局のところ出動することはできなかった。このために各飛行隊は飛行機の燃料，弾薬を除去し全機に対して分散遮蔽を行わせて損害の絶無を期した。そして各隊には地上火器に依る敵機の撃墜を図るように準備を命じた。すなわち敵艦上機とB-29の邀撃を断念したのである。

当日午前，敵機動部隊の哨戒機は鹿島灘沿岸に出没し，また少数機は時々沿岸要地に散発的に来襲した。主力は関東北部及び東部の飛行場，工場及び交通機関などを攻撃後，逐次洋上に脱出した。午前10時20分頃には関東地区にはほとんど敵機を認めなくなり，10時35分空襲警報は解除された。来襲艦上機は約600機と判断された。そして午後1時30分，八丈島290kmを先頭とし，B-29七梯団（数個編隊に対する日本側の呼称）30目標が北上するのが捕捉された。経路は御前崎・甲府・大月・八王子を経て午後2時20分から午後3時50分に亘り東京に侵入，市街地に対し雲上より爆弾，焼夷弾を混投し神田付近に火災を起こし，宮城（皇居）内にも焼夷弾が落下した。この間，艦上機は八丈島や伊豆諸島に来襲していた。

結果として，陸軍では高射第1師団の飛行場付近の部隊が敵艦上機やB-29に対戦し，特に太田部隊（独立高射砲第4大隊）は来襲した敵艦上機延200機に対し撃破9機の戦果を報じた。

一方，海軍の第302航空隊では，午前2時49分から午前7時5分までの間，月光3機による黎明（明け方）索敵を実施した。野島の110度250浬（463km）に1機，115度250浬に1機，120度250浬に1機である。午前5時に横須賀鎮守府全管区警戒警報第1種発令第1警戒配備第1航空戦配備，そして午前7時39分には横鎮中管区空襲警報が発令された。午前7時42分から午前11時43分，雷電15機と零戦9機が厚木北方上空の哨戒にあたった。一方，午後1時現在，避退のために群馬県の前橋飛行場へ降着した飛行機は次のようであった。雷電4機，月光10機，銀河7機，彗星5機，九六輸送機1機，また栃木県の那須野飛行場へは彗星2機である。このほかに横須賀航空隊，第11連合航空隊（訓練部隊），第601航空隊，第252航空隊の計123機が邀撃に飛び立った[7]。そして午後4時3分，空襲警報は解除され，引き続き横鎮中管区警戒警報も解除された。第302海軍航空隊の戦果は，グラマン戦闘機2機撃墜で，損害はなかった。

大本営は陸海軍の戦果と損害を同日午後8時45分，次のように発表した。「一，本二月二十五日午前敵機動部隊よりの艦上機延約六百機関東地方に来襲せり　別に同日午後B29約百三十機主として帝都に侵入雲上より盲爆せり　二，右盲爆により宮内省主馬寮（旧宮内省の一部局，馬

車・馬具などの管理，馬匹の給養，牧場の経営などにあたった—筆者注）付近及大宮御所（昭和天皇が貞明皇后のために1930年に造営—筆者注）門側守衛所付近に少数の焼夷弾，爆弾を落下せるも被害僅少なり　三，帝都各所に火災発生せるも夕刻迄に概ね鎮火せり，其の他損害は僅少なり　四，邀撃戦果に関しては目下調査中なり」[8]。防空情報室によると「一，戦果　二十六日迄ニ判明セルモノ艦載機一〇撃墜　一，損害　別紙ノ如シ　宮中並ニ皇族関係ノ御被害ニ対シテハ洵ニ恐懼ニ堪エズ」[9]。さらに高松宮日記にはこの日の被害を次のように記している。「宮城（主トシテ大手，主馬寮厩舎，内閣附近，局ノ辺ガ宮殿ニ一番近イ焼夷弾），大宮御所（御守衛，兵舎ニ爆弾，防空壕デ将校一，兵四即死，約十名負傷。お文庫ノ上ニオチテ大キナ音ヲシタ焼夷弾）ニ初メテ爆弾落下」[10]。

そして2月26日の新聞には撃墜35機，損害をあたえたもの5機，さらに太田，小泉の工場地帯における被害も極めて軽微であると報じられた[11]。しかし実態はどうであったのか。

2. 米国海軍艦上機戦闘報告書から

それでは中島飛行機小泉製作所と同太田製作所への攻撃を具体的に見て行こう。ただし報告書の中にはタイプ印刷の文字が滲んで判読不可能な箇所があるものもある。

中島飛行機の両製作所攻撃を実施したのは，米第58任務部隊（空母機動部隊）である。その旗艦である空母「バンカーヒル」[12]所属の第84戦闘飛行隊（VF-84）のヴォートF4U-1Dコルセア2機，グラマンF6F-5P（写真偵察）2機，海兵戦闘飛行隊（VMF-221）のヴォートF4U-1Dコルセア20機，第84雷撃飛行隊（VT-84）のグラマンTBM-3アヴェンジャー13機，第84爆撃飛

第1表

空母「バンカーヒル」

飛行隊	機種	発進	敵機と交戦した機数	目標攻撃	1機あたりの搭載爆弾
VF-84	F4U-1D	2	2	0	
	F6F-5P	2	—	0	
VMF-221	F4U-1D	20	0	20	500ポンド通常爆弾1，50口径機銃2,400
VB-84	SB2C-4E	13	—	13	1,000ポンド通常爆弾1，250ポンド通常爆弾2
VT-84	TBM-3	13	0	13	500ポンド通常爆弾4
計		50	2	46	250ポンド通常爆弾26，500ポンド通常爆弾72，1,000ポンド通常爆弾13

空母「カウペンス」

VF-46	F6F-5	12		8	なし
VT-46	TBM-3	9		9	500ポンド通常爆弾4
計		21		17	500ポンド通常爆弾36

空母「エセックス」

VF-4	F6F-5	16			なし
VBF-4	F4U1D	16			※500ポンド通常爆弾1発
VT-4	TBM-3	15			※500ポンド通常爆弾4発
計		47	不明	不明	※500ポンド通常爆弾76発

行隊（VB-84）のカーチス SB2C4E ヘルダイバー 13 機の計 50 機，軽空母「カウペンス」所属の第 46 戦闘飛行隊（VF-46）のグラマン F6F-5 ヘルキャット 12 機，第 46 雷撃飛行隊（VT-46）のグラマン TBM-3 アヴェンジャー 9 機の計 21 機，空母「エセックス」所属の第 4 戦闘飛行隊（VF-4）のグラマン F6F-5 ヘルキャット 16 機，第 4 戦闘爆撃飛行隊（VBF-4）のヴォート F4U-1D コルセア 16 機，第 4 雷撃飛行隊（VT-4）のグラマン TBM-3 アヴェンジャー 15 機の計 47 機で，3 隻の空母から総計 118 機が同一の作戦任務のもとに攻撃隊を編成した（第 1 表）。

日本時間の午前 7 時から 45 分の間，攻撃隊は各空母を発艦した。攻撃目標は中島飛行機武蔵製作所であったが，東京湾地域の悪天候のために小泉製作所へと目標が変更されたのである。目標到達時刻は午前 9 時 15 分から 45 分で上空は雲に覆われていたが目標視度はすみきって広々としていた。「バンカーヒル」と「カウペンス」の攻撃隊は小泉製作所と陸軍館林飛行場を，「エセックス」の攻撃隊は太田製作所を攻撃した。この間，小泉上空で陸軍戦闘機の疾風 2 機，鐘旭 6 機，飛燕 2 機，隼 2 機，海軍戦闘機の零戦 5 機を目撃，このうち疾風 1 機，零戦 1 機と交戦し，零戦 1 機に損害を与えている。しかし当日，公式には陸軍機の邀撃は行われていない。米軍側の誤認も考えられるが詳細は不明である。そして帰艦時刻は午前 11 時 35 分から 11 時 50 分にかけてであった。

(a) 空母「バンカーヒル」発艦の攻撃隊

第 84 戦闘飛行隊（VF-84）4 機

写真偵察機 2 機と護衛戦闘機 2 機は海兵戦闘飛行隊（VMF-221）の 20 機とともに，雷撃飛行隊と爆撃飛行隊を援護する一部として行動した。犬吠埼の右を北上，鹿島灘から日本本土上空に入った。

雷撃飛行隊と爆撃飛行隊が小泉製作所を攻撃をするまで，4 機は上空で待機していた。爆撃後すぐに高度 1 万 2,000 フィート（3,658 m）から 1 回の実行で太田製作所と小泉製作所を撮影した。小泉製作所工場北側の二つの大きな建物は全焼しているようであった。中央部分は煙に覆われ，西側の幾つかの建物は解体されているように見えた。このことは 1944 年 11 月 7 日に第 21 爆撃群団が撮影した写真[13]との比較において認められた。写真偵察機と護衛機は 5,000 フィート（1,524 m）から小泉，桐生，友部，涸沼の各飛行場を，その 75〜85% を撮影した。1 機の疾風に護衛機が射撃したが効果はなかった。

東海岸への退去後，戦闘機の全ては沖合で漁船を掃射して母艦に戻った。

海兵戦闘飛行隊（VMF-221）20 機（各機 500 ポンド通常爆弾 1 発を搭載）

午前 7 時 45 分に発艦した。雷撃飛行隊と爆撃飛行隊と合流し，犬吠埼の右を飛行，西にターンして目標へ向かった。編隊の高度は 1 万フィート（3,048 m）。対空砲火には目標域で遭遇した。予測された重砲による砲火は高度に関して正確であったが，多数の爆発は爆撃航程より前に編隊の回りで観察された。

午前 9 時 30 分に攻撃を開始。南東から北西にかけて 50 度の角度で降下，19 機が 2,000 フィ

ート（610 m）で500ポンド通常爆弾を投下した。攻撃成果は後の評価写真によって優れた結果と認められた。2個の爆弾が目標をはずれた。デランシー大尉は目標を捉えることができなかったので小泉飛行場の格納庫を爆破した。爆撃後，4機が小泉飛行場を機銃掃射した。様々なタイプの多数にのぼる単発機と双発機が単縦列でV字型に駐機している様が観察された。3機の攻撃によって駐機している深山1機を破壊し，単発機1機をひどく攻撃したが炎上や爆発はしなかった。

退去時，8機が2機の零戦を破壊し他を損傷させ，単発機と双発機およそ40機が観察された館林飛行場を掃射した。12機から15機の単発機は黄色の塗装が施されているので練習機と思われた。古河飛行場はスエット大尉とグレンディング中尉によって掃射され，零戦2機を炎上させた。日本本土上空での日本軍機による迎撃はなかった。5機から6機の戦闘機が編隊の物陰に，時折観察のために雲の中から姿を見せたが再び後方に上昇していった。疾風と思われる1機は，攻撃することなく編隊を通過，再び現れることはなかった。北緯36度08分，東経140度20分の地点で敵機の墜落するのが見られた。

編隊は犬吠崎の右数マイルで我々の救出潜水艦に向かっている漁船の一群かピケ艦を発見した。これらは16機によって猛攻撃された結果，4隻が燃え他は損害を受けた。午前11時50分に着艦した。

第84雷撃飛行隊（VT-84）13機（各機500ポンド通常爆弾4発を搭載）

TBM-3アヴェンジャーに搭乗するのは，パイロット1人，レーダーを操作する通信員1人，50口径機関銃を使う後部銃手1人の計3人である。

13機は二つの編隊に分かれている。雷撃隊の指揮官はC. W. スワンソン少佐で機体番号301に搭乗，第1編隊は7機，第2編隊は6機である。第2編隊には機体番号307に搭乗するG. A. ターンブル少尉がいる。ターンブル機に同乗していたのは，銃手のジャック・ヴァインセック，レーダーと無線担当のジョージ・ゲルダーマンであった[14]。

空母「エセックス」と空母「カウペンス」からの攻撃隊と合流後，編隊は高度2,000フィート（610 m），速度150ノットで日本の東海岸に向かって飛行した。途中で第1目標の中島飛行機武蔵製作所上空の雲高がわずか3,000-4,000フィート（914-1,219 m）であったという知らせを受け取った。このために雷撃隊の隊長は代替目標の中島小泉製作所を攻撃するように攻撃隊長に提案した。海岸に到達する前に攻撃隊長はエンジン故障のために母艦に戻ることを余儀なくされた。そこでエセックス隊の雷撃隊長に指揮権を渡した。犬吠埼の右，北を通り過ぎた後に西にターンした。そして午前9時12分に海岸を横切った。地上には雪，雲高は1万3,000フィート（3,962 m），編隊は1万1,000フィート（3,353 m）に上昇した。目標へのアプローチの間に対空砲火は観察されなかった。陸路を飛行中，レーダー妨害用のチャフは連続的に出番であった[15]。

4機の鍾馗が目標の東約25マイル（40 km）で発見されたがいなくなった。地上の雪にもかかわらず目標は簡単にピックアップされた。重い中程度の対空砲火に遭遇した。北から目標に接近，爆撃飛行隊は左旋回して，1万1,000フィート（3,353 m）から急降下，直ちに雷撃飛行隊も続い

た。攻撃は西から東へ，速度30ノット（原文では30ノットとなっているが130ノットの誤り―筆者注），40度の降下で目標を横断して行われた。13機が3,500フィート（1,067m）で500ポンド通常爆弾47発を投下，2,000フィート（610m）で離脱した。対空砲火を避けるために編隊は少なくともコースのわずかな変化とともに2マイル（3.2km）その高度を続けた。離脱時に1機の零戦が左翼下から雷撃機1機を攻撃してきたが損害はなかった。銃座の射手は50口径の弾薬118発を発射，零戦の攻撃は止んだ。

目標の東約10マイル（16km）離れたところで各機は集合，そして海岸に向かった。犬吠崎から45度，およそ15マイル（24.1km）で上陸用舟艇タイプの24隻の小型船舶が観察された。これに対して半分が機銃掃射を行った。編隊が去ったときに4隻から煙がみられた。母艦への帰艦は問題なかったが，1機が着艦時において右翼を損傷した。

第84爆撃飛行隊（VB-84）13機（各機1,000ポンド通常爆弾1発と250ポンド通常爆弾2発を搭載）

午前7時30分，爆撃機が低くたけ込めた雨雲の下に発進したとき，攻撃目標は小泉製作所ではなくて東京の中島飛行機武蔵製作所であった。爆撃飛行隊はバローズ大尉によって導かれた。甲板を発進したすべての爆撃機は，1,500フィート（457m）で集合し他の攻撃隊と編隊を組んだ。目標上空の天候は爆撃のためには雲が低く垂れ込めていた。このためにまだ爆撃していない小泉製作所に目標は変更された。犬吠埼の北海岸を北上，1万フィート（3,048m）まで編隊は上昇した。平野すべては雪で覆われていたが，重大なラインが飛行場に向かって走っている道路であり，黒の個体ブロックは仮設滑走路と爆撃機の基地であることは明瞭であった。中島飛行機小泉製作所は雪の間に見られる黒い滑走路の1マイル（1.6km）南，太田製作所よりも明らかに目立っていた。

1万3,000フィート（3,962m）からパイロットは照準点を選ぶことが出来た。爆撃機が200ノットを超えたところで高速のアプローチを開始，パイロットは大きな建物ののこぎり屋根を見ることができた。1万フィート（3,048m）から70度の急降下，13機が2,500フィート（762m）で1,000ポンド通常爆弾12発と250ポンド通常爆弾27発（筆者注：報告書の記載ミスで実際は26発）を投下，1,200フィート（366m）で離脱した。閃光は建物から，そして炎は雪で覆われた屋根の先端を溶かした。12発の1,000ポンド通常爆弾は建物に囲まれた地域で爆発，22発の250ポンド通常爆弾はさらに破壊を増した。最初のいくつかの命中弾後，黒煙は後の爆発の正確な位置を覆ってしまったが，各々落下している爆弾は工場から上がった発達する煙の幕へさらに貢献をするようであった。それは中島飛行機製作所に対する3回目の壊滅的な攻撃となった。眼下のいくつかの飛行場のちっぽけな幅の狭い滑走路から，2，3機の戦闘機が遅ればせながら離陸し始めていた。しかしこれらの日本機は我々の射撃網の中に決して入ってはこなかった。複数機がわきに回って飛行場のうちのひとつから離陸している零戦を地上掃射する機会があった。

主要な任務を達成して，爆撃機はより小さな目標（筆者注：洋上の漁船のことか）をほうっておいて帰途に着いた。空母への着艦ではわずかにひとつの災難が生じた。

以上，空母「バンカーヒル」攻撃隊の攻撃要領を再整理すると次のようになる（第2表）。

第 2 表

空母「バンカーヒル」

照準点	規模	攻撃機数 飛行隊	各照準点で消費した爆弾	照準点に対する命中数	損害
工場の中心		13 VT-84	47×500 ポンド通常爆弾	観察できなかった	重大
工場の中心	1,200×1,200	13 VB-84	12-1,000 ポンド通常爆弾 27(26)-250 ポンド通常爆弾	34	重大
組立工場	1,000×1,500	19 VMF-221	19-500 ポンド通常爆弾	17	重大
	100×200	1 VMF-221	1-500 ポンド通常爆弾	1	格納庫—重大

空母「カウペンス」

照準点	規模	攻撃機数 飛行隊	各照準点で消費した爆弾	照準点に対する命中数	損害
6 隻のディーゼル漁船	15-20 トン	8 VF-46		100	2 隻重大, 4 隻わずかな損害
小泉飛行場の飛行機	7 単発機	8 VF-46		70%	破壊
館林飛行場の飛行機	11 単発機	8 VF-46		70%	5 破壊, 6 損害
小泉工場		8 VT-46	26-500 ポンド通常爆弾	26	重大
駐機の飛行機と格納庫		1 VT-46	4-500 ポンド通常爆弾	4	観察できなかった

海兵戦闘飛行隊と雷撃飛行隊は降下爆撃，爆撃飛行隊は 70 度の急降下爆撃で，爆弾投下高度は海兵戦闘飛行隊の 2,000 フィート（610 m），爆撃飛行隊は 2,500 フィート（762 m），雷撃飛行隊は 3,500 フィート（1,067 m）であった。

爆撃照準点は小泉製作所の中心である。海兵戦闘飛行隊の 20 機のうち 19 機は，組立工場に 19 発の 500 ポンド通常爆弾を投下し 2 発が目標をはずれた。照準点に対する命中数は 17 発で重大な損害を与えた。1 機は小泉飛行場の格納庫を爆破した。雷撃飛行隊の 13 機は，500 ポンド通常爆弾 47 発を投下し，照準点に対する命中数は確認できなかったが，重大な損害を与えた。爆撃飛行隊の 13 機は，27 発（26 発の間違いと思われる）の 250 ポンド通常爆弾と 12 発の 1,000 ポンド通常爆弾を投下し，照準点に対する命中数は 34 発で同じく重大な損害をあたえた。対空砲火は目標地域で見られ，重砲は中程度，中口径砲と小口径砲は強烈であった。そして爆撃後の帰途，鹿島灘沖で漁船団を機銃掃射し，少なくとも 4 隻を炎上させている。

(b) 空母「カウペンス」発艦の攻撃隊

第 46 戦闘飛行隊（VF-46）12 機

F6F-5 ヘルキャット 12 機の発艦時刻は午前 7 時，帰艦時刻は午前 11 時 30 分である。

目標は中島飛行機武蔵製作所から小泉製作所と館林飛行場に変更された。目標上空での時刻は

午前9時15分，目標上空の雲は1万3,000フィート（3,962m），目標視度はすみきっていた。可視距離は50マイルである。午前9時，小泉の近くで隼6機を目撃している。

攻撃隊が対空砲の射程内に入ったとき対空砲火が開始された。重砲は強烈，中口径砲は貧弱，小口径砲はなかった。戦闘飛行隊の半分は爆撃飛行隊，雷撃飛行隊と一緒に高速のアプローチで降下していった。残りの半分は飛行場付近にある地上の飛行機と建物を機銃掃射，小泉飛行場の単発機7機に対して8機が攻撃，破壊した。館林飛行場の単発機11機に対して8機が攻撃，5機を破壊し6機に損害を与え，格納庫にも機銃掃射をあびせた。地上の敵航空機に対して破壊10機，損害4機を与えた。

帰途，16隻のディーゼル漁船を攻撃した。6隻のディーゼル船（15～20トン）に対して8機が攻撃，2隻に重大な損害，4隻にわずかな損害を与えた。2隻の味方潜水艦がこの周辺で見られた。

第46雷撃飛行隊（VT-46）9機（各機500ポンド通常爆弾4発を搭載）

9機のTBM-3アヴェンジャーは午前7時8分から7時22分の間，空母を発艦した。そして第46戦闘飛行隊の12機と一緒に，空母「バンカーヒル」の攻撃隊，空母「エセックス」の攻撃隊と合流した。

F.C.カイ中尉は9機を攻撃に導いた。攻撃は南西から北東になされた。第46雷撃飛行隊は第84雷撃飛行隊に続いて，降下爆撃を行った。8機が工場の建物に，1機が飛行場に駐機する1機と格納庫を狙って4発の爆弾を投下したが，結果は観察できなかった。26発の爆弾は目標に投下された。残りの爆弾は後に日本の領域で投棄された。すべての攻撃は非常に効果的で，目標に重大な損傷をあたえたと考えられる。数機のパイロットと搭乗員は工場の角で少なくともひとつの大火，たくさんの小火，そして多くの煙を視認した。これは撮影された写真によって検証できる（写真1）。

以上，空母「カウペンス」攻撃隊の攻撃要領を再整理すると次のようになる（第2表）。

目標上空にいち早く到達したのは戦闘飛行隊の8機であった。この飛行隊の任務は館林飛行場

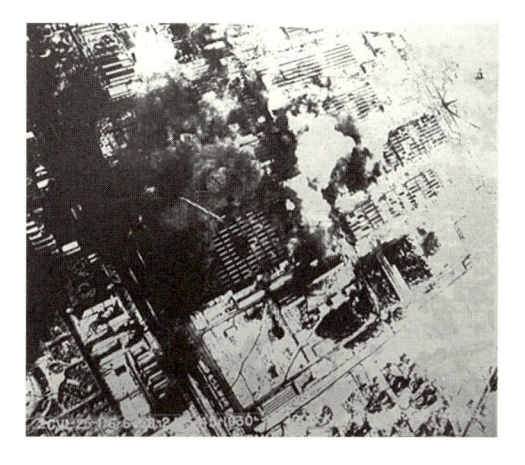

写真1　中島飛行機小泉製作所への空襲（1945年2月25日・米軍艦上機撮影）

と小泉飛行場を攻撃することであった。そして雷撃飛行隊が「バンカーヒル」の雷撃飛行隊に続いて降下爆撃を実行した。爆弾投下高度は5,000フィート（1,524m），爆撃照準点は小泉製作所の中心である。雷撃飛行隊の8機は，500ポンド通常爆弾26発を投下し，照準点に対する命中数は26で重大な損害を与えた。1機は小泉飛行場の格納庫と飛行機を狙って爆弾を投下した。そして爆撃後の帰途，鹿島灘沖で漁船団を機銃掃射し，少なくとも2隻に重大な損害を与え4隻にわずかな損害を与えている。

(c) 空母「エセックス」発艦の攻撃隊

　国立国会図書館憲政資料室所蔵の「米国海軍艦上機戦闘報告書」中からは，その報告書の存在を確認できなかった。しかし空母「バンカーヒル」と空母「カウペンス」の報告書から参加機数を確認することができる。すでに記したが，第4戦闘飛行隊（VF-4）のグラマンF6F-5ヘルキャット16機，第4戦闘爆撃飛行隊（VBF-4）のヴォートF4U-1Dコルセア16機，第4雷撃飛行隊（VT-4）のグラマンTBM-3アヴェンジャー15機の計47機である。これらの飛行隊は中島飛行機太田製作所の攻撃部隊となった。

3. 空襲の結末

(イ) 地上の惨劇

　『大泉町誌（下巻）歴史編』[16]と『太田市史通史編　近現代』[17]，さらに各種の資料に依拠しながら地上の惨劇を確認していこう。

　当日，警戒警報の発令は午前7時36分，そして5分後の7時41分，たちまち空襲警報の発令となった[18]。米軍機の来襲時間について鳥之郷国民学校（現太田市立鳥之郷小学校）の「教務日誌」には次のように記されている。「午前九，四〇～一〇，一〇頃敵艦載機約百機，二次ニ亘リテ当地上空ニ侵入，急降下銃爆撃ヲ，主トシテ小泉工場方面ヘ，一部太田町ヘ加ヘタルモ当地区異常ナシ」[19]。翌日の「上毛新聞」には「敵米は戦闘約百機の醜翼を連ねて廿五日午前九時三十五分三たび我が東毛地区に来襲」とあり，米軍報告書の攻撃開始時間と一致している。

　しかし来襲機数をはじめとした細部については，各種資料に相違が認められる。たとえば，さきの「教務日誌」では約百機，翌日の「上毛新聞」にも約百機とある。一方，米国戦略爆撃調査団「太平洋戦争報告第一五」によると，小泉に対する攻撃飛行機数65，投下爆弾39トン，太田には20機，投下爆弾15トンとなっている[20]。『太田市史通史編　近現代』ではこの数値を採用しているが，実際は小泉へ71機，太田へ47機の合計118機である（このうち1機が途中から引き返している）。正確な機数は今日まで把握されてこなかった。

　また攻撃要領についても「この日は吹雪であったので，小泉製作所の発見が遅れ反転引き返して，西方より小泉上空へ急降下で進入してきた。」[21]とあるように，不正確な記述が認められる。

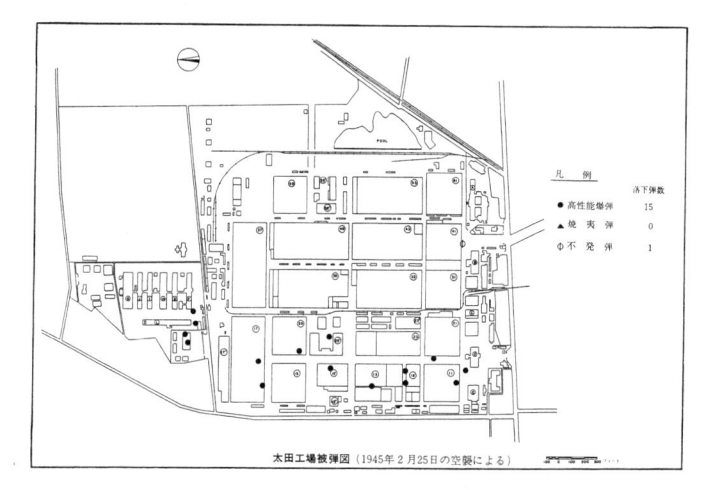

第3図　1945年2月25日の太田製作所被弾図

目標は明確に捉えられていたのである。また「高度二百五十メートルで飛行場を攻撃していた」[22]との記載もあるが，攻撃後の離脱高度は366mから610mであった。地上からの目視による限界であったのであろう。

投下された爆弾については「米国戦略爆撃調査団報告書」の記載（数値は製造所の幹部によって示されたもので，時間的な遅れと米軍による占拠・工場撤去により，正確さを確認することができなかったというもの）によって，小泉では高性能爆弾39屯（111発），敷地命中31屯，建物命中12屯（43発）（艦上機の報告書では500ポンド通常爆弾92発，1,000ポンド通常爆弾12発の計104発投下），太田には16発（艦上機の報告書では500ポンド通常爆弾76発投下）の通常爆弾が工場西側に投下され，工場建物に7発が命中し，不発は1発のみであった[23]（第3図）。さらに「爆弾のほか焼夷弾も投下しているようで，ところどころ火災も発生していた」[24]とあるが，この攻撃による焼夷弾の投下はなかった。

この空襲時には「まこと新聞」などの伝単が多数投下されている。鳥之郷国民学校の「教務日誌」には「昨日ノ敵機ノ伝単『まこと』約百全校集ル」[25]と記されている。また「毎日新聞群馬版」の2月28日の記事には「宣伝ビラは廿五日襲来した敵機から太田地区とその周辺の町村にまかれた」とあるが，空母「バンカーヒル」と同「カウペンス」の戦闘報告書には，宣伝ビラ投下の記述はない。空母「エセックス」所属の部隊によるものであったのだろうか。

米軍の攻撃に対して地上の高射砲部隊は「頭上でひっかきまわされていて，射撃するどころではなかったらしい」[26]とあるように，撃破9機の戦果どころではなかった。米軍機の損害は皆無であった。

そして小泉製造所の損害は，第2号棟（材料及び部品倉庫）被弾24ヶ所で80％，第7号棟（「銀河」最終組立）被弾11ヶ所で70％，第4号棟（「銀河」部品組立）被弾10ヶ所で60％，第5号棟（「銀河」部品組立）被弾4ヶ所で75％，第9号棟（試作工場）被弾4ヶ所で60％となり，全建物損害概略割合は破壊10％，損害40％，機械損害台数は，破壊29台，損害5台であった。43発

が構内東半分の建屋を中心に命中し，「銀河」棟に広範囲な損害を与えた。第7号棟は，屋根のスレートが破損落下して生産ライン上の「銀河」に刺さり，また爆風で高いレール上から「銀河」が落下したり，コンクリート床は爆弾で大きな穴があく等被害は甚大であった。このため「銀河」16機破壊，27機破損の計43機が損害となり7号棟の機体はほとんど損傷した。その他に小物組立部品，工作機械，冶工具等が破壊された。しかし「零戦」の生産施設にはほとんど損害はなかった[27]。このほか，目標をはずれた爆弾が小泉線西小泉・仙石河岸間に落下，線路50mおよび貨物積卸場1ヶ所を破壊，電車線600m，通信線6,000mが断線した[28]。

　太田製作所は2月10日と16日の空襲によってすでに壊滅状態となっていた。このために，設備等のない建物またはすでに損害を受けた建物が爆撃されたために損害は少なかった。

　人的被害については小泉製作所構内で死傷者89名（もしくは死者7名，負傷者14名）[29]，小泉町では死者6名，重傷2名，家屋被害は半壊8，罹災者数は3名であった[30]。また渡瀬村（現千代田町）では負傷者1名，家屋全焼1，罹災者数1名である[31]。太田町では軽傷1名，家屋全焼1，全壊13，半壊18，罹災数は126名[32]で，工場周辺の家屋に被害が生じたものの，死者・重傷者はなかった。結果として米軍艦上機空襲による死傷者数99名（もしくは死者13名，負傷者18名）を数えた。

　しかし実際はこれだけではない。艦上機の通過コースや館林飛行場に近接した，邑楽郡渡瀬村国民学校（現館林市立第九小学校）の「沿革史」[33]には「小型機十数機ノ本校銃撃アリ被弾約六十瓦其他ニ被害アリ人員重要施設ニ異常ナシ」，また同郡大島村国民学校（現館林市立第四小学校）の校舎上空を艦上機が通過したが，こちらは幸い被害はなかった[34]。同じく六郷村国民学校（現館林市立第六小学校）は「幸本日日曜に付児童登校せず，異常なし，全職員登校警備に当」[35]った記載がある。

　そして当日午後3時ごろ，今度はB-29の編隊が飛来，太田製作所・小泉飛行場・小泉製作所付近を雲上から爆撃して東方へ去った[36]というが，これについての被害状況は詳細不明である。ところが翌日の「上毛新聞」には「敵は山間も狙ふ　北毛地区にB29の焼夷弾」として，利根郡下の沼田町と川田村（現沼田市）で被害が報告されている。「沼田公園からお搗屋稲荷・天桂寺を経て忠霊塔近くにかけて焼夷弾が落とされた。幸い不発に終わった処が多く，上堀川岸の雑穀貯蔵庫の全焼の他に小火が数件あった程度で被害は比較的少なかった。当時の記録によると120発の焼夷弾が投下されたとのこと。その実物が当時の沼田警察署前に暫時の期間，立てかけて陳列されていた。直径40cm程度の円柱，長さは2m近かった」[37]。沼田町では重傷2名，軽傷4名，家屋全焼1，半焼1，罹災者数は48名，そして川田村では軽傷2名，家屋半壊1，罹災者数2名となっている[38]。

　次に小泉製作所に動員された学徒の日記の一部と証言記録を紹介する。

　「二月二十五日（日）　晴後曇　（前略）敵機は凡そ十五，六分の間頭の上にいた。音が遠のいて，やっと壕からはい出た。太田・飛行場・小泉工場の方向で煙りが上がっていた。グラマンF6Fと急降下爆撃機のカーチスだ。小泉工場もやられたらしい。七号棟もやられたそうだ。（後

略)」[39]。なお，無着成恭も1944（昭和19）年8月7日から45年3月31日まで小泉製作所に動員されている。第7号棟で働き，中島高林寮に寄宿していた[40]ことからこの空襲に遭遇していたものと思われる。

『館林女子高校六十年史』には，館林航空器材（株）へ動員された生徒の日記が掲載されている。「朝出動すると空襲警報，その中で朝礼を行う。その後遠方待避杉林の中，艦載機の機銃掃射を受けた。急降下音と機銃音マークと人影が見え，木よりも低いと思われる程の超低空，口惜しかったがどうにも手が出ない。幸い怪我人はなかった。即刻帰宅，その後B29の空襲をうける。青年学校，社長室は機銃掃射で天井に穴があいた」[41]。製作所や飛行場だけではなくて広範に被害のあつたことが，この日記からもわかる。

(ロ) 海上（鹿島灘）の惨劇——江名漁船の悲劇

「米国海軍艦上機戦闘報告書」に記された，中島飛行機小泉製作所の攻撃後に犬吠崎のおよそ数マイルから15マイル（10～24.1km）の地点で2隻の救出潜水艦に向かっている16隻から24隻の小型船舶（米軍は15～20トンの漁船団と認識していた）を攻撃した，その顛末はどうなったのであろうか。調査の過程で次の事実がわかってきた。

福島県石城郡江名町（現いわき市）漁業会所属の底引き網漁船団30隻が出港したのは，2月24日午後11時30分すぎであった。各船に10人前後ずつ乗り組んでおり，出漁したのは総計335人である。洋上監視並びに敵情報提供，さらに軍納入食糧確保のためであった。鮫の大群を追って25日午前5時すぎには日立沖10kmほどの海上に到着，そして操業中に空襲からの帰りと思われる米軍機に襲われた。米軍機は漁船団を目がけてすれすれの高度で攻撃してきた。

生存者の証言がある。「夜が明けて漁船団は最初の網を入れて操業を開始，私の感じでは第一波は午前七時ごろだったと思う。機銃が火を吐き，仲間の船が次々に被弾する。彼らは旋回すると，執拗に機銃をあびせてきた。第一波の攻撃は三十分ほど続いたと思うが，これだけでほとんどの船は被弾していた。第二波は午前十時ごろにきた。六機または十二機の編隊で，このあと午後三時ごろまでの間，何波にもわたって銃撃された。私の乗っていた第二明神丸は，第一波の三機の攻撃で機関部がやられ，火が噴き出して動きがとれなくなっていた」[42]。この証言の第2波の時間が，中島飛行機小泉製作所と太田製作所を攻撃した艦上機の攻撃と重なるものであろう。しかし第1波や第3波以降の攻撃については現時点では定かでない。

この攻撃によって，炎没1隻，沈没確実なもの8隻，かろうじて江名港に単独帰港できたのは13隻，曳航されて帰港できたのは1隻，途中で座礁したもの5隻，漂着したもの2隻であった。無事に帰港しても，船内は血にまみれ，機銃によって死んだ人々が横たわる悲惨な姿であったという。結果として，海上死亡者50名，事後死亡者12名，推定死亡者69名の計131名の生命が奪われた。さらに重傷者21名，軽傷者19名を数えた[43]（第3表）。遭難者の慰霊祭は江名漁業会の手で3月10日，江名国民学校校庭で行われた。ひとつの港でこれだけの被害を受けると，再起不能に近い打撃となった。

第3表　鹿島灘被害状況

船名	総員	海上死亡	事後死亡	死亡推定	重傷	軽傷	無事	船体
第二清栄丸	9	1			2	1	5	単独帰港
第三諏訪丸	13					1	12	単独帰港，名簿では5名の死亡者（間違い）
第五諏訪丸	14	6			1		7	単独帰港
第二広運丸	11	1			2		8	単独帰港
熊野丸	12	2	2				8	単独帰港，名簿では2名の死亡者（茨城県平潟港へ）
第二福吉丸	14				1	1	12	単独帰港
第二日康丸	12	1				1	10	単独帰港
第二宝来丸	8		1				7	単独帰港
第二昭栄丸	9	1	1			1	6	単独帰港
第二万勢丸	12					1	11	単独帰港
第二定勝丸	15	2	1			1	11	単独帰港
善宝丸	11	1			1		9	単独帰港，（ふくしま戦争と人間―10名死亡，読み間違い）
第七権現丸	12	2	1				9	単独帰港
共進丸	11	4			1	2	4	帰港，小名浜より朝日丸曳航す
第二徳丸	10	1				5	4	鹿島灘坐礁
吉丸	11	5			2		4	鹿島灘坐礁
第二長栄丸	11		1		1		9	多賀郡にて坐礁
第六海運丸	12	6	1		3		2	茨城県鹿島郡にて坐礁
第二栄洋丸	10	3				2	5	勿来沖坐礁
第二嘉吉丸	10	2		6		1	1	銚子漂着
第八清勝丸	10	4			1	2	3	多賀郡漂着（茨城県多賀海岸漂着）
三岬丸	9	5	3		1			炎没，茨城県の川尻漁船に乗員救助される（9名死亡）
第二明神丸	15	2	1		3		9	沈没の見込，死傷者熊野丸に救助される（証言あり）
福寿丸	9	5			1		3	沈没の見込，死傷者第二日康丸に救助される
大昭丸	11			9	1		1	沈没の見込，吉丸に2名救助される
日康丸	9			9				沈没の見込，船体乗員行方不明（ふくしま戦争と人間4名）
第六八汐丸	12			12				沈没の見込，船体乗員行方不明　名簿では11名の死亡者
福栄丸	11			11				沈没の見込，船体乗員行方不明
第三永運丸	12			12				沈没の見込，船体乗員行方不明（第三永渾丸間違い）
第二東丸	10			10				沈没の見込，船体乗員行方不明
第三泉運丸				8				死亡者名簿にある船名（間違い）
計	335	54	12	69	21	19	160	※（　）は筆者注

　江名漁港の近くにある真福寺境内には3基の碑が建立されている。一番古いのは惨劇のあった年の7月13日に「大昭丸」船主によって建立された「漁船殉職者之碑」（写真2）である。この碑面には亡くなった船長以下9名の氏名と当日の様相が記されている。それによると「捕鮫一千五百貫収網作業ニ入ルヤ米機突如トシテ襲来被爆連続終ニ操縦ノ自由ヲ失ヒ万策尽キ生還纔ニ二名他ハ盡ク愛船大昭丸ト最期ヲ共ニシテ悲壮玉砕ス嗚呼」と記されている。個別漁船の慰霊碑はこれだけであるが，戦後間もなくの1946年8月9日には「江名町漁船殉職者供養塔」（写真3）が，江名町漁業会と江名町船主一同によって建立されている。その脇には1970（昭和45）年に建立された「鹿島灘　戦没漁船員之副碑」（写真4）がある。この碑の裏面には船名とその船に所属し亡くなられた漁船員の氏名が刻まれている。ただしこの碑には2月25日の犠牲者だけではなくて，45年7月7日福島県塩屋岬沖合と同月10日宮城県唐桑沖合で機銃掃射されて死亡した漁船員4名の氏名も刻まれており，計135名となっている。遺族たちの調査活動の結果，1969（昭

写真2　漁船殉職者之碑（1945年7月13日建立）

写真3　江名町漁船殉職者供養塔（1946年8月9日建立）

写真4　鹿島灘戦没漁船員之副碑（1970年建立）

和44）年に，これらの漁船の出漁は軍の命令だったとして準軍属の立場が認められ叙勲などが行われ，さらに供養塔の副碑が建立されたものである。筆者が現地調査をした2011（平成23）年9月29日，この副碑は3月11日の東日本大震災によって倒壊，破損したままの状態であった。

おわりに

中島飛行機小泉製作所に対する米軍の攻撃について再確認する。投下した爆弾の種類と個数は，250ポンド通常爆弾26発，500ポンド通常爆弾97発，1,000ポンド通常爆弾12発の総計135発であった。このうち5発の500ポンド通常爆弾は小泉飛行場の格納庫と駐機する飛行機に投下された。目標をはずれた爆弾は6発で，これらが小泉線西小泉・仙石河岸間に落下した。この空襲は小泉製作所にきわめて大きな打撃，とりわけ「銀河」生産施設に広範囲な損害を与え，生産を困難化していった。

第4表　被害状況

（艦上機）

製作所	死者	負傷者
小泉	7	89(14)
太田		
計	7	89(14)

飛行場	死者	負傷者
小泉	不明	不明
館林	不明	不明

町村	死者	負傷者	全焼	半焼	全壊	半壊	罹災者
小泉町	6	2				8	3
渡瀬村		1	1				1
太田町		1	1		13	18	126
計	6	4	2		13	26	130

江名漁船団	死者	負傷者	沈没	坐礁	漂着	帰港
	131	40	9	5	2	14

（B-29）

町村	死者	負傷者	全焼	半焼	全壊	半壊	罹災者
沼田町		6	1	1			48
川田村		2				1	2
計		8	1	1		1	50

中島飛行機太田製作所に対する米軍の攻撃についての詳細は，空母「エセックス」の報告書が確認されていないために不明である。しかし参加機から判断すると500ポンド通常爆弾76発が投下されたものと思われる。太田製作所に対する，この2月25日の空襲は第3回目となる。すでに大破あるいは全壊となった工場に対して，この空襲はとどめとしてなされたものであった。

陸軍館林飛行場に対する米軍の攻撃は，駐機している11機に対して機銃掃射が行われ5機破壊，6機に損害を与えている。さらに飛行場の北東約3.8kmに位置している邑楽郡渡瀬村国民学校（現館林市立第九小学校）が銃撃された。幸い，この日は日曜日であったので児童に犠牲者はなかったが，報告書には記載されない無差別な攻撃が行われてたのである。その典型的な事例が空襲の帰途，鹿島灘沖で操業中の江名漁港の漁船団に対して行われた執拗な機銃掃射であった。

結果として，3空母による2月25日の空襲犠牲者は，小泉製作所で死傷者89名，周辺町村で死者6名・負傷者4名，鹿島灘沖で死者131名・負傷者40名，さらに製造所を除く家屋の損害は41以上に及んだ（第4表）。

最後にバンカーヒル搭載の第84雷撃飛行隊のその後について触れる。同隊は小泉製作所の空襲以後，硫黄島戦そして沖縄戦に参加していったが，同隊の2月中旬から5月中旬までの損失は，対空砲による1機，日本軍戦闘機による2機を含め4機だけであった。しかし，沖縄戦参加中の5月11日，1機の特攻機によって母艦とその航空群が大損害をうけた。この特攻機の搭乗員は群馬県碓氷郡八幡村，現在の高崎市八幡町出身の小川清少尉であった。この突入によって，バンカーヒル艦上の航空機のほとんどすべては破壊され，人的損失は戦死，行方不明389名，負傷者264名の甚大にのぼった。バンカーヒルの戦死者のうち，103名は第84航空群に所属し，26名は第84雷撃飛行隊の士官および兵だった。戦闘飛行よりも遥かに多い戦死者を出したのである。飛行隊の15機のグラマンTBMアヴェンジャーも飛行甲板と格納庫で荒れ狂う炎の中に燃え尽きた。小川少尉の遺体は，粉々になった零戦の操縦席から投げ出され，しっかりとその姿をとどめたまま，甲板に転がっていた[44]。そして彼の遺品は戦後56年たって高崎にいる遺族の元に戻

ってきたのである[45]。突入された艦船と突入した隊員の氏名，そして遺品が関係者の元に戻ってくることは希有な事である。同様な事例は，陸軍前橋飛行場で特攻訓練を行い，1945 年 4 月 6 日宮崎県の新田原飛行場から沖縄に出撃した，岡部三郎伍長にも当てはまる[46]。

特攻機の突入によって飛行隊の報告書は，燃えてしまうか消火のために水浸しになった。第 84 雷撃飛行隊の生存者の一人，G. A. ターンブルはその後の真珠湾への航海中のほとんどの時間を，書類を作ること，作戦行動の報告書の断片をつなぎ合わせることなどにあてたという[47]。こうして作成された報告書類が，今回分析した「米国海軍艦上機戦闘報告書」の一部を構成したのであろう。

注
1) 高橋泰隆 1988『中島飛行機の研究』219 頁，や『富士重工業三十年史』1984 年などを参考とした。
2) 小泉製作所は小泉の本工場だけではなくて尾島や伊勢崎など 22 の分工場があった。
3) 大泉町誌編集委員会 1983『大泉町誌（下巻）歴史編』1034-1035 頁。
4) 「本土防空作戦記録（関東地区）昭和 25 年 12 月調整 復員局」防衛省防衛研究所図書館所蔵と防衛庁防衛研修所戦史室 1968『戦史叢書 本土防空作戦』482-485 頁。
5) 『本土防空作戦』408 頁には「特殊情報班は暗号解読者及び英会話に堪能な者を集め，無線受信機をもってサイパン，テニアン基地の米軍電波を傍受解読し，B-29 来襲に関する情報をその基地発進以前に入手しようとするものであった」とある。
6) 「第三〇二海軍航空隊戦時日誌」防衛省防衛研究所図書館所蔵。
7) 渡辺洋二 1979『日本本土防空作戦』212 頁。
8) 「朝日新聞」昭和 20 年 2 月 26 日付。
9) 「昭和一九・一一・以降 米機本土来襲状況 防空情報室」防衛省防衛研究所図書館所蔵。
10) 高松宮宣仁親王 1997『高松宮日記 第八巻』39 頁。
11) 「讀賣報知」昭和 20 年 2 月 26 日付。
12) 中村有以訳・マクスウェル・テイラー・ケネディ 2010『特攻 空母バンカーヒルと二人のカミカゼ』2010（平成 22）年によると，この空母には通常 104 機が搭載されていた。その内訳は，戦闘機が 50 機，SB2C ヘルダイバー急降下爆撃機が約 30 機，TBM アヴェンジャー雷撃機が 20 機，そして，夜間の戦闘のための特殊レーダーを備えた F6F ヘルキャットが 3～4 機である。バンカーヒルは，1945 年に改良型コルセアを艦上機とした，数少ない空母のうちの 1 隻で，パイロットの多くは，太平洋での戦闘に何度も参加しているベテランだった。
13) 写真偵察機 F-13 により 1944 年 11 月 7 日に撮影された写真。この戦闘任務報告書「4M4」を工藤洋三氏から提供していただいた。
14) 中村有以訳・マクスウェル・テイラー・ケネディ 2010『特攻 空母バンカーヒルと二人のカミカゼ』211 頁。
15) チャフはウィンドウとも呼ぶ。レーダーを妨害したり惑わしたりするために撒かれる小片のことである。幅はおよそ 1 cm で，様々な長さに切って用いる。長さによって，妨害できる電波の波長が変わる。ゲルダーマンは，10 cm の長さのチャフを持たされており，それを 6 秒ごとにハッチから外へ手で撒くことになっていた。

日本軍用に用いられた電波妨害片は 10 m 以上の長さになることもあった。細長いその形状からロープ

と呼ばれるようになった。(工藤洋三 2011『米軍の写真偵察と日本空襲』42頁)

16) 大泉町誌編集委員会 1983『大泉町誌（下巻）歴史編』。
17) 太田市 1994『太田市史通史編　近現代』。
18) 前橋市戦災復興誌編集委員会 1964『戦災と復興』24頁。
19) 小林ふく 1973『戦禍に生きた子どもたち』。太田市教育史編さん委員会 1995『太田市教育史　上巻』1128頁。
20) 太田市 1994『太田市史　史料編　近現代』493-535頁。
21) 河内山雅郎 2007『銀河の里 —中島飛行機（株）小泉製作所』117頁。
22) 太田市遺族会誌編集委員会 1979『太田市遺族会誌』39頁。
23) 高橋泰隆 1988『中島飛行機の研究』217頁。
24) 太田市遺族会誌編集委員会 1979『太田市遺族会誌』39頁。
25) 小林ふく 1973『戦禍に生きた子どもたち』33頁。
26) 太田市遺族会誌編集委員会 1979『太田市遺族会誌』39頁。
27) 河内山雅郎 2007『銀河の里 —中島飛行機（株）小泉製作所』117-118頁。
28) 大泉町誌編集委員会 1983『大泉町誌（下巻）歴史編)』1428頁。
29) 高橋泰隆 1988『中島飛行機の研究』224頁。
30) 前橋市戦災復興誌編集委員会 1964『戦災と復興』93頁。
31) 前橋市戦災復興誌編集委員会 1964『戦災と復興』93頁。
32) 前橋市戦災復興誌編集委員会 1964『戦災と復興』91頁。
33) 「沿革史　昭和6年～平成元年度　第九小学校」館林市教育研究所所蔵。
34) 「沿革史　明治6年～昭和30年　第四小学校」館林市教育研究所所蔵。
35) 「沿革史　昭和2年～昭和36年　第六小学校」館林市教育研究所所蔵。
36) 太田市遺族会誌編集委員会 1979『太田市遺族会誌』39頁。
37) 『沼高百年史　上巻』160頁，1997。
38) 前橋市戦災復興誌編集委員会 1964『戦災と復興』90頁。
39) 小野祐己 1992「昭和二十年一月～六月」『文殊の水』83頁。
40) 無着成恭 1960「動員日記」『ぼくの青年時代』13-61頁。
41) 館林女子高校六十年史編纂委員会 1978『館林女子高校六十年史』472頁。
42) 福島民友新聞社 1982『くしま戦争と人間7 痛恨編』140-141・145頁。
43) 江名町漁業協同組合 1962『江名漁業史』81-85頁。
44) 中村有以訳・マクスウェル・テイラー・ケネディ 2010『特攻　空母バンカーヒルと二人のカミカゼ』396頁。
45) 「上毛新聞」2001年4月1日付。
46) 菊池　実 2005『近代日本の戦争遺跡』209-248頁。
47) 中村有以訳・マクスウェル・テイラー・ケネディ 2010『特攻　空母バンカーヒルと二人のカミカゼ』587頁。

博物館と社会教育
― 榛東村耳飾り館における実践から ―

角 田 祥 子

はじめに

　国内の一定規模以上の博物館には，任意団体として「友の会」が置かれることが多く，学習会的に活動しているもの，ボランティア的に活動しているもの等，その活動内容は多岐にわたる。また，各地で史跡や文化財を活用した「地域づくり」「地域おこし」が企画・実施され，大きな成果を挙げている。

　筆者が勤務していた榛東村耳飾り館は，いわゆる博物館相当施設として位置づけられる学芸員1名と臨時職員2名による小規模館であるが，重要文化財茅野遺跡出土品を所蔵し，縄文耳飾りを展示のメインテーマに据えたユニークな館である[1]。

　以前，東国史論に装身具や耳飾りの論考等を掲載していただいたご縁により，今回，この館での実践について『東国の考古学』の中で報告するよう，お誘いをいただいた。取り立てて自慢できるものではないが，予算が潤沢にあるわけでもない地方館の，一つの実践例として，榛東村耳飾り館を拠点にした「ふるさと歴史講座」と，その修了生で実施している「ふるさと学芸員」制度について，実施までの背景と活動を報告する。

1. 取り組みの背景

　「榛東村耳飾り館」は，1988年にオープンし，開館初年度はおよそ5万人という多くの来館者を集めた。こうしたこともあり，筆者が着任した1998年時点でも，伊香保温泉を控えた観光地型博物館，美術館的博物館として村当局に位置づけられていた[2]。そのため，いくつかの問題を抱えていた。簡単に言って以下の3点に集約されよう。

　①本来最大の利用者となるべき村民の認知度が低く，入館料も含めて敷居が高いと考えられる傾向があった。

　②いわゆる民俗資料館的な機能を全く持っていないため，地元の育んできた身近な文化についての取り組みが実施されていなかった。

　③観光地型博物館としては展示が陳腐化する一方で高額の予算を投じたリニューアル等は困難な状態であった。

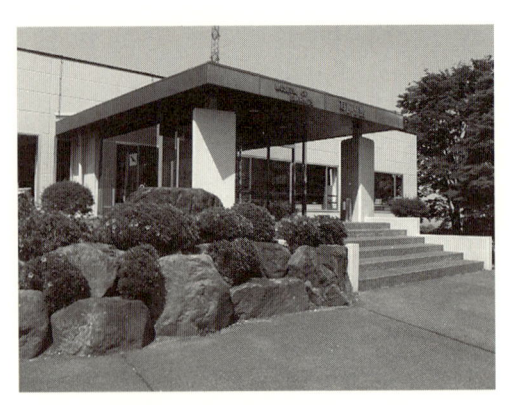

第1図　榛東村の位置　　　　　　　　　　　写真1　榛東村耳飾り館　外観

　こうした問題意識の下，牛の歩みにも似た取り組みではあるが，村当局なりに村民と来館者のため努力してきた。たとえば，2010年6月にはそれまで大人500円であった入館料を，他の自治体の郷土資料館並みである200円に改定する条例案を，議会に認めていただいた。体験講座のメニューも，現在5種類ほどを常時行っており，毎年更新している。地元保育園等の見学も毎年受け入れ，村内に2校ある小学校には，ほぼ毎年出前授業も行っている。また，2009年度に実施した企画展「おばあちゃんのお裁縫箱展」に先立ち，型紙から資料を起こしてもらうボランティア組織として，「お針子の会」を立ち上げ，現在，これは耳飾り館を拠点とした自主サークルとして活動している[3]。

　今回は，そうした取り組みのうち，養蚕や道しるべ，地区の祭りといった，今やほとんど忘れられつつある，昔の暮らしに密着した物語を明らかにし，残していきたいという村民の思いを受けて実施した事業について紹介する。

2. ふるさと歴史講座とふるさと学芸員

(1) こんな事業にしたい

　榛東村耳飾り館では，2009年度まで，「縄文耳飾り」という展示テーマに沿ったものの他，講演会等を行ってこなかった。しかし，しばしば地域住民から「住んでいる地域の歴史を知りたい」という要望が寄せられていた。筆者もその必要性は感じていたが，耳飾り館のテーマにそぐわないのもまた事実であり，行政的にもこうした部分については公民館事業が担うものとされていた。

　そこで，こうした要望に応えるため，まず耳飾り館のメインの事業とは切り離して考えることとした。そして同じ地べたに生きた茅野縄文人と，地域の人々の生活文化について，等しく共有できる講座という主旨で，耳飾り館での開催にこぎつけた。

　表題は，ふるさとの歴史（＝生活文化）を知る講座という意味で「しんとう・ふるさと歴史講

第1表　耳飾り館ふるさと歴史講座の内容（2009年度～2011年度）

○2009（平成21）年度

1	榛東村茅野遺跡と榛名・赤城の縄文遺跡	前橋市教育委員会　前原　豊　氏
2	土の耳飾りが流行った時代	高崎市教育委員会　田辺　芳昭　氏
3	武人埴輪と高塚古墳の時代	群馬県立歴史博物館　杉山　秀宏　氏
4	榛東村の寺子屋教育	榛東村誌執筆委員　松下　煕雄　氏
5	上州座繰りを伝える	蚕糸館　東　宣江　氏

○2010（平成22）年度

1	榛名山麓における明治の巨石堰堤	利根川水系砂防事務所　藤井敦夫　氏
2	稚産飼育所を訪ねて	フリーライター　平石　亘　氏
3	発掘調査からみた箕輪城	高崎市教育委員会　秋本　太郎　氏
4	茅野遺跡の白い石の来たみち	高崎市教育委員会　角田　真也　氏
5	火砕流にのみ込まれた榛東村	元沼田高校教諭　久保　誠二　氏

○2011（平成23）年度

1	縄文人の観た風景	國學院大學非常勤講師　大工原　豊　氏
2	ぐんまの温泉のはなし	元沼田高校教諭　久保　誠二　氏
3	「孝経の碑」を知る	県立女子大学学長　濱口　富士雄　氏
4	ふるさと学芸員の活動からみた村の文化財	耳飾り館ふるさと学芸員

座」とし，連続5回講座のうち，1回は縄文時代に関するものを入れ，あとは自由に企画することとした。過去3回の講座タイトルは第1表の通りである。

　榛東村は陸上自衛隊の基地が所在し，筆者自身もそうであるように，転入者の多い村でもあるが，外の地域から来て新しい住民となった人たちも，この村の歴史に親しみ，「ふるさと」と感じてもらえるようにという願いを込めた。

（2）しんとう・ふるさと歴史講座の受講者

　しんとう・ふるさと歴史講座の実施は2009年度1月～3月，隔週の土曜日午後に実施した（写真2）。募集はA4サイズのチラシを作成し，村内に回覧板で周知した。しんとう・ふるさと歴史講座は全5回で，受講者は4回受講すると修了証を，全回受講すると「ふるさと学芸員認定証」を授与する旨，募集チラシに掲載した。10日ほどで定員の30名に到達する人数が集まった。

写真2　2011年度　ふるさと歴史講座

「ふるさと学芸員」制度は，歴史講座参加へのモチベーションを高めるためのもので，講座終了後，任意で引き続き耳飾り館の活動に関わってもらおうというイメージであった。最初の年の受講生35名のうち，ふるさと学芸員に認定された人数は23名となり，思いのほか講座受講率が高かったのは，当初の狙いが成功したものと思う。

歴史講座の最終日に，該当者への講座修了証，ふるさと学芸員認定証の授与，第1回活動参加へのお知らせを配布した。翌4月の第1回の活動日に集まった人は，様子見に来た人も含め，12名が集まった。なお，しんとう・ふるさと歴史講座と，ふるさと学芸員の認定は，この年以降同様の方法で毎年行われており，2012年6月現在，12名のふるさと学芸員が常時，活動に参加している。

(3) 集まって何をする？

初回の活動日には，自己紹介と歴史のテーマでは何が好きかについて，話してもらった。たくさん話す度胸の良い人もあったが，初日はやはり恥ずかしそうな人，遠慮がちな人が多かった。

「どのような方法で何をするのか？」「活動趣旨はどうする？」「1人1人は何をしたい？」

集まっていただいた方々に，すべてお任せするというのが理想だが，全く交通整理をしないわけにもいかない。そこで，以下の提案をした。「耳飾り館を拠点として，榛東村の歴史を学ぶ活動を，月1回程度行いましょう。例えば，歴史に関する勉強会，遺跡巡り，それら活動の成果としてのイラストマップ作りなどはどうでしょうか。」

この提案を受けて議論は，フィールドに出てみようという方向にまとまった。そして，様々な案の中から，手始めに榛東村の中央部に所在する室町時代の村指定史跡「桃井城跡」とその周辺の見学をしてみよう，ということになった。

後で気が付いたことだが，共にフィールドに出ることが，他人同士である「ふるさと学芸員」同士をすぐに打ち解けさせた。自然に出る話題，それは道ばたの花や樹，手入れの行き届いたよその庭の様子に感心しあう，などの「おしゃべり」であるが，おしゃべりしながら歩くコミュニケーションが，参加者同士をすぐに仲良くしていった。座学から始めるのではなく，まずフィールドに出たことが，滑り出しが順調であったカギだったのかもしれない。

3. 平成22年度の活動から

(1) 桃井城跡（御堀遺跡周辺）を歩く～周辺文化財調査・マップ作り～

いちばんはじめに史跡歩きをし，資料をまとめ，マップにまとめた「桃井城址」を紹介したい。

まず桃井の地名であるが，奈良県教育委員会の発掘調査によって藤原宮から発見された木簡「上毛野国車評桃井里大贄鮎」の文字が確認され，この資料から桃井里の存在が明らかになった。推定では桃井里は，現在の榛東村から吉岡町を経て，利根川に至るまでの広い範囲に渡る。桃井

里は後に桃井郷と呼ばれる。

　桃井城址の呼び名は、榛東村では古くから言い習わされていたようで、現在この場所に居住している特定の氏族が城主の末裔である、という認識もあるようだった。

　なおこの桃井城址は、1984年に榛東村教育委員会によって発掘調査がなされており、小字名から「御堀遺跡」とされている。調査によって堀と土塁の一部が確認されたが、この「御堀」という字名も城跡に関連して残された地名であろう。

　桃井城について、長くなるが以下、『榛東村誌』より引用しよう。

　「桃井の地名は鎌倉時代或いはそれ以前から存在したが、そこを名所とする桃井氏の実在は、元弘3年、新田義貞の鎌倉攻め、足利尊氏の六波羅覆滅の時以来であるが、或いは古代から桃井地区に居た豪族の末裔かと思われるふしがある。」「北条氏時代には、そこに玉井清七郎が在職させられたように桃井東城が、白井・箕輪両城のつなぎの城として、連絡機能の中枢となったと推定する。この頃西城は、殆ど廃城となり、湯浅右馬助の管理する山林と化し」ており「その頃から湯浅氏は、城の西の現在の所に住んでいたのではないかと思われる。今次の発掘調査の結果、西城には居住の遺構、出土品が非常に少ないからである。」「嘉吉元年の結城城陥落に際して、桃井氏主系は城方となって潰滅してしまった。現存する桃井両城の遺構を仔細に観察すると、結城合戦以後の築城と見なすのが至当であって、到底桃井氏主流の創築とは考えられず、白井・総社の両長尾氏が、両城中継のため、桃井地衆（湯浅氏ら）に築かせたものと推定される。やがて長尾氏は、長野氏に圧倒され、長野氏は武田信玄に滅ぼされ、武田氏滅亡によって西上州に進駐した北条氏は、桃井東城を連絡中継の基地として家臣を在番させたが、天正18年の小田原の役に、白井城は4月（或は5月）14日落城、箕輪城も4月24日、豊臣方に降り、桃井両城も、その時歴史を閉じるに至ったのである。」

　この桃井城跡周辺の散策で、この一帯には「やぐらすみ（櫓隅）」「せきのくち（堰の口）」などの地名が残っており、その地形も確認できた。古い呼び方が良く残っていることも驚きであったが、なにより遺構の残りが良く、近世においても防御設備としての機能を残していたのではないかとの印象すら感じた参加者も

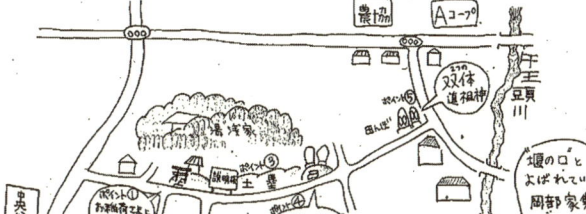

第2図　桃井城址（御堀遺跡）周辺散策マップ

多かった。

　桃井城址と推定される範囲内外の境付近には，数カ所に道祖神が祀られており，村指定文化財でもある御堀の五輪塔，御堀地蔵堂の板碑等もあり，それらと，その周辺にある石造物を確認しながら地図に位置を印し，写真を撮る作業も同時に行い，散策マップにまとめた（第2図）。参加者からは，「小学校，郵便局や銀行，スーパーマーケットが集中する村の中心地のすぐ近くなのに，この辺りをこんなによく知ることができたのは初めて。みんなで歩いてみると見えるものが新鮮で，知らない町に来たようだ。」等々，満足度の高い感想を聞くことができた。フィールドで感じた面白さが，その後ふるさと学芸員として1人1人が活動する最大の動機づけとなったようだった。

　このフィールドワークはのちに「歴史のみちガイドマップ」作りへと発展し，ふるさと学芸員活動の根幹をなすこととなる。

(2)「岩版のお守りペンダント作り」体験学習指導

　「歴史のみちガイドマップ」作りのための調査とは別に，夏休みには地域の小学生に向けて，なにか体験学習教室を開こう，ふるさと学芸員で指導をしようという話がもち上がった。「歴史のみちガイドマップ」作りが調査研究活動だとすると，今度はふるさと学芸員による教育普及活動と位置づけられる。

　おもちゃ作りのような案も含め，複数の案が出たが，ちょうどこの頃，しんとう・ふるさと歴史講座の講師も務めた夫が，茅野遺跡から出土している白色凝灰岩製岩版の石材が利根川に存在することを突き止めていた。そこで私から，茅野遺跡出土岩版の石材が採取できることと，これをデザインしたペンダント作りはどうかと持ちかけたところ，多数の支持を得て，その日のうちに材料をみんなで採集しに，利根川まで出かける日程が決まった。

　そして，定例（月1回）の活動日を使い，夫の案内で渋川市および沼田市の白色凝灰岩が採集できる利根川河畔のポイントまで，車に乗り合わせて8名で出かけた。当日はあいにく川の水量が多く，残念ながら期待していたよりも採集できた石の量は少なかったが，ふるさと学芸員たちは，自分たちの採取した材料で，子供たちに岩版ペンダントを教えることについて，「緊張するけれど楽しみだ。」と話し合っていた（6頁　写真1参照）。

　館に戻ってから別の日に試作をして，作りやすく美しい文様デザインを考えたり，孔開けのため自宅から電動ドリルや，形の悪い転石を整形するためにグラインダーを持参したりするメンバーもいて，「岩版のお守りペンダント作り」当日は，講師役のふるさと学芸員5名に対し，村内小学生を中心とする参加者15人が集まり，午前の部と午後の部の2回にわたり，初めての講習指導に緊張しながらも楽しく行われた。

　なお，この「岩版づくり」は，一定の好評が得られたため，のちに耳飾り館の体験学習のレギュラーメニューに定着することとなった。

　こういった活動を通じ，自らの興味を掘り下げる趣味としての歴史学習から，歴史学習を媒介

に仲間と共に楽しむことへと発展する。そして
また，他者である体験学習参加者との交流を通
じて，歴史の一コマを共有する経験をする。自
分の知識・経験が広がっていくという体験は，
受け身の講座参加だけでは得られない満足感を，
参加者たちに与えたのではないかと思う。

(3) 伊香保街道を歩く─文化財マップ作り─

　夏休みの後は，原点であるフィールドワーク
とマップ作りに戻り，伊香保街道沿いの調査を

写真3　歴史のみちマップ作り　調査の様子

進めた（写真3）。伊香保街道とは，高崎市本町を起点に柏木宿（現榛東村大字広馬場字宿）を通っ
て水沢を経由し，伊香保温泉に至る街道で，江戸時代後期には湯治客や参詣客で宿場は賑わって
いたという。第3図はこの調査活動の成果をまとめた歴史の道ガイドマップである。伊香保街道
の調査を通して参加者は身近な文化財の存在価値を再確認し，神社や道祖神の一つひとつに興味
を持つと共に，地域全体への愛着を深めることにも繋がっていった。

　伊香保街道の調査を行った季節は初秋〜晩秋，コスモスの花が揺れ，稲穂が色づき，榛名山か
ら渡る風の涼しさを感じる季節であった。この美しいふるさとの風景を，自分たち以外の人たち
にも教えてあげたい，そんな気持ちから，「文化財を巡る散策会を，一般参加者を集めてできた
らいいね。」あるメンバーが言うと周りのメンバーも賛成し，1年後の秋に実施しよう，とまと
まった。岩版づくり講座でその萌芽がみられたが，他者と体験を共有することの喜びを，皆が感
じていることは明らかであった。

(4) 活動のなかで次の活動テーマが広がっていく事業

　初年度のふるさと学芸員活動は，このように当初から決められた計画に沿った活動ではなく，
「何をするか」決めるところから「ふるさと学芸員」が大きく関わっている。筆者はあえて方向
性を定めず，「ふるさと学芸員」たちの意見を引き出すことに徹するという，コーディネーター
役を演じていたつもりだった。しかし後になって聞くと，「この人に任せていたのでは，らちが
明かない。自分が発言しなければ，何も決まらないのではないか。」という危機感を持ったメン
バーも多かったようである。その為か，多くの方々が良く発言してくれ，それが良い方向に転び，
回を重ねるごとに打ち解け，歴史好きな人，おしゃべり好きな人，手先の器用な人，勉強熱心な
人，個性豊かな大人同士が，個性を生かしつつまとまってきた。

　榛東村の歴史を学び，伝え，そして楽しむという活動テーマも，おしゃべりの中から浮かんで
きたものである。そしてこれからも，次々とイメージが膨らみ，次なる催し，イベントの企画ア
イデアが浮かんでくるのである。

　メンバーの一芸を活かした体験学習教室の実施としては，翌年度の夏休みにはバランストンボ

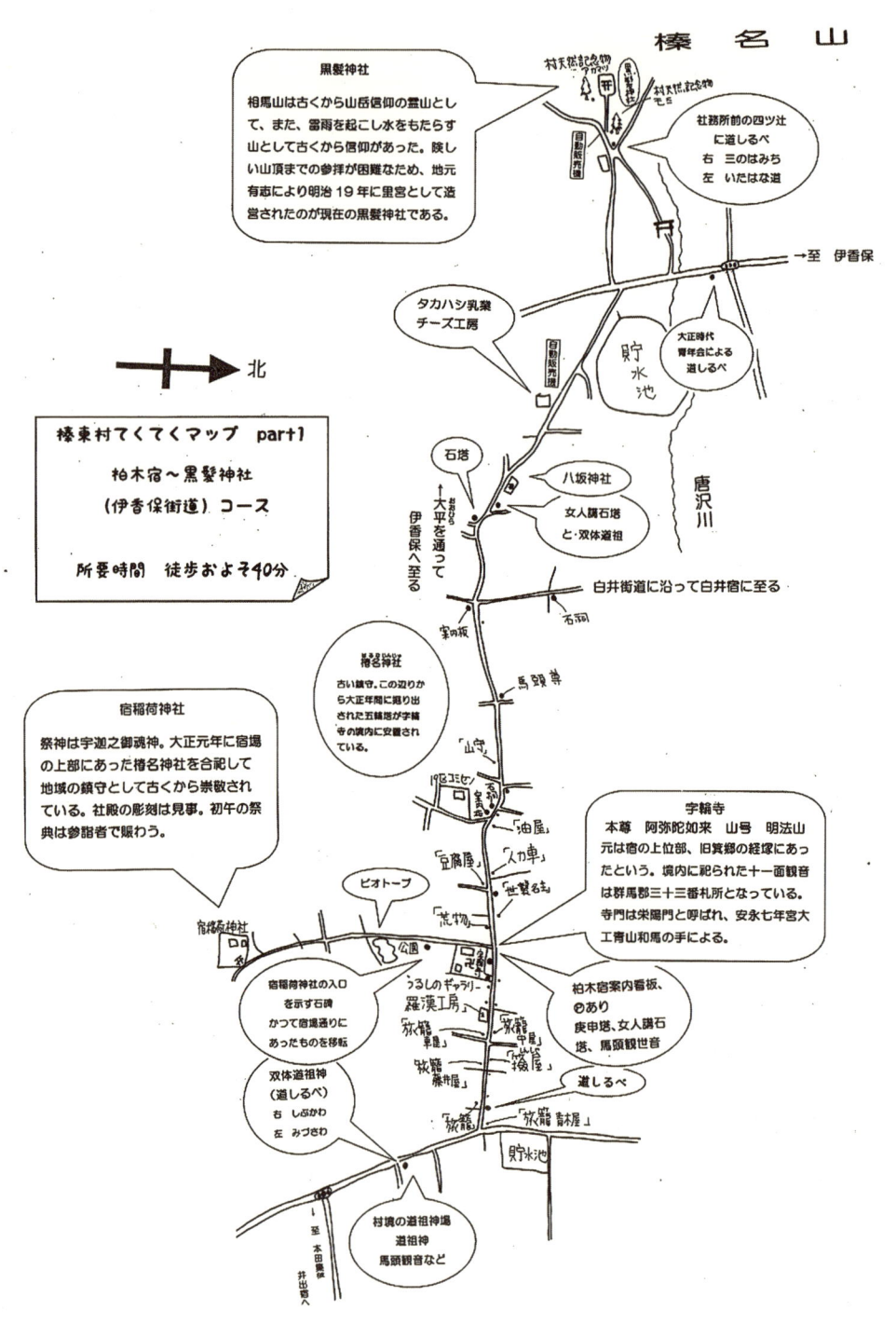

第3図　柏木宿散策マップ

作り，冬休みには松かさを使ったクリスマスツリー作りを実施した。

　現在，検討中のアイデアとしては，地元に伝わる聞き伝えの昔話を記した手書き原稿を活字にして頒布すること，その昔話を元にした紙芝居を制作して保育園等で上演すること，メンバーで村外の史跡見学や講演会に出かけること，伊香保街道を歩く散策会を企画することなど，いずれも，他者と共に楽しく歴史に親しむことのできる活動になりそうである。

4．平成 23 年度の活動から

(1)「榛東の宿場　柏木宿をいっしょに歩いてみませんか」―散策会の実施―

　2012年度前半の活動では，前年度に実施の方向性が出ていた，秋の「柏木宿」散策会に向け，散策コースの設定・下見，マップの仕上げなどを行った。前年度に歩いた場所とは言っても，主催者の視点に立ち，交通安全対策，トイレや自動販売機などの便益施設の確認も行った。下見の途中でこんなこともあった。ある家の生け垣の中に，道しるべが倒れているのを発見した。みんなで相談の上，地主に貴重なものである旨伝え，通行者に見える道端への立て直しを交渉し，後日運搬具まで用意して自分たちで道しるべを設置し直してしまった。私は傍観者の体であったが，この様子は村の広報紙，上毛新聞にも掲載され，これを励みに本番の散策会に向け準備に熱が入った（写真4）。

　散策会のタイトルは，メンバーとの相談の結果，「耳飾り館ふるさと学芸員企画『榛東の宿場　柏木宿をいっしょに歩いてみませんか』」とした。見学先の宿稲荷神社・黒髪神社の由緒について，それぞれの神職の方に解説をお願いしたり，かつて旅籠を営んでいた古民家を工房とする漆工芸作家を訪ね，建物を見せてもらったり漆工芸のことについて教えてもらったりした。地元区長にも協力を得て地区のコミュニティセンターを休憩場所に借り，ここでお弁当を食べる間の時間に地元の神社に奉納される獅子舞のビデオを見ながら宿稲荷獅子舞保存会会長に解説をしていただくなど，地域の協力を最大限に得た，時空を超える小さな旅であった（写真5）。

写真4　上毛新聞（2011年10月9日）

写真5 「柏木宿をいっしょに歩いてみませんか」

神社や、寺社、石碑といった文化財は、長い間その土地の人と共に存在し続けてきたものである。こうした文化財を媒介に、地域の人にも関わってもらうことで、参加者にとっては文化財に関する生きた話を聴くことができる。一方、地域の人にとっても、身近な文化財を紹介することで、より一層それを誇りに思ってもらえる。

コースの設定や内容を盛り込んでいく作業は、メンバーの数次にわたる調査を基に議論を交わし、作り上げたものであっただけに、無事に終了し、解散となった後には充足感に満ちた感想を言い合った。この散策会は、最終的に村主催事業として実施し、ふるさと学芸員はボランティア的に参加してもらう形をとったが、実際は主催に近い活躍であった。

(2) 自主活動の開始―古昔会の発足―

2年目の後半に差し掛かった頃、あるメンバーから、定例会以外に自主活動を行おうという提案があった。定例会でのマップ作り活動の他に、村外に史跡見学に出かけたり、食事会をしたりして交流しながら見聞を広めようというものである。活動にはほとんどのメンバーが賛成し、メンバーの投票により「古昔会」と名付けられて、第1回目は梅の咲く頃に箕輪城跡の見学を行った。

これはしいて言えば親睦会的な位置づけと言えるだろうか。地域の歴史を媒介とした、人と人との繋がりが、ゆっくりと無理なく、長く続くことを応援していきたいと思っている。

おわりに

ふるさと学芸員の活動を始めるまでは、榛東村には有名な史跡・名勝は少なく、このような地道な活動には人々の興味を引くものだろうかという不安があった。しかし、今では文化財は地域で掘り起こしていけるのだという手ごたえを感じている。耳飾り館から異動した今でも、個人的にこの活動にかかわっていられることは自分自身、喜びでもある。

博物館とはなんだろうと思うことがある。良く「箱モノ」と批判的にいわれるが、まさにその通り、博物館資料を入れる箱でしかない。ただその箱の中で、生きている人がよりよく生きていくための活動が、行われようとしているかが、今、問われているのではないか。

とはいえ、こうした大上段の話は筆者の得意とするところではない。これからも、地道に、ふ

るさと学芸員のメンバーと共に，地域の文化財の魅力を，足で稼いで発見しながら，地域の人々へ発信していきたい。博物館が予算不足で調査研究活動をできないのであれば，市民がするしかない。そしてここ榛東村でも，ふるさと学芸員の活動と作成したマップが，地域に定着していき，何もないと思っていた自分たちの足下に，目を向けさえすれば，あちこちに宝物を発見することができるのだということを，一人でも多くの人に気づいてもらえればと願っている。

　最後になりますが，この文章をまとめるにあたり，発表の機会を頂きました群馬考古学研究会の皆様，活動を共にしている仲間である，ふるさと学芸員の皆様，また，ふるさと歴史講座開催にあたり貴重なご講演を頂いた講師の皆様ほか，ご協力を頂きました皆様に心より感謝を申し上げます。

註

1) 平成23年4月の人事異動により，教育委員会事務局生涯学習係として筆者が転出し，専任職員は不在となった。
2) 榛東村は平成24年現在，人口14,714人，面積27.94 km^2，
3) 現在設立4年目で15名程のメンバー（随時募集）で活動中である。毎年館の一部を貸し出して展示会を実施している。

引用・参考文献

上野和男ほか　1978「民俗研究ハンドブック」
榛東村教育委員会　1985「御堀遺跡発掘調査報告書」『榛東村文化財調査報告書第3集』
榛東村誌編纂室　1988「榛東村誌」
角田真也　2010「関東地方における〈土版・岩版〉研究の前提」『國學院大學考古学資料館紀要』第26輯
　　97-121頁　國學院大學研究開発推進機構学術資料館
佐藤喜子光　椎川忍編著　2011「地域旅で地域力創造」10-66頁　学芸出版社
上毛新聞　2011 10月9日刊　第15面
超高齢社会における生涯学習の在り方に関する検討会　2012「長寿社会における生涯学習の在り方について」
　　3-17頁　文部科学省生涯学習政策局

『東国史論』とその時代

時 枝 務

はじめに

　本稿では、『東国史論』の創刊から廃刊までの歴史を振り返ることで、考古学における同人誌の役割と限界について考えてみたい。

　その際、注意したいのは、どのような力が雑誌を創刊させ、そして終焉に導いたのかということである。細々とした事情説明ではなく、現代という時代が『東国史論』のような小さな雑誌にどのような影響を与え、逆に小さな雑誌がなにを生み出し、あるいは生み出せなかったかを問いたいと思う。

　『東国史論』が呱々の声をあげたのは、1986年4月20日のことで、今から26年も前のことである。

　その後、刊行できなかった年もあったが、約四半世紀にわたって継続され、さまざまな情報を発信してきた。同人誌としてはマイナーな存在であったかもしれないが、約四半世紀もの間刊行され続けたことの意味は小さくない。その間、一見変わらないようにみえながら、なにかが大きく変わったために終焉に至ったのである。その変化を実証的にあとづけながら、同人誌の果たした役割と限界を解明する作業は、今後同人誌を発行する若者へのメッセージとなるであろうし、『東国史論』とともに生きたわれわれの世代の現代史を叙述する第一歩ともなるであろう。

1．『東国史論』の創刊

　通常、雑誌の創刊号には、「創刊の辞」などと題して、創刊に至る経緯などが記されるものであるが、『東国史論』第1号にはなんらそうした記述はない。奥付をみると、発行が群馬考古学研究会で、その連絡先が菊池誠一宅であることが記されている。このことから、菊池誠一が中心となった研究会の雑誌であることがわかるが、それがどのような研究会であるのかを示す情報は誌面にはない。もっとも、執筆者は同人、もしくは会員であろうと推測することができるが、群馬県出身者が多いという以外に明白な共通項を見出すことさえ難しい。つまり、第1号の文面をいくらながめても、会の実態がわからないという不思議な団体の刊行物として、『東国史論』は世に出たのである。

第1号に掲載された茜史朗「『百済記』『百済新撰』の描く世界」の冒頭に，「今回，研究会の紀要を公刊するに際して一文を求められたので」とあることに注目すれば，おそらく菊池が研究会の紀要を出すという名目で原稿を募ったであろうことがうかがえるのである。
　しかし，実際には，研究会の活動成果を世に出すための紀要として，『東国史論』が刊行されたわけではなかった。実質的に研究会は存在しなかったのである。誌面をみても会の実態がわからないのは，あえて伏せたのでも隠したのでもなく，そもそも存在しなかったのに過ぎない。つまり，『東国史論』を刊行するために研究会が結成されたのであって，すべては第1号から始まったのである。これは異常な出発であった。
　ところで，茜史朗は熊倉浩靖のペンネームであるが，彼と菊池誠一が群馬考古学研究会の生みの親である。『東国史論』という誌名は，熊倉の命名で，群馬の地を東国と捉える視点で名付けたものである。日本はアジアのなかでもっとも東の国，その日本のなかで群馬は東に位置するわけで，まさに東国であるというわけである。しかも，当時，高崎市と前橋市を合併した東国市構想があり，それにも絡んで名付けられたのであった。辺境の東国に根ざした史論を展開しようという野心が籠められていたことはまちがいない。
　実は，熊倉が関心を寄せていたのは朝鮮半島を中心とした東アジアの古代史であり，菊池が研究していたのは東南アジアの考古学であったから，この両名の関心がそのまま誌名に反映したのであった。こうしたアジアへの関心は，第1号に，先の茜論文のほか，菊池自ら執筆した「日本・中国の"鏡伝承"考」が掲載されていることによってあきらかである。群馬考古学研究会を名乗りながら，少しも群馬のことに関心がなかったといえばいい過ぎであろうが，少なくとも最大の関心はアジアに向けられていたのである。
　そして，もう1点特色をあげれば，古代史への関心が強かったことである。第1号には，数少ない群馬の古代史研究者である関口功一と川原秀夫が執筆しており，菊池が古代史研究者と深く接していたことが判明する。菊池の古代史への関心が，熊倉との出会いを生み，さらに執筆者たちを引き込み，『東国史論』を創刊することになったのである。
　第1号には筆者も飛田野正佳と連名で古墳群の踏査報告を寄せたが，菊池から寄稿の誘いを受け，当時偶々調査したばかりの報告をまとめたものであった。自宅に寄稿依頼に訪れた際の菊池が，スーツ姿で決めてきたのを，今でも覚えている。菊池の説得力ある誘いが功を奏して，原稿が集まり，彼の手で第1号が編集されたのである。
　創刊号の執筆者6人の生年をみると，最年長の熊倉浩靖が1953年，最年少の関口功一が1959年生まれであるから，全員1950年代の誕生であることが知られる。当時の年齢は，27歳から33歳ということになり，学問的にも経済的にも自立しつつあった世代といえよう。それにしても，ほぼ同世代の若者たちであることは，『東国史論』の性格を考えるうえで注目してよかろう。同じような興味を抱く若者たちの結集のシンボルとして『東国史論』は創刊されたのである。
　菊池は1954年12月生れであるから，『東国史論』の創刊時には32歳であったが，当時，長年関わった世田谷区遺跡調査会を辞し，故郷に帰ってきたばかりであった。東京での生活に区切り

をつけ，郷里群馬で高校教師として新たな出発をするとともに，研究者としても在地に根ざした活動を期していたに違いない。菊池は，学生時代は大学ごとに形成された研究者グループから恩恵を受けるが，やがて卒業して地域で社会人として生活するようになると地域単位のグループで学ぶようになるものだと，口癖のように語っていた。そうした考え方のもとで，新たに研究者を組織化し，自分自身の地域での研究活動を後押しするような環境作りを企画した結果，『東国史論』の創刊に至ったものとみられる。

つまり，『東国史論』は，東京から帰ってきた菊池誠一が，在地の研究者に呼びかけて創刊したものであった。そして，この東京との深い関係は，その後の『東国史論』に，東京在住の研究者が多く執筆する傾向をもたらした。そのことは，雑誌としての内容を豊かにした反面，在地性を薄める結果を生んだ。創刊時における『東国史論』は，菊池の個人雑誌的な性格をもっており，その影響は後まで続いたのである。

2. 群馬考古学研究会の活動

『東国史論』創刊後，雑誌だけで実態のなかった群馬考古学研究会は，菊池の発案で実際に活動をおこなうようになった。非常に変則的な過程ではあったが，雑誌創刊後に，研究発表会である「学習会」（後に月例研究会と呼称）を定期的に開催したのである。当初は，毎月1回のペースで，土曜日の午後3時から5時まで，群馬県立歴史博物館学習室を会場に開催された。

『東国史論』第2号によれば，第1回の学習会は1986年9月6日で，三浦茂三郎の「南関東における古墳の終末」と題する発表がなされた。『東国史論』創刊後約5か月で学習会の開催に漕ぎ着けたのであった。

各回の学習会の発表者と題目は次の通りである。

1986年は，第1回に引き続き，第2回（10月4日）関口功一「群馬郡の分割について」，第3回（11月8日）川原秀夫「日本古代史における首長制の適用について」，第4回（12月13日）菊池誠一「東アジアからみた赤城と日光の神戦伝承」が開催された。

1987年は，第5回（1月17日）本橋恵美子「縄文時代の柄鏡形住居址の研究」，第6回（2月21日）熊倉浩靖「任那日本府について」，第7回（5月）菊池誠一「平安時代の集落遺跡出土鏡の性格」，第8回（6月）小宮俊久「縄文時代後・晩期の住居跡について」，第9回（8月）時枝務「修行窟について」，第10回（9月）松本保「鬼高期の内黒土器について」，第11回（10月）新井仁「奈良・平安時代の一般集落における掘立柱建物について」，第12回（11月）菊池実「縄文時代配石遺構の研究」，第13回（12月）若林正人「古墳出現期の在地墓制の変遷 —東日本例を中心に—」が開催された。

1988年は，第14回（1月）三宅敦気「樽式土器について」，第15回（2月）桐生直彦「転用土器雑考part2」，第16回（3月）大工原豊「弥生時代の環濠集落 —注連引原遺跡の調査から—」，第17回（5月）佐藤明人「弥生時代後期の土器 —新保遺跡の調査から—」，第18回（6月）小田

沢佳之「東関東の貝刃について」，第19回（7月）秋池武「中・近世における牛伏砂岩の利用について」，第20回（8月）関口功一「古代日本における移動と定住」，第21回（9月）大河内勉「鎌倉における中世遺構と遺物」，第22回（10月）菊池誠一「中国貴州省の苗族・侗族を訪ねて」，第23回（11月）大西雅広「皆沢焼の基礎的検討」が開催された。

　1989年は，第24回（6月）飯塚聡「平安前期東大寺修理造営と造寺使」，第25回（7月）坂井隆「東山道・あづま道を中心とする道路状遺構の考古学的研究」，第26回（9月）外山政子「群馬県地域の土師甑について」，第27回（11月）三浦京子「黒色土器について」，第28回（12月）飯塚卓二「5世紀前葉の政治変動について」が開催された。

　1990年は，第29回（1月）桐生直彦「住居床面に遺棄された土器の認識について」，第30回（2月）若林正人「甘楽富岡地区の古墳出現期の土器様相」，第31回（3月）菊池誠一「ベトナムのドンソン銅鼓」が開催された。記録の不備で，それ以後の活動状況が不明であるが，散発的に何度か開催された。会場は群馬県立博物館学習室ではなく，新前橋駅近くの朝日印刷の施設などを借りて実施されたが，定期的なものではなかった。

　1986年が4回，1987年が9回，1988年が10回，1989年が5回，1990年が3回で，1987年と1988年がもっとも活発な活動をおこなっていた。1988年4月20日刊行の『東国史論』第3号に掲載された菊池誠一「一年間の活動」に，「研究会が発足して2年が発ち，ようやく会の体裁が整い出した。1986年9月から始まった月例研究会もこの3月で16回を数え，現在8月まで既に発表者の予定が組まれている。この間発表者の都合で2度中止されたが，概ね会員の順調な研究会発表がなされている。参加者は数名程度であるが，時たま10数名になることもあった。各発表者の研究内容は意欲的なものであって，すでに何本かは発表後専門雑誌に掲載され，その水準の高さを証明している。発表，そして参加者との討議を経て雑誌掲載という好ましいスタイルになりつつある。本年度は10名の会員の研究発表があり，大半は本誌に掲載されている。今年2月の研究会では桐生氏がわざわざ東京からおいで下さり，参加者も多く久々に活況を呈するものであった。今後とも，県外の研究者をお迎えして交流を広げたいものである」と記しているように，研究会の理想的なあり方に近づきつつあった。

　研究発表後，群馬県立博物館近くの喫茶店に立ち寄り，発表者を囲んで懇談するのが，恒例の行事になっていた。その席で，『東国史論』への執筆依頼や次回以後の発表者の選定などがおこなわれ，参加者相互の情報交換が活発になされた。人数は決して多くはなかったが，研究者の交流を深める機会となり，研究会の輪が広がった。また，毎年春には考古学協会総会の図書交換会に参加し，会員が交代で店番をしながら『東国史論』を販売した。その頃は，大勢の研究者が金銭を惜しまずに雑誌を購入した時代で，なんとも景気のいい活気が会場に漲っていた。図書交換会が終わり，研究発表を聞いたりした後，参加者一同で打ち上げをするのが恒例となった。

　その後，1989年5月20日刊行の『東国史論』第4号に掲載されたＳ・Ｋ「一年間の活動」をみると，1988年には「月例研究会は5月から12月まで，11月を除き毎月行うことができた。7月の秋池氏の発表のおり，県内の中・近世考古学を研究する方々が集まり，活発に意見交換を行

うことができ，有意義な研究会となった」という状況であったが，1989年になると「発表者がみつからず，中止となってしまった」という事態に直面していたことがわかる。その原因は，第1に，会員層の薄さが発表者の確保を困難にしたためである。第2に，無償で会場を提供してくれた群馬県立歴史博物館が，担当者の交代を機に，博物館と直接関係のない団体への会場貸与をしない方針に転じたことが大きく影響した。第3に，複数の会員が正規に就職し，それまでのように自由に身動きできなくなったことが挙げられる。

学習会・月例研究会のほかにも，総会が第1回1987年4月，第2回1988年4月，第3回1989年4月の3回，見学会が第1回1987年8月新潟（山谷古墳・長岡市立科学博物館等），第2回同年12月栃木県立博物館等，第3回1989年8月南東北方面（福島・宮城・山形）の3回実施された。これらの活動も，1987年から1989年までの期間におこなわれたもので，その頃が群馬考古学研究会の隆盛期であったことが確認できる。

1987年4月20日に刊行された『東国史論』第2号から，研究会世話人の名前が奥付の上に明記されるようになり，第2号では9人，第3号では11人，第4号では13人というようにわずかではあるが年々増加している。世話人は，『東国史論』の原稿を受理し，事務局に引き渡すとともに，研究会への参加を呼びかける役割を果たした。通常の研究会における運営方法の採用にともなって，徐々にではあるが，会員の組織化が進んだのである。

しかし，群馬考古学研究会の活況は，長くは続かなかった。1992年5月24日刊行の『東国史論』第7号に掲載された桐生直彦「編集後記」には，「前号は本誌最低の頁数となってしまい，月例研究会も世話人の都合で約2年間休止の状況が続くなど会の運営は息切れぎみでありますが，年1回ペースの雑誌の発行だけは，何とか保つことができました」とあり，早くも会の活動が低調になっていたことが知られる。とりわけ，学習会・月例研究会の休会の影響は大きく，ただ雑誌を出すための名目的な研究会になりつつあった。

その直接的な原因は，『東国史論』の創刊者である菊池誠一が，群馬県の考古学よりもベトナムの考古学に強く惹かれたことにある。1990年には量博満・今村啓爾率いるベトナムの現地調査に参加し，1991年には『ベトナムの考古文化』の訳書を六興出版から刊行し，1992年にはハノイ総合大学に留学した。雑誌の発行も研究会の世話も，菊池が中心になっておこなってきただけに，菊池の動向は群馬考古学研究会の活動に大きな影響を与えた。

結局，菊池誠一は群馬考古学研究会の運営から手を引き，弟の菊池実をはじめとする同人が引き継ぐことになった。菊池が主導した1986年から1990年までを，『東国史論』の第1期として位置づけ，「約2年間休止の状況が続」いた1991年から1992年までを第2期の開始期として捉えたいと思う。桐生の「編集後記」にみえる苦悩は，群馬考古学研究会が新たな出発をするに際して，『東国史論』の発行だけはなんとか維持したいという強い信念と裏腹のものであった。

3. 方法・地域・東アジア

　こうして菊池誠一という行動的な人間によって創始された群馬考古学研究会は，菊池の退場とともに活動が停滞し，約2年間の混迷を経て再出発することになった。しかし，この再出発は，決して順風満帆ではなかった。1990年のバブル崩壊に始まる経済不況は，雑誌の印刷費を圧迫し，さらには売り上げにも悪影響を及ぼした。第1期には，順調な売り上げをみせた『東国史論』も，第2期に入ると売り上げの低迷が始まり，印刷費を売り上げだけで捻出することができない状況に陥った。経済の影響は確実に地方の考古学同人誌をも直撃した。

　そのため，『東国史論』の印刷所が，1992年5月24日刊行の第7号までは上毎印刷工業株式会社であったのが，1993年10月15日刊行の第8号からは朝日印刷工業株式会社に代わった。より廉価な費用で印刷・発行する必要があったからである。このような方法で，『東国史論』を継続するための努力がなされた事実は，忘れてはならないことであろう。

　しかも，『東国史論』にとって毎年最大の売り上げを誇った日本考古学協会総会であるが，1993年5月に開催された第59回総会では，図書交換会は学会にとって不要なものであるという実行委員会の判断で実施されないことになった。その時の気持ちを，1993年10月15日刊行の『東国史論』第8号「あとがき」で，菊池実は「今年度は考古学協会総会での図書販売が実施されなかったために，会の財政は逼迫状態です。さらに編集の気力も失われてしまい，雑誌を注文された皆様には多大のご迷惑をおかけしました」と述べている。図書交換会の休止は，再出発しようとする『東国史論』にとって大きな痛手で，その後遺症は最後まで払拭されなかった。

　『東国史論』第8号の刊行は，本来ならば5月までになされる予定であったが，実際に刊行されたのは半年近く遅れた10月のことであった。それでも，翌年までにはなんとか危機を乗り越え，『東国史論』第9号は予定通り1994年5月15日に刊行された。『東国史論』の牽引車であった菊池誠一は，第6号から執筆しておらず，第9号に至っても復活することはなかった。その代わり，第7号以降，菊池実が毎号執筆していることは，運営主体の交替を象徴している。群馬考古学研究会にとっての大きな変化の時期に，経済的な打撃と日本考古学協会による圧迫を経験したことは，群馬考古学研究会にとって決して望ましい出来事ではなかった。

　しかし，そのような時期に10周年を迎えた『東国史論』は，危機を乗り越えたことを会員に訴えるため，それまでの仕事を総括する必要に迫られた。群馬考古学研究会世話人は，1995年5月15日刊行の『東国史論』第10号で，「方法・地域・東アジア」と題して，それまでに『東国史論』に寄せられた論文の特色が，方法・地域・東アジアという3つの柱に整理できることを指摘した。第1の方法は，遺物出土状態に関する議論などで，「本誌の方法論は，発掘調査という方法そのものの見直しを迫るような，発掘現場からの提言」と位置づけた。第2の地域は，「群馬県における地域研究」であるが，「本誌は東国の地域史研究を推進すべく創刊されたのであるが，当初のもくろみとは裏腹に案外東国の地域史研究そのものをテーマとしたレポートは少なか

った」とまとめざるをえなかった。第3の東アジアは，朝鮮半島・中国・ベトナムなどについての論文で，「東アジア的な視座に立って東国の歴史を見直そうとする際に，なんらかの手がかりを与えてくれるだろう」と結んだ。

　このような整理をおこなったのは，『東国史論』がなにをめざしてきたかを明確にし，その後の活動を活発化することを意図したからであったが，結果的には方法論と本格的に取り組むことができたのみであった。東アジア的な視点は，菊池誠一が主導した第1期の方が顕著で，第2期にはむしろ背景に退いていった。地域史研究は，単発的には出されていたが，不十分なままであった。方法論の展開が可能であったのは，桐生直彦が『東国史論』を主要な活動の場としてくれたおかげで，会員誰もが意識的に取り組んだ結果ではなかった。つまり，「方法・地域・東アジア」という整理は，『東国史論』の特色を考えるうえで重要な指摘であったが，会員にとっては十分に内面化されることなく終った。まして，この3つの視座を意識的に取り込んだ研究は，ついに登場しなかった。というよりも，誰もそれだけの実力を養う余裕もないままに，時間だけが過ぎたといった方がよいかもしれない。「方法・地域・東アジア」は『東国史論』の永遠の課題の提示に過ぎなかった。単なる夢に終ったのである。

　『東国史論』の編集後記は，1996年5月15日刊行の第11号からスタイルを変え，世話人の動静を伝えるものになる。第11号では「世話人一言その1」として川原秀夫・菊池実・小宮俊久が各人の動向を伝えるが，1997年5月20日刊行の第12号では「編集後記」と題して編集者が執筆者をはじめ世話人の人事や業績を紹介するものとなり，以後毎年この形式が定着する。これは菊池実によって導入された形式であり，彼の編集方針が確立したことを示す指標といえるが，個人に関わる情報が主体で，学問に対する主張や編集方針の表明などがみられない点に特色がある。しかも，1998年5月20日刊行の第13号では，次号の原稿募集の呼びかけがなされており，事務連絡のような様相を呈している。

　第11号以降の動向としていえることは，若い研究者が新たに執筆者に加わり，それまでとは異なって地域史研究をテーマとする論文が増加するが，論旨の明確でない覚書的な文章がみられるようになる。研究としてみると，特定の遺物や遺構に関する本格的な論文がある反面，論文としての基礎的要件を満たさないものが掲載されるようになる。その状態はまさに玉石混交と呼ぶにふさわしいもので，内容的な統一感が失われ，郷土史的な香りが高まる。こうした現象が生じたのは，原稿の内容についての責任はあくまでも執筆者が負うものとし，編集サイドではとくに価値判断をしないという姿勢で編集したからであろう。こうして，自由投稿の雑誌として『東国史論』は独自な展開をみせるが，そうしたあり方は若い研究者にとって便利な存在であったようである。

　しかし，人を発掘し，育てる場として，十分に機能したわけではない。というのは，この頃の執筆者たちは，『東国史論』だけでなく，さまざまな雑誌などに書きまくっている研究者が多く，あくまでも執筆者の意思で『東国史論』を利用したと考えられるからである。その結果，『東国史論』の執筆者と，5月の日本考古学協会総会で『東国史論』を販売する世話人は，一致しない

という状況を生んだ。日常顔をあわせるメンバーはかならずしも『東国史論』に執筆せず，『東国史論』の執筆者はほとんどの世話人が会ったことのない研究者である場合が頻繁に起こるようになった。言い換えれば，群馬考古学研究会と『東国史論』はそれぞれ別のメンバーによって担われているという実態が生み出されたわけで，掲載論文という観点からすれば『東国史論』は世話人とは直接関係のない雑誌になった。

　なぜそうなったかといえば，『東国史論』を発行するための原稿を集めることが，世話人に課せられ，あらゆる方法を用いて実践されたからである。おかげで著名な研究者の原稿が掲載される機会が増えたが，同時に昔からの世話人で原稿を書かない者が増え続けるという悪循環を生み出し，雑誌本来の目的が歪んでしまったのである。当初からみられた傾向ではあったが，『東国史論』の発行が目的化し，それを支える地道な活動が切り捨てられてしまった結果，『東国史論』は同人誌としての機能を果たせなくなったのである。世話人が，職場で中堅として活躍し，仕事に多忙を極めたことも，そうした傾向に拍車をかけた。結局，本来の世話人の多くが執筆することなく，『東国史論』は号を重ねていったのである。

　こうした異常な状態が続いたため，『東国史論』は2005年5月22日刊行の第20号をもって一端休刊し，第21号が刊行されたのは2年後の2007年5月27日のことであった。休刊は，おもに菊池の判断によってなされたが，世話人の間で廃刊すべきか，継続すべきかが議論され，結論が出なかったことがもっとも大きな理由であった。世話人にも『東国史論』の将来像を描くことができなかったのであろう。2006年の暮れに主要な世話人が集って協議し，もう少し継続して欲しいという意見が強かったため，最終的に継続することに決し，ようやく第21号が刊行されたのである。このような経緯から，『東国史論』の第2期は，第20号をもって終ったとみてよい。

4.『東国史論』の廃刊

　『東国史論』第21号の「編集後記」で，菊池実は「昨年，雑誌の発行ができませんでした。このまま廃刊になってしまうのか，と思われたところ，多くの方々の継続刊行の声に押されて21号の発行となりました」と記し，世話人の多くが継続を希望したことを書き留めている。しかし，この「編集後記」からは，第20号で廃刊する可能性があったことが知られる。廃刊の可能性が浮上した理由は明記されていないが，もっとも大きな理由は未払い印刷費の累積であり，刊行を継続すればするほど負債は増す状況が出来ていたことにある。経済的な負担を義務付けられていない世話人の多くにとって，痛みを共有できていなかったところに，継続刊行を主張した側の弱みがあった。継続刊行を可能とするには，今後生じるに違いない印刷費だけではなく，過去の印刷費の精算が必要であったのである。この当然すぎる前提条件が構築されなかったため，第21号の刊行が遅れたのであるが，世話人の多くは，その構造に気付かなかった。

　休刊後の大きな変化は，休刊直後の第21号と廃刊号である第25号を除けば，いずれも論文数が約3本とそれまでの『東国史論』に比して大幅に減少したことである。第21号は，2年分の

論文が一挙掲載されたわけであるから多くて当然であるが，それ以後の論文数の少なさは，以前と異なる状況が生み出されたことを暗示している。その執筆者は，大部分が世話人で，外部からの投稿者は2人のみに過ぎない。つまり，第2期にみられた外部原稿依存のあり方ではなく，同人誌本来のあり方がある意味で回復されたことが読み取れるのである。

しかし，多くの世話人が執筆するような体制が確立したのであれば，決して廃刊に至るようなことは起こらなかったはずである。2008年5月25日刊行の第22号と2009年5月31日刊行の第23号に執筆した世話人は桐生直彦と時枝務で，外部からの原稿を調達して誌面を飾ったのは桐生の配慮で，要するにこの2冊は桐生の個人的努力なしには刊行できなかったのである。2010年5月23日刊行の第24号は，熊倉浩靖・時枝務・菊池実の3人の論文で構成されているが，菊池実の「編集後記」には「本号もなんとか刊行することができました。熊倉さんは本誌『東国史論』の名付け親です。創刊号に執筆以来のご登場です。無理を頼んで原稿を執筆していただきました」とあり，編集の苦労が察せられる。しかも，頁数を稼ぐために，時枝は2本の原稿を寄せており，相変わらず世話人からの原稿が集まらなかったことが知られる。こうして，『東国史論』第22号から第24号までは，一部の世話人の献身的な努力によって刊行に漕ぎ着けた。

こうした状況は，『東国史論』の刊行さえすでに困難な事業になったことを示しており，廃刊は目前に迫っていたといってよい。『東国史論』は世話人が支えるものに違いないが，一部の世話人のみで維持していくには，あまりにも負担が重かった。刊行費用が不足し，まして大部分の世話人の協力が得られない状況となっては，刊行することが難しくなるのは当然のことであった。世話人の間からは『東国史論』の廃刊を惜しむ声が聞かれ，不定期刊行で発行すべきであるという意見も出されたが，そうした発行形態では経済的な負担は嵩むばかりである。しかも，積極的な協力が得られる見込みが立たない以上，結論はあきらかであった。

2010年12月末におもな世話人が集り，協議の結果，第25号をもって『東国史論』を廃刊することが決せられた。その代わり，いわば『東国史論』のモニュメントとしての論文集を，2012年以後に刊行することが申し合わされた。出版社から刊行しようということだけは，暗黙の了解事項となったが，具体的なあてがあるわけではなかった。しかし，最後に論文集という花を咲かせて，青春時代からの同人誌に区切りをつけるという計画は，いかにも格好よいことに思えたのは，皆同じであった。そして，まずは最終号となる『東国史論』第25号の刊行が課題となり，いつものように原稿集めが始まったのである。

そんな折，『東国史論』にかつて執筆したことのある人物が逮捕されたというニュースが，テレビや新聞というメディアで報じられた。『東国史論』第25号の「編集後記」で，菊池実は「2011年1月23日，新聞各紙（群馬版）の『遺跡調査費水増し　渋川市職員ら逮捕』の記事に驚愕してしまった。県内の埋蔵文化財調査に携わる多くの職員もまた同様であったろう。逮捕された職員をよく知っているが，考古学にかける情熱を人一倍もちそして数多くの論文を執筆するなど努力家であったから，正直信じられなかった。新聞の続報ではかなり以前から業者と関係をもって公金詐取を行っていたという。結果として，この職員を含め民間の発掘会社3名と物品納

入業者1名の計5名が逮捕された。職員と発掘会社の1名は本誌にもかつて原稿を投稿している。職員は懲戒免職となって，この編集後記を執筆現在，前橋地裁で公判中である。僅かな金額を詐取し続けた結果，失ったものは計り知れない。残念でならない」と記し，驚きを隠せないでいる。考古学研究者のモラルの弛緩は，旧石器捏造事件以来話題となることがしばしばあったが，こうしたかたちで『東国史論』もまた例外ではなくなった。廃刊直前に，『東国史論』と無関係でない事件が明るみに出たことは，偶然とはいえ後味の悪さを残した。

　2011年5月29日，『東国史論』第25号が刊行され，ついに『東国史論』は廃刊となった。この号は久しぶりに100頁近い厚さをもつものに仕上がった。執筆者は，4人の世話人のほか，2人の若手研究者も加わった。ここに至って，飛び入りではない若手の執筆があったことは，『東国史論』が若手の育成にわずかではあるが寄与したことを示している。時代的には，古代から近世までと歴史時代に偏ったかもしれないが，古代道路や鋸，中世墓や霊場，さらには浅間噴火の砂山と多岐にわたる内容であり，ひとまず成功した1冊であったと評価できる。しかし，第1期には顕著であった古代史の論文が，締め括りとなる最終号に掲載されないまま終ったことは，残念であった。

　第25号の「編集後記」で，菊池実は「『東国史論』もとうとう第25号を発行することになりました。年1冊の刊行（ただし1度刊行できなかった年がありました）でしたから，すでに26年経ったことになります。そして皆様にご愛読いただきました本誌は，今号をもちまして最終号とさせていただきます」「研究会立ち上げの頃は，世話人一同20代の若手でしたが，いつのまにか30代，40代から50代に，そして定年も間近となってしまいました。しかしこの間，世話人一同，本誌だけではなくて様々な研究会誌や学会発表を行い，それぞれの研究分野を深めてきました」と記しているが，第1号の創刊からだと1年置いても第25号までは25年であり，創刊時にすでに30代に突入していた世話人もいたという点を訂正すれば，まさにその通りである。

　こうして『東国史論』は廃刊されたが，この最後の時期である第21号から第25号までを，『東国史論』の第3期として捉えたいと思う。

おわりに

　以上，『東国史論』の創刊から廃刊までの流れを，『東国史論』そのものに依拠しながら辿ってきた。その流れは，創刊から第5号までの第1期，第6号から第20号までの第2期，第21号から廃刊までの第3期の大きく3期に区分することができる。第1期は創刊後，学習会・月例研究会が活発におこなわれた時期で，『東国史論』の黄金時代であった。第2期は，経済的な問題が浮上し，雑誌刊行だけが目的化するなどの問題が生れてきた時期で，発展期であると同時に停滞期でもあった。第3期は，諸問題が鬱積し，ついに廃刊に至った時期で，衰退期として位置づけることができる。しかし，第3期に至って，将来の『東国史論』の担い手となるような若者の参加が顕著になってきたことは，皮肉であった。

この間，『東国史論』は，個々人の研究成果のほかに，独自な考古学文化を生み出した。メディア的な機能は低かったと思うが，方法論の問題を喚起したことや，第59回日本考古学協会総会における図書交換会不実施を批判したことは，そうした機能をわずかではあるが担ったことを示している。同人誌は，同人が書きたいものを書ける場であることを必須条件とするが，『東国史論』はその点では申し分なかったはずである。むしろ，問題は，同人にあたる世話人が，意欲的な執筆活動をおこなわなかったところにある。詠わない詩人が詩人と呼べないのと同様，研究しない考古学者は考古学者ではない。せいぜい考古学愛好家である。理想は高く，現実はそれに追いつかなかった。

　筆者にとって，『東国史論』とともにあった青春は，すでに過ぎ去った。

「東国史論」総目次

第1号（1986年4月20日刊行）

群馬町金古橋向・内林古墳群とその周辺……………………………………飛田野正佳・時枝　務　(1)
　　―榛名山東南麓における古墳の分布（1）―
上野国分僧寺金堂基壇中出土瓦について……………………………………………………関口功一　(23)
黒井峯・梅木遺跡見学記………………………………………………………………………川原秀夫　(30)
『百済記』『百済新撰』の描く世界……………………………………………………………茜　史朗　(34)
　　―5世紀の日朝関係史研究ノート―
日本・中国の"鏡伝承"考……………………………………………………………………菊池誠一　(45)

第2号（1987年4月20日刊行）

竪穴住居址を中心とした遺物出土状態の分類について………………………………………桐生直彦　(1)
　　―研究史の整理―
庚申古墳群とその周辺………………………………………飛田野正佳・須田まさえ・時枝　務　(20)
　　―榛名山東南麓における古墳の分布（3）―
『百済本記』と「任那日本府」………………………………………………………………熊倉浩靖　(41)
ヴェトナムの中石器時代………………………………チャン・クォック・ブォン：菊池誠一訳　(49)
　　―ホアビン文化―
学習会の記録……………………………………………………………………………………………　(58)

第3号（1988年4月20日刊行）

縄文時代の環状列石―群馬県内における調査事例から―……………………………………菊池　実　(1)
樽式土器研究の現状と課題―その研究史について―…………………………………………三宅敦気　(12)
転用土器雑考Part2……………………………………………………………………………桐生直彦　(27)
古墳発生段階の「周辺地域」における古墳出現の背景について……………………………若林正人　(35)
古墳時代後期における群馬県北部の土器様相…………………………………………………松本　保　(62)
　　―黒色土師器の検討から―
近世寺院の一様相―長野県上伊那郡宮田村熊野寺をめぐって―……………………………時枝　務　(78)
一年間の活動……………………………………………………………………………………菊池誠一　(88)

第4号（1989年5月20日刊行）

住居跡から住居へ……………………………………………小菜一夫・小島正裕・丹野雅人　(1)
　　―縄文時代の竪穴住居における研究史的素描として―
縄文時代の有溝砥石の研究―軽石素材を中心として―………………………………………本橋恵美子　(31)
高崎市西島遺跡とその遺物……………………………………………………………………時枝　務　(45)

―高崎市東部における遺跡の分布調査（1）―
近世近代牛伏砂岩の利用について―牛伏砂岩製墓標―………………………………………秋池　武　(57)
中国少数民族　苗族の銅鼓……………………………………………………………………菊池誠一　(78)
中国上海博物館と敦煌莫高窟…………………………………………………………………大河内勉　(80)
一年間の活動……………………………………………………………………………………　　　　 (83)
平安時代前期上野国の一様相…………………………………………………………………若林正人　(84)
　　―「僦馬之党」と昌泰二年九月十九日付太政官符について―

第5号（1990年5月20日刊行）

北関東・「独鈷石」概観…………………………………………………………………………山岸良二　 (1)
火災住居址から見た家財道具の在り方………………………………………………………桐生直彦　(33)
　　―東京都における縄文時代の事例分析―
縄文時代の配石遺構調査雑感…………………………………………………………………菊池　実　(47)
弥生時代終末～古墳時代前期の小形仿製鏡について………………………………………林原利明　(49)
　　―小形重圏文仿製鏡の様相―
竪穴住居埋没過程の一考察―群馬県内の近年の調査例から―……………………………若林正人　(65)
鎌倉市由比ケ浜中世集団墓地遺跡出土の「神主」銘
　　古代墨書土器について……………………………………………………………………大河内勉　(85)
近世近代牛伏砂岩の利用について―牛伏砂岩製鳥居―……………………………………秋池　武　(88)
ベトナムの少数民族ロロ族の銅鼓……………………………………………………………菊池誠一　(98)
一年間の活動……………………………………………………………………………………新井　仁　(99)

第6号（1991年5月19日刊行）

住居床面に遺棄された土器の認識について…………………………………………………桐生直彦　 (1)
　　―小林達雄「縄文時代の居住空間」批判―
前橋市文殊山古墳の壺形土器…………………………………………………………………荒木勇次　 (9)
東北地方における中世鎌倉期瓦の一例………………………………………………………山中雄志　(15)
佐味朝臣氏について……………………………………………………………………………関口功一　(25)
一同人言…………………………………………………………………………………………　　　　 (36)

第7号（1992年5月24日刊行）

戸田哲也氏の疑問に答える……………………………………………………………………菊池　実　 (1)
　　―田篠中原遺跡報告書の記述をめぐって―
縄文時代後期前葉における配石を伴なう墓坑の成立とその展開…………………………大竹憲治　 (5)
　　―東北地方南部・阿武隈山地を中心として―
埋もれた馬小屋―東京都日野市南広間地遺跡の調査から―………………………………篠崎譲治　(19)
こちら桑折警察署跡―近・現代遺構雑感―…………………………………………………山中雄志　(41)

古代の「山田」について―上野国山田郡を考えるために―……………………………関口功一 (47)

第8号（1993年10月15日刊行）

縄文時代後・晩期のムラ―群馬県月夜野町矢瀬遺跡―……………………………三宅敦気 (1)
榛名山東南麓における縄文文化の様相（上）　鬼形芳夫・飛田野正佳・時枝　務 (25)
甑の特異な出土状態について………………………………………………………桐生直彦 (35)
　―東京都における弥生時代後期～古墳時代中期の事例から―
西今井Ⅱ遺跡の人面墨書土器…………………………………………………………小宮俊久 (49)
騎馬民族との疾駆（上）……………………………ギャリ・レドヤド：星野富夫訳 (53)
　―日本の始祖を求めて―
日本考古学協会第59回総会（明治大学和泉校舎）における
図書交換会不実施に抗議する！……………………………………………………… (68)
旧関東軍第4（第15）国境守備隊虎頭要塞の日中共同調査
………………………………………………………………………菊池　実・橋爪美頼 (69)

第9号（1994年5月15日刊行）

寸言・縄文集落研究をめぐる一視角……………………………………………………村田文夫 (1)
千葉県我孫子市羽黒前遺跡出土の蔵骨器について…………………………………茅野　強 (17)
藤貞幹の古瓦譜―古瓦譜の基礎的研究（1）―………………………………………時枝　務 (23)
騎馬民族との疾駆（下）……………………………ギャリ・レドヤド：星野富夫訳 (55)
　―日本の始祖を求めて―
戦跡考古学研究会結成について………………………………………………………菊池　実 (73)

第10号（1995年5月15日刊行）

方法・地域・東アジア……………………………………………群馬考古学研究会世話人 (1)
2段構造の掘り方をもつ集石土坑について…………………………………………篠崎譲治 (3)
　―その構造・調理・廃棄および提起される問題―
棚からボタモチ…………………………………………………………………………桐生直彦 (19)
　―竪穴住居址の壁際覆土から出土する遺物の認識について―
ベトナムタインホア省のド山と青銅器時代遺跡……………………………………菊池誠一 (45)
ベトナムの文化財問題と日本人………………………………………………………菊池誠一 (49)

第11号（1996年5月15日刊行）

国造と防人……………………………………………………………………………………森田　悌 (72)
棚上の遺物―武蔵国における古代竪穴住居跡の事例から―………………………桐生直彦 (1)
パーソナル・コンピュータによる画像データの活用…………………………………米沢容一 (25)
　―報告書からの写真取り込みの具体例―

鎌倉古瓦譜―古瓦譜の基礎的研究 (2) ―	時枝　務	(31)
中世村落景観展開の一事例―陸奥国伊達郡の村落例より―	山中雄志	(45)
ベトナム・ハノイ近郊のコーロア城址	菊池誠一	(59)

第12号（1997年5月20日刊行）

関東地方における細形石棒の文様とその位置づけ	角田真也	(1)
琥珀研究ノート―縄文時代の関東・中部地域を中心として―	中村祥子	(25)
古代の竪穴住居における"竪穴外柱""竪穴外壁"について	篠崎譲治	(35)
―日野市南広間地遺跡の事例を切り口として―		
「坏」墨書のある椀をめぐって	米沢容一・桐生直彦・高橋泰子	(61)
パーソナル・コンピュータによる画像データの活用 2	米沢容一	(25)
―墨書解析の具体例―		
ベトナム発見の安平壺	菊池誠一	(83)

第13号（1998年5月20日刊行）

福島県会津地方の越後・出羽日本海系ロクロ長胴甕	山中雄志	(1)
―そのアウトラインについての研究ノート―		
川崎千虎『古瓦譜』―古瓦譜の基礎的研究 (3) ―	時枝　務	(13)
名胡桃城址に見る土塁築造技術	原　眞	(47)
青木翠山・疱瘡神・バテンレース	吉澤節夫・星野富夫	(59)
―利根沼田三題ばなし―		
ミニチュア石棒小考	角田真也	(69)
高崎情報団地 II 遺跡出土の翡翠製大珠	鷺谷亨信	(73)
〔書評〕安田喜憲著『縄文文明の環境』	村田文夫	(77)

第14号（1999年5月20日刊行）

造り直し繰り返し使用した陥穴について	篠崎譲治	(1)
―東京都日野市七ツ塚遺跡から―		
床面に段差のある竪穴建物跡	桐生直彦	(13)
―「幅広の棚状施設」をどのように理解するか―		
利根川上流域の初期無袖型石室の再検討	小林　修	(29)
―赤城村樽いなり塚古墳の調査を中心として―		
「浜松侯蒐集古瓦譜」（ト）―古瓦譜の基礎的研究 (4) ―	時枝　務	(43)
旧陸軍岩鼻火薬製造所跡地採集の遺物について	菊池　実	(61)
ベトナム中部地域における考古学調査―陶磁器調査を中心に―	菊池誠一	(81)
沼田市上木田遺跡出土の大形尖頭器	角田真也	(91)

群馬県八幡観音塚古墳出土の埴輪……………………………………………………福田貫之（95）

第15号（2000年5月20日刊行）

後期旧石器時代の工房の構造について……………………………………………篠崎譲治（1）
　　―ピットと出土遺物が示す竪穴建築物―
土製耳飾り　観察の視点……………………………………………………………角田祥子（13）
古墳出土の紡錘車形石製品について………………………………………………新山保和（27）
樽いなり塚古墳出土埴輪の基礎検討―主に形象埴輪を中心として―……………小林　修（45）
君は"棚"を見誤っていないか，見落としていないか………………………………桐生直彦（57）
　　―竈をもつ竪穴建物跡にみられる棚状施設の報告に関して―
「浜松侯蒐集古瓦譜」（下）―古瓦譜の基礎的研究（5）―…………………………時枝　務（67）
群馬の丹生神社…………………………………………………………………………星野富夫（95）
『群馬県史』資料編4所載「上野国交替実録帳」件名索引（稿）……………………関口功一（113）
ベトナム北部フォンカインの土器作り……………………………菊池誠一・阿部百合子（135）
　　―南蛮縄簾紋の故郷―

第16号（2001年5月20日刊行）

人類学から見た東国の人々……………………………………………………………楢崎修一郎（1）
群馬県前橋市山王金冠塚古墳をめぐる近代史料……………………………………時枝　務（15）
　　―東京国立博物館所蔵「埋蔵物録」の紹介―
高山彦九郎と仙台通宝―「北行日記」を読む―………………………………………星野富夫（29）
書評『湯倉洞窟』…………………………………………………………………………角田真也（43）
会員の職場紹介1「榛東村耳飾り館」……………………………………………………角田祥子（49）

第17号（2002年5月25日刊行）

上野のI字文土偶―滝沢遺跡及び六万遺跡出土資料を中心として―………………小林　修（1）
群馬県古墳関連碑文雑記………………………………………………………………吉澤　学（11）
群馬県玉村町福島の煉瓦造水門………………………………………………………中島直樹（25）
茨城県大洗町磯浜古墳群採集資料について…………………………………………小宮山達雄（33）
上州祭文より浪花節へ…………………………………………………………………星野富夫（39）

第18号（2003年5月25日刊行）

「遺跡」か，否か―多野郡中里村所在の岩陰―………………………………………吉澤　学（1）
弥生時代の鹿角装鉄剣…………………………………………………………………豊島直博（13）
窖窯による埴輪の焼成方法―埴輪観察からの予見―………………………………中里正憲（27）
同笵軒平瓦の一例……………………………………………………………滝沢匡・小泉範明（39）
　　―高崎市日高遺跡と吉井町黒熊中西遺跡出土の軒平瓦の関係を中心に―

日光男体山頂遺跡出土の懸仏……………………………………………………時枝　務　(47)
前橋市で確認された防空壕遺構に関して…………………………………………青木利文　(59)

第19号（2004年5月23日刊行）
福島県会津地方の古代土師器鍋について…………………………………………山中雄志　(1)
群馬県玉村町における条理地割の復原……………………………中島直樹・吉澤　学　(21)
再築前橋城本丸御殿について………………………………………………………青木利文　(41)
政所宮前遺跡2号墳出土蕨手刀……………………………………………………日沖剛史　(59)

第20号（2005年5月22日刊行）
後・終末期古墳の土木技術と横穴式石室…………………………………………青木　敬　(1)
　　―群集墳築造における"畿内と東国"―
長賀寺山考―高崎市倉賀野町所在の1古墳について―…………………………吉澤　学　(37)
棚状施設をもつ竪穴建物の出現と展開……………………………………………桐生直彦　(57)
　　―九州地方の事例を中心として―
巨石祭祀の原風景……………………………………………………………………関口功一　(71)
建物平面図からみる再築前橋城本丸御殿遺構について…………………………青木利文　(85)

第21号（2007年5月27日刊行）
古墳時代後期の樹木祭祀―榛名山噴火テフラ埋没遺跡の調査から―…………小林　修　(1)
群馬県太田市中屋敷・中村田遺跡の堰状遺構について……………小宮山達雄・原　眞　(19)
武蔵国橘樹郡衙の郡庁域に関する一考察…………………………………………村田文夫　(29)
郡家正倉の配置復元試論―『上野国交替実録帳』に見た正倉の配置―………小宮俊久　(55)
棚上に残された支脚―カマド祭祀の一例―………………………………………桐生直彦　(75)
群馬県太田市矢場町本矢場薬師塚古墳出土の板碑………………………………時枝　務　(81)
埼玉県深谷市人見出土の骨蔵器……………………………………………………栗原慶太　(99)
再築前橋城本丸御殿の配置と構成…………………………………………………青木利文　(105)
　　―群馬県立歴史博物館所蔵の「前橋城全図」からの検討―

第22号（2008年5月25日刊行）
古墳時代前期におけるヤリの編年と流通…………………………………………豊島直博　(1)
「棚状施設」か，「カマド掘方」か？―その認定をめぐって―…………………桐生直彦　(27)
埼玉県東松山市上唐子出土の板碑…………………………………………………時枝　務　(43)

第23号（2009年5月31日刊行）
初現期の瓦塔系譜（2）………………………………………………………………池田敏宏　(1)
　　―多武峯類型瓦塔，ならびに類似瓦塔の位置付け―

復元竪穴建物に関する素朴な疑問……………………………………………桐生直彦 (23)
　—壁立式竪穴建物に周堤は存在したか—
在地霊場論覚書………………………………………………………………時枝　務 (29)

第24号 (2010年5月23日刊行)

昔を語る多胡の古碑—多胡碑に刻まれた日本国誕生の謎—………………熊倉浩靖 (1)
山岳霊場遺跡としての金峯山経塚……………………………………………時枝　務 (19)
山寺調査の意義………………………………………………………………時枝　務 (35)
沖永良部島へ…………………………………………………………………菊池　実 (43)

第25号 (2011年5月29日刊行)

上野国における東山道武蔵路………………………………………………小宮俊久 (1)
群馬県古代遺跡出土鋸の使用法について……………………………………原　　眞 (13)
群馬県太田市東照宮地内古墳群の再検討……………………………………栗原慶太 (27)
前橋市筑井町八日市出土の板碑について……………………………………時枝　務 (47)
都市霊場論—京都六角堂を素材にして—……………………………………時枝　務 (59)
浅間軽石の砂山について……………………………………………青木利文・大谷正芳 (75)
　—天明三年の浅間山爆発による降下軽石被害復旧の一事例—
東国史論総目次………………………………………………………………………… (91)

執筆者一覧（五十音順）

青木　敬（あおき　たかし）奈良文化財研究所
青木　利文（あおき　としふみ）山下工業株式会社
秋池　武（あきいけ　たけし）下仁田町ふるさとセンター
池田　敏宏（いけだ　としひろ）とちぎ未来づくり財団
大竹　憲治（おおたけ　けんじ）いわき地方史研究会
川原　秀夫（かわはら　ひでお）明和学園短期大学
菊池　実（きくち　みのる）群馬県埋蔵文化財調査事業団
桐生　直彦（きりう　なおひこ）多摩市立永山図書館
熊倉　浩靖（くまくら　ひろやす）群馬県立女子大学
小宮　俊久（こみや　としひさ）太田市教育委員会
篠崎　譲治（しのざき　じょうじ）日本考古学協会
関口　功一（せきぐち　こういち）群馬県立桐生高等学校
角田　祥子（つのだ　しょうこ）榛東村教育委員会
角田　真也（つのだ　しんや）高崎市教育委員会
時枝　務（ときえだ　つとむ）立正大学
中島　直樹（なかじま　なおき）玉村町教育委員会
楢崎修一郎（ならさき　しゅういちろう）生物考古学研究所
新山　保和（にいやま　やすかず）かながわ考古学財団
村田　文夫（むらた　ふみお）日本考古学協会
本橋恵美子（もとはし　えみこ）練馬区
森田　悌（もりた　てい）群馬大学名誉教授
山中　雄志（やまなか　ゆうし）喜多方市教育委員会
若林　正人（わかばやし　まさと）群馬県

東国の考古学

2013年3月10日　初版発行

編　者　群馬考古学研究会
発行者　八木　環一
発行所　株式会社　六一書房
　　　　〒101-0051　東京都千代田区神田神保町 2-2-22
　　　　TEL　03-5213-6161　　FAX　03-5213-6160
　　　　http://www.book61.co.jp　　Email　info@book61.co.jp
　　　　振替　00160-7-35346
印　刷　株式会社　三陽社

ISBN 978-4-86445-027-0 C3021　　Ⓒ 群馬考古学研究会 2013　　Printed in Japan